suhrkamp taschenbuch
wissenschaft 923

Jürgen von Kempski, geb. 1910. Von 1930 bis 1935 Studium der Philosophie, der Nationalökonomie, der Mathematik und der Rechtswissenschaft an den Universitäten Freiburg und Berlin. Danach freier Schriftsteller und von 1939 bis 1945 Referent für Völkerrecht am Deutschen Institut für außenpolitische Forschung. Ab 1945 Privatgelehrter und ab 1947 Herausgeber des *Archiv für Philosophie*. Promotion 1951 in Frankfurt bei Theodor W. Adorno mit der Arbeit *Charles Sanders Peirce und der Pragmatismus* (Stuttgart 1952). Nach verschiedenen Lehraufträgen und Gastprofessuren ab 1961 Honorarprofessor für Rechts- und Sozialphilosophie an der Universität Münster und von 1973 bis 1988 Honorarprofessor für Philosophie an der Ruhr-Universität Bochum. Seither lebt er in Berlin.
Jürgen von Kempskis zentrales Interesse gilt einer Strukturtheorie des Rechts (1961 veröffentlichte er eine *Grundlegung zu einer Strukturtheorie des Rechts*) sowie des sozialen Handelns.

Jürgen von Kempski
Recht und Politik

Studien zur Einheit
der Sozialwissenschaft

Schriften 2

Herausgegeben von
Achim Eschbach

Suhrkamp

Die Deutsche Bibliothek – CIP-Einheitsaufnahme
Kempski, Jürgen von:
Schriften / Jürgen von Kempski. Hrsg. von Achim Eschbach. –
Frankfurt am Main : Suhrkamp.
NE: Eschbach, Achim [Hrsg.]; Kempski, Jürgen von: [Sammlung]
2. Recht und Politik : Studien zur Einheit
der Sozialwissenschaft. –
1. Aufl. – 1992
(Suhrkamp-Taschenbuch Wissenschaft ; 923)
ISBN 3-518-28523-8
NE: GT

suhrkamp taschenbuch wissenschaft 923
Erste Auflage 1992

Satz und Druck: Wagner GmbH, Nördlingen
Printed in Germany
Umschlag nach Entwürfen von
Willy Fleckhaus und Rolf Staudt

1 2 3 4 5 6 – 97 96 95 94 93 92

Inhalt

PHILOSOPHICA

JURIDICA

HISTORICA

THEORETICA

SOCIOLOGICA

Philosophica

Naturrecht und Völkerrecht

Es ist die zentrale Aufgabe einer Rechtsordnung, uns im Falle der Kollision zweier Handlungen zu sagen, welche von ihnen zum Zuge kommen darf. Sie schützt die von ihr zugelassene Handlung und erzwingt die Unterlassung solcher Handlungen, die von Rechts wegen ausgeschlossen sind. Um dieses Ziel zu erreichen, bildet sie Rechtsinstitute aus, und um einen Rechtszwang ausüben zu können, organisiert sie Macht.

Das wichtigste Gebilde, das organisierte Macht darstellt, ist der Staat. Insofern der Staat bestimmt ist, Rechtszwang auszuüben, ist er ein Rechtsinstitut. Aber der Staat ist noch mehr, er ist nicht nur das. Er ist organisierte Macht und insofern ein Gegenstand der Soziologie und Bedingungen unterworfen, die von der Soziologie erforscht werden. Er steht als Machtgebilde anderen Staaten gegenüber – er befindet sich in dem Zustand möglicher Bedrohung durch andere, und diese Bedrohung ist es, die ihn hindert, aufzugehen in seiner Funktion nach innen, Rechtsinstitut zu sein zur Ausübung gesetzlichen Zwanges. Von seiner zentralen Funktion für die Gruppe von Menschen, die in ihm leben, her gesehen, ist die Machtbildung des Staates hypertroph. Es ist der große Fortschritt eines Staates, den wir Rechtsstaat nennen, daß in ihm dafür Sorge getragen ist, daß die Hypertrophie der Macht nach innen hin paralysiert ist.

Aber, so könnten Sie mir ins Wort fallen, der Staat setzt ja erst die Rechtsordnung, und historisch-genetisch ist das gewiß richtig. Die Rechtsordnung jedoch geht logisch dem Staat als Rechtsinstitut voraus – und wer diese Behauptung nicht mitmacht, begibt sich der Möglichkeit, zwischen einer Rechtsordnung und einer bloßen Machtordnung zu unterscheiden. Wenn aber die Rechtsordnung das gegenüber dem Staat logisch Frühere ist, dann sind auch alle die Funktionen der Rechtsordnung sekundär, die aus den besonderen Bedürfnissen des Staates fließen. Dann sind die primären Funktionen der Rechtsordnung die, welche bestimmt sind, Kollisionen zwischen den Handlungen der der Rechtsordnung unterworfenen Menschen zu verhindern.

Ich setze das nun voraus und springe in medias res mit der Behauptung, daß, wenn es Aufgabe einer Rechtsordnung ist, Kolli-

sionen zwischen Handlungen zu verhüten, daß dann nur solche Handlungen durch eine Rechtsordnung zugelassen werden dürfen, die miteinander verträglich sind,[1] gewiß unter der von uns hier durchgängig gemachten Voraussetzung, daß die Rechtsordnung lückenlos ist, d. h. daß für *jede* mögliche Handlung bestimmt ist, ob sie zugelassen ist oder nicht. Die Menge aller Handlungen wird demnach durch eine lückenlose Rechtsordnung in zwei Teilmengen zerlegt, in die Menge der zugelassenen und die Menge der nicht zugelassenen Handlungen und so, daß kein Element der einen Teilmenge der anderen Teilmenge angehört. Wir nennen solche Mengen dann elementfremd und eine Rechtsordnung, die die Menge aller Handlungen auf solche Weise in zwei elementfremde Teilmengen zerlegt, widerspruchsfrei. Und nun unterstellen wir einmal hypothetisch eine Rechtsordnung, die die Menge aller Handlungen so zerlegt, daß die Anzahl der Elemente der Teilmenge, die die zugelassenen Handlungen enthält, die größtmögliche wird – und entsprechend die andere Teilmenge, die der nicht zugelassenen Handlungen, die kleinstmögliche.
Sie werden mir vielleicht entgegenhalten, daß bei den unendlichen Variationsmöglichkeiten der Handlungen man mit solcher Vergleichung der Anzahl der Elemente der Teilmengen nicht weit komme: beide Teilmengen seien offensichtlich unendliche Mengen und daher ein solcher Vergleich gar nicht statthaft. Nun, ich will hier nur sagen, daß es gar nicht schwer ist, ein Verfahren anzugeben, durch das sich leicht die Menge aller Handlungen auf eine endliche Menge reduzieren läßt. Ich unterstelle hier diese Möglichkeit und fahre fort: Nehmen wir einmal an, wir hätten eine Rechtsordnung, die dieses leistet, vor uns: dann ist es jedenfalls so, daß die größtmögliche Menge aller zugelassenen Handlungen festgelegt ist durch die größtmögliche Menge von Mengen miteinander verträglicher Handlungen. Und nun läßt sich folgendes zeigen: es gibt genau eine größte Menge von Mengen mitein-

1 Die Verträglichkeit von Handlungen bedarf einer genauen Definition. Hier mag es genügen zu sagen, daß zwei Handlungen miteinander verträglich sind, wenn es nicht unmöglich ist, daß beide Handlungen ausgeführt werden. Es ist zweckmäßig, vorauszusetzen, daß sie von verschiedenen Personen ausgeführt werden. Über die genaue Definition der Begriffe Handlung, Maxime, Verträglichkeit usw. s. meine Akademie-Abhandlung (Mainz): »Grundlegung zu einer Strukturtheorie des Rechts«, Wiesbaden 1961; in diesem Band S. 77.

ander verträglicher Handlungen. Und weiter: wir dürfen auch unsere hypothetische Behauptung, daß es überhaupt eine größte Menge von Mengen miteinander verträglicher Handlungen gibt, in eine kategorische überführen.
Ich muß mich jetzt zu einem Schritt entschließen, den ich gern vermieden hätte, wenn es möglich wäre: ich muß nämlich für den Beweis dieser gewagten Behauptung, daß es genau *eine* größte Menge von Mengen miteinander verträglicher Handlungen gibt, Kredit in Anspruch nehmen und jenen Satz hier als Axiom ansetzen. Ich kann diesen Beweis jetzt und an dieser Stelle nicht vortragen, da er einmal zu lang ist und sodann sich nicht ohne Hilfe komplizierter Vorüberlegungen führen läßt. Aber schließlich heißt es ja: »Selig sind, die nicht sehen und doch glauben« (Joh. 20,29). Die Wissenschaftstheorie nennt das dann axiomatische Methode. Ich setze also die Existenz einer eindeutigen größten Menge von Mengen miteinander verträglicher Handlungen voraus. Ich unterstelle eine Rechtsordnung, die genau diese größte Menge von Mengen miteinander verträglicher Handlungen zuläßt. Und ich behaupte nun, daß eine besondere Art von Geltung *nur* einer solchen Rechtsordnung zukommt und sonst keiner anderen.
Zunächst bedarf es einer Verständigung darüber, was wir hier unter »Geltung einer Rechtsordnung« verstehen wollen. Wir werden jedenfalls sagen können, daß eine Rechtsordnung in bezug auf eine Gruppe von Menschen gilt, wenn jedes Mitglied dieser Gruppe sie anerkennt als Richtschnur für sein Verhalten. Wie Sie wissen, hat Ernst Rudolph Bierling auf diese Weise die Geltung von Rechtsordnungen interpretieren wollen, und wie Sie ebenfalls wissen, ist er damit nicht durchgedrungen, weil eben im Normalfall sich eine Rechtsordnung einer solch ungeteilten Anerkennung der ihr Unterworfenen nicht erfreut. Sein Ausweg, an die Stelle der durchgehenden Anerkennung eine Anerkennung in Bausch und Bogen zu setzen, zeigt nur die Verlegenheit, in die diese Geltungstheorie notwendig geraten mußte. Aber das Mißlingen des Bierlingschen Versuches schlägt uns nicht. Wir werden erheblich weniger behaupten: nämlich *erstens:* es gibt wenigstens einen Menschen, der bereit ist, überhaupt eine Rechtsordnung anzuerkennen, und *zweitens:* wenn jemand eine Rechtsordnung anerkennt, so gilt in bezug auf ihn diese Rechtsordnung.[2]

2 Diese Interpretation von »Geltung« ist nur in bezug auf Rechtsordnun-

Wir setzen von jedem Menschen voraus, daß er seinen Interessen nachgeht. Er kann dabei die löbliche oder unlöbliche Absicht haben, anderen zu schaden. Wir nehmen an, daß er seine Interessen im Rahmen einer Rechtsordnung verfolgt, mag diese nun beschaffen sein wie immer. Gefordert ist nur, daß die durch die Rechtsordnung zugelassenen Handlungen miteinander verträglich sind. Und nun fragen wir, ob eine Rechtsordnung denkbar ist, so daß jedermann sie muß anerkennen können, wenn er mit seiner Bereitschaft, überhaupt eine Rechtsordnung anzuerkennen, nicht in Widerspruch geraten will.

Bereit sein, überhaupt eine Rechtsordnung anzuerkennen, ist nichts anderes als die Bereitschaft, einen Zustand zu akzeptieren, in dem nur miteinander verträgliche Handlungen zugelassen sind. Wenn einer seine Bereitschaft, überhaupt eine Rechtsordnung anzuerkennen, so interpretieren wollte, daß ihm darin erlaubt sei, andere zu schädigen, den anderen aber verboten, sich dagegen zu wehren, so ist es klar, daß auf diese Weise keinerlei Rechtsordnung festgesetzt werden kann: denn es kann von niemandem erwartet werden, daß er eine Rechtsordnung anzuerkennen willens ist, die es in das private Belieben eines anderen stellt, ihn zu schädigen. In der Bereitschaft, eine Rechtsordnung anzunehmen, liegt aber nun zweitens, daß die Rechtsordnung so beschaffen ist, daß sie auch von andern angenommen werden kann. Die Möglichkeit einer solchen Anerkennung durch andere kann ich a priori nur dann voraussetzen, wenn die betreffende Rechtsordnung die rechtliche Gleichheit der ihr Unterworfenen impliziert. Denn sonst könnte ihr jedermann entgegenhalten, daß er sie deshalb nicht anzuerkennen vermöchte, weil er durch sie anderen gegenüber benachteiligt sei. Damit ist aber noch nicht gesagt, daß jedermann eine Rechtsordnung auf der Basis rechtlicher Gleichheit, mag diese im übrigen beschaffen sein, wie sie will, notwendig anerkennen könnte: denn er kann durchaus Interessen haben, deren Verfolgung durch sie ausgeschlossen wird, obwohl er in Verfolgung dieser Interessen mit niemandem zu kollidieren braucht, der sich im Rahmen jener Rechtsordnung hält. Folglich

gen möglich, nicht in bezug auf das Sittengesetz. Sie ist philosophisch weniger voraussetzungsvoll als eine nichtphilosophische Interpretation. Sie ist deshalb gewählt worden, weil sie zeigt, daß auch der »positivistische« Jurist die hier vorgeschlagene Definition von »Naturrecht« annehmen kann, ja – konsequenterweise – muß.

werden wir für diejenige Rechtsordnung, die jedermann notwendig anerkennen kann, fordern müssen, daß sie das *Maximum* von Handlungen zuläßt, das zugelassen werden kann, wenn die zugelassenen Handlungen miteinander verträglich sein sollen. Nun haben wir die Existenz eines solchen Maximums als Axiom vorausgesetzt, und ich hatte Ihnen im übrigen gesagt, daß wir dieses Axiom in einen beweisbaren Satz überführen können.

Aber prüfen wir einmal durch, ob es für die über der größten Menge miteinander verträglicher Handlungen definierte Rechtsordnung zutrifft, daß jedermann sie notwendig anerkennen kann. Nun ist es klar, daß niemand fordern kann, es möchte über das Maß der durch sie zugelassenen Handlungen noch eine weitere zugelassen werden, denn dann sind zugelassene Handlungen nicht mehr miteinander verträglich. Er kann aber auch nicht fordern, es möchte eine Anzahl der durch sie ausgeschlossenen Handlungen zugelassen werden und dafür die gleiche Anzahl zugelassener ausgeschlossen werden. Denn dann sind entweder die nunmehr zugelassenen Handlungen nicht mehr miteinander verträglich, oder es gibt eine zweite größte Menge von Mengen miteinander verträglicher Handlungen, was unserem Axiom, das die Eindeutigkeit dieser Menge fordert, widerspricht. Um also zu einer Menge von Mengen miteinander verträglicher Handlungen zu kommen, müßte er die Ausschließung von mehr Handlungen fordern, als er zusätzlich zulassen will – dann ist die Menge auf jeden Fall nicht mehr die größte Menge von Mengen miteinander verträglicher Handlungen – aber ein Maximum war ja gerade gefordert, wenn die Rechtsordnung die geforderte Eigenschaft, nämlich von jedermann notwendig anerkannt werden zu können, haben soll.

Damit aber haben wir bereits die möglichen Fälle erschöpft, und es hat sich gezeigt, daß niemand ohne Widerspruch eine andere Rechtsordnung als die über der größten Menge von Mengen miteinander verträglicher Handlungen definierte fordern kann, wenn jedermann ihr *notwendig* soll zustimmen können. Diese Rechtsordnung ist eindeutig, weil die Menge von Handlungsmengen, über die sie definiert ist, eindeutig ist. Nur sie gewährt jedem diejenige Freiheit, die er auf dem Boden rechtlicher Gleichheit für sich fordern kann. Daher ist es erlaubt, von ihr und nur von ihr zu sagen, sie sei so beschaffen, daß jedermann sie notwendig anerkennen kann.

Sofern wir sagen, daß einer Rechtsordnung, die von den ihr Unterworfenen anerkannt wird, Geltung zukomme, können wir nunmehr die Art der Geltung dieser und nur dieser Rechtsordnung angeben: sie ist eine Rechtsordnung von notwendig möglicher Geltung, sie muß gelten können.

Und damit sind wir an einen Punkt angelangt, wo sich die historische Erinnerung an *Kant* unabweislich aufdrängt. Denn jedem Kenner der kantischen Philosophie sind die seltsamen notwendigen Möglichkeiten, die allenthalben bei ihm auftauchen, geläufig, wie wenig begriffen ihre wahre Rolle im Zusammenhang der kantischen Philosophie auch bis heute im Normalfall noch ist. Und wenn wir uns fragen, wie wir das Prinzip einer solchen über der größten Menge von Mengen verträglicher Handlungen definierten Rechtsordnung auch anders formulieren könnten, so doch offenbar so, daß wir sagen, daß eine jede Handlung rechtens sei, nach der oder nach deren Maxime die Freiheit eines jeden mit jedermanns Freiheit als nach einem allgemeinen Gesetz zusammenstimmend gedacht werden kann. Und damit habe ich Ihnen nichts anderes angegeben als die Formulierung des allgemeinen Prinzips des Rechts, wie Sie es in Kants Rechtslehre finden.

Aber wir sind hier nicht zusammengekommen, um Kant zu interpretieren. Es geht uns hier allein um die Sache selbst, und nur von ihr wollen wir uns führen lassen. Aber die Erinnerung an Kant kommt gerade gelegen, um nun zu sagen, daß in dieser historischen Beziehung das Recht liegt, daß wir die über der größten Menge von Mengen miteinander verträglicher Handlungen definierte Rechtsordnung nun bei dem Namen nennen, der ihr zukommt: Diese Rechtsordnung ist nichts anderes als das Naturrecht oder, wie Kant lieber sagte, das Vernunftrecht. Aber da der letztere Name sich nicht eingebürgert hat, so wollen wir es bei dem des Naturrechts bewenden lassen. Ich hoffe, daß Sie mir die Beschwerlichkeit des Weges, den ich Sie bis zu diesem Punkte geführt habe, verzeihen: aber billiger war dieses Ergebnis nicht zu erzwingen, und ich hoffe nur, daß Ihnen auf unserer mühsamen Wanderung klar geworden ist, in welchem präzisierten Sinne hier der heute so vielfältig wieder bemühte Begriff des Naturrechts gebraucht wird.

Ziehen wir nun die Summe dieser etwas mühevollen und subtilen Erörterungen, so ist es viel und wenig zugleich, was sich als ihr Ertrag darbietet. Viel – denn wir haben uns dessen versichert, daß eine Rechtsordnung solcher Art möglich ist, weil sich die Existenz derjenigen Menge von Handlungsmengen beweisen läßt, über der sie definiert ist. Und nicht nur das, wir haben den Nachweis geführt, daß dieser Rechtsordnung und nur ihr eine bestimmte Art von Geltung zukommt, und zwar, daß sie gelten muß, oder daß ihre mögliche Geltung notwendig ist – gewiß eine nicht ganz leicht durchschaubare modale Form der Geltung, die aber in ihrer Struktur – ich wies darauf hin – in der Philosophie ihre gewichtigen Gegenstücke hat. Und eine Art von Geltung auf jeden Fall, wie wir sie für das Naturrecht erwarten dürfen, insofern sie ihre Notwendigkeit hat. Wenn Sie mir erlauben, noch einen Augenblick hierbei zu verweilen, um Ihnen etwas das Befremdliche der Redewendung von der notwendigen Möglichkeit zu nehmen, so möchte ich darauf hinweisen dürfen, daß die Rechtslehrer und Philosophen sich nur allzu oft mit dem Gedanken abgeplagt haben, wie das Naturrecht, wie immer man es auch interpretiere, notwendig gelten könne, wo es doch offensichtlich im Normalfall gar nicht gelte oder doch nur höchst bedingt oder subsidiär. Man hat daraus immer wieder einmal den Schluß gezogen, daß es eine bloße Chimäre sei, der nachzulaufen man den Philosophen in ihrem Wolkenkuckucksheim (dem glücklichen, wie Aristophanes sagt) getrost überlassen könne. Man hat andererseits immer wieder einmal daraus den Schluß gezogen, daß man gestützt auf das notwendige Naturrecht getrost eine Diktatur errichten dürfe, die sich den Teufel um die Gesetze schert. Man hat in dem einen wie in dem anderen Falle nicht beachtet, daß sich die Notwendigkeit, die dem Naturrecht zukommen muß, soll es nicht Schall und Rauch sein, nur auf seine mögliche Geltung bezieht.[3]

Ich will Sie nun nicht mit den höchst verwickelten und alles in allem noch wenig geklärten Fragen der Modalitätenlogik belästigen. Jedenfalls ist es nicht nötig, Möglichkeit und notwendige Möglichkeit zusammenfallen zu lassen, wie das – nach dem Vorgang übrigens von Leibniz – vielfach getan wird, z. B. in Lewis' Modalitätenkalkül. Ich will hier auf etwas anderes hinweisen, auf etwas, das aus der Geschichte des Naturrechts geläufig ist, auf

3 Vgl. meine Abhandlung »Kant und der Geist der europäischen Philosophie«, Abschnitt VI in: *Archiv für Philosophie,* Band 1, 1947; in: *Schriften 3* (stw 924), S. 44 ff.

den Gedanken des Gesellschaftsvertrages. Dieser Vertrag aller Verträge ist bekanntlich nicht als ein historisches Ereignis gedacht, er ist eine Fiktion, ein Bild, unter dem das Naturrecht gedacht wird. Fragen wir danach, was der Inhalt dieses Vertrages sein muß! Nichts hindert natürlich, sich einen solchen Vertrag so auszumalen, wie man sich einen idealen Gesellschaftsvertrag gerade wünscht. Einen eindeutigen Inhalt bekommt der Vertrag aber erst, wenn wir formal von ihm fordern, daß in ihm jedermann nur insoweit auf die Ausübung seiner Freiheit verzichtet, als gerade notwendig ist, um einen Rechtszustand, also einen Zustand, in dem nur miteinander verträgliche Handlungen zugelassen sind, zu verwirklichen. Und dieser Vertragsinhalt ist offenbar nur dann eindeutig bestimmt, wenn es nur genau eine größte Menge miteinander verträglicher Handlungen gibt. Wir sehen, daß, wenn wir uns den alten Vertragsgedanken zu eigen machen, wir auf das gleiche Resultat kommen, daß der Inhalt des Gesellschaftsvertrages nichts anderes als unser Naturrecht sein kann, wenn anders er notwendig soll gelten können. Nur daß wir auf dem von uns beschrittenen Wege darauf verzichten konnten, die Fiktion eines solches Vertrages vorauszusetzen.

Ich hatte gesagt, in summa hätten wir durch unsere Erörterungen viel gewonnen, aber ich hatte hinzugefügt: auch wenig. Wir wissen nun um die Möglichkeit des Naturrechts und die Art seiner Geltung, aber wir haben es damit noch nicht expliziert. Zwar könnte ich Sie auf die Kantische Rechtslehre verweisen, wenn nicht eben die Fatalität bestände, daß wir bis heute noch auf die Darlegung ihres deduktiven Zusammenhanges warten und ich von Ihnen derart auch Kredit dafür erbitten müßte, einen Kredit, den ich nun schon in bezug auf den Beweis der Existenz einer eindeutigen größten Menge miteinander verträglicher Handlungen in Anspruch genommen und vielleicht auch schon überzogen habe. Aber wir sind in der glücklichen Lage, den Inhalt des Naturrechts weitgehend auf sich beruhen lassen zu können, da er für die Zwecke der Lösung der konkreten Frage, die ich Ihnen vorzulegen beabsichtige, nicht erfordert wird. Diese Frage betrifft nun, wie es der Titel meines Vortrages ankündigt, das Völkerrecht.

Aber sei dieser Inhalt des Naturrechts nun einmal, wie er wolle: es ist eine simple Tatsache, daß wir ihn mit keinem der geltenden Rechte der Völker und mit keiner der vergangenen Rechtsordnungen identifizieren dürfen. Und ich würde mich nicht wundern, wenn Sie mir zuriefen: was in aller Welt sollen wir mit einem Naturrecht anfangen, dessen Inhalt wir gegenwärtig und vielleicht in aller Zukunft nicht oder nur mehr oder weniger unzulänglich kennen, das nirgends gegolten hat und nirgends gilt, das vielleicht ein ganz gutes Idealrecht sein möchte, dem zuzustreben sich lohnt; aber wir leben schließlich in dieser Welt und haben allmählich genug von idealen Rezepten in unseren gegenwärtigen Nöten, die wahrhaftig groß und dringend genug sind, als daß wir uns mit Weltverbesserungsträumen aufhalten könnten! Vortrefflich!, werde ich Ihnen antworten, und hinzufügen – auf die Gefahr hin, mir die letzten Sympathien für meine Naturrechtstheorie zu verscherzen –: Das Naturrecht in dem von mir präzisierten Sinne läßt sich grundsätzlich nicht vollkommen in die Praxis übersetzen. Und zwar aus folgendem Grunde: Die Prinzipien des Naturrechts gestatten zwar, einen festen Zustand der menschlichen Gesellschaft im ganzen oder bestimmter Gruppen von Menschen rechtlich zu ordnen, aber die Geschichte der Menschheit kennt feste Zustände nur von zeitlich begrenzter Dauer. Gewiß gibt es gewisse Rechtsinstitute naturrechtlicher Art, die davon verhältnismäßig unabhängig sind, und solche sind auch in vielen Rechtsordnungen mehr oder weniger realisiert: ich nenne vor allem die monogame Ehe, und ich nenne sie deshalb, weil dieser Fall in seinen deduktiven Zusammenhängen durchexerziert ist – und zwar von Julius Ebbinghaus –, und darf dazu bemerken, daß diese Deduktion keinen der drei klassischen Gründe der Scholastik, die für den Philosophen keine hinreichenden Gründe sind, bemüht, also weder die Ehe als Sakrament noch die procreatio et educatio prolis noch schließlich die communicatio operum. Ich könnte noch andere Rechtsinstitute nennen, wie z. B. das des Eigentums, obwohl die spezielle Ausbildung gerade dieses Instituts keineswegs immer mit dem Prinzip des Naturrechts übereinstimmt.

Wie ich schon mit allem Nachdruck betont habe, ist das Naturrecht *formal.* Mit Kant zu reden: das allgemeine Prinzip des Rechts ist analytisch. Und wenn ich vom Inhalte des Naturrechts sprach, so sind unter diesem Inhalt eben formale Bedingungen von menschlichen Gemeinschafts- und Gesellschaftsformen zu verstehen. Jedes Recht ist nur eine Zwangsordnung, d. h. es ist in bezug auf seine Realisierung nicht vom guten Willen abhängig, sondern von einem gesetzlichen Zwang, der von Trägern von Macht auf die Rechtsgenossen ausgeübt wird. Und nun steht es so: die Macht, einen andern in der Freiheit der Verfolgung seiner Interessen zu hindern, ist unter den Menschen höchst ungleich verteilt. Nicht jeder, der an dem, was er gern möchte, gehindert wird, ist in der Lage, seinen Widersacher zu nötigen, davon Abstand zu nehmen. Das fängt bei der Verschiedenheit der Körperstärke der Menschen an und hört bei den wirtschaftlichen und politischen Machtballungen auf. Und hier liegt eben eine der großen Aufgaben des Rechts, der Freiheit der einzelnen gewisse Schranken zu setzen, nämlich die Schranke, den Mitmenschen in der Verfolgung seiner Interessen, vorausgesetzt natürlich, daß diese sich im Rahmen des Sittengesetzes hält, und in der Besorgung seines Glückes nicht zu hindern.

Wenn jemand die Macht dazu hat, so kann er seinen Mitmenschen jede von ihm gewünschte Ordnung der Dinge diktieren – er muß nur eben hinreichend viel Macht haben. Wir haben das soeben erlebt. Ob das Ergebnis ein Rechtszustand zu heißen verdient, ist eine Frage für sich: oder wie in dem Fall Hitlers ist es gar keine Frage, ein solcher Zustand ist das Gegenteil von Recht. Aber ohne uns auf eine Offenbarung zu berufen, die nur für den Gläubigen verbindlich ist, gibt es unter allen möglichen Ordnungen nur eine, deren mögliche Geltung als notwendig ausgezeichnet ist: das Naturrecht. Ich glaube Ihnen daher nicht zuviel zuzumuten, wenn ich Sie bitte, Sie möchten die Realisierung dieses Naturrechtes einmal als das Ziel unserer Bestrebungen, unsere Angelegenheiten rechtlich zu ordnen, unterstellen.

Was aber heißt das nun, unsere Angelegenheiten rechtlich ordnen? Bringen wir es auf eine blanke Formel, so heißt es: Gesetze schaffen. In diese Gesetze geht Zeitliches und Ewiges ein, genauer, in ihnen liegt ein materiales und ein formales Element, und das formale Element, nämlich das naturrechtliche Apriori, ist es, das ihnen einen Anspruch auf ihre Bestimmung, Recht zu sein und als *solches* geachtet zu werden, gewährt. Ich behaupte natürlich keineswegs, daß der Gesetzgeber bewußt, vermittels naturrechtlicher Prinzipien seine Materie, die Lebensverhältnisse oder die Realien der Gesetzgebung, wie sie mit einem glücklichen Wort der Schöpfer des Schweizer Zivilgesetzbuches, Eugen Huber, genannt hat, forme und ordne. Er hält sich vielmehr an das allgemeine Rechtsbewußtsein seiner Zeit, seines Volkes, und in diesem haben sich diese formalen Prinzipien schon mehr oder weniger mit inhaltlichen Ideen und Vorstellungen verbunden. Das eigentlich Formale, das Naturrechtliche, liegt in der Luft, so wie Andreas Speiser es von der Mathematik sagt, und jedermann verwendet es, als wäre es Luft, und wertet es auch dementsprechend. Aber es ist da, und es ist genau das an den Gesetzen, was kein Gesetzgeber durch einen Federstrich zu Makulatur machen kann. Aber weil Naturrecht, inhaltliche Ideen und auch der Bezug auf Realien schon im Rechtsbewußtsein ungeschieden beisammen liegen, deshalb kommt der Gesetzgeber immer zu spät, und er kann sich dem um so weniger entziehen, als die Realien, die er konkret zu bewältigen hat, in steter Veränderung begriffen sind. Und hier nun wird die Aufgabe deutlich, die den Sozialwissenschaften und insonderheit der Soziologie für die Entwicklung der Gesetze zukommt: denn diese Wissenschaften sind es, die uns die Veränderungen in den Realien theoretisch zu beherrschen gestatten. Da aber diese Realien auch wieder nichts anderes sind als Prozesse, die sich durch das Medium menschlicher Handlungen vollziehen, so wird der Zusammenhang zwischen sozialwissenschaftlicher Theorie und Naturrecht vollends deutlich. Die theoretische Sozialwissenschaft ist eine Theorie über Handlungen, die unter gewissen Maximen stehen,[4] und das Naturrecht macht letzten Endes weiter nichts, als daß es ein formales Kriterium einführt, ein selektives Prinzip, nach dem sich die Maximen, die zu unverträglichen Handlungen führen, ausscheiden lassen. Die Arbeit des Gesetzgebers ist ihrer Idee nach nichts als eine derartige Selektion, in Ansehung der Veränderung der Realien aber eine Aufgabe, vor die jener immer wieder neu gestellt wird. Ich muß mich auf diese wenigen Bemerkungen beschränken, die allzu ungenau und abstrakt sind, als daß sie mich selbst befriedigen könnten: es kam mir lediglich darauf an zu zeigen, wie das Verhältnis von Soziologie und Naturrecht zu denken ist: denn das Verhältnis von Naturrecht und Völkerrecht ist eben nicht so beschaffen, daß es der Philosoph und der Jurist allein unter sich ausmachen könnten, ohne den Soziologen zu befragen.

Damit können wir nunmehr den Sprung auf das zweite Gebiet wagen, das im Titel des Vortrages angekündigt ist: das Völkerrecht. Wir definieren es hier für unsere Zwecke als den Inbegriff

4 Vgl. dazu den Teil »Theoretica« dieses Bandes, S. 405 ff.

der Rechtsbeziehungen zwischen Staaten. Den Staat selbst fassen wir als juristische Person auf. Damit haben wir zwar nicht alle Rechtsbeziehungen einbezogen, die herkömmlicherweise unter dem Titel des Völkerrechts abgehandelt werden, aber die meisten und wichtigsten. Das bisherige Völkerrecht ist Vertragsrecht. Wie weit gewohnheitsrechtliche Normen eine Rolle spielen, braucht uns hier nicht zu kümmern. Das Völkerrecht, so wie wir es als bisher geltend zugrunde legen, baut sich also auf Verträgen zwischen Staaten auf. Die Staaten sind souverän, d. h. es gibt keine Möglichkeit, einen Staat rechtlich zur Einhaltung eines Vertrages zu zwingen, es sei denn durch Retorsion, Repressalien oder Krieg. Auch der Völkerbundspakt sah gegen Vertragsbrecher nur Sanktionen vor: bekanntlich kein durchgreifendes Zwangsmittel. Der Briand-Kellogg-Pakt sieht lediglich vor, daß der Vertragsbrecher der Vorteile aus diesem Pakt verlustig geht, daß also ihm gegenüber die übrigen Vertragspartner nicht mehr an den Verzicht auf den Krieg als Mittel der nationalen Politik gebunden sind.[5] Das war die völkerrechtliche Lage 1938 in ihren gröbsten Zügen. Ich will nicht verschweigen, daß es vor allem in den Vereinigten Staaten eine Reihe von Völkerrechtlern gibt, die den Briand-Kellogg-Pakt als »Kriegsächtungspakt« interpretieren. Man wird kaum sagen können, daß diese Auffassung in der Völkerrechtswissenschaft durchgedrungen ist. Ich kann mich dafür auf einen Autor wie Josef L. Kunz berufen. Und bei aller Sympathie, die ich der Sache der »Kriegsächtung« entgegenbringe, muß ich gestehen, daß ich nicht im Stande bin, die Folgerungen aus dem Text des Pariser Vertrages zu ziehen, zu denen jene Autoren gelangt sind.

Nun hat, unter klarem Bruch des Kelloggpaktes, Deutschland 1939 den Krieg begonnen. Es hat ihn verloren, und das, was von seinen sogenannten Führern übrig ist, sitzt in Nürnberg auf der Anklagebank. Daß diejenigen, die die Welt und uns ins Unglück gestürzt haben, die als Mordbrenner in Europa hausten, verdienten, an den höchsten Baum gehenkt oder mit einem Mühlstein um den Hals dort im Meere, wo es am tiefsten ist, ersäuft zu werden, ist klar. Aber ein anderes ist die rechtliche Begründung. Nun sind ihnen zahllose völkerrechtliche Verbrechen zur Last gelegt worden, die Ausrottung von Völkern, die Hinmordung von Gefange-

5 Vgl. »Krieg als Straftat«, in diesem Band S. 221.

nen usw. Das alles ist juristisch unproblematisch. Hier interessiert uns nur das Verbrechen, das an erster Stelle steht: die Anzettelung von Angriffskriegen, die Verschwörung gegen den Weltfrieden.

Wenn Sie mich nun fragen: Ist die Verschwörung gegen den Weltfrieden nach dem bisher geltenden (im Sinne von vertraglich niedergelegten) Völkerrecht ein völkerrechtliches Delikt, das strafrechtlich an Einzelpersonen verfolgt werden kann, so antworte ich: Nein. Und wenn Sie mich weiter fragen: taten Justice Jackson und Sir Hartley Shawcross recht daran, damit die Reihe ihrer zahllosen Anklagen zu eröffnen, so antworte ich uneingeschränkt: Ja sie taten recht daran, und m. E. darf das Gericht, sofern es diesen Tatbestand für erfüllt erachtet, die Angeklagten daraufhin verurteilen, selbst wenn das Statut des Tribunals den Strafrechtsbestand des Angriffskrieges nicht vorsähe.

Meine Aufgabe ist nun, Ihnen zu zeigen, daß zwischen diesem Ja und diesem Nein kein Widerspruch besteht.

Um eine billige Ausflucht vorweg abzuschneiden: ich bin nicht der Ansicht, daß dieser Tatbestand durch die Errichtung des Tribunals jetzt geschaffen und mit rückwirkender Kraft ausgestattet werden mußte. Auf dem Boden der positivistischen Völkerrechtswissenschaft ist m. E. das Problem gar nicht zu lösen. Wenn gerade Völkerrechtler der angelsächsischen Länder sich für die Möglichkeit einer Bestrafung ausgesprochen und eingesetzt haben, so setzen sie sich mit der von ihnen seit je vertretenen Völkerrechtsauffassung nicht in Widerspruch: sie bauen sie nur aus und führen sie fort. Denn in ihrer Auffassung ist stets ein starker naturrechtlicher Einschlag vorhanden gewesen, zweifellos ein calvinistisches Erbteil, da im 17. und 18. Jahrhundert fast alle großen Naturrechtskonzeptionen im calvinistischen Kulturraum entstanden sind, ich nenne nur Althusius, Grotius, Hobbes, Locke – an die die Lutheraner Pufendorf, Thomasius, Wolff dann anknüpfen – ich nenne noch Rousseau, der dann Kant, wie dieser von sich sagte: zurecht gebracht hat.

So kann das angelsächsische Rechtsdenken solche Konsequenzen ziehen, denen ein vorwiegend positivistisches Rechtsdenken, wie es sich in Deutschland und überhaupt auf dem europäischen Kontinent mehr oder weniger durchgesetzt hatte, nicht folgen kann. Aber wenn der Positivismus in der Rechtswissenschaft auch bei uns heute zurückgedrängt ist, so können wir schwerlich eine Rechtsauffassung einfach übernehmen, die auf so besonderen historisch-kulturellen Voraussetzungen beruht wie die britische und die amerikanische. Man mißverstehe mich bitte nicht: die englisch-amerikanische Völkerrechtsauffassung ist heute führend und wird das zukünftige Völkerrecht in weitestem Maße bestimmen. Aller Fortschritt im Völkerrecht geht von dort aus, und es ist und wird ein gewaltiger Fortschritt sein. Aber Rechtssätze, die für das anglo-amerikanische Rechtsbewußtsein eine Selbstverständlichkeit sind oder aus solchen selbstverständlichen Rechtssätzen folgen, bedürfen für uns – einfach von unseren andersgearteten Voraussetzungen aus – einer Begründung. Wir können uns nicht einfach an die anglo-amerikanische Geistesgeschichte anschließen, als ob Cromwell oder die Pilgerväter zu unseren Vorfahren gehörten. Wir müssen uns – es bleibt da keine andere Wahl, es sei denn, wir verzichteten auf den Anschluß an die Zukunft, und weit genug haben wir es darin in zwölf Jahren schon gebracht – wir müssen uns mit diesen Rechtssätzen, die für uns in ihrem Anspruch auf positive Geltung wie stellae novae erscheinen, ehrlich und ernsthaft auseinandersetzen, wir müssen nach ihren zwingenden Gründen suchen: es könnte sonst sein, daß sie für das deutsche Rechtsbewußtsein allzu schnell wieder erlöschen, weil wir mit dem Rechtspositivismus nicht ins reine gekommen sind. Das heißt aber nichts anderes: wir müssen streben, den Grund der Möglichkeit der Geltung des Naturrechts an das Licht des Tages zu bringen. Täuschen wir uns nicht darüber, daß das Moralische – und das Naturrecht gehört in einem genauen Sinne auch zu diesem – *nicht* selbstverständlich ist, wie es ein immer wieder nachgesprochener Satz F. Th. Vischers besagt. Selbstverständlich ist im Gegenteil das Unmoralische – das hat eine infernalische Staatsführung zwölf Jahre lang der Welt vorexerziert. Aber wie Schopenhauer sagte: Moral predigen ist leicht, Moral begründen schwer – ich glaube, daß Sie aus dem ersten Teil meines Vortrages den Eindruck erhalten haben, daß es, wie Otto Flake einmal hübsch bemerkt, in der philosophischen Materie – und dazu gehört das Naturrecht – unmöglich ist, die Köchin Molières zur Norm zu nehmen.

So darf ich auf einiges Verständnis dafür hoffen, daß ich Ihnen die Anstrengungen zugemutet habe, die nötig waren, um einen Durchblick auf den Grund der Möglichkeit des Naturrechts zu eröffnen. Ich werde Ihnen jetzt zu zeigen versuchen, wie tief der

Einbruch des Naturrechts in das Völkerrecht heute ist und wie die Rechtssätze, die sich heute als geltend etablieren, einer strengen naturrechtlichen Begründung fähig sind. Völkerbund und Kelloggpakt machten den Versuch, die Entstehung von Kriegen unter den Vertragspartnern oder mit einem Vertragspartner zu verhindern. Sie sahen kein obligatorisches Einschreiten gegen den Friedensbrecher mit Waffengewalt vor, wenn andere Mittel nicht zum Erfolg führten. Anders die Charta der Vereinten Nationen. Nach ihr ist der Weltsicherheitsrat für jeden den Frieden gefährdenden Konflikt zuständig, und er muß eingreifen, wenn ein Krieg ausbricht, und gegebenenfalls militärische Aktionen gegen den Friedensbrecher anordnen. Es ist bemerkenswert, daß die Charta diese Bestimmung nicht auf die Konflikte beschränkt, an denen wenigstens ein Mitgliedstaat der Vereinten Nationen beteiligt ist – jedenfalls steht eine solche Beschränkung nicht im Vertragstext (Art. 46) – ganz im Gegensatz zur entsprechenden Regelung in Art. 17 des Völkerbundpaktes. Daß der Weltsicherheitsrat grundsätzlich befugt ist, auch im Fall der Gefährdung des Friedens durch ein Nichtmitglied und gegen dessen Willen einzugreifen, zeigte sich deutlich, als der Fall Franco-Spaniens vor den Weltsicherheitsrat gebracht wurde. Und wenn nun der Weltsicherheitsrat eine Gefährdung des Friedens – sagen wir einmal eine Aktion Francos gegen das Nichtmitglied Portugal – festgestellt hätte und eingeschritten wäre: dann ist die Frage die, ob eine Aktion gegen Franco-Spanien einen Rechtsgrund gehabt hätte. Man kann nicht argumentieren: diese Möglichkeit ist ja in der Charta vorgesehen, also ist ein Rechtsgrund vorhanden. Denn, es ist im Völkerrecht in dieser Hinsicht nicht anders als im zivilen Recht, daß man rechtlich nicht durch einen Vertrag Dritte verpflichten kann: »obligatio tertio non contrahitur« ist ein allgemein anerkannter völkerrechtlicher Grundsatz. Aber, und das ist das Entscheidende, was die Charta der Vereinten Nationen über den Völkerbund und alle sonstigen Verträge zwischen souveränen Staaten hinaushebt: diese Charta ist eben kein Vertrag im üblichen völkerrechtlichen Sinne, sondern sie ist mehr, sie ist, wie unvollkommen auch immer, eine erste völkerrechtliche Weltverfassung.

Sie schafft in der Tat neues Recht, mit ihr tritt das Völkerrecht in eine völlig neue Phase, grundlegend verschieden von dem, was wir bisher Völkerrecht nannten. Die Legitimation aber für diesen schöpferischen Akt kann nur im Naturrecht gefunden werden und nirgends sonst. Und nur von daher läßt sich die rechtliche Legitimation des Weltsicherheitsrates begreifen und begründen, sich auch in Verhältnisse einzumengen, die Nichtmitglieder betreffen. Denn was geschieht durch die Errichtung einer solchen völkerrechtlichen Verfassung, die diesen Namen erst verdient, weil ihr alle Merkmale des positiven Rechtes eignen, gegen die gehalten das bisherige Völkerrecht eben nur ein defektes Recht ist? Es geschieht genau das, daß eine völkerrechtliche Rechtsordnung im vollen Sinne des Wortes etabliert wird, und nun gilt ein *Satz des Naturrechtes, daß nämlich auch der Widerstrebende, der im Naturstand verharren will, in die Rechtsordnung hineingezwungen werden darf.* Oder anders ausgedrückt, wie es eine nachgelassene Notiz Kants formuliert: »Man kann gezwungen werden, aus dem statu naturali herauszugehen.« Und Kant fährt fort: »Es ist nicht erlaubt, den Rechtszwang abzuwerfen« (*Refl.* 7648). In dem Augenblick, da nun die Menschheit sich anschickt, eine – wie ich sagen möchte – *perfekte* Völkerrechtsordnung zu schaffen, und, wie wir hoffen, endgültig den Naturzustand der Völker untereinander zu überwinden, darf sie die Widerstrebenden in den neuen Rechtszustand hineinzwingen, weil – und ich darf hier noch einmal eine Kantische Reflexion zitieren – ich von anderen Menschen, die im natürlichen Zustande sind, laesus per statum bin, keine Sicherheit habe und nicht verbunden bin, in dieser Furcht zu bleiben (*Refl.* 7647) – ein Wort, das nicht von ungefähr an Formulierungen der Atlantic-Charta erinnert.[6] Und hier erinnere ich noch einmal daran, daß die naturrechtlichen Normen eine Geltung haben, die notwendig möglich ist, und das hieß ja nichts anders, als daß sie von solcher Beschaffenheit sind, daß sie von jedermann müssen anerkannt werden können. Ihnen gegenüber gibt es nicht die Möglichkeit zu sagen: Ich lehne sie ab, ich wünsche eine andere perfekte Rechtsordnung: denn das widerspricht sich, wie wir uns überzeugt haben. Wer in eine auf den

6 Wenn Kant die Anwendbarkeit der zitierten Sätze auf Staaten bestreitet, so setzt er deren volle Souveränität voraus. Obwohl die Charta der UN die Souveränität der Staaten anerkennt, stellt sie aber dennoch eine capitis diminutio derselben dar, wie weiter unten angedeutet: kann auch kein Staat gezwungen werden, der UN beizutreten, so darf er doch gezwungen werden, sich gegenüber Nichtmitgliedsstaaten friedlich zu verhalten.

Grundsätzen des Naturrechts errichtete positive Rechtsordnung zu treten ablehnt, verharrt in statu naturaliter, darf also gezwungen werden, sie anzunehmen.

Nun liegt im konkreten Falle, und das trifft wie jede positive Rechtsordnung auch die Charta der Vereinten Nationen, der Einwand nahe, daß die betreffende Rechtsordnung nicht rein naturrechtliche Grundsätze verwirklicht; vielmehr käme in ihr die gegenwärtige *Machtlage* zum *Ausdruck.* Das ist gewiß richtig, aber es schlägt als Gegenargument nicht durch, und zwar deshalb nicht, weil in der Charta der Vereinten Nationen tatsächlich – und das ist das Entscheidende – Garantien dagegen geschaffen worden sind, daß ein Staat das Objekt der Willkür eines anderen werde, mögen diese Garantien nun im Einzelfall ausreichen oder nicht.

Es ist die nicht aus der Welt zu schaffende Dialektik jeder positiven Rechtsordnung, daß sie gleichzeitig eine Machtordnung sein muß: denn die Einhaltung der Gesetze und Verträge muß erzwungen werden können, und die Macht, die diesen Zwang besorgt, fällt nicht vom Himmel, sondern ist höchst irdischen Ursprungs. Das gilt für die Völkerrechtsordnung in gesteigertem Maße. Aber diese Tatsache entbindet nicht von der Pflicht, darauf hinzuwirken, daß sich die positive Rechtsordnung möglichst eng den naturrechtlichen Forderungen angleiche. Hier ragt das Soziologische in die Welt der Rechtsnormen hinein, und die Aufgabe ist eben die, das Soziologische gemäß den ewigen Prinzipien des Rechts zu gestalten. Wenn wir eine Völkerrechtsverfassung entwerfen, müssen wir wissen, mit welchen Machtfaktoren wir zu rechnen haben. Auf diese müssen wir das Völkerrecht zuschneiden: d.h. es müssen die Bestimmungen so gehalten werden, daß sie bestimmt sind, einen Mißbrauch der Macht: und das heißt immer, daß jemand einen anderen zum Objekt seiner privaten Willkür macht, so wirksam als möglich zu verhindern. Ein bedeutender Anfang in dieser Richtung ist heute gemacht, aber es liegt nun einmal im Wesen der Sache, daß er nicht mit einem Schlage alle Schwierigkeiten in den internationalen Beziehungen der Staaten beseitigt, und schon gar nicht in der gegenwärtigen Situation, wo es erst einmal überhaupt den Frieden herstellen heißt und in weiten Teilen der Welt konsolidierte Verhältnisse schaffen.

Aber schon zeigen sich in den Reden der führenden Staatsmänner weite Ausblicke – ich möchte vor allem an die Worte Bevins erinnern, der die Schaffung eines Weltparlamentes empfahl – ein Weltparlament, das die Völker selbst wählen. So überraschend es klingt: diese Forderung weist, auf ihren völkerrechtlichen Gehalt hin angesehen, in die gleiche Richtung wie der Nürnberger Prozeß. Das wird sofort deutlich werden.

Das Völkerrecht bisher kannte, wie ich schon sagte, nur Staaten als völkerrechtliche Rechtssubjekte – mit der viel diskutierten Ausnahme des Piraten. Für das klassische Völkerrecht war der souveräne Staat von außen undurchdringlich. Der Staat handelte und der Staat haftete. Der Staat wird rechtswissenschaftlich als juristische Person begriffen, und wir können die Undurchdringlichkeit des Staates rechtslogisch so definieren, daß es im Normalfall keine Regeln gibt, nach denen Aussagen über den Staat so umgeformt werden können, daß in den äquivalenten Aussagen nur noch von natürlichen Personen gesprochen wird. Wenn bisher Staaten auf völkerrechtlicher Basis miteinander verkehrten, so geschieht das zwar durch natürliche Personen, denn anders geht es nun einmal nicht, aber diese Personen treten als Organe des Staates auf – nur Despoten, für die der von ihnen beherrschte Staat ihr Privateigentum ist, treten auch völkerrechtlich als natürliche Personen in Erscheinung neben den bereits erwähnten Piraten natürlich und, wenigstens nach katholischem Kirchenrecht, neben dem Papst.

Wenn heute der Gedanke an ein Weltparlament, dessen Mitglieder von den Völkern gewählt werden und *nicht* Staatsorgane sind, überhaupt aufkommen kann, so heißt das nichts anderes, als daß jene Undurchdringlichkeit der Staaten heute höchst problematisch geworden ist. Daß die Abgeordneten des Weltparlamentes einen völkerrechtlichen Status besitzen sollen, daran kann nicht gezweifelt werden, aber wie ihr Verhältnis zu ihren Wählern auch juristisch zu konstruieren sein würde, wenn das Weltparlament Völkerrecht soll schaffen können – und was anderes könnte sein Sinn sein –, so würde den Völkern selbst und d. h. nicht einer mystischen Einheit, sondern den natürlichen Personen, aus denen sie sich zusammensetzen, eine legislative Kompetenz in bezug auf das Völkerrecht zugewiesen, die sie dann auf dem Weg der Delegation oder des Mandates durch die gewählten Abgeordneten ausüben ließen.

Wenn auch ein Weltparlament heute noch Zukunftsmusik ist, so liegt es doch auf der einmal eingeschlagenen Linie, die in der Charta der Vereinten Nationen ihren bisher kräftigsten Ausdruck gefunden hat. Die Charta selbst spricht zwar noch von den souveränen Staaten, die sich auf der Basis der Gleichheit in den Vereinten Nationen zusammengefunden haben. Aber es bedeutet der Verzicht auf den Krieg – der als solcher schon im Briand-Kellog-Pakt ausgesprochen ist – eine capitis diminutio der Souveränität, weil dieser Verzicht hier mit der Möglichkeit eines äußersten rechtlichen Zwanges gegen den Friedensbrecher gekoppelt ist. Und dieses Moment der *Erzwingbarkeit* völkerrechtsgemäßen Verhaltens, mit wie vielen Einschränkungen es auch noch – besonders, was die Weltmächte angeht – belastet ist: dieses eben eine perfekte Völkerrechtsordnung zum erstenmal in der Geschichte konstituierende Moment ist es gerade, was den Fortschritt weitertreibt. Denn der Zwang muß letzten Endes bei natürlichen Personen einsetzen, und das heißt: es muß möglich sein, natürliche Personen, die in ihrer Eigenschaft als Staatsorgane völkerrechtswidrige Handlungen begehen, im völkerrechtlichen Sinn strafrechtlich zu belangen. Wohlgemerkt: es muß möglich sein – ich sage damit nicht, daß es in jedem Falle auch so wäre und sein müsse: das eben hängt von positiv-rechtlichen Regelungen ab. Wir haben jetzt eine solche durch die Errichtung des Nürnberger Tribunals, und dessen Existenz beweist, daß man entschlossen ist, die Bahnen der vom Naturrecht vorgezeichneten rechtlichen Möglichkeiten einzuschlagen und zu beschreiten. Damit aber ist der Entwicklung des Völkerrechtes der Weg gewiesen: man kann jetzt nicht mehr zurück, ohne den Boden des Rechtes zu verlassen, denn man darf, wie schon die vorhin zitierte Reflexion Kants besagt, den Rechtszwang nicht abwerfen. Das aber läßt auch uns Deutsche hoffen, nicht nur weil alliierte Staatsmänner, wie gerade der amerikanische Außenminister Byrnes, uns diese Hoffnung gegeben haben, sondern auch weil kein Staat rechtlich auf die Dauer von den Rechten und Pflichten einer auf dem Boden der Gleichheit errichteten universalen Rechtsgemeinschaft ausgeschlossen werden darf, wenn er die notwendigen Voraussetzungen erfüllt, und diese Voraussetzungen sind keine anderen als die, daß nach seiner Beschaffenheit ein rechtliches Verhalten von ihm erwartet werden kann. In diesem Sinne spielt die Staatsform eines Staates tatsächlich eine Rolle in bezug auf seine Qualifikation als vollberechtigtes Mitglied der Völkerrechtsgemeinschaft. Diese Qualifikation ist nämlich nicht gegeben, wenn alle Macht im Staate in das Belieben sei es eines Einzelnen oder sei es auch einer Mehrzahl von Personen gelegt ist: Die Völkerrechtsordnung selbst stellt daher an die Staatsbürger jedes Staates die Forderung, daß sie nicht, wie wir in Deutschland es so lange zu tun geneigt waren, zu ihrer Regierung sprechen: Was ihr auch beschließt, wir machen es mit, sondern daß sie sagen: Wir verweigern euch die Gefolgschaft, wenn ihr Widerrechtliches von uns verlangt. Damit aber liegt in der bloßen Existenz eines perfekten Völkerrechts eine Tendenz, die dahin wirkt, daß die Staaten selbst im Innern demokratische – Kant würde sagen: republikanische – Verfassungszustände verwirklichen. Diese aber bedeuten nicht weniger als das, daß die Staaten sich im Innern nach den Sätzen des Naturrechts organisieren: ich nenne nur den wichtigsten in verfassungsrechtlicher Hinsicht, das sogenannte Prinzip der Gewaltenteilung, das in seiner vollen naturrechtlichen Bedeutung heute noch so gut wie unverstanden ist trotz der Ströme von Tinte, die man darüber vergossen hat. Ich sagte das sogenannte Prinzip der Gewaltenteilung; in Wirklichkeit ist es ein *beweisbarer* Satz des Naturrechts, und beweisbare Sätze sind keine Prinzipien.

Diese neue, vom Naturrecht durchtränkte Entwicklung ist nicht vom Himmel gefallen, sondern sie hat sich seit vielen Jahren vorbereitet. Lassen Sie mich bitte zum Schluß noch einige wenige Worte dazu sagen, soweit das möglich ist, ohne Sie mit juristischen Subtilitäten zu belästigen: Sie wissen, daß diese Entwicklung immer wieder einmal gefordert worden ist, ich brauche nur den Namen Hans Wehbergs zu nennen und auf seine Zeitschrift »Friedenswarte« hinzuweisen. Ich könnte noch viele Namen nennen, vor allem aus dem angelsächsischen Raum, Namen, die fast alle mit der Bewegung zur »Ächtung des Krieges« in Zusammenhang stehen. Ich verzichte darauf und will nur auf das hinweisen, was gewisse Tendenzen in der Völkerrechtspraxis ausgelöst hat. Es ging da vor allem um den klassischen Begriff der Neutralität und seine Durchbrechung. Das klassische Neutralitätsrecht ist im letzten Kriege so in die Brüche gegangen, daß wenig mehr von ihm übriggeblieben ist. Es mußte in dem Augenblick zerbrechen, wo ein hostis generis humani im Kreise der Staaten erschien. Die Auflösung des klassischen Neutralitätsbegriffes geschah schon vor dem Krieg, sie kündigte sich an in den verschiedenen Versuchen, in Verträgen sich über die Definition des Angreifers zu einigen – ich erinnere an die Genfer Generalakte vom 26. September 1928 und die zahlreichen Verträge der Sowjetunion von 1933 – sie wurde von der Völkerrechtswissenschaft in der Diskussion um den sogenannten diskriminierenden Kriegsbegriff gefördert. Aber das hätte vielleicht alles nicht ausgereicht, die endgültige Zersetzung des Neutralitätbegriffes herbeizuführen. Mir scheint, daß man diese Dinge nicht an ihrer Wurzel zu fassen bekommt, wenn man sie allzusehr unter der Perspektive: Angriffskrieg – Verteidigungskrieg sieht. Nicht daß Hitler schließlich gegen Polen zum militärischen Angriff schritt, ist vom Naturrecht her gesehen sein eigentliches Verbrechen, dieser Angriff ordnet sich vielmehr in eine Reihe von anderen Handlungen ein. Zudem: positiv-rechtlich hatten auch Völkerbundsatzung und Briand-Kellogg-Pakt den Krieg als Rechtsinstitution bestehen lassen. Das Entscheidende liegt tiefer, und jeder Angriff und jene Handlungen sind nur Äußerungen davon: es ist das, daß er sein Belieben zur Maxime seiner Handlungen machte, daß es keinen Vertrag gab, den er zu brechen nicht bereit war, daß es keinen Rechtssatz gab, den zu beugen er nicht entschlossen war, wenn es ihm sein Vorteil zu sein schien. Das eben war es, was ihn zum hostis generis humani machte, nicht nur ihn, sondern das nationalsozialistische System. Aber lassen Sie uns noch einmal einen Blick auf das Naturrecht zurückwerfen. Dann steht es nämlich so: Man kann den Rechtsbruch nicht zu einer allgemeinen Maxime machen, auch nicht so, daß man die Erlaubnis, stets nach dieser Maxime zu handeln, auf die eigene Person beschränkt. In diesem Augenblick nämlich beginnt man die Kräfte der Menschheit gegen sich auf den Plan zu rufen, weil die Existenz solcher Maxime ein rationales Motiv dafür ist, daß sich die Menschen so verhalten, daß eine Situation, in der jene Maxime zum Zuge kommen könnte, nicht eintritt. Das heißt: sie hebt sich selber auf. Und diese Eigenschaft, sich selber aufzuheben, eben ist es, die rein formal jene Maximen definiert, unter denen diejenigen Handlungen stehn, die das Naturrecht als unverträglich aus dem Kreis der zuzulassenden Handlungen verbannt.

Ich fasse zusammen: Der Widerstrebende darf in eine perfekte Völkerrechtsordnung hineingezwungen werden. Die perfekte Völkerrechtsordnung muß, um effektiv zu werden, die Undurchdringlichkeit des Staates abbauen und Regeln schaffen, nach denen natürliche Personen völkerrechtlich belangt werden können.

Damit ist die eingangs gestellte Frage nach der juristischen Rechtfertigung des Nürnberger Prozesses positiv beantwortet; denn der Satz, den die Angeklagten ebenfalls für sich in Anspruch nehmen könnten, der vielberufene Satz: nulla poena sine lege, und daß man ex post facto strafrechtliche Tatbestände nicht anwenden dürfe, greift deshalb nicht durch, weil er zu seiner möglichen Anwendung die Existenz eines Strafrechtes voraussetzt, das seiner Intention nach die Straftatbestände lückenlos regelt.

Ich bin am Ende dessen, was ich Ihnen heute zum Thema Naturrecht und Völkerrecht sagen wollte. Ich hoffe, daß es mir gelungen ist, Ihnen einen Eindruck von dem zu vermitteln, was das Naturrecht für die vor der Menschheit liegenden Aufgaben leisten kann. Und vielleicht ist es mir auch gelungen, Sie wenigstens nachdenklich zu stimmen in bezug auf die Behauptung, daß das Naturrecht formal ist und formal sein muß, obwohl unseren Denkgewohnheiten nichts so widerstreitet. Aber wenn wir einmal Sinn und Grenzen des Naturrechts und damit des Rechtes überhaupt scharf durchdenken, so erkennen wir auch die Gefahr, die von denen ausgeht, die es mit der Menschheit zu gut meinen und ihr den Weg ihres Glückes durch inhaltliche Prinzipien rechtlich bestimmen wollen. Das auf dem Naturrecht aufbauende Recht ist hart: es erkennt den Menschen als Menschen an, aber es sagt auch zu ihm: hilf Dir selbst oder geh unter! Und nichts mehr kann der Mensch von dem anderen rechtlich verlangen, als daß er instandgesetzt werde, sich selber helfen zu können. Die Idee der Güte, so hat ein heller Kopf gesagt, »die Idee der Güte führt, sobald sie als Gleichheit der Menschen verwirklicht wird, zur kommunistischen Diktatur« – mir scheint, wir sollten das etwas durchdenken, ehe wir auf inhaltlichen Prinzipien Rechtsordnungen errichten. Keine wahre Rechtsordnung, die diesen Namen verdient, wird die Werke der Menschheit, wird die Fülle der Werte ausschließen aus der Gestaltung der Gemeinschaften. Im Gegenteil, sie ermöglicht sie erst, indem sie ihnen Raum gibt. Aber das Recht als Recht ist formal, es setzt die formalen Bedingungen des Gemeinschaftslebens. Wir können es in der positiven gesetzlichen Gestaltung immer nur in Näherung erreichen, aber das besagt nichts gegen die Exaktheit, deren das Naturrecht fähig ist. Die großen und kleinen Probleme unserer Existenz liegen jenseits des Rechtes, aber wir dürfen das Recht, das den Raum ihrer möglichen Lösungen abgrenzt, nicht überspringen.

Wenn der gescheite Franz Overbeck auch einmal meint, wer sich heute auf den Apostel Paulus berufen zu können glaube, der habe den Apostel Paulus nicht verstanden, so darf ich doch vielleicht mit einem Wort aus dem ersten Brief an die Korinther (14,39 f.) schließen: »Darum, meine Brüder, befleißigt Euch des Weissagens und wollet das Reden in Zungen nicht hindern; alles aber geschehe ehrbar und in Ordnung.« Denn dieses »in Ordnung«, κατὰ τάξιν, das den Handlungen ihren Platz anweist, ist nichts anderes als die ewige Leistung des Rechtes.

(1948)

Das Problem des Rechts und die Ethik

Der Mensch als handelndes Wesen verändert bewußt und willentlich Situationen, in denen er sich befindet. Darin, daß eine Situation in eine andere Situation übergeführt wird, besteht das Handeln, und es liegt nahe, den Begriff der Handlung zu definieren als die Überführung einer Situation in eine andere Situation.

Eine Situation ist dadurch gekennzeichnet, daß in ihr der in ihr Stehende in gewissen Relationen steht zu irgendwelchen Gegenständen oder anderen Personen. Sie ist nichts weiter als ein Gefüge von Relationen, die zwischen Personen und Gegenständen oder auch Personen allein statthaben. Falls jemand einen anderen Begriff von Situation bevorzugt, so bitte ich das Gesagte so aufzufassen, daß hier nur das Situation heißen soll, auf das die von mir gegebene Charakterisierung zutrifft.

Nehmen wir zunächst den einfachen Fall einer Situation von der Art, in der eine *einzige* Person in gewissen Relationen zu irgendwelchen Gegenständen steht. Diese Person verfüge etwa über einige Bretter, Nägel, eine Säge und einen Hammer. Sie beschließe nun, eine Kiste herzustellen. Führt sie diesen Beschluß oder Vorsatz aus, so tritt nach einiger Zeit eine Situation ein, in der die betreffende Person über eine Kiste verfügt. Diese neue Situation ist festgelegt durch die erste Situation, die *Ausgangssituation,* und den Vorsatz in bezug auf deren Veränderung. Diesen Vorsatz, der das »Handeln« der betreffenden Person bestimmt, nennen wir die *Maxime* der Person. Insofern in unserm Falle die Endsituation allein abhängig ist von der Ausgangssituation und dieser einen Maxime, nennen wir diese Maxime auch eine *Transformation.*

Weshalb wir hier zwei Ausdrücke für die in unserm speziellen Falle gleiche Sache verwenden, wird sofort klar, wenn wir von einer Situation ausgehen, in der zwei Personen stehen. Die eine Person besitze Kants *Kritik der reinen Vernunft*, die andere Hegels *Logik*. Sie beschließen zu tauschen. Eine neue Situation entsteht. Aber hier ist offenbar nicht mehr hinreichend, daß der Besitzer von Kants *Kritik* diese gegen Hegels *Logik* eintauschen möchte und daß sein Kollege Hegels *Logik* hat. Auch der letztere muß zu diesem Tausch bereit sein. M. a. W. die Maxime einer Person ergibt noch keine Transformation, vielmehr müssen, wenn sich eine Transformation ergeben soll, beider Maximen zu einer solchen zusammenstimmen, oder die Maxime des einen muß irgendwie, sei es durch Gewalt oder durch List, unterdrückt werden.

Das Gesagte läßt sich leicht auf Situationen mit einer beliebigen Anzahl von Personen verallgemeinern.

Eine Handlung in diesem Sinne, dem Übergang von einer Situation zu einer andern, ist also per definitionem in der Regel ein *sozialer Vorgang* und nur im Grenzfalle der Situationen, in denen nur eine Person steht, ein individueller. Diesen Umstand müssen wir fest ins Auge fassen, wenn wir jetzt fragen, ob der Mensch in bezug auf das Handeln die Möglichkeit der Autonomie habe, d. h. ob der Mensch die Möglichkeit habe, sein Handeln unter Gesetze zu stellen, die aus seiner Fähigkeit, sich in einer Situation gewisse Maximen zu machen oder auch nicht zu machen, zwischen möglichen Maximen zu wählen, fließen.

Man kann diese Frage von zwei Seiten her angehen, von der *materialen* der möglichen Zwecke und von der *strukturellen.* Gehen wir von der materialen aus, so sehen wir uns sehr bald vor unüberwindliche Schwierigkeiten gestellt. Es ist eine Unzahl von Situationen möglich, und der Mensch kann sich in ihnen vielerlei Zwecke machen. Vor allem, wir können keinen Zweck angeben, der für alle Menschen der höchste und somit in jeder Situation für jeden der leitende wäre. Alle Erfahrung spricht dagegen, daß es einen solchen Zweck gibt, oder genauer, daß er im Handeln der Menschen wirksam ist und ihre Handlungen effektiv bestimmt. Aber auch angenommen, es sei ein solcher höchster Zweck vorstellbar, so müßte dieser gedacht werden können als alle sonstigen partiellen und untergeordneten Zwecksetzungen so determinierend, daß diese in den jeweiligen Situationen zu Transformationen zusammenstimmen. Verfolgt man diesen Gedankengang nun weiter, so trifft man auf neue Schwierigkeiten. Denn darin, daß irgend etwas als höchster Zweck gedacht wird, liegt schon keineswegs, daß damit die Frage, welcher von zwei untergeordneten, nicht gleichzeitig realisierbaren Zwecken den Vorzug verdiene, stets entscheidbar ist. Diese Frage wird aktuell, wenn in einer Situation die eine Person den ersten, die andere den zweiten dieser Zwecke realisieren möchte, und eine Gesetzgebung, nach der

nicht wenigstens prinzipiell eine eindeutige Entscheidung möglich ist, wäre schwerlich etwas wert.
Auch eine Wertphilosophie, die nicht so sehr unmittelbar auf die Zwecke als auf, in, mit und unter den Zwecken irgendwie zu verwirklichende Werte abhebt, hilft uns nicht eben viel. Sie vergrößert die Schwierigkeiten eher, als daß sie sie verminderte. Eine feste Rangordnung der Werte läßt sich kaum hinreichend begründen, die Annahme eines objektiv gegebenen Wertreiches, in das wir gleichsam mit einem geistigen Auge Einblick nehmen, um uns zu orientieren, droht zudem die Voraussetzung der möglichen Autonomie in die Luft zu sprengen. Denn einem Wertreich, dem der Mensch gegenübersteht, kann schwerlich eine Gesetzgebung entfließen, die den Namen der Autonomie verdient. Denkt man es andererseits als etwas, das der Mensch in sich findet, so bleibt es entweder in bezug auf den Grund seiner Verbindlichkeit ein Rätsel oder man subjektiviert es in einer der bekannten Weisen, und dann leistet es schon gar nicht, was es uns hier leisten sollte.
Ich deute alle diese Schwierigkeiten einer irgendwie gearteten Problemlösung, die von der materialen Seite des Problems ausgeht, nur eben an. Sie sind jedem, der sich mit Fragen der Ethik beschäftigt, vertraut, und sie ließen sich beliebig vermehren, wozu uns hier die Zeit fehlt. Worauf es mir hier ankommt, ist nur, die Aufmerksamkeit darauf zu lenken, daß es, wenn man von der materialen Seite ausgeht, offenbar nicht möglich ist, ein *Entscheidungsverfahren zu entwickeln für die Frage, welchen Bedingungen jede Umformung einer Situation in eine andere genügen muß, um im Sinne einer Gesetzgebung auf der Grundlage der Autonomie zulässig zu sein oder nicht.*
Diese Frage bedarf der Verdeutlichung. Was soll uns das Verfahren prinzipiell gestatten? Es soll uns folgendes erlauben: es soll uns instand setzen, für jede Transformation in bezug auf eine gegebene Situation die Bedingungen anzugeben, unter denen diese Transformation zum Zuge kommen darf.
Wie man sieht, verlangen wir von unserm Entscheidungsverfahren, daß es das leistet, was eine positive Privatrechtsordnung dann leistet, wenn wir sie als widerspruchsfrei und lückenlos ansehen dürfen. Zweifellos stellt keine der historischen Privatrechtsordnungen das gesuchte Verfahren dar, aber sie erlauben eine gewisse Orientierung. Denn wir können nun die Aufgabe, vor der wir

stehen, so bestimmen: ob es möglich ist, *rein strukturell eine Rechtsordnung zu konstruieren*, die in bezug auf einen beliebigen vorgegebenen Bereich von möglichen Handlungen lückenlos und widerspruchsfrei ist.

Diese Bezugnahme auf einen vorgegebenen Bereich von Handlungsmöglichkeiten, und das heißt nichts anderes als auf einen irgendwie bestimmten Stand der *Technik*, ist erforderlich, weil die Lückenlosigkeit einer Rechtsordnung nur über einen gegebenen Bereich möglicher Handlungen definiert werden kann. Was aber heiße hier »rein strukturell«?

Negativ heißt es, daß die Rechtsordnung festgelegt werden soll ohne Bezugnahme auf irgendwelche inhaltlich bestimmten Zwecke, in *positiver* Hinsicht soll es besagen, daß diese Feststellung nur mit Hilfe von Ausdrücken geschehen darf, die auf die *Struktur* von Handlungen bzw. Handlungsreihen Bezug haben.

Der erste Schritt in die geforderte Konstruktion hinein macht sich noch relativ leicht. Man geht aus von Situationen, in denen zwischen den Personen und Gegenständen nur Relationen empirischer Art bestehen etwa des In-der-Gewalt-Habens eines Gegenstandes oder des Interesses an einem Gegenstande und dergleichen mehr. Rein strukturell betrachtet ist hier keine Person vor einer anderen ausgezeichnet. Daher wird man postulieren, daß solche Handlungen – und in solchen Situationen nur solche Handlungen – zulässig sein sollen, zu deren Transformation die Maximen aller an der Situation Beteiligten zusammenstimmen. Dieser Schritt ist notwendig, führt aber nicht weit.

Zum zweiten Schritt ist dann bereits eine erhöhte begriffliche Zurüstung nötig. Man führt oft eine Situation herbei, um dann eine dritte herbeiführen zu können. Man einigt sich auf die erste Transformation, weil man die zweite will. Ich erinnere an das Beispiel von der Kiste. Man stellt eine Kiste nicht um ihrer selbst willen her, sondern um sie irgendwie zu benutzen. Es treten also Transformationen in verkoppelter Form auf, wobei die späteren Transformationen unter Umständen zunächst unbestimmt bleiben können. Es kommt nun darauf an, diese Verkoppelung von Transformationen zuzulassen. Dazu genügt es, einerseits auszuschließen, daß in die Zwischensituationen sich Dritte gegen den Willen der an ihnen Beteiligten eindrängen können, und andererseits die Beteiligten an die ursprünglich festgelegten weiteren

Transformationen zu binden, soweit sie sich nicht auf Änderungen einigen. Auf dieses Basis ist es dann nicht schwer, alle wesentlichen Institute des Privatrechts zu definieren. Die Verkoppelung von Transformationen bietet außerordentlich reiche Variationsmöglichkeiten, und diese lassen sich dann mit Hilfe einer hinreichend subtilen begrifflichen Technik für unsere Zwecke ausnutzen.

Ich muß es mir hier versagen, auf diese technische Seite der Sache näher einzugehen, möchte aber das Gemeinte an einem Beispiel erläutern. Die Hinterlegung läßt sich so definieren, daß ein Gegenstand, der sich in der Ausgangssituation im faktischen Besitze einer Person A befindet, gemäß der ersten Transformation in den Gewahrsam einer Person B übergeht unter der Voraussetzung, daß es zu einem gewissen Zeitpunkt auf Grund einer neuen Transformation, die maßgeblich durch die Maxime des A bestimmt wird, eine neue Situation herbeigeführt wird, sei es daß A wieder in den Besitz des Gegenstandes gelangt oder ein Dritter, den A bestimmt, oder daß A dem B den Gegenstand schenkt oder verkauft, so daß A damit aus der Situation, in der sich B mit dem Gegenstande befindet, ausscheidet. Diese strukturelle Definition des Instituts der Hinterlegung hat die nicht uninteressante Konsequenz, daß sich der berühmte Satz »Deposita dürfen unterschlagen werden«, überhaupt nicht mehr ohne Widerspruch formulieren läßt. Denn die Definition besagt ja, daß ein Depositum ein Gegenstand ist, über den der Verwahrer nicht gegen den Willen des Hinterlegers verfügen darf, so daß der Satz, ein Depositum dürfe unterschlagen werden, besagt, daß der Verwahrer über den Gegenstand, über den er *nicht* gegen den Willen des Hinterlegers verfügen darf, auch gegen die Willen des Hinterlegers verfügen darf.

Kurz und gut: die beiden Postulate und die Grundstrukturen der Handlung, die auf den ersten Blick recht mager erscheinen, erlauben für jeden vorgegebenen Bereich von Handlungsmöglichkeiten die Entwicklung einer lückenlosen und widerspruchsfreien Rechtsordnung – lückenlos insoweit, als es sich um den Bereich der Handlungen und deren Konsequenzen handelt. *Die Annahme der Postulate ist zwingend, wenn man überhaupt rein strukturell eine Rechtsordnung konstruieren will*, und auf Grund dieser Postulate läßt sich für einen vorgegebenen Handlungsbereich nur *genau eine* Rechtsordnung konstruieren, die alle diejenigen Handlungen zuläßt, die ohne Widerspruch zugelassen werden können. Daß sich dann eine Vielzahl von möglichen Rechtsordnungen angeben läßt, die weniger Handlungen zulassen, ist trivial.

Es liegt weder in meiner Absicht, näher in die Konstruktion dieser Rechtsordnung einzutreten, noch auch das Rechtsproblem in seinen weiteren Aspekten zu verfolgen: hinsichtlich der Frage der dieser Rechtsordnung eigentümlichen Geltung, die ja keine positive ist, noch auch hinsichtlich der Probleme, die sich unter dem Gesichtspunkt der Judizierbarkeit und dem der Erzwingbarkeit ergeben. Die Geltungsfrage werde ich später noch kurz berühren; die zweite Frage führt in eine an sich interessante Schicht sekundärer Rechtsbegriffe – ich nenne nur den Besitz, die possessio –, kann aber hier ebensowenig behandelt werden wie der dritte Problemkreis, der die neue Dimension des öffentlichen Rechtes hinzugewinnt. Es kommt mir hier nicht auf die Entwicklung auch nur der Grundzüge der Rechtsphilosophie an, sondern auf etwas anderes, was ich sogleich deutlich zu machen hoffe.

Erinnern Sie sich bitte der Frage, von der ich ausgegangen bin, also der Frage nach der Möglichkeit autonomen Handelns. Und nun liegt es doch so nach dem, was auszuführen ich mich bemüht habe: *wenn Autonomie des Handelns möglich sein soll, dann muß für jeden vorgegebenen Bereich möglicher Handlungen rein strukturell ein System von Gesetzen konstruierbar sein.* Es läßt sich zeigen, daß in der Tat für jeden vorgegebenen Handlungsbereich ein solches System konstruiert werden kann, und zwar *eindeutig* konstruiert werden kann.

Dann aber gilt unter der Voraussetzung, daß der Mensch darin frei ist, die Maxime seines Handelns zu wählen, auch das Umgekehrte: daß wenn dieses System konstruierbar ist, auch die Möglichkeit autonomen Handelns besteht. Unter der Voraussetzung dieser Freiheit also ist die Behauptung der Möglichkeit der Autonomie und die der Konstruierbarkeit dieses Systems *äquivalent,* und unter dieser Voraussetzung der Freiheit ist dann mit der Konstruierbarkeit des Systems auch die Möglichkeit autonomen Handelns gezeigt.

Die Möglichkeit der Autonomie des Menschen in bezug auf sein Handeln ist der Angelpunkt der *Ethik,* und wenn wir uns dieses Angelpunktes versichert haben sollten, so dadurch, daß wir zeigten: Rechtsphilosophie ist möglich, und das in einer Weise, die einen grundlegenden Teil der Rechtsphilosophie, die Konstruktion der privatrechtlichen Strukturen, offenbar zum Boden macht, von dem die Ethik des autonomen Handelns ausgehen muß. Ich bin mir natürlich schmerzlich bewußt, daß ich damit unsere Denkgewohnheiten in diesen Dingen einigermaßen auf den Kopf stelle, um nicht zu sagen, daß ich Ethiker wie Rechtsphilosophen damit gleichermaßen vor den Kopf stoße, wenn ich auch meine, daß sich für diese provozierende These einige Verbindungen nach rückwärts zur Tradition ziehen ließen. Aber ich möchte davon absehen, mich auch noch mit den Historikern und Interpreten in ein Duell zu stürzen.

Nennen wir alles Handeln, das in der gekennzeichneten Weise als zulässig gedacht werden kann, um uns bequem ausdrücken zu können, *rechtes Handeln.* Dieses rechte Handeln wird, wie wir sahen, von der Autonomie her definiert, *ohne* irgendwelche inhaltliche Prinzipien in Anspruch zu nehmen. Wir dürfen sagen: es ist Handeln unter dem Gesetz der Autonomie, und dieses Gesetz ist eindeutig und notwendig in dem Sinne, daß wenn die Menschen autonom handeln wollen, sie im Rahmen dieses Gesetzes handeln müssen.

Aber wie läßt sich von diesem Ansatz her die Ethik als eine Disziplin gewinnen, die doch offenbar nicht mit der Rechtsphilosophie zusammenfällt?

Ich darf Ihre Aufmerksamkeit auf das zurücklenken, was ich in den einleitenden Prolegomena über den Handlungsbegriff sagte, daß Handlung per definitionem ein *sozialer Vorgang* sei und nur im Grenzfall ein individueller. Die Ethik interessiert sich – anders als die Rechtsphilosophie – für die individuellen Maximen des Einzelnen. Das heißt freilich nicht, daß sie an jenen Grenzfällen, in denen die Personenzahl der Ausgangssituation gleich 1 ist, sonderlich interessiert sei, sondern ihr Interesse ist ebenso und eher in noch stärkerem Maße auf die andern Fälle gerichtet, in denen ein Mensch *mit* andern Menschen in einer Situation steht, aus der heraus gehandelt wird.

Nun scheint sich der Gedanke anzubieten, die Maxime des Einzelnen müsse den Gesetzen des rechten Handelns angemessen sein. Gewiß soll sie das, eben das sagt uns in einem gewissen Sinne die Rechtsphilosophie. In einem gewissen Sinne: denn diese muß für die Gesetze des rechten Handelns eine gewisse Art von Geltung beanspruchen, eine Geltung, die freilich *hypothetisch* daran gebunden ist, *daß man sich überhaupt einer Rechtsordnung fügen will.* Es kommt mir hier nur auf diesen *Konditionalis* an, nicht auf die Theorie des Unterwerfungswillens, die ich mit ihren rechts- und geschichtsphilosophischen Konsequenzen beiseite lassen muß. Dieses »*Wenn*«, dieser Konditionalis, ist für die Rechtsphilosophie ein Letztes, wohl aber läßt sich von der Ethik her sagen, daß die Entscheidung für die Autonomie den Unterwerfungswillen unter eine Rechtsordnung impliziert, und insofern mag man sagen, daß wer sich zur Autonomie des Handelns entscheidet, sich die Unterwerfung unter eine Rechtsordnung zur Pflicht mache – übrigens in genau angebbaren Grenzen.

Es hat keinen Sinn zu sagen, die Entscheidung zur Autonomie sei Pflicht – denn alle möglichen Pflichten gründen in dieser Entscheidung, im Ergreifen der Möglichkeit autonomen Handelns. Genauer gesagt, alle möglichen Pflichten, denen ein *objektiver* Verpflichtungscharakter zukommt. Denn das Gesetz, unter das sein Handeln stellt, wer die Möglichkeit der Autonomie ergreift, *ist objektiv insofern, als es eindeutig durch die Struktur des Handelns festgelegt ist.* Es ist allem subjektivem Belieben entrückt.

Es scheint mir angemessen zu sein, die Tugend der *Gerechtigkeit* über diesem Gesetz des rechten Handelns zu definieren. Dieses Gesetz fällt nicht mit dem jeweiligen positiven Recht zusammen, daher dieses positive Recht ungerecht sein kann. In einem gewissen Sinne ist sogar jede positive Rechtsordnung ungerecht, weil sie, um praktikabel zu sein, stets an irgendeiner Stelle beginnen muß, die Fälle über einen Leisten zu scheren, weil sie Rechtsvermutungen einführen muß usw. Aber auf der anderen Seite darf man nicht über die historischen Rechtsordnungen, die Institutionen enthalten, die wir heute als Gipfel der Ungerechtigkeit ablehnen würden, kurzerhand den Stab brechen wollen. Das Gesetz des rechten Handelns kennt keine Privilegien, gewiß, und die Ungerechtigkeiten der historischen Rechtsordnungen, die wir heute so verabscheuen, bestehen eben darin, daß gewisse Schichten in gewisser Weise privilegiert werden, während gewisse Schichten in gewisser Weise – und das ist nur die Kehrseite der Medaille – diskriminiert werden. Solange solche Rechtsordnungen von Privilegierten und Diskriminierten als selbstverständlich, als »gerecht« hingenommen werden – auf Grund lebendiger herrschender Überzeugung, geglaubter Legitimität und Sanktion, besteht kein Anlaß, sich über ihre Ungerechtigkeit zu entrüsten;

erst mit dem Zerfall der eine Rechtsordnung tragenden Tradition, mit dem Schwinden des Glaubens an ihre Legitimation – die ursprünglich religiöser, magischer und sonstiger Art, auch einfache, nicht in Frage gestellte Gewohnheiten sein können und *nicht* rechtsphilosophischer Art sind – erst damit treten Ungerechtigkeiten hervor, erst dann wird die Diskriminierung zum Unrecht. Denn nun entfällt die Voraussetzung für die mögliche Anerkennung der Rechtsordnung durch die ihr Unterworfenen.

Wir scheinen jetzt vor einer Aporie zu stehen, auf gut deutsch also: es muß so scheinen, als ob ich begänne, mich in Widersprüche zu verwickeln: Auf der einen Seite die Definition der Gerechtigkeit über ein vorgeblich eindeutiges Gesetz des rechten Handelns, auf der andern Seite eine offenbar höchst resolute Historisierung und Relativierung des gleichen Begriffes. Trotzdem glaube ich sagen zu dürfen, daß dieser Widerspruch sich auflösen läßt, daß diese Aporie nur scheinbar ist.

Die Gerechtigkeit ist eine Tugend, sie ist eine Haltung, die das Verhalten, das Handeln des Menschen bestimmt. Und insofern ist sie jeweils geschichtlich. Sie intendiert das Gesetz des rechten Handelns, aber sie kann es nur insoweit und insofern intendieren, als dieses für den Menschen sichtbar werden kann. Das aber ist entscheidend davon abhängig, wo der Mensch in der Geschichte steht, von seinem geschichtlichen Standort. Und nun noch ein anderes: Solange die Legitimität einer Rechtsordnung nicht in Frage gestellt ist, solange die Traditionen ungebrochen sind, liegt kein Widerspruch darin, daß der Mensch eine Rechtsordnung, die ihn mit Diskriminierungen belastet, hinnimmt, anerkennt, sich ihr unterwirft. Dieser Widerspruch entsteht erst mit dem Schwinden des Glaubens an jene Legitimität und Tradition, *der Widerspruch, der darin besteht, daß die Unterwerfung unter diese Rechtsordnung die Bereitschaft der Hinnahme einer Diskriminierung bedeutet, die hinzunehmen er nicht bereit ist.* Damit kommt eine neue, bisher nicht gesehene Struktur des Gesetzes des rechten Handelns in Sicht, und der Revolutionär setzt, indem er diese sichtbar macht, die Verteidiger der Privilegien buchstäblich ins Unrecht. Denn wenn das Gesetz des rechten Handelns, genauer gesagt, die Art seiner Geltung jedem *erlaubt*, hinzunehmen, was an Benachteiligung durch eine Rechtsordnung er hinzunehmen bereit ist – ohne daß es jemandem einen Anspruch auf Bevorzugung gäbe –, so *fordert* es eben doch nicht die Hinnahme einer rechtlichen Benachteiligung. So löst sich jene scheinbare Aporie auf, und es zeigt sich, daß das Gesetz des rechten Handelns ungeachtet seiner Eindeutigkeit stets die genaue Beachtung der historischen Situation des Menschen erfordert, wenn es zum Maßstabe der Beurteilung seiner Handlungen gemacht werden soll. Sichtbar wird es gerade durch das, was man heute gern als »Institutionenverfall« bezeichnet. Aber ich versage mir, auf die sich hier anbietenden geschichtsphilosophischen Perspektiven einzugehen, und lenke auf die engern Fragen der Ethik zurück.

Die Gerechtigkeit ist die Tugend, die sich unmittelbar auf das Gesetz des rechten Handelns bezieht. Das gibt ihr die ihr eigentümliche Bestimmtheit. Sie berücksichtigt das Recht eines jeden; aber sie mutet dem, der Gerechtigkeit übt, nicht die Aufgabe eigenen Rechtes zu. Sie geht auf das, was dem andern geschuldet wird, darauf, daß ihm das Seine gegeben werde, nicht weniger. Hierzu besteht eine Pflicht, die einzige Pflicht, die sensu stricto aus der Autonomie folgt.

Aber die andern Tugenden? Bestehen zu ihnen, folgen aus ihnen keine Pflichten? Ich kann in den wenigen Minuten, die mir noch zur Verfügung stehen, selbstverständlich nicht die ethische Tugendlehre, die Lehre von den ethischen Haltungen entwickeln, ich kann nur versuchen, in einer ersten Annäherung zu zeigen, wie nun auf dem Boden der Strukturtheorie der Übergang zur materialen Ethik gemacht werden kann. Man muß wenigstens zwei weitere Gruppen von Tugenden unterscheiden: zunächst diejenigen Haltungen, deren Ausbildung *Voraussetzung* ist dafür, daß sich der Mensch je und je dem Gesetz des rechten Handelns unterstellen kann, Tugenden also wie Reinheit, Tapferkeit, Besonnenheit usw. Die andere Gruppe, die ich im Auge habe, umfaßt die Haltungen, die ein Verhalten determinieren, das in seinen Maximen die Interessen der anderen *antizipiert*, die Sache des andern zur eigenen macht. Das ist in der verschiedensten Weise möglich, in verschiedenem Umfange, verschieden auch in bezug auf den Kreis der Personen, denen sich diese Haltungen jeweils zuwenden. Ich nenne nur Liebe, Demut, Ehrfurcht, Güte, Mitleid, um anzudeuten, in welcher Mannigfaltigkeit sich die Struktur der Antizipation des Interesses des Mitmenschen in der Wirklichkeit des sittlichen Menschen umzusetzen vermag. Sofern man hier von Pflichten sprechen kann, sind es Pflichten, die der Mensch sich selbst auferlegt. Als solche entbehren sie der objektiven Verbindlichkeit. Dennoch eignet diesen Tugenden, wenn ich so sagen darf, ein objektiver Wert, denn sie sind Handlungen, die den Menschen in seinem Tun und Lassen unter dem Gesetz des rechten Handelns halten. Setzen Sie nur für sie die Gegensätze ein: für Liebe den Haß, für Demut den Stolz, für Güte die Hartherzigkeit, für Mitleid die Schadenfreude, und Sie verstehen, was gemeint ist.

Und nun noch eines: am Beispiel der Gerechtigkeit habe ich anzudeuten versucht, wie man den Menschen als geschichtliches Wesen in die Theorie hineinnehmen kann, ohne den objektiven Charakter der Gerechtigkeit preiszugeben. Wenn Sie den Ansatz dieser Tugendlehre betrachten, etwa rücksichtlich der letzten Gruppe, von der ich soeben gesprochen habe, so stellt sie offenbar einen Versuch dar, zwischen der Psychologisierung und Relativierung auf der einen und der Ontologisierung der sogenannten sittlichen Werte auf der anderen Seite einen dritten Weg zu gehen, der der Empirie zwar alles Recht läßt, das objektiv Wertvolle der sittlichen Haltungen aber festzuhalten sucht, ohne eine Wertontologie in Anspruch zu nehmen, indem sie es in gewissen strukturellen Bestimmtheiten sucht, aufbauend auf einem Strukturbegriff der Handlung.[1] Im Lichte dieses Begriffes erscheinen Ethik und Rechtsphilosophie auf das innigste verbunden, und das Problem des Rechts erweist sich als das zentrale Strukturproblem, das die Ethik gelöst haben muß, wenn sie ihrer speziellen Aufgabe, der Tugendlehre, gerecht werden will.

(1955)

1 Vgl. »Grundlegung zu einer Strukturtheorie des Rechts«, in diesem Band S. 77.

Zur Problematik altruistischer Maximen

1.

Betrachtet man heute die Situation in den empirischen Wissenschaften, die den Begriff der Handlung implizieren, die Situation also in der Wirtschaftswissenschaft, in der Wissenschaft von der Politik oder in verwandten Sozialwissenschaften, so ist man im allgemeinen eher geneigt, den Begriff der Handlung anthropologisch-psychologisch oder auch historisch aufzuladen als ihn abstrakt zu fassen. In all diesen Wissenschaften geht es legitimerweise darum, die Theorie möglichst nahe an die Tatsachen heranzubringen. Dieses Unterfangen führt bekanntlich in zahlreiche und, wie ich glaube, zum Teil sehr charakteristische Schwierigkeiten dadurch, daß der Mensch trotz aller sozialen oder sonstigen Zwänge jeweils sich auch anders hätte verhalten können. Der Mensch, das gehört zu seinen liebenswertesten wie zu seinen verzweiflungsvollsten Eigenschaften, überrascht uns als Sozialwissenschaftler immer wieder. Wir haben bisher zu dieser für den Empiriker so leidigen Tatsache kein rechtes Verhältnis gefunden, seit in der Wirtschaftswissenschaft David Ricardo, der Bankier und praktische Politiker, mit seinen Konstruktionen von »strong cases«, also von Modellen, klarerweise den Sieg davontrug über Robert Malthus, den anglikanischen Geistlichen und ersten Professor der Nationalökonomie, der auf unvoreingenommener Analyse des jeweiligen konkreten wirtschaftlichen Vorganges insistierte.

Neben dieser Art Sozialwissenschaften stehen andere Disziplinen, die es zwar auch mit Handlungen zu tun, aber – in welcher Weise nun immer – zum Gegenstande so etwas wie Normen haben, insbesondere also die Rechtswissenschaft, deren Fragwürdigkeit als Wissenschaft freilich seit J. H. v. Kirchmanns Zeiten wohl überspielt, aber nie so recht ausgeräumt worden ist. Sie beginnt heute wieder auf ihren Wissenschaftscharakter zu pochen, gerade auch im Hinblick auf den sogenannten szientifischen Wissenschaftsbegriff, dem sie sich, sei es als Rechtssoziologie, sei es als Rechtstheorie, adaptieren möchte. Dabei werden gern die sogenannten ethischen Normen miteinbezogen, also gerade solche Normen, gegen die man als Wissenschaftler in einem strengeren Sinne herkömmlicherweise besonders auf Distanz zu gehen geneigt war und deren Unumgehbarkeit einen gerade im Hinblick auf sie formulierten rechtsphilosophischen Relativismus den Juristen lieb und teuer sein ließ. Der Ärger für den Juristen besteht, kurz gesagt, darin, daß ethische Werte durchaus evident erscheinen können und daß sich aus ihrer Anerkennung gewisse Folgerungen ergeben. Leider nur erscheinen auch andere ethische Werte evident, die zu entgegengesetzten Folgerungen führen, wenn man sie akzeptiert. Der neuesten Rechtstheorie gelingt es mit einer überraschenden Volte aus diesem, zunächst so betrüblich erscheinenden und in bezug auf die Wissenschaftlichkeit solcher Erwägungen ernste Hemmungen auslösenden Sachverhalt sogar ein Argument für die Wissenschaftlichkeit der Rechtswissenschaft zu ziehen: Gelten nämlich, so heißt es nun, ethische Prinzipien, weil sie evident sind, so ist gegen ihre Verwendung als Argumente in der Diskussion nichts einzuwenden, soweit sie sich tatsächlich durchsetzen; und soweit sie sich nicht durchsetzen, fungieren sie wie versuchsweise formulierte Hypothesen, die man als Argument, wie in wissenschaftlichen Diskussionen, benutzt. Ihre Verwendung sei daher erst recht wissenschaftlich adäquat.[1] Dieses »erst recht« entbehrt nicht einer gewissen Pikanz – auf jeden Fall verbleibt eine solche Argumentation für die Wissenschaftlichkeit der Rechtswissenschaft oder ethischer Argumentation im Bereich allzu vager Analogisierung, solange sich nicht auf der Seite der normativen Diskussion eine diskutables Gegenstück angeben läßt zu dem in seiner logischen Struktur ziemlich komplizierten Prozeß, der in den empirischen Wissenschaften und ihrer Theoriebildung zwischen der Aufstellung und der Annahme oder Verwerfung einer Hypothese gelegen ist und andeutungsweise mit den so intrikaten Problemen des statistischen Schließens bezeichnet werden mag. Der Sprung dieser »Rechtstheorie« scheint mir zu kurz angesetzt.

Bertrand Russell hat in seinen Vorlesungen über die Philosophie des logischen Atomismus von 1918[2] einmal die hübsche Bemerkung gemacht, daß Wissenschaft sei, was man mehr oder weniger

1 So Eike von Savigny.

2 Bertrand Russell, *Logic and Knowledge. Essays 1901-1950*, hg. von R. Ch. Marsh, London 1956, S. 281.

wisse, und Philosophie sei, was man nicht wisse. In der Tat finden wir uns im normativen Bereich einer Fülle von Fakten gegenüber, von denen wir nicht wissen, wie weit sie Fiktionen sind. Wir werden daher den Ausweg in der Philosophie suchen, wenn auch in anderer Frontrichtung als Russell – nämlich im Rückzug auf Prinzipien. In welchem Sinne – das wird, wie ich hoffe, sogleich deutlich werden.

Wir werden, dies zunächst, den Handlungsbegriff sehr abstrakt fassen müssen. Auch noch eine andere Überlegung, die sich auf unsere Erfahrung und unsere Erkenntnis von ihr bezieht, legt uns dies nahe. Einerseits läßt sich, wie ich meine, dartun, daß dem Handeln im Aufbau unserer Erfahrung eine wichtige Rolle zukommt,[3] und zum anderen läßt sich unsere empirische Erkenntnis, soweit sie Statistik ist, in einem sehr genauen Sinne als ein Handlungszusammenhang interpretieren, wie das zuerst Abraham Wald[4] hatte zeigen können.

Es geht um einen sehr fundamentalen Begriff von Handlung. Wir werden also zu überlegen haben, wie sich ein solcher gewinnen und hinreichend scharf charakterisieren läßt. Er müßte, das ist klar, in einem hinreichend gesicherten Zusammenhang mit unseren theoretischen Wissenschaften von Handlungen, zum Beispiel den wirtschaftlichen, stehen. Das wäre das erste.

Zweitens müßte sich dartun lassen, daß sich mit Hilfe eines solchen Handlungsbegriffes ein Normbegriff gewinnen läßt, der zur Charakterisierung von Rechtsordnungen dienlich sein kann. Insbesondere wird es darum gehen müssen, einen Begriff von Rechtsgeltung in den Griff zu bekommen, der, wenn man es einmal so sagen darf, auch gehobeneren Ansprüchen von Philosophen Genüge zu tun geeignet wäre.

Drittens und endlich werden wir zu fragen haben, ob wir damit ein Fundament oder wenigstens den Teil eines Fundamentes bekommen hätten, auf dem sich so etwas wie eine Ethik abhandeln ließe.

Zunächst also der Handlungsbegriff: Als Handlung in ihrer einfachsten Form betrachten wir den Übergang von einer Situation zu einer anderen Situation gemäß den Absichten der an der Aus-

3 Vgl. meine *Brechungen*, Reinbek 1965, S. 295 ff. (*Schriften 1* [stw 922], S. 411 ff.).

4 A. Wald, *Statistical Decision Functions*, New York 1950, S. 26 ff.

gangssituation beteiligten Personen. Eine Handlung kann mehrstufig sein, d. h. sie kann irgendeine Anzahl von Zwischensituationen durchlaufen, ehe die Endsituation, die sie abschließt, erreicht wird. Ein Beispiel mag etwa die durch Kant so berühmte Hinterlegung eines Depositums sein, durch die der Depositar für eine Zeit in den Besitz des Depositums gelangt (das wäre die Zwischensituation) und die erst abgeschlossen ist, wenn der Depositar dem Deponenten das Depositum wieder ausgefolgt hat. Bekanntlich brauchen sich nicht die Absichten aller Beteiligten in der Endsituation niederzuschlagen. Gewalt, eigene Dummheit und sonstige Umstände können das für diesen oder jenen der Beteiligten verhindern; trotzdem wird man sich in der Theorie vor allem für die Bedingungen interessieren, unter denen die Absichten aller Beteiligten zum Zuge kommen.

Unter einer Handlung verstehen wir also den Übergang von Situationen ineinander, wie auch immer wir diese nun ausgrenzen mögen. Den entscheidenden Schritt tun wir dann damit, daß wir die Handlungen in diesem Sinne strukturell charakterisieren und sie für die Zwecke unserer Betrachtungen durch diese strukturellen Charakterisierungen ersetzen. Das bedarf der Erläuterung.

Beginnen wir mit dem Begriff der Situation und seiner strukturellen Charakterisierung. In einer Situation finden wir eine Anzahl von Personen und irgendwelche Gegenstände, und zwar derart, daß in ihr alles mit allem und jeder mit jedem in irgendeiner Beziehung steht, sei es direkt oder in einer mehr oder weniger vermittelten Weise. Je nach den methodischen Gesichtspunkten der betreffenden Wissenschaft betrachten wir dann die Beziehungen zwischen Personen, wie vielfach in der Soziologie oder zwischen Personen und irgendwelchen Gegenständen oder, wie etwa in der Wirtschaftswissenschaft zwischen Gegenständen, beispielsweise zwischen Gütermengen und Geldmengen. Wie dem auch jeweils sei, so können wir eine Situation stets durch eine bestimmte zwei- oder mehrstellige Relation charakterisieren. Ebenso lassen sich die Absichten der in einer Situation stehenden Personen so zusammenfassen, daß wir sie durch eine Relation charakterisieren können, und zwar in der Regel so, daß die gewonnene Relation dazu dienen kann, jene die erste Situation charakterisierende Relation auf eine andere derart abzubilden, um diese aus jener Anfangssituation durch die Absichten der Beteiligten sich ergebende weitere Situation strukturell zu charakterisieren.

Mit anderen Worten: wir charakterisieren eine Handlung strukturell durch einen solchen Abbildungsprozeß von Relationen aufeinander.
In diese technische Seite unserer Überlegungen wollen und brauchen wir uns hier nicht zu vertiefen,[5] aber sie mußte erwähnt werden, um einen angemessenen Begriff von dem zu geben, was hier unter Struktur verstanden werden soll; der Gebrauch des Wortes hat ja inzwischen inflatorische Ausmaße angenommen.
Diese strukturelle Charakterisierung des Begriffes Handlung läßt sich aus einer Analyse der Theorien- und Modellbildung einer Wissenschaft von Handlungen, wie es beispielsweise die Wirtschaftswissenschaft ist, gewinnen. Damit entspricht sie dem vorhin erwähnten Erfordernis eines hinreichend gesicherten Zusammenhanges mit unseren empirischen Handlungswissenschaften.

2.

Wenn sich nun dartun lassen soll, daß sich mit Hilfe unseres Handlungsbegriffes ein Normbegriff gewinnen läßt, der zur Charakterisierung von Rechtsordnungen dienlich sein kann, so muß die Argumentation offenbar über diese strukturelle Charakterisierung von Handlungen laufen.
Wir überlegen dazu, um auf den springenden Punkt zu kommen, was eine Rechtsordnung sei. Wir wollen diese Frage ein wenig pragmatischer stellen, indem wir fragen, wozu denn eine Rechtsordnung diene. Auch diese Frage wollen wir bescheiden reduzieren auf den harten Kern von Privatrechtsordnungen, auf Schuld- und Sachenrecht, das freilich nun in seinem ganzen Umfang, d. h. mit Handelsrecht, Wechselrecht und dergleichen, also auf den Bereich, der es mit dem Spiel der einzelnen der Rechtsordnung unterworfenen Personen untereinander zu tun hat. Wozu also dient dieser Bereich? Nun, doch offenbar dazu, den Konfliktfall zwischen Personen, die in ihren Handlungen kollidieren, entscheidbar zu machen und gegebenenfalls zu sagen, welche Situation an die Stelle einer nicht wieder herstellbaren als nunmehr rechtens treten soll – so im Schadensersatzrecht.

5 Vgl. meine Abhandlung »Handlung, Maxime und Situation«, *Studium Generale* 1951, auch in: H. Albert (Hg.), *Theorie und Realität*, 2. Aufl., Tübingen 1973, S. 139 ff.; in diesem Band S. 405 ff.

Wir wollen unterstellen, daß eine Rechtsordnung diese Entscheidbarkeit möglicher Konfliktsfälle lücken- und widerspruchslos leiste. Wir wollen weiterhin annehmen, daß sie diese Leistung durch allgemeine Gesetze erbringe. Dann werden wir sagen dürfen, daß eine solche Rechtsordnung dem von Immanuel Kant formulierten allgemeinen Prinzip des Rechtes entspricht, nach dem jede Handlung recht ist, die oder nach deren Maxime die Freiheit der Willkür eines jeden mit jedermanns Freiheit nach einem allgemeinen Gesetz zusammen bestehen kann. Das bedeutet dann aber – oder scheint es zu bedeuten –, daß die durch diese Rechtsordnung zugelassenen »rechten« Handlungen miteinander verträglich sind.

Man erkennt leicht, daß der Fall in Wahrheit komplizierter liegt. Von einer vorgegebenen Situation aus sind in der Regel durchaus verschiedene Entwicklungen möglich, die sämtlich durch Rechtsordnungen gedeckt sind, in deren jeder alle vorkommenden Handlungen miteinander verträglich sind, die sich aber gegenseitig ausschließen.

Wir gehen einen Schritt weiter mit der Behauptung, daß sich die Anforderung der Verträglichkeit der durch eine Rechtsordnung zugelassenen Handlungen rein strukturell in dem vorhin angedeuteten Sinne festlegen läßt. Wie man das technisch macht, braucht uns nicht zu bekümmern, wichtig ist, daß sich, bezogen auf einen Stand von Handlungsmöglichkeiten, Rechtsordnungen strukturell charakterisieren lassen, und zwar dadurch, was sie an Mengen von miteinander verträglichen Handlungen zulassen. Dann läßt sich der Begriff einer Rechtsordnung bilden, die ein Höchstmaß an solchen Mengen miteinander verträglicher Handlungen zuläßt, und zeigen, daß diese Rechtsordnung sich eindeutig charakterisieren läßt.[6]

Was bedeutet das? Zunächst einmal, daß sich, wenigstens theoretisch, eine Rechtsordnung, und zwar genau eine Rechtsordnung, rückbezogen auf eine Gesamtsituation und vorgegebene technische Handlungsmöglichkeiten, konstruieren läßt, die den ihr Unterworfenen ein *Höchst*maß von Handlungsfreiheit in der Verfolgung ihrer Zwecke und Interessen gewährt, ohne daß es zu

6 Vgl. meine Abhandlung »Grundlegung zu einer Strukturtheorie des Rechts«, in: *Abh. d. Akad. d. Wiss. u. Lit., Mainz, Geistesw. Kl.*, 1961 (auch in: H. Neumann [Hg.], *Der moderne Strukturbegriff*, Wege der Forschung Bd. CLV, Darmstadt 1973; in diesem Band S. 77).

irgendwelchen Kollisionen käme, solange sie sich nur dieser Rechtsordnung gemäß verhalten. Wir wollen, um einen kurzen Ausdruck zu haben, diese Rechtsordnung optimal nennen, wobei sich dieser Ausdruck nur auf den Spielraum bezieht, den sie der freien Verfolgung von Zwecken bietet und nichts sonst. Wir werden gleich sehen, daß uns dieser Begriff einer optimalen Rechtsordnung für Überlegungen über die Geltung von Rechtsordnungen, aber auch noch darüber hinaus, hilfreich ist und damit recht eigentlich eine moralphilosophische Relevanz gewinnt.

Zuvor aber sei die Aufmerksamkeit noch in eine andere Richtung gelenkt, die für die Sozialphilosophie von einer gewissen Bedeutung ist. Wenn man einen Stammbaum für die hier vorgetragene Konstruktion angeben sollte, so müßte man ihn wohl beim *Contrat social* Rousseaus beginnen lassen, aber ich will mich jetzt nicht auf das Glatteis der Interpretation dieses schwierigen Buches begeben und auch nicht erörtern, ob und wie Vernunftstaatsrecht und Gefühlsmoral beim Bürger von Genf zusammengehen, sondern nur darauf abheben, daß Rosseau das Problem anvisiert hat, das darin liegt, daß die gesetzliche Freiheit, seine Interessen zu verfolgen oder, in der Sprache des achtzehnten Jahrhunderts, sein Glück zu besorgen, zu nicht eben viel nütze ist, wenn die tatsächliche Abhängigkeit von den Interessen anderer verhindert, von eben dieser Freiheit auch Gebrauch zu machen. Wie steht es in dieser Hinsicht mit der optimalen Rechtsordnung? Die Antwort ist notwendig unbefriedigend: sie setzt einerseits voraus, wie es in ihrer Konstruktion, die hier nicht weiter vorzuführen ist, liegt, daß jeder frei über seine Rechte in der Verfolgung seiner Interessen verfügt, aber sie enthält in sich kein Prinzip der Distribution von Rechten und Mitteln, und Mittel bedeuten wieder Verfügungsrechte, so daß sie faktische Unabhängigkeit nicht verleiht.

Mit anderen Worten: wir können auf dem hier eingeschlagenen Weg allenfalls für die Sozialphilosophie einen Orientierungspunkt gewinnen, müssen aber erkennen, daß ihre Probleme wesentlich pragmatischer Art sind, die sich nicht unabhängig von den historischen Gegebenheiten diskutieren und lösen lassen. Ob wir jedoch auf dem beschrittenen Wege einen Orientierungspunkt gewonnen haben, müßte sich daran zeigen, ob sich einer solchen optimalen Rechtsordnung eine gewisse Geltung in einem sozusagen »höheren« Sinne zuschreiben läßt.

Nun ist bekanntlich der Begriff der Geltung überaus kontrovers, und wenn man ein wie immer beschaffenes, wie immer zu erkennendes Reich von Werten aufbietet, um ihn darin zu fundieren, so verlagert man die Kontroverse nur. Ich möchte daher zunächst von einem recht simplen unphilosophischen Begriff der Geltung ausgehen, indem ich sage, daß eine Rechtsordnung dann gelten soll, wenn sie von den ihr Unterworfenen anerkannt wird. In dieser Richtung hat bekanntlich Ernst Rudolph Bierling, wohl als erster, in seiner immer noch oder auch wieder lesenswerten *Kritik der juristischen Grundbegriffe* (1877/83) die Auflösung des intrikaten Problems der verpflichtenden Kraft der Gesetze zu lösen versucht. Schwierigkeiten ergeben sich, wie man leicht sieht, daraus, wieweit denn die faktische Anerkennung gehen müsse, und man hat sich dann wohl auch auf die bloße Möglichkeit der Anerkennung zurückziehen wollen. Definiert man aber nun einmal die Geltung von Rechtsordnungen über den Begriff der Anerkennung, so ist es jedenfalls auch sinnvoll, von einer Bereitschaft, überhaupt eine Rechtsordnung anzuerkennen, zu sprechen in dem Sinne, daß die Rechtsordnung einmal den von uns dargelegten Bedingungen für Rechtsordnungen überhaupt entspricht und daß sie dem zu ihrer Anerkennung Bereiten die Verfolgung seiner Zwecke ermöglicht, soweit sich diese überhaupt unter Rechtsordnungen, die diesen Namen verdienen, verfolgen lassen.
Wie steht es dann mit einer optimalen Rechtsordnung? Wenn jemand seine Interessen unter Rechtsbedingungen verfolgen will, so muß ihm die betreffende Rechtsordnung die Möglichkeit dazu geben, das heißt, er kann gegebenenfalls die Erweiterung ihres Handlungsspielraumes verlangen, ohne sich mit seiner vorhin definierten Bereitschaft zur Anerkennung einer Rechtsordnung in Widerspruch zu setzen, wenn er so lange die betreffende Rechtsordnung nicht anerkennt, als sie seinen Forderungen nicht entspricht.
Einer optimalen Rechtsordnung gegenüber ist eine solche Forderung auf Erweiterung nicht möglich, weil sie sich nicht erweitern läßt, weil jede Erweiterung, wollte man sie dennoch vornehmen, dazu führte, daß sie dem Verträglichkeitspostulat nicht mehr genugtut. Mit anderen Worten: wer einer optimalen Rechtsordnung die Anerkennung verweigert, würde sich mit seiner Bereitschaft, überhaupt eine Rechtsordnung anzuerkennen, wenn sie nur seinen Interessen unter den Bedingungen möglicher Rechtsordnun-

gen genugtut, in Widerspruch setzen. Es ist die einzige Rechtsordnung, von der sich sagen läßt, daß jeder, der in der beschriebenen Weise eine Rechtsordnung anzuerkennen bereit ist, sie anerkennen *können muß*. Ihre Anerkennung ist *notwendig möglich*, und eben das verleiht ihr einen Geltungscharakter, der höher als eine bloß faktische Anerkennung wäre. Es taucht an dieser Stelle diese modale Verschränkung von Notwendigkeit und Möglichkeit auf, die uns von Kant her ebenso vertraut wie befremdlich ist.

Damit legt es sich nahe, den Begriff der Gerechtigkeit so zu fassen, daß eben diese dem anderen sein Recht in diesem umfassenderen Sinne zukommen läßt, als es das bloße positive Gesetz zu sein braucht: es liegt in den *pragmatischen* Bedingungen jeder positiven Rechtsordnung, mag sie auch in sich widerspruchslos und lückenlos sein, daß sie transzendiert wird von einer Rechtsordnung, die einen größeren Spielraum des Handelns gewährt, ohne deshalb in sich widerspruchsvoll zu werden. Und von einer in diesem Sinne gerechten Handlung gilt in der Tat, daß man durch ihre Maxime zugleich wollen könne, daß diese Maxime ein allgemeines Gesetz werde. Sie ist dessen fähig.

Insoweit möchte sich die Formulierung des kategorischen Imperativs durch *Kant* als Kriterium für moralische Handlungen wohl eignen, sie gestattet zumindest den Ausschluß der der Moral widersprechenden. Man kann auch den Weg über eine strukturelle Formulierung einschlagen, wie sich etwa an Kants Beispiel von den Deposita, die man nicht unterschlagen soll, dartun läßt. Denn die Maxime, nach der es gestattet wäre, Deposita zu unterschlagen, ließe sich gar nicht ohne Widerspruch formulieren. Aber damit haben wir nicht entfernt die Möglichkeiten eines Verhaltens erschöpft, das wir als moralisch anzusehen pflegen.

Nun läßt sich gewiß nicht vor einer Untersuchung ausmachen, was am Ende als in einem spezifischen Sinne als moralisch zu betrachtendes oder zu bewertendes Verhalten übrigbleibt, aber wir haben ein gewisses intuitives Verständnis davon, das zwar korrigiert werden mag, aber keineswegs außer acht gelassen werden sollte. Es ist ja so, daß die Gerechtigkeit in dem angegebenen Sinne uns eine Schranke in der Verfolgung unserer Interessen setzt, die nicht übersprungen werden darf. Aber bis zu dieser auszumachenden Grenze erlaubt sie, unsere Zwecke zu verfolgen und unser Glück zu suchen. Sehen wir aber auf die Tugendforderungen der Moralen, so laufen sie allemal darauf hinaus – den einen Fall der Gerechtigkeit ausgenommen –, eigene berechtigte Interessen gegenüber denen anderer zurückzustellen, und dieses Verhalten läßt sich nach der Art der jeweils führenden Maxime phänomenologisch breit ausfächern, es läßt sich auch aus sozialen Hintergründen begreifen und ausdeuten.

Wollte man solche Verhaltensformen in allgemeine Gesetze transformieren, so ergeben sich all die Schwierigkeiten, in die sich die Rechtsphilosophie verwickelt findet, wenn sie das Recht wertphilosophisch zu untermauern trachtet. Die grundsätzliche Schwierigkeit ist nicht neu, schon Cicero hatte sie mit Schärfe bezeichnet und die innere Unmöglichkeit eines solchen Unternehmens erwiesen: ein Kauf, so entgegnet er seinem lieben Atticus, läßt sich nicht nach den Regeln der Liebe abwickeln, er kommt ganz einfach nicht zustande, wenn der eine aus Liebe mehr für den Gegenstand geben und der andere ebenfalls aus Liebe weniger dafür nehmen wollte. Eine Rechtsordnung, die dafür sorgt, daß auf verträgliche Weise Interessen verfolgt werden können, läßt sich nicht mehr aufbauen auf einem Prinzip, das die Zurücknahme des eigenen Interesses für alle ihr Unterworfenen fordert.

Dennoch liegt die Selbstbeschränkung des eigenen Interesses zugunsten des anderen in der Tendenz, die Verfolgung von Interessen erträglich zu machen, und so mag sie an deren Geltung in jenem höheren Sinne partizipieren. Nur eben zum Gesetz läßt sie sich nicht machen, sie ist auf das Individuum gestellt, und in der Verallgemeinerung würden die privaten Tugenden zu öffentlichen Lastern. Es ist kein Zufall, daß der Mensch dort, wo sich eine Moral an die Stelle des Rechtes gesetzt hat, so oft deformiert erscheint, weil ihm Verzichte abgezwungen werden, die Wert nur hätten, wenn sie der freien Entscheidung des Menschen entsprungen wären.

3.

Es scheint, daß damit der kategorische Imperativ für sittliche Handlungen zusammenbricht, den Fall der »rechten« Handlung ausgenommen, und es wäre sinnvoll, diese »gerecht« zu nennen. Er gäbe, ließe sich sagen, ein Kriterium für ein sittliches Minimum her, aber dann müßte es möglich sein, bei den Handlungen oder ihren Maximen, die sich ihm nicht fügen, zwischen den »sittlichen« und den »unsittlichen« zu unterscheiden, und – ohne Rekurs auf Werte – den Unterschied strukturell zu bestimmen. In der Tat erscheint das möglich.

Die Handlung, die sich nicht einem allgemeinen Gesetz fügt, oder genauer, die Maxime, die nicht der Verallgemeinerung fähig ist – wie diejenige, die, auf ein allgemeines Gesetz gebracht, erlauben würde, Depositen zu unterschlagen –, läßt sich, als allgemeines Gesetz, strukturell nicht ohne Widerspruch formulieren. Da das Depositum hinterlegt wird unter der Voraussetzung der Rückgabe (oder eines Äquivalentes dafür), würde das allgemeine Gesetz, das Deposita zu unterschlagen erlaubte, genau diese Voraussetzung aufheben und damit dem (strukturell) zu definierenden Begriff des Depositums widersprechen.

Bei einer wie auch immer *altruistisch* gearteten Maxime liegt es im Falle der Verallgemeinerung anders. Ein Widerspruch entsteht nicht, das allgemeine »Gesetz«, das eigene Interesse hintanzusetzen gegenüber dem des anderen, läßt sich widerspruchslos formulieren. Aber es ergäbe sich keine Präferenzordnung der Interessen, nach der gehandelt werden könnte.

Die Verallgemeinerung der altruistischen Maxime führt auf das allgemeine Problem der Umsetzung individueller Präferenzordnungen in eine soziale und ist mit der ganzen seit Arrow[7] bekannten Problematik belastet, ohne daß sich eine Lösung anböte. Man wird daher gut daran tun, den strukturtheoretischen Zugang zu den altruistischen Handlungen auf einer anderen Linie zu suchen. Was haben wir durch die strukturtheoretische Konstruktion, die auf einem Verträglichkeitspostulat für Handlungen beruht, gewonnen? Offenbar *auch* ein Kriterium für diejenigen Handlungen, die – unter der Beschränkung auf das Spiel der einzelnen mit- und untereinander – von jeder widerspruchsfreien Rechtsordnung ausgeschlossen werden müssen. Dabei ist Gleichheit aller vor dem Gesetz impliziert. Damit ist die Menge der gleichen Mengen von Handlungen abgesteckt, die eine Rechtsordnung zulassen *kann*. Die altruistischen Handlungen müssen offenbar in

7 K. J. Arrow, *Social Choice and Individual Values,* New York 1951, S. 22 ff. Vgl. u. a. R. D. Luce und H. Raiffa, *Games and Decisions,* New York 1957, S. 333 ff.

diesen Mengen enthalten sein. Wäre es nicht so, dann würde ihre Zulassung jede Rechtsordnung, die Gleichheit vor dem Gesetz impliziert, widerspruchsvoll machen.

Man beachte den Unterschied unserer Konstruktion zu der Kantischen Konzeption des kategorischen Imperativs in der auf die Tauglichkeit der Maxime zu einem allgemeinen Gesetz abstellenden Fassung. Diese Fassung läuft parallel zu Kants Formulierung des allgemeinen Prinzip des Rechts. Diese betrifft die »rechte« Handlung als eine solche, nach deren Maxime die Willkür eines jeden mit jedermanns Freiheit nach allgemeinen Gesetzen zusammenstimme. Dieser Gedanke ist bestechend und enthält durchaus Wahrheit, freilich nur die halbe, wenn man sie auf die besagte Formulierung des kategorischen Imperativs hin interpretiert. Denn auf diese Weise scheint die Tauglichkeit der Maxime einer Handlung zum allgemeinen Gesetz jeweils das Handeln in eine Menge von Mengen untereinander verträglicher Handlungen hineinzuführen. Freilich wird nicht explizit gemacht, daß die »Verallgemeinerungsfähigkeit« einer Maxime bezogen ist auf eine Menge von Mengen miteinander verträglicher Handlungen.

Müssen nun in jeder Menge miteinander verträglicher Handlungen altruistische Maximen zugelassen sein? Die Frage, ob das – strukturelle – Verträglichkeitspostulat altruistische Maximen ausschließt, läßt sich leichthin dahin beantworten, daß das nicht der Fall ist, und damit läßt die optimale Rechtsordnung Mengen von verträglichen Handlungen zu, in denen die altruistische Maxime möglich ist. Aber eine Rechtsordnung kann – und jede konkrete tut es – aus der Menge der Mengen miteinander verträglicher Handlungen eine echte Teilmenge auswählen. Dazu führt sie über das Verträglichkeitspostulat hinaus zusätzliche Bedingungen ein – implizit oder explizit. Und so könnte eine Rechtsordnung u. a. beispielsweise an die Maximen der ihr Unterworfenen die Anforderung stellen, daß für alle Handlungen, an denen einer teilnimmt, gelte, daß die Grenznutzen der für ihn relevanten Entscheidungen jeweils ausgeglichen seien. Es steht hier nicht zur Diskussion, ob das praktisch durchführbar wäre, und auch auf den Nutzenbegriff brauchen wir uns hier nicht einzulassen. Wesentlich ist nur, daß die altruistische Maxime dahin bestimmt werden kann, daß der eigene Nutzen gegenüber dem des Partners an der Handlung zurückgestellt werde. Unter dieser Voraussetzung gibt es für denjenigen, der sich diese Maxime zu eigen macht, keine optimale Befriedigung mehr in dem Gewebe der Handlungen, an denen er teilnimmt, mag das Bewußtsein dieser – aus der altruistischen Maxime fließenden – Tatsache diesen Mangel nun kompensieren oder nicht, da mögliche Befriedigung aus diesem Bewußtsein hier außer Betracht bleiben muß.

Es ist also denkbar – wenn auch kaum machbar –, über die Forderung des jeweiligen Ausgleichs der Grenznutzen, sozusagen über eine gesetzliche Statuierung des zweiten Gossenschen Gesetzes, eine Rechtsordnung zu erhalten, die, der Verträglichkeit der Handlungen unbeschadet, die altruistische Maxime für die ihr Unterworfenen ausschließt. Gleichwohl aber widerstreitet sie nicht dem Postulat der Verträglichkeit der Handlungen selbst, über dem Rechtsordnungen sich statuieren lassen. Die altruistische Maxime liegt also im Bereich des von der optimalen Rechtsordnung her, wenn auch nicht notwendig von jeder Rechtsordnung her, Erlaubten.

Drücken wir es etwas anders aus: die altruistische Maxime fordert von demjenigen, der sie sich zu eigen macht, auf ein Recht, das ihm einem anderen gegenüber zusteht, zu verzichten oder von ihm nur eingeschränkten Gebrauch zu machen; mag dieses Recht nun von größerer oder geringerer Bedeutung für ihn sein, so ist es jedenfalls ein Recht, ein Interesse, das er hat, zumindest geltend zu machen, sofern ein derartiges Interesse nicht durch die Rechtsordnung allgemein ausgeschlossen ist.

Das Recht des einen, ein Interesse geltend zu machen, trifft auf das Recht eines anderen, ein Gegeninteresse geltend zu machen, und das Recht der Geltendmachung schließt nicht das Recht auf Durchsetzung ein. Das liegt nicht an einer Unvollkommenheit der jeweiligen Rechtsordnung, sondern im Wesen von Rechtsordnungen überhaupt: denn auch die – strukturtheoretisch definierte – optimale Rechtsordnung läßt Interessenkonflikte zu, die nur dann zu einer Veränderung der Situation führen, wenn eine Einigung erfolgt. Nun lassen sich Überlegungen anstellen, wie eine Einigung beschaffen sein müßte, um jedem der Beteiligten zur Realisierung seines Interesses in einem »fairen« Maße zu verhelfen. Hier bietet sich die mathematische Spieltheorie als »a tool for the moral philosopher« an – Braithwaite[8] hat dies in einer so

8 R. B. Braithwaite, *Theory of Games as a Tool for the Moral Philosopher*, Cambridge 1955.

witzigen wie interessanten Weise vorgeführt. Wir brauchen uns hier auf die mathematisch-technische Seite des Problems nicht einzulassen.

Die Lösung eines fairen Interessenausgleichs besteht, wie immer sie aussieht, darin, daß jeder von seinem Interesse einige Abstriche macht, und die Frage der Fairneß ist die, in welchem Maße das jeweils zu geschehen habe. Es kann nun naheliegen, die altruistische Maxime auf einer solchen fairen Ausgleichs festzulegen, aber sie würde dann offenbar nur im Bereich von Interessen gelten, die zwar geltend zu machen rechtens ist, für die es aber rechtlich keine Möglichkeit der Durchsetzung gibt. Gerade aber in seinen rechtlichen Möglichkeiten kurz zu treten und diese nicht voll auszuschöpfen und so dem Interesse des Mitmenschen entgegenzukommen, mutet die altruistische Maxime dem Menschen zu, und diese ihre Seite eben ist es, die verhindert, sie als ein allgemeines Gesetz deuten zu können, es sei denn, man löse über diese Maxime den harten Begriff des aus der Rechtsordnung und ihren Instituten fließenden Begriffs des subjektiven Rechtes des einzelnen auf etwas oder an etwas auf – eine Konsequenz, die einem mehr »soziologischen« Denken sogar verführerisch erscheinen möchte.

Um Mißverständnissen vorzubeugen: es geht hier nicht um die Methode der Jurisprudenz, die nicht ohne Rücksicht auf eine historisch vorgegebene Rechtsordnung diskutiert werden kann, und wir haben uns hier nicht mit Rudolph von Jhering und den Bemühungen um eine Interessenjurisprudenz oder um Freirecht und dem, was heute davon lebendig ist, auseinanderzusetzen. Ebensowenig ist hier der öffentlich-rechtliche Aspekt einzubeziehen, unter dem etwa die sogenannte Sozialpflichtigkeit des Eigentums zu betrachten wäre. Das hätte völlig andere methodische und sachliche Voraussetzungen. Die uns hier beschäftigende Frage ist die, ob die altruistische Maxime als eine Maxime der Moral als ein *allgemeines* Gesetz gedacht werden kann, und wenn wir ein Resultat aus den vorstehenden Erörterungen ziehen können, so ist es doch offenbar dies, daß eine solche Verallgemeinerung der altruistischen Maxime nicht möglich ist, ohne damit die erforderliche Einigung der an einer Handlung Beteiligten infrage zu stellen. Wohlgemerkt: infragestellen, nicht schon unmöglich machen – hierbei wäre noch ein Augenblick zu verweilen.

Die altruistische Maxime fordert, eigene Interessen gegenüber fremden zurückzustellen auch dann, wenn jenen ein Recht auf Durchsetzung zur Seite steht. Das fremde Wohl wird vor das eigene gestellt, oder wie immer man diesen Sachverhalt ausdrükken möge. Oder anders ausgedrückt: die altruistische Maxime fordert, dem anderen etwas mehr zukommen zu lassen, als es bloße Gerechtigkeit, jedem genau sein Recht zuzumessen, nicht mehr und nicht weniger, verlangen würde. Da wir, von unserem Ansatz her, aus dem Feld möglichen moralischen Verhaltens ausschließen, jemandem sein Recht zu verweigern, so bleibt als mögliche Alternative für eine Erweiterung moralischen Handelns über die Richtschnur der Gerechtigkeit hinaus nur eben dies übrig: Interessen des anderen eine gewisse Präferenz vor den eigenen einzuräumen, einfach weil man – unabhängig von Rechten – über die eigenen Interessen restriktiv zu verfügen frei ist, über die anderer nicht.

Die altruistische Maxime stellt kein sonderliches Problem dar, solange sie die Maxime eines einzelnen ist; das intrikate Problem entsteht erst, wenn bei einer Handlung die altruistischen Maximen aller Beteiligten aufeinanderstoßen, d.h. wenn niemand da ist, sich die durch die altruistischen Maximen von Beteiligten gebotenen Vorteile zunutze zu machen und auf diese Weise für das erforderliche Zusammenstimmen der Absichten aller Beteiligten zu sorgen. Dadurch entsteht für die Moralphilosophie ein Problem besonderer Art: nämlich durch zusätzliche moralische Prinzipien dafür zu sorgen, daß auch unter den Bedingungen eines allgemeinen Altruismus die Frage der Zusammenstimmung der von den Beteiligten verfolgten Absichten lösbar gemacht werden kann auf Grund eben jenes zusätzlichen moralischen Prinzipes.

Betrachten wir zuvor das, was wir die altruistische Maxime genannt haben, unabhängig davon, ob sie in dem angedeuteten Sinn verallgemeinerungsfähig ist oder nicht, so charakterisiert sie eine Haltung, in der der einzelne Interessen oder dem »Wohle« anderer vor den eigenen eine Präferenz zubilligt. Daß dies nicht auf Grund von Zwang, Druck oder Drohung geschieht, ergibt sich aus der allgemeinen Voraussetzung des Rechtszustandes, die wir gemacht haben. Je nach der Interessenlage (Situation) einerseits, der Motivation andererseits kann die eigenes Interesse zurücknehmende Maxime sehr verschieden zu formulieren sein, wofür man leicht Beispiele bildet. Die altruistische Maxime bezeichnet

also eine Klasse von Maximen, und es erhebt sich die Frage, ob alle Maximen, die in diese Klasse fallen, als moralische Maximen in einem ausgezeichneten Sinne gelten können.
Die altruistische Maxime in ihrer weitesten Formulierung, also bezogen darauf, das eigene Interesse dem Interesse des anderen in einem gewissen Umfange nachzuordnen, läßt so keine soziale Präferenzordnung der Interessen mehr zu, ebensowenig wie die entgegengesetzte Maxime – die des Egoismus – eine solche zuläßt, da in beiden Fällen jeweils in bezug auf zwei mögliche Interessen die Präferenzordnung des einen die umgekehrte wie die des anderen ist. Bei der egoistischen Maxime stoßen aber die »Egoisten« beide auf das Recht des anderen als eine – unter der Voraussetzung der Rechtsordnung wenigstens der Idee nach – unüberschreitbare Grenze; bei der Verallgemeinerung dieser Maxime fällt die Möglichkeit des Handelns, eines Handelns, das auf Einigung beruht, mit der Möglichkeit rechtlichen Handelns zusammen. Sofern die egoistische Maxime über die Ausschöpfung des rechtlich Möglichen hinausgeht – und eben dies tut sie –, steht sie mit der Rechtsordnung im Widerspruch.
Ein solcher Widerspruch ergibt sich bei der Vorstellung der altruistischen Maxime als eines allgemeinen Gesetzes nicht. Doch hier ergibt sich auch keine soziale Präferenzordnung der Interessen, die den Punkt abgeben würde, in dem die Beteiligten sich einig werden und so zum rechtlich möglichen Handeln gelangen. In der Tat tendieren denn Moralen, die das eigene Interesse dem fremden unterzuordnen anweisen, zum Rückzug aus dem Handeln, es mag, ohne ihn analysieren zu wollen, an den Buddhismus erinnert werden. Eben deshalb wird man zu untersuchen haben, in welchen Grenzen Rücknahme eigenen Interesses noch die Aufweisung eines Ausgleichspunktes ermöglicht.
Nun sieht man sogleich, daß die altruistische Maxime in ihrer weiten Fassung eine Symmetrie der Rücknahme einschließt, sie gilt für alle – als mögliches allgemeines Gesetz –, und sie stellt an alle die gleiche Forderung, wie verschieden auch jeweils die praktische Konsequenz im konkreten Falle für diejenigen sein mag, die es angeht. Gerade diese Verschiedenheit der Interessen läßt ja den Übergang zu einer »sozialen« Präferenzordnung nicht zu, weil die Bevorzugung des Interesses I_1 des einen vor dem Interesse I_2 des anderen nicht kompatibel ist mit der Bevorzugung von I_2 vor I_1. In ihrer symmetrischen Form läßt sich die altruistische

Maxime daher nur dann als mögliches allgemeines Gesetz ansehen, wenn es gelingt, die verschiedenartigen Interessen der Beteiligten auf einen gemeinsamen Nenner zu bringen, wie das etwa über den Nutzenbegriff möglich ist. Dies liefe dann auf einen Ausgleich des Grenznutzens hinaus, und in diesem Bereich mag etwa die (mathematische) Spieltheorie in der Tat zu einem Werkzeug für den Moralphilosophen werden, wie es Braithwaite, worauf wir hinwiesen, in seiner bekannten Antrittsvorlesung mit Witz und Scharfsinn vorgeführt hat.
So wichtig die grundsätzliche Möglichkeit eines »fairen« Interessenausgleichs ist, so bleibt sie doch weithin theoretisch, schon weil die »Bewertung« der Interessen durch »Nutzen« – eine durchaus subjektive Bewertung – und ihre Aufrechnung gegeneinander auf mannigfache und bekannte Hindernisse stößt. Hierin liegt auch nicht der Kern der moralischen Normierungen für das Verhalten des Einzelnen in irgendwelchen Situationen. Hier bietet sich ein anderes Bild: wie hoch der Einzelne auch immer den »Nutzen« abschätzen mag, den ihm die Realisierung eines Interesses bietet, und wieweit in seinem Verzicht zu gehen er sich bereit fände (oder finden »sollte«) – er kann nicht die Nutzen der Gegeninteressen der anderen für diese abschätzen, gleichgültig wie sie sich verhalten mögen. Das Einzige, was er im allgemeinen mit einiger Zuverlässigkeit außer dem (subjektiven) Nutzen des eigenen Interesses abschätzen kann, ist das Ausmaß, in dem jeweils seine Interessen und die der anderen durch ihm bzw. den anderen zustehende Rechte gedeckt sind. Daß die Rechte des anderen zu respektieren sind, bedarf von unserem Ansatz her keiner weiteren Begründung. Dann aber stellt sich die Frage der altruistischen Maxime so: Soll der Einzelne in einer vorgegebenen Situation sein eigenes Interesse in irgendeinem Ausmaße gegenüber dem zurücknehmen, was er rechtens fordern kann? Man wird sagen müssen, daß die Antwort auf eine solche Frage von der jeweiligen Situation abhängt und von einer Bewertung seines Interesses, die unabhängig ist von dem, was er für dessen »Nutzen« für sich ansehen mag.
Hiermit ergibt sich für eine Moralphilosophie eine doppelte Aufgabe. Eine Typologie moralphilosophisch relevanter Situationen ineins mit einer »Bewertung« der in ihnen möglichen Interessen – beides jeweils gesehen aus der Perspektive der Stellung eines Einzelnen in einer solchen Situation. Aus beiden erst ergibt sich die

zu formulierende Maxime, die das Verhalten des Einzelnen in solcher Situation und damit – zu ihrem Teile – die Handlung bestimmt. Daß diese Maxime nur altruistisch sein kann, sofern sie nicht die Durchsetzung des eigenen Rechts gebietet, bedarf keiner Erläuterung.

Wir sprachen von »moralphilosophisch relevanten« Situationen und scheinen damit eine *petitio principii* zu begehen. Aber diese Bewertung von Interessen ist nicht etwas, das *a priori* vorgegeben wäre oder sich aus Handlungsstrukturen herausdestillieren ließe. Solche Bewertungen sind dem Wandel unterworfen, im Leben des Einzelnen wie in dem der Gesellschaft, und verschieden von Gesellschaft zu Gesellschaft, verschieden von Zeit zu Zeit. Insofern läßt sich mit Recht von einem Pluralismus der Moralen sprechen, nur eben daß sie alle an gewisse, hier angedeutete strukturelle Voraussetzungen gebunden sind. Es kann kein *beliebiges* Verhalten des Einzelnen, keine *beliebige* Maxime als »moralisch« deklariert werden. Die aufgewiesenen Strukturen sind *notwendige* Voraussetzungen für das, was als mögliche moralische Maxime gelten darf.

Sind sie aber auch *hinreichende* Bedingungen von Moralität? Dies offenbar nicht, und zwar deshalb nicht, weil sich eine Fülle von Maximen denken läßt, die dem fremden Interesse den Vortritt lassen, ohne daß dabei der andere mehr als nur sein Recht davontragen würde. Bequemlichkeit, Faulheit und dergleichen, auch Angst können ein solches Verhalten motivieren, und man ist geneigt, so praktizierten Maximen schon deshalb die Anerkennung als »moralische« zu versagen, weil ihnen die Tendenz einwohnt, auch Unrecht hinzunehmen. Es muß also zu unseren notwendigen Bedingungen etwas hinzukommen, um sie auch hinreichend zu machen, und dieses Zusätzliche stammt aus den Anschauungen des Einzelnen, der Gesellschaft, der Zeit über das, was als moralisch gelten soll. Eine Phänomenologie des sittlichen Bewußtseins zeigt eine Vielzahl von moralischen »Prinzipien«, worauf jetzt und an diesem Orte einzutreten nicht der Anlaß ist.

Wohl aber muß auf eine Grenze unserer Ausführungen hingewiesen werden: wir bewegen uns strikt im Bereich der Individualethik. Das ergibt sich von unserem Ausgangspunkte her, dem Spiel der Einzelnen miteinander unter dem Postulat der strukturellen Verträglichkeit ihrer Handlungen. Von diesem Punkt her können wir nicht hoffen, den öffentlichen Bereich, den Staat und die moralphilosophischen Fragen, die in diesen Zusammenhang gehören, in den Griff zu bekommen. Dafür müßten wir die Struktur dieses Bereiches auseinanderlegen können. Das aber ist ein noch ungeschriebenes Kapitel, und so setzen wir diese Fragen, unbeschadet ihrer Bedeutung, vorerst und wenigstens für heute beiseite.

(1976)

Gedanken zu einer Strukturtheorie des Rechts

Wir beginnen mit einem Satz, der in eine philosophische Anthropologie gehört, wenn wir sagen, der Mensch sei ein handelndes Wesen. Diese Behauptung ist nicht gerade neu, sie ist vielmehr eine recht alte Weisheit, aber es macht einen erheblichen Unterschied, ob man sie an die Spitze einer materialen Anthropologie stellt, wie es etwa Gehlen getan hat, oder ob man sie zum Ausgangspunkt eines rechtsphilosophischen Gedankenganges nimmt in der Absicht, eine Theorie des Rechtes von hinreichender Allgemeinheit aufzubauen.

Es bedarf zuvor einer gewissen Verständigung darüber, was wir unter einem handelnden Wesen verstehen wollen. Es kommt uns hier, wie sich versteht, darauf an, den Begriff des Handelns von vornherein so zu fassen, daß er das Handeln, wie wir es als Menschen kennen, vom Verhalten des Tieres eindeutig abhebt. Denn das Recht ist ein spezifisch menschliches Phänomen, das nur beim Menschen auftritt und soweit wir wissen auch stets mit ihm verbunden ist. Es kommt uns wesentlich darauf an, daß sich der Mensch in einer Situation, vor die er sich gestellt sieht, verhalten kann auf Grund von Regeln, die er sich selbst gibt oder von anderen geben läßt.

Mit diesem Begriff des Handelns, der mit dem Gesagten nicht definiert, sondern lediglich in einer bestimmten Richtung verdeutlicht worden ist, wäre noch nicht der Begriff der Autonomie gegeben. Wenn wir sagen, der Mensch als handelndes Wesen sei autonom, so sagen wir damit nicht nur, er sei fähig, unter selbstgegebenen Regeln zu handeln. Autonomie bedeutet noch etwas mehr, sie bedeutet, daß der Mensch als handelndes Wesen sich selber unter eine allgemeine Gesetzgebung stellen kann. Wir werden sofort sehen, was das heißt.

Eine allgemeine Gesetzgebung wäre eine solche, die in einer beliebigen Situation jedem, der an dieser Situation teilhat, sagt, was er tun kann und lassen muß, so daß die Handlungen, die die Einzelnen gemäß dieser Gesetzgebung ausführen dürfen, miteinander verträglich sind.

Man kann sich nun offenbar für eine Situation sehr verschiedene

Gesetzgebungen vorstellen, die die zulassenden Handlungen miteinander verträglich machen. Es genügt für den Begriff der Autonomie nicht, daß sich ein Mensch irgendeines von solchen Regelsystemen zu eigen macht. Daß er dieses kann, liegt bereits im Begriff des Handelns, wie wir ihn voraussetzen und demgegenüber der Begriff der Autonomie etwas mehr verlangen soll. Dieses Mehr liegt darin, daß das handelnde Wesen, das autonom ist, von sich aus eine Gesetzgebung für beliebige Situationen soll bestimmen können, so daß es darin mit jedem andern autonomen handelnden Wesen übereinkommt. M. a. W. es muß die Gesetzgebung, die der Autonomie entfließt, eindeutig bestimmt sein.

An dieser Stelle sieht es für die Autonomie schlecht aus. Wir hatten ja gerade gesagt, daß man sich für irgendeine Situation verschiedene Regelsysteme denken kann, die das Verlangte, nämlich die Handlungen in irgendeine Übereinstimmung zu bringen, leisten. Aber wenn man an irgendwelchen Beispielen versucht, sich solche verschiedene Systeme auszumalen, so führt man stets irgendwelche inhaltlichen Gesichtspunkte ein, nach denen man gewissen Handlungen den Vorzug gibt usw.

Wie steht es aber, wenn wir von allen inhaltlichen Gesichtspunkten absehen? Auf den ersten Blick scheinen wir mit einem solchen Versuch überfordert zu sein. Wir müssen, um überhaupt diese Absicht durchführen zu können, zunächst noch einmal den Begriff der Handlung etwas genauer bestimmen.

Dazu gehen wir vom Begriff der Situation aus. Wir wollen unter einer Situation weiter nichts als ein Gefüge von irgendwelchen Beziehungen zwischen Personen und Gegenständen betrachten. Dann können wir nämlich eine Handlung ansehen als die Veränderung eines solchen Gefüges von Beziehungen. Eine Handlung besteht in dem Übergang einer Situation in eine andere.[1]

Es ist die Frage, ob sich für diese rein strukturell definierten Handlungen ein Verträglichkeitsprinzip angeben läßt. Das ist in der Tat und auf eine relativ einfache Weise der Fall. Es ist sogar offenbar so, daß sich die Verträglichkeit der Handlungen strukturell nur auf eine einzige Weise erreichen läßt und daß sich allenfalls äquivalente Formulierungen des Verträglichkeitsprin-

1 Vgl. meine Abhandlung: »Handlung, Maxime und Situation« (zuerst *Studium Generale* 7, 1 [1954], S. 60 ff.), in: *Theorie und Realität*, herausgegeben von Hans Albert, Tübingen 1964, S. 233 ff.; in diesem Band S. 405 ff.

zips angeben lassen, wenn man einmal davon absieht, daß sich der Bereich der verträglichen Handlungsmöglichkeiten natürlich beliebig einengen läßt über das Notwendige hinaus.
Ich muß hier darauf verzichten, diese strukturelle Betrachtungen im einzelnen durchzuführen. Sie erfordern, wie sich versteht, eine hinreichende technische Zurüstung, die kaum ein allgemeines Interesse für sich beanspruchen kann. Worauf es mir hier zunächst ankam, war lediglich, einen Begriff davon zu geben, wo und wie sich die Forderung, die mit dem Autonomiebegriff verknüpft ist, einlösen läßt, eben im rein Strukturellen. Wenn der Mensch ein autonomes handelndes Wesen ist, so muß er einer eindeutigen allgemeinen Gesetzgebung fähig sein, und das ist in der Tat der Fall. Andererseits gilt aber auch, daß wenn der Mensch einer eindeutigen allgemeinen Gesetzgebung für sein Handeln fähig ist, er autonom ist, so daß die Behauptung der Autonomie des Menschen hinausläuft auf die Behauptung der Konstruierbarkeit einer eindeutigen allgemeinen Gesetzgebung für jeden vorgegebenen Bereich von Handlungsmöglichkeiten.
Damit stoßen wir auf etwas sehr Merkwürdiges. Der für die Ethik zentrale Autonomiebegriff ist gleichbedeutend mit der Möglichkeit eines rechtsphilosophischen Systemes: denn das strukturelle Verträglichkeitsprinzip für Handlungen ist Rechtsphilosophie und nichts anderes. Es leistet genau das, was eine Privatrechtsordnung leistet oder leisten soll. Man kann die grundlegenden Institute des Privatrechtes, die verschiedenen Vertragstypen usw. rein strukturell definieren. Wir finden diesen fundamentalen Teil der Rechtsphilosophie als fundamentalen Teil auch der Ethik wieder.[2]
Aber um zu dieser strukturellen Theorie des Privatrechts zu gelangen, ist es offenbar nicht nötig, vom Begriff der Autonomie auszugehen. Denn daß jede Privatrechtsordnung dafür zu sorgen hat, daß die zugelassenen Handlungen nach allgemeinen Gesetzen übereinstimmen, wissen wir ohnehin. Was wir andererseits nicht oder jedenfalls nicht mit genügender Sicherheit wissen, ist, ob es für das positive Recht irgendeine Art Maßstab gibt, der es als richtiges oder falsches Recht zu beurteilen erlaubt. Man hat solche Maßstäbe gern in der Ethik gesucht und tut das auch heute wieder. Aber die Ethik ist eine wenig konsolidierte Disziplin, und

2 Vgl. »Das Problem des Rechts und die Ethik«, in diesem Band S. 32.

der Jurist schenkt zwar den lebendigen moralischen Anschauungen gern Beachtung, vertraut sich aber ungern einer Disziplin wie der Ethik an, jedenfalls nicht in seiner juristischen Arbeit.
Es läßt sich fragen, ob nicht grundsätzlich für den von einer konkreten Privatrechtsordnung geordneten Handlungsbereich auch ein rein strukturelles Verträglichkeitsprinzip das leisten könne, was jene Privatrechtsordnung mehr oder weniger gut leistet. Man braucht dann nur einen strukturellen Handlungsbegriff, um in der Tat solch ein Prinzip angeben und eine rein strukturelle Ordnung durchkonstruieren zu können. Diese hat, wenn man sie nicht unnötig beschränkt, die Eigenschaft, die liberalste Ordnung zu sein, die sich denken läßt. Man kann ihr in einem gewissen Sinne sogar eine Geltung zusprechen: jeder, der bereit ist, sich überhaupt einer Rechtsordnung zu fügen, müßte sie anerkennen können, wenn er nicht mit dieser seiner Bereitschaft sich in Widerspruch setzen will. Niemand kann nämlich fordern, daß eine Handlungsmöglichkeit, an der er Interesse hat, zugelassen werde; denn dadurch würde in die Rechtsordnung selber ein Widerspruch hineingetragen. Niemand kann aber auch fordern, daß eine Handlungsmöglichkeit, die mit den sonst zugelassenen verträglich wäre, ausgeschlossen werde.[3]
Diese Art von Geltung ist selbstverständlich von der faktischen Geltung einer Rechtsordnung, davon, daß sie, wie wir zu sagen pflegen, in Kraft ist, streng zu unterscheiden. Aber die faktische Geltung beruht darauf, daß irgendein soziales System, irgendeine Art staatlicher Organisation besteht, die ihre faktische Geltung erzwingt, die die Rechtsordnung auch gegen den, der sich nicht unterwerfen will oder der sie verletzt, durchsetzt. Es ist immer sehr kontrovers geblieben, ob diese Machtorganisation, die die Anerkennung ihrer Satzungen erzwingt, den alleinigen Geltungsgrund für eine Rechtsordnung abgeben kann. Eine Antwort auf diese Frage suchen alle Vertragstheorien des Naturrechts zu geben, die, sei es einen Unterwerfungsvertrag wie Hobbes oder einen Gesellschaftsvertrag wie Rousseau, zum Geltungsgrund erheben. Nicht daß man an einen solchen Vertrag als ein historisches Ereignis denken könnte: was hinter all diesen Theorien steckt, ist der Gedanke, daß eben das, was den Menschen veran-

3 Über die Geltungsfrage ausführlicher: »Naturrecht und Völkerrecht«, in diesem Band S. 9.

lassen könnte, freiwillig in einen solchen Vertrag einzutreten, die Geltung der Rechtsordnung begründet, wobei sich je nachdem, was hier als Grund angenommen wird, der Vertrag selber gestaltet – denn danach richtet sich ja, worauf der Mensch sich einzulassen sich bereit findet. Aus späterer Zeit ist vor allem die Anerkennungslehre Bierlings erwähnenswert, die den Geltungsgrund einer Rechtsordnung darin sucht, daß sie von den ihr Unterworfenen als geltend anerkannt wird. Aber hier die faktische Anerkennung zu unterstellen, hat seine Schwierigkeiten. Nach dem, was ich bereits ausgeführt hatte, liegt es nun nahe zu sagen, daß die Geltung einer konkreten Rechtsordnung darin gesucht werden muß, daß hinter ihr nicht nur ein Machtapparat steht, der ihre Einhaltung erzwingt, sondern daß sie so beschaffen ist, daß sie vom ihr Unterworfenen muß anerkannt werden können in dem entwickelten Sinne. Oder wie wir auch sagen können, sie muß sich darstellen als eine Positivierung der rein strukturell definierten Rechtsordnung über den Handlungsbereich, den sie zu ordnen bestimmt ist.

Es möchte freilich so scheinen, als hätten wir uns damit einem Rationalismus überliefert, der den historisch gewordenen und gewachsenen Rechten unmöglich gerecht werden kann. Der Preis, den wir so dafür zahlen müßten, um eine Rechtsordnung an einem Maßstabe des Rechts messen zu können, wäre wirklich hoch. Denn wenn wir die Rechtsordnung betrachten, die wir über die strukturelle Konstruktion erhalten, so erfüllt diese nun zwar die Forderung nach durchgehender Rechtsgleichheit und nach größtmöglicher Freiheit für den Einzelnen in der Verfolgung seiner Interessen, aber zumindest diese letzte Forderung ist inzwischen als liberalistisch so ziemlich bei allen Parteien in Verruf gekommen. Wie dem auch immer sein möge, so ist jedenfalls die strukturell definierbare Rechtsordnung von der Art gerade derjenigen Rechtsordnung, die man als das Ergebnis eines historischen Prozesses anzusehen pflegt, den man als Institutionenzerfall in Anthropologie und Soziologie zu beschreiben gewohnt ist – zu beschreiben mit dem ausdrücklichen Akzent eines Zerfallprozesses, eines Verfalles, einer Atomisierung einer vordem heilen Gesellschaft, deren selbständig gewordenen Atome nur noch die nackte Macht zusammenhalten zu können scheint: nur die geballte Faust vermag Sand zusammenzuhalten, wie schon nicht als der erste, nicht als der letzte Diltheys Freund Yorck sagte.

Sehen wir uns aber die Institutionen genauer an, so sind gerade die, deren Verfall man konstatiert, mit einer gewissen rechtlichen Ungleichheit verbunden, und was sie in Verfall geraten läßt, ist weniger irgendwelcher mit ihnen getriebener oder verbundener Mißbrauch als der Schwund eines Glaubens, der sie als legitim erscheinen ließ. Die Ordnung, die in ihnen ihren Ausdruck fand, brauchte eine Legitimation von anderswoher, sei es eine Legitimation religiöser, sei es eine irgendwie politisch-ideologischer Art. Rechtliche Ungleichheit bedeutet stets Privilegierung einer Gruppe auf Kosten einer anderen, Diskriminierung einer Gruppe zugunsten der andern. Wer aber durch eine Rechtsordnung diskriminiert wird, braucht diese nicht anzuerkennen. Denn eben die Diskriminierung kann sie ihm unannehmbar machen, es darf nicht vorausgesetzt werden, daß jemand zur Hinnahme einer Diskriminierung bereit ist.

Andererseits kann niemand gehindert werden, Diskriminierungen hinzunehmen und die Rechtsordnung anzuerkennen, die ihn diskriminiert. Die faktische Anerkennung der Rechtsordnung bedeutet eine echte Geltung, und darin liegt die überwältigende historische Bedeutung des legitimierenden Glaubens, welcher Art er auch immer sei. Er ist immer gefährdet durch die Möglichkeit, daß die rechtliche Ungleichheit als solche eines Tages in das Bewußtsein tritt, daß sie nicht mehr als natürlich, als von Gott gegeben, als selbstverständlich hingenommen und ihre Beseitigung gefordert wird. Eben darin liegt der Sinn der Revolutionen, und wo wir in der Geschichte sich diesen Prozeß der revolutionären Wendung gegen Privilegien einmal in Gang setzen sehen, steuert er mit Zielsicherheit auf einen Zustand voller Rechtsgleichheit hin. Wie wir sehen, liegt das in der Natur der Sache sozusagen, eben darin, daß nur ein Zustand völliger Rechtsgleichheit seine Legitimation in sich selber findet, während die Hinnahme von Rechtsungleichheiten an irgendwelchen von außen kommenden Legitimierungen hängt, deren Dauer begrenzt ist.

Man wird nicht übersehen, daß eine lediglich rationale Legitimation natürlich nicht die in soziologischer Hinsicht stärkste ist. Die Klage über den Institutionenverfall ist, soviel Romantik dabei immer mitspielen mag, durchaus nicht unbegründet. Aber die Anthropologen und Soziologen, die solch großen Nachdruck auf diesen historischen Prozeß legen, sehen doch samt und sonders an der Tatsache vorbei, daß sich eine Rechtsordnung auf der Basis der Gleichheit und der maximalen Freiheit des Einzelnen in der Verfolgung seiner Interessen aus sich selbst legitimiert. Und nicht nur das. Es ist nicht ohne Ironie, daß in dem Augenblick, in dem der Übergang zu einer Rechtsordnung, die ihre Legitimation aus der Übereinstimmung mit dem, was man die Rechtsidee nennen könnte, ziehen darf, gemacht wird, die Wissenschaft resigniert einen Relativismus in Sachen des Rechts hinnehmen zu müssen meint. Alle wohlgemeinten Versuche der gegenwärtigen Rechtsphilosophie, den Positivismus zu überwinden, eine Ethisierung des Rechts anzustreben oder naturrechtliche Gedanken verschiedenster Provenienz zu erneuern, können nicht darüber hinwegtäuschen, daß die Relativierung durch die gegenwärtige Anthropologie und Soziologie viel ernster ist als die im Rahmen der sogenannten Parteienlehre etwa Radbruchs vor vier oder fünf Jahrzehnten vollzogene. Die empirische Erforschung der Funktion der Institutionen für eine Gesellschaft, der diese Institutionen tragenden Faktoren auf breitestem Material, scheint zu dem Schluß zu zwingen, daß es nicht die angebliche Angemessenheit von Institutionen an eine Rechtsidee ist, die ihre Wirksamkeit als Integrationsfaktoren der Gesellschaft ausmacht, sondern ganz andere Eigenschaften, die mehr psychologischer Art sind. Die Struktur des Bewußtseins des Menschen unterliege Änderungen, mit ihnen verfallen die Institutionen, die nicht mehr der neuen Bewußtseinsstruktur entsprechen.

Wir können hier nicht in eine kritische Betrachtung dieser Lehren eintreten. Aber selbst gesetzt, es sei an dem, wie da behauptet wird, so bleibt doch eben der für uns schlechthin entscheidende Einwand, daß das Feld der Handlungsstrukturen und das auf ihm aufzuwerfende und zu lösende Problem der strukturellen Bedingungen der Verträglichkeit von Handlungen überhaupt nicht ins Auge gefaßt wird. Das ist so zufällig nicht. Rein strukturelle Untersuchungen über Handlungen sind praktisch auf die mathematische Spieltheorie und die mathematische Ökonomie beschränkt und von hier besteht kaum eine Verbindung zur Anthropologie und Soziologie. Und beiden wiederum liegt das eigentlich Juristische, in dessen Rahmen sich der Gesichtspunkt der Verträglichkeit von Handlungen ergeben würde, fern. Hierin wirkt sich unsere Fächereinteilung aus und in dem konsequenten Vorbeisehen an allem Strukturellen insbesondere die Abneigung bei den philologisch-historisch Gebildeten gegenüber allem, was mit Mathematik zusammenhängt oder so aussehen könnte. Richten wir aber einmal auf die strukturelle Seite der Handlungsprobleme und besonders auf die strukturellen Bedingungen für die Verträglichkeiten von Handlungen unseren Blick, so erschließt sich uns ein Feld, auf dem sich in überraschender Weise Maßstäbe für die Beurteilung von Rechtsordnungen als Rechtsordnungen ergeben. Das Ergebnis ist keineswegs so, daß wir von dorther nicht den Prozeß des Institutionenverfalls verstehen könnten. Was sich uns zeigt, läßt uns auch die positive Seite dieses Prozesses mit aller Deutlichkeit sehen: das Recht in seiner Entwicklung auf einen Zustand der Rechtsgleichheit und größter Bewegungsmöglichkeit für den Einzelnen in der Verfolgung seiner Interessen hin. (Freilich zeigt sich von diesem Standort aus sehr deutlich, daß die auf Rechtsgleichheit und Freiheit gehende Tendenz des Institutionenverfalles, insbesondere was die Freiheit betrifft, aufgefangen wird durch eine von den mannigfachsten Interessen eingeheizte Gesetzesproduktion, die uns hinten und vorn bevormundet.)

Um hier etwas klarer zu sehen, müssen wir etwas weiter ausholen und den grauen Faden der abstrakten Theorie wieder aufnehmen. Wir müssen uns nämlich des Umstandes erinnern, daß wir mit der Frage nach den strukturellen Bedingungen der Verträglichkeit von Handlungen nur das Feld des Privatrechtes erfaßt haben – Privatrecht hier natürlich im weitesten Sinne genommen. Und wenn sich auch zeigen läßt, daß die Strukturbedingungen möglicher Verträglichkeit von Handlungen für jeden Bereich von Handlungsmöglichkeiten die Entscheidung über eine auftauchende Rechtsfrage erlauben, so bedeutet das zwar, daß wir an diesen Strukturbedingungen ein Orientierungsmittel besitzen, nicht aber, daß wir mit ihnen allein schon eine praktikable Rechtsordnung aufbauen könnten. Die konkreten Privatrechtsordnungen führen eine Reihe von Begriffen und Bestimmungen ein, die wesentlich dem Zweck dienen, die Rechtsordnung handlich und praktikabel zu machen. Solch ein Begriff ist zum Beispiel der des Besitzes, der nicht zu den strukturell definierbaren Privatrechtsinstituten gehört, sondern dazu dient, Vermutungen zugunsten des faktischen Besitzers zu schaffen als dem wahrscheinlich zum Besitz Berechtigten, um ihm so einen schnellen und wirksamen Schutz angedeihen lassen zu können.

Daß im Rahmen der Rechtsordnung gehandelt werde, muß angesichts der bekannten Tendenz der Menschen, es mit den Rechten anderer weniger genau zu nehmen als mit den eigenen, erzwungen werden. Damit kommt, wie schon mit der Forderung nach Praktikabilität der Rechtsordnung, ein pragmatischer Gesichtspunkt in die Rechtstheorie hinein. Der vielberedete Zwangscharakter des Rechtes ist durchaus pragmatischer Natur. Die Anwendung von physischem Zwang bedeutet stets eine Kollision zwischen Handlungen, die gerade die Rechtsordnung ausschließen soll, aber die Zwangshandlung kollidiert in diesem Falle mit einer Handlung, die durch die Rechtsordnung nicht zugelassen ist. Es ist nicht eigentlich eine besondere Befugnis zu zwingen, die das Recht verleiht, sondern die allgemeine Befugnis zur Gestaltung einer Situation. Die pragmatischen Gesichtspunkte haben in der strukturellen Rechtstheorie nichts zu suchen, und nur diese als Theorie der Verträglichkeit von Handlungen ist integrierender Teil der Ethik. Es ist wichtig, sich hierüber völlige Klarheit zu verschaffen. Eine positive Rechtsordnung hat durchaus noch anderen Anforderungen zu entsprechen, als es die sind, die wir an eine rechtsphilosophische Konstruktion zu stellen haben. Sie muß eben praktikabel sein, es bedarf gewisser organisatorischer Veranstaltungen, um die Rechte der einzelnen zu sichern. Rechtsverletzungen müssen irgendwie ausgebügelt werden können. Die rechtsphilosophische Konstruktion, die wir in der Strukturtheorie des Rechtes durchführen, sagt uns, wie gehandelt werden muß, wenn Kollisionen zwischen Handlungen vermieden werden sollen, sie sagt uns aber nicht, was zu geschehen hat, wenn die Kollision eingetreten und der nach ihr zulässige Zustand der Dinge möglicherweise überhaupt nicht herstellbar ist. Es muß dann eben definiert werden, was als rechtlicher Zustand gelten soll – das Schadensersatzrecht z. B. dient im wesentlichen diesem Zwecke.

Nimmt man den Standpunkt hinreichend hoch, so wird man nicht verlangen, daß das Recht auf einem bestimmten Wege positiviert werde, sondern nur, daß es Verfahren gebe, die gewährleisten, daß die Positivierung gewissen Forderungen, wie etwa der nach rechtlicher Gleichheit, entspricht. Das Präjudizienverfahren in den Common-Law-Gebieten leistet das wenigstens ebenso gut wie das uns geläufige, obwohl es nicht gerade der geheiligten Forderung nach Trennung der Legislative und der Justiz entspricht. Wie man es auch drehen und wenden mag, so ist dieses

Verfahren Positivierung und Fortbildung des Rechtes, und damit erfüllt es die legislative Funktion so gut wie die justitiäre. Die scheinbar so zwingende Deduktion, daß Legislative und Justiz getrennt sein müssen, wenn die Willkür der Entscheidung des Einzelfalles ausgeschaltet sein soll, geht an der Sache vorbei. Sie argumentiert, daß das allgemeine Gesetz, nach dem der Richter zu entscheiden habe, von anderer Seite gegeben sein müsse, damit der Richter sich nicht das allgemeine Gesetz so machen könne, wie er es im Sinne seiner Willkür braucht. Aber dieser Schluß ist nur zwingend, wenn das allgemeine Gesetz, an das der Richter gebunden ist, beliebig ist: die Willkür des Richters wird ausgeschaltet, um die Willkür des Gesetzgebers zu proklamieren. Ist das allgemeine Gesetz hingegen nicht beliebig, so kommt es auf seine Feststellung an, und es mag durchaus dahinstehen, ob diese Feststellung besser unabhängig von der Entscheidung eines konkreten Falles durch den Richter erfolgt oder im Zusammenhang mit dieser, und das letztere liegt um so näher, sofern der Fall selbst seine »rechte« Entscheidung, sein ius aequum, in sich trägt, sofern sich das allgemeine Gesetz in der Struktur des Falles abzeichnet.

Diese Überlegung soll nicht die Frage nach den möglichen Verfahren der Positivierung und Fortbildung von Rechtsordnungen und den Kriterien, denen sie unterliegen, beantworten, sondern nur die Fragwürdigkeit der geläufigen Vorstellungen über Gewaltenteilung an einem Punkte wenigstens dartun. Sie ließe sich noch vertiefen.

Aber kommt man überhaupt mit der traditionellen Dreizahl der Gewalten in einem Staate aus? Es ist, von unserm Ansatz her, verständlich, daß man drei Gewalten oder Funktionen in einem Staate annahm. Positivierung und Fortbildung der Rechtsordnung, das ist die Funktion der Legislative; die Entscheidung, was im Einzelfalle rechtens ist, das ist die Funktion der Justiz. Und schließlich bedarf es einer Organisation des Zwanges, der den Einzelnen in den Bahnen des rechten Handelns hält, die der Entscheidung der Justiz Achtung verschafft, also der Exekutive. Die Dreizahl der Funktionen fließt aus dem Staatszweck: der Sicherung der Rechte aller.

Es ist natürlich der Staatslehre nicht entgangen, daß sich die Tätigkeit der Exekutive nicht in der Polizeifunktion erschöpft. Aber reduziert man den Staatszweck auf die Sicherung der Rechte aller,

so reduziert man den Staat auf den Nachtwächterstaat. Es geht nicht gut an, die Anzahl der Staatszwecke beliebig zu vermehren. Der Zweck der Sicherung der Rechte aller ist mit der Konstruktion und Realisierung der Rechtsordnung gegeben und davon unabtrennbar. Es gilt nur, diesen Ansatz schärfer auszuschöpfen. Wir werden sagen dürfen, daß durch das Unterworfensein unter eine Rechtsordnung die Gesamtheit der Unterworfenen in einer Situation vereinigt werden und damit eine Folge von Situationen (und insofern von Handlungen) definiert ist, da diese Gesamtsituation der Rechtsgenossen Veränderungen erleiden wird. Diese Gesamtsituation läßt sich verschieden definieren, je nachdem, ob man sie als Beziehungsgefüge zwischen den einzelnen oder zwischen Klassen von solchen auffaßt – eine Frage der Zweckmäßigkeit und des Untersuchungszieles.
Die Gesamtsituation, gleichgültig, wie man sie definiert, ist offenbar durch die Rechtsordnung nicht normiert, sie fließt aus den normierten Handlungen aller zusammen, resultiert daraus. Sie bedarf aber darüber hinaus einer Steuerung. Denn die Privatrechtsordnung als solche vermag wohl die Handlungen der einzelnen so zu leiten, daß sie nicht miteinander kollidieren, aber sie vermag damit nicht das Aufkommen von Spannungen zu verhindern, die das ganze Rechtssystem in die Luft zu sprengen drohen. Das Verträglichkeitsprinzip ist nicht unbedingt ein Schlüssel zum sozialen Frieden, wenn nicht eine vernünftige Steuerung für den nötigen Ausgleich von entstehenden Spannungen sorgt.
Damit steht man vor Fragen ganz anderer Art, als die es sind, auf die eine Privatrechtsordnung die Antwort gibt. Das Konstruktionsprinzip der Verträglichkeit bezieht sich auf das Verhältnis von Handlungen zueinander, während bei der Steuerung der Gesamtsituation, mag diese definiert sein wie immer, überhaupt nur eine Handlung, eben die Weiterentwicklung der Gesamtsituation, gegeben ist, das Verträglichkeitsprinzip also gar keine mögliche Anwendung hat.
Neben der Steuerung lassen sich nunmehr noch weitere Funktionen des Staates angeben, die eigentliche Verwaltungstätigkeit und die Repräsentation des Staates gegenüber andern Gebilden seiner Art. Die Verwaltung ist keine notwendige Funktion wie die anderen genannten. Denn während Legislative, Justiz, Exekutive (in dem eingeschränkten Sinne), Steuerung und – unter der Voraussetzung einer Mehrzahl von Staaten – Repräsentation unabding-

bare Funktionen des Staates sind, lassen sich die Verwaltungsfunktionen auch erfüllt denken durch die einzelnen selber, soweit es sie angeht. Die Verwaltungseinheiten lassen sich denken als Situationen, die alle die, die es angeht, umfassen. Ihre Entwicklung könnte von diesen in die Hand genommen werden. Hier handelt der Staat für die Einzelnen, daher begreift es sich, daß er in einem gewissen Grade über die Rechte der Einzelnen verfügen kann, und insofern ist die Verwaltungstätigkeit des Staates ein Handeln der nolentium volentium Einzelnen selber.

Danach wäre die Übertragung der Prinzipien der Verwaltung auf die Fragen der Steuerung das Wesen des Totalitarismus. Aber worin soll sich die Steuerung von der Verwaltung unterscheiden, wenn beide es mit der Gestaltung von Situationen zu tun haben, die nicht durch das Verträglichkeitsprinzip normiert werden kann? Nun hat die Verwaltungstätigkeit positive Ziele, eine Straße will gebaut und unterhalten, ein Flußlauf reguliert sein. Die Steuerung hat es mit weniger konkreten Zielsetzungen zu tun, sie braucht dem Einzelnen ein bestimmtes Verhalten nicht aufzuerlegen, sondern kann sich begnügen, die Wahrscheinlichkeitsverteilungen für das Verhalten der Einzelnen zu alterieren.

Die Strukturtheorie des Rechts trifft bei ihrer Durchführung in diesen Fragen der Steuerung auf erhebliche Schwierigkeiten. Es läßt sich das Steuerungsproblem nicht angehen, ohne eine hinreichende Vorstellung von den realen Machtverteilungen in einem Gemeinwesen zu haben. Und nicht nur das, man muß sich darüber hinaus von solchen Gemeinwesen gewisse modellmäßige Vorstellungen bilden können, damit man die allgemeinen Bedingungen, unter denen eine effektive Steuerung möglich ist, präzisieren kann. Diese Modellkonstruktionen, wie die Vorgänge in einem Gemeinwesen dieser oder jener Art verlaufen und welches Gewicht in ihnen die verschiedenen Ämter, Institutionen usw. haben, gehören in den Aufgabenbereich der Theorie der Politik.[4]

4 Vgl. meine Abhandlung »Wie ist die Theorie der Politik möglich?«, in diesem Band S. 441 ff. Wie wenig die Aufgabe der Modellanalyse in der deutschen Wissenschaft von der Politik auch nur verstanden wird, zeigt die Diskussion dieser Frage in der *Kölner Zeitschrift für Soziologie und Sozialpsychologie* 1956 anläßlich eines Aufsatzes von Janowitz. Es scheint selbst bei Janowitz eine fixe Idee zu sein, daß die Forderung der Modellanalyse in politicis auf die Forderung nach einer Uminterpreta-

Aber das gilt nur für die Spezifizierungen der allgemeinen Bedingungen, die diese dann anwendbar machen auf modellmäßig vorgegebene Bereiche bestimmter Art. Im Rahmen der Strukturtheorie des Rechtes läßt sich zureichend begründen, daß die Steuerung nicht verwaltungsmäßig sein darf, weil sonst die Freiheit der Einzelnen, ihre Interessen verfolgen zu können, illusorisch wird, während doch gerade die Sicherung der Rechte aller die Sicherung der Rechtsordnung und damit die Steuerung fordert.

Es soll hier nicht unsere Aufgabe sein, weiter in das Dickicht dieser staatsphilosophischen Fragen einzudringen. Immerhin mag das bisher Angedeutete gezeigt haben, daß unser rechtsphilosophischer Ansatz, von dem aus wir die zwischen Mensch und Recht spielenden Fragen aufzurollen versucht haben, hinreichend fruchtbar ist. Er erlaubt aus seinen Grundprinzipien den Staat in der Differenzierung seiner Funktionen zu sehen, und ich darf vielleicht einigen Nachdruck darauf legen, daß eben nicht nur die legislative und justitiäre Funktion des Staates sich zwanglos aus einem Ansatz ergab, der zunächst nur als Kernstück ein strukturelles Privatrechtssystem lieferte, sondern daß es der zugrunde gelegte Handlungsbegriff ist, aus dem sich zwangsläufig die Funktion der Steuerung der Gesamtsituation, der Verwaltungsbegriff usw. ergibt.

Wenn sich auch die Aufgaben des Staates in bezug auf die Steuerung der Gesamtsituation usw. bestimmen lassen, so finden wir uns für eine Theorie der Steuerung dort auf die Theorie der Politik verwiesen, die es freilich in dem hier geforderten Sinne erst in einigermaßen schwachen Ansätzen gibt, welche noch keineswegs mit der soviel weiter ausgebauten Wirtschaftstheorie konkurrieren können. Es ist sehr merkwürdig, wie trotz des Vorbildes der theoretischen Ökonomie die Notwendigkeit und Möglichkeit der Theorienbildung auf weiten und wichtigen Feldern des sozialen

tion ökonomischer Modelle hinausliefe, was, wenn überhaupt, allenfalls in sehr beschränktem Umfang möglich sein dürfte. Freilich kann man an der ökonomischen Theorie lernen, wie man Modelle baut und analysiert, während sich der Theoretiker der Politik die Art der Modelle, die er zu bauen und zu analysieren hat, schon selber einfallen lassen muß. Daß diese zunächst allzu primitiv ausfallen, als daß sich viel für die Erkenntnis realer politischer Vorgänge herausholen ließe, ist eine Kinderkrankheit, an der auch die ökonomische Theorie gelitten und die sie überwunden hat.

Geschehens, insbesondere auch der Politik, noch gar nicht gesehen wird. Der Rechts- und Staatsphilosoph muß aber fordern, daß man ihm die empirischen Theorien liefere, deren er bedarf, um selber weiterzukommen, nicht zuletzt auch in dem, was er zur gegenwärtigen Situation beizutragen hätte. Es ist durchaus nicht so, daß sich die Rechts- und Staatsphilosophie unmittelbar zur konkreten Situation des Tages äußern könnte, ihre sehr abstrakten Begriffe haben da gar keinen rechten Ansatzpunkt, den erst eine hinreichend weit vorgetriebene theoretische Verarbeitung und Abklärung der Empirie aufweisen könnte. Der Physiker kann gewiß darüber Auskunft geben, was geschieht, wenn man Wasserstoff- oder Kobaltbomben in einer gewissen Anzahl über gewissen Gebieten zur Explosion bringt, aber was es bedeutet, wenn zwei oder drei Weltmächte solche Bomben erzeugen, das zu sagen fällt unter die Kompetenz des Theoretikers und Philosophen der Politik, der darüber modellmäßig Auskunft geben und die Möglichkeiten einer Normierung des Handels zur Erhaltung des Friedens erörtern sollte.

Wir dürfen nicht vergessen, daß die Begriffsapparatur unserer Staatslehre nach der juristischen wie nach der theoretischen Seite hin ein wenig antiquiert ist. Es fehlt an hinreichender Einsicht in die Grundlagen und an dem sicheren methodischen Zugang zu ihnen. Grundlagenforschung bedeutet hier wie anderswo Strukturforschung. Sowie man einmal die Frage so stellt: Welche Struktur hat unser Handeln? Welches sind die strukturellen Bedingungen für die Verträglichkeit von Handlungen?, erschließt sich ein durchaus eigenartiges und umfassendes Problemfeld, auf dem bereits wesentliche Entscheidungen für Rechtswissenschaft und Staatslehre fallen, Entscheidungen, die man hinnehmen muß, weil die strukturellen Bestimmungen eines Sachverhaltes über die möglichen inhaltlichen Besonderheiten bestimmen und nicht umgekehrt.

In den juristischen Begriffen, insbesondere in denen des Privatrechts sind in vielfach bewunderungswürdiger Weise Handlungsstrukturen herausgearbeitet worden. Aber es ist gerade hundert Jahre her, daß der Begründer der Dogmatik des deutschen Handelsrechtes, Heinrich Thöl, auf das Handelspersonal das Sklavenrecht des römischen Institors anwandte, und es war dann die wissenschaftliche Großtat Levin Goldschmidts, die das Handelsrecht aus der Enge des vorgegebenen Vorrats an juristischen Begriffen ins Freie einer aus den Handelsverhältnissen und dem Bedürfnis des Handelsverkehrs geschöpften rechtlichen Beurteilung führte. Die höchste Aufgabe der Rechtsbildung sah Goldschmidt in der Aufdeckung und Durchführung des immanenten Rechts. Jeder Tatbestand des Gemeinlebens, soweit er der Rechtsordnung zugänglich ist, trage seine angemessenen natürlichen Rechtssätze, sein ius aequum, in sich. Er vermeinte, dieses Recht »induktiv« aus den Lebensverhältnissen erheben zu können, doch in Wirklichkeit beruht seine Leistung auf dem scharfen Blick für die verborgenen Gesetze des Verkehrs (wir dürfen sagen: für die verborgene Struktur des Verkehrs), der nach Dernburg den großen Juristen macht.

Lenken wir noch einmal auf das zurück, was ich eingangs über den Institutionenverfall sagte. Es scheint nun doch, daß Anthropologie und Soziologie einer perspektivischen Täuschung erliegen, weil sie die spezifisch juristische Struktur nie recht in den Blick bekommen und diese gegenüber den sozialen Tatbeständen, in die sie eingebettet ist, als sekundär erscheint. Über dem, was sich unter dem Druck einer unwiderstehlichen Entwicklung an Institutionellem auflöste, sollte man nicht übersehen, was in den letzten hundert Jahren positiv an Recht aufgebaut worden ist – das moderne Handelsrecht ist das erste und immer noch bedeutendste Beispiel dafür. Was freilich dahin ist und nicht wieder aufstehen wird, ist die ideologische Rechtfertigung von Institutionen – dieser Bereich ist nun der Wissenschaft überliefert und wird, wie zu hoffen ist, ihr überliefert bleiben, nachdem es gelungen ist, die Struktur dieses Gebietes in methodisch adäquater Weise zu erfassen. Die Schwierigkeiten liegen vor allem auf dem Gebiete des öffentlichen Rechtes, dessen Problematik eine so ganz andere ist als die des Privatrechtes. Während es sich bei letzterem im Kern um die Verträglichkeit von Handlungen handelt, geht es beim öffentlichen Rechte um etwas gänzlich anderes, um die Steuerung der Entwicklung der Gesamtsituation insbesondere, d. h. um Gleichgewichtsfragen, Interessenausgleich usf.

(1959)

Grundlegung
zu einer Strukturtheorie des Rechts

Inhalt

Vorwort

Die nachfolgende Abhandlung soll den Grund zu einer Strukturtheorie des Rechts legen. Sie beschränkt sich auf einen relativ engen Ausschnitt aus dem Gesamtgebiet des Rechtes, weil ich der Überzeugung bin, daß nur dieser Ausschnitt zum Gegenstande *reiner* Strukturuntersuchungen gemacht werden kann und freilich auch gemacht werden sollte. Er deckt sich in etwa mit dem Bereich des Schuld- und Sachenrechtes, wenn man in diesen alles hineinnimmt, was unter systematischen Gesichtspunkten in ihm Platz hätte, wie zum Beispiel Handelsrecht, Wechselrecht und dergleichen mehr. Auf eine genaue Abgrenzung kann hier verzichtet werden. Sie ergibt sich aus der Natur der Sache. Im übrigen läßt sich der Bereich der von der Strukturtheorie erfaßten Strukturen nicht rein mit Bereichen der Dogmatik des positiven Rechts zur Deckung bringen aus leicht ersichtlichem Grunde: das Strukturelle bildet nur eine Dimension des Rechts, positives Recht läßt sich aus ihm allein gar nicht verstehen, obzwar die Beachtung dieser Dimension zu einem vollen Verständnis der betreffenden Rechtsinstitute dazugehört. Es ist auch nicht so, daß diese Dimension bisher nicht beachtet worden wäre, nur hatte man sie nicht isoliert und in dieser Isolierung zum Gegenstande einer Theorie gemacht. Tut man dies, so erweist sie sich, wie es scheint, als der grundlegende Teil einer umfassenderen

Theorie, die auch die andern Dimensionen des Rechts einbezieht.

Man kann den Zugang zu der Strukturtheorie im engen Sinne durch mehr pragmatische Betrachtungen gewinnen. Dieser Weg wird in der Einleitung eingeschlagen. Es ist aber auch möglich, den gleichen Ansatz durch tiefer liegende philosophische Analysen zu erhalten, wie ich in »Das Problem des Rechts und die Ethik«[1] zu zeigen versucht habe. Doch ist dieser philosophische Hintergrund nicht erforderlich, um einzusehen, daß es sinnvoll sein kann, sich mit einer Theorie zu beschäftigen, die die Verträglichkeit von Handlungen zum Gegenstande hat. Vor allem dürfte dieser philosophische Hintergrund für den Juristen von keinem größeren Belang sein. Die Theorie steht und fällt nicht mit den betreffenden philosophischen Thesen, die die sittliche Autonomie des Menschen betreffen.

Ob man die hier vorgetragene Theorie – und die umfassendere, die sich aus ihr entwickeln läßt – noch als philosophische bezeichnen will oder nicht, ist eine Frage der Definition, aber kaum eine Sachfrage. Freilich soll sie – wenn anders sie die Hoffnungen erfüllt, die man vielleicht auf sie setzen darf – einiges von dem leisten, was sich der Jurist bisher von der Rechtsphilosophie erhoffte. Um ein Ziel zu nennen, das die Theorie sich setzt, so wäre es das einer gegründeten Theorie der juristischen Diskussion de lege ferenda, aber bis dahin ist noch ein gutes Stück steinigen Weges zurückzulegen. Die Isolierung von Strukturen könnte auch dem Rechtshistoriker und der Rechtsvergleichung von Nutzen sein – vielleicht nicht unmittelbar, falls nicht Koschakers[2] Desiderat einer Typologie der Rechtsinstitute sich auf diesem Wege erfüllen ließe. Vielleicht steht es mit solcher Strukturtheorie am Ende wie mit der modernen Logik in ihrem Verhältnis zur Philosophie: eigentlich brauchen läßt sie sich wenig, aber man sieht die strukturelle Seite der alten Gegenstände nun doch schärfer.

Die umfassendere Theorie des Rechts, die sich auf dieser Basis gewinnen läßt, habe ich in meiner Abhandlung »Gedanken zu

1 *Zeitschrift für Philosophische Forschung* IX/2, S. 358-365; in diesem Band S. 33.

2 Paul Koschaker, *Europa und das Römische Recht*, München 1947, S. 345.

einer Strukturtheorie des Rechts«[3] und in meinem Beitrag »Philosophie der Politik« zu dem von F. Heinemann herausgegebenen Sammelband *Philosophie im 20. Jahrhundert*[4] angedeutet. Ferner darf ich auf meine »Bemerkungen zum Begriff der Gerechtigkeit«[5] verweisen; sie stellen eine wesentliche Ergänzung nach der Seite der mehr philosophischen Probleme dar.
Vielleicht sollte auch nicht unerwähnt bleiben, daß die hier vorgetragene Theorie in enger Beziehung zu meiner Auffassung der Sozialwissenschaften steht. Diese findet sich niedergelegt in den drei Beiträgen zum *Handwörterbuch der Sozialwissenschaften* (Art. »Mathematische Sozialtheorie«, Art. »Sozialphilosophie«, Art. »Sozialwissenschaft«) sowie in den Abhandlungen »Wie ist die Theorie der Politik möglich?«[6] und »Einheit der Sozialwissenschaft«.[7] Zumal die letztere Abhandlung dürfte wohl zeigen, daß eine einheitliche Konzeption innerhalb der Grenzen, in denen eine solche sinnvoll möglich wäre, angestrebt worden ist.
Schließlich habe ich noch zwei ältere Arbeiten zu erwähnen, weil sie bereits gewisse Elemente der Theorie bringen, aber noch in einem vorläufigen Zustand. Es sind dies der Vortrag »Naturrecht und Völkerrecht«[8] und der Aufsatz »Krieg als Straftat«.[9]
Auf eine Auseinandersetzung mit der Literatur konnte, von einigen abgrenzenden Bemerkungen in der Einleitung abgesehen, verzichtet werden. Da das Ziel der Aufbau einer neuen Theorie ist, ergibt sich für eine Auseinandersetzung kein Ansatzpunkt. Auch mußte ein Feld, auf dem noch niemand Begriffsgebäude aufgeführt hat, nicht erst durch Einreißen alter für einen Neubau gesäubert werden. In gewisser Weise freilich scheint mir das Problem, das hier zu lösen versucht wird, mit Kants allgemeinem Prinzip des Rechts gesetzt zu sein. Insofern ließe sich seine

3 *Archiv für Rechts- und Sozialphilosophie* XLIII/4, S. 471-485; in diesem Band S. 62.
4 Stuttgart 1959, S. 518-547; in diesem Band S. 186.
5 *Studium Generale* 12 (1959)/2, S. 61-68; in diesem Band S. 143.
6 *Zeitschrift für die gesamte Staatswissenschaft* 106/3, S. 447-460; in diesem Band S. 441 ff.
7 *Zeitschrift für die gesamte Staatswissenschaft* 112/3, S. 385-397; in diesem Band S. 458 ff.
8 *Verhandlungen des* VIII. *Deutschen Soziologentages* (1946), S. 136-157; in diesem Band S. 7.
9 *Merkur* 1/1, S. 28-40; in diesem Band S. 221.

Rechtslehre als eine konkurrierende Theorie auffassen. Doch Kants Begriffe sind uns so unmittelbar nicht erreichbar, als daß eine kritische Auseinandersetzung mit ihnen nicht zuvor auf ihre historischen Voraussetzungen eingehen müßte, soviel auch vor allem J. Ebbinghaus getan hat, sie für uns wieder erreichbar zu machen.

Einleitung

Die Frage, was Recht sei, gilt gewiß als Grundfrage der Rechtsphilosophie, und im Zuge der erneuten Zuwendung zur Ontologie, die wir seit drei Jahrzehnten in der Philosophie erleben, hat auch diese alte Frage wieder ihre Zuspitzung und als Frage nach der »Seinsweise« des Rechts ihren besonderen Akzent erhalten. Sonst sagt man auch wohl, die Frage der Rechtsphilosophie gehe auf das Wesen des Rechts oder auf die Idee und den Begriff des Rechts. Man hat bestritten, daß solche Fragen sinnvoll oder richtig gestellt seien. Kant meinte, die Frage »Was ist das Recht?« möchte wohl den Rechtsgelehrten, wenn er nicht in Tautologie verfallen oder statt einer allgemeinen Auflösung auf das, was in irgend einem Lande die Gesetze zu irgendeiner Zeit wollen, verweisen will, ebenso in Verlegenheit setzen als die berufene Aufforderung »Was ist Wahrheit?« den Logiker. So hat man denn wohl, um sich dieser Verlegenheit zu entziehen, die Aufgabe der Rechtsphilosophie auf die Frage nach den logischen Voraussetzungen der Rechtswissenschaft hinausgespielt, wie das dem Neukantianismus naheliegen mußte, und versucht, sich mit scharfsinnigen Distinktionen zwischen Recht und recht, Recht und Gesetz, Recht im dogmatischen, historischen, ethischen, subjektiven Sinne durchzuhelfen.

Wie immer man über diese Versuche denke, so haben sie nicht zu einer Theorie des Rechtes geführt, die als gesichert gelten dürfte. Ein solches Ziel liegt auch nicht unbedingt im Sinne und in der Richtung philosophischer Arbeit. Es wäre daher ungerecht, einen solchen Einwand gegen die Rechtsphilosophie im allgemeinen oder gegen eine ihrer besonderen, durch die philosopische Position von deren Schöpfer bestimmte Gestalten ausspielen zu wollen. Wohl aber ließe sich fragen, ob die analytische Arbeit am Begriff des Rechts den Boden nicht so weit gelockert hätte, daß sich eine Theorie des Rechtes in einem noch näher zu bestimmenden Sinne erfolgreich in Angriff nehmen ließe. Kant hatte die Frage »Was ist das Recht?« ein wenig ironisch in Parallele gesetzt zu der Pilatusfrage »Was ist Wahrheit?«, die er dem Logiker zuweist. Überblicken wir die Entwicklung der Logik seitdem, so müssen wir feststellen, daß zwar die Logik eine für Kant noch ganz unvoraussehbare reiche und doch wohl auch fruchtbare Entwicklung erfahren hat, aber jene Kardinalfrage noch immer auf ihre auch nur halbwegs zulängliche Beantwortung wartet. Doch sollten wir das vielleicht ein wenig anders sagen: diese Frage ist zwar unbeantwortet geblieben, aber die Logik hat trotzdem eine reiche Entwicklung erfahren können. Sieht man näher zu, so ist diese Entwicklung in der Logik gerade dadurch ermöglicht worden, daß man die Frage, was Wahrheit sei, gänzlich links liegen ließ. Man begnügte sich damit, in einer mehr intuitiven als diskursiven Weise eine hinreichende Vorstellung von dem, was Wahrheit sei, zu haben. So wäre zu erwägen, ob nicht unser intuitives Verständnis von dem, was wir Recht nennen, ausreichen möchte, um eine Theorie darauf zu gründen. Daß sich dann die Frage, was das Recht sei, unter neuen Gesichtspunkten und vielleicht mit besserer Aussicht auf zulängliche Beantwortung erneut aufnehmen ließe, wäre so ausgeschlossen nicht, kennen wir doch heute zumindest die Bedingungen für die Beantwortung der Frage, was Wahrheit sei, besser, als das vor der Entwicklung, die die moderne Logik genommen hat, der Fall gewesen.

Freilich ergibt sich sofort eine beträchtliche Schwierigkeit. Wenn die Analogie mit der Logik einigen Wert haben soll, so müßte die gesuchte Theorie eine Strukturtheorie sein, also eine Theorie rechtlicher Strukturen. Angesichts der Vielfalt von »Rechtsordnungen«, die uns die historische Erfahrung liefert, und angesichts der Tatsache, daß diese »Rechtsordnungen« nicht fest gegebene sind, sondern willkürlich Veränderungen unterworfen werden können und ständig unterworfen werden, müßte sich diese Theorie offenbar, wenn überhaupt, a priori entwickeln lassen. Oder um es zunächst vorsichtiger zu sagen: sie müßte zumindest der Möglichkeit nach unabhängig von den empirisch gegebenen »Rechtsordnungen« sein, weil sie sich zugleich beziehen müßte auf die Veränderungen, denen diese »Rechtsordnungen« noch unterworfen werden können.

Es gilt, diesen apriorischen Charakter der gesuchten Theorie noch etwas näher zu bestimmen. Eine solche Strukturtheorie müßte uns Strukturen liefern, die uns ein tieferes Verständnis historisch gegebener »Rechtsordnungen« ermöglichen. »Rechtsordnungen«, wie wir sie historisch vorfinden, normieren in näher zu bestimmender Weise menschliches Handeln. Wir können daher nicht sagen, daß die rechtlichen Strukturen, deren Theorie wir liefern wollen, unabhängig sind von den Möglichkeiten, die diesem Handeln offenstehen. Der Umfang dieser Möglichkeiten des Handelns ist aber etwas, das nicht a priori angegeben werden kann. Es wird sich jedoch zeigen, daß aus diesem Umstande keine besonderen Schwierigkeiten fließen. Doch selbst wenn uns nur eine einzige »Rechtsordnung« als empirisches Material gegeben wäre und wir auch den Gedanken an eine Veränderung derselben ausschalten dürften, bliebe die Frage, wo wir ansetzen und wie umfassend wir von vornherein den Versuch ansetzen sollten. Eine »Rechtsordnung« ist etwas überaus Komplexes, in sie geht eine Fülle von Normen und von Sätzen der verschiedensten Art ein. Es wäre an sich ein verständliches Streben, hier möglichst umfassend sein zu wollen, und das um so mehr, als das Streben nach Allgemeinheit gerade der Philosophie eingeboren ist. Gleichwohl möchte ich meinen, daß dieses Streben leicht zu einer Abstraktheit der Begriffsbildung verleitet, die dann keine hinreichend interessante Theorie mehr zuläßt. Wenn man eine Theorie aufbauen will, gilt es zunächst einmal, sich auf Begriffe zu beschränken, von denen man weiß, daß sie auf einer Ebene liegen. Die nötigen Verallgemeinerungen und Erweiterungen der Theorie, die sich noch als erforderlich erweisen, um die Theorie auch hinreichend leistungsfähig zu machen in bezug auf den Stoff, den sie durchleuchten soll, ergeben sich in der Regel schon, wenn man nur erst einmal einigen Boden unter die Füße bekommen hat. Schlimmstenfalls hat man gelernt, den Aufbau überhaupt anders vorzunehmen.

Hinsichtlich der Grundbegriffe, die Verwendung finden sollen, muß betont werden, daß die Absicht dieses Versuches nicht Analyse von Grundbegriffen ist, sondern Aufbau einer Theorie. Da genügt es – und muß es genügen –, daß diese Grundbegriffe intuitiv verständlich sind und in ihrem Gebrauch hinreichend festgelegt erscheinen. Solange eine Theorie über diesen Begriffen überhaupt erst gewonnen werden soll, ist weder die Frage, ob diese Begriffe nicht zu weitgehende Idealisierungen darstellen, noch auch die andere, ob sie nicht auf andere Begriffe zurückgeführt werden können, von sonderlichem Interesse. Hätten die Logiker erst wissen wollen, was eine wahre Aussage sei, so wären sie nie zum Aufbau der Aussagenlogik gekommen. Entsprechend soll hier verfahren werden, obwohl sich ein solches Verfahren methodisch eher an der Mathematik als an der Philosophie orientiert. Aber wenn es erfolgreich sein sollte, so würde sich dadurch auch für die – im üblichen Sinne – mehr philosopische Analyse der Rechtsbegriffe eine neue Situation ergeben. Und das ist schließlich alles, was sich sinnvoll verlangen läßt.

Es ist vielleicht nicht ganz überflüssig, auf diese methodologische Seite einiges Gewicht zu legen. Nicht als ob die hier angewendete Methode die einzige mögliche wäre – eine Methode weist sich durch ihre Fruchtbarkeit aus, und es hängt vom Stande einer Disziplin ab, auf welchem Wege sich jeweils die fruchtbarsten Ergebnisse erzielen lassen. Ein dogmatischer Anspruch soll und kann hinsichtlich der Methode nicht erhoben werden. Aber da der allgemeine Trend der Rechtsphilosophie heute kaum in die Richtung geht, die hier eingeschlagen werden soll, vermag die ausdrückliche Bezeichnung der Richtung, in der wir fortschreiten wollen, vielleicht Mißverständnisse zu verhindern. So sollte es klar sein, daß sich dieser Versuch mit dem phänomenologischen Adolf Reinachs[10] nicht berührt, jedenfalls nicht in methodologischer Hinsicht. Reinach treibt »Wesensschau« in Husserls Sinne, er will »Wesensgesetze« auffinden und »Wesenszusammenhänge« klären. Die hier zu entwickelnde Theorie soll Aussagen über strukturelle Zusammenhänge machen, die man vielleicht unter entsprechenden Gesichtspunkten als »Wesenszusammenhänge« bezeichnen könnte, aber sie ergeben sich uns aus einem konstruktiven Ansatz, den jede Phänomenologie verpönen muß. Ebensowenig gehen wir vor im Sinne der »transzendentalen Methode« etwa C. A. Emges,[11] d. h. jeweils nach den Bedingungen der Möglichkeit eines Begriffes fragend. Diese Frage stellen wir, wie schon angedeutet, gerade nicht, wir versuchen in entgegengesetzter Richtung weiterzuschreiten. Auch Rudolf Stammlers[12]

10 *Die apriorischen Grundlagen des bürgerlichen Rechts*, 1913, jetzt unter dem Titel: *Zur Phänomenologie des Rechts*, München 1953.

11 *Vorschule der Rechtsphilosophie*, Berlin 1925; *Einführung in die Rechtsphilosophie*, Frankfurt/M., Wien 1955.

12 *Lehrbuch der Rechtsphilosophie*, 3. Aufl., Berlin 1928.

Vorgehen, die Rechtsphilosophie auf einer Definition des Begriffes des Rechtes aufzubauen, ist nicht das unsere. Eine Definition des Begriffes des Rechtes wird nicht gegeben und nicht vorausgesetzt, so wenig wie bei Reinach. Stammlers Argumentation gegen diesen ist jedoch auf die hier vorgetragene Theorie, wie leicht ersichtlich, nicht anwendbar.

Wo also beginnen? Betrachten wir eine »Rechtsordnung«, etwa die zur Zeit in der Bundesrepublik Deutschland geltende, so hat diese wenigstens auch die Aufgabe, mögliche Streitfälle gewisser Art zwischen den dieser »Rechtsordnung« unterworfenen Menschen entscheidbar zu machen. Diese Streitfälle, deren sich die »Rechtsordnung« annimmt, sind in der Regel solche, bei denen Handlungen der Streitenden miteinander kollidieren in der Weise, daß der eine nicht in der von ihm gewünschten Weise handeln kann, weil der andere dies durch eine Handlung unmöglich gemacht hat oder unmöglich zu machen droht. Gewiß sind nicht alle Streitfälle, für die die »Rechtsordnung« eine Entscheidung liefert, Kollisionen zwischen Handlungen in diesem Sinne; der Streit kann um ideale Güter gehen, wie sie etwa durch Beleidigungen verletzt werden. Auch ist es fraglich, ob die »Rechtsordnung« für jede Kollision von Handlungen eine Entscheidung liefert. Ferner kann die Art, wie die Entscheidung von der »Rechtsordnung« geliefert wird, eine recht verschiedene sein. Die »Rechtsordnung« kann das Verhalten normieren, wie dies im allgemeinen die unsere tut, sie kann aber auch etwa die Entscheidung eines Streitfalles einer dafür vorgesehenen Instanz und deren Ermessen oder Belieben überlassen.
So ergibt sich selbst unter der Beschränkung auf die Entscheidung von Handlungskollisionen durch eine »Rechtsordnung« eine Vielfalt von Möglichkeiten, wenn wir auch nur auf das abstellen, was unsere eigene »Rechtsordnung« an Lösungen liefert. Wie aber schon gesagt, muß es uns darum zu tun sein, ein homogenes Untersuchungsfeld zu gewinnen. Wir werden deshalb nur Handlungen von Privatpersonen betrachten, Handlungen der »Einzelnen«, nicht Handlungen von Trägern irgendwelcher Ämter. Wir werden ferner fordern, daß die »Rechtsordnung« diese Handlungen »normiere« in dem Sinne, daß grundsätzlich vorhersagbar ist, welche Handlung zulässig ist auf Grund der »Rechtsordnung« und welche nicht. Wir werden ferner fordern, daß in bezug auf

eine vorgegebene Menge von möglichen Handlungen diese Normierung lückenlos und widerspruchsfrei ist. Ein System von Sätzen, das für einen vorgegebenen Bereich möglicher Handlungen genau dies leistet, wird im folgenden eine *Rechtsordnung in bezug auf diesen Handlungsbereich* genannt. Da diese Beziehung auf einen bestimmten Bereich von Handlungen vorausgesetzt wird, werden wir kurz von *Rechtsordnung* sprechen. Dieser Terminus wird hier also in einer sehr eingeschränkten Bedeutung gebraucht. Gleichwohl dürfte sich dieser Sprachgebrauch als angemessen erweisen.

Was die in dieser Beschränkung liegende Idealisierung besagt, läßt sich leicht klarmachen. Mögen die der gedachten Rechtsordnung unterworfenen Personen irgendwie handeln, so werden ihre Handlungen niemals miteinander kollidieren, solange sie sich der Rechtsordnung gemäß verhalten. Oder anders herum ausgedrückt: wenn zwei Handlungen miteinander kollidieren, dann ermöglicht die Rechtsordnung, in jedem Falle eindeutig zu entscheiden, welcher Handelnde hätte handeln dürfen. Aber sofern sich die Ausgangssituation, die noch im Einklange mit der Rechtsordnung war, nicht mehr wiederherstellen läßt, erlaubt die Rechtsordnung bereits nicht mehr zu sagen, was nun geschehen soll. Die zulässige, durch die Handlung des andern, die nicht rechtens war, verhinderte Handlung, kann endgültig verhindert sein. Der unberechtigt von Franz verspeiste Apfel kann von seinem Eigentümer Ferdinand nicht noch einmal verspeist werden. Damit stellt sich die Aufgabe, irgendwie einen Zustand der Dinge zu definieren, einen herbeiführbaren Zustand, der dann als rechtens gelten soll, wenn der Zustand, der rechtens wäre, unwiderruflich gestört ist. Das ist aber offenbar ein ganz anders geartetes Problem, als es das ist, durch eine Normierung dafür zu sorgen, daß Handlungen nicht miteinander kollidieren, solange sich die Handelnden an die Normierung halten. Es kommt uns aber darauf an, ein homogenes Untersuchungsfeld zu gewinnen. Daher beschränken wir in der angegebenen Weise den Begriff der Rechtsordnung und stellen das Problem so, daß wir eine Theorie der miteinander verträglichen Handlungen anstreben. Wir fragen, welchen strukturellen Erfordernissen Handlungen entsprechen müssen, wenn sie miteinander verträglich sein sollen; mit andern Worten: wir betrachten eine Welt, in der die Handelnden nicht miteinander kollidieren. Wir fragen nach den strukturellen Be-

dingungen, die hinreichend oder notwendig sind, um Kollisionen zwischen Handelnden zu vermeiden.
Man überzeugt sich leicht, daß es hinreichende Bedingungen solcher Art gibt. Wenn die fraglichen Handlungen so voneinander getrennt sind, daß weder gleiche Handelnde in ihnen auftreten noch sich deren Handlungen auf die gleichen Gegenstände beziehen, so ist eine Kollision zwischen diesen Handlungen nicht wohl möglich. Die Bedingung der Nichtidentität bezüglich Personen und Gegenständen ist aber eine strukturelle Bedingung. Diese wäre jedoch kaum die einzige strukturelle Bedingung, die sich denken läßt, wiewohl die Formulierung einer solchen schwieriger wird, wenn man über den trivialen Fall der Nichtidentität von Personen und Gegenständen hinausgeht. Auch ist die Bedingung der Nichtidentität sicherlich keine notwendige Bedingung.
Ist es aber überhaupt erforderlich, daß zwei Handlungen miteinander strukturell verträglich sind, wenn sie miteinander nicht kollidieren können sollen? Es ist etwas mißlich, nach einer Antwort auf diese Frage zu suchen, ehe wir über einen strukturellen Begriff der Handlung verfügen. Dieser wird erst im nächsten Kapitel entwickelt werden. Für den gegenwärtigen Zweck können wir uns mit einer allgemeinen Überlegung behelfen. Wenn wir von der Struktur einer Handlung sprechen, sehen wir von ihren inhaltlichen Bestimmungen ab. Wir interessieren uns in diesem Falle vor allem auch nicht für die Motive, aus denen die Personen gerade so und nicht anders handeln. Was aber auch immer zwischen zwei und mehr Personen geschieht, so stellt sich das, was effektiv geschieht, als strukturell verträglich dar, mögen auch wie in der Tragödie am Ende die Spieler als Leichen auf der Bühne der Handlung liegen. Eine Unverträglichkeit zwischen den Handlungen der Beteiligten ergibt sich erst, wenn man auf die beabsichtigten Handlungen abstellt: daß zwei Handlungen unverträglich miteinander seien, bedeutet, daß sie nicht beide realisiert werden können, sondern nur die eine oder die andere. Diese Unverträglichkeit zweier Handlungen läßt sich aber stets als Nichtidentität wenigstens einer Bestimmung einer durch die beiden Handlungen herbeizuführenden Situation, wo Realisierung beider Handlungen Identität erfordern würde, kennzeichnen und damit als strukturell nachweisen.
Die Identität der Bestimmungsstücke der erstrebten Situation kann, sieht man auf die Motive der Handelnden, aus den mannig-

faltigsten Gründen sich ergeben. Die Nase der Kleopatra ist das berühmteste Beispiel für Motive, die eine rein strukturelle Betrachtung einzukalkulieren nicht hoffen darf, es sei denn in der allgemeinen Form, daß die Beteiligten in bezug auf die herbeizuführende Situation, aus welchen Gründen nun immer, übereinstimmen. Ihre Handlungen, sofern man diese nicht überhaupt als *eine* Handlung zusammenfaßt, sind miteinander verträglich, strukturell verträglich. Nun, Caesars Absichten wären andere gewesen oder andere geblieben, wäre Kleopatras Nase nicht so gewesen, wie sie war, und dann hätte von Verträglichkeit der beabsichtigten Handlungen beider nicht wohl gesprochen werden können. Doch Kleopatras Nase ist zwar ein wesentliches und anziehendes Bestimmungsstück der Situation, in der wir sie mit Caesar vorfinden, aber nicht gerade ein solches, das wir ein strukturelles nennen würden. So läßt sich Kleopatras Stellung in bezug auf die Durchsetzung ihrer Absichten gegenüber denen Caesars strukturell nicht auszeichnen, auch wenn ihr Reiz nicht allein von der Nase ausgegangen sein sollte.

Die Frage, ob Handlungen miteinander strukturell verträglich sein müssen, wenn sie nicht miteinander sollen kollidieren können, beantwortet sich so von selbst: sie müssen es. Damit scheint zunächst wenig gewonnen zu sein, und es mag fraglich erscheinen, ob sich eine hinreichend interessante Theorie auf dieser Basis gewinnen läßt. Diese Theorie muß die rechtliche Betrachtung des Problems der Vereinbarkeit von Handlungen ersetzen: durch strukturelle Bestimmungen soll erreicht werden, was man durch Gesetze zu erreichen pflegt. Durch die Beschränkung auf eine rein strukturelle Betrachtung haben wir uns, so mag es auf den ersten Blick scheinen, nicht gerade in eine aussichtsreiche Position gebracht. Es ist ja nicht nur an dem, daß wir strukturell nicht nur Personen nicht als in irgendeinem Sinne »bevorrechtigt« auszeichnen können. Wir können auch nicht nach wertvollen oder weniger wertvollen Handlungen und Interessen scheiden und den einen den Vorzug vor den andern geben. Wir können schon gar nicht eine Auswahl unter den Motiven treffen. Alles das scheidet aus.

Es darf an folgendes erinnert werden: es wird verlangt, daß die Handelnden sich so verhalten, wie es die Theorie vorschreibt, und daß die Theorie durch die strukturellen Bedingungen, die sie an die Handlungen stellt, dafür sorgt, daß keine Kollisionen entstehen. Eine Kollision zweier Handlungen liegt, wie wir sagten, dann vor, wenn jeweils die eine von ihnen nicht realisiert werden kann, wenn die andere realisiert wird. Das bedeutet, daß eine Kollision dann vorliegt, wenn von zwei Handelnden der eine gegen seine Absicht nicht zum Zuge kommt, weil der andere bereits gehandelt hat. Es darf also keines Absicht unterdrückt werden, es sei denn, daß sich aus den strukturellen Forderungen, die die Theorie an das Handeln stellt, ergebe, daß die beabsichtigte Handlung von der Realisierung ausgeschlossen ist. Dies weist auf einen Grundsatz »rechtlicher« Gleichheit hin, nur daß es nicht notwendig sein wird, eine solche Gleichheit ausdrücklich zu fordern. Sie ergibt sich vielmehr daraus, daß in einer solchen Theorie, die die Verträglichkeit der zuzulassenden Handlungen ausschließlich mit strukturellen Mitteln festzulegen unternimmt, sich Klassen von Personen strukturell nicht auszeichnen lassen unabhängig von der Stellung, die sie in Handlungszusammenhängen einnehmen. »Privilegien« (und entsprechend »Diskriminierungen«) sind grundsätzlich unabhängig davon; sie fließen aus der Zugehörigkeit zu einer Klasse, einer Kaste, einem Stand, die oft genug auf Grund äußerlichster Merkmale festgelegt ist. Zwar ließe sich daran denken, das Problem der Verträglichkeit von Handlungen auf Grund konsequenter Privilegierung (bzw. Diskriminierung) zu lösen. Aber diese Lösung versagt sofort, sowie man zuläßt, daß auf ein- und derselben Stufe innerhalb dieser Hierarchie (oder, wenn man lieber will: Hackordnung) jeweils mehr als eine Person steht. Bereits mit zwei Personen auf gleicher Stufe stellt sich die Forderung nach einer nicht trivialen Lösung, die nicht nur darin bestünde, daß man den einen in seinen Handlungen abhängig macht vom Belieben eines anderen, aber nicht umgekehrt.

1. Handlung, Maxime und Situation

Die erste Aufgabe besteht darin, einen für den gegenwärtigen Zweck brauchbaren Begriff der Handlung abzugrenzen. Eine Handlung ist zum Beispiel die Herstellung eines Stuhles oder der Kauf eines Brotes. Stellt jemand einen Stuhl her, so benötigt er dazu gewisse Materialien, etwa Holz, Nägel, Leim, und gewisse Werkzeuge wie etwa Säge, Hammer und Hobel. Daß er über diese Materialien und Werkzeuge verfügt, bezeichnet die Ausgangssituation, in der er sich befindet, bevor er zu Werk gegangen ist. Am Ende seiner Handlung der Herstellung eines Stuhles steht eine Situation, in der er über den fertigen Stuhl verfügt. Abgesehen davon, daß er über gewisse Fertigkeiten gebieten muß, steht es bei gegebener Ausgangssituation bei ihm, ob er die Handlung ausführen kann oder nicht. Im Beispiel des Brotkaufes steht es hingegen etwas anders. Um hier die Ausgangssituation, in der der Käufer über Geld und der Verkäufer über Brote verfügt, in die Situation zu überführen, die herbeizuführen der Käufer sich vorgesetzt hat, genügt es nicht, daß der Käufer handelt, daß dieser den Kaufpreis hingibt und das Brot in Empfang nimmt. Auch der Verkäufer muß handeln, er muß den Kaufpreis entgegennehmen und das Brot dem Käufer geben.

Beide Beispiele haben zunächst etwas gemeinsam. Die Handlung (oder die Handlungen) besteht darin, daß sie eine Ausgangssituation in eine andere Situation überführt. Wir werden ganz allgemein Handlungen als solche Transformationen von Situationen ineinander ansehen.

Zwischen beiden Beispielen besteht aber auch ein wesentlicher Unterschied. Die Herstellung des Stuhles war eindeutig die Handlung einer Person, während der Brotkauf das Zusammenwirken von zwei Personen erforderte. Aber auch in diesem Beispiel kann man jeder der beiden Personen gewisse Handlungen zuschreiben. Ebensogut läßt sich jedoch der Brotkauf auch als eine Handlung auffassen, an der zwei Personen teilhaben. Aus Gründen, die im weiteren Verlaufe einsichtig werden, empfiehlt sich uns diese zweite Auffassung. Um es etwas allgemeiner zu sagen: als eine Handlung betrachten wir die Überführung einer Situation in eine andere Situation ohne Rücksicht darauf, wieviel Personen die Ausgangssituation umfaßt, wieviel Personen zu dieser Handlung zusammenwirken.

In beiden Beispielen war die durch die Handlung herbeigeführte Situation von der Ausgangssituation der Handlung verschieden. Wir werden das nicht unbedingt fordern, sondern wir wollen auch zulassen, daß im Grenzfall beide Situationen gleich sind.

Schließlich lassen wir auch zu, daß gewisse Personen (im Grenzfalle: alle), die der Ausgangssituation angehören, gar nicht tätig werden. Mit andern Worten sehen wir auch ein Unterlassen als ein Handeln an.

Im allgemeinen wird, wie in unseren beiden Beispielen, das Ergebnis einer Handlung von den Handelnden »gewollt« sein. Die Herbeiführung der Endsituation liegt in der »Absicht« der Handelnden, zu diesem »Zwecke« sind sie tätig geworden. Die Endsituation braucht natürlich nicht stets den Wünschen, Absichten, Zielen, Zwecken der Beteiligten zu entsprechen, und manch einer sagt: »Das habe ich nicht gewollt!«, wenn er sieht, was er angerichtet hat. Es empfiehlt sich aber anzunehmen, daß das Ergebnis genau den Erwartungen des Handelnden entspricht. Es ist nicht erforderlich, daß sich diese Erwartung auf jede Einzelheit der Endsituation bezieht, es genügt, daß sie die den Handelnden selbst betreffenden Bestimmungsstücke umfaßt, eben das, was er sich als Erfolg von der Handlung erwartet. Wir nennen diese Erwartung des Handelnden, der gemäß sich sein Handeln vollzieht, seine *Maxime*.
Bei Ausgangssituationen, an denen mehrere Personen beteiligt sind, müssen die Maximen dieser Personen offenbar so zusammenstimmen, daß durch sie die Endsituation in allen Stücken, die Gegenstand von Erwartungen der beteiligten Personen sind, eindeutig bestimmt ist. Die Maximen der beteiligten Personen dürfen einander nicht widersprechen, sie müssen sich widerspruchslos zu einer Gesamtmaxime vereinigen lassen. Diese Gesamtmaxime definiert offenbar bei gegebener Ausgangssituation die Endsituation der Handlung. Wir nennen auch sie kurz Maxime, wo Verwechslungen mit den Teilmaximen der einzelnen nicht zu befürchten sind.
Eine Maxime in dem hier angedeuteten Sinne kann ein Handelnder aus den verschiedensten Gründen fassen, sie kann auf sehr unterschiedliche Weise motiviert sein. Man kann, um wieder unsere Beispiele zu bemühen, einen Stuhl herstellen, weil man ihn selber zu benutzen gedenkt, weil man ihn verkaufen oder verschenken möchte. Man kann Brot kaufen, weil man Hunger hat, weil die Hausfrau danach verlangt oder weil man im Zoo Tiere füttern möchte. Gerade weil jede Handlung verschiedener Motivation fähig ist, sehen wir hier vollkommen davon ab, wie die Handlung motiviert ist. Alles, was für unsere Zwecke an der Motivation von Bedeutung ist, muß seinen Ausdruck in der Maxime gefunden haben, sonst ist es für uns ohne Belang.
Es bedarf nunmehr noch der Begriff der *Situation* einer Erläuterung. Eine Handlung verbindet zwei Situationen, die Ausgangssi-

tuation und die Endsituation, indem sie die erstere in die letztere umformt oder überführt. Greifen wir auf das Beispiel von der Herstellung des Stuhles zurück. Derjenige, der den Stuhl herstellen will, besitzt das nötige Material, also Holz, Nägel, Leim, er verfügt über die nötigen Werkzeuge und er besitzt die Fertigkeiten, die man haben muß, um einen Stuhl herstellen zu können. Nennen wir den Hersteller A, so können wir sagen: A besitzt Holz und A besitzt Leim und A besitzt gewisse Werkzeuge und A ist kunstfertig. Damit hätten wir eine Beschreibung der Ausgangssituation geliefert in Form einer Konjunktion von vier Gliedern, von denen drei jeweils eine Beziehung zwischen A und gewissen Gegenständen ausdrücken und die vierte eine Eigenschaft von A. Man macht sich leicht klar, daß sich die Beschreibung von Ausgangssituationen von Handlungen auf die Konjunktion von Aussagen über Beziehungen beschränken läßt, denn von den Eigenschaften, die die handelnden Personen haben mögen, können nur diejenigen interessieren, die die Personen zu ihrem Handeln befähigen. Diese brauchen wir nicht jeweils besonders zu erwähnen, wenn wir allgemein annehmen, daß die handelnden Personen über die nötigen Fähigkeiten jedenfalls verfügen. Diese Annahme wird auch bereits von der Voraussetzung impliziert, daß die Handlungen, die wir betrachten, effektiv ausgeführt werden oder wenigstens effektiv ausführbar sind. In die Beschreibung der Situationen Daten einzuführen, die für die Handlung, um die es sich handelt, gleichgültig sind, wäre wenig zweckmäßig. Wenn es sich nur um die Handlung der Herstellung eines Stuhles handelt, brauchen wir uns nicht damit zu belasten, daß der Hersteller A blond und blauäugig ist und mit der B verheiratet ist, ein Haus besitzt und Kaninchen züchtet.

Was nun die Beziehungen betrifft, die in der Beschreibung einer Situation auftreten, so beschränken wir diese vorerst auf solche, die wir faktische oder empirische nennen können. Darunter wollen wir solche Beziehungen verstehen, die Beziehungen innerhalb der raum-zeitlichen Welt sind unter Einschluß der psychischen. Die faktische Innehabung (detentio) oder die faktische Verfügung und Benutzung von Gegenständen oder der faktische Wunsch, das faktische Begehren nach irgend etwas sind Beziehungen in diesem Sinne. Nicht dagegen sind solche Beziehungen, die spezifisch rechtlichen Beziehungen wie die des Eigentümers zu seinem Eigentum, wie die Beziehung zwischen Vertragspartnern, die rechtliche Verpflichtung zu irgend etwas. Wenn wir sagten, daß A Holz besitze usw., so sollte das nicht mehr sagen, als daß er faktisch über Holz verfügt, daß er das Holz, aus dem er einen Stuhl machen wird, zur Hand hat.[13]

Wir beschreiben eine Situation S durch eine Konjunktion von Aussagen über Beziehungen zwischen Personen, die dieser Situation angehören, und Beziehungen zwischen solchen Personen und Gegenständen, die für die Situation von Bedeutung sind. Seien a_1 und a_2 zwei Personen, b_1 und b_2 zwei Gegenstände, R_1 eine Beziehung, in der a_1 zu b_1 und R_2 eine Beziehung, in der a_2 zu b_2 steht, so ergibt sich zunächst als Beschreibung der Situation:

$$a_1 R_1 b_1 \text{ und } a_2 R_2 b_2 \qquad (1)$$

Diese Beschreibung ist für eine strukturelle Beschreibung einer Situation offenbar unvollständig. Sie läßt sich leicht so interpretieren, daß etwas herauskommt, was wir niemals als Beschreibung einer Situation anerkennen würden. Wenn es sich um eine Situation handelt, in der a_1 und a_2 stehen, so möchten wir eine Beziehung zwischen ihnen aus der Beschreibung der Situation erkennen können. Nur durch die konjunktive Verknüpfung der beiden auf sie bezüglichen Aussagen wird eine solche Beziehung zwischen ihnen offenbar nicht angegeben. Möge (1) folgendes besagen: »a_1 besitzt das Haus b_1, und a_2 liebt seinen Hund b_2«. Es mangelt hier offenbar an einem Zusammenhang zwischen diesen beiden Tatsachen, um das zu schaffen, was wir allein eine Situation nennen würden. Es muß wenigstens eine Beziehung zwischen a_1 oder b_1 auf der einen Seite und a_2 oder b_2 auf der andern Seite hinzukommen, damit wir von Beziehungen, die eine Situation begründen, sprechen könnten. Nehmen wir an: $a_2 R_3 b_1$, etwa a_2 hat b_1 gemietet. Die Beschreibung lautet nunmehr:

$$a_1 R_1 b_1 \text{ und } a_2 R_2 b_2 \text{ und } a_2 R_3 b_1 \qquad (2)$$

Aus (2) folgt:

Es gibt ein x_1, x_2, y_1, y_2, so daß: $x_1 R_1 y_1$ und $x_2 R_2 y_2$ und $x_2 R_3 y_1$. (3)

Nun gilt:

$x_2 R_3 y_1$ genau dann, wenn $y_1 \breve{R}_3 x_2$ (wo $\breve{R}$ die Konverse von R bezeichnet).

13 Für eine eingehendere Analyse vgl. meine Abhandlung »Handlung, Maxime und Situation«, in: *Studium Generale* 7 (1954)/1, S. 60-68; in diesem Band S. 405.

Dann folgt, daß die Verkettung $R_1|\breve{R}_3|R_2$ nicht leer ist. Diese Verkettung ist eine Relation zwischen a_1 und b_2; sie ist die Relation, die zwischen a_1 und b_2 besteht, wenn z. B. (2) gilt. Es wird im allgemeinen zweckmäßig sein, wenn wir die Situation als eine Beziehung zwischen allen Personen und Gegenständen, die in der Situation stehen, auffassen. Das läßt sich unschwer erreichen, wenn wir folgendermaßen verketten:

$$S = \begin{array}{c|} R_1 \\ R_3 \end{array}\, \breve{R}_3 \begin{array}{|c} R_2 \\ R_3 \end{array}. \tag{4}$$

Dann wäre nämlich die Relation S vierstellig, und die Beschreibung mit Hilfe dieser vierstelligen Relation lautete:

$$S\,(a_1,a_2,b_1,b_2) = \begin{array}{r|} a_1R_1 \\ a_2R_3 \end{array}\, \breve{R}_3 \begin{array}{|l} R_2b_2. \\ R_3b_1 \end{array} \tag{5}$$

In die Verkettung müssen alle Relationen eingehen, die in der Beschreibung auftreten. Wenn diese Relationen sich überhaupt verketten lassen, so ist es offenbar stets möglich, das so zu tun, daß man eine Relation zwischen beliebigen Personen oder Gegenständen, die zur Situation gehören, erhält. Statt die Situation zu betrachten, in der sich a_1, a_2, b_1, b_2 befinden, kann man auch die Situation betrachten, in der sich beispielsweise a_1 und a_2 befinden. So erhalten wir aus unserem Beispiel noch folgende Situationsbeschreibungen für die interessanten Fälle a_1a_2, a_1b_2, $a_1a_2b_1$, $a_1a_2b_2$, $a_1b_1b_2$, $a_2b_1b_2$:

$$a_1R_1|\breve{R}_3|R_2|\breve{R}_2a_2,$$

$$a_1R_1|\breve{R}_3|R_2b_2,$$

$$a_1R_1|\breve{R}_3 \begin{array}{|l} R_2|\breve{R}_2a_2, \\ R_3b_1 \end{array}$$

$$\begin{array}{r|} a_1R_1 \\ a_2R_3 \end{array}\, \breve{R}_3|R_2b_2,$$

$$a_1R_1|\breve{R}_3 \begin{array}{|l} R_2b_2, \\ R_3b_1 \end{array}$$

$$\begin{array}{r|} b_1\breve{R}_1|R_1 \\ a_2R_3 \end{array}\, \breve{R}_3|R_2b_2.$$

Eine Situation, in der sich m Personen und n Gegenstände befinden, läßt sich mithin durch eine $m+n$-stellige Relation S beschreiben.

Grundsätzlich enthält die Situation, die am Ende einer Handlung steht, diejenigen Personen und Gegenstände, die bereits die Ausgangssituation enthalten hat. Freilich scheint sich das Beispiel der Herstellung eines Stuhles diesem Grundsatze nicht zu fügen. Wir betrachten aber einen Stuhl einfach in einem solchen Falle als ein Aggregat aus den Materialien, aus denen er hergestellt wird, als eine Kombination von Produktionsmitteln, wie man das in der Wirtschaftstheorie auch tut. Diese Betrachtungsweise hat den Vorzug, daß die Endsituation von der Ausgangssituation bei einer Handlung nur noch dadurch unterschieden ist, daß Personen und Gegenstände in anderen Relationen (im Grenzfall: in gleichen) zueinander stehen.

Sei nun die Ausgangssituation S_0, die Endsituation S_1, dann besteht die *Handlung* im Übergang von S_0 zu S_1. Nun sagten wir schon, daß durch die Ausgangssituation S_0 und die Gesamtmaxime der beteiligten Personen die Endsituation der Handlung vollständig und eindeutig bestimmt sei. Dann ist diese Gesamtmaxime M offenbar eine Relation, durch die S_0 eindeutig auf S_1 abgebildet wird. Wir nennen S_1 daher auch das M-Bild von S_0. M ist die Transformation, die die Abbildung von S_0 auf S_1 leistet. Nun braucht eine Handlung nicht unmittelbar eine Situation S_0 in eine Situation S_n überzuführen. Es können eine Anzahl von Situationen $S_1, S_2, \ldots, S_{n-1}$ dazwischen liegen, so daß S_0 in S_1, S_1 in S_2, $\ldots$, S_{n-1} in S_n übergeführt wird. Die Gesamtmaxime M läßt sich dann stets in der Weise aufspalten in Maximen $M_1, M_2, \ldots, M_n$, so daß S_1 das M_1-Bild von S_0, S_2 das M_2-Bild von S_1, $\ldots$, S_n das M_n-Bild von S_{n-1} ist, während M die Ausgangssituation S_0 in die Endsituation S_n abbildet. Wir nennen solche Situationen S_i $(1 \leq i < n)$ Zwischensituationen. Besteht eine Transformation M_i nur im Hinblick auf eine Transformation M_{i+1}, so nennen wir diese Transformationen (Maximen) *verbunden*.

2. Die Verträglichkeit von Handlungen

Wir fragen nach hinreichenden und notwendigen Bedingungen, unter denen Handlungen miteinander verträglich sind. Hinreichende Bedingungen lassen sich beliebig stark wählen, aber man erfährt dann wenig darüber, was unerläßlich sein möchte, um Handlungen miteinander verträglich zu machen. Wir werden daher möglichst schwache Bedingungen wählen. Es dürfte sicherlich schwer halten, schwache Bedingungen zuverlässig zu realisieren, aber mit dieser praktischen Frage haben wir es nicht zu tun. Uns leitet hier ein ausschließlich theoretisches Interesse, und dieses theoretische Interesse wird um so besser befriedigt, je schwächere Bedingungen, unter denen Handlungen noch miteinander verträglich sind, sich angeben lassen.

Eine Handlung ist für uns die Überführung einer Situation in eine andere Situation. Diese Transformierung ist durch die Maximen der in der Ausgangssituation befindlichen Personen und durch die Ausgangssituation selbst festgelegt. Hinsichtlich der Maximen, die diese Personen haben können, besteht offenbar folgende Alternative, wenn man nur einstufige Handlungen in Betracht zieht:

Entweder (1) stimmen die Maximen aller Beteiligten zu einer Gesamtmaxime M (Transformation) zusammen, so daß das M-Bild der Ausgangssituation eindeutig festgelegt ist,

oder (2) sind die Maximen noch zu unbestimmt, als daß sie eine Transformation ergäben;

oder (3) widersprechen sich wenigstens zwei Maximen, so daß sich keine widerspruchsfreie Transformation ergibt.

Im Falle (1) ist die Handlung hinreichend bestimmt. Im Falle (3) ergibt sich keine Handlung, es sei denn, wenigstens die eine der beiden einander widersprechenden Maximen wird unterdrückt oder so geändert, daß kein Widerspruch mehr besteht. Im Falle (2) bleibt die Handlung noch unbestimmt, doch können die Maximen so bestimmt gemacht werden, daß sie entweder eine Transformation ergeben oder aber sich widersprechen. Wir können daher diesen Fall (2) vernachlässigen.

Hinsichtlich des Falles (3) bedarf es einer Annahme darüber, wie der Widerspruch aus der Welt geschafft werden soll. Solange er effektiv besteht, erfolgt keine Handlung, die Situation bleibt so, wie sie ist. (Daß sie sich ohne Zutun der in ihr befindlichen Personen ändern kann, dürfen wir hier vernachlässigen.) Wenn sich die Beteiligten einigen, geht Fall (3) in Fall (1) über. Einigen sich die Beteiligten nicht, kommt aber eine Handlung dadurch zustande, daß eine Maxime unterdrückt wird, so liegt Fall (1) nicht vor, weil dieser das Zusammenstimmen der Maximen aller Beteiligten zu einer Transformation fordert. Wir schließen eine Handlung, die auf der Unterdrückung irgendwelcher Maximen beruht, ausdrücklich aus. Wir nehmen an, daß nur dann gehandelt wird, wenn die Maximen aller an der Ausgangssituation Beteiligten widerspruchslos zu einer Transformation zusammenstimmen.

Wir haben bisher nur einstufige Handlungen berücksichtigt und müssen nunmehr auch die mehrstufigen Handlungen in die Betrachtung einbeziehen. Eine mehrstufige Handlung liegt dann vor, wenn die Endsituation nicht unmittelbar angestrebt wird, sondern zunächst eine Zwischensituation oder Zwischensituationen in beliebiger Anzahl. Es ist jedoch wesentlich, daß die Zwischensituationen angestrebt werden, um schließlich die Endsituation realisieren zu können. Dabei kann der Charakter der Endsituation völlig offen bleiben; wesentlich für die Zwischensituation ist, daß sie angestrebt wird, um sie in eine andere – sei es eine weitere Zwischensituation, sei es eine Endsituation – überführen zu können, oder vorsichtiger noch, daß sie angestrebt wird unter dem Vorbehalt, sie in eine andere Situation zu überführen. Wir setzen dieses Verhältnis von Endsituation und Zwischensituation auch zwischen aufeinanderfolgenden Zwischensituationen voraus: S_i werde herbeigeführt, um S_{i+1} herbeiführen zu können. Sei S_0 die Ausgangssituation, S_m die Endsituation, M die Gesamtmaxime, die S_0 in S_m überführt. Die Handlung, die S_0 in S_m überführt, ist m-stufig. Sie durchläuft m-1 Zwischensituationen. Das bedeutet, daß sich M in m verbundene Transformationen M_1, M_2, ..., M_m zerlegen läßt, so daß jede Situation S_i das M_i-Bild der Situation S_{i-1} ($i = 1, \ldots, m$) ist.

Betrachten wir eine m-stufige Handlung, so genügt es nicht, das Zusammenstimmen der m verbundenen Maximen zu einer m-stufigen Transformation anzunehmen. Für eine beliebige Zwischenstufe S_i ergibt sich die folgende Alternative:

Entweder (1) die Maximen aller Beteiligten stimmen zur Gesamtmaxime M_{i+1} zusammen gemäß der verbundenen Transformation;

oder (2) wenigstens ein Beteiligter erhält seine diesbezügliche Maxime nicht mehr aufrecht;

oder (3) wenigstens ein Beteiligter nimmt eine Maxime an, die der Maxime eines anderen Beteiligten widerspricht.

Nur im Falle (1) steht der ursprünglich vorgesehene Ablauf der Handlung fest. In den Fällen (2) und (3) ist dieser gestört. Wür-

den wir die Zwischensituation wie eine Ausgangssituation behandeln, so käme es zu keiner Fortsetzung der Handlung, solange nicht eine Einigung unter den Beteiligten erfolgt. Bleibt diese aber aus, so würde auf Grund der Verbindung der Maximen der verschiedenen Stufen gelten, daß S_i gar nicht zustande gekommen wäre, weil die Beteiligten S_i nur im Hinblick auf S_m (bzw. auf S_{i+1}) herbeigeführt haben, auf eine Situation mithin, die nun durch das Verhalten eines Beteiligten unmöglich gemacht worden ist. Wir schalten diese Komplikation dadurch aus, daß wir alle Beteiligten an den ursprünglichen verbundenen Maximen festhalten lassen, wenn S_0 in S_1 übergeführt worden ist (solange die Ausgangssituation besteht, bleibt Einigung oder Nichteinigung – in diesem Falle keine Handlung – offen), sofern sie sich nicht sämtlich über einen anderen Fortgang der Handlung einig werden.
Da uns auf dieser Stufe der Theorie noch keinerlei rechtliche Mittel, das Tun der Einzelnen in Übereinstimmung zu bringen, zur Verfügung stehen, dürfte diese Idealisierung des Handlungsbegriffes kaum zu weit gehen. Die Alternative ist Einigung oder Unterdrückung, und die vorgenommene Idealisierung bedeutet nichts weiter, als daß sich die Beteiligten eben einig werden müssen, wenn gehandelt werden soll, und daß sie an der getroffenen Einigung festhalten müssen, wenn sie einmal zu handeln begonnen haben, falls sie sich nicht anders einigen.
Ausgeschlossen wird, daß jemand Obstruktion treiben kann, wenn er im Laufe der Handlung ein Haar in der Suppe entdeckt hat oder zu der Überzeugung gekommen ist, das Fortdauern einer Situation S_i sei seinen Interessen günstiger als der vorgesehene weitere Ablauf der Dinge. Für die so bestimmten Handlungen stellen wir jetzt die Frage nach ihrer gegenseitigen Verträglichkeit. Es ist jedoch nicht zweckmäßig, die Frage direkt anzugehen. Wir schlagen einen Umweg ein.
Wir betrachten einen hinreichend großen Bereich von Personen und Gegenständen. Wir fassen diese Personen und Gegenstände in einer einzigen Situation zusammen, die wir *Gesamtsituation* nennen wollen. In dieser Gesamtsituation stehe jede Person mit jeder Person und mit jedem Gegenstande in einer Beziehung. Die Transformierung einer Gesamtsituation in eine andere Gesamtsituation nennen wir eine *Gesamthandlung*. Für Gesamthandlungen sollen die Grundsätze gelten, die wir soeben für Handlungen entwickelt haben.

Bei dieser Auffassung ergibt sich eine gewisse Schwierigkeit, die wir ausräumen müssen. Bei einer Handlung, sei sie nun einstufig oder mehrstufig, hatten wir unterstellt, daß sich die Beteiligten über die zu erreichenden Situationen einig sind. Wir hatten dabei vernachlässigt, daß nicht alle Beteiligten an allen Bestimmungsstücken der zu erreichenden Situationen interessiert zu sein brauchen, nur müssen eben die Gesamtmaximen in sich zusammenhängen. Wir müssen jetzt aber unterscheiden, ob ein Beteiligter an der Gesamtsituation ein Interesse an einem Bestimmungsstück der herbeizuführenden Gesamtsituationen hat oder nicht. Wir spalten seine Maximen entsprechend auf. Die Maxime, in der ein Nichtinteresse an einem gewissen Bestimmungsstück einer Situation (Zwischensituation oder Endsituation) sich ausdrückt, heiße unter gewissen, gleich zu entwickelnden Voraussetzungen eine *Nullmaxime*. Eine Nullmaxime wird für verbundene Transformationen auch als verbunden behandelt. Es ließe sich aber fragen, ob dann, wenn eine Änderung des vorgesehenen Handlungsverlaufes zur Debatte steht, die Zustimmung auch der Beteiligten erforderlich ist, für die das zu ändernde Bestimmungsstück nur Gegenstand einer Nullmaxime ist. Würden sie jedoch nunmehr ein Interesse nehmen, so wäre das Nichtinteresse nicht echt gewesen. Wir werden daher die Zustimmung derjenigen Personen, für die der zu ändernde Komplex Gegenstand von Nullmaximen war, für jede beliebige Änderung des betreffenden Komplexes unterstellen.
Diese Annahme hinsichtlich der Nullmaxime ist zugleich eine schwache Annahme in bezug auf die Lösung des Problems der Verträglichkeit von Handlungen. Würden wir nämlich unterstellen, daß die Teilnehmer mit Nullmaxime grundsätzlich Änderungen in bezug auf die Abfolge der Teilsituationen (Komplexe), in bezug auf die sie eine Nullmaxime haben, ablehnen und damit verhindern könnten, so gingen damit alle Einzelhandlungen grundsätzlich in der Gesamthandlung auf und wären von dieser nicht mehr isolierbar, wie noch deutlicher werden wird, wenn wir die Zerlegung der Gesamthandlung in Einzelhandlungen betrachten.
Es ist zu beachten, daß eine Nullmaxime regelmäßig dann nicht vorliegt, wenn der betreffende Teilnehmer zwar an den Situationen $S_1, \ldots, S_{m-1}$ kein Interesse hat, wohl aber an S_m. Dann ist er von vornherein mit im Spiel. Andererseits werden wir für den

Fall, daß bis zur Herbeiführung einer Situation S_i, nicht aber mehr für die weitere Entwicklung, d. h. für jedes S_j für $j > i$, ein Interesse besteht, für jede Situation S_j ($j > i$) die Nullmaxime annehmen. Darauf beruht, daß ein Teilnehmer im Handlungsverlauf endgültig aus einer Handlung auf einer bestimmten Stufe ausscheiden kann.

Wir formulieren für Gesamthandlungen mithin den folgenden Grundsatz:

G sei S_0 die Ausgangssituation einer Gesamthandlung und sei die Gesamtmaxime *M* aus den verbundenen Maximen M_1, M_2, ..., M_m zusammengesetzt:

(1) dann geht S_0 in das *M*-Bild von S_0 über, wenn S_0 in das M_1-Bild von S_0 übergegangen ist und nicht alle Teilnehmer an S_i ($1 \leq i < m$) zu einer von M_{i+1} verschiedenen Gesamtmaxime M'_{i+1} zusammenstimmen;

(2) soweit Teilnehmer eine Nullmaxime haben, bleiben sie in Zwischensituationen Teilnehmer mit Nullmaxime, sofern nicht die Teilnehmer, die in der betreffenden Hinsicht keine Nullmaxime haben, der Aufgabe der Nullmaxime zustimmen.

Dieser Grundsatz bedarf zu (1) keiner Erläuterung. Zu (2) sei bemerkt, daß gemäß der Definition der Nullmaxime die Zustimmung der Teilnehmer mit Nullmaxime gewissermaßen stets gegeben ist, weil sie an einer beliebigen Änderung der betreffenden Teilsituation uninteressiert sind.

Gemäß *G* lassen sich Gesamthandlungen entwickeln. Sie unterliegen dabei nur den in *G* ausgesprochenen Restriktionen. Personen, die in einer Gesamtsituation stehen, sind dort, wo sie auf ein fremdes Interesse stoßen, auf Einigung angewiesen. Ist aber die erste Zwischensituation erreicht, so kann jede Person auch die Herbeiführung der Endsituation in dem Betracht, in dem sie ein Interesse genommen hatte, erzwingen: sie braucht nur diesbezüglichen Änderungswünschen nicht zuzustimmen. Jede Änderung setzt die Zustimmung der daran positiv Beteiligten voraus.

Zerlegt man eine Gesamthandlung in Einzelhandlungen, so ist es klar, daß diese Einzelhandlungen miteinander verträglich sind. Wären sie es nicht, so wäre die Gesamthandlung nicht vollziehbar gewesen. Die Zerlegung einer Gesamthandlung in Einzelhandlungen erfolgt in der Weise, daß man die Nullmaximen eliminiert. Die verbleibenden Maximen bilden dann, wie wir noch sehen werden, Büschel. Jedes Büschel definiert eine Einzelhandlung.

Gehen wir von den Einzelhandlungen aus, und fragen wir, wann diese miteinander verträglich sind, so werden wir sagen müssen, daß Einzelhandlungen genau dann miteinander verträglich sind, wenn sie Ausschnitte aus einer Gesamthandlung darstellen können. Zwei Einzelhandlungen seien miteinander verträglich, bedeutet also genau soviel wie, daß die beiden Einzelhandlungen einer möglichen Gesamthandlung als Ausschnitte angehören.

Wir haben so die Frage nach den Bedingungen der Verträglichkeit von (Einzel-)Handlungen durch die Frage nach den Bedingungen, unter denen Gesamthandlungen möglich sind, ersetzt. Diese Frage haben wir durch *G* beantwortet.

Lassen sich die in *G* formulierten Bedingungen abschwächen?

Diese Bedingungen bestehen darin, daß sich die Beteiligten in einem gewissen Maße einigen müssen. Es handelt sich jetzt mithin darum, ein möglichst geringes Maß an Einigung zu verlangen. Es war erforderlich, die Beteiligten in einem gewissen Ausmaß auf eine einmal erfolgte Einigung festzulegen. Das Ausmaß dieser Festlegung muß ebenfalls möglichst gering gehalten werden.

Betrachten wir nun die Bedingungen, die in *G* formuliert worden sind, daraufhin. Für eine einstufige Gesamthandlung führt das Zusammenstimmen der Maximen der Beteiligten (ihre »Einigung«) unmittelbar zu einer Realisierung. Das Zusammenstimmen der Beteiligten läßt sich offenbar nicht einschränken, es sei denn, man führte Rechtsbegriffe ein, die das »Mitspracherecht« der Beteiligten irgendwie einschränken – aber ein solches Verfahren ist auf dieser Stufe der Untersuchung nicht möglich. Erst die mehrstufigen Gesamthandlungen erlauben, die »Einigung« gewissen Restriktionen zu unterwerfen.

Diese Restriktionen sind in *G* daran geknüpft, daß der Übergang zur ersten Zwischensituation erfolgt ist. Wir nehmen der Einfachheit halber an, daß dieser Übergang in allen Bereichen der Gesamtsituation gleichzeitig erfolgt. (Diese Annahme, die unsere Überlegungen vereinfachen hilft, erweist man leicht als unschädlich.) Durch diesen Übergang werden die Beteiligten auf die verbundenen Maximen festgelegt, während bei einstufigen Handlungen durch diesen Übergang die Handlung bereits abgeschlossen ist. Eine Änderung kann nur noch erfolgen, wenn alle Beteiligten zustimmen, d. h. ihre Maximen entsprechend ändern. Offensichtlich muß man daran festhalten, daß, wenn nicht die Maximen aller Beteiligten in einer Zwischensituation zu einer abgeänderten Ge-

samtmaxime und damit zu einem abgeänderten Handlungsverlauf zusammenstimmen, die Handlung weiter gemäß den ursprünglichen Maximen verläuft. Sonst würde dadurch, daß ein Beteiligter seine bisherige Maxime aufgibt in der Weise, daß seine nunmehrige Maxime nicht mehr mit den Maximen der andern zu einer Transformation zusammenstimmt, die Handlung auf der betreffenden Zwischensituation angehalten und alle übrigen hierin von dem, der Obstruktion treibt, abhängig – und das wäre eine Voraussetzung, die nicht in den verbundenen Maximen beschlossen ist. Man einigt sich nicht auf ein Ziel und unternimmt Schritte, um dieses Ziel zu erreichen, wenn man gleichzeitig die Erreichung des Zieles vom Belieben eines Beteiligten abhängig sein lassen will. In dieser Hinsicht läßt sich die Forderung auf Einigung nicht abschwächen. Die Einigung muß mitumfassen, daß im Zweifel die Handlung, auf die man sich geeinigt hat, ohne Änderung durchgeführt wird.
Freilich wird angenommen, dies besagt ja *G*(2), daß die Beteiligten mit Nullmaxime jeder Änderung zustimmen. Für den, der in bezug auf ein Bestimmungsstück einer Zwischensituation eine Nullmaxime hat, ändert sich nichts dadurch, daß andere hierin ändern oder ändern wollen. Einigung bedeutet das Zusammenstimmen der Maximen zu einer Transformation. Für die Nullmaxime gilt, daß sie mit jeder beliebigen Maxime zu einer Transformation zusammenstimmt.
Wir haben nun freilich in *G*(2) gefordert, daß die Teilnehmer mit Maximen, die von der Nullmaxime verschieden sind, zustimmen müssen, wenn ein Teilnehmer mit Nullmaxime seine Nullmaxime aufgeben will. Warum soll ein Teilnehmer mit Nullmaxime nicht dann seine Nullmaxime aufgeben dürfen, wenn er eine Maxime annimmt, die überhaupt keine Änderung des Handlungsverlaufes impliziert? Die Bedeutung dieser Frage erweist sich jedoch, sowie eine Änderung des geplanten Handlungsverlaufes zur Debatte steht. Dann nämlich könnte der Teilnehmer die Fortsetzung eines Handlungsverlaufes erzwingen, an dem er ursprünglich nur mit einer Nullmaxime beteiligt gewesen war. Damit aber würden die Teilnehmer, deren positive Interessen sich in den den Handlungsverlauf bestimmenden Maximen niedergeschlagen haben, sich in der Verfolgung dieser Interessen vom Belieben derer abhängig machen, deren Interessen nicht tangiert werden, indem diesen erlaubt würde, das Zusammenstimmen ihrer Nullmaxime mit

diesen besonderen Maximen anderer als ein Zusammenstimmen auf Grund des besonderen Inhaltes dieser Maximen auszulegen. Das aber hieße, die Einigung unter stärkere Bedingungen stellen, während wir gerade nach möglichst schwachen Bedingungen suchen.

Dieses Ergebnis erweist sich als wichtig, wenn wir eine Gesamthandlung, die G entspricht, in Einzelhandlungen auflösen. Diese Einzelhandlungen erhalten wir, wenn wir die Nullmaximen eliminieren. Es bleiben dann Büschel von Maximen, die zu Gesamtmaximen zusammenstimmen. Dann wird ein Ausschnitt A_{i-1} aus einer Gesamtsituation S_{i-1} durch ein solches Büschel von Maximen auf einen Ausschnitt A_i aus der Gesamtsituation $S_i (i \geq 1)$ abgebildet, so daß für einen etwaigen Übergang zu einem modifizierten Ausschnitt A_i' aus S_i' (denn die Gesamtsituation wird ja auch modifiziert) statt zu A_i aus S_i gemäß $G(1)$ genau diejenigen Personen zusammenstimmen müssen, die von dem betreffenden Ausschnitt A_{i-1} aus S_{i-1} erfaßt werden.

Wir behaupten nun folgendes:

(1) Jede denkbare Gesamthandlung läßt sich durch Eliminierung der Nullmaximen in Einzelhandlungen zerlegen. Diese Einzelhandlungen sind miteinander verträglich.

(2) Jede Menge miteinander verträglicher Einzelhandlungen läßt sich als Gesamthandlung darstellen.

Bei der Zerlegung einer Gesamtsituation in Einzelhandlungen ist zu beachten, daß die Einzelhandlungen durch Maximenbüschel definiert werden. Eine Person kann an verschiedenen Einzelhandlungen, die aus der Zerlegung der gleichen Gesamthandlung hervorgehen, beteiligt sein. Im Grenzfall wird eine Gesamtsituation durch Eliminierung der Nullmaximen in eine einzige Einzelhandlung zerlegt. Die Verträglichkeit aller aus einer Gesamthandlung durch Eliminierung der Nullmaximen hervorgehenden Einzelhandlungen folgt trivial.

Die Darstellung einer Menge mit einander verträglicher Einzelhandlungen als Gesamthandlung erfolgt durch Hinzunahme der entsprechenden Nullmaximen, so daß auf diese Weise dann jede Person durch ihre Maximen (einschließlich der Nullmaxime) mit jedem Bestimmungsstück jeder Gesamtsituation S_i verbunden ist.

(3) Die Darstellbarkeit einer Menge von Handlungen als Gesamthandlung ist eine hinreichende und notwendige Bedingung für die Verträglichkeit dieser Handlungen miteinander.

Daß diese Bedingung hinreichend ist, folgt aus (1).

Daß diese Bedingung notwendig ist, überlegt man leicht. Wenn zwei Handlungen miteinander verträglich sind, so bedeutet das, daß sie beide realisiert werden können. Werden aber zwei Handlungen realisiert, so sind sie damit per definitionem in eine Gesamthandlung eingebettet. Folglich sind miteinander verträgliche Handlungen stets als Gesamthandlung darstellbar. Also gilt:

(4) Die Bedingungen für die Möglichkeit von Gesamthandlungen sind zugleich die Bedingungen für die Möglichkeit miteinander verträglicher Handlungen.

Es bereitet keine Schwierigkeit, *G* äquivalent in Bedingungen für die Verträglichkeit von Handlungen umzuformulieren. Dazu machen wir uns klar, daß die Teilnehmer mit Nullmaxime nunmehr an den Ausschnitten aus den Zwischensituationen, an denen sie nur mit Nullmaxime beteiligt sind, als unbeteiligte Dritte erscheinen. Diese Ausschnitte werden zu in sich geschlossenen Zwischensituationen. Die Aufgabe der Nullmaxime hatten wir abhängig gemacht von der Zustimmung derer, die an dem betreffenden Ausschnitt nicht mit einer Nullmaxime beteiligt sind. Entsprechend müssen wir jetzt sagen, daß bisher unbeteiligte Dritte in Zwischensituationen nur eintreten können, wenn die Teilnehmer an der Zwischensituation mit einer solchen Erweiterung derselben einverstanden sind. Wir formulieren mithin *G* in folgender Weise um:

G^+ sei S_0 die *n* Personen $a_1, \ldots, a_n$ umfassende Ausgangssituation einer *m*-stufigen Handlung und sei die Gesamtmaxime *M* aus den verbundenen Gesamtmaximen $M_1, M_2, \ldots, M_m$ zusammengesetzt:

(1) dann geht S_0 in das *M*-Bild von S_0 über, wenn S_0 in das M_1-Bild von S_0 übergegangen ist und nicht alle Teilnehmer an S_i $(1 \leq i < m)$ zu einer von M_{i-1} verschiedenen Gesamtmaxime M'_{i+1} zusammenstimmen;

(2) dann geht die *n* Personen umfassende Zwischensituation S_i $(1 \leq i < m)$ über in eine Situation S_i', die außer $a_1, \ldots, a_n$ eine weitere Person a_{n+1} umfaßt, wenn $a_1, \ldots, a_n, a_{n+1}$ in diese Erweiterung einwilligen;

(3) dann reduziert sich eine Situation S_i $(1 \leq i < m)$ mit den Personen $a_1, \ldots, a_n$ auf eine Situation S_i' mit den Personen $a_1, \ldots, a_{j-1}, a_{j+1}, \ldots, a_n$ $(1 \leq j \leq n)$, wenn in die verbundenen Gesamtmaximen $M_{i+1}, \ldots, M_m$ keine Maximen von a_j mehr eingehen.

G^+ (3) beschreibt, was sich in einer Gesamthandlung ergibt, wenn von einer gewissen Zwischensituation an die verbundenen Maximen einer Person sich als Nullmaximen darstellen.

3. Rechtsordnungen

Unter einer Rechtsordnung $\mathfrak{R}$ soll ganz allgemein ein System von Sätzen oder Regeln verstanden werden, durch das für jede in einer konkreten Situation mögliche Handlung die Bedingungen festgelegt werden, unter denen diese Handlung
entweder $\mathfrak{R}$-gemäß
oder $\mathfrak{R}$-widrig
oder $\mathfrak{R}$-neutral ist.
Dann heiße eine Rechtsordnung $\mathfrak{R}$ *widerspruchsfrei*, wenn im konkreten Falle zwei $\mathfrak{R}$-gemäße Handlungen H_1 und H_2 stets verträglich sind, wenn die in H_1 und die in H_2 handelnden Personen verschieden sind.
Ferner heiße eine Rechtsordnung $\mathfrak{R}$ in bezug auf einen vorgegebenen Bereich von Handlungsmöglichkeiten *lückenlos*, wenn nach ihr im konkreten Falle jede mögliche Handlung des betreffenden Bereiches entweder $\mathfrak{R}$-gemäß oder $\mathfrak{R}$-widrig ist.
Dann entsteht das Problem der Konstruktion einer widerspruchsfreien und für einen vorgegebenen Bereich von Handlungsmöglichkeiten lückenlosen Rechtsordnung. Die Lückenlosigkeit einer widerspruchsfreien Rechtsordnung läßt sich offenbar stets erreichen, wenn man die $\mathfrak{R}$-neutralen Handlungen den $\mathfrak{R}$-widrigen Handlungen zurechnet. Hingegen läßt sich die Lükkenlosigkeit einer widerspruchsfreien Rechtsordnung $\mathfrak{R}$ nicht allgemein dadurch erreichen, daß man die $\mathfrak{R}$-neutralen den $\mathfrak{R}$-gemäßen Handlungen hinzurechnet, da dann die Widerspruchsfreiheit nicht mehr gewahrt zu sein braucht.
Das entscheidende Problem ist mithin das der Konstruktion einer widerspruchsfreien Rechtsordnung. Methodisch ist an diese die Forderung zu stellen, daß die Bedingungen, die die Widerspruchsfreiheit gewährleisten, möglichst schwach gewählt werden. Nun hängt die Widerspruchsfreiheit einer Rechtsordnung $\mathfrak{R}$ per definitionem daran, daß im konkreten Falle stets zwei $\mathfrak{R}$-gemäße Handlungen H_1 und H_2 miteinander verträglich sind, d. h. daß sie in einer Gesamthandlung zusammen müssen reali-

siert werden können. Damit aber sind die Bedingungen der Widerspruchsfreiheit von $\mathfrak{R}$ trivial auf die Bedingungen der Verträglichkeit von Handlungen zurückgeführt. Das schwächste Postulat, das diese Verträglichkeit sichert, ist das Postulat *G* bzw. das mit diesem äquivalente G^+.

Es ist für unsere weiteren Überlegungen bequem, einen festen vorgegebenen Bereich von Handlungsmöglichkeiten vorauszusetzen. Seien über diesem Bereich *m* Gesamthandlungen möglich, sei ferner $\{h_1, \ldots, h_m\}$ die Menge dieser Gesamthandlungen h_i $(i = 1, \ldots, m)$. Dann läßt sich jede Rechtsordnung $\mathfrak{R}$, die widerspruchsfrei und lückenlos ist, charakterisieren durch die Menge $\{h_i, h_j, \ldots\}$ der Gesamthandlungen, die nur $\mathfrak{R}$-gemäße Handlungen enthalten. Diese Charakterisierung ist nur für widerspruchsfreie und lückenlose Rechtsordnungen möglich. Daß die so charakterisierte Rechtsordnung widerspruchsfrei sein muß, versteht sich von selber; denn die Charakterisierung erfolgt ausschließlich mit Hilfe von Gesamthandlungen. Da diese Gesamthandlungen nur $\mathfrak{R}$-gemäße Handlungen umfassen dürfen, ist aber auch die Lückenlosigkeit der Rechtsordnung $\mathfrak{R}$ gegeben; denn sonst müßte es mindestens eine Gesamthandlung in der $\mathfrak{R}$ charakterisierenden Menge $\{h_i, h_j, \ldots\}$ geben, die wenigstens eine $\mathfrak{R}$-neutrale Handlung enthält. Unter den möglichen, derart charakterisierbaren Rechtsordnungen ist offenbar diejenige von besonderem Interesse, die durch die Folge $\{h_1, h_2, \ldots, h_m\}$ charakterisiert ist. Die Rechtsordnung bietet die größtmögliche Handlungsfreiheit, die eine Rechtsordnung überhaupt bieten kann.

Man pflegt zu sagen, daß eine Handlung von einer Rechtsordnung erlaubt, verboten oder auch geboten sei. Aber erlaubt oder verboten oder geboten ist nicht die Handlung als solche, sondern die Realisierung einer Handlung. Wir sagen daher, daß die Realisierung einer $\mathfrak{R}$-gemäßen bzw. einer $\mathfrak{R}$-neutralen Handlung unter den von $\mathfrak{R}$ definierten Bedingungen $\mathfrak{R}$-erlaubt ist. Die Realisierung einer $\mathfrak{R}$-widrigen Handlung ist $\mathfrak{R}$-verboten. Unterlassung ist Nicht-Realisierung.

Dann lassen sich die sogenannten deontischen Modalitäten »erlaubt«, »geboten« und »verboten« durch eine von ihnen definieren. Wir benutzen dazu »verboten«. (Entsprechend die Definition von »$\mathfrak{R}$-erlaubt« usw.)

Wir definieren, daß die Realisierung einer Handlung genau dann erlaubt ist, wenn sie nicht verboten ist. Ferner: die Realisierung einer Handlung ist genau dann geboten, wenn ihre Unterlassung verboten ist. Ferner gilt: Wenn die Realisierung einer Handlung verboten ist, so ist ihre Unterlassung nicht verboten. Es folgt insbesondere, daß die gebotene Realisierung einer Handlung auch erlaubt ist. Durch die Beziehung der »Modalitäten« »verboten« usw. auf die Realisierung einer Handlung vermeidet man leicht die Schwierigkeiten, die sich ergeben, wenn man sie auf die Handlungen unmittelbar bezieht. Es ist hier nicht unsere Aufgabe, eine »deontische« Modallogik zu entwickeln, wie dies von O. Becker, G. H. von Wright und anderen geschehen ist.

Da alle Rechtsordnungen das Handeln so normieren müssen, daß ein ihnen gemäßes Handeln in dem dargelegten Sinne verträglich ist, so müssen die strukturellen Bedingungen für die Verträglichkeit von Handlungen auch diesen Rechtsordnungen zugrundeliegen. Jedoch kennen die bisher betrachteten Rechtsordnungen keine Privilegierungen und keine Diskriminierungen, wie sie für die Mehrzahl der positiven Rechtsordnungen so kennzeichnend sind, angefangen mit den Unterschieden in der rechtlichen Stellung von Mann und Frau. Wir können uns damit begnügen, den Fall der Diskriminierung durch eine Rechtsordnung zu betrachten.

Jedem Fall der Diskriminierung durch eine Rechtsordnung liegt eine von der Normierung des Handelns unabhängige Einteilung der der Rechtsordnung unterworfenen Personen in zwei Teilgruppen zugrunde. Die Zugehörigkeit zu einer dieser beiden Gruppen entscheidet dann darüber, ob jemand in gewissen Situationen in gewisser Weise handeln darf oder nicht, oder auch ob er in seinem Handeln in gewissen Situationen von andern bestimmte Maximen zu realisieren hat oder nicht. Anders ausgedrückt: die Rechtsordnung schreibt den Personen der diskriminierten Gruppe in gewissen Zusammenhängen Nullmaximen vor oder bindet die Maximen der Angehörigen dieser Gruppe an die faktischen Maximen von Angehörigen der andern Gruppe.

Nehmen wir eine Gesamthandlung, die sich dadurch ergibt, daß die Maximen einer Teilgruppe der Beteiligten auf die beschriebene (diskriminierende) Weise von der Rechtsordnung festgelegt sind. Dann ändert sich an dieser Gesamthandlung offenbar nichts, wenn wir unterstellen, nicht die Rechtsordnung habe die betreffenden Maximen der Gruppe so und so bestimmt, sondern deren Mitglieder hätten diese Maximen sich aus freien Stücken gemacht. Es ist klar, daß dieser Übergang für jede Gesamthandlung gemacht werden kann, die durch eine Diskriminierungen enthaltende Rechtsordnung bestimmt wird. Verstehen wir unter Anerkennung einer Rechtsordnung die freiwillige Übernahme von Maximen, die die Rechtsordnung vorschreibt, durch den davon Betroffenen in jedem konkreten Falle, so geht eine Diskriminierungen enthaltende Rechtsordnung durch Anerkennung durch die Diskriminierten über in eine Rechtsordnung, die durch eine Folge $\{h_i, h_j, \ldots\}$ charakterisiert werden kann.[14]

Da die Rechtsordnungen, die keine Diskriminierungen (bzw. Privilegierungen) enthalten, keine Maximen vorschreiben, sondern Maximen nur zulassen oder nicht zulassen, so hat es in bezug auf sie gar keinen Sinn, von einer Anerkennung derselben durch die ihr Unterworfenen zu sprechen und ihre Geltung aus der Anerkennung herleiten zu wollen. Damit ist noch nichts über die Bedeutung der Anerkennung für die positiven Rechtsordnungen gesagt. Die Charakterisierungen durch Folgen von $\{h_i, h_j, \ldots\}$ stellen reine Bedingungen für mögliche Rechtsordnungen dar. Darin liegt, wenn man es so nennen will, ihre »Geltung«.

4. Übergang zu einer Typologie der Rechtsinstitute

Wir haben bisher unseren Überlegungen den Begriff der Gesamthandlung zugrundegelegt. Dieser ermöglichte es uns, die verschiedenen Rechtsordnungen auf eine einfache Art zu charakterisieren, nämlich durch Folgen von Gesamthandlungen $\{h_i, h_j, \ldots\}$. Wir haben gesehen, daß auch jede Rechtsordnung, die Diskriminierungen enthält (bzw. Privilegierungen), sich auf diese Weise charakterisieren läßt. Das gilt insbesondere auch für die positiven Rechtsordnungen, die in der Geschichte irgendwann aufgetreten sind.
Jedoch verfahren die positiven Rechtsordnungen nicht so, daß sie in irgendeiner Weise die Gesamthandlungen aufzählen, durch die sie sich charakterisieren lassen. Sie legen vielmehr die unter ihnen rechtens möglichen Gesamthandlungen fest durch die Einfüh-

14 Für die Folgerungen aus diesem Ergebnis vgl. meine »Philosophie der Politik«, in: *Die Philosophie im* XX. *Jahrhundert*, hg. von F. Heinemann, Stuttgart 1959, S. 535 ff.; in diesem Band S. 186 ff.

rung und Ausgestaltung von Rechtsinstituten, wie zum Beispiel Eigentum, Hinterlegung, Miete, Kauf usw. Damit stellt sich das Problem, von den Gesamthandlungen zu Rechtsinstituten überzugehen.

Das Ziel eines solchen Überganges muß offenbar eine vollständige Typologie der Rechtsinstitute sein, die für jedes Institut dessen »Gestalt« angibt, d. h. die sich in allen Transpositionen, die eine Handlung von Gesamthandlung zu Gesamthandlung erfahren kann, durchhaltende Struktur.[15] Diese Typologie kann hier noch nicht gegeben werden, sondern wir müssen uns mit einigen Überlegungen begnügen, die auf sie hinführen.

Wie wir gesehen haben, lassen sich Gesamthandlungen in Einzelhandlungen zerlegen, wenn man die Nullmaximen eliminiert. Dann geht jede Gesamthandlung über in eine Menge miteinander verträglicher Einzelhandlungen. Von allen diesen Handlungen gilt auf Grund des Postulates G^+, daß in sie gegen den Willen der Beteiligten kein Dritter eintreten kann und daß, wenn sie einmal begonnen sind, d. h. wenn die erste Zwischensituation der betreffenden Handlung erreicht ist, alle Beteiligten gehalten sind, dem projektierten Handlungsverlauf zu folgen, es sei denn, sie einigten sich auf einen abweichenden weiteren Verlauf. Insofern können Kollisionen mit Dritten gar nicht eintreten, wenn nach den Schemata, die die Handlung darstellen, gehandelt wird. Es ist nun einfach die Frage die, wie man diese Handlungsschemata, die sich durch die Zerlegung der möglichen Gesamthandlungen ergeben, in den Griff bekommt. Das sich anbietende Mittel ist, die Handlungsschemata nach Gestalten zu ordnen und zu in diesem Sinne typischen Schemata überzugehen. Solche typische Schemata von Handlungen sind das, was wir Rechtsinstitute nennen.

Wie das gemeint ist, mag an dem einfachsten und auch wichtigsten Beispiel gezeigt werden. Wir gehen von einer Situation aus, in der sich eine einzige Person *P* mit gewissen Gegenständen befindet. Daß sich nur eine einzige Person mit diesen Gegenständen in einer Situation befindet, bedeutet, daß wir allen anderen Personen in bezug auf die mögliche Verwendung dieser Gegenstände die Nullmaxime zuschreiben. Die Person *P* plane nun, die

15 Vgl. meine Abhandlung »Zur Logik der Ordnungsbegriffe«, in: *Studium Generale* 5 (1952)/4, S. 205-218; in: *Schriften 3* (stw 924), S. 339 ff.

betreffenden Gegenstände zur Herstellung eines gewissen Gebrauchsgegenstandes zu benutzen, den sie in der Zukunft irgendwie zu gebrauchen gedenkt. Wir wollen sagen, daß die erste Zwischensituation darin besteht, daß P diesen Gebrauchsgegenstand hergestellt hat. Die weiteren Zwischensituationen sind durch Gebrauch oder auch Nichtgebrauch – der nach unserer Auffassung die Abbildung einer Situation in sich selbst ist – gekennzeichnet.

Nach dem Postulat G^+ hätte nun in der Ausgangssituation irgendeine Person P' ihr Interesse an der möglichen Verwendung des Ausgangsmateriales entdecken können. Dann hätte eine Veränderung der Situation, die P und P' mit dem Ausgangsmaterial einschließt, nur stattfinden können, wenn die Maximen von P und P' sich in hinreichender Übereinstimmung befinden, so daß sie gemäß G^+ eine Transformation ergeben. Dadurch jedoch, daß eben dies nicht geschah, daß es keine derartige Person P' gibt, ist P, indem er die erste Zwischensituation herbeiführte, nun auch über den weiteren Verlauf Herr geworden, da niemand ohne seine Einwilligung in die jeweilige Situation, in der er sich mit dem von ihm hergestellten Gegenstande befindet, eintreten kann. Wir bekommen offenbar eine Fülle von Schemata, je nach Anzahl der Zwischensituationen, die durchlaufen werden können. Da P in all diesen Situationen allein steht und in seinen Entschließungen von niemandem abhängig ist, genügt es anzunehmen, daß P den hergestellten Gegenstand irgendwie zu verwenden gedenkt, daß er ihn hergestellt hat im Hinblick auf eine von ihm zu bestimmende weitere Verwendung, um alle diejenigen Handlungsschemata zu erfassen, die ihm auf Grund des Postulates G^+ die Herrschaft über den Gegenstand sichern, bis er ihn abzugeben oder zu vernichten beschließt.

Nun kann P den hergestellten Gegenstand auch in eine Situation mit andern Personen einbringen. Die Fortgestaltung dieser Situation ist, wie sich versteht, ebenso wie von ihm von den anderen Personen abhängig. Aber diese Abhängigkeit hat keine Folgen für die Fortgestaltung der Situation, in der sich P mit seinem Gegenstande befindet, in dieser Hinsicht bleibt er frei, solange er sich anderen gegenüber nicht festlegt. Hingegen ließe G^+ in bezug auf einen Gegenstand, der in einer Ausgangssituation steht, keine Veränderung zu, sofern nicht alle Beteiligten in dieser Veränderung wie in der Umwandlung der Situation überhaupt zusammenstimmten. Auch das künftige Schicksal dieses Gegenstandes wäre mit von *P* abhängig, sofern *P* eben zur Situation gehört, aber *P* wäre seinerseits in der Verwendung dieses Gegenstandes von allen anderen zur Situation gehörigen Personen abhängig, so wie diese es in dieser Hinsicht von *P* sind.

P kann eine beliebige Situation, in der er sich mit »seinem« Gegenstande befindet, auflösen, indem er auf weitere Verwendung verzichtet und in bezug auf die mögliche Verwendung des Gegenstandes die Nullmaxime annimmt. Er kann sich aber auch mit einer anderen Person darüber einigen, daß diese an seine Stelle tritt und allein über die weitere Verwendung des Gegenstandes befindet. Im ersten Falle gerät der Gegenstand in eine Situation mit jedem, der ein Interesse an ihm nimmt. Diese Situation ist eine Ausgangssituation, ob sie zu einer Handlung entwickelt wird, hängt, wenn mehrere Personen ein Interesse nehmen, nach G^+ davon ab, ob diese sich einigen. Im zweiten Falle kann *P* die Nullmaxime annehmen. Dann scheidet *P* aus der Situation aus, in der sich der Gegenstand befindet, und kann auch später nicht gegen den Willen derjenigen, die zusammen mit *P* in einer (Zwischen-)Situation stehen, in diese eindringen. Es kann aber auch so sein, daß *P* einwilligt, daß eine Person oder mehrere Personen unter irgendwelchen festzusetzenden Bedingungen in die Situation mit eintreten. In diesem Falle wäre jedoch die Situation nicht aufgelöst, sondern nur erweitert. Dann entscheiden alle Personen entweder nach festgelegten Bedingungen oder nach beliebigem Übereinstimmen über die Fortentwicklung der Situation. Das ändert aber nichts an dem allgemeinsten Schema einer Handlungsreihe, die sich darstellt als Fortentwicklung von Situationen, in denen sich eine Person oder mehrere Personen mit einem Gegenstande befinden. Eine Handlung von dieser Gestalt bezeichnen wir als das Eigentum einer Person *P* oder einer Personengruppe an einem Gegenstand. Die Gestalt solcher Handlungen stellt das Institut »Eigentum« vor.

Es hält nicht eben schwer, zu Instituten der positiven Privatrechtsordnungen entsprechende Gestalten zu konstruieren. Aber die Aufgabe, vor der wir stehen, geht darüber hinaus, sie geht auf eine Typologie der Rechtsinstitute, die auf Vollständigkeit Anspruch erheben kann.

Wie schon angedeutet, muß es hier genügen, die Aufgabe zu stellen. Eine Lösung müßte sich auf dem Boden der hier entwikkelten Theorie finden lassen. Es läßt sich auch bereits ein sehr allgemeiner Umriß für eine solche Lösung zeichnen.

Da die Typologie vollständig sein soll, muß man über ein Einteilungsprinzip verfügen, das eine solche Vollständigkeit gewährleistet. Da es sich um Gestalten von Handlungen handelt, so liegt es nahe, an die Anzahl der Situationen zu denken, die eine Handlung bis zu ihrer Vollendung durchläuft. Wir wollen von einer n-stufigen Handlung sprechen, wenn die Anzahl der Zwischensituationen $n-1$ ist. Da jedes Rechtsinstitut eine Situation definiert, in die ein Dritter nicht eindringen kann gegen den Willen derer, die sich in der betreffenden Situation befinden (diese Eigenschaft bewirkt ja eben die Verhinderung von Kollisionen), so muß wenigstens eine Zwischensituation vorhanden sein, die Handlung mithin wenigstens zweistufig sein. Andererseits lassen sich die Handlungen und entsprechend die Institute im allgemeinen nicht auf eine bestimmte Anzahl von Stufen festlegen. Es hat keinen sonderlichen Sinn, zwischen einem n-stufigen und einem $n+1$-stufigen Eigentum zu unterscheiden. Zwar unterliegen die Institute der Bedingung $n \geq 2$ in bezug auf die Anzahl der Stufen, aber als Einteilungsprinzip kommt die Stufenanzahl nicht in Betracht.

Anders steht es mit der Anzahl der an einer Ausgangssituation beteiligten Personen. Hier macht man sich jedenfalls leicht klar, daß es wesentlich ist, zwischen 1-Person- und 2-Personen-Instituten zu unterscheiden. Beim 1-Person-Institut muß auf alle Fälle wenigstens ein Gegenstand einbezogen werden, weil eine Situation eine Relation darstellt und die Relation, die eine Person zu sich selbst hat, von keiner rechtlichen Bedeutung ist. Andererseits ist es kaum erforderlich, die Fälle, in denen eine Person zu mehreren Gegenständen in Relation steht, gesondert zu behandeln. Entweder sind die Gegenstände voneinander unabhängig, dann können soviele Situationen angenommen werden, als Gegenstände vorhanden sind, oder sie sind nicht unabhängig voneinander, dann kann man die Situation, in der die Person zu diesen Gegenständen steht, als eine Relation zwischen der Person und der Gesamtheit dieser Gegenstände ansehen.

Da wir die Person-Gegenstands-Relation nicht weiter zu spezifizieren brauchen, erhalten wir genau ein typisches 1-Person-Institut. Es ist das uns bereits bekannte des »Eigentums«. Dieses läßt sich, wie sich versteht, verschieden ausgestalten, wie das auch in den verschiedenen positiven Rechtsordnungen geschehen ist, aber alle diese Ausgestaltungen haben die gleiche Grundgestalt, und wir betrachten in der Typologie der Rechtsinstitute nur die Invariante aller Formen, die das Institut annehmen kann.

Verwickelter werden die Verhältnisse bei den 2-Personen-Instituten. Hier wären zunächst die zu unterscheiden, in denen die Situation eine Person-Person-Relation darstellt, von jenen, in denen noch die Beziehung der einen oder der andern oder beider Personen zu einem oder zu mehreren und gegebenenfalls zu verschiedenen Gegenständen hineinkommt.

Nun sind Relationen zu unterscheiden in bezug auf Reflexivität, Symmetrie und Transitivität. Die Reflexivität oder Irreflexivität spielt in unserem Zusammenhange wohl kaum eine Rolle. Hingegen ist die Symmetrie oder Asymmetrie eine wesentliche Eigenschaft. Bei den reinen Person-Person-Instituten (also ohne Gegenstand) läßt sich zwischen symmetrischen und asymmetrischen unterscheiden. Die Dienstleistung etwa läßt sich als ein asymmetrisches Institut interpretieren, der Verein als ein symmetrisches.

Die Person-Gegenstand-Relation ist sicher asymmetrisch, mithin auch die Eigentum-Relation. Sie darf aber nicht auch zugleich Person-Person-Relation sein können, wenn sie zudem transitiv ist. Mit andern Worten, es darf »Eigentum« nicht als reines 2-Personen-Institut geben. Wenn wir eine solche asymmetrische und transitive Relation mit R bezeichnen, mit a_1, a_2 irgend zwei Personen, mit b irgend einen Gegenstand und wenn dann a_1Ra_2 und a_2Rb gilt, dann würde auch a_1Rb gelten. Damit bräche a_1 in eine Zwischensituation ein, die von a_2 beherrscht wird; die Verträglichkeit wäre nicht mehr gewährleistet.

Eine wesentliche Frage einer Typologie der Rechtsinstitute wäre die, ob sich grundsätzlich die möglichen n-Personen-Institute aus 1-Person- und 2-Personen-Instituten aufbauen lassen für jedes $n > 2$. Wäre eine solche Reduktion möglich, so würde das die Typologie sehr vereinfachen. Hier müssen wir uns damit begnügen, die Frage aufzuwerfen.

(1961)

Zur Rolle von Kennzeichnungen im Zivilrecht

I.

Eine Zivilrechtsordnung, wie wir sie in den modernen Staaten kennen, findet ihre Bestimmung darin, daß sie das »Spiel« der einzelnen, der ihr Unterworfenen, »regelt«. Wir verlangen von ihr, daß die einzelnen, wenn sie sich ihr gemäß verhalten, in ihren Handlungen nicht miteinander kollidieren und daß, wenn ein solcher Fall eintritt, gesagt werden kann, was fürderhin als rechtens gelten soll. Die Verfahren, in denen festgestellt wird, was als rechtens zu gelten hat, und die Bestimmungen, denen diese Verfahren unterworfen sind, sollen uns hier nicht bekümmern, ebensowenig wie das öffentliche Recht einerseits, das Strafrecht andererseits.

Wenn wir die Arten der Rechtssätze herausarbeiten und sie ihrer logischen Struktur nach analysieren wollen, empfiehlt es sich, von relativ homogenen Gebieten der Rechtsordnungen auszugehen. Schon im Zivilrecht werden wir unterscheiden müssen zwischen den Rechtssätzen, wie wir sie in Kodifikationen und Gesetzen vorfinden, und den in Präjudizien formulierten. Wir halten uns vorerst an die der Kodifikationen und Gesetze.

An anderer Stelle habe ich gezeigt, daß der jedem Zivilrecht zugrunde liegende Gedanke der der Verträglichkeit der Handlungen der einzelnen ist und sein muß.[1] Die Handlungen, die eine Rechtsordnung für die einzelnen zuläßt, müssen miteinander verträglich sein, wo sie es nicht sind, ist die Rechtsordnung entweder lückenhaft oder widerspruchsvoll. Diese Eigenschaft einer Zivilrechtsordnung ist so fundamental, daß diese ihre Eigenschaft durch ein rein strukturelles Postulat gewährleistet werden kann. Dieses genügt auch offenbar, denn gälte es nicht, so gäbe es Handlungen, die nicht miteinander verträglich wären, ohne daß ein Richter nach allgemeinen Gesetzen entscheiden könnte, wel-

1 »Grundlegung zu einer Strukturtheorie des Rechts«, in: *Abh. der Akad. d. Wiss. u. Literatur in Mainz, Geistes- und Sozialwiss. Klasse*, 1961, Nr. 2, S. 81 ff. (auch in: *Der Moderne Strukturbegriff*, hg. v. H. Naumann, Darmstadt 1973, S. 316; in diesem Band S. 77).

che dieser Handlungen zugelassen ist und welche nicht. Insofern ist das Postulat der Verträglichkeit von Handlungen für eine Zivilrechtsordnung notwendig. Andererseits ist es insofern hinreichend, als nicht wohl ein begründetes Interesse unter Rechtsgenossen bestehen kann, eine Handlung auszuschließen, die mit den anderen zugelassenen Handlungen verträglich wäre. Jedoch sind, wie sich versteht, Gesichtspunkte denkbar, die gewisse Beschränkungen auch in bezug auf an sich verträgliche Handlungen fordern, Gesichtspunkte pragmatischer Art, wie sie vor allem durch den der Praktikabilität einer Rechtsordnung repräsentiert werden. Wir brauchen diese hier nur eben anzudeutenden Gedanken, die anderswo ausführlicher und strenger erörtert worden sind,[2] nicht weiter zu verfolgen, da es uns hier um einen Beitrag zur logischen Analyse der sogenannten Rechtssätze aus dem Zivilrecht zu tun ist. Immerhin ist die Erinnerung daran nicht zwecklos, wie wir sogleich sehen werden.

Was ist der Sinn der privatrechtlichen Kodifikationen und Gesetze? Sie sollen, so ist man geneigt zu sagen, einem Richter ermöglichen, streitig gewordene Fälle oder Sachverhalte des täglichen Lebens zu entscheiden und zu sagen, was die streitenden Parteien tun dürfen und was nicht, was sie zu leisten und zu dulden haben. Die allgemeine Meinung geht nun dahin, daß die Gesetze zu diesem Berufe allgemeine Tatbestände formulieren, unter die sich die betreffenden konkreten Sachverhalte subsumieren lassen. An die allgemeinen Tatbestände des Gesetzes knüpft der Gesetzgeber dann Rechtsfolgeanordnungen, die, bezogen auf die subsumierten Sachverhalte, anzeigen, was zu geschehen habe, welche Leistungen zu erbringen seien und von wem, was der eine zu tun, der andere zu lassen habe. Als typisch mag die Darstellung von Karl Larenz in dessen bedeutender und umfangreicher *Methodenlehre der Rechtswissenschaft* (1960)[3] gelten:

1. Wenn T in einem Sachverhalt verwirklicht ist, gilt für diesen Sachverhalt der Rechtsfolge R. (Obersatz)
2. Dieser bestimmte Sachverhalt S verwirklicht T, d. h. er ist ein »Fall« von T. (Untersatz)
3. Für S gilt R. (Schlußsatz)

2 Ebd.

3 Karl Larenz, *Methodenlehre der Rechtswissenschaft*, Berlin, Göttingen, Heidelberg 1968, S. 195 ff.

Es empfiehlt sich, an dieser Formulierung einige Änderungen anzubringen, um die logische Struktur dieses »Syllogismus der Rechtsfolgebestimmung« ein wenig klarer herauszuarbeiten:

1'. Für alle s: wenn ein Sachverhalt s den Tatbestand T verwirklicht, so gilt für s die Rechtsfolge R. (Hier ist »s« eine Variable für Sachverhalte, während »T« und »R« Konstanten bedeuten.)

2'. Der Sachverhalt S verwirklicht T.

3'. Für S gilt R.

(»S« bezeichnet eine Konstante. Auf Grund eines Satzes der Prädikatenlogik: »wenn für alle x fx, dann fa« – wobei »a« eine Konstante ist – läßt sich aus 1' und 2' auf 3' schließen. Da »s« in 1' keine freie Variable ist, läßt sich S nicht einsetzen, aber auf Grund des genannten Satzes (bzw. Axioms) der Prädikatenlogik erhalten wir:

1''. Wenn S den Tatbestand T verwirklicht, so gilt für S die Rechtsfolge R.

Aus 1'' und 2' folgt dann auf Grund der Abtrennungsregel 3'.)

Das wäre nun, wenn man ihn so nennen will, ein »chrysippischer« Syllogismus, nicht hingegen ein aristotelischer. Eine Subsumtion kommt in ihm nicht vor. Man könnte eine solche hineinbringen, wenn man T als Klasse auffaßt und die Redeweise »verwirklicht« durch »ist Element von« ersetzt. Dann würde 2' eine Subsumtion darstellen, wenn man die Beziehung Element–Klasse als eine solche bezeichnen will.

Die Formalien bedeuten nicht viel, man könnte über sie hinweggehen. Die vorliegende Darstellung der angeblich syllogistischen Betätigung von Juristen weist gravierendere Mängel auf. Larenz hält 1' (bzw. 1) für einen Aussagesatz, der den Inhalt des Rechtssatzes wiederhole. Seinem vollständigen Sinne nach müsse dieser Aussagesatz lauten: es ist rechtens, daß für T die Rechtsfolge R gilt. Der Schlußsatz besage daher seinem vollständigen Sinne nach, daß es rechtens sei, daß für S, weil S ein Fall von T ist, R gelte. Da es aber bei der Rechtsanwendung immer darum gehe zu erkennen, »was rechtens ist«, könne auf die Hervorhebung dieser Selbstverständlichkeit verzichtet werden. Aus dieser Weglassung entsteht dann das Scheinproblem, wie aus einem Satz, der nicht eine Erkenntnis, sondern eine Geltungsanordnung ausspricht, im Wege der Schlußfolgerung eine Erkenntnis gewonnen werden könne.

Es ist nicht recht einzusehen, wie durch den Zusatz »es ist rechtens« etwas solle gewonnen werden, was nicht sowieso schon dastünde und gar erst der Überlegung, es handele sich um Rechtsanwendung, entnommen werden müßte. Einmal bezeichnet R ja ausdrücklich eine Rechtsfolge, und von ihr wird überdies noch gesagt, sie »gelte« (für T bzw. S). Versuchen wir, uns dies anschaulich zu machen. Wir haben einen Sachverhalt S, der ein Fall des Tatbestandes T sei. Daher »gilt« eine Rechtsfolge: der N. N. ist dem A. A. zu einer bestimmten Leistung verpflichtet. Frage: was ist nun »rechtens«? Doch wohl – und nur – dies: N. N. erbringt dem A. A. jene Leistung. Mit anderen Worten: rechtens, d. h. dem Gesetz gemäß, ist eine Handlung bestimmter Art, die von einer irgendwie vom Gesetz umrissenen Situation ihren Ausgang nimmt.

Es wäre die Frage, ob ein solcher Handlungszusammenhang im allgemeinen im Gesetz nicht sehr viel unmittelbarer dargestellt ist, als dies der herrschenden Meinung entspricht. In diesem Falle wäre der syllogistischen Betätigung des Juristen (die Subsumtion eingeschlossen) wahrscheinlich ein sehr viel geringeres Betätigungsfeld eingeräumt, als es uns viele juristische Methodenlehren glauben machen wollen. Bevor wir jedoch in die Analyse entsprechender Gesetzesformulierungen eintreten, können wir ein begriffliches Hilfsmittel vorwegnehmen, die »Definition«. In einer so relativ technischen Sprache wie etwa der des BGB scheint der Gesetzgeber nicht ohne Definitionen auskommen zu können. Diese scheinen vielfach reine Nominaldefinitionen zu sein, wie die §§ 90 ff. zeigen: »Sachen im Sinne des Gesetzes sind nur körperliche Gegenstände«, »vertretbare Sachen ...«, »verbrauchte Sachen ...«, »Bestandteile einer Sache ...« und dergleichen mehr.

Diese »Definitionen« sind jedoch nicht ohne Probleme. Das BGB versteht unter einer Sache einen körperlichen Gegenstand, aber nicht jeder körperliche Gegenstand ist deshalb schon eine Sache. Der Ausdruck »Gegenstand«, der auch Rechte umfaßt, ist nicht eigens definiert, er darf auch nicht im üblichen oder gar im philosophischen Sprachgebrauch genommen werden, in dem ein Mensch oder sein Verhalten Gegenstand der Aufmerksamkeit eines anderen sein kann. Es wäre daher nicht korrekt, hier von Definitionen zu sprechen in dem Sinne, in dem die Logik von solchen spricht. Es handelt sich um Abgrenzungen von Begriffen in Sinnzusammenhängen des Gesetzes oder des Teiles der Rechtsordnung, der in diesen Bestimmungen infrage steht. Ernst Rudolf Bierling[4] hat mit der ihm eigenen Klarheit diese Rechtssätze »begriffsentwickelnde« genannt und diesen Terminus im Gegensatz zu anderen Schriftstellern eingeschränkt auf solche Sätze, die bestimmen, »wie gewisse Begriffe oder Redewendungen in gewissen anderen Rechtssätzen aufgefaßt werden sollen«. Sie mit Larenz[5] »definitorische« zu nennen, empfiehlt sich nicht, weil sie keine echten Definitionen, in welchem Sinne immer, sind. Sie grenzen einen Terminus in gewisser Hinsicht ab, ohne ihn auf einen Sachverhalt festzulegen oder gar zu erlauben, das Definiens stets für das Definiendum einzusetzen, wo immer man jenes antrifft.

Diese sprachliche Technik des Gesetzgebers ist, wie sich versteht, alles andere als willkürlich. Sie ist bedingt durch den Gegenstand, mit dem er es zu tun hat, aber darauf werden wir erst eingehen können, wenn wir weiter in die Technik der Rechtssprache eingedrungen sind.

Zu den erläuternden und zwar definitorischen Rechtssätzen möchte Larenz auch Bestimmungen wie die des § 433 BGB Abs. 1 S. 1 rechnen, das heißt solche, die im Gewande einer Rechtsfolgeanordnung nur den Typus eines vom Gesetz nicht näher geregelten Rechtsgeschäftes eingrenzen und festlegen. Das Beispiel des § 433 BGB steht für zahlreiche andere, wir können uns mit ihm begnügen: »Durch den Kaufvertrag wird der Verkäufer einer Sache verpflichtet, dem Käufer die Sache zu übergeben und das Eigentum an der Sache zu verschaffen.« Abs. 2 fährt fort: »Der Käufer ist verpflichtet, den vereinbarten Kaufpreis zu zahlen und die verkaufte Sache abzunehmen.«

Larenz' Bedenken, den Paragraphen so aufzufassen, als ob hier das Wort »Kaufvertrag« einen Tatbestand bezeichne und der Rest Rechtsfolgeregelungen daran anknüpfe, indem Verkäufer und Käufer nun gewisse Verpflichtungen hätten, sind völlig gerechtfertigt. In der Tat gehen sie bereits in dem von ihnen abgeschlossenen Vertrag solche Verpflichtungen ein. Dennoch darf man daran zweifeln, daß hier der Terminus »Kaufvertrag« im Hinblick auf das, was in den weiteren Paragraphen folgt, *definiert*

4 Ernst Rudolf Bierling, *Kritik der juristischen Grundbegriffe* II, Gotha 1883, S. 25 f. (in Abgrenzung gegen Windscheid, *Pandekten*, 4. Aufl., § 27, und Thon, *Rechtsnorm und subjektives Recht*, S. 10), vgl. auch ders., *Juristische Prinzipienlehre* I, 1894, S. 88.

5 Karl Larenz, a.a.O., S. 160 f.

werde. Schon die so sorglose Rede von »Verkäufer«, »verkaufter Sache«, »Käufer« in dem, was man dann als Definiens ansehen müßte, sollte warnen. Wenn man den Terminus »Kaufvertrag« definieren wollte, so müßte man sagen, daß es sich um einen Vertrag handele, der sich auf einen Kauf bezieht, und zu definieren wäre, was unter einem Kauf zu verstehen sei. Von dieser Definition aus ließen sich dann Termini wie »Verkäufer«, »Käufer«, »verkaufte Sache« oder – BGB § 433 Abs. 1 S. 2 – »verkauftes Recht« definieren. Nach solchen Definitionen mag man in Lehrbüchern des Schuldrechts suchen, aber im Gesetz sucht man sie vergebens. Das Gesetz ist mit Definitionen sparsam und kann es sein, weil seine Aufgabe eine gänzlich andere ist: nämlich diejenigen Handlungen zu beschreiben, die »rechtens« sind oder als »nicht rechtens« ausgeschlossen werden sollen. Dafür, daß Definitionen im Zivilrecht kein adäquates Mittel sind, hatten schon die Römer ein sicheres Gefühl. *In iure civili omnis definitio periculosa est*, sagte Modestinus (D 50, 17, 202).

2.

Man hat sich von dem Schema: »Tatbestand – Rechtsfolgeanordnung« in die Irre leiten lassen. Man nehme den Kauf als Beispiel: ein Kaufvertrag ist geschlossen. Das wäre der Tatbestand, und bezüglich Verkäufer und Käufer gäbe es eine Fülle von Rechtsfolgeanordnungen. Hat der Verkäufer geliefert, so fällt dieser Sachverhalt nunmehr unter den Tatbestand – die Rechtsfolgeanordnungen wären entsprechend modifiziert. Der Käufer habe bezahlt, warte aber noch auf die verkaufte Sache – die Rechtsfolgeanordnungen wären wieder anders, entsprechend dem unter einen modifizierten Tatbestand fallenden Sachverhalt.

Der Verkäufer habe geliefert, der Käufer bezahlt, aber ersterer habe dem letzteren noch nicht das Eigentum an der verkauften Sache verschafft, Sachverhalt und Tatbestand sind umfänglich, die Rechtsfolgeanordnungen auf die der Eigentumsbeschaffung reduziert. Die Handlung, die »rechtens« ist, könnte hier immer die gleiche sein, nur wären jeweils die Situationen, die realisiert sind, und die Situationen, die noch nicht realisiert sind, verschieden.

Diese Betrachtung der Handlung, die rechtens ist, erscheint angemessener als die variierende Zerlegung in Tatbestand und Rechtsfolgeanordnung. »Angeordnet« ist immer nur der noch nicht realisierte Teil der Handlung, die im ganzen rechtens ist. Mit anderen Worten: Das Gesetz kennt die Einteilung in Tatbestand und Rechtsfolgeanordnung überhaupt nicht und kann sie auch gar nicht kennen, weil das, was Tatbestand, und das, was Rechtsfolgeanordnung ist, sich offenbar danach richtet und nur richten kann, was von dem in Frage stehenden Vertrag realisiert ist und was nicht. Nun ist Gegenstand des Vertrages eine Handlung, die vom Gesetz in einer typisierenden Weise beschrieben wird, und zwar in einer Form, die wir am zweckmäßigsten als eine »Gestalt« bezeichnen, in dem gleichen Sinne, in dem die typische Fieberkurve etwa für Masern oder eine Melodie eine *Gestalt* darstellen – eine Gestalt, die invariant ist gegenüber Transpositionen. Diese Invariante meinen wir und meint das Gesetz, wenn es von einem Kaufvertrag oder einem Tausch, von einem Dienstvertrag oder Werkvertrag usw. spricht. Diese Invariante wird vom Gesetz beschrieben und benannt. Die Rechtssätze, die eine solche Benennung aussprechen – wie der genannte § 433 Abs. 1 S. 1 BGB (Kaufvertrag) –, sind aber nicht mit den erläuternden Rechtssätzen Bierlings gleichzusetzen, wie Larenz das möchte, weil sie wesentliche Stücke der Beschreibung jener Invariante enthalten. Die Benennung wird im Grunde vorausgesetzt, erscheint auch in der Überschrift des betreffenden Abschnittes des BGB und ist aus der lebendigen Rechtskultur verständlich. Was ein Kauf oder ein Tausch ist, weiß man ohnehin, auch ohne Definition, aber was das Gesetz als Invariante angesehen wissen möchte, wie also das betreffende Institut des Privatrechts ausgestaltet sein soll, das allerdings muß das Gesetz verraten.

Wir brauchen uns hier nicht für den logischen Aufbau des Gestaltbegriffes zu interessieren, wir haben ihn, im Anschluß an Oppenheim und Grelling, an anderer Stelle behandelt,[6] und eine weitere Verallgemeinerung, die später von Oppenheim und Rescher beigetragen wurde, hat für unser Problem keine Relevanz. Hier geht es uns nämlich weniger um die logische Struktur des Gestaltbegriffes als um die sprachlichen Mittel seiner Beschreibung. Was ist für denjenigen, der das Gesetz anwendet, das Pro-

6 »Zur Logik der Ordnungsbegriffe, besonders in den Sozialwissenschaften«, in: *Studium Generale* 1953, H. 6. (auch in: *Theorie und Realität*, hg. v. H. Albert, Tübingen); in: *Schriften 3* (stw 924), S. 339 ff.

blem? Er muß mittels des Gesetzes den Fall *beschreiben* können, und Fall schließt hier Tatbestand, also das, was an Realisierungen vorliegt, und Rechtsfolgeanordnungen, also das, was an Realisierungen der Handlung, so wie sie rechtens ist, aussteht, ein.

Ein Privatrechtsinstitut ist die Gestalt einer Handlung, die jenachdem aus einer Anzahl von Schritten besteht, die, sei es simultan oder nacheinander von den an der Handlung beteiligten Personen getan werden; die Handlung durchläuft in einer für das betreffende Privatrechtsinstitut typischen Weise eine Anzahl von Situationen. Der Vertrag, der in der Regel am Anfang steht, kann in bestimmten Grenzen, die das Gesetz (und seine Auslegung) festlegt, die Handlung variieren. Aber es ist eben nicht so, daß das Gesetz dies durch die Formulierung eines allgemeinen Tatbestandes erreichte, an den es dann Rechtsfolgeanordnungen knüpfte, und daß nun ein konkreter, historisch vorliegender Sachverhalt unter diesen allgemeinen Tatbestand subsumiert werde. Vielmehr beschreibt ein Privatrechtsinstitut als eine Gestalt eine konkrete Handlung, und so, daß diese Beschreibung die verschiedensten Fälle in ihren rechtlich relevanten Zügen nachzuzeichnen erlaubt. Das dafür geeignete Mittel sind *Kennzeichnungen*, wie wir sie im Normalfall durch die Redeweise, »derjenige, welcher ...« wiederzugeben gewohnt sind. Die Formel »derjenige, welcher ...« begegnet uns zwar gelegentlich im BGB – etwa § 811 Abs. 2 S. 1 –, ist aber nicht die einzige sprachliche Formulierung, deren sich der Gesetzgeber bedient hat, um Kennzeichnungen auszudrücken. Eine beliebte, im BGB freilich im Gegensatz zum StGB nur gelegentlich benutzte Wendung ist die Kurzform »Wer ...« (z. B. § 145). In der überwiegenden Zahl der Fälle wird eine substantivische Form des für den Vorgang bezeichnenden Verbs in Verbindung mit dem bestimmten Artikel benutzt: Wenn es etwa in BGB § 145 heißt: »Wer einem anderen die Schließung eines Vertrages anträgt, ...«, so fährt der Gesetzgeber fort: »ist an den Antrag gebunden ...«, und das bedeutet eben, er sei gebunden an dasjenige, was er angetragen hat. Entsprechend ist in den §§ 146 ff. »der Antragende« eben »derjenige, der angetragen hat«, und in gleicher Weise ist beispielsweise in BGB § 433 die Wendung »der Verkäufer« bzw. »der Käufer« aufzufassen. Ein Indiz für den Charakter solcher Wendungen als Kennzeichnungen ist der bestimmte Artikel.

Die Beschreibung, die das Gesetz von einem Rechtsinstitut gibt,

enthält auch *freie Variable* (*Unbekannte*), für die entsprechende Bezeichnungen, auch Eigennamen, die in dem jeweiligen Sachverhalt auftreten, als *Konstante* einzusetzen sind.
Diese Unbekannten werden in der Regel durch Gattungsbegriffe, die mit dem unbestimmten Artikel verbunden sind, eingeführt – so etwa in BGB § 433 Abs. 1 S. 1 »eine Sache«, in S. 2 ebenda »ein Recht«. Die Ersetzung einer solchen Variablen durch eine Konstante impliziert hier in der Tat eine Subsumtion – die Feststellung, daß das, was hier infrage steht, ein Exemplar der Gattung (ein Element der Klasse) sei. Entscheidend ist jedoch die *Einsetzung* der Konstanten für die Variablen, die Subsumtion wird nur dafür benötigt, daß dies in korrekter Weise geschieht. Durch eben diese Einsetzung geht die Beschreibung des Institutes von einer *Aussagefunktion* in eine *Aussage* über. Die Kennzeichnungen müssen dann *eindeutig* sein, und es gilt nunmehr das, was gekennzeichnet ist, im Sachverhalte zu *identifizieren.*
In dieser Art der Beschreibung und der Auflösung der Kennzeichnungen durch Identifizierungen besteht recht eigentlich die juristische, die richterliche Behandlung des realen Falles: dieser wird derart durch den Text des Gesetzes in seinen rechtlich relevanten Zügen beschrieben, und als Rechtsfolgeanordnung erscheint lediglich der noch in der Zukunft gelegene Teil des gesamten Handlungskomplexes, da ja das Gesetz den gesamten Verlauf der Handlung, die rechtens ist, beschreibt.
Über die Abfolge der Situationen einer Handlung gibt in der Regel ein Vertrag hinreichend Auskunft, und das Gesetz seinerseits hilft mit Fiktionen und Bestimmungen darüber aus, was »im Zweifel« zu gelten habe. Das Recht der sogenannten unerlaubten Handlungen macht keine Ausnahme, nur daß hier regelmäßig eine Situation eingetreten ist, in der jemand geschädigt worden ist, ohne daß diese Schädigung in einem von dem Geschädigten geschlossenen Vertrage einen Rechtsgrund hätte oder als solche vom Geschädigten gewollt oder in Kauf genommen sei: BGB § 813 fordert, daß sie widerrechtlich ist. In diesem Falle geht es darum, es nicht bei der eingetretenen Situation zu belassen, sondern denjenigen, der für die Schädigung verantwortlich ist, festzulegen und die Situation zu einer anderen, die dem Geschädigten genugtut, weiterzuentwickeln.
Im Recht der unerlaubten Handlungen erscheint – ähnlich wie im Strafrecht – die Scheidung in Tatbestand und Rechtsfolgeanord-

nung am zwanglosesten und einleuchtendsten, weil hier allemal eine Situation zu konstatieren ist, die nicht rechtens, sondern widerrechtlich ist und in der die beteiligten Personen selten übereinkommen, sie in eine rechtliche zu überführen. Mag es bei einem Vertrage auch an irgendeinem Punkte an seiner weiteren Durchführung hapern, so stellte er doch eben eine Einigung über die weitere Situationsabfolge dar, und es muß dem Gesetz darum gehen, die Kontrahenten bei der Stange zu halten und dort, wo ihre Absichten unklar und streitig werden, die nötigen Hilfen zu leihen, um sie klar und unstreitig zu machen. Auch wo das Gesetz mit Fiktionen arbeitet – wozu noch einiges zu bemerken sein wird – und vorschreibt, was im Zweifel anzunehmen sei, geht es doch eben darum, den angelaufenen Handlungszusammenhang zu wahren und als solchen zu schützen.

Das ist im Recht der unerlaubten Handlungen anders. Hier wird von Dritten in Handlungsabläufe eingegriffen, in denen sie nichts zu suchen haben, von denen sie ausgeschlossen sind, und das Gesetz hat für die Beteiligten diejenigen Maximen zu formulieren, die zu Situationen führen, die mit dem gestörten Handlungsablauf konform wären, dessen Fortführung in der ursprünglich beabsichtigten oder in einer äquivalenten Form ermöglichen und den störenden Dritten wieder aus dem Spiel bringen.

Es legt sich nahe, auf einen zusätzlichen Umstand hinzuweisen. Die entwickelten Rechtsordnungen pflegen anzunehmen, daß mit dem Abschluß eines Vertrages – mündlich oder auf dem Papier – eine neue Situation gesetzt sei, mit der eine neue Handlung eingesetzt habe – eine Situation, die über die hinausgeht, in der man zu dem Übereinkommen gelangt war.

Strukturtheoretisch gesagt: man betrachtet den Vertragsabschluß als die erste Zwischensituation, obwohl sich in Wirklichkeit noch nichts geändert hat. Ursprünglich gab es die Tendenz, durch Änderung der realen Situation den Vertrag verbindlich zu machen, etwa durch Anzahlung durch den Käufer. Aber früh setzt sich die Tendenz durch, den Vertrag selbst, wenigstens unter gewissen Voraussetzungen, klagbar zu machen – die Geschichte der *causa* im kontinentalen, der *consideration* im angelsächsischen Recht liefert reiche Beispiele dafür. Die durch eine unerlaubte Handlung herbeigeführte Situation, die nicht rechtens ist, dient wie der Vertrag als eine Situationsveränderung, die nach weiteren verlangt, nur daß der Fortgang nun auf Grund von Maximen geschieht, die das Gesetz den Beteiligten vorschreibt, aber es ist die gleiche Quelle, aus der die vertragliche Handlungsabfolge wie die auf Grund Gesetzes sich aus einer unerlaubten Handlung ergebenden ihre »Verbindlichkeit« schöpfen, nämlich die im Falle des Vertrages in der Regel reale, bei den unerlaubten Handlungen erzwungene Übereinkunft der Parteien, den ersten Schritt nur getan zu haben unter der Voraussetzung, daß der zweite bis n-te Schritt getan werde. Insofern verbleibt auch das Recht der unerlaubten Handlungen durchaus im Rahmen der Strukturtheorie des Rechts, und wenn in den gesetzlichen Regelungen hier ein stark pragmatischer Charakter unverkennbar und unvermeidbar ist, so trifft das gleiche für jeden konkreten Vertrag zu.

Das Prinzip der Privatautonomie, wie es etwa dem BGB zugrunde liegt, bedarf zweierlei Einschränkungen durch das Gesetz: zum einen muß es so beschränkt sein, daß die Verträglichkeit aller zugelassenen Handlungen gewährleistet ist, und dies ist eine rein strukturelle Seite, mag auch die eine oder andere Beschränkung aus historischen oder pragmatischen Gründen weitergehen, als es aus dem Strukturpostulat der Verträglichkeit an sich erforderlich wäre. Aber darüber hinaus muß der Gesetzgeber suchen, gewissen Unvollkommenheiten der Verträge, die schließlich von Menschen begrenzten Wissens und beschränkter Voraussicht geschlossen werden, entgegenzuwirken und dafür zu sorgen, daß ihr Zweck dennoch erreicht werden kann. Er kann dies durch die Formulierung von Auslegungsregeln (Treu und Glauben, Verkehrssitte), er kann es durch Vermutungen über den Parteiwillen oder bindende gesetzliche Vorschriften.

Wenn hier – wenigstens andeutungsweise – die Strukturtheorie des Rechts herangezogen wird, so deshalb, weil für sie die Auffassung der Privatrechtsinstitute als Gestalten von Handlungen natürlich ist und diese wiederum von vornherein der Auffassung von Begriffen wie »Forderung« und dergleichen als Substanzbegriffe widerstebt, auf der anderen Seite aber die Verwendung von Kennzeichnungen bei der Beschreibung dieser Institute geradezu herausgefordert wird und als unentbehrlich erscheint. Es muß eben die Gestalt einer Handlung beschrieben werden – in einer Form, die invariant ist gegenüber den Transpositionen, denen sie im privatautonomen Bereich unterliegen kann –, und diese Beschreibung muß diejenigen bezeichnen, an denen es ist, dies oder jenes zu bewirken oder zu unterlassen.

3.

Eine Kennzeichnung steht für einen Eigennamen, eben denjenigen, der dem gekennzeichneten Gegenstand, Person, Sache oder Recht, zukommt, dessen Name er ist. Die Kennzeichnung beschreibt einen Gegenstand eindeutig, und es kommt darauf an, diesen Gegenstand zu identifizieren. BGB § 1923 Abs. 1 besagt, daß diejenigen, die Erben sind, im Zeitpunkt des Erbfalles leben müssen. Hinsichtlich des *nasciturus* wollte der Gesetzgeber diesen den lebenden Erben gleichgestellt wissen, wenn er nur lebend geboren werde. Nun drückt BGB § 1923 Abb. 2 das so aus, daß der lebend geborene *nasciturus* als vor dem Erbfalle geboren gelte – also geradezu in der klassischen Form einer *Fiktion*. In Wirklichkeit war hier aber nichts zu fingieren, sondern lediglich der lebend geborene *nasciturus* zu kennzeichnen. Es hätte genügt, wenn der Gesetzgeber gesagt hätte, daß Erbe nur sein könne, wer zur Zeit des Erbfalles lebe oder bereits gezeugt sei und später lebend geboren werde. Insofern zum Erben die Möglichkeit der Zurechnung von Rechten und Pflichten gehört, so wäre (wegen BGB § 1) erst nach der Geburt des *nasciturus* eine Identifizierung des gekennzeichneten Erben möglich gewesen. Auf den Zeitpunkt des Erbfalles hat das offenbar keinen Einfluß, weil dieser unabhängig davon ist, wann der Erbe identifiziert werden kann. Das Problem reduziert sich auf das gemeinrechtliche der *hereditas iacens*, der Erbschaft vor dem Erbschaftserwerb, und diesen nach Antritt der Erbschaft auf den Zeitpunkt des Erbfalles zurückzubeziehen hat keinerlei begriffliche Schwierigkeit, da das Subjekt der zu der Erbschaft gehörenden Rechte und Schulden durch die Kennzeichnung bestimmt ist. Der als Erbe gekennzeichnete *nasciturus*, der noch nicht identifiziert werden kann, ist, wenn dies endlich der Fall ist, ein *natus*, und die Kennzeichnung umfaßt genau dies. Mithin ist durch sie das Subjekt jener Rechte und Pflichten hinreichend bestimmt, ohne daß dadurch dem bloßen *nasciturus* eine beschränkte Rechtsfähigkeit zugesprochen wäre oder die *hereditas* selbst als Rechtssubjekt eingeführt werden müßte oder gar eine Fiktion wie die des § 1923 Abs. 2 BGB erfordert würde.

So ist die Verwendung der logischen Figur der Kennzeichnung nicht nur besonders gut unserer strukturtheoretischen Auffassung des Zivilrechtes angepaßt, sondern offenbar ein geeignetes

Mittel, die Dogmatik des Zivilrechtes von Fiktionen zu säubern, in die sich der Gesetzgeber überflüssigerweise sprachlich flüchten zu müssen glaubte.

4.

Die Diskussion um Berechtigung, Umfang und Struktur von sogenannten *Analogie*schlüssen im Rahmen des Zivilrechtes sollte am zweckmäßigsten davon ausgehen, daß es sich letzten Endes um eine analoge Behandlung von Fällen handelt, die in gewissen Hinsichten gleich sind, in anderen wieder voneinander abweichen. Was jeweils vorliegt, ist die Entscheidung eines konkreten Falles, und in Frage steht, ob ein irgendwie ähnlich gelagerter Fall in gleicher Weise zu entscheiden wäre. Um das Problem möglichst rein darzustellen, empfiehlt es sich, die Entscheidung des ersten Falles als Präjudiz zu betrachten und sich zu fragen, ob sie als ein Präjudiz für den anderen Fall anerkannt werden kann oder nicht.
Nun geht man in der Regel so vor – oder glaubt dies zu tun –, daß man aus dem bereits entschiedenen Falle einen allgemeinen Satz gewinnt derart, daß sich der Sachverhalt des in Frage stehenden unter diesen allgemeinen Tatbestand subsumieren läßt, so daß man gegebenenfalls die Rechtsfolgen des entschiedenen Falles *mutatis mutandis* dem noch zur Entscheidung stehenden auf Grund der Analogie anhängen kann. Aber wie wir schon sahen, ist Subsumtion nicht eben das logische Verfahren, mit dem der Jurist, der Richter arbeitet. Auch hier führt der Weg zunächst einmal darüber, in dem bereits entschiedenen Fall die Eigennamen der dramatis personarum durch Kennzeichnungen zu ersetzen. Dadurch bleibt die so gewonnene Beschreibung des Sachverhaltes immer noch die des ersten Falles – um nämlich *per analogiam* verfahren zu können, müssen wir alle diejenigen Elemente, die in Fall II nicht auftreten, durch Variable ersetzen, für die sich dann Namen der entsprechenden Elemente des zweiten Falles als Konstante einsetzen lassen. Dann müßten in der so gewonnenen Beschreibung die in Fall II agierenden Personen eindeutig gekennzeichnet sein. Gelingt dieses Verfahren lückenlos, so steht der Auffassung, die Entscheidung des Falles I als Präjudiz für die Entscheidung des Falles II zu betrachten, nichts im Wege, sofern nur die formalen Prozeßvoraussetzungen gegeben sind.

Die Vielfalt und die Vielschichtigkeit der allgemeinen Lebensverhältnisse bringt es aber mit sich, daß die Analogierechnung nicht so leicht aufgeht.

Es wird also erforderlich sein, gewisse *Grundsätze* zu Hilfe zu nehmen, und diese Grundsätze können einerseits die Kennzeichnungen, andererseits die Variablen betreffen. Dabei ist es wichtig zu sehen, daß diese Grundsätze bereits für die Entscheidung des Falles 1 relevant sind. In einem Falle den A. A. zu kennzeichnen, so daß seine Identifizierung keinerlei Probleme aufgibt, läßt sich oft durch verschiedene Kennzeichnungen erreichen. Je abstrakter nun eine solche Beschreibung ist, desto leichter wird es sein, sie mit der entsprechenden Person im analogen Falle zu identifizieren. Aber damit gerät die Entscheidung *per analogiam* in die Nähe der Willkür, weil der Grundsatz, der zum Präjudiz geführt hätte, weil überdehnt, die analoge Entscheidung nicht mehr zu tragen braucht. Andererseits erscheint aber auch das Präjudiz willkürlich, sofern es unter der Flagge eines Grundsatzes segelt, der weiter ist, als zu jener Entscheidung erforderlich gewesen wäre. Der Richter, der das Präjudiz formuliert, hat seine Aufgabe in der Entscheidung eines konkreten Falles, nicht in einer allgemeinen Gesetzgebung, und wenn er seine Entscheidung auf einen weiten Grundsatz stützt, so hat die Analyse des Präjudizes diesen auf dasjenige Maß zurückzuführen, das ausgereicht hätte, die Entscheidung zu tragen. Dadurch werden dem Analogisieren gerade in den durch Präjudizienrecht geprägten Gebieten engere und bestimmtere, die Individualität der Fälle stärker berücksichtigende Grenzen gezogen, als es dort der Fall ist, wo der Richter wirkliche oder vermeintliche Lücken einer allgemeinen Gesetzgebung durch eine *imitatio legislatoris* auszufüllen bestrebt ist. Auch hier darf man an das Wort eines römischen Juristen, des Paulus (D 50, 17, 1), erinnern, wenn wir die Grundsätze in die Institute einzubinden versuchen: *non ex regula ius sumatur sed ex iure quod est regula fiat.*

Aber der Weg der Analogie führt vom bereits entschiedenen Fall nicht nur über Kennzeichnungen, sondern notwendig auch darüber, daß gewisse Elemente des Sachverhaltes ihres konkreten Charakters entkleidet und durch Variable angedeutet werden. Unter dem Namen einer Variablen laufen in Logik und Mathematik Symbole höchst verschiedener Art, im juristischen Zusammenhange handelt es sich, wie schon früher angedeutet, um *Un-*

bekannte. Dadurch wird, so wenig wie durch die Einführung von Kennzeichnungen, ein neuer Satz erzeugt, sondern die Aussage geht lediglich in eine Aussagefunktion über. Hier gilt es nun, den »Wertbereich« der Unbekannten in geeigneter Weise abzugrenzen, und wenn der anstehende Fall nach Analogie des präjudiziellen Falles entschieden werden können soll, so müssen den bezüglichen Elementen des Falles 1 entsprechende im zweiten Falle zur Seite stehen und deren Namen für die Unbekannten eingesetzt werden können. Und hier gilt wieder Entsprechendes: dieser »Wertbereich« muß so abgegrenzt werden, wie es gerade nötig ist, das betreffende Element des Präjudizes im Hinblick auf den Sachverhalt und auch auf die Rechtsfolgen darunter fallen zu lassen. Solche Wertbereiche können als Gattungsbegriffe mit gewissen Merkmalen definiert werden, und hier kann das betreffende Element eines Falles unter diesen Allgemeinbegriff subsumiert werden oder die betreffenden Elemente unter die betreffende Anzahl von Allgemeinbegriffen, wenn eine Mehrzahl von Unbekannten auftritt. Aber nicht solche Subsumtionen ergeben die Entscheidung des Falles, sie sind nur hinreichende Voraussetzungen dafür, daß der Jurist die Namen der betreffenden Elemente für die Unbekannten einsetzen darf.

Sowenig es dem Juristen, auch dem Richter nicht, verboten ist, sich, wo es angebracht ist, subsumierend zu betätigen, sowenig liegt in diesem Hilfsmittel der Kern seiner Tätigkeit, sowenig ist die Subsumtion die *via regia*, die vom Präjudiz zur Entscheidung eines anderen Falles führt (genausowenig wie sie, wie bereits deutlich geworden sein sollte, auch von der gesetzlichen Norm nicht zur Entscheidung eines konkreten Falles führt), und zwar einfach deshalb nicht, weil das Präjudizienrecht notwendig vom Präjudiz zu dem zur Entscheidung anstehenden Falle über die Konstruktion einer Quasinorm führt, um überhaupt die Fälle vergleichbar und nach gleichen Grundsätzen entscheidbar zu machen – mag dieses Verfahren auch oft verschleiert und in seinen Grundzügen schwer durchschaubar sein.

Im Bereich des BGB treffen wir auf Kennzeichnungen vor allem zur Beschreibung der Personen, die durch ein Rechtsinstitut miteinander in Beziehung gesetzt sind: Gläubiger–Schuldner, Verkäufer–Käufer, Vermieter–Mieter usw. – in einem Rollenspiel, das in der Regel ein Zwei-Personen-Spiel ist. Insofern geben uns die Kennzeichnungen einen Hinweis auf die Gegenstände – eben die Privatrechtsinstitute –, die im BGB geregelt sind, während sie nicht im Zusammenhange der Begriffe auftauchen, die für die Ausgestaltung dieser Institute benötigt werden, aber nur im Zusammenhange mit dem jeweiligen Institut ausgelegt werden können und dürfen, auch wenn sie – vor allem im Allgemeinen Teil des BGB – zusammengerafft und nacheinander abgehandelt werden, ohne deshalb schon als allgemeine Begriffe vorgestellt zu werden wie z. B. Verjährung, Forderung usw. Verjährung z. B. ist im BGB Verjährung von Ansprüchen und nichts sonst. Was in anderen Rechtskreisen unter Verjährung zu verstehen ist, ergibt sich jeweils aus den Zusammenhängen, in denen das Wort auftritt, nicht aus einem allgemeinen Begriff der Verjährung, für den sich die Verjährungen in Zivil-, Verwaltungs- und Strafrecht als »Arten« definieren ließen.

5.

Betrachtet man Gebrauch und Funktion von Kennzeichnungen im Zivilrecht, so wird man zweierlei feststellen müssen:
(1) Kennzeichnungen dienen vorzüglich dazu, die Stellung von Personen in Handlungszusammenhängen zu beschreiben. Gerade sie sind es, die eine angemessene Beschreibung solcher (typisierter) Handlungen überhaupt erst möglich machen. Ein Blick in unser kodifiziertes Recht – wie erst recht auf präjudizielle Rechtssysteme – genügt, um sich davon zu überzeugen, daß sie derart beschriebene Handlungszusammenhänge zum Kerne haben und daß das Zivilrecht wie das Recht überhaupt alles andere ist als eine Geisterschlacht von Allgemeinbegriffen, in der die Abgrenzungen zwischen den verschiedenen Rechtsbereichen immer wieder eingeebnet werden, Abgrenzungen, die schon deshalb nötig sind, um jenen Bereichen an ihrem jeweiligen Koordinatensystem einen festen Halt zu geben.
(2) Da Kennzeichnungen ja nichts anderes als Beschreibungen sind, innerhalb deren die verwendeten Begriffe erst ihre Bedeutung entfalten, so hindert die interpretatorische Beachtung der Kennzeichnungen, wesentliche Elemente der Beschreibung zu vernachlässigen oder gar zu eliminieren.

Zusammenfassung

Nach einer Kritik der Lehre von der Subsumtion eines konkreten »Sachverhaltes« unter einen allgemeinen »Tatbestand« wird anhand der Strukturtheorie des Rechts erläutert, daß die Privatrechtsinstitute als *Gestalten* von Handlungen anzusehen sind, die im Gesetz *beschrieben* werden. Ein wesentliches Mittel dazu sind die sog. *Kennzeichnungen*. Deren Funktion im Zivilrecht wird dargetan, und einige Konsequenzen werden daraus gezogen.

(1976)

Sozialphilosophie

1. Begriffsgeschichte

Der Ausdruck Sozialphilosophie, philosophie sociale, social philosophy scheint in den ersten Jahrzehnten des 19. Jh.s aufgekommen zu sein, und zwar zur Bezeichnung von Systemen, Theorien und Gedankengängen vorwiegend sozialreformerisch-utopischer Art, wie sie sich bei Saint-Simon, Fourier u. a. finden. In dieser Bedeutung benutzt ihn z. B. A. Charma: *Leçons de philosophie sociale* (1838), in Deutschland Moses Heß, der 1843 in seiner Anzeige von L. v. Steins *Socialismus und Communismus* und in der *Philosophie der Tat* von den französischen Sozialphilosophen und ihrer Sozialphilosophie spricht, ferner J. St. Mill schon im Titel der *Principles of Political Economy with some of their Applications to Social Philosophy*. In diesen sozialphilosophischen Systemen werden sozialreformerische Gedanken mit Lehren verknüpft, nach denen die Veränderung der gesellschaftlichen Zustände in einer bestimmten Richtung als Ergebnis des historischen Prozesses interpretiert wird. Die soziale Reform oder auch Revolution, die von den Saint-Simon, Ch. Fourier usw. gefordert wird, erscheint als die Erfüllung der Geschichte, als in dieser begründet. Philosophisch sind diese französischen Lehren Geschichtsphilosophien, als solche präludiert bei Turgot und Condorcet, und das ist, in dieser Betonung und Verbindung mit reformerisch-utopischen Tendenzen, ein neues Moment gegenüber aller Begründung einer Reform aus den überzeitlichen Forderungen des Naturrechtes. Dieses wirkt über das Kantsche Vernunftrecht in Deutschland so entschieden nach, daß selbst noch die Hegelsche Geschichtsphilosophie nicht verhindert, daß bei einem so entschiedenen Hegelianer und Sozialisten wie F. Lassalle die soziale Problematik unter dem rechtsphilosophischen Aspekt gesehen wird, während erst Lorenz von Stein einerseits, Marx und Engels andererseits deren entschiedene Wendung ins Geschichtsphilosophische unter dem Einflusse der französischen Sozialphilosophie vollziehen. Wenn sich der Ausdruck »Sozialphilosophie« nicht durchgesetzt hat, so wesentlich aus dem Grunde, weil der philosophisch bedeutendste Denker unter den französischen Sozialphilosophen,

Saint-Simons Schüler Auguste Comte, für diese neue Wissenschaft den Namen »Soziologie« erfand und damit Schule machte. Fast gleichzeitig hatte L. v. Stein, der die Kenntnis der französischen Sozialphilosophien für Deutschland vermittelte, für das Kernstück dieser Disziplin den Titel »Wissenschaft der Gesellschaft« (1842) bzw. »Gesellschaftslehre« (1856) eingeführt. Diese Namen sind fast allgemein rezipiert worden.
Die Verbindung von positivistischer Wissenschaftlichkeit und Utopismus in der französischen Sozialphilosophie mußte in der weiteren Entwicklung zwangsläufig zur Ausscheidung des letzteren und Durchsetzung der ersteren führen, also zur Konstituierung der nunmehr sogenannten Soziologie als einer positiven Wissenschaft neben den anderen Sozialwissenschaften. Damit wurde der Ausdruck »Sozialphilosophie« als Bezeichnung für die Soziologie unbrauchbar und ist auch von der mehr »philosophischen« Soziologie nicht wieder aufgenommen worden. Wohl aber hat er als gelegentlicher Titel für sozialreformerische Gedanken und Fragen herhalten müssen, ohne daß man von derartigen Erörterungen philosophische Dignität verlangte. So spricht man etwa von der Sozialphilosophie einer politischen Partei usw. Ferner kam er in Gebrauch für die theologisch begründeten Soziallehren der Kirchen. Außerdem ist verschiedentlich versucht worden, ihm eine spezifische Bedeutung zu geben. So hat nach R. Stammler (*Wirtschaft und Recht*, 1896) die Sozialphilosophie die Frage zu behandeln, unter welcher grundlegenden formalen Gesetzmäßigkeit das soziale Leben der Menschen stehe. W. Sauer benutzt den Ausdruck Sozialphilosophie als Obertitel für Rechts- und Kulturphilosophie. All diese Versuche haben aber nicht zu einer anerkannten Disziplin »Sozialphilosophie« neben der Soziologie auf der einen, der Rechts- und Geschichtsphilosophie auf der anderen Seite geführt.
Nun ist die Aufgliederung der Philosophie in einzelne Disziplinen selber überaus problematisch und abhängig davon, was jeweils unter Philosophie verstanden wird. Die Frage nach dem »Wesen« oder dem »Sein« sozialer Erscheinungen, Gebilde oder Abläufe ist außerhalb einer bestimmten Metaphysik oder Ontologie ganz unbestimmt, und die Antwort eines Philosophen auf die »Wesensfrage« hängt stets davon ab, was ihm – aus welchen Gründen auch immer – als wesentlich gilt. Es kommt hinzu, daß die Kohärenz philosophischer Systeme nicht überschätzt werden

darf. Ihre Prinzipien sind selten so eindeutig, als daß nicht sehr verschiedene Sozialphilosophien mit ihnen verträglich wären. Im Bereich des orthodoxen Hegelianismus z. B. finden sich konservative, liberale und demokratisch-sozialistische Sozialphilosophien.

2. Typologie der Grundvorstellungen

a. Mechanismus, Organismus, Prozeß

Enger als der Zusammenhang sozialphilosophischer Systeme mit der Metaphysik oder Ontologie ihrer Urheber erscheint ihr Zusammenhang mit gewissen Grundbegriffen sozialwissenschaftlicher Theorien. Diesen liegen, ausgesprochen oder nicht, gewisse Vorstellungen zugrunde, die bereits durch das Begriffsinstrumentarium, mit dem sie arbeiten, gegeben sind. Solche Vorstellungen stehen im Zusammenhang mit der Entwicklung anderer Wissenschaften, deren Vorbild die Sozialwissenschaft veranlaßte, ihren Gegenstand in bestimmter Weise aufzufassen und zu bearbeiten. Diese Wissenschaften waren die mechanistische Physik, die Biologie und die Geschichtswissenschaft. Dementsprechend lassen sich jene typischen Grundvorstellungen bezeichnen als *Mechanismus, Organismus* und *Prozeß*. Die gleichen Grundvorstellungen finden sich in den Sozialphilosophien wieder. Nur entwickeln diese nicht auf der damit gegebenen Basis eine empirische Theorie, sondern versuchen Konsequenzen normativer Art aus ihnen zu ziehen oder sie spekulativ zu einer Metaphysik oder Geschichtsphilosophie zu überhöhen. Wissenschaftstheoretisch besteht die Aufgabe, die Grundstruktur dieser verschiedenen Typen sozialwissenschaftlicher Theorie herauszuarbeiten.
Eine nähere Betrachtung zeigt sehr schnell, daß die Analogisierung mit der mechanistischen Physik, die in der sozialwissenschaftlichen Diskussion eine so große Rolle spielt, nur wenig besagt. Der Sachverhalt stellte sich lange Zeit so dar, als ob spezifisch physikalische Begriffe wie z. B. der des Gleichgewichtes in die Sozialwissenschaften hineingenommen und auf ihre Gegenstände angewandt würden. In Wirklichkeit benutzte man aber gewisse *Strukturbegriffe*, für die es in der Mechanik ein *Modell* gibt. So wenig man erwarten kann, auf dem Gebiet der Sozialwis-

senschaften auf Strukturen zu treffen, für die sich mechanische Modelle angeben lassen, so wenig spricht die Tatsache, daß ein solches Modell angegeben werden kann, gegen die Verwendung eines solchen Begriffes in einer Sozialwissenschaft. Nun soll freilich ein *Mechanismus* durch seine »Summenhaftigkeit« gekennzeichnet sein im Gegensatz vor allem zum Organismus oder zu einer Ganzheit. Diese Kennzeichnung ist aber leer, weil der hier zugrunde gelegte Begriff der Summe überhaupt nicht definiert ist. Mit größerem Rechte lassen sich diejenigen sozialwissenschaftlichen Theorien als »mechanistisch« charakterisieren, für die die *Grenzanalyse* kennzeichnend ist, insofern nämlich, als diese wie die Mechanik auf eine Theorie partieller Differentialgleichungen hinauslaufen, gleichgültig, ob sie sich nun eines mathematischen Formelapparates bedienen oder nicht. Sozialphilosophische Folgerungen haben sich aus dieser mechanistischen Auffassung sozialer Gebilde nicht ergeben. Diese knüpfen vielmehr an Vorstellungen an, die damit verbunden sein können, ohne dies notwendig zu sein, vor allem an die sogenannte *atomistische Auffassung der Gesellschaft.*

Die Betrachtung sozialer Gebilde als eine Art Organismen hat sich ungleich mehr als die »mechanistischen« Auffassungen auf bloße Analogisierungen gestützt. Der Grund dafür liegt darin, daß die Biologie weit mehr mit anschaulichen Begriffen zu arbeiten gezwungen war als die Mechanik, die in der mathematischen Formulierung die strukturellen Verhältnisse viel reiner und reicher herausstellte zu einer Zeit, in der die Biologie an ein Gleiches noch gar nicht denken konnte. Jedoch lieferte das Bild des *Organismus* gewisse Züge, die dem klassischen Bilde des Mechanismus fehlten, aber für sozialwissenschaftliche Zwecke verwendbar erschienen: weitgehende *Interdependenz seiner Teile*, soweit sich diese überhaupt begrifflich isolieren lassen, *Nichtzerlegbarkeit* außer unter Zerstörung des Organismus, *Irreversibilität* der an ihm ablaufenden Vorgänge, im Zusammenhang damit seine Geschichtlichkeit und die Bedeutung seiner Vergangenheit, das Durchlaufen einer Entwicklung von der »Geburt« über seine »Reife« zu seinem »Tode«. So brauchbar diese Begriffe für ein erstes Erfassen größerer sozialer Zusammenhänge vielfach sind, so versagen sie sehr schnell bei der Herausarbeitung feinerer Strukturen. Wo versucht wurde, das Bild des Organismus ins Einzelne auszumalen, kam es sehr bald zu grotesken Bildern (die

Polizei als Nase des Staates, die Bankiers in den Herzen der Tauschmittelorgane u. dgl.), aber als Grundvorstellung paßte es vorzüglich in den sich im 19. Jh. erneuernden Aristotelismus, da sich *Aristoteles* selber in seiner Metaphysik an der Biologie orientiert hatte. So floß das »organische« Denken im Bereich der Sozialwissenschaften unschwer mit dem teleologischen Denken aristotelischer Provenienz zusammen. In normativer Hinsicht führt der organizistische Ansatz zwangsläufig zu einer *Unterordnung des Individuums* unter die größeren »Organismen«, denen es angehört und denen gegenüber es gleichsam einen minderen Seinsrang hat. Das Normensystem beruht auf einer Rangordnung der Zwecke, in der die bloß individuellen Zwecke rangmäßig den größeren Gemeinschaften nachstehen. Typisch ist die scholastische Vorstellung der von Gott gewirkten Zweckordnung der Dinge.

Neben »Mechanismus« und »Organismus« ist noch eine dritte Grundvorstellung in den Sozialwissenschaften wirksam geworden. Sie orientiert sich am Bilde des *Kampfes* ebenso wie an der logischen Figur des *Widerspruches.* Die Geschichte erscheint als Schauplatz widerstreitender Tendenzen, als eine Folge von Revolutionen, aus denen ein neuer sozialer Zustand hervorgeht, der in sich den Kern zu neuen Entzweiungen trägt. Diese Grundvorstellung ist in struktureller Hinsicht an sich sehr dürftig, aber in ihrer Anwendbarkeit als Zweitakt des historischen Wechsels trivialerweise universell. Das Schema Position-Negation läßt sich aber ausbauen, wenn man mit der Negation der Negation eine neue Stufe erreicht sein läßt. Auch dieses Schema läßt sich unschwer zur Deutung historischer und sozialer Prozesse verwenden, da mit strukturell wenig geklärten, anschaulich-inhaltlichen Begriffen gearbeitet wird. Solche dialektische Strukturen lassen sich in verschiedener Weise durchführen. Sie stellen ein systematisches Kompositionsprinzip dar, das oft zu Ausblicken und Einblicken führt, die um so überraschender sind, als sich gerade bei bedeutenden Dialektikern wie Hegel der zugrunde liegende Schematismus oft nicht leicht erkennen läßt, weil er komplizierter als die einfache Triade ist. Der Erkenntniswert des Verfahrens ist sehr strittig, zumal sich mit diesen Mitteln *keine axiomatisierbare Theorie* aufbauen läßt. Das liegt daran, daß die zur Verwendung kommenden Begriffe, die in den dialektischen Fortgang eingespannt werden, strukturell unbestimmt bleiben und mit dem Mittel der Dialektik strukturell nicht charakterisiert werden können in einer Weise, die sich auch nur mit den strukturellen Charakterisierungsmöglichkeiten der klassischen Mechanik vergleichen ließe.

Die normativen Folgerungen, die sich ziehen lassen, hängen fast völlig an den inhaltlichen Begriffen, die in das Schema eingespannt werden. Der Schematismus als solcher legt lediglich eine Relativierung der Normen auf die einzelnen Positionen nahe, eine »doppelte« Moral bei statischer Betrachtung, eine Abwertung des zu überwindenden früheren Zustandes mit den für diesen geltenden Normen gegenüber dem herbeizuführenden späteren Zustande, wenn das Schema auf den historischen Ablauf angewendet wird. Als Gegenbegriff zu dem des Kampfes bzw. des Widerspruchs erscheint der der *Harmonie.* Er konnte in das dialektische Schema hineingenommen werden im Sinne der Versöhnung der Gegensätze (Aufhebung der »Entfremdung«, klassenlose Gesellschaft usw.). Er ließ sich aber auch im Rahmen der mechanistischen Auffassung interpretieren durch den Begriff des Gleichgewichtes. Daher kommt ihm keine selbständige Bedeutung als Grundbegriff zu.

Der historische *Prozeß* selber kann in drei Grundgestalten aufgefaßt werden: (1) als zeitliches Neben- und Nacheinander von Individualitäten, die sich in ihrer Vereinzelung dem Verstehen erschließen, aber durch kein übergreifendes Gesetz in ihrer Abfolge bestimmt sind; (2) als Fortschritt, als eine Höherentwicklung, die evtl. mit Rückschlägen verbunden sein kann; (3) als ein gesetzmäßiges Auf und Ab (Kreislauf). Die erste Auffassung ist jeder systematischen Tendenz feindlich. Die beiden anderen müssen, beim Versuch des Aufbaus einer systematischen Sozialwissenschaft oder Sozialphilosophie, die nötigen strukturellen Begriffe anderswoher entnehmen. Dabei verband sich die zweite zwanglos mit mechanistischen, die dritte mit organizistischen Vorstellungen.

b. Ontologie der Sozialgefüge

Mit den bisher besprochenen typischen Grundvorstellungen verbinden sich gewisse andere von teils logischer, teils ontologischer Art. Als letzte Entitäten können entweder die Individuen betrachtet werden, die in sozialen Zusammenhängen auftreten, oder diese Zusammenhänge können selbst als eine Art »Körper« von ontischer oder auch ontologischer Selbständigkeit aufgefaßt werden.

Die sogenannten *atomistischen Gesellschaftslehren* gehen auf die Individuen als ein Letztes zurück. Streng genommen müßten sie den sozialen Zusammenhang konstituieren auf Grund der Eigenschaften, die sie den Individuen zuschreiben. Eine Analyse der in Frage stehenden Theorien zeigt jedoch, daß sie diese Forderung nicht erfüllen, sondern stets voraussetzen, daß zwischen den Individuen bestimmte Relationen bestehen, die nicht erst aus Eigenschaften der Individuen konstituiert werden. Der gegenteilige Anschein entsteht dadurch, daß die Individuen zunächst als Träger gewisser Eigenschaften definiert werden und daß man die so definierten Individuen dann in Beziehung zueinander treten läßt. Damit werden aber (in logischer Hinsicht) neue Axiome eingeführt. Hätte man die Theorie nur auf Definitionen aufbauen wollen, so hätte man von vornherein definitorisch festlegen müssen, daß die Individuen dem Feld dieser als Grundbegriffe einzuführenden Relationen angehören.

Das gilt auch für die Konstruktion des sogenannten *homo oeconomicus*. Dieser wird durchweg nicht so definiert, daß sich auf ihm eine Theorie errichten ließe, er wird lediglich in einer ganz bestimmten Richtung charakterisiert, nämlich hinsichtlich der Maximen seines (wirtschaftlichen) Handelns. Der soziale Zusammenhang, in dem er steht, etwa der des Marktes, wird regelmäßig zusätzlich eingeführt.

Die atomistischen sozialwissenschaftlichen Theorien sind daher in logischer Hinsicht nicht von denjenigen unterschieden, die den *sozialen Beziehungszusammenhang*, in dem die Individuen stehen, herausstellen, und das um so weniger, als hier wie da eben diese Beziehungen für die sozialwissenschaftliche Theorie interessant sind und nicht oder erst in zweiter Linie Eigenschaften der Individuen. Ein Unterschied ergibt sich erst, wenn man philosophisch dem Individuum und dem sozialen Beziehungszusammen-

hang einen bestimmten ontischen oder ontologischen Charakter zuweist, indem nun entweder das Individuum oder das soziale Beziehungsgefüge als das Primäre angesehen und bewertet wird. Dabei wird das letztere gelegentlich als *Substanz* gedacht, eine Vorstellung, die meist eine Säkularisierung des theologischen Begriffes des Corpus Christianum darstellt. Sie tritt oft in Verbindung mit einer organizistischen Deutung auf. Oder es werden die sozialen Ordnungsgefüge – nicht ohne weiteres schon jede soziale Gruppe – als Manifestationen des objektiven Geistes betrachtet, als Gebilde, die zwar einerseits Schöpfungen der Individuen sind, aber in ihrem Sinngehalt die Subjektivität der Einzelnen überschreiten. Es bestehen noch andere Deutungsmöglichkeiten der sozialen Beziehungsgefüge, deren Charakter oft nicht klar ist (z. b. der »Volksgeist« der Romantiker, die Annahme eines »kollektiven Unbewußten«, eine mythisch zu verstehende »Gründung« und dergleichen mehr). Das Bedürfnis nach einer philosophischen Interpretation der Begriffe für soziale Gefüge geht dabei wenigstens zum Teil auf den Umstand zurück, daß sich diese Begriffe (z. b. Volk, Gemeinschaft, Gesellschaft) logisch nicht als Klassenbegriffe (bzw. Merkmalskomplexe, Universalia) auffassen lassen. Sie sind Ordnungsbegriffe (Typus, Gestalt, Wirkungssystem), die mit den Mitteln der traditionellen Logik nicht nachkonstruierbar sind, heute jedoch mit den Mitteln der mathematischen Logik strukturell charakterisiert werden können.
Die Ontologisierung sozialer Beziehungsgefüge, mögen diese als Substanz, objektiver Geist oder sonstwie gedeutet werden, bedeutet an sich noch keine Entscheidung über ihren mechanistischen, organizistischen oder prozeßhaft-dialektischen Charakter. Die Verbindungen und Verschmelzungen in den einzelnen Theorien sind von großer Mannigfaltigkeit. Wohl aber führen in normativer Hinsicht die »atomistischen« Lehren ungeachtet des Umstandes, daß sie die soziale Beziehung in irgendeiner Form als Grundbegriff einführen, zu einer ausgesprochen individualistischen *Sozialethik*, die meist stark eudämonistisch gefärbt ist. Umgekehrt führt die Ontologisierung der sozialen Gefüge nicht nur zu altruistischer Ethik, sondern vor allem zu einem Primat der von diesen – in erster Linie von den Großgefügen wie Volk, Staat, Gesellschaft, Klasse – ausgehenden Forderungen vor den Ansprüchen, die durch die Existenz des Mitmenschen an den Einzelnen in sittlicher oder rechtlicher Hinsicht gestellt werden. Ist

auch hier die Mannigfaltigkeit der Kombination der möglichen Standpunkte sehr groß, so ist doch die Tendenz, dem seinsmäßigen Vorrang des Sozialen einen normativen Vorrang der Forderungen der Sozialgefüge entsprechen zu lassen, unverkennbar. Alle diese typischen Grundbegriffe besitzen für die Sozialwissenschaften einen gewissen heuristischen Wert, der so weit reicht, wie eine Isomorphie zwischen einem solchen Begriff und dem theoretisch zu erfassenden Gegenstande gegeben ist. Das ist in jedem Falle nur in einem relativ beschränkten Maße der Fall, am meisten noch beim Begriff des klassischen Mechanismus, der in struktureller Hinsicht am reichhaltigsten ist. In normativer Hinsicht dienen alle diese Begriffe mehr als Haken, an denen sich anderswoher aus der Philosophie oder aus der politischen Ideologie übernommenes Ideengut aufhängen läßt, denn als Ausgangspunkt für eine philosophisch ernst zu nehmende Deduktion.

3. Gegenwärtige Problemlage

Die Aufgabe der theoretischen Sozialwissenschaften kann heute genauer dahin gekennzeichnet werden, daß sie die mathematische Struktur (Arnold Schmidt) ihres Gegenstandsbereiches herauszuarbeiten haben. Das besagt für die Sozialphilosophie zunächst negativ, daß solche anderen Wissenschaften entlehnten Grundvorstellungen wie »Mechanismus«, »Organismus«, »Prozeß« u. dgl. nur den Wert von *Modellen* haben können, nicht aber selber als sozialwissenschaftliche »Grundbegriffe« verwendbar sind. Ferner ist es nicht eben wahrscheinlich, daß diese Begriffe geeignet sind, die *Struktur* des Gegenstandes der Sozialwissenschaften erschöpfend und angemessen modellmäßig abzubilden. Die Sozialwissenschaften haben vielmehr, genauso wie die Naturwissenschaften, ihre eigenen Mittel zur Erfassung der mathematischen Struktur ihres Gegenstandes zu entwickeln. Dies ist bereits in wesentlichen Ansätzen geschehen, vor allem durch die Spieltheorie (J. v. Neumann, O. Morgenstern, McKinsey u. a.). Aber auch von anderer Seite her sind Strukturen aufgedeckt worden, die offenbar für die Sozialwissenschaften relevant sind, so vor allem von der *Regeltechnik* (Kybernetik), die mit Begriffen wie »Information«, »Kommunikation« arbeitet und in der Theorie der Politik mit Erfolg angewandt werden konnte (Deutsch). Die mathematische Theorie der Verbände hat sich zur Analyse von Wahlakten als brauchbar erwiesen (Arrow).

Das sehr verschiedenartige Bild, das sich so ergibt, scheint vorderhand jede Ontologisierung einer bestimmten Struktur, wie sie für die ältere Sozialphilosophie charakteristisch ist, zu verbieten, abgesehen auch von allen philosophischen Bedenken, denen ein solches Verfahren unterliegt. Für die *normative* Sozialphilosophie ergibt sich hingegen eine weithin offene Problemsituation. Für sie ist entscheidend, daß die Strukturen, mit denen es die theoretischen Sozialwissenschaften zu tun haben, in jedem Fall *Handlungsstrukturen* sind. Negativ läßt sich zunächst feststellen, daß die normativen Prinzipien, mit denen die Sozialphilosophie (die Sozialethik wie die Rechtsphilosophie) bisher arbeitet – und das gilt insbesondere für die phänomenologisch-wertphilosophische –, nicht so beschaffen sind, daß ihre Tragweite im Rahmen der modernen sozialwissenschaftlichen Theorie diskutiert werden könnte. Dazu bedarf es einer strukturellen Charakterisierung der normativen Prinzipien, wie sie z. B. in Anknüpfung an Rousseau und Kant durchaus möglich ist (vgl. Arrow).

Diese Problemsituation gestattet nunmehr, das bisher so verschwimmende Gebiet der Sozialphilosophie genauer zu umreißen. Während die Begründung normativer *Prinzipien* der Rechtsphilosophie und Ethik anheimfällt, hat die Sozialphilosophie diejenigen *Handlungszusammenhänge* zu untersuchen, die unter den *strukturellen Bedingungen* solcher Prinzipien stehen. Sie nimmt damit nur unter gewandelten wissenschaftstheoretischen Voraussetzungen das Erbe der sozialreformerischen und utopischen älteren Sozialphilosophie auf.

Literatur[1]

Hutcheson, Francis, *An Inquiry into the Original of Our Ideas of Beauty and Virtue*, London (1725) [5]1753

– *An Essay on the Nature and Conduct of the Passions and Affections*, London (1728) [3]1742

Hume, David, *A Treatise on Human Nature*, 3 Bde., 1739-40

– *An Enquiry Concerning Human Understanding*, 1748

– *An Enquiry Concerning the Principles of Morals*, 1751

1 Zusammengestellt von Gerhard Stavenhagen.

Hutcheson, Francis, *A System of Moral Philosophy*, 2 Bde., London 1755

Rousseau, Jean Jacques, *Discours sur l'origine et les fondements de l'inégalité parmi les hommes*, Amsterdam 1755

Smith, Adam, *The Theory of Moral Sentiments*, 2 Bde., London (1759) ^{6}1790. (*Theorie der ethischen Gefühle*, hrsg. v. H. G. Schachtschabel, Frankfurt (M.) 1949)

Rousseau, Jean Jacques, *Du Contrat social ou principes du droit politique*, Amsterdam 1762

Ferguson, Adam, *An Essay on the History of Civil Society*, (Edinburgh 1767) ^{7}1814

Bentham, Jeremy, *Introduction to the Principles of Morals and Legislation*, London 1789

Fichte, Johann Gottlieb, *Der geschlossne Handelsstaat. Ein philosophischer Entwurf als Anhang zur Rechtslehre und Probe einer künftig zu liefernden Politik*, Tübingen 1800 (Bd. III der *Werke*, Berlin 1845)

– *Die Staatslehre oder über das Verhältnis des Urstaates zum Vernunftreiche. Vorlesungen gehalten 1813* (Bd. IV der *Werke*, Berlin 1845)

de Maistre, Joseph Marie, Comte, *Essai sur le principe générateur des constitutions politiques*, Paris 1814

Müller, Adam, *Von der Notwendigkeit einer theologischen Grundlage der gesamten Staatswissenschaften und der Staatswirtschaft insbesondere*, Leipzig 1819

Stahl, Friedrich Julius, *Die Philosophie des Rechts nach geschichtlicher Ansicht*, 2 Bde., (Heidelberg 1830-1837) ^{5}Tübingen 1879

Comte, Auguste, *Cours de philosophie positive*, 6 Bde., Paris (1830-1842) ^{5}1842-1894 (*Soziologie*, Jena (1907-1911) ^{2}1923)

Heß, Moses, *Die heilige Geschichte der Menschheit*, Stuttgart 1837

Charma, Antoine, *Leçons de philosophie sociale*, Caen 1838

Mill, John Stuart, *A System of Logic*, 2 Bde., London (1843) ^{9}1875

Stirner, Max (Pseudonym für Johann Caspar Schmidt), *Der Einzige und sein Eigentum*, Leipzig 1845

v. Stein, Lorenz, *System der Staatswissenschaft*, 2 Bde., Stuttgart 1852, 1856

Büchner, Ludwig, *Kraft und Stoff*, (Frankfurt (M.) 1855) ^{21}Leipzig 1904

Le Play, Pierre Guillaume Frédéric, *La réforme sociale en France*, Paris (1864)^{7}, 3 Bde., 1887

Bagehot, Walter, *Physics and Politics*, London 1872

Bakunin, Michael, *Staatlichkeit und Anarchie* [russ.], Zürich 1873

Spencer, Herbert, *Principles of Sociology*, 3 Bde., London 1877-96

Sidgwick, Henry, *The Methods of Ethics*, London (1874) ^{7}1901

– *The Elements of Politics*, London 1891

Durkheim, Emile, *La division du travail social*, Paris (1893) ^{5}1926

Büchner, Ludwig, *Darwinismus und Sozialismus*, (Leipzig 1894) ^{3}Stuttgart 1910

Stammler, Rudolf, *Wirtschaft und Recht nach der materialistischen Geschichtsauffassung*, Leipzig (1896) [5]Berlin 1924
Worms, René, *Organisme et Société*, Paris 1896
Espinas, Alfred, *Les origines de la technologie*, Paris 1897
– *La philosophie sociale du* XVIIIe *siècle et la révolution*, Paris 1898
Goldscheid, Rudolf, *Zur Ethik des Gesamtwillens. Eine sozial-philosophische Untersuchung*, Wien 1902
Worms, René, *Philosophie des sciences sociales*, Paris (1903-1907) [2]1913-1920
Adler, Max, *Kausalität und Teleologie im Streite um die Wissenschaft*, Wien 1904
Sorel, Georges, *Réflexions sur la violence*, Paris (1908) [5]1921 (*Über die Gewalt*, Innsbruck 1928)
– *Les illusions du progrès*, Paris (1908) [4]1927
Goldscheid, Rudolf, *Entwicklungswerttheorie, Entwicklungsökonomie, Menschenökonomie*, Leipzig 1908
– *Darwin als Lebenselement unserer modernen Kultur*, Wien 1909
Worms, René, *Les principes biologiques de l'évolution sociale*, Paris 1910
Spann, Othmar, *Gesellschaftslehre*, (Berlin 1914) [3]Leipzig 1930
Michels, Robert, *Probleme der Staatsphilosophie*, Leipzig u. Berlin 1914
Nelson, Leonard, *Vorlesungen über die Grundlagen der Ethik*, Bd. I: Leipzig 1917, Bd. II: Göttingen 1931, Bd. III: Leipzig 1924
Natorp, Paul, *Sozialidealismus*, Berlin (1920) [2]1922
Sorel, Georges, *De l'utilité du pragmatisme*, Paris (1921) [2]1928
Freyer, Hans, *Theorie des objektiven Geistes*, Leipzig (1923) [2]1928
Lukács, Georg, *Geschichte und Klassenbewußtsein*, Berlin 1923
Sauer, Wilhelm, *Philosophie der Zukunft*, Stuttgart (1923) [2]1926
– *Grundlagen der Gesellschaft. Eine Rechts-, Staats- und Sozialphilosophie*, Berlin 1924
Espinas, Alfred, *Etudes sur l'histoire de la philosophie de l'action. Descartes et la morale*, 2 Bde., Paris 1925
Durkheim, Emile, *Sociologie et philosophie*, hg. von C. Bouglé, Paris 1924
Sauer, Wilhelm, *Grundlagen der Wissenschaft und Wissenschaften. Eine logische und sozialphilosophische Untersuchung*, (Berlin 1926) [2]Basel 1949
Spann, Othmar, *Gesellschaftsphilosophie*, München 1928
Sauer, Wilhelm, *Lehrbuch der Rechts- und Sozialphilosophie*, (Berlin 1929) [2]Basel 1949
Dunkmann, Karl/Lehmann, Gerhard/Sauermann, Heinz, *Lehrbuch der Soziologie und Sozialphilosophie*, Berlin 1931
Otaka, Tomoo, *Grundlegung der Lehre vom sozialen Verband*, Wien 1932
Schütz, Alfred, *Der sinnhafte Aufbau der sozialen Welt*, Wien 1932

Adler, Max, *Das Rätsel der Gesellschaft. Zur erkenntniskritischen Grundlegung der Sozialwissenschaft*, Wien 1936
Barnes, Harry E./Becker, Howard, *Social Thought from Lore to Science*, 2 Bde., Washington (1938) ²1952
Sorokin, Pitirim, *Social Philosophies of an Age of Crisis*, Boston 1951 (*Kulturkrise und Gesellschaftsphilosophie*, Stuttgart und Wien 1953)

(1955)

Bemerkungen zum Begriff der Gerechtigkeit

1.

In einer der jüngsten Schriften über den Begriff der Gerechtigkeit, verfaßt von einem so berühmten Juristen wie Hans Kelsen, werden die wichtigsten Anschauungen über die Gerechtigkeit vorgeführt: die Philosophie Platons wie die Lehre Jesu, Formeln wie »Jedem das Seine«, das Prinzip der Vergeltung, die Gerechtigkeit als Gleichheit, als Gleichheit vor dem Gesetz, die goldene Regel, Kants kategorischer Imperativ und des Aristoteles Lehre, daß Tugend die Mitte zwischen zwei Lastern und speziell Gerechtigkeit die Mitte zwischen Unrecht-Tun und Unrecht-Leiden sei; das Naturrecht wird herangezogen. Der Schluß des Verfassers ist immer derselbe: was bewiesen werden sollte, ist nicht bewiesen worden, die Absolutsetzungen sind willkürlich, die Formeln sind leer. Was Gerechtigkeit sei, lasse sich verbindlich nicht sagen: »Wenn die Geschichte der menschlichen Erkenntnis uns irgend etwas lehren kann, ist es die Vergeblichkeit des Versuches, auf rationellem Wege eine absolut gültige Norm gerechten Verhaltens zu finden, d. h. aber eine solche, die die Möglichkeit ausschließt, auch das gegenteilige Verhalten für gerecht zu halten. Wenn wir aus der geistigen Erfahrung der Vergangenheit irgend etwas lernen können, ist es dies, daß die menschliche Vernunft nur relative Werte begreifen kann, und d. h. daß das Urteil, mit dem etwas für gerecht erklärt wird, niemals mit dem Anspruch auftreten kann, die Möglichkeit eines gegenteiligen Werturteils auszuschließen. Absolute Gerechtigkeit ist ein irrationales Ideal. Vom Standpunkt rationaler Erkenntnis gibt es nur menschliche Interessen und daher Interessenkonflikte. Für deren Lösung stehen nur zwei Wege zur Verfügung: entweder das eine Interesse auf Kosten des andern zu befriedigen oder einen Kompromiß zwischen beiden herbeizuführen. Es ist nicht möglich zu beweisen, daß nur die eine, nicht aber die andere Lösung gerecht ist. Wenn sozialer Friede als höchster Wert vorausgesetzt wird, mag die Kompromißlösung als gerecht erscheinen. Aber auch die Gerechtigkeit des Friedens ist nur eine relative, keine absolute Gerechtigkeit.[1]

Gegen solch konsequenten Relativismus sich zu wenden, hat das Mißliche, daß dem Behauptenden die Beweislast zufällt. Die Philosopheme über die Gerechtigkeit, die historisch vorliegen, sind anfechtbar, ihre Beweisführungen sind brüchig. Es kann sich daher nicht darum handeln, die Philosophiegeschichte um Rat anzugehen. Auf der anderen Seite freilich sollte man auch nicht den Kopfsprung in die Theologie tun, um einen festen Standort in einem wie immer gearteten Offenbarungswissen zu suchen. Dazu müßte erst einmal gezeigt sein, daß die natürlichen Erkenntnismittel nicht leisten können, wessen die Jurisprudenz bedarf. Aber wo wäre das gezeigt worden?

Es kommt noch etwas anderes hinzu: das Recht, mit dem es der Jurist zu tun hat, läßt sich nicht gegen die Überzeugungen von Recht und Gerechtigkeit unter den Menschen, für die es gilt, isolieren – jedenfalls nicht so, daß diese Überzeugungen einfach vernachlässigt werden könnten. Und schließlich: die Frage nach der Gerechtigkeit stellt sich dem Juristen in seinem eigenen Bereich. Falls von »Gerechtigkeit« überhaupt sinnvoll gesprochen werden kann, muß dieser Begriff seinen Platz wohl wenigstens in einer juristischen Hermeneutik haben. Darüber wird man sich auch mit einem Rechtspositivisten verständigen können.

Dies letztere einmal vorausgesetzt, scheint es, daß der Versuch, den Juristen in Sachen des Begriffes der Gerechtigkeit an die Philosophie, an die Ethik zu verweisen, einer Entmündigung ziemlich nahe kommt. Das Angewiesensein auf Ergebnisse philosophischer Arbeit ist etwas betrüblich; es gibt hier keine Ergebnisse von einiger Standfestigkeit. So gerät der Jurist in die Lage des Mündels eines Vormundes, der zu Geschäften nicht geschickt ist. Daher ist die Tendenz mancher Juristen, ihr Heil der Theologie anzuvertrauen, so unbegreiflich nicht. Doch die Sicherheit des Offenbarungswissens wird zu teuerem Preise erkauft. Sie einzusehen oder nachzuvollziehen, kann sinnvoll nicht von jemand verlangt werden, dem die Gnade des Glaubens nicht widerfahren ist.

Aber ist es denn so, daß der Jurist, der mit den Fragen seines Faches ins Reine kommen will, auf Ergebnisse anderer Diszipli-

1 Hans Kelsen, *Was ist Gerechtigkeit?*, Wien 1953, S. 40.

nen angewiesen ist? Ist der Jurist, der seine Disziplin unter seinen eigenen Voraussetzungen betreibt, wirklich das, was man einen Positivisten zu nennen pflegt? Ist mit anderen Worten dieser so erhebliche philosophische Aufwand, der für unsere Rechtsphilosophie so kennzeichnend ist, überhaupt erforderlich, um mit den Fragen ins Reine zu kommen, die man bewältigt haben muß, um Rechtswissenschaft, um Jurisprudenz in einer der Sache angemessenen Weise betreiben zu können?

Das alles ist nicht gar so ausgemacht, wie man meist zu glauben scheint. Die Rechtsphilosophie leidet für mein Urteil an zu viel, nicht an zu wenig »Philosophie«. Das Problem, das durch das Wort »Gerechtigkeit« angedeutet wird, ist sicherlich ein Problem, das philosophisch genannt zu werden verdient. Aber damit ist nicht gesagt, daß man zu seiner Lösung oder Behandlung ganze philosophische Disziplinen aufmarschieren lassen muß. Was man zur Lösung eines hinreichend klar gestellten Problems braucht, ist eine Methode, die diesem Problem gegenüber angemessen ist. Eine solche Methode braucht nicht durchaus eine Lösung zu liefern; es kann genügen, wenn sich zeigen läßt, daß sie eine Annäherung an eine solche erlaubt.

2.

Was Gerechtigkeit sei, genau zu sagen, scheint schwer zu sein, obwohl wir eine gewisse intuitive Vorstellung haben von dem, was wir mit Gerechtigkeit meinen. Wir wollen nicht direkt zu klären versuchen, was Gerechtigkeit sei, sondern einen Umweg einschlagen; wir betrachten das Verhältnis von Recht und Gerechtigkeit. Man kann sagen, eine Rechtsordnung solle gerecht sein, nur dann sei sie in Wahrheit eine Rechtsordnung. Hier erscheint die Gerechtigkeit als etwas, das dem Recht oder der Rechtsordnung vorgeordnet ist, das die wahre Rechtsordnung fundiert. Aber man kann auch sagen, Gerechtigkeit herrsche, wenn jeder das habe und erhalte, was ihm von Rechts wegen zukomme. Hier wird das Recht offenbar als die Gerechtigkeit fundierend betrachtet.

Man kann ebensogut so herum wie anders herum argumentieren; das ist so oft geschehen, daß es hier nicht wiederholt werden soll. Ich möchte einen anderen Weg einschlagen, lieber in einer mehr experimentierenden Weise vorgehen. Fragen wir so: Läßt sich eine Rechtsordnung angeben, so daß in sinnvoller Weise über dieser der Begriff der Gerechtigkeit definiert werden kann? Dabei soll von einer sinnvollen Definition des Begriffes der Gerechtigkeit verlangt werden, daß sie als Kriterium der Gerechtigkeit einer konkreten historischen Rechtsordnung dienen kann.

Wenn ich hier von Rechtsordnung spreche, so meine ich damit »Privatrechtsordnung« im weitesten Sinne – eben die Rechtsordnung, die das Spiel der Einzelnen miteinander regelt. Die Scheidung zwischen privatem Recht und öffentlichem Recht ist heute gewiß nicht mehr ganz so selbstverständlich, wie sie es im 19. Jahrhundert war. Aber was immer dazu zu sagen sein möchte, so läßt sich nicht leugnen, daß die Einzelnen auf mannigfache Weise miteinander in Konflikt geraten und in ihren Interessen kollidieren und daß es Aufgabe einer Rechtsordnung ist, hier Auskunft zu schaffen und die Lösung der Konfliktfälle hinreichend eindeutig vorzuzeichnen. Wenn hier von Rechtsordnung gesprochen wird, so ist also Rechtsordnung in eben dieser Funktion gemeint, auch wenn nicht »Privatrechtsordnung« gesagt wird.[2]

Nehmen wir unser Problem ganz abstrakt. Eine Rechtsordnung soll uns dazu dienen zu definieren, was Gerechtigkeit sei. Auf ein Handeln bezogen wollen wir sagen dürfen, daß es gerecht ist, wenn diese Rechtsordnung es zuläßt. Aber welche Rechtsordnung nun? Es sind sehr verschiedene denkbar. Wir kommen auf diesem Wege zu einer befriedigenden Definition, wenn überhaupt, so offenbar nur, wenn wir die fragliche Rechtsordnung unter den möglichen in eindeutiger Weise auszeichnen können.

Die Frage ist: Was wissen wir von diesen Rechtsordnungen? Zunächst einmal das, was sie als Rechtsordnung charakterisiert, und das ist: wird nach ihnen gehandelt, so ergeben sich keine Kollisionen. Wir wollen davon sprechen, daß den Privatrechtsordnungen ein Verträglichkeitsprinzip für Handlungen zugrunde liegt.

Dann ist die nächste Frage, ob sich dieses Verträglichkeitsprinzip irgendwie zur eindeutigen Charakterisierung der gerechten Rechtsordnung verwenden läßt. Das mag auf den ersten Blick

2 Es geht um die Normierung von Handlungen, wir orientieren uns demnach vorzugsweise an Schuld-, Sachen-, Handelsrecht und lassen Materien wie das Familienrecht links liegen.

nicht sehr aussichtsreich erscheinen, da es doch allen Rechtsordnungen zugrunde liegt. Aber dem ist nicht ganz so.
Betrachten wir die Kollision zwischen zwei Handlungen und ihre mögliche Lösung: Man kann durch geeignete Vorschriften dafür sorgen, daß wenigstens eine der beiden Handlungen nicht zugelassen ist, oder man kann den einen der beiden Handelnden vor dem anderen bevorrechtigen. Wenn wir fragen, wer bevorrechtigt werden solle, so müssen wir dazu übergehen, irgendwelche inhaltlichen Kriterien anzugeben. Aber inhaltliche Kriterien wollen wir nicht zulassen.
Es scheint nicht, daß sich jeweils bevorrechtigt Handelnde unter Absehung von solchen inhaltlichen Kriterien charakterisieren ließen. Trifft das zu, so bedeutet das, daß durch die Rechtsordnung, auf die wir abzielen, keine Gruppe privilegiert wird. Mit anderen Worten: sie beruht auf dem Prinzip der Rechtsgleichheit.
Damit ist freilich noch keine Eindeutigkeit gegeben. Es lassen sich sicherlich höchst verschiedene Rechtsordnungen konstruieren, die der Rechtsgleichheit genugtun. Wir müssen uns also nach weiteren Kriterien umsehen. Es liegt nahe, zwischen den Interessen, die die einzelnen in ihren Handlungen zu realisieren suchen, zu scheiden nach ihrer Wertigkeit. Aber selbst gesetzt den Fall, es ließe sich eine objektive Wertordnung zwischen den möglichen Interessen herstellen, so ließe sich doch nur schwer eine Rechtsordnung mit Hilfe dieser Rangordnung konstruieren. Es könnte sinnvoll sein, das Prinzip, daß das niederwertige Interesse dem höherwertigen zu weichen habe, mit dem Prinzip der Gerechtigkeit zu identifizieren. Aber es wäre zirkelhaft, auf ihm, falls das möglich sein sollte, eine Rechtsordnung aufbauen zu wollen, über der dann »Gerechtigkeit« sich definiert.
Was aber nun? Ich denke, wir sollten einmal von allen inhaltlichen Bestimmungen der Handlungen absehen und fragen, ob sich nicht strukturelle Bestimmungen angeben lassen, durch die man für eine vorgegebene Menge von möglichen Handlungen eine Rechtsordnung festlegen kann. Das gelingt in der Tat auf eine ziemlich einfache Weise, wenn man sich zuvor einen geeigneten strukturellen Handlungsbegriff zurechtlegt. Wir benötigen zunächst einen Begriff der Situation. Wir wollen als Situation einfach ein Relationsgefüge zwischen gewissen Personen und Gegenständen denken. Diese Situation werde in eine andere Situation überführt. Die Überführung einer Situation in eine andere

Situation nennen wir Handlung. Diese Überführung wird bestimmt durch die Absichten der an der Situation beteiligen Personen. Wir nennen diese Absichten Maximen.[3]

Wir hatten schon ein Prinzip für unsere Konstruktion gewonnen, das Prinzip der Rechtsgleichheit. Es bedeutet zunächst nichts weiter, als daß keine Maxime der an einer Situation beteiligten Personen unterdrückt werden darf.

Damit hätten wir das Handeln ziemlich lahmgelegt; denn wenn nach diesem Prinzip gehandelt werden soll, so müssen die Maximen der beteiligten Personen so zusammenstimmen, daß durch eine Situation und die in ihr auftretenden Maximen eine weitere Situation festgelegt ist.

Eine Situation der hier betrachteten Art ist offenbar für jeden offen. Wer immer sich einfindet, wer immer seine Maxime geltend macht, gehört zur Situation.

Wir gehen einen Schritt weiter: Wir betrachten eine Handlung der folgenden Art: S_0 sei die Ausgangssituation. Diese werde übergeführt in eine Situation S_1 und diese wieder in eine Situation S_2. Wir wollen voraussetzen, daß die Beteiligten sich über die Überführung von S_0 in S_1 nur einig waren unter der Voraussetzung, daß zu einem gewissen Zeitpunkt S_1 in S_2 übergeführt würde.

Wir nennen hier S_1 eine Zwischensituation. Man sieht sofort, daß man diesen Fall verallgemeinern kann in der Weise, daß man beliebig viele Zwischensituationen zuläßt.

Damit ergeben sich folgende Postulate:

1. Die an der Ausgangssituation Beteiligten sind verbunden, sowie die erste Zwischensituation herbeigeführt ist, auch die weiteren Situationen herbeizuführen.
2. In die Zwischensituationen kann kein Dritter eintreten.
3. Diese beiden Postulate gelten nicht für den Fall, daß sich alle an der jeweiligen Situation Beteiligten anderweitig einigen.

Damit haben wir bereits alles, dessen wir zur Konstruktion einer Rechtsordnung bedürfen. Denn wir können nun die schuld- und sachenrechtlichen Institute als Typen von Handlungsreihen definieren. Man sieht leicht folgendes ein: in einer konkreten Situation sind in der Regel höchst verschiedene Handlungen zulässig, die sich zumeist gegenseitig ausschließen. Die Rechtsordnung lie-

3 Vgl. »Handlung, Maxime und Situation«, in diesem Band S. 405 ff.

fert also jeweils verschiedene Mengen von Handlungen zur Auswahl, wobei die Handlungen jeder einzelnen Menge miteinander verträglich sind. Wir können also für einen Bereich möglicher Handlungen eine Rechtsordnung über den von ihr zur Auswahl zugelassenen Mengen von miteinander verträglichen Handlungen definieren. Betrachten wir *alle* Variationsmöglichkeiten von Handlungen, die die Verträglichkeitsforderung erfüllen, so haben wir eindeutig eine Rechtsordnung festgelegt, wenn wir sie dadurch definieren, daß sie genau alle diese Mengen von miteinander verträglichen Handlungen zulassen soll.

Von dieser Rechtsordnung läßt sich folgendes sagen:

1. Niemand kann sinnvoll fordern, daß eine nicht zugelassene Handlung zugelassen werde. Denn dann würde die Rechtsordnung miteinander kollidierende Handlungen zulassen, es sei denn, man schaffe ein Privileg und verletze dadurch den Grundsatz der Gleichheit.

2. Niemand kann sinnvoll fordern, daß eine zugelassene Handlung ausgeschlossen werde; denn keine zugelassene Handlung kann die berechtigten, d. h. auf Grund der Rechtsordnung durch zugelassene Handlungen verfolgbaren Interessen eines anderen verletzen.

Es heißt den Sprachgebrauch kaum strapazieren, wenn man über dieser Rechtsordnung den Begriff der Gerechtigkeit definiert. Die erste Eigenschaft besagt, daß diese Rechtsordnung niemand benachteiligt. Die zweite besagt, daß sie niemand bevorrechtigt. Beides läßt sich nur von dieser einen Rechtsordnung sagen (wobei daran erinnert sei, daß sie fest auf einen vorgegebenen Bereich von Handlungsmöglichkeiten bezogen ist).

3.

Es liegt nahe zu sagen: Gerechtigkeit als Tugend ist genau diejenige Haltung, die dafür sorgt, daß sich das Handeln in den Bahnen dieses Systems vollzieht.

Es scheint, daß wir damit sehr schnell ans Ziel gekommen sind – nur vorausgesetzt, daß unsere Annahme bezüglich der Konstruierbarkeit jenes Systems richtig ist. Diese Annahme ist nicht so sehr problematisch. Trotzdem fängt es jetzt erst an.

Gerechtigkeit ist gewiß eine Tugend. Aber andererseits sagen wir auch: ein Gesetz sei gerecht, ein anderes nicht gerecht. Und Gesetze sind sicherlich nichts, was man tugendhaft nennen könnte.

Man würde vielleicht sagen: ein gerechtes Gesetz wäre ein solches, das ein gerechter Gesetzgeber erlassen haben könnte. Das müßte dann wohl heißen, daß die gerechte Gesetzgebung sich in voller Übereinstimmung mit jenem System befände. Aber das ist sicherlich nicht das Problem, das uns beschäftigt, wenn wir von gerechter oder ungerechter Gesetzgebung sprechen. Denn das Problem ist hier offenbar das: wie kann die Gesetzgebung, also hier die positive Gesetzgebung, wie sie von Parlamenten und dergleichen Institutionen geübt wird, wie kann diese Gesetzgebung gerecht sein, *obwohl* sie sich *nicht* in voller Übereinstimmung mit jenem System befindet?

Aber was heißt Übereinstimmung mit dem System? Zunächst einmal: Die positive Rechtsordnung kann nur Mengen miteinander verträglicher Handlungen zulassen. Das bedeutet aber: sie stellt einen Ausschnitt aus jenem System dar; denn dieses umfaßt ja *alle* diese Mengen.

Freilich gibt es hier eine Voraussetzung: die Verträglichkeit der Handlungen darf nicht durch eine Rechtsungleichheit erzwungen sein. Denn unser System setzt Rechtsgleichheit voraus.

Betrachten wir genauer, was von einer positiven Rechtsordnung verlangt wird. Sie soll praktikabel sein, und das heißt im Zusammenhang mit der Forderung nach ihrer Gerechtigkeit vor allem: der Richter muß im Konfliktfalle sachgemäß entscheiden können. Hier verwiese ihn unser System darauf, genauestens die Vorgeschichte des Konfliktes zu erforschen; denn davon, was die Parteien auf den verschiedenen Stufen beabsichtigt und worüber sie sich verständigt haben, hinge ab, wie zu entscheiden wäre. Dieser Aufgabe kann kein Richter gerecht werden, wenn er sich nicht auf Vermutungen stützen dürfte, die ihm das Gesetz an Hand gibt. Es sind nicht allein solche Vermutungen, die dem Richter die Arbeit zu erleichtern bestimmt sind, sondern auch die mehr oder weniger starken Typisierungen des Handelns durch das Gesetz. Wenn man etwa eine GmbH gründet, so ist man in der Gestaltung einer solchen Gesellschaft keineswegs frei, sondern hat sehr ins Einzelne gehende Vorschriften zu beachten.

Die Freiheit des Einzelnen wird so eingeschränkt. Aber nicht nur das. Die Rechtsordnung unterstellt vielfach, daß die Dinge anders liegen als sie liegen, um es einmal etwas zugespitzt zu sagen. Es bleibt ihr gar nichts anderes übrig, wenn sie praktikabel sein soll. Hinzu kommt noch, daß sie darauf Rücksicht nehmen muß, daß die Menschen sich gar nicht ihr gemäß verhalten, daß sie tun oder unterlassen, was sie gemäß der Rechtsordnung nicht tun oder nicht unterlassen dürften. Damit schaffen sie ständig Situationen, die nach den Normierungen des rechtmäßigen Handelns gar nicht vorgesehen sind, auf die aber die Rechtsordnung doch eine Antwort finden muß.

Die Frage wäre: ist der Gesetzgeber, der auf diese Fragen eine Antwort geben können muß, darin frei, wie er diese Fragen löst. Oder soll nicht seine Antwort eine *gerechte* Antwort sein, und worin besteht dann seine Bindung durch diese Forderung nach Gerechtigkeit?

Nun besteht offenbar, wie auch die Regelung getroffen werden mag, wenigstens eine Bindung insofern, als die Rechtsgleichheit erhalten werden muß. Denn nur unter dieser Voraussetzung fällt die positive Rechtsordnung noch unter diejenigen Rechtsordnungen, die sich irgendwie als Ausschnitt aus der über der Menge aller Mengen verträglicher Handlungen begreifen lassen.[4]

Die Bindung an die Rechtsgleichheit ist nicht so unbedeutend, wie man meinen könnte, wenn man solche Orgien in Rechtsungleichheit, wie sie der Nationalsozialismus bescherte, von vornherein ausschließt. Z. B. hat der Gläubiger dem bedürftigen Schuldner in der Zwangsvollstreckung ein gewisses Existenzminimum zu belassen. Diese soziale Regelung wurde jahrzehntelang so aufgefaßt, und zwar auf Grund des Gesetzestextes (ZPO 850), daß nur die Forderung, die der Schuldner hat, in einem gewissen Umfange nicht gepfändet werden kann, wohl aber die aus einer solchen Forderung bereits eingenommenen Gelder und anderen Sachen. Geschützt wäre also, wie Fritz v. Hippel sagt[5], nur der Klang des Geldes und der Geruch des Bratens – im allgemeinen; denn im besonderen genossen auf Grund gesetzlicher Privilegierung Offiziere, Beamte und Lehrer, später auch Ärzte vollen

4 Daß die historischen Rechtsordnungen das Prinzip der Rechtsgleichheit vielfach verletzen, ohne deshalb einfach als »ungerechte« abgetan werden zu können, darüber vgl. »Das Problem des Rechts und die Ethik«. Die »Gerechtigkeit« hat auch einen historischen Aspekt.

5 F. v. Hippel, *Die Perversion von Rechtsordnungen*, Tübingen 1955, S. 18.

Vollstreckungsschutz – die Rechtsgleichheit aller Bezieher wiederkehrender Einkünfte wurde erst 1934 hergestellt.
Die Forderung nach Rechtsgleichheit hilft uns jedoch nicht viel weiter, außer wir entschließen uns, sie als hinreichende Bedingung für den Rechtscharakter einer Rechtsordnung anzusehen und jede im Rahmen einer solchen Rechtsordnung möglichen Regelung für gerecht zu erklären. Dann deckt sich aber – bis zum Beweise des Gegenteils – die Frage nach der Gerechtigkeit einer positiven Rechtsordnung nicht mit der Frage, in welche Grenzen mögliches positives Recht eingeschlossen sein sollte. Man mag dann die über die Gerechtigkeit in diesem eingeschränkten Sinne hinausgehenden Forderungen als solche der Billigkeit bezeichnen und befände sich mit einer solchen terminologischen Scheidung durchaus im Rahmen des herkömmlichen Sprachgebrauchs.
Was man einer positiven Rechtsordnung außer mangelnder Rechtsgleichheit noch vorwerfen könnte, wäre eben, daß sie die Fälle allzusehr über einen Leisten schere und damit den Besonderheiten des Einzelfalles nicht hinreichend Rechnung trage. Das bedeutet, daß die Rechtsverhältnisse, aus denen ganz bestimmte Rechtsfolgen fließen, in einer relativ abstrakten Weise charakterisiert sind und daß von einer frühen Stelle an keine mögliche Konkretisierung für die rechtliche Beurteilung etwas hinzubringt. Solche zu abstrakten Bestimmungen passen auf gewisse Fälle recht gut, bei andern liefern sie unbefriedigende Resultate. Die Frage wäre, ob hier nicht ganz typische, strukturell definierbare Differenzen vorliegen. Man müßte einmal Falluntersuchungen durchführen.
Bei der relativ großen Differenziertheit der modernen Privatrechtsordnungen hat diese Frage kaum mehr ein solches Gewicht wie noch vor 100 Jahren. Damals etwa betrachtete Thöl, der Begründer der deutschen Handelsrechtswissenschaft, den Lebensversicherungsvertrag als Darlehen, wie überhaupt sein Lehrbuch des Handelsrechtes voll ist von Konstruktionen, in denen die Erscheinungen des differenzierten modernen Wirtschaftslebens unter den begrenzten Vorrat an römisch-rechtlichen Begriffen gebracht wurden, die schließlich unter ganz anderen Umständen geschaffen worden waren. Oder man hat noch später die OHG sei es unter den Begriff der Gesellschaft, sei es unter den der juristischen Person gebracht, beides Konstruktionen, die dieser Gesellschaftsform *sui generis* wenig gerecht wurden. Die Ergeb-

nisse sind bei solchen für unser Bewußtsein gekünstelten Konstruktionen wenig befriedigend.
Diese Dinge sind heute, wie gesagt, so problematisch nicht mehr, sie korrigieren sich mit der Zeit sozusagen von selbst; die Zeiten der Begriffsjurisprudenz der älteren und jüngeren historischen Schule sind vorüber. Darüber hinaus dürfen wir sagen, daß wir im strukturellen System den Boden haben, auf dem sich eine Theorie der »freirechtlichen« Begriffsbildung aufbauen ließe – also eine Theorie richterlicher Ausfüllung der vom Gesetz gelassenen Lücken. Man kann die Freirechtsbewegung – die in unserem Zusammenhang schon aus methodischen Gründen interessieren muß – dadurch charakterisieren, daß sie die positive Rechtsordnung grundsätzlich für lückenhaft ansieht und dem Richter daher nicht nur die Aufgabe zuweist, das Gesetz anzuwenden, als vielmehr auch die Aufgabe, die Lücken, die das Gesetz gelassen hat, so auszufüllen, wie es wohl der Gesetzgeber getan, hätte er an den zur Entscheidung stehenden Einzelfall gedacht – so die bekannte Formel. Das ist, hoffe ich, einsichtig, und die Theorie des Rechts und der Gerechtigkeit wäre kaum allzu schwer durchzuführen, könnte es dabei sein Bewenden haben. Jedoch Gerechtigkeit oder Billigkeit sind auch gefordert in Fällen, die ganz anders liegen. Da sind etwa die Fälle, in denen der rechtmäßige Zustand, d. h. der Zustand oder ein Zustand, der sich ergeben hätte, wenn alles der Rechtsordnung gemäß verlaufen wäre, gar nicht hergestellt werden kann. Für solche Fälle muß die Rechtsordnung einen Zustand definieren, der als rechtmäßig gelten soll.
Hier scheint uns die Bezugnahme auf unser strukturelles System endgültig im Stich zu lassen. Da es uns sagt, wie Handlungen verlaufen müssen, wenn sie miteinander verträglich sein sollen, kann es uns natürlich nichts darüber sagen, was zu geschehen hat, wenn sie hoffnungslos miteinander kollidiert sind, wenn solche Situationsveränderungen aufgetreten sind, die gerade ausgeschlossen werden sollten.
Es ist nicht so, daß unser sogenanntes Rechtsgefühl uns in diesen Fällen stets aus der Patsche ziehen könnte. Daß jemand den Schaden, den er absichtlich angerichtet hat, zu begleichen habe, findet im allgemeinen unsern Beifall. Hat er aus Not gehandelt, womöglich nicht einmal für sich selbst, sondern für sein darbendes Kind, dann stellen sich die Gefühle ein, die Kant schmelzend nennt.

Handelte er fahrlässig, so reagiert unser Gefühl einmal so, ein andermal so. Handelte er schuldlos, so wissen wir nicht mehr, wie wir uns entscheiden sollen – nehmen wir etwa den gutgläubigen Erwerber, der einen gestohlenen Gegenstand erwirbt in gutem Glauben und ohne irgendwie dabei fahrlässig zu sein – der Bestohlene kann vom Hehler nicht den Wert des Gegenstandes ersetzt bekommen, der gutgläubige Erwerber kann den Preis nicht zurückbekommen, wenn er den Gegenstand dem ursprünglichen Eigentümer zurückgeben würde. Wer soll den Verlust tragen: der Bestohlene oder der gutgläubige Erwerber? Das ist die Frage. Auf diese Frage, und es ist eine Frage nach der Gerechtigkeit und Billigkeit der Entscheidung, bleibt uns unser Rechtsgefühl die Antwort schuldig.

Freilich muß ich gestehen, daß ich an das sogenannte Rechtsgefühl nicht glaube. Es ist gar kein Gefühl, es ist etwas anderes, das gewiß von Gefühlen begleitet sein kann, aber nicht begleitet zu sein braucht. Es handelt sich nach meiner Überzeugung, in diesem Punkt treffe ich mit einem phänomenologischen Rechtsphilosophen wie Gerhart Husserl zusammen, um eine intuitive Einsicht in die Struktur des Falles, in die angemessenen natürlichen Rechtssätze, das *jus aequum*, das nach den Worten Levin Goldschmidts jeder Tatbestand des Gemeinlebens, soweit er der Rechtsordnung zugänglich ist, in sich trägt.

Hier müßten wir die Probe aufs Exempel unserer strukturellen Theorie machen können. Wenn wir intuitive Einsicht in die strukturellen Zusammenhänge haben und damit in das *jus aequum* eines Tatbestandes, so müssen wir sagen können, warum in diesem Falle unsere Intuition versagt. Das kann nicht einfach daran liegen, daß in diesem Falle der Zusammenhang der rechtmäßigen Handlungen gestört und eine Situation heraufbeschworen worden ist, die eigentlich nicht hätte entstehen können, wäre alles mit rechten Dingen zugegangen. Denn wir haben diese Erörterung ja mit den Fällen solcher Art begonnen, wo uns unser Rechtsgefühl oder unsre Intuition sehr deutlich sagt, daß der, der den Schaden schuldhaft angerichtet hat, auch dafür aufkommen soll.

Nehmen wir als Beispiel wieder den gutgläubigen Erwerb: er hat eben diese Struktur, daß der Erwerber den Gegenstand im Hinblick darauf erworben hat, daß er als Eigentümer darüber verfügen kann. Vergleichen wir diesen Fall mit dem, in welchem der

Erwerber dolos gehandelt hat, es sei fahrlässig oder mit Vorsatz: Hier ist die feste Abhängigkeit der Herbeiführung der Zwischensituation – des Erwerbes unter Hingabe des Kaufpreises – mit der Endsituation – der Verfügung über den Gegenstand als Eigentümer – nicht mehr gegeben. Denn daß der eigentliche Eigentümer sein Eigentum reklamiert und den Effekt zunichte macht, ist einkalkuliert oder hätte einkalkuliert werden müssen.

Damit haben wir auch in diesem Bereich den Anschluß an das strukturelle System erreicht, die Beziehung auf dieses System ist gewahrt; auch wenn es uns keine Entscheidung liefert, so läßt es uns doch verstehen, weshalb es hier in gewissen Grenzen keine liefern kann. Die Entscheidung wird aus andern Gesichtspunkten gewonnen; was ist wichtiger: der Schutz des Eigentums oder der Schutz gutgläubigen Erwerbes? Hier greifen Gesichtspunkte ein, die gar nicht mehr auf der spezifisch privatrechtlichen Ebene liegen. Es handelt sich um wesentlich rechtspolitische Entscheidungen, die nicht so sehr Antworten sind auf die Frage: Wie sollen wir das dem Tatbestand einwohnende *jus aequum* konkretisieren? als auf die Frage: In welcher Weise soll sich die Gesamtsituation der der Rechtsordnung Unterworfenen entwickeln, soweit diese Entwicklung von der Gestaltung der Rechtsordnung her gesteuert werden kann?

In doppelter Weise schafft eine Rechtsordnung Situationen. Auf der einen Seite hat sie die sehr wesentliche Folge, daß selbst bei einer sehr dichten Bevölkerung die Einzelheiten sich in unzähligen sehr kleinen und beschränkten Situationen vorfinden, deren Fortgestaltung ihre höchst persönliche Sache ist. Wenn ich ein Buch zum Eigentum habe, so kann ich damit machen, was ich will. Der Wunsch meines Nachbarn, es zu lesen, kann mich kalt lassen, weil er gegen meinen Willen nicht in die Situation, in der ich mich mit dem Buch befinde und die durch meine rechtliche Beziehung zu dem Buch definiert ist, eindringen kann. Die durch solche Rechtsbeziehungen definierten Situationen schließen Dritte aus dieser Situation aus. Das ist eine der wesentlichen Funktionen des Rechts. Auf der anderen Seite schafft eine Rechtsordnung die Gesamtsituation.

4.

Wir sind auf das gestoßen, was ich die »Gesamtsituation« nenne. Sie läßt sich, wie man leicht sieht, auf verschiedene Weise definieren. Man kann sie als die Situation betrachten, in der sich alle befinden, die einer bestimmten Rechtsordnung unterworfen sind. Man kann aber auch diese Individuen in Klassen zusammenfassen und die Beziehungen dieser Klassen zueinander betrachten. Es stellen sich in bezug auf sie zahlreiche rechtstheoretische Fragen, insbesondere wenn wir den Übergang zum öffentlichen Recht machen. Von all dem sehen wir hier ab und betrachten die Gesamtsituation nur aus dem engsten »privatrechtlichen« Gesichtswinkel.

Die Veränderungen, die die Gesamtsituation erfährt, resultieren aus den Handlungen der einzelnen Individuen. Auf Grund unseres Handlungsbegriffes dürfen wir die Folge der Veränderungen der Gesamtsituation selbst als eine Handlung, als »Gesamthandlung«, auffassen. Damit stellt sich die Frage, ob diese Gesamthandlung ihrerseits einer Normierung fähig ist.

Es muß sich offenbar um eine Normierung anderer Art handeln, als es die ist, die wir bisher betrachtet haben. Diese letztere Normierung soll dafür sorgen, daß die zugelassenen Handlungen miteinander verträglich sind. Da wir die Gesamthandlung isoliert betrachten, stellt sich für sie ein solches Problem nicht. Außerdem könnte man versucht sein zu sagen, daß die Normierung des Handelns der Einzelnen vollauf genüge zur Normierung einer Gesamthandlung, die nichts anderes sei als die Zusammenfassung des Handelns einzelner.

Nun steht es aber so: Wir haben eine *positive* Privatrechtsordnung. Diese soll in gerechter Weise die Handlungen der Einzelnen so normieren, daß sie miteinander verträglich sind. Wir haben für die »Gerechtigkeit« dieser positiven Rechtsordnung einen Maßstab gefunden in der strukturellen Rechtsordnung; es müßte also darauf ankommen, die positive Rechtsordnung auf dem Wege der Gesetzgebung und der Auslegung der »idealen« strukturellen möglichst anzugleichen. Aber das ist nur annäherungsweise möglich; denn eine positive Rechtsordnung muß praktikabel sein. Es muß zudem für Rechtssicherheit gesorgt sein. Das alles führt auf die Frage, wie eine positive Rechtsordnung gerechtfertigt werden könne, soweit sie sich *nicht* mit der strukturellen deckt.

»Ungerechtigkeit« liegt darin, daß die Rechtsordnung die einen in der Verfolgung und Wahrung ihrer Interessen begünstigt, die anderen benachteiligt. Ein Gesetz kann gläubigerfreundlich, mieterfreundlich usw. sein. Das tangiert nicht die grundsätzliche Rechtsgleichheit, wie es der Fall ist, wenn z. B. den Frauen gewisse Rechte vorenthalten werden. Und selbst bei einer ausgeglichenen Gesetzgebung stellt sich die Frage, ob und in welchem Maße die Interessen der Parteien bei der Auslegung zu berücksichtigen sind, oder ob das Recht gegen bloße Interessen unempfindlich ist.

Die Frage ist zunächst die, ob wir überhaupt über ein Kriterium verfügen, das vom Recht verschieden ist, um darüber urteilen zu können, welche Interessen im Kollisionsfalle den Vorzug verdienen. Man hat, unzweifelhaft nicht ohne Überzeugungskraft, gesagt, daß das objektiv höhere Interesse den Vorzug verdiene. Allein die Feststellung einer objektiven Rangordnung der Interessen trifft auf ganz erhebliche Schwierigkeiten, und auch die nach allgemeiner Anschauung niedrigeren Interessen wollen befriedigt sein: erst kommt das Fressen, dann kommt die Moral. Mit den hochgestochenen Interessen mag es nur zu leicht gehen nach Grillparzers Worten: Was du Empfindung wähnst, ist nur Gedanke, und der Gedanke schrumpft dir ein zum Wort.

Man wird darin vielleicht übereinkommen, daß das höhere Interesse von zweien dasjenige sei, was nach sorgfältiger Abwägung durch einen auf der entsprechenden Ebene urteilsfähigen Menschen den Vorzug verdient. An diese Einsicht muß auch derjenige appellieren, der eben in ihr das entscheidende Indiz sieht, daß dieses Interesse das objektiv höhere sei. Aber auch als solches steht es nur dann zur Debatte, wenn ihm von jemandem subjektiv der Vorzug gegeben, wenn es geltend gemacht wird. So kann man sich fragen, ob es nicht genügt, wenn sich ein Verfahren angeben läßt, nach dem zwischen Interessen unabhängig von ihrer »Werthöhe« eine Abwägung stattfinden kann, das beiden »gerecht« zu werden erlaubt.

Man hat in diesem Zusammenhange wohl die Proportionenlehre herangezogen. Wir können heute das Problem methodisch schärfer stellen; wie weit wir es lösen können, ist eine andere Frage. Wir können die Durchsetzung von Interessen als ein Spiel im Sinne der (mathematischen) Spieltheorie auffassen, und unter gewissen Voraussetzungen, wie subjektiven Präferenzskalen der

Beteiligten, zu diskutablen Lösungen kommen. Es soll hier nicht versucht werden, an einem Beispiel das Verfahren vorzuführen.[6] Es kommt auch hier nicht auf die Einzelheiten an, sondern nur auf die Feststellung des methodischen Charakters des Problems. Wenn wir dieses als spieltheoretisch charakterisieren, formen wir eine Frage nach dem Verhältnis von Interessen zueinander um in eine Frage nach dem Verhältnis von Handlungen zueinander. Wie soll unter Voraussetzungen gewisser Präferenzskalen gehandelt werden, wenn die Interessen der Beteiligten in »gerechter« Weise berücksichtigt werden sollen?

Es bleibe dahingestellt, wie weit heute unsere Mittel reichen, für Interessenkonflikte eine spieltheoretische »Lösung« angeben zu können. Man darf aber immerhin sagen, daß sich uns in der Spieltheorie ein methodisch neuer und sicherlich noch erheblich ausbaubarer Zugang zu solchen Fragen eröffnet hat; es soll uns nur darauf ankommen, uns Vorstellungen über die methodische Bewältigung solcher Fragen bilden zu können.

Unterstellen wir einmal, daß es bei Interessenkonflikten eine spieltheoretische Lösung gibt, die wir intuitiv als »gerecht« anerkennen würden. Dann müßten wir zeigen, wie diese Art von »Gerechtigkeit« mit jener zusammenhängt, die wir über der rein strukturell bestimmten Rechtsordnung definiert haben.

Freilich könnte man fragen wollen, ob wir es uns nicht an der spieltheoretisch fixierten Art von Gerechtigkeit genügen lassen könnten, und insbesondere, ob diese nicht ein hinreichendes Kriterium für die »Gerechtigkeit« einer positiven Rechtsordnung abgeben möchte. Doch erledigt sich diese Frage von selber, wenn wir dem Zusammenhange des strukturellen Verträglichkeitsprinzips, das die Rechtsordnung beherrscht, und dem spieltheoretischen Interessenausgleich nachgehen.

Wir hatten bei der rein strukturell bestimmten Rechtsordnung postuliert, daß in der Ausgangssituation, die noch durch keine rechtlichen Beziehungen konstituiert ist, die Maximen der Betei-

6 Vgl. R. B. Braithwaite, *Theorie of Games as a Tool for the Moral Philosopher,* Cambridge 1955; ferner H. Raiffa, »Arbitration Schemes for Generalized Two-Person Games«, in: *Contributions to the Theory of Games,* hg. von H. W. Kuhn u. A. W. Tucker, Bd. II, 5. S. 361 ff. Ferner R. D. Luce u. H. Raiffa, *Games and Decisions,* insbes. Kap. 6, New York 1957. Eine kritische Erörterung der Tragweite der von Braithwaite bzw. Raiffa diskutierten Fälle kann hier nicht gegeben werden.

ligten zu einer Gesamtmaxime, die den Fortgang bestimmt, zusammenstimmen müssen. Kürzer gesagt: jeder Beteiligte kann durch sein Veto verhindern, daß überhaupt etwas geschieht. Unter der Voraussetzung, daß kein Beteiligter unter einem besonderen Zwang steht, ist die Annahme sinnvoll, daß sich jeder so verhält, daß er das *rebus sic stantibus* Beste aus der Situation für sich herausholt. Wie sich dies erreichen läßt, sagt die Spieltheorie. Die Lösung, die sie bietet, wäre das, was ein Schiedsrichter »gerechterweise« anbieten könnte.

Die Rechtsordnung bietet nicht diese Lösung an, aber sie macht sie dadurch überhaupt erst möglich, daß sie zu sagen erlaubt, wer in einer Situation überhaupt ein Interesse geltend machen darf. Insofern scheinen beide Gerechtigkeitsbegriffe einander zu ergänzen.

Es käme darauf an, ob sich zeigen läßt, daß wir im Prinzip des spieltheoretischen Ausgleichs ein Korrektiv haben gegenüber den Deformierungen, die die rein strukturelle Rechtsordnung bei ihrer Übersetzung in eine positive unvermeidlich erfährt, weil die Rechtsordnung praktikabel sein und der Rechtssicherheit Rechnung getragen werden muß, von Deformierungen aus irgendwelchen anderen Gründen ganz abgesehen.

Sicherlich kann man den spieltheoretischen Ausgleich als Korrektiv benutzen bei der Auslegung und der Ausgestaltung der positiven Rechtsordnung. Aber die Frage ist, mit welchem »Recht« man das tun darf. Ist es nur deshalb erlaubt, weil wir die sich so ergebenden Lösungen intuitiv für »gerechte« zu halten bereit sind?

Mir scheint, daß wir uns mit dieser Antwort nicht begnügen dürfen und auch nicht zu begnügen brauchen. Ich möchte sagen, daß wir die Berechtigung für die Anwendung dieses Kriteriums daraus entnehmen, daß der Sinn einer Rechtsordnung darin gelegen ist, Handeln unter die Bedingungen der Freiheit zu stellen.

Leistet nun das Prinzip des spieltheoretischen Ausgleichs das, was wir ihm zuschreiben, also einen »optimalen« Ausgleich für alle Beteiligten, so läßt sich von dem Ergebnis sagen, daß keiner der Beteiligten mehr verlangen kann, als ihm hier gegeben wird, weil jede andere *rebus sic stantibus* für ihn erreichbare Lösung schlechter für ihn gewesen wäre.

Da dies für alle Beteiligten gilt, so kann die Freiheit eines jeden

nur darin bestehen, entweder diese Lösung anzustreben oder freiwillig eigene Interessen zugunsten anderer zu opfern.
Dann aber muß es für eine Rechtsordnung genügen, ihm das erstere zu ermöglichen und ihn an dem andern nicht zu hindern.

(1959)

Von Sinn und Unsinn der Grundrechte

I.

Nach nun schon bald zwei Jahrhunderten haben wir zu den ersten Erklärungen der Menschen- und Bürgerrechte den Abstand gewonnen, der uns deutlich erkennen läßt, daß diese Erklärungen Antwort auf eine bestimmte historische Situation gewesen sind. Auch spätere Grundrechtskataloge tragen den Stempel dieses politischen Charakters, wir brauchen, um uns davon zu überzeugen, nur einen Blick auf unsere eigene Verfassungsgeschichte zu werfen: auf die Frankfurter Verfassung von 1849, auf die Weimarer Verfassung von 1919, auf das Bonner Grundgesetz von 1949. In jedem dieser Fälle ist der Grundrechtekatalog ein Politikum gewesen, als solches gedacht und gewollt. Diese Kataloge drücken ein politisches Wollen, politische Absichten und Ziele aus, die in ihnen zu verfassungsrechtlichen Bestimmungen geronnen sind und als solche der Auslegung durch den Juristen unterliegen.
Freilich knüpfen sich an die Grundrechte auch Fragen rechtstheoretischer Art, nicht bloß Fragen der Rechtsdogmatik, und auch der Philosoph findet einen Ansatzpunkt, um das Seine zu dieser so spröden Materie beizutragen.
Was heißt »Grundrechte«? Was soll unter ihnen verstanden werden? Es geht, wie sich versteht, nicht an, den angeblich grundlegenden Charakter dieser Rechte aus dem Namen herauszuspinnen, dieser gibt allenfalls einen Hinweis darauf, was man in ihnen intendiert hatte, und sogleich ist auch daran zu erinnern, daß diese Rechte ursprünglich als Menschen- und Bürgerrechte in die Verfassungen eingeführt worden sind. Auch Artikel 1 Abs. 2 GG bekennt sich zu unverletzlichen und unveräußerlichen Menschenrechten, ohne daß freilich die in den folgenden Artikeln formulierten Grundrechte ohne weiteres mit diesen Menschenrechten ineins gesetzt werden dürften. Der Name »Grundrechte« tritt erst in der Frankfurter Reichsverfassung von 1849 auf, während die Verfassungen des süddeutschen Konstitutionalismus von allgemeinen Rechten und Pflichten sprechen, wie die Bayerische Verfassung von 1818, und bekanntlich überschrieb die preußische

Verfassung von 1848, in unmittelbarer zeitlicher Nachbarschaft zu der Frankfurter Reichsverfassung, ihren Titel II lapidar: »Von den Rechten der Preußen«. So hatte sich schon die virginische Erklärung von 1776 auf die Rechte bezogen, die dem guten Volke von Virginien und seiner Nachkommenschaft als Grundlage der Staatsgewalt zukommen.

Wir sehen hier von den historischen Voraussetzungen all dieser Erklärungen und Verfassungstitel ab, und es mag nur daran erinnert werden, daß der Bezeichnung »Grundrecht« kein allzu großer Wert beigemessen werden darf. Andere Bezeichnungen sind gebraucht worden, und diese mögen ebenso gut oder ebenso schlecht sein. Auch geht es nicht an, unmittelbar an die Ideen und politischen Zielsetzungen anzuknüpfen, die jeweils hinter den Grundrechtekatalogen gestanden haben. Eine Erörterung dieser Rechte heute kann sich nicht auf sie stützen, und wenn wir den Zustand unserer Rechtsphilosophie und Rechtstheorie betrachten, so vermag dieser uns schwerlich zu ermutigen, von irgendwelchen dogmatischen Voraussetzungen aus die Frage der Grundrechte anzugehen.

Unter diesen Umständen empfiehlt es sich, zunächst einmal analytisch vorzugehen und zu fragen, welche Funktionen denn diese Rechte im Rahmen unserer Rechtsordnung haben. Um auf diese Frage eine Antwort finden zu können, wird es sich empfehlen, uns wenigstens in kurzen Zügen den Aufbau einer Rechtsordnung zu vergegenwärtigen.

Auf der untersten Stufe finden wir das Privatrecht. Dieses normiert das Spiel zwischen den Einzelnen. Es sorgt dafür, daß die Handlungen der Einzelnen nach allgemeinen Gesetzen zusammenstimmen. Kommt es zu Kollisionen zwischen Handlungen von Einzelnen, so sagt uns das Privatrecht, so sagt uns die Privatrechtsordnung, welche der kollidierenden Handlungen zum Zuge kommt, welche nicht.

Es läßt sich, und das ist auch im Hinblick auf die sogenannten Grundrechte nicht ohne Interesse, folgendes zeigen. Man kann von allen materialen Zwecken der Einzelnen absehen und eine Privatrechtsordnung mit rein strukturellen Mitteln beschreiben, wenn man einen geeigneten strukturellen Handlungsbegriff zugrunde legt. Man versteht dann unter einer Handlung einfach eine Transformation einer Situation in eine andere Situation, den Übergang also von einer Situation zu einer andern Situation. Situationen wiederum lassen sich kennzeichnen durch Verkettungen von Relationen, sagen wir kurz: durch ein Relationsgefüge. Dann sind Handlungen zu kennzeichnen als Abbildungen von solchen Relationsgefügen aufeinander, wobei die Maximen oder Absichten der beteiligten Personen die Transformationen darstellen, die solche Abbildungen leisten. Setzt man voraus, daß nur solche Transformationen zugelassen werden, die sich als Resultante aus den Maximen sämtlicher an einer Situation beteiligten Personen ergeben, und läßt man gewisse Verkoppelungen von Maximen zu derart, daß eine Person eine bestimmte Situation nur herbeigeführt wissen will, um zu einer gewissen anderen Situation übergehen zu können, so lassen sich alle wesentliche Institute des Privatrechtes wie Eigentum, wie die verschiedenen Vertragstypen mit solch rein strukturellen Mitteln als gewisse Typen von Handlungsreihen definieren. Die technische Ausführung und Ausgestaltung dieser Strukturtheorie habe ich, in einem ersten grundlegenden Teil, an anderer Stelle gegeben.[1] Auch mag dahingestellt bleiben, ob sich auf diese Weise Rechtsordnungen ergeben, die einen besonderen Geltungsanspruch erheben können – solcherlei Fragen seien hier ausgeschlossen zugunsten einer Basis, auf der auch eine Verständigung mit einem positivistischen Juristen möglich sein sollte. Auf eines jedoch sei hingewiesen. In allen Privatrechtsordnungen, die sich auf diese Weise konstruieren lassen, ist das sogenannte Grundrecht der Gleichheit in idealer Weise durchgeführt. Es gelingt nämlich auf keine Weise, eine Gruppe von Personen gegenüber den anderen zu privilegieren, weil hier niemand vor dem andern strukturell ausgezeichnet ist und sich auch niemand vor anderen strukturell auszeichnen läßt. Dazu bedürfte es inhaltlicher Kriterien, die sich nicht in strukturelle Bestimmungen von Handlungen auflösen lassen.

Soweit eine Privatrechtsordnung leistet, was man von ihr verlangen muß, nämlich die Handlungen der Einzelnen nach allgemeinen Gesetzen zusammenstimmen zu machen, ist sie rein strukturell beschreibbar. Freilich verlangen wir noch mehr von ihr: daß ein konkreter Rechtsfall auch einigermaßen zuverlässig entscheidbar sei, daß ein Richter einen solchen Fall auch entscheiden könne, ohne sich die Eruierung des Vorganges zur Lebensaufgabe

1 »Grundlegung zu einer Strukturtheorie des Rechts«, in diesem Band S. 77.

machen zu müssen. Das bedeutet: der Richter muß entlastet werden, und dies leistet die Einführung gewisser sekundärer Rechtsbegriffe, wie etwa der Begriff des Besitzes, wie auch die zahlreichen Rechtsvermutungen, die das Gesetz an die Hand gibt.
Mit dem Richter selbst haben wir bereits eine neue Dimension des Rechts angesprochen: den Staat als die Veranstaltung, die Rechte aller Einzelnen zu sichern. Von dem Ausgangspunkt, den wir gewählt haben, aus gesehen, liegt der Zweck des Staates darin, die Rechte aller zu sichern, und es ergibt sich zwanglos, daß es drei Gewalten des Staates gibt, wie es die klassische Lehre will: Legislative, Exekutive und Justiz. Die Exekutivgewalt ist ihrem Wesen nach Polizeigewalt – nicht Administration. Aus dem Staatszweck der Rechtssicherung läßt sich nicht allzu schwer die Notwendigkeit der Trennung der Gewalten ableiten. Um einen bequemen Ausdruck zu haben, sei der Staat in dem hier angedeuteten Sinne als Rechtsstaat bezeichnet.
Es bedarf keines besonderen Scharfsinnes mehr, um zu sehen, daß sich der moderne Staat nur wenig mit diesem idealen Bilde deckt. Die Zuständigkeit der Legislative geht weit über diese Funktion hinaus, und die Exekutive ist weit mehr als Polizei. Die Tätigkeit des modernen Staates kann noch weniger als die des Staates der Vergangenheit als eine der Erfüllung des Staatszweckes der Sicherung der Rechte aller begriffen werden – nicht daß dieser Staatszweck nicht auch, recht oder schlecht, erfüllt würde, aber Staatstätigkeit ist mehr und anderes als dies. Man hat daher von weiteren Staatszwecken gesprochen, man hat mit Georg Jellinek von der Erhaltung der individuellen Existenz und des individuellen Wohlbefindens als einem Staatszweck geredet, von der Wohlfahrt als dem Zwecke des vielberufenen Wohlfahrtstaates, von der Macht als dem Zwecke des geschmähten Machtstaates, hat sich damit aber, wie wir rückschauend urteilen dürfen, nur tiefer in begriffliche Schwierigkeiten verstrickt und nur weiter von der politischen Wirklichkeit des Staates entfernt, der man sich doch gerade hatte nähern und die man hatte begreifen wollen. Der Staat als Apparat, als technische Veranstaltung zur Erreichung konkreter Zwecke, wie es Max Weber wollte, das sind in der Tat Betrachtungen eines Unpolitischen, die an der Wirklichkeit der Politik vorbeigehen. Kein Wunder, daß darüber die Lehre von der Gewaltenteilung in Mißkredit geriet, weil deren Divisionsaufgabe so oder so nicht aufgehen wollte.

Nun, diese Divisionsaufgabe konnte auch gar nicht mehr aufgehen, weil man mit ganz anderen Größen operierte als denjenigen, die über dem Staatszweck der Rechtssicherung definiert sind. Allenfalls die Justiz ist hier und dort die gleiche Größe. Legislative und Exekutive des modernen Staates haben zwar auch die Funktionen, die ihnen im Rechtsstaat zukommen, sie können auch in diesen Funktionen reinlich geschieden sein, ohne deshalb schon in anderen, die sie eben auch versehen, geschieden sein zu müssen, um zuverlässig funktionieren zu können.

Die Tatsache des Staates im engsten Sinne des Rechtsstaates schafft nämlich durch sich selbst eine neue Situation und damit neue Handlungsmöglichkeiten. Diese Handlungsmöglichkeiten werden wohl in gewisser Weise durch die Rechtsordnung und deren Sicherungssystem begrenzt, aber nicht eigentlich normiert, wie es auf den vom Privatrecht normierten Handlungsebenen der Fall ist. Es ist eine solche Normierung auch ebensowenig möglich wie eine solche nach inhaltlichen bestimmten Zwecken nach Analogie des Staatszweckes der Rechtssicherung. Wohl lassen sich bestimmte Komplexe normieren, wie das Wahlrecht, wie die hinreichend faßbaren Zweige der Verwaltungstätigkeit, aber nicht das Ganze, nicht das eigentlich politische Leben und Dasein des Staates. Hier geht es letztlich immer um die Gestaltung der Gesamtsituation, die durch den Staat definiert ist, um die legislative, politisch-gestaltende und administrative Bewältigung der aktuellen Fragen, mithin um einen Prozeß, an dem sich zwar einige Seiten normieren lassen, nicht aber er selbst in seiner ganzen, ins unübersehbar Zukünftige verlaufenden Fülle. Es kommt in der Bewältigung der aktuellen Fragen wesentlich auf den Erfolg an, der schon für so manches Indemnität erteilt hat. Eine erfolgreiche Staatsführung soll durch die Verfassung ermöglicht, nicht verhindert werden.

2.

Fassen wir unser Problem schärfer ins Auge. Der Staat ist notwendig, um die Rechte aller zu sichern. Aber er schafft damit eine Situation, die alle diejenigen umschließt, die der durch ihn definierten Rechtsordnung unterworfen sind. Das wäre nicht weiter problematisch, wenn diese Situation sich erschöpfte in den rechtlichen Beziehungen derer zueinander, die dieser Rechtsordnung unterworfen sind, und in den Veranstaltungen, die zur Sicherung ihrer Rechte nötig sind. Aber sie erschöpft sich darin nicht. Es gehen in sie Beziehungen ein, die nicht oder bloß rechtlicher Art sind, so die realen sozialen Machtverhältnisse, so das System der Bedürfnisse und dergleichen mehr. Beispielsweise ist die Verteilung des Wohlstandes unter den einer Rechtsordnung Unterworfenen für die durch eben diese Rechtsordnung definierte Gesamtsituation nicht gleichgültig.

Wir haben zu fragen, warum dem so sei. Zunächst ist es doch so, daß die Verhältnisse der Einzelnen untereinander durch das Privatrecht geregelt sind, und es läge nun nahe zu vermuten, daß damit auch jene Gesamtsituation schon normiert wäre, zumindest in dem Sinne, daß alle in ihr gelegenen Verhältnisse und Änderungsmöglichkeiten bereits privatrechtlich normiert seien. Das ist bei einer durchgebildeten modernen Privatrechtsordnung auch der Fall, die sogenannen Lücken im Recht sind kein so bedeutendes Problem, als daß wir nicht für unsere Zwecke das bürgerliche Recht als lückenlos betrachten könnten. Aber ich möchte auf etwas anderes hinaus, auf etwas ganz Prinzipielles. Das bürgerliche Recht dient dazu, dem Einzelnen den Bereich zuzumessen, in dem er frei seine Zwecke realisieren kann. Das bürgerliche Recht sagt dem Einzelnen, was er darf, was er kann. Es ist nicht so ganz unberechtigt, wenn den Enterbten dieser Erde das (bürgerliche) Recht wie ein einziger Zynismus klingt, und das nicht nur in dem, was es erlaubt, sondern auch darin, daß das Gesetz in seiner erhabenen Gleichheit nach dem Ausspruch von Anatole France dem Reichen wie dem Armen verbietet, unter den Brücken zu schlafen, auf den Straßen zu betteln und Brot zu stehlen.

Es läßt sich leicht einsehen, daß das Problem, das hier auftritt, sich nicht lösen läßt durch Ausgestaltung und Verfeinerung des bürgerlichen Rechts oder auch eines Staatsrechtes, das allein am Staatszweck der Sicherung der Rechte aller ausgerichtet wäre, und zwar schon deshalb nicht, weil es sich um materiale, wechselnde Interessen handelt. Gleichwohl kann eine Rechts- und Staatslehre an diesen Interessen nicht vorübergehen; denn die Interessengegensätze können eine solche Stärke erreichen, daß sie auch einen Staat, der nichts als Rechtsstaat sein will, in die Luft sprengen könnten. Der reine Rechtsstaat kann seine innere Aushöhlung nicht verhindern.

Man hat dieses Problem seit langem gesehen – es liegt beispielsweise der Scheidung von Staat und Gesellschaft bei Lorenz v. Stein zugrunde, wobei dem Staat als dem Prinzip der Freiheit die Gesellschaft als das System der faktischen Abhängigkeiten entgegengesetzt ist. John Stuart Mill hat in seiner Schrift über die Repräsentativregierung alle Grundlagen des Staates in dem sozialen Begriff der Interessen aufgehen lassen, worauf sogleich die Hellsichtigkeit eines Rudolf Gneist hinwies. Trotzdem kann man nicht sagen, daß diese Frage seither von der Staatslehre bis Kelsen, Smend und Heller bewältigt worden wäre.
Doch nur auf dem Hintergrund gerade dieser Frage und ihrer Auflösung werden die sogenannten Grundrechte voll verständlich.
Gehen wir davon aus, daß der Staat im engeren Sinne als Rechtsstaat eine Gesamtsituation schafft, in der eben jene Interessengegensätze auftreten, von deren Ausgleich die Fortexistenz des Staates selber abhängig ist, so stehen drei verschiedene Wege offen: entweder institutionalisiert man diese Interessen nach Art des ständischen oder korporativen Staates, oder man verwaltet sie von Staats wegen wie in den eigentlich totalitären Regimen, oder man normiert ein Verfahren zu ihrem Ausgleich wie im demokratisch-parlamentarischen Parteienstaat. Auch in letzterem Falle wird man nicht darauf verzichten wollen und auch wohl nicht verzichten können, die Institutionalisierung gewisser Interessen vorzunehmen und andere von Staats wegen zu verwalten. Dadurch findet sich der Einzelne in seinen Rechten beschränkt, sei es durch die Institutionen und ihre Ausflüsse, sei es durch Verordnungen einer Verwaltung, sei es schließlich selbst durch die von der jeweiligen Parlamentsmehrheit favorisierten Interessen. Mit anderen Worten: es schränkt also jede Art der Normierung der Gesamtsituation – und irgendwie und in irgendwelchem Grade muß diese normiert werden – die Freiheit des Einzelnen notwendig ein über das Maß dessen hinaus, was die bloße Aufgabe des Privatrechts und der Zweck der Rechtssicherung erfordern.
Hier nun wird der Sinn der Grundrechte deutlich: sie beziehen sich auf die Gesamtsituation und das Maß von deren Normierung – sie geben ein Maß an, dem deren Normierung entsprechen soll. Sie sind aber nicht diese Normierung selbst und sie können das auch nicht sein, ebensowenig wie sie zum System des Privatrechts

gehören. Die Normierung der Gesamtsituation wird durch das gesamte öffentliche Recht geleistet – den Grundrechteteil der Verfassung ausgenommen, durch eine wesentlich technische Gesetzgebung, während der Grundrechteteil gar keine technische Gesetzgebung in diesem Sinne darstellt: er regelt nichts. Daher kann er es sich leisten, in rechtstechnischer Hinsicht so unbekümmert zu sein, wie er es ja in den Verfassungen auch durchweg ist.

So darf man auch nicht etwa erwarten, daß die Sätze dieses Teiles homogen sind. Gerade das sind sie regelmäßig nicht. Unser Grundgesetz macht den kaum sehr glücklichen Versuch, diese Sätze von Verfassungswegen für homogen zu erklären: es möchte alle sogenannten Grundrechte als subjektive öffentliche Rechte des Einzelnen verstanden wissen, indem es grundsätzlich dem, der sich in ihnen verletzt fühlt, den Klageweg eröffnet. Aber so sinnvoll es wäre, dem Einzelnen etwa die Freizügigkeit als einklagbares Grundrecht zu gewährleisten, so ermangeln doch gerade die klassischen Grundrechte der Gleichheit vor dem Gesetz, der freien Meinungsäußerung, der Unverletzlichkeit des Eigentums derjenigen inhaltlichen Bestimmtheit, die sie zu Eigenrechten des Einzelnen allein geeignet machen könnte. Hier hat das Streben des Parlamentarischen Rates, die rechtliche Position des Bürgers gegenüber dem Staate möglichst zu verstärken, in Verbindung mit reichlich unklaren Vorstellungen zu einer Bestimmung geführt, die nicht ohne Gefahr für die Rechtsordnung selbst ist. Das Recht der freien Meinungsäußerung, um dieses Beispiel zu nehmen, ist in seinem Kerne ursprünglich das Recht, öffentlich zu sagen, daß einem Unrecht geschehe – und hier hätte sich auch ein Weg angeboten, ein inhaltlich bestimmtes Eigenrecht, sei es des Einzelnen, sei es der Presse, zu spezifizieren und konstituieren. Die Abschaffung eines solchen Grundrechts hätte, wäre es in der Weimarer Verfassung enthalten gewesen, selbst 1933 alarmierend gewirkt, während sich das Recht der freien Meinungsäußerung in dieser allgemeinen Form dem gemeinen Bewußtseins eher darstellte als das Recht, beliebig dummes Zeug zu reden.

Vielleicht sollte man sich daran erinnern, daß das Reichsgericht nur sehr zögernd der Tendenz unserer Staatsrechtslehre gefolgt war, aus den Grundrechten der Weimarer Verfassung subjektive öffentliche Rechte herauszupressen. So hat es beispielsweise beim Grundrecht der Gleichheit vor dem Gesetz dieser Tendenz nicht

nachgegeben, obwohl die deutsche Staatsrechtswissenschaft darauf hindrängte, dem Beispiel der schweizerischen Praxis zu folgen. Das schweizerische Bundesverfassungsgericht ließ seit 1896 Klagen auf Grund von Art. 4 Schw. Bundesverf. zu: es hatte jährlich viele Hunderte von solchen Klagen zu bearbeiten und abzuweisen. Bewerben sich drei um eine Gasthofkonzession, so bekommt sie einer, und die beiden andern klagen. Die Vergabe solcher Konzessionen ist Sache der Polizeibehörde, sie liegt nicht in der Kompetenz des Bundesverfassungsgerichts, diesem bleibt nur zu argumentieren, daß die drei Fälle nicht gleich liegen, mögen sie so gleich sein wie sie wollen. Das Grundrecht der Gleichheit zwingt so das Gericht fortwährend zu fiktiven Begründungen, ein für die gerichtliche Praxis höchst unerwünschter Effekt.
Ursprünglich hatte man die Eigentumsgarantie des Art. 153 WV als sogenannte institutionelle Garantie aufgefaßt, also auf das bekannte Rechtsinstitut Eigentum des BGB bezogen. Dann hatte 1923 Martin Wolff in einer berühmt gewordenen Abhandlung in der Kahlfestschrift geschrieben, man sei sich darüber einig, daß die WV unter Eigentum nicht nur Eigentum im Sinne des BGB verstehe, sondern Vermögensrechte aller Art, Forderungsrechte, Aktien usw. Die politischen Absichten dieser Lehre waren deutlich und sind wohl unbestritten, man wird die Lehre, über die man sich angeblich einig war, vergeblich in der früheren Literatur suchen. Anschütz übernahm Wolffs Lehre in seinen Kommentar als herrschende Meinung, und so wurde sie herrschend mit der Folge, daß sich der Eigentumsbegriff um 1930 völlig aufgelöst hatte und sich die herrschende Lehre, die bei keinen zwei Juristen in Voraussetzungen und Folgerungen übereinstimmte, nach einem Worte Wilhelm Hofackers als der herrschende Wirrwarr darstellte.
Das sind zwei Beispiele, sie ließen sich vermehren. Sie sollen nur zeigen, daß Grundrechte auch eine recht gefährliche Seite haben können, wenn man sie, wozu unser Grundgesetz geradezu zwingt, allgemein als eine Art technisches Recht nach Analogie des Privatrechts oder des Verwaltungsrechts nimmt. Die Folgen sind Rechtsaufblähung und Rechtsauflösung, also gerade das, was um jeden Preis vermieden werden sollte. Als 1933 die Grundrechte der Weimarer Verfassung suspendiert wurden, war das für den praktischen Juristen ein Akt, der doch wenigstens auch die Möglichkeit zu eröffnen schien, wieder festen Boden unter die

Füße zu bekommen. Es ist merkwürdig, daß sich daran heute niemand mehr erinnern will.

Wir haben mit Bedacht gewisse soziologische und juristische Überlegungen in die Erörterung mit hineingezogen. Ein Grundrechtekatalog läßt sich nicht in toto rechtsphilosophisch deduzieren. Für manche Grundrechte ließe es sich – unter Voraussetzungen, die hier nicht entwickelt werden sollen – zwar behaupten, wie zum Beispiel für die Gleichheit vor dem Gesetz oder auch für die institutionelle Eigentumsgarantie. Aber wir haben uns darauf beschränkt, durch rechtsphilosophische Analyse zu zeigen, daß ein gewisses Regulativ vonnöten sei, um den Rechtsstaat vor der Aushöhlung zu schützen. Dieses Regulativ bilden in den modernen Verfassungen die Grundrechtekataloge und darin liegt deren Sinn. Gleichgültig, wieweit Grundrechte deduzierbar sind – die Prämissen dazu säßen in dem vorausgesetzten Rechtsstaatsbegriff –, so bemißt sich der Umfang und die Ausgestaltung des Katalogs selber nach den sozialen Verhältnissen, mit denen es der Verfassungsgesetzgeber zu tun hat, oder sollte es wenigstens. Aus diesem Grunde kann es sinnvoll sein, dem Einzelnen auch gewisse subjektive öffentliche Rechte zu geben und für diese den Weg der Popularklage zu eröffnen. Überfordert man jedoch den Grundrechtekatalog und sieht man in ihm eine der übrigen Rechtsordnung vorgeordnete Rechtsordnung in nuce, so mag schließlich der Jurist nur sagen: Vernunft wird Unsinn, Wohltat Plage! – und er darf im Hinblick darauf, daß diese Kataloge doch längst aus zweiter oder dritter Hand abgeschrieben worden sind, resigniert fortfahren: Weh dir, daß du ein Enkel bist.

(1965)

Technik und menschliches Handeln

Wir fragen nicht: Was ist Technik? Was ist menschliches Handeln?, sondern wir fragen: Was wollen wir unter Technik und unter menschlichem Handeln verstehen? Die Definitionen, die wir geben werden, sind keine Antworten auf die Frage nach dem »Wesen« der Technik und dem »Wesen« des menschlichen Handelns, was immer das Wort »Wesen« auch bedeute, sondern beanspruchen nichts weiter zu sein als Festsetzungen eines Sprachgebrauches. Wohl aber sollen sie diesen Sprachgebrauch so festlegen, daß er uns gewisse Probleme, die hinreichend interessant sind, zu formulieren ermöglicht. Es liegt uns fern, ganz neue Fragen stellen zu wollen. Wohl aber gilt es, die gestellten so zu fassen, daß, wenn nicht schon ihre Lösung, sich doch wenigstens ein Weg zu einer solchen vor uns auftut. Schon damit wäre viel erreicht. Denn was die Lektüre all dieser Traktate über das Wesen der Technik, all dieser Spekulationen über künftige technische Möglichkeiten und ihre Auswirkungen auf die Menschheit so bedrückend macht, ist gar nicht so sehr das für unser Empfinden düstere Bild einer möglichen Zukunft, das sie entwerfen, als vielmehr die Unverbindlichkeit, mit der unsere sogenannten Werte diesem Bilde mehr oder weniger pathetisch entgegengesetzt werden. Alles Heil wird von einer Wandlung, einer Einkehr und Umkehr des Menschen erwartet. Nicht zufällig steht in fast allen universalhistorischen Entwürfen unserer Zeit, Spengler ausgenommen, am Ende der Geschichte irgendwie die Gemeinschaft der Heiligen als die – auf Grund von Ansatz und Methode einzig mögliche – Lösung des Problems der Realisierung des Friedenszustandes unter den Menschen. Eine Lösung der unter den Menschen schwebenden Probleme jedoch darf die Menschen nur so nehmen, wie sie sind und vermutlich auch in absehbarer Zeit noch sein werden. Oder strenger noch: sie muß davon überhaupt unabhängig sein. Alle Diskussion über das Verhältnis von Technik und Mensch steht aber heute gerade im Schatten der Frage, wie sich die Entwicklung der Technik auf den Menschen ausgewirkt habe und noch auswirken werde. Die Bilanz, die gezogen wird, und die Aussichten, die eröffnet werden, sind meist trübe, der »dritte Mensch«, der Mensch der Hochkulturen, erscheint in seiner Substanz als bedroht, wenn nicht schon fast vernichtet, und der Trost, den uns die empirische Soziologie dann spendet, lautet etwa: Television saves family.

Gewiß lassen sich die Wandlungen, die das Verhalten der Menschen unter dem Einfluß der Technifizierung des Lebens erleidet, konstatieren, verständlich machen und erklären. Es liegt mir auch fern, den unzweifelbaren Wert, den solche Untersuchungen haben können, zu leugnen. Aber es ist ein überaus fragwürdiges Unternehmen, die Aufgabe, die sich in der Hinsicht stellt, daß das faktische Verhalten irgendeiner Norm oder einem Normensystem angeglichen sein muß, darin zu sehen, dieses Verhalten in gröberer oder feinerer Form manipulieren zu wollen auf Grund irgendwelcher ermittelter empirisch-soziologischer und psychologischer Gesetzmäßigkeiten. Auf diesem Wege der planmäßigen Ausnutzung von Reaktionen, die vom einzelnen Menschen nicht mehr rational gesteuert werden, haben es die totalitären Systeme zu einer immerhin schon beachtlichen Meisterschaft gebracht; auch den Demokratien ist der Gedanke an solche Verfahren so fremd nicht mehr. Auf der anderen Seite scheint es nur die Alternative zu geben, daß die Menschen freiwillig so handeln wie sie sollen, und das heißt eben, daß in ihnen die erforderlichen ethischen Grundsätze, Maximen oder Werte mächtig sind. Daß man die Menschen dahin führen könne, glaubt wohl niemand ernstlich, und doch ist dies die einzige Hoffnung für viele. Oder es bleibt bei tieferer Sicht die verzweifelte Hoffnung, die nun freilich schon mehr nur eine noch hoffende Verzweiflung ist, daß nach Hölderlins Worten dort, wo aber die Gefahr sei, auch das Rettende wachse. Man kann den Bogen weit spannen und das Wesen der Technik, das sich heute offenbart, mit der abendländischen Metaphysik und ihrer Scheidung von Subjekt und Objekt zusammenbinden, man kann den »sich durchsetzenden Menschen« als »Funktionär der Technik« sehen und die Technik als »den organisierten Abschied gegen die Mitte des Seienden«, die »alle reinen Kräfte an sich zieht« – selbst eine solche in ihrer Art großartige und tiefe Auffassung lebt davon, daß wir uns einer unausweichlichen Alternative gegenübersehen, nach der im Raume der Technik der Mensch der Manipulation ausgeliefert ist: »Der Mensch wird zum Menschenmaterial«, »die moderne Wissenschaft und der totale Staat sind als notwendige Folgen des Wesens der Technik zugleich ihr Gefolge«, so heißt dann es unzweideutig und lapidar. Demgegenüber steht die Alternative: Die Rettung muß von dort kommen, wo es sich mit den Sterblichen in ihrem Wesen wendet, von denen, die »noch wagender« sind als das sich durchsetzende Menschenwesen, die sich »in den Abgrund wagen«.

Diese Chiffren, es sind Worte Heideggers, bedürften der Interpretation, die Berufeneren überlassen bleibe. Nur auf eines sei hier der Blick gelenkt, darauf, daß gesagt wird, die moderne Wissenschaft und der totale Staat seien *notwendige* Folgen des Wesens der Technik. Lassen wir die moderne Wissenschaft beiseite. Der totale Staat als notwendige Folge des Wesens der Technik, wir werden sehen, was es damit auf sich hat. Der Staat, auch der totale Staat, ist ein Gebilde, das aufs engste mit menschlichem Handeln zusammenhängt, ja in eigentümlicher Weise ein Bezugssystem solchen Handelns ist. Um hier irgendwelche Notwendigkeiten einsehen und beurteilen zu können, müssen wir uns zuvor einen Begriff von menschlichem Handeln bilden. Und wir brauchen einen *strukturellen* Begriff des Handelns, weil irgendwelche Notwendigkeiten, die möglicherweise mit dem Handeln zusammenhängen, nur in dessen Struktur gesucht werden können.

Damit hängt gleich noch ein weiteres zusammen. Die Aussage, daß etwas die *notwendige* Folge von etwas anderem sei, ist nur sinnvoll im Rahmen einer *Theorie*. Die Darlegungen, auf die wir uns bezogen haben, prätendieren nicht, Theorie in dem modernen Sinne, in dem hier von Theorie gesprochen wird, zu sein, eher schon im Sinne der griechischen θεωρία, im Sinne von Schau, von Wesenserfassung. Sie stehen im Zusammenhang der Auslegung dichterischer Aussage, vor allem Rilkes. Eine solche Auslegung erfolgt, wie alles eigentliche Verstehen, im offenen Medium der Sprache, nicht in dem geschlossenen Medium der Ausdrucksmittel einer Theorie. Aber diese Hindeutung mag und muß hier genügen.

Was also wollen wir unter Technik, was unter Handeln verstehen?

Wir setzen folgendes fest:

Unter *Technik* verstehen wir den Inbegriff der möglichen planmäßigen Umformungen einer Situation in eine andere.

Unter *Handlung* verstehen wir die planmäßige Umformung einer Situation in eine andere.

Auf Grund dieser Festsetzungen folgt sofort der Satz, daß Tech-

nik der Inbegriff der in einer Situation möglichen Handlungen ist.
Diese Festsetzungen sind inhaltlich, lassen sich aber ohne weiteres in rein strukturelle Aussagen umformen. Für den Begriff der Handlung heißt das, daß eine Handlung strukturell die Abbildung einer Situation auf eine andere Situation ist. Als Transformation, die diese Abbildung leistet, dient uns die Gesamtheit der Maximen der in der Situation stehenden Personen. Eine Situation ist strukturell eine Relation bzw. eine Verkettung von Relationen. Es wäre höchst unbequem, wollten wir uns dieser Redeweisen bedienen. Deshalb ziehen wir hier eine inhaltliche Formulierung vor, die hinreichend transparent ist, so daß die Struktur, die wir im Auge haben wollen, durch sie hindurchscheint.
Wir sagen also: Technik sei der Inbegriff der in einer Situation möglichen Handlungen oder der möglichen planmäßigen Umformungen einer Situation. Damit bringen wir von vornherein die Technik in einen sehr engen Zusammenhang mit dem menschlichen Handeln, wir definieren sie durch dieses.
Aber geben wir damit nicht dem Begriff der Technik eine ungebührliche Ausdehnung? Wohl kaum. Schon der übliche Sprachgebrauch ist ziemlich weit. Wenn wir auch bei dem Wort Technik, besonders wenn von »der« Technik die Rede geht, zunächst an Maschinen denken, an die Indienstnahme physikalischer und chemischer Kräfte und Prozesse durch den Menschen, so sprechen wir doch auch von der Technik des Malers, von der Technik des Politikers und Diplomaten, von der Technik des Demagogen, des Psychotherapeuten und so fort. Es erscheint mir zweckmäßig, auch diesem Sprachgebrauch Rechnung zu tragen, und unsere Definition leistet eben dies. Und wir werden noch sehen, daß dieser weite Begriff der Technik sich noch aus anderen Gründen als dem der Angleichung an den Sprachgebrauch rechtfertigt.
Ein nicht geringer Vorteil unserer Definition des Ausdruckes »Technik« liegt auf der Hand. Sie bewahrt uns vor der gefährlichen Versuchung, die Technik zu einem dämonischen oder apokalyptischen Gespenst zu machen, sie als Ungeheuer zu hypostasieren. Aber was besagt die Gegenüberstellung von Technik und menschlichem Handeln noch, wenn von vornherein Technik und Handeln per definitionem in eine so enge, ja so simple Beziehung gesetzt werden, daß ihr Verhältnis zueinander überhaupt kein Problem mehr ist? Nun, so sei geantwortet: nicht das Verhältnis

von Technik und menschlichem Handeln ist ein Problem, sondern das menschliche Handeln im Hinblick auf seine gegenwärtigen Möglichkeiten, und das heißt eben im Hinblick auf die Technik.

Dieses Problem in der verschärften Form, die es heute hat, ist so alt noch nicht. Es wurde geboren mit der modernen Wissenschaft, die wir von Galilei an zu datieren pflegen. Sie ist zunächst wesentlich Naturwissenschaft, Physik, später auch Chemie, dann auch Physiologie, Biologie, heute treten ihr an die Seite die Psychologie und die Sozialwissenschaften, alles Wissenschaften, die ihren Gegenstand empirisch erforschen und in zunehmendem Maße durch strenge Theorien zu beherrschen lernen. Entscheidend ist nicht die Sammlung von einzelnen Kenntnissen, sondern die erfolgreiche Theorienbildung, die dadurch gekennzeichnet ist, daß sie die, wie man es benannt hat, mathematische Struktur ihres Gegenstandes zu erfassen bestrebt ist. Ihre Sprache ist die Sprache der Mathematik, der Wissenschaft möglicher Strukturen.

Das gilt auch für die zuletzt genannten Wissenschaften, für die biologischen einerseits, für die Psychologie und die Sozialwissenschaften andererseits. Gewiß sind auf diesen Gebieten die Anwendungsmöglichkeiten der Sprache der Mathematik noch relativ gering und noch vielfach umstritten. Aber wissenschaftstheoretisch sind eben strukturelle Theorien und mathematisierbare Theorien dasselbe. Es ist ja auch nicht so, als ob wir mathematische Theorienbildungen auf diesen Gebieten noch nicht kennten. Wir kennen sie. Diese Theorienbildungen stehen noch ganz im Anfang, und wir können mit ihnen praktisch noch nicht allzuviel beginnen.[1]

Gerade damit liefern sie uns ein Beispiel für das Bild, das die Physik lange Zeit bot, als sie zwar theoretisch in mancher Hinsicht schon ziemlich weit entwickelt, in praktischer Hinsicht jedoch von geringem Belang war. Die technisch bedeutsamen Entwicklungen kamen zunächst noch, wie all die Jahrhunderte vorher, auf das Konto des Erfinders. Erst das 19. Jahrhundert hat, wie *Whitehead* einmal sagt, das Erfinden erfunden. Diese geistrei-

1 Oft ist das strukturelle Moment verkappt, aber doch heraushebbar, so vor allem bei den Typen- und Gestaltbegriffen. Vgl. meine Abhandlung »Zur Logik der Ordnungsbegriffe« (zuerst *Studium Generale* 1952), in: *Theorie und Realität*, hg. v. H. Albert, Tübingen 1964, S. 209 ff.; in: *Schriften 3* (stw 924), S. 339 ff.

che Charakterisierung trifft den Sachverhalt nicht genau. Was eintrat, war folgendes: die Theorienbildung erreichte im 19. Jahrhundert die Reife, die das theoretische Wissen nun praktisch belangreich machte, nicht nur wie bisher in einzelnen, recht isolierten Fällen, sondern in breitem und schnell wachsendem Maße. Und nun steht nicht auf der einen Seite die Wissenschaft und auf der anderen Seite die Anwendung der wissenschaftlichen Erkenntnisse, sondern die wissenschaftliche Erkenntnis erweitert auf einer gewissen Stufe die Umformungsmöglichkeiten gewisser Situationen. Das, was die Technik unserer Zeit von der früherer Zeiten so grundlegend unterscheidet, ist, daß sie auf weiten Gebieten heute durch den Stand und den Fortschritt der physikalischen und chemischen Theorienbildung bestimmt wird. Darauf beruht die große Erweiterung unserer Handlungsmöglichkeiten, die sich seit etwa 100 Jahren vollzogen hat und deren Ende auch heute noch nicht abzusehen ist.

Das Handeln im Hinblick auf seine Möglichkeiten ist an sich ein altes Problem, an dessen Lösung sich die Menschen seit je mit mehr oder weniger Erfolg versucht haben. Die Lösungsmöglichkeiten, die bisher realisiert worden sind, finden wir in den Rechtsordnungen. Diese, und nicht die ethischen und religiösen Anschauungen, sind in unserem Zusammenhang entscheidend. Das wird heute immer wieder verkannt. Und weil man diesen Sachverhalt verkennt, sucht man die Lösung dort, wo man sie gar nicht zu finden erwarten darf. Das Ende ist eine Resignation, die nicht gerechtfertigt ist außer durch eine falsche Problemstellung.

Es ist vielleicht richtig zu sagen, daß wenn das sittliche Bewußtsein den Menschen hinreichend differenziert und der gute Wille in allen mächtig ist, ihr Zusammenleben kein Problem wäre. Aber moralische Gesinnung ist nicht erzwingbar, und wir kennen kein Mittel, sie mit einiger Zuverlässigkeit zu erzeugen in derjenigen Stärke, die nötig ist, damit sie sich gegen sonstige Neigungen und Interessen durchsetzt. Daher läßt uns die Ethik eben da im Stiche, wo sie uns den Weg aus den Wirrnissen der Zeit heraus zeigen soll. Mit dieser Feststellung wird keinem Immoralismus das Wort geredet; nur eben entledigen wir uns der durch und durch eitlen Hoffnung, von der Ethik her das uns interessierende Problem aufrollen und einer befriedigenden Lösung zuführen zu können.

Aber vom Recht her? Das erscheint höchst sonderbar angesichts der nicht wegzuleugnenden Tatsache, daß eben die positiven Rechtsordnungen in befriedigender Weise das Problem nicht zu lösen vermocht haben, sondern eher selber in eine Krise durch die Entwicklung der Technik geraten sind, der sie mit wenig mehr als einer Hypertrophie der Gesetzesproduktion zu begegnen suchen. Eine Rückbesinnung auf die Prinzipien des Rechtes ist daher längst als erforderlich erkannt worden. Damit scheinen wir uns vollends im Kreise gedreht zu haben. Denn wenn irgendwo, so sucht man heute allenthalben die Prinzipien des Rechtes in der Ethik. Man sucht das Heil in einer Ethisierung des Rechtes. Gegenüber diesen Versuchen soll hier ein Ansatz deutlich gemacht werden, von dem her man erwarten darf, die durch die moderne Technik aufgegebene Problematik in Griff zu bekommen. Wie also muß man ansetzen?

Jede Rechtsordnung teilt die zu einer gewissen Zeit und einer Gruppe von Menschen möglichen Handlungen auf in zwei Mengen, die Menge der von der betreffenden Rechtsordnung zugelassenen Handlungen und die Menge der von ihr nicht zugelassenen Handlungen. Wenn zwei Handlungen miteinander kollidieren, so erwarten wir, daß auf Grund der herrschenden Rechtsordnung entschieden werden kann, welche Handlung zum Zuge kommen darf und welche nicht. Die Handlungen, die die Rechtsordnung zuläßt, müssen miteinander verträglich sein. Nun sind, auch im Hinblick auf die Handlungsmöglichkeiten einer Zeit, sehr verschiedene Rechtsordnungen denkbar, die dieses leisten, und damit stellt sich die Frage, ob es unter diesen möglichen Rechtsordnungen eine gibt, die in bezug auf ihre Geltung vor den andren möglichen ausgezeichnet ist. Gewiß, die positive Rechtsordnung, die hier und jetzt gilt, die in Kraft ist. Aber diese Art von Geltung meine ich nicht. Vielmehr frage ich, ob eine Rechtsordnung angegeben werden kann, die die folgende Bedingung erfüllt.

Wir setzen voraus, daß jeder bereit ist, sich in seinem Verhalten überhaupt einer Rechtsordnung zu unterwerfen. Sollte jemand dazu nicht bereit sein, so wünscht er offenbar, daß das Recht des Stärkeren gelte, und er wird sich nicht beklagen dürfen, wenn er zur Unterwerfung unter eine Rechtsordnung gezwungen oder eingesperrt wird – er hat dann genau das, was er will. Wir brauchen also auf ihn keine Rücksicht zu nehmen. Gegenüber einer beliebigen Rechtsordnung kann aber jeder einwenden, daß sehr wohl eine andere Rechtsordnung denkbar sei, die seinen Interessen besser entspräche als gerade diese. Nehmen wir eine Rechtsordnung, die Sklaverei oder Leibeigenschaft zuläßt, die irgendeine Gruppe diskriminiert, so sieht man sofort, daß es sehr schwerwiegende Gründe für einen einer solchen Rechtsordnung Unterworfenen geben kann, sie abzulehnen, ohne damit mit seinem Willen, sich überhaupt einer Rechtsordnung unterwerfen zu wollen, in Widerspruch zu setzen. Und nun ist die Frage die: läßt sich eine Rechtsordnung kennzeichnen, deren Ablehnung einen Widerspruch des Ablehnenden mit seinem Willen, sich überhaupt einer Rechtsordnung zu unterwerfen, einschließt? Dieses, daß die Ablehnung einen solchen Widerspruch einschließt, ist die Bedingung, die die gesuchte Rechtsordnung erfüllen soll.

Eine Rechtsordnung ist denkbar und kann gekennzeichnet werden. Sie muß erstens den Grundsatz der rechtlichen Gleichheit aller ihr Unterworfenen realisieren, und zweitens darf sie keine Handlung ausschließen, die mit den von ihr zugelassenen Handlungen verträglich ist. Gegenüber einer so definierten Rechtsordnung bedeutet ihre Ablehnung einen Widerspruch zu dem Willen, sich überhaupt einer Rechtsordnung unterwerfen zu wollen. Dieser Wille kann nämlich sinnvoll nur den Vorbehalt machen, daß die Rechtsordnung, unter die die Unterwerfung erfolgen soll, den Unterwerfenden nicht gegenüber anderen rechtlich benachteiligt. Damit schließt er den Grundsatz der rechtlichen Gleichheit ein und weiterhin die Forderung, daß keine Handlung, die im Interesse des sich Unterwerfenden liegt, ausgeschlossen wird, sofern sie mit den zugelassenen Handlungen verträglich ist. Dem entspricht genau die vorhin charakterisierte Rechtsordnung. Auf der anderen Seite kann sinnvoll nicht verlangt werden, daß eine durch diese ausgeschlossene Handlung zugelassen wird, weil dadurch eine durch die Rechtsordnung dann nicht mehr lösbare Konfliktsmöglichkeit heraufbeschworen wird. Deshalb widerspricht, wer die so definierte Rechtsordnung ablehnt, seinem Willen, sich einer Rechtsordnung zu unterwerfen.[2]

2 Man muß noch einen Schritt weiter gehen. Man muß die Mengen der Handlungen, über denen diese Rechtsordnung definiert ist, strukturell charakterisieren. Auch das ist möglich. Wie ich schon sagte, betrachten wir Handlungen als Umformungen von Situationen. Diese Umformungen werden determiniert durch die Maximen der an der Situation Beteiligten. Wir haben also die Mengen der Handlungen, über denen diese in

Was ist für das uns hier interessierende Problem der Technik gewonnen?
Zunächst gewinnen wir eine methodische Basis für eine juristische Diskussion de lege ferenda, das heißt für die Erörterung der Frage, wie unsere Rechtsordnung um- und ausgestaltet werden muß, um sich derjenigen möglichen Rechtsordnung anzugleichen, in der niemand durch die Gesetze selbst benachteiligt wird. Und was die Technik in dem von uns definierten Sinne des Inbegriffs der möglichen planmäßigen Umformungen von Situationen, also der möglichen Handlungen, betrifft, so sehen wir, daß die von uns charakterisierte Rechtsordnung methodisch nichts anderes ist als ein Auswahlprinzip, das uns sagt, was idealiter von diesen technischen Möglichkeiten realisiert werden darf, wenn die rechtliche Gleichheit und die Freiheit eines jeden unter allgemeinen Gesetzen gewahrt werden soll. Damit wird deutlich, daß die Begriffe des menschlichen Handelns, der Technik und des Rechtes auf das genaueste ineinandergreifen: für die Technik als den Inbegriff der Möglichkeiten des Handelns stellt das Recht ein Auswahlprinzip dar.
Diese Wendung mag auf den ersten Anblick hin überraschen, aber sie ergibt sich zwangsläufig aus unseren Definitionen, und es gehört nicht allzu viel Nachdenken dazu, um uns davon zu überzeugen, daß wir jedenfalls nicht im luftleeren Raum gelandet sind. Wir haben es ja selber erlebt, daß die Entwicklung von Handlungsmöglichkeiten, also der Technik, die Pariser Seerechtsdeklaration von 1856 zu einem leeren Schemen gemacht hat, weil die Entwicklung von Unterseebot und Flugzeug die Situation, auf die sie zugeschnitten war, vollkommen verändert hat. Wir haben es erlebt, daß die Haager Landkriegsordnung von 1909 in nicht unwesentlichen Teilen praktisch außer Kurs geriet, weil die technische Entwicklung ihre Voraussetzungen zerstört hat. Denn wenn sich die Handlungsmöglichkeiten durch die Entwicklung der Wissenschaft so erweitern, wie sie es in den letzten Jahrzehnten getan haben, so darf man nicht erwarten, daß sich die Kriegführenden an Regeln halten, die jene nicht nur eindämmen, ohne doch allzu sehr den Kriegführenden zu behindern, sondern die sie

bezug auf ihre Geltung ausgezeichnete Rechtsordnung definiert wird, durch Postulate festzulegen, die sich ausschließlich auf die strukturell definierten Begriffe Handlung, Maxime und Situation beziehen und nur strukturelle Eigenschaften derselben festlegen.

mehr oder weniger praktisch aufheben. Aber auch das Problem der Diktatur erhält im modernen Staat eine besondere Schärfe dadurch, daß sie praktisch unstürzbar ist, solange sie nur die staatlichen Machtmittel in der Hand hat. Ihre technische Überlegenheit gegenüber dem Volke ist so groß, daß jeder Versuch, sie abzuschütteln, zum Scheitern verurteilt ist.

Aber Beispiele sollen hier nicht gehäuft werden. Es kommt uns auf die Folgerungen an, die sich ergeben. Dazu müssen wir jetzt noch einmal einen Sachverhalt ins Auge fassen, den ich schon angedeutet habe. Was die gegenüber früheren Zeiten so ungeheuere Erweiterung der Handlungsmöglichkeiten heraufgeführt hat, ist wie schon gesagt, der Umstand, daß die naturwissenschaftliche und in erster Linie die Theorienbildung in Physik und Chemie praktisch belangreich geworden ist. Damit ist die Erweiterung der Handlungsmöglichkeiten, der Technik, weitergehend eine Frage wissenschaftlicher Methodik und Systematik geworden. Die naturwissenschaftliche Erkenntnis ermöglicht uns neue Umformungen von Situationen, an die wir ohne sie gar nicht denken könnten.

Demgegenüber stecken die Wissenschaften vom menschlichen Handeln noch mehr oder weniger in den Kinderschuhen. Relativ entwickelt ist bisher einzig und allein die Wissenschaft von den wirtschaftlichen Handlungen, die heute Anspruch auf den Namen einer Theorie erheben kann im Sinne einer strukturellen Theorie. Wie weit aber die theoretische Ökonomie entwickelt ist und wieviel Wünsche sie noch offenlassen mag, so finden wir jedenfalls für den gesamten Bereich des nichtwirtschaftlichen Handelns allenfalls Ansätze zur Theoriebildung. Das gilt insbesondere für das politische Handeln, das wir zwar zum Gegenstande einer eigenen Disziplin machen, die sich aber im Regelfalle methodisch nicht an der theoretischen Ökonomie orientiert, sondern mit den Methoden des Historikers, des Juristen, des Soziologen, des Psychologen arbeitet und es folglich auf solchen Wegen gar nicht zu einer Strukturtheorie bringen kann.

Dabei bedürften wir dringend der Einsicht in die strukturellen Zusammenhänge des politischen Handelns, wie es uns nur eine Theorie vermitteln kann, weil das angedeutete Rechtsprinzip selbst ein Auswahlprinzip ist, das bei der Struktur ansetzt, nicht bei der Materie des Handelns. Man kann mit den nötigen Vorbehalten, die man zu machen hat, wenn man alte Texte mit Formulierungen in Verbindung bringt, die erst heute so möglich sind, die angedeutete ideale, in ihrer Geltung ausgezeichnete Rechtsordnung mit dem Naturrecht oder genauer mit dem Vernunftrecht Rousseaus und Kants in Beziehung setzen oder als einen legitimen Abkömmling desselben auffassen. Wenn man aber nun diese Rechtsordnung zu konkretisieren sucht, so muß man sich auf die gegenwärtigen Handlungsmöglichkeiten, also auf die gegenwärtige Technik beziehen. Mit anderen Worten: dieses »Vernunftrecht«, wenn wir es einmal so nennen dürfen, liefert gar kein System von »ewigen« Rechtssätzen, wenn natürlich auch gewisse Strukturen, die sich auf Grund seiner Voraussetzungen entwikkeln lassen, historisch eine relative Konstanz zeigen, ja gewisse Grundstrukturen auf jeden Fall vorgegeben werden. Aber mit der Erweiterung der Handlungsmöglichkeiten treten neue strukturelle Zusammenhänge auf. Das gilt ganz besonders für die strukturelle Ausgestaltung der staatlichen Organisation.

Die Realisierung einer Rechtsordnung erfordert nicht nur die gesetzliche Ausgestaltung des Privatrechts, sondern vor allem die Organisierung ihrer Durchsetzbarkeit durch die Schaffung einer richterlichen Gewalt, die entscheidet, was im Konfliktsfalle rechtens ist, und die Schaffung einer Polizeigewalt, die das, was rechtens ist, effektiv gegen den Widerstrebenden durchsetzt. Es ist nicht allzu schwer, die Notwendigkeit dieser Gewalten und ihrer Unabhängigkeit voneinander und von der Legislative darzutun. Aber nun taucht ein ernstes Problem auf, das nie so recht deutlich gesehen wird. Die Legislative gestaltet nicht nur die Rechtsordnung, wie etwa gegenwärtig unser Familienrecht, sondern sie faßt laufend Beschlüsse von der Art der Steuergesetze, sie beschließt, an eine gewisse Personengruppe Renten auszuwerfen, sie beschließt Verträge mit anderen Staaten, öffentliche Arbeiten und dergleichen mehr, die dann von der Regierung ausgeführt werden. Nehmen wir die Legislative als Repräsentanz des gesamten Volkes, so können wir sagen, sie handelt in dessen Namen, das heißt, sie überführt, indem sie die Maximen des Handelns aufstellt und die Ausführung der Regierung überläßt, die gegenwärtige Situation in eine andere. Das ist eine legitime Aufgabe, aber diese ist von der eigentlichen Gesetzgebung, die die Rechtsordnung ausgestaltet, wohl zu unterscheiden. Es ist eine lediglich aus praktischen Rücksichten zweckmäßige Arbeitsteilung, wenn die effektive Durchführung dieser Beschlüsse als Sache der Regierung angesehen wird. Eine Trennung zwischen legislativer Gewalt in diesem zweiten Sinne und administrativer Gewalt hat keinerlei Notwendigkeit, während die Polizeigewalt, die das, was rechtens ist, durchsetzen soll, offenbar nicht selber die Gesetze machen darf und umgekehrt.

Man muß diese Unterscheidung beachten, wenn man Stellung nehmen will gegenüber einem Problem, das sich in den ersten Anfängen herauszukristallisieren beginnt. Die modernen elektronischen Rechenmaschinen sind der ökonomischen Theorie zu Hilfe gekommen. Diese konnte zwar schon gewisse Gleichungssysteme für bestimmte Situationen aufstellen, aber praktisch nicht lösen, einfach weil der Rechenprozeß zu lange dauert. Mit Hilfe moderner Rechenmaschinen wird das möglich, und damit läßt sich sagen, was in gewissen Situationen von der Regierung zweckmäßigerweise zu tun ist. Dem parlamentarischen Mehrheitsbeschluß tritt die eindeutige wissenschaftliche Entscheidung der betreffenden Frage gegenüber.

Daß solche Entscheidungen heute noch erst in sehr begrenztem Maße möglich sind, darf nicht darüber hinwegtäuschen, daß die Entwicklung der Wissenschaft, der Nationalökonomie wie auch der anderen Sozialwissenschaften und der Theorie der Politik – in der Strategie ist diese Entwicklung bereits in vollem Gange – eindeutig in dieser Richtung sich bewegt. Damit werden administrative Entscheidungen, die nach der bisherigen Praxis der Legislative zustanden, der Diskussion entzogen, und das läge dann insofern folgerichtig im Sinne der alten liberal-demokratischen Ideologie, als nach dieser gerade die parlamentarische Diskussion durch den Austausch von Argument und Gegenargument der Ermittlung des Richtigen und Wahren dienen sollte. Aber die Aussicht, die dem Stande der Wissenschaft gemäße eindeutige richtige Entscheidung treffen zu können, über die sinnvoll nicht mehr diskutiert werden kann, erschreckt uns tief.

Ehe wir diesen Aspekt in das Licht, wenn wir so sagen dürfen, des erörterten Zusammenhanges von Handeln, Technik und Recht rücken, müssen wir wenigstens kurz eine weitere wissenschaftliche Entwicklung streifen, die mit der dargelegten in engem Zusammenhang steht, die sogenannte Theorie der Gesellschaftsspiele, die der Mathematiker Johann von Neumann entwickelt hat. Diese mathematische Theorie hat ihren Namen davon, daß die an sogenannten Gesellschaftsspielen wie Poker, Skat und dergleichen Modelle hat. Neumann kam auf die Idee, solche Gesellschaftsspiele mathematisch zu behandeln und hierfür besondere mathematische Methoden zu entwickeln. Ökonomische Probleme und Probleme der Strategie erwiesen sich der Behandlung mit diesen Methoden als zugänglich, und interessanterweise gerade solche, denen gegenüber die bisherigen mathematischen Methoden versagten. So viel darf jedenfalls gesagt werden, daß es Neumann gelungen ist, gerade solche neuen mathematischen Strukturen aufzudecken, die Handlungszusammenhängen, insbesondere auch politischen, zugrunde liegen.

Man könnte also die Politik gewissermaßen als ein Gesellschaftsspiel betrachten – »gewissermaßen« –, denn es treten nur eben bei den Gesellschaftsspielen und in der Politik gleiche oder ähnliche Strukturen auf. Dann liegen die Dinge so, daß die Regierung unter den Bedingungen des wissenschaftlichen und technischen Fortschritts, mit dem wir nun einmal werden rechnen müssen, jedem anderen Spieler in diesem Spiel überlegen ist. Und diejenige Stabilisierung des Systems im mathematischen Sinne, die erforderlich ist, um hinreichend sichere Voraussagen treffen zu können, kann erreicht werden dadurch, daß die Masse der Spieler in genügender Unwissenheit gehalten wird oder daß die Entscheidungen auf einen oder wenige Spieler konzentriert werden. Das ist, wie Norbert Wiener[3] sagt, die harte Lektion nüchterner Mathematik. So ergibt sich auch unter diesem Aspekt die gleiche Tendenz, die wir schon vorhin angedeutet haben, die Tendenz zu einer – um ein Schlagwort zu gebrauchen – faschistischen Regierungsform, zum totalen Staat, zum Leviathan, der uns alle demnächst verschlingen wird, um uns in seinem Bauche eines genormten Glückes teilhaftig werden zu lassen.

Aber ist das nun das letzte oder auch nur das vorletzte Wort der Wissenschaft? Eine solche Folgerung wäre viel zu vorschnell gezogen. Gewiß mag es gut und gern möglich sein, daß wir uns eines Tages im Bauche des Leviathan wiederfinden, aber was uns dann dahin geführt haben wird, wäre nicht das Schicksal, ist auch nicht das vielberufene Wesen der Technik gewesen, sondern Dummheit und also, möchten wir hinzufügen, auch nicht »die« Wissenschaft.

3 Norbert Wiener, *Mensch und Menschmaschine* (Frankfurt a. M. 1952), S. 190.

Es ist kein Zufall, daß die Mathematiker und Techniker oder die Soziologen, die heute entsetzt oder mit Genugtuung auf das über uns hängende Damoklesschwert der Regierungsmaschine hinweisen, keinen Gedanken daran verschwenden, daß möglicherweise die menschlichen Angelegenheiten, und um solche handelt es sich auch hier, einer rechtlichen Formung und Ordnung fähig sind. Das ist kein Zufall, denn wie ich schon sagte, ist völlig das Bewußtsein geschwunden, daß das Recht seine eigenen Prinzipien habe, die ihm allein zugehören.

Wie nimmt sich nun der dräuende Leviathan im Lichte des Gedankenganges aus, den wir zurückgelegt haben? Erinnern wir uns, daß die Legislative zweierlei Funktionen erfüllt: Erstens gibt sie Gesetze, das heißt sie gestaltet die Rechtsordnung, in deren Rahmen sich alle Situationsumformungen abzuspielen haben. Sodann aber formt sie selber Situationen um, wobei die Regierung ihr Vollzugsorgan ist. Die gegenwärtig noch utopische Regierungsmaschine liefert ihre brauchbaren Resultate nur für diese zweite Funktion, die damit praktisch an die Regierung überginge. Es wäre im allgemeinen kein gar so großes Unglück, wenn die Regierung nachweislich richtige Entscheidungen träfe, anstatt fragwürdige Entscheidungen einer Parlamentsmehrheit zu exekutieren. Aber es käme darauf an, das Wirkungsfeld der Regierung sinnvoll zu begrenzen. Das entscheidende Problem ist also die Verfassungsfrage. Die strukturelle Theorie des Rechtes, die wir im Auge haben, erlaubt gerade hier Antworten, die aus den Prinzipien des Rechtes fließen. Denn ob nun das Parlament oder die Regierung das gesamte Volk repräsentieren, so kann das gesamte Volk nur rechtens solche Situationsumformungen treffen, die sich auf Situationen, in denen es in seiner Gesamtheit steht, beziehen. Es dürfte keine unlösbare Aufgabe sein, Kriterien zu entwickeln, die die Abgrenzung der allgemeinen Situationen von den nicht allgemeinen gestatten. Der totale Staat ist aber dadurch definiert, daß er eine solche Abgrenzung nicht kennt und nicht anerkennt.

Es soll hier nicht eine Staatsutopie entwickelt werden für eine Technik, die noch im Felde der Zukunft liegt, wenn ihre wissenschaftlichen Voraussetzungen sich auch schon zu realisieren beginnen. Es kam nur darauf an, zukünftige technische Möglichkeiten aufzuzeigen und an ihnen darzutun, daß wir nicht nur streben müssen, die Sozialwissenschaften als die Wissenschaft des menschlichen Handelns soweit zu entwickeln, daß sie den Vergleich mit den Naturwissenschaften nicht zu scheuen brauchen, sondern daß es ebenso nötig ist, daß wir uns auf die Prinzipien des Rechtes besinnen und diese so formulieren und theoretisch durchdringen und entwickeln, daß wir imstande sind, sie *effektiv* auf die Technik als den Inbegriff der Handlungsmöglichkeiten anzuwenden. Daher genügt es nicht, Kataloge von Grundrechten aufzustellen, die man andern Katalogen, die unter gänzlich andern technischen Voraussetzungen entstanden sind, entnommen hat. Zwischen der virginischen Erklärung der Rechte von 1776 und der französischen von 1789 und uns liegt die Entwicklung der wissenschaftlichen Theorienbildung, die unsere Handlungsmöglichkeiten so ungemein erweitert hat und deren Entwicklung seitdem beherrscht und weiterhin beherrschen wird. Die Technik stellt uns so aufs neue die Frage nach den Prinzipien des Rechts, und wir müssen darauf eine wissenschaftliche Antwort finden. Dann sollte es uns auch gelingen, den Leviathan einer Technik, die ihre alten Fesseln sprengt, so zu zähmen, daß unser Handeln, selbst unter den Bedingungen modernster Technik, vielleicht verdient, nicht nur im trivialen Sinne des Wortes menschlich zu heißen.

(1965)

Philosophie der Politik

I.

Nach Christian Wolff ist Politik derjenige Teil der Philosophie, in dem der Mensch als im Gemeinwesen oder bürgerlichen Zustand lebend betrachtet wird. Trotz der großen Bedeutung Wolffs für die Befestigung und Fortbildung der deutschen philosophischen Terminologie wird man in den zahlreichen Einteilungen der philosophischen Disziplinen den Namen »Politik« nur spärlich finden. Was dann im 19. Jahrhundert sich unter diesem Namen vorstellt, hat selten eigentlich philosophischen Charakter (wie etwa bei dem Friesschüler Apelt), sondern ließe sich eher als eine Theorie der Politik kennzeichnen, wofür die Schriften der Dahlmann, Roscher, Holtzendorff, Treitschke, Ratzenhofer als Beispiel stehen mögen. Freilich stellen diese Theorien der Politik nicht gerade das dar, was man in einem strengeren Sinne als »Theorie« bezeichnen könnte oder sollte. In ihnen fließt vielerlei zusammen: empirische Beschreibungen und Klassifizierungen von Staatsformen und politischen Vorgängen, politische Kunstlehren, politische Ideologie und auch Staatsphilosophie und nicht zuletzt viel Dogmengeschichtliches von Platon und Aristoteles über Machiavelli bis zu Rousseau, Kant und dem deutschen Idealismus. In all dem gehen die Ansätze zu einer empirischen *Theorie* der Politik fast mehr unter, als daß sie entwickelt und ausgebaut würden, von einer Philosophie der Politik zu schweigen.

Die Gründe dafür, daß sich bei uns eine eigentliche Philosophie der Politik nicht entwickelt hat, während sie im angelsächsischen Kulturkreis auf eine jahrhundertelange ungebrochene Tradition zurückblicken kann, sind sehr mannigfaltig. Wo sie auftrat, geschah es im Rahmen des Naturrechtes, dessen Tradition im 19. Jahrhundert abriß. Seine Stelle nahm ein, was wir seitdem als Rechts- und Staatsphilosophie kennen. Hier nun wurde entscheidend, daß im Anschluß an Hegel, insbesondere durch Lorenz von Stein, die schroffe Scheidung zwischen Staat und (bürgerlicher) Gesellschaft sich durchsetzte. Das war keineswegs bloß Ausfluß theoretischer Überlegung oder philosophischer Spekulationen, sondern muß durchaus von den besonderen politischen Verhältnissen Deutschlands her verstanden werden. Die bürgerliche Revolution von 1848 scheiterte, die Parlamentarisierung der konstitutionellen Monarchie, die allein das Bürgertum zur staatstragenden Schicht wie in Frankreich oder England hätte machen können, erfolgte 1918, während die industrielle Revolution längst die Schwergewichte im Volkskörper grundlegend verschoben hatte. Die Folge war ein Auseinanderfallen von Staat und Gesellschaft, wie in der politischen und sozialen Wirklichkeit so in der Theorie. Damit aber fehlte für die Ausbildung einer Philosophie wie einer Theorie der Politik der Boden der Anschauung. Das Subjekt aller Politik war der Staat, und dem trugen Staatsphilosophie und Staatstheorie Rechnung.

Wie sehr die Ausbildung der Theorie und Philosophie der Politik als Disziplinen von einer innigen Verbindung und Verflechtung der sozialen Mächte mit den staatlichen Institutionen abhängig ist, läßt sich am Beispiel Frankreichs und Englands überprüfen. Seit dem 19. Jahrhundert ist in Frankreich der Staat in eine starke Abhängigkeit von den sozialen Mächten geraten mit der in unserm Zusammenhange bemerkenswerten Folge, daß es hier die Sozialphilosophie war, die die Nachfolge des Naturrechtes antrat und die so wenig wie die Staatsphilosophie in Deutschland eine eigentliche Philosophie der Politik aufkommen ließ, es sei denn bei oppositionellen Konservativen wie Bonald und de Maistre und bei einem so scharfblickenden Kritiker und guten Kenner der amerikanischen Demokratie wie Tocqueville. So ist es kein Zufall, daß England mit seinem um vieles ausgeglicheneren Verhältnis von Staat und Gesellschaft die Heimstätte politischer Philosophie wurde und nächstdem auch Italien (Rosmini, Croce, Oriani) und die Vereinigten Staaten von Amerika.

Nun ließe sich die Philosophie der Politik bis auf Platon zurückverfolgen und die Theorie der Politik bis auf Aristoteles. Aber es kommt uns hier nicht darauf an, die wechselvolle Geschichte der Philosophie der Politik zu erzählen, sondern die gegenwärtige Problemlage dieser Disziplin zu entfalten und gegen die einer empirischen Theorie der Politik abzugrenzen. Dazu eben empfahl sich, einen Blick auf das 19. Jahrhundert zu werfen, in dem sich die Demokratisierung der abendländischen Staatenwelt anbahnte und durchzusetzen begann. Denn was heute im Zentrum aller Philosophie und Theorie der Politik steht, ist das Problem der Demokratie. Um dieses aber recht zu erfassen, bedarf es der

Befreiung von gewissen Einengungen des Blickfeldes, wie sie, je nach den politischen und sozialen Verhältnissen, im 19. Jahrhundert natürlich waren.
Diese Einengungen betreffen das Aufgehen der Philosophie der Politik entweder in der Staatsphilosophie oder in der Sozialphilosophie. Es kommt hier selbstverständlich nicht auf die Bezeichnungen an: man kann die Begriffe des Staates und des Sozialen so weit oder so eng definieren, daß sie den Raum des Politischen decken. Aber eine Staatsphilosophie, die sich an den herkömmlichen staatlichen Institutionen orientiert, hat Schwierigkeiten, all den heute politisch wirksamen Mächten gerecht zu werden, die von diesen staatlichen Institutionen verschieden sind, wie etwa den politischen Parteien, den Gewerkschaften, den Kirchen. Andererseits wird eine sozialphilosophische Auffassung der Politik dazu neigen, die staatlichen Institutionen als bloßes Mittel für die Durchsetzung der Interessen sozialer Gruppen anzusehen und die Rolle des Rechtes zu unterschätzen. Damit soll noch nichts darüber gesagt sein, wie eine Philosophie der Politik Parteien und Gewerkschaften, wie die herkömmlichen Institutionen zu bewerten hat. Nur muß sie ihren Ansatzpunkt so wählen, daß sie nicht von vornherein auf bestimmte politische und soziale Zustände, auf bestimmte Staatsformen zugeschnitten ist und für andere Zustände und Staatsformen ihre Maßstäbe schließlich nur dem entnimmt, was in einem gewissen Raume zu irgendeiner Zeit sich als geschichtlich gegeben darbietet.
Diese Gefahr liegt um so näher, als sich die westliche Welt auf eine Art von Demokratie hin entwickelt, die den westlichen »way of life« der restlichen Menschheit als Ideal zu präsentieren unternimmt, was durch den Umstand erleichtert wird, daß der kommunistische Totalitarismus der Sowjetunion und Chinas als so radikal von allen westlichen Vorstellungen von Demokratie verschieden erscheint, daß es schwer hält, sich auch nur eine Evolution dieses Systems vorzustellen auf einen Zustand hin, der unsern eigenen Idealen Genüge täte. Aber nicht nur das. Wir müssen befürchten, daß unsere eigenen staatlichen Institutionen uns nicht eine Zukunft garantieren, die unseren Idealen entspricht, daß die technische Entwicklung das überrollen könnte, was wir als Sicherung unserer Freiheit institutionell verankert haben. So erscheint vor allem der Parlamentarismus als bedroht: in einer höchst bemerkenswerten und auf den ersten Blick para-

doxen Weise hat sich die Kritik an ihm verkehrt. Früher ging sie vor allem von den Konservativen aus, die in ihrem Glauben, daß alle Stabilität eines Staates auf traditionellen Bindungen beruhe, in der Parlamentarisierung nur eine Vorstufe zu Anarchie sahen, zu einer Freiheit, die sich bald keine Zügel mehr würde anlegen lassen, es seien denn die harten und unbarmherzigen Zügel einer Diktatur. Heute hingegen werden die Bedenken gegen den von einer Parteiendiktatur beherrschten Parlamentarismus gerade im Namen der Freiheit vorgebracht, von Kritikern, die man als Liberale ansprechen muß.

Unter unseren politischen Ideen findet sich keine, die wir nicht wenigstens dem 19. Jahrhundert verdankten. Sie sollen auf politische Situationen angewendet werden, die sich seit dem Ausbruch des ersten Weltkrieges vollkommen geändert haben im Vergleich zu denjenigen, auf die sie eine Antwort geben sollten. Überdies waren diese Ideen, als sie in Nordamerika und in Frankreich zu politischen Leitworten wurden, Ausdruck von Interessen, die so jedenfalls heute überall nicht mehr bestehen. Die Folge ist, daß zwischen unseren politischen Ideen und der politischen Wirklichkeit unserer Zeit kaum mehr eine Beziehung besteht. In der Demokratie unserer Zeit drohen Schein und Wirklichkeit immer mehr auseinanderzufallen.

2.

So wäre eine Philosophie der Politik wahrhaft zeitgemäß. Ihre eigentümliche Schwierigkeit liegt darin, daß sich die vielfältigen Fäden, die die Vergangenheit angesponnen hat, nicht einfach fortspinnen lassen. Es bedarf eines neuen Ansatzes. Das Bedürfnis, einen solchen zu machen, ist immer wieder ausgesprochen worden, aber über eine Analyse unserer Situation sind wir kaum hinausgekommen. Der Ruf nach neuen Leitideen unseres politischen Verhaltens ist unbeantwortet geblieben. Die Philosophen schweigen.

Nehmen wir aber dieses Schweigen als Antwort, so würde es bedeuten, daß die »Ideen« unserer Demokratie, also in erster Linie Freiheit und Gleichheit, festgehalten werden müssen. Doch sofort melden sich hier Bedenken. Denn wenn eines durch die geschichtliche Entwicklung seit der Französischen Revolution erwiesen zu sein scheint, so ist es die letztliche Unvereinbarkeit gerade dieser beiden Ideen. Schon Napoleon hatte das gesehen, und der schärfste politische Analytiker der ersten Hälfte des 19. Jahrhunderts, Tocqueville, hatte eben darauf seine Prognose gebaut, daß die egalitäre Demokratie zur kommunistischen Diktatur führen werde. Wo immer die Idee der Gleichheit herrscht und mit der Idee der Freiheit zu verschmelzen versucht wird, läßt sich eine typische Umdeutung der letzteren beobachten. Man setzt an die Stelle der »negativen Freiheit« eine »positive«, die darin besteht, mit den Forderungen und Zielen der egalitären Gesellschaft in Übereinstimmung sein zu dürfen. So setzt etwa Laski die »positive Freiheit« mit der »vollsten Entwicklung des Gemeinbesitzes« gleich. Es ist dann die Aufgabe einer »psychologischen Politik«, den Menschen das Gefühl von Freiheit zu vermitteln.

Wenn wir trotzdem an beiden Ideen, an der Freiheit wie der Gleichheit, festhalten wollen, so werden wir beide zunächst so abstrakt wie möglich fassen müssen. Nur so können wir hoffen, ihrer Unvereinbarkeit bei ihrer Konkretisierung rechtzeitig zu begegnen. Dabei setzen wir voraus, daß beide überhaupt einer philosophischen Begründung fähig sind. Denn die Philosophie muß eine solche Begründung leisten können, wenn sie mit ihnen arbeiten will. So stehen wir zunächst vor der Aufgabe, eine solche Begründung wenigstens zu skizzieren. Erst dann lassen sich die weiteren Schritte tun, die uns in die Philosophie der Politik hineinführen.

Will man philosophisch von der Politik handeln, so wird man bei der Philosophie des Handelns ansetzen müssen, also bei der Ethik, und zwar nicht, um die politischen Handlungen eines Menschen nach ethischen Maßstäben zu bewerten, sondern vielmehr um eine Philosophie der Politik zu entwickeln. Wir wählen daher, da Politik das äußere Verhalten des Menschen betrifft, unsern Ausgangspunkt in der Rechtsphilosophie. Wir können das tun, ohne auf die Ethik rekurrieren zu müssen. Die Rechtsphilosophie entspringt zwar der ethischen Grundfrage nach der Autonomie, aber sie setzt nicht die Entwicklung der Ethik voraus. Autonomie bedeutet die Fähigkeit des freien Willens, sich in seinen Entscheidungen nicht nur nach Gesetzen zu richten, sondern sich diese Gesetze selber zu geben. Die Gesetzgebung, die sich der Wille selber auferlegt, muß dahin führen, daß die Handlungen, die unter ihr in konkreten Situationen als zulässig gelten, miteinander verträglich sind. Wären sie das nicht, so gäbe es offenbar kein Mittel zu entscheiden, welche Handlung zugelassen sein soll, wenn zwei Handlungen miteinander kollidieren. Auch die Eindeutigkeit der Selbstgesetzgebung des Willens ist erforderlich. Denn angenommen, es sei eine Mehrzahl solcher Gesetzgebungen denkbar, so wäre jeder frei darin, welche er wählen will, und es könnte nicht ausgeschlossen werden, daß Handlungen, die nach der einen zulässig sind, mit Handlungen, die die andere zuläßt, kollidieren. Damit würde die Idee der Autonomie als verpflichtendes Prinzip alles menschlichen Handelns versagen.

Während die Ethik diese Regeln formuliert, denen gemäß menschliches Handeln stets *rechtes* Handeln im Sinne dieser Gesetzgebung ist, fällt die Konstruktion dieser Gesetzgebung selber als vornehmste Aufgabe der Rechtsphilosophie zu. Diese Aufgabe ist ein sehr abstraktes Geschäft, denn um hinreichend allgemein zu sein, muß die Rechtsphilosophie zunächst von aller inhaltlicher Bestimmtheit des Handelns absehen und nur dessen Struktur betrachten. In der Tat läßt sich zeigen, daß die Verträglichkeit der Handlungen für einen beliebigen Bereich von Handlungsmöglichkeiten rein strukturell festgelegt werden kann.

Daraus folgt zugleich der eigentliche verpflichtende Charakter dieses Systems, insofern es jeder, der sich überhaupt einer Rechtsordnung zu unterwerfen bereit ist, anerkennen muß. Sonst würde er sich mit dieser, seiner Bereitschaft, in Widerspruch setzen. Er kann eine Rechtsordnung nur ablehnen, weil sie ihm verwehrt, seine Interessen so zu verfolgen, wie es ihm wünschenswert erscheint, weil sie seine Freiheit also mehr beschränkt als ihm lieb ist. Aber wenn er sich überhaupt einer Rechtsordnung beugen will, so kann er auch wieder nichts fordern, was jede Rechtsordnung notwendig widerspruchsvoll machen würde, wenn sie gleichzeitig am Grundsatz der rechtlichen Gleichheit aller ihr Unterworfenen festhält.

Es mag auf den ersten Blick scheinen, als ob der Grundsatz rechtlicher Gleichheit aller Rechtsgenossen willkürlich vorausgesetzt werde. Nun lassen sich gewiß Rechtsordnungen angeben, in denen eine Klasse von Rechtsgenossen mit gewissen Privilegien versehen wird und deshalb der verbleibende Rest diskriminiert ist. Historisch hat es viele solche Rechtsordnungen gegeben, und es gibt sie noch heute. Aber alle diese Rechtsordnungen sind nicht von der Art, daß jedermann sie muß anerkennen können, sofern er sich überhaupt einer Rechtsordnung zu beugen bereit ist. Sie hängen in ihrer Geltung davon ab, ob diejenigen, die durch sie diskriminiert werden, diese Diskriminierung hinnehmen. Es kommt für die Rechtsphilosophie wesentlich darauf an, daß sie in dem hier angedeuteten Sinne ihrer Konstruktion einer Gesetzgebung auch eine Art von Geltung zuschreiben kann. Sehen wir so ein Prinzip der Rechtsgleichheit in der der Idee der Autonomie entspringenden Gesetzgebung fest verankert, so andererseits auch ein Prinzip der Freiheit. Das ist schon im Begriff der Autonomie begründet.

Nun muß eine positive Rechtsordnung noch anderen Anforderungen genügen, als sie an solch eine rechtsphilosophische Konstruktion zu stellen sind. Sie muß praktikabel sein. Es bedarf gewisser organisatorischer Veranstaltungen, um die Rechte der einzelnen zu sichern. Rechtsverletzungen müssen irgendwie ausgebügelt werden können. Jene Konstruktion sagt nur, daß – wenn diesem System gemäß gehandelt wird – Kollisionen zwischen irgendwelchen Handlungen nicht stattfinden. In der Wirklichkeit finden aber ständig Kollisionen statt, und der Zustand, der nach dem System allein ein rechtlicher wäre, ist oft nicht mehr herstellbar. Es muß also definiert werden, was dann als rechtlicher Zustand gelten soll: das Schadensersatzrecht z. B. dient im wesentlichen diesem Zwecke.

Bei der Positivierung des Rechts sprechen also Momente pragmatischer Natur mit. Die Verfahren, mittels deren das positive Recht gewonnen wird, sind denn auch sehr verschiedene. Sie waren beim Pandektenrecht andere als nach Einführung der großen zivilrechtlichen Kodifikationen, sie sind auf dem europäischen Kontinent andere als in den Gebieten des Common Law. Dabei ist es aber nicht so, daß hier ein Verfahren dem anderen durchaus überlegen wäre. Die Kodifikationen haben der juristischen Feinheit der Fallbehandlung eher Abbruch getan, das angelsächsische Präjudizienrecht dürfte der Rechtssicherheit eher zuträglicher sein als unser Gesetzesrecht. Gefordert für die Feststellung und Fortbildung der positiven Rechtsordnung ist unter rechtsphilosophischem Gesichtspunkt nur eine Methode, aber es läßt sich keine Methode angeben, die absolut den Vorzug vor anderen verdiente. Von einer solchen Methode wird nur verlangt, daß sie die Handlungsmöglichkeiten nicht unnötig einenge und daß sie den Grundsatz der rechtlichen Gleichheiten aller Rechtsgenossen beachte.

3.

Nennen wir die Organisation, die die Positivierung der Rechtsordnung leistet und für die Sicherung der Rechte der Einzelnen Sorge trägt, *Staat*, so erfüllt dieser offenbar wenigstens drei Funktionen: die der Positivierung und Fortbildung des Rechtes, die der Feststellung dessen, was im Einzelfalle rechtens ist, die des Schutzes gegen den Rechtsbrecher, oder wenn wir die traditionellen Namen einsetzen: die der Legislative, der Justiz und der Exekutive (im Sinne der Polizei).
Sind die Funktionen des Staates damit erschöpft? Keineswegs. Wie vortrefflich auch eine auf den Prinzipien der Freiheit und Gleichheit aufgebaute Rechtsordnung sein mag, wie effektiv auch ihre Rechtsschutzeinrichtungen getroffen sein mögen, so können sie nicht verhindern, daß im Staate soziale Spannungen entstehen, die die Fortgeltung der positiven Rechtsordnung bedrohen. Die Rechtsordnung selber liefert keinerlei Mittel, um das Aufkommen solcher Spannungen zu verhindern. Dazu bedarf es einer besonderen Steuerung der im Staate und auf dem Boden der Rechtsordnung stattfindenden Handlungen, und diese Steuerung ist die wesentliche Funktion einer Regierung.
Weiterhin tritt der Staat handelnd nach außen hin auf, er befindet sich als Staat unter andern Staaten, muß also diesen gegenüber irgendwie repräsentiert werden.
Schließlich und endlich ergeben sich, insbesondere unter den modernen industriellen Verhältnissen, viele Aufgaben, die von den Einzelnen nicht oder nur schwer geleistet werden können und deshalb zweckmäßigerweise von staatlichen Institutionen übernommen werden, Verwaltungsaufgaben. Es muß hier aber beachtet werden, daß die administrativen Aufgaben, wo sie nicht unmittelbar wie bei der Justiz-, Finanz-, Polizeiverwaltung den notwendigen staatlichen Funktionen dienen, nicht als notwendige staatliche Aufgaben betrachtet werden dürfen. Das ist wesentlich für die Beurteilung des Verhältnisses dieser Verwaltungszweige zu den einzelnen Staatsbürgern.
Wir erhalten so eine Sechszahl von Staatsfunktionen an Stelle der

traditionellen Dreizahl: Legislative, Justiz, Polizei, Steuerung, Repräsentation, Administration. Die traditionelle Lehre von den drei Gewalten im Staate faßt die letzten vier unter dem Titel der Exekutive zusammen. Das ist aus einer Zeit heraus zu verstehen, als diese Funktionen eindeutig im Monarchen vereinigt waren, dem relativ unabhängig die Ständeversammlung und die Justiz gegenüberstanden. Nichtsdestoweniger handelt es sich um deutlich voneinander verschiedene Funktionen, die sich seit dem 19. Jahrhundert auch personell immer schärfer herausdifferenziert haben.

Seit Locke und insbesondere seit Montesquieu hat man immer wieder die Meinung vertreten, zur Sicherung gegen die Despotie sei eine Trennung der Gewalten erforderlich. Sie enthält in einer sehr einfachen Form den richtigen Gedanken, daß in einem Rechtsstaate, d. h. in einem Staate, in dem der Staatszweck der Sicherung der Rechte aller realisiert sein soll, ein gewisses Gleichgewicht zwischen den staatlichen Institutionen herrschen muß. Dieser Gleichgewichtsgedanke hat im Verfassungsleben der Vereinigten Staaten eine wichtige Rolle gespielt. In den Demokratien Europas ist eine Gewaltenteilung stets nur sehr unvollkommen durchgeführt worden. Sie reduziert sich fast auf die Unabhängigkeit der Justiz von Parlament und Regierung, und in dieser Hinsicht muß eine scharfe Scheidung bestehen, wenn der Rechtsstaatscharakter gewahrt bleiben soll. Freilich muß eine Einschränkung gemacht werden. Schon beim Gesetzesrecht ist oft schwer die Grenze zu bestimmen, wo die (höchst)richterliche Interpretation von der bloßen Feststellung gesetzten Rechtes in die Schöpfung neuen Rechtes übergeht. Beim Präjudizienrecht angelsächsischer Prägung ist dieser Übergang ganz offensichtlich. Rechtsphilosophisch läßt sich dagegen auch nichts einwerfen, sofern es sich dabei eben um die Positivierung einer Rechtsordnung handelt, die hinter und über allem positiven Rechte steht. Unter dieser Voraussetzung ist auch eine Korrektur des vom Parlament erlassenen Gesetzesrechtes durch die Justiz durchaus sinnvoll, da das Parlament als Legislative unter dieser Rechtsordnung nicht anders steht als die Justiz auch. Die sogenannten Grundrechte der Verfassungen haben ihren Sinn als Fingerzeige auf eine solche Rechtsordnung, die es im positiven Rechte zu konkretisieren gilt.

Wir haben gesagt, das Problem der Gewaltenteilung sei ein

Gleichgewichtsproblem. Wenn wir es als solches stellen, so läßt sich das kaum tun, ohne auf die realen Machtverteilungen im sozialen Körper, der im Staat zusammengeschlossen ist, Bezug zu nehmen. Im 18. Jahrhundert konnte man davon noch absehen, heute kann man es nicht mehr. Wir haben politische Parteien, die anders sind als die Fraktionen der gleichen Oberschicht. Wir haben die Gewerkschaften und sonstigen Verbände, die sehr wirksame Mächte darstellen. Im Plenum eines Parlaments fallen selten mehr die Entscheidungen, mehr schon in den Ausschüssen, manchmal auch, kaum mehr kontrollierbar, außerhalb der dafür vorgesehenen Institution.

Für die Philosophie der Politik kommt es nur auf die möglichste Stabilität einer Staatsform an, die gewissen Forderungen genügt. Diese Forderungen sind die folgenden:

1. Die positive Rechtsordnung soll die Freiheit des Handelns der einzelnen Staatsbürger nicht mehr als nötig beschränken.
2. Die Gleichheit aller vor dem Gesetz soll gewährleistet sein.
3. Die Sicherung der Rechte aller soll gewährleistet sein.
4. Die Steuerung durch die Regierung soll auftretende soziale Spannungen hinreichend mildern.
5. Die Verwaltung soll das öffentliche Interesse wahrnehmen.

Von diesen Forderungen betreffen die erste und zweite die legislative Funktion, die zweite und dritte vor allem Justiz- und Polizeifunktion. Die vierte und fünfte beziehen sich auf die Steuerungs- bzw. die Verwaltungsfunktion. Außer Betracht lassen wir vorerst die Funktion der Repräsentation des Staates nach außen, da die mit der Außenpolitik zusammenhängenden philosophischen Fragen eine gesonderte Behandlung erfordern.

Will man eine Antwort auf die Frage finden, wie ein Staatswesen beschaffen sein müsse, das diesen fünf Forderungen entspricht, und wie sich organisatorisch seine Stabilität sichern lasse, so bleibt nichts übrig, als sich an die Theorie der Politik um Auskunft zu wenden, wenn man sich nicht mit den sicherlich sehr schätzenswerten, aber doch eben zufälligen historischen Erfahrungen, die die Menschheit irgendwo und irgendwann gemacht hat, begnügen will. Diese historischen Erfahrungen haben den kaum bestreitbaren Nachteil, daß sie dem, der sie im guten Sinne gemacht hat, nicht viel helfen, weil er sie, um so fortzufahren, nicht braucht, während sie dem, der sie brauchte, nicht viel nützen, weil seine Situation allzu verschieden von der ist, in der sie gemacht wurden. Die Versuche, vor allem der Vereinigten Staaten, ihre Form von Demokratie auf andere Staatswesen zu übertragen, bei denen die historischen Voraussetzungen gänzlich andere sind, haben nur zu schnell die Problematik dieses Unterfangens erwiesen. Hier könnte nur eine umfassende Modellanalyse weiterhelfen, die mit solchen Randbedingungen arbeitet, die einigermaßen den Voraussetzungen entsprechen, mit denen ein praktischer Versuch der Neuordnung von Staatswesen jeweils zu rechnen hätte. Leider ist diese Aufgabe der Theorie der Politik kaum in Angriff genommen, ja die Aufgabe selbst wird von den Vertretern der Wissenschaft der Politik, die meist mehr historisch oder verwaltungswissenschaftlich oder staatsrechtlich orientiert sind, kaum schon gesehen. Erst in jüngster Zeit sind Versuche unternommen worden, einmal exakter das relative Gewicht gewisser Ämter und Institutionen in den Vereinigten Staaten zu bestimmen. Die Entwicklung der nötigen Methoden steckt noch ganz in den Anfängen. Es ist aber ein aussichtsloses Unterfangen, Gleichgewichts- und Stabilitätsprobleme lösen zu wollen, wenn man sich über das relative Gewicht der Institutionen keinerlei Vorstellungen bilden kann.

Immerhin sind neuerdings anderswo Methoden entwickelt worden, die sich auf diesen Problemkreis anwenden und für ihn weiterentwickeln ließen. So könnte man das Problem der Stabilität eines Staatswesens als einen Regelungsvorgang betrachten, also die Modelle der Regeltechnik, die unter dem Namen Kybernetik eine gewisse Popularität erlangt hat, zur Analyse politischer Vorgänge so verwenden, wie man sie schon mit Erfolg für die Analyse biologischer und auch – in Anfängen – volkswirtschaftlicher Prozesse benutzt hat. Sodann läßt sich an eine Anwendung der Methoden der mathematischen Spieltheorie denken, die bereits für die Volkswirtschaftslehre eine wesentliche Bedeutung gewonnen haben. Für den Bereich der Politik käme vor allem die Theorie derjenigen Spiele, die nicht Nullsummenspiele sind, in Betracht, der man sich seit einiger Zeit zugewandt hat.

Die Theorie des Rechtsstaates hatte es stets als wesentlich angesehen, daß die Gesetze allgemein seien in dem Sinne, daß sie für alle gelten, die es angeht, ohne daß der Kreis derer, die es angeht, anderweitig festgelegt ist. So darf man den Erwerb eines landwirtschaftlichen Betriebes an gewisse Voraussetzungen in der Person des Erwerbes knüpfen, wie seine »Bauernfähigkeit«, aber nicht

daran, daß er einer bestimmten Religionsgemeinschaft angehört oder nicht angehört. Demgegenüber erscheint dann die Regierungstätigkeit als das Eingreifen im Einzelfall. Hier nun müssen wir genauer zwischen der Steuerung und Verwaltung unterscheiden. Es ist für die Steuerung im Rechtsstaate wesentlich, daß auch sie in einem bestimmten Sinne »allgemein« ist und es ganz und gar nicht, wie die Verwaltung, mit der Gestaltung des konkreten Einzelfalles zu tun hat. Die Steuerung betrifft stets die Gesamtsituation der im Staate zusammengeschlossenen Bürger, gleichgültig ob man nun diese Gesamtsituation über der Gesamtheit der einzelnen Individuen oder über »Klassen« von solchen definiert – »Klasse« selbstverständlich hier im neutralen Sinne der Logik, nicht im Sinne der marxistischen Theorie verstanden. Dann hat es die Steuerung mit der Entwicklung dieser Gesamtsituation zu tun, wie sie sich aus den zu erwartenden Handlungen der einzelnen ergibt. Das bedeutet, daß die Steuerung darin besteht, daß sie gewisse Wahrscheinlichkeitsverteilungen von Handlungen verändert, nicht aber darin, daß sie den Bürger A zu diesem, den Bürger B zu jenem bestimmten Handeln zwingt.
Es ist offenbar gleichgültig, jedenfalls hinsichtlich des Steuerungsproblems im allgemeinen, ob diese Art der Steuerung ausgeübt wird durch gewisse Veränderungen der positiven Rechtsordnung oder durch Maßnahmen wie Änderung des Diskontsatzes, öffentliche Investitionen usw. Von da aus fällt etwas Licht auf das Problem der Gewaltenteilung, insofern es offenbar darauf ankommt, die die Steuerung ausübenden Institutionen daran zu hindern, die Steuerung in solcher Form auszuüben, daß sie einen bestimmten Bürger zu einem bestimmten Handeln zwingen, statt sich darauf zu beschränken, die Wahrscheinlichkeit von gewissen Verhaltensweisen zu alterieren.
Anders liegen die Probleme der Verwaltung. Sie zentrieren sich um zwei Punkte: den der Sachgerechtigkeit und den des öffentlichen Interesses. Man darf das letztere nicht zu einem Mythos machen, in dessen Nebel es der öffentlichen Hand möglich ist, auf Straßenraub an den Staatsbürgern auszugehen, sondern muß erkennen, daß hinter dem öffentlichen Interesse nichts anderes steht als die wohlverstandenen Interessen der einzelnen Bürger, die in ihm zu einem Ausgleich gebracht werden. Von daher wird verständlich, daß das Verwaltungsgerichtsverfahren kein Parteienprozeß ist, nicht weil der Staat und seine Institutionen etwas so

Erhabenes sind, daß sie nicht auf die gleiche Ebene mit dem Staatsbürger gestellt werden dürfen, wie man vielleicht meint, sondern weil die Funktion der Behörde darin besteht, zwischen berechtigten Interessen von Bürgern auf gewissen Sachgebieten einen Ausgleich zu schaffen und sie in diesem Sinne wahrzunehmen. Im Verwaltungsgerichtsverfahren wird denn auch der beklagten Behörde zugemutet, die berechtigten Interessen des Klägers zu den ihren zu machen und sie in ihrem ganzen Gewicht zu berücksichtigen. Von dieser Auffassung her wird auch der unberechtigte, weil berechtigte Interessen verletzende Verwaltungsakt gleichwohl keine Verletzung von Rechten darstellen, zumindest im Regelfalle nicht, weil die Behörde für den Einzelnen handeln kann. Daher gehören die Verwaltungsgerichte auch nicht zur Justiz, sondern zur Verwaltung. Die gegenteilige Zurechnung der Verwaltungsgerichtsbarkeit und die Tendenz, dort, wo berechtigten Interessen nicht genug getan ist, auch schon, und gern unter Berufung auf Grundrechte, eine Verletzung von Rechten zu sehen, können nur à la longue das Verwaltungsgerichtsverfahren auf den Parteienprozeß hin abdrängen, eine Entwicklung, die alles, nur nicht verstärkte Rechtsstaatlichkeit bedeutet.

In allgemeiner Weise einen solchen Ausgleich von Interessen und damit den Begriff des öffentlichen Interesses selbst zu definieren, ist überaus schwierig. Daher legt es sich für den Verwalter nahe, sich mehr daran zu halten, sachgerecht zu verwalten, als es im öffentlichen Interesse zu tun. Was von der Sache her erfordert wird, glaubt man ja im allgemeinen zu wissen, wenn man es auch ebensowenig definieren kann. Aber der Drang der Behörden zum Perfektionismus in der Verwaltung stimmt dagegen bedenklich, die Sachgerechtigkeit als einziges Kriterium gelten zu lassen. Vielleicht darf man jedoch sagen, daß beide Forderungen äquivalent sind. Das bedeutet: wenn nicht sachgerecht, dann nicht im öffentlichen Interesse. Und weiter: wenn nicht im öffentlichen Interesse, dann nicht sachgerecht. Die erste Implikation verbietet die Pfuscherei, die zweite den Perfektionismus.

4.

Wir haben bisher die Tatsache vernachlässigt, daß sich rechtlich geordnete Gemeinwesen nebeneinander vorfinden, und zwar nicht so isoliert durch irgendwelche natürliche Grenzen, daß sie nicht voneinander Notiz nehmen könnten, müßten oder wollten. Daraus resultieren besondere Probleme, politische wie rechtliche, und diese müssen nunmehr in den Kreis der Betrachtung einbezogen werden. Die Frage ist, ob das Nebeneinander, Miteinander und Gegeneinander von solchen Gemeinwesen oder, sagen wir ruhig: Staaten, philosophische Probleme stellt.

Es kommt für die Philosophie der Politik nicht darauf an, auf Grund von irgendwelchen Annahmen oder Wünschbarkeiten auch über Außenpolitik zu räsonieren. Das vermag nur zu irgendwelchen Ideologien zu führen, an denen gerade auf diesem Felde kein Mangel ist. Wir können hier wieder nur davon ausgehen, daß die Außenpolitik ein Handeln ist, und die Frage stellen, ob für diese Art des Handelns gewisse strukturelle Gesetze bestehen, für die sich eine Art von Verbindlichkeit dartun läßt.

Es läßt sich nun nicht einfach argumentieren, daß, da alles außenpolitische Handeln letztlich auf Handlungen von Individuen zurückführbar sei, auch für dieses Handeln jene strukturelle Rechtsordnung verbindlich wäre, die wir hinter den positiven Rechtsordnungen der einzelnen Staaten erkannt hatten. In einem gewissen Sinne trifft zwar dies zu, sofern es um Handlungen geht, die zwischen Individuen als solchen stattfinden. Das sogenannte internationale Privatrecht muß durchaus auf diesem Hintergrunde gesehen werden. In der Außenpolitik jedoch handeln Individuen nur als Repräsentanten von Staaten, nicht als Einzelpersonen, und wir dürfen nicht einfach das, was für diese gilt, auch für jene in Anspruch nehmen.

Der Zweck des Staates als Organisation liegt darin, daß seine Funktionen in optimaler Weise erfüllt werden. Damit ist bereits die Aufgabe der Repräsentation eines Staates gegenüber anderen Staaten bestimmt: sie besteht in nichts anderem als darin, die Erfüllung dieses Staatszweckes zu ermöglichen, soweit das von dem Verhältnis zu anderen Staaten abhängig ist.

Man könnte versucht sein, das sich damit stellende Problem so zu umschreiben, daß man die Staaten als »moralische Personen« ansieht und nach den Bedingungen der Verträglichkeit ihrer Handlungen unter den Voraussetzungen von Freiheit und Rechtsgleichheit fragt. Die Verbindlichkeit des sich so ergebenden Rechtssystems würde dann in analoger Weise folgen, wie sich die Verbindlichkeit der strukturellen Privatrechtsordnung ergibt, eben unter der Voraussetzung, daß der Wille besteht, sich überhaupt einer Völkerrechtsordnung unterwerfen zu wollen. Dieser Gedanke läßt sich in der Tat durchführen, wenn man sich mit der Problematik des Gemeinwillens abfindet.

Auf dieser Ebene gibt es keine Organisation, die in einer der innerstaatlichen Rechtsorganisation analogen Weise das Völkerrecht positiviert und die Sicherheit der Rechte aller garantiert. Gewiß wird auch Völkerrecht durch Verträge zwischen Staaten positiviert, kann sich eine Schiedsgerichtsbarkeit entwickeln und lassen sich Sanktionen vorsehen, beschließen und durchführen. Aber all das bleibt höchst problematisch, nicht nur wie die Erfahrungen mit dem Völkerbund und den UN gezeigt haben, sondern auch aus theoretischen Gründen, und zwar insbesondere deshalb, weil vom Staatszweck her die Unterwerfung unter die Völkerrechtsordnung stets unter dem Vorbehalt steht, daß dieser Zweck keinen Schaden erleiden darf. Das gilt auf jeden Fall für die Unterwerfung unter die positivierte Völkerrechtsordnung; denn diese ist zugleich auch immer Ausdruck von Machtlagen, die der Veränderung unterworfen sind. Dabei läßt keineswegs nur die relative Ohnmacht eines Staates diese Bindungen eingehen und Beschränkungen hinnehmen, die dem wieder gekräftigten als unzumutbar erscheinen. Gerade die mächtigen Staaten müssen darauf bedacht sein, ihre Macht zu stabilisieren und zu mehren, wenn sie ihre Existenz und damit den Staatszweck nicht gefährden wollen. Dem Einzelnen kann man, wenn er meint, ihm geschähe Unrecht, zumuten, die Gerichte anzurufen und die Polizei zu alarmieren und – von Fällen der Notwehr abgesehen – es dabei zu belassen, weil der innerstaatliche Rechtsschutz wirksam genug ist. Auf dem Gebiet der Außenpolitik, des Verkehrs zwischen Staaten aber existiert eine entsprechend effektive Rechtsschutzorganisation nicht nur nicht, sondern ist auch gar nicht möglich.

Diese Verhältnisse kommen unter anderem zum Ausdruck in der Problematik der sogenannten *clausula rebus sic stantibus*, nach der die Geltung völkerrechtlicher Verträge eine Grenze darin hat, daß sich die Umstände, unter denen abgeschlossen wurde, grundlegend verändern. Man hat darüber gestritten, ob diese Klausel ein Satz des Völkerrechts sei. Man hat ihr entgegengehalten, daß der Satz *pacta sunt servanda* im Völkerrecht unbedingte Geltung habe. Die letztere mag theoretisch befriedigender sein, darf aber nicht darüber hinwegtäuschen, daß auf diesem Felde Verträge grundlegenden Veränderungen der außenpolitischen Situation jedenfalls dann nicht mehr standhalten, wenn die Chance ihrer Durchsetzbarkeit verschwindet. Das Problem des *peaceful change* kreist um eben diesen Punkt. Die Politik überschattet immer wieder das Völkerrecht, und die Mehrdeutigkeit der völkerrechtlichen Situationen, die mit dessen nur partieller Positivierung unvermeidbar ist, läßt es geradezu als Aufgabe des Staatsmannes erscheinen, wenigstens den Schein des Rechtes hinter seine außenpolitischen Aktionen zu bringen.

Nun hat die technische Entwicklung in diesem Jahrhundert eine einigermaßen paradoxe Situation heraufgeführt. Auf der einen Seite ist die Kriegstechnik so entwickelt worden, daß die hochgerüsteten Mächte sich schroffer gegenüberstehen, als dies je in der Geschichte der Fall gewesen ist. Andererseits ist durch die Vernichtungstechnik, insbesondere durch die atomaren Waffen, ein Krieg zwischen den Weltmächten ein so großes Risiko geworden, daß nicht nur der Verlierer, sondern auch der Sieger seine fast völlige Vernichtung zu gewärtigen hat. Überdies läßt die Entwicklung von Technik und Wirtschaft das bisherige Nebeneinander von souveränen Einzelstaaten insbesondere in Europa mehr und mehr als Anachronismus erscheinen. Hier hat eine Entwicklung eingesetzt, die gerade im Hinblick auf die Entwicklung des Völkerrechtes Aufmerksamkeit verdient.

Man hat sich einige Jahre hindurch bemüht, die west- und mitteleuropäischen Staaten in eine Art Staatenbund einzubringen. Dieses Bestreben erwies sich zwar bald als zu revolutionär, als daß es von Erfolg gekrönt sein konnte. Aber andererseits entsprach es doch nur den herkömmlichen völkerrechtlichen Vorstellungen. Daneben setzte eine Entwicklung ein, die ihren vorzüglichsten Ausdruck in der Gründung der Montanunion fand, und diese Entwicklung scheint sich fortsetzen zu wollen. Sie bedeutet, daß gewisse zwischenstaatliche Institutionen entstehen, die die sogenannte Souveränität der beteiligten Staaten unangetastet lassen. Ein, sei es regionaler, sei es universaler »Überstaat« auch in der Form eines Staatenbundes steht immer vor der Alternative, daß er gegenüber den einzelnen Staaten, die in ihm zusammengefaßt sind, entweder zu schwach ist oder aber, wenn man ihm die hinreichenden Kompetenzen einräumt, nun seinerseits die Einzelstaaten, die ihm angehören, zu sehr schwächt, als daß sie ihren Zweck erfüllen könnten. Anders liegen die Dinge, wenn, wie etwa beim British Commonwealth of Nations, die Staatengemeinschaft aus einem Kolonialimperium hervorwächst, in dem die einzelnen Glieder langsam zu Eigenstaatlichkeit erstarkt sind, ohne damit die radikale Trennung vom Mutterlande zu vollziehen. Ohne den Druck einer Hegemonialmacht wird sich der engere Zusammenschluß von souveränen Staaten nur so vollziehen können, daß allmählich gemeinschaftliche Institutionen heranwachsen, denen mehr und mehr auch gewisse Steuerungsaufgaben, vor allem auf wirtschaftlichem und auf militärischem Gebiete, zufallen. Erst damit ergibt sich die Möglichkeit, auch zu gemeinsamen Institutionen für die Rechtsfindung und Rechtssicherung auf den Gebieten zu kommen, für die bereits bewährte Institutionen verwaltungsmäßiger und steuerungspolitischer Art bestehen.

Erst hier nämlich und auf derart begrenzten Gebieten könnte internationalen Gerichtshöfen die Möglichkeit zuwachsen, den jeweiligen Fall in voller Kenntnis der Umstände zu entscheiden, während darin gerade die Schwierigkeit und Fragwürdigkeit aller Pläne für eine allgemeinere völkerrechtliche Rechtsprechung durch internationale Gerichtshöfe liegt. Nur in einem solch begrenzten Rahmen, in dem sich das Interesse an der Zusammenarbeit stabilisiert hat, besteht dann auch die Chance der Durchsetzbarkeit des Spruches. Man muß hierbei beachten, daß es sich im wesentlichen um die Beurteilung von Verwaltungsakten handelt und daß der Sinn des Verfahrens daher nicht ist, justizförmig Rechtsverletzungen festzustellen und zu korrigieren, sondern berechtigte Interessen auszugleichen, also auch gewandelten Verhältnissen Rechnung zu tragen und das vertragliche Recht dementsprechend zu interpretieren und anzupassen. Denn wo wir bisher positives Völkerrecht haben, leidet dieses darunter, daß es nicht, wie das innerstaatliche Recht, ständig weiterentwickelt wird in Anpassung an die Veränderung der Verhältnisse. Das aber ist nicht möglich ohne deren intime Kenntnis und ohne die Verantwortung für ihre gute Ordnung.

Diese Bemerkungen mögen als Illustration dafür dienen, daß man das Völkerrecht nicht zu sehr in Analogie zum Privatrecht sehen darf, sondern mehr in Analogie zum Verwaltungsrecht. Es geht im ganzen in ihm weniger um Rechte als um den Ausgleich berechtigter Interessen, und das bedeutet: das Völkerrecht ist ein Korrektiv der Politik. Und es bedeutet weiter, daß man das Völkerrecht nicht in der Weise justizförmig aufziehen kann, wie das für das Privatrecht typisch ist. Es stützt die Chancen einer klugen und gemäßigten Politik, aber es läßt sich nicht wie innerstaatliches Privatrecht exekutieren.

Wie wir schon bei der philosophischen Betrachtung des innerstaatlichen Rechtes schmerzlich eine zureichende Theorie der Politik vermissen mußten, um an ihren Modellen die Auswirkung der Prinzipien des öffentlichen Rechtes dartun zu können, so leidet auch die philosophische Theorie des Völkerrechtes unter dem entsprechenden Mangel einer zulänglichen Theorie der Außenpolitik. Was wir für die Möglichkeiten jener andeuteten, gilt auch hier, aber es sind kaum mehr als Ansätze vorhanden. Wir stellen diese Forderung nach einer Theorie der Politik aus theoretischen Erwägungen, doch zeigt jeder Blick in die kritischen Erörterungen über Entwicklungsmöglichkeiten des Völkerrechts gerade durch praktisch erfahrene Völkerrechtler, wie hier alles von der Beurteilung politischer Möglichkeiten abhängt, von Möglichkeiten, deren wissenschaftliche Durchdringung nur mit Hilfe einer solchen Theorie gelingen kann.

5.

Das positive Recht ist historisch geworden und daher mit all dem Zufall behaftet, mit dem Geschichte verbunden ist. Demgegenüber erscheint die Rechtsordnung, die Gegenstand unserer Konstruktion ist, als aus der Zeit herausgehoben und dem Zufall wie der Geschichte entrückt. Zwischen Naturrecht und Geschichte hat immer eine Kluft bestanden, die zu überbrücken nie recht gelingen wollte. Was vor allem die historische Rechtsschule, was aller Historismus am Naturrecht verabscheuen mußte, war nicht zuletzt der Umstand, daß die geschichtlich gewordenen Rechte mit einem Maßstab gemessen werden sollten, über dessen Maßeinteilung sich die Vertreter des Naturrechtes nicht ganz einig waren, und auch der, daß trotz allem Absolutheitsanspruch deren Abhängigkeit von der Rechtstradition des jeweiligen Landes für jeden Kenner der Rechtsgeschichte offen zutage lag. Da andererseits der reine Rechtspositivismus noch in weitem Felde lag, verflüchtigte sich das Naturrecht zu einer bloßen Rechtsidee, deren Vagheit mit ihrer Erhabenheit wetteiferte, so daß sie nicht mehr hinderlich war, den historischen Rechtsordnungen gerecht zu werden.

Die neue Welle des Naturrechtes, die wir seit dem zweiten Weltkriege erleben, ist immer noch mehr ein verzweifeltes Anknüpfen an die abgerissene naturrechtliche Tradition als ein hinreichend tief angesetzter Versuch zu dessen Neubegründung. Die ins Werk gesetzten philosophischen Mittel etwa der Wertphilosophie der zwanziger Jahre sind längst obsolet geworden. Der von Paul Koschaker vorgetragene Gedanke, das Naturrecht auf Rechtsvergleichung zu gründen, ist ernsthaft nie durchgeführt worden, obwohl er bei aller philosophischen Naivität auf der richtigen Erkenntnis beruht, daß eben den einzelnen Rechtsinstituten trotz aller historisch bedingten Verschiedenheit der Ausgestaltung eine gemeinsame Struktur zugrunde liegen muß, durch die sie irgendwie ins Naturrecht, was dieses immer sein mag, hineinreichen.

Versuchen wir von unserer Argumentation aus die Brücke zur Geschichte zu schlagen, so brauchen wir uns nicht damit zu begnügen, die positiven Rechtsordnungen als Positivierungen und Deformationen einer idealen Rechtsordnung verstehen zu wollen. In zweierlei Hinsicht läßt sich nämlich diese ideale Rechtsordnung selbst »historisieren«. Das ist wesentlich in bezug auf die Frage, in welchem Maße eine Rechtsordnung, unter der ein Volk zu irgendeiner Zeit lebte, als »gerecht« angesprochen werden darf. Diese Frage ist gerade für eine Philosophie der Politik von erheblicher Bedeutung. Wie ablehnend man auch dem Historismus des 19. und beginnenden 20. Jahrhunderts gegenüberstehen mag, so hat er doch gründlich die Naivität zerstört, mit der man im Zeitalter des Naturrechtes, im 17. und 18. Jahrhundert, andere Zeiten und Völker mit den Maßen der Gegenwart gemessen hatte.

Zunächst muß daran erinnert werden, daß eine ideale Rechtsordnung nur konstruierbar ist in bezug auf einen vorgegebenen Bereich von Handlungsmöglichkeiten. Schon das bedeutet, daß man die positive Rechtsordnung einer Gemeinschaft hinsichtlich ihrer »Gerechtigkeit« nur beurteilen kann, wenn man den Bereich möglichen Handelns betrachtet, in den ihr effektives Verhalten fällt. Für diesen Bereich und nur für ihn ist die ideale Rechtsordnung definiert, an der sich die positive messen läßt. Hat nicht vielleicht die rapide technische Entwicklung der letzten hundert Jahre das Naturrecht des 18. Jahrhunderts in mancher Hinsicht obsolet gemacht, das für seine Zeit eine ideale Rechtsordnung und damit ein Maß für die Gerechtigkeit des positiven Rechtes repräsentiert haben mag?

Dieser Aspekt der Sache ist jedoch nicht der wichtigste. Wir haben bisher immer eine ideale Rechtsordnung vorausgesetzt, die auf den Prinzipien der Freiheit und Gleichheit beruht. Diese Voraussetzung trifft heute zwar wenigstens für die westlichen Staaten zu, bedarf aber für frühere Zeiten einer Einschränkung. Daß die idealen Rechtsordnungen auf den Prinzipien der Freiheit und Gleichheit beruhen, bedeutet insbesondere, daß sie keine Privilegien von irgendwelchen Gruppen von Rechtsgenossen und keine rechtlichen Diskriminierungen von anderen Gruppen zulassen.

Die Geltung einer idealen Rechtsordnung leitet sich daraus her, daß sich ihr jedermann unterwerfen muß, der überhaupt eine Rechtsordnung anzunehmen bereit ist, wenn anders er sich nicht selbst widersprechen will. Eben dadurch erweisen sich die auf den Prinzipien von Freiheit und Gleichheit über einen Bereich von Handlungsmöglichkeiten konstruierten Rechtsordnungen als die einzigen, die einen allgemeinen Geltungsanspruch erheben können. Aber wenn auch in diesem Sinne niemand gezwungen werden kann, eine Diskriminierung hinzunehmen und eine Rechtsordnung anzuerkennen, die ihn diskriminiert, so kann doch auch andererseits niemand gezwungen werden, nicht einverstanden zu sein, daß andere Privilegien genießen und er mit Diskriminierungen belastet ist. Dafür, daß eine Gruppe hinnimmt, daß sie minderen Rechtes ist als andere, daß sie ausgeschlossen ist vom Genuß von Rechten, deren Besitzes sich andere erfreuen, gibt es die mannigfachsten Gründe, die alle irgendwo und irgendwann wirksam geworden sind. Die religiösen Vorstellungen insbesondere tragen viel zur Einpassung in Gesellschaften bei, in denen die Freiheiten verschieden verteilt sind und rechtliche Ungleichheit herrscht. Der Wunsch des Plebejers, ein Patrizier zu sein, bedeutet noch nicht, daß er sich eine Gesellschaftsordnung, in der es keine Patrizier und Plebejer gibt, vorstellen oder an eine solche anders als mit Abscheu denken könnte. Dann aber gelten im naturrechtlichen Sinne auch Rechtsordnungen, die Diskriminierungen enthalten, wenn diese von den Diskriminierten als selbstverständlich und als hinzunehmen empfunden werden. Insofern sind fast alle Rechtsordnungen der Geschichte zu irgendeiner Zeit gerecht gewesen.

Unter dieser Voraussetzung wird für die Philosophie der Politik eine philosophische Theorie der Revolution möglich. *Revolutionär ist der, der für eine Gruppe die weitere Hinnahme bestehender Diskriminierungen ablehnt.* In ihm tritt ein neues Rechtsbewußtsein auf, und eben darin besteht recht eigentlich der revolutionäre Akt. Indem er dieses entwickelt, setzt er die Verteidiger der alten Rechtsordnung buchstäblich ins Unrecht. Denn wenn auch Diskriminierungen als selbstverständlich hingenommen werden können, so lassen sich Privilegierungen nicht als selbstverständlich fordern. Das Naturrecht läßt unter den genannten Voraussetzungen Diskriminierungen zu, aber es liefert den Privilegien keine Rechtfertigung, wenn sie ins Wanken geraten.

Dieser von der Hinnahme von Diskriminierungen abgeleitete Charakter der möglichen naturrechtlichen Rechtfertigung von Privilegierungen macht vielleicht das immer wieder zu beobachtende Phänomen verständlich, daß Revolutionen an der Spitze der »Entrechteten« Renegaten aus der privilegierten Schicht sehen. Revolutionen kommen nicht von ungefähr, ihnen geht eine soziale Entwicklung voran, in der die Schicht, die den revolutionären Prozeß tragen wird, an sozialem Gewicht zunimmt, wie denn schon Thomas More erkannte, daß der Satte, nicht der Hungrige Revolutionen macht. Der wirtschaftliche Aufstieg einer Schicht schwächt leicht den Glauben der bisherigen Oberschicht an das ewige Recht ihrer Privilegien, und deren intellektuelle Kultur ist ein guter Boden für die Ausbildung eines neuen Rechtsbewußtseins.

Dennoch ist die echte Revolution gebunden an rechtliche Ungleichheit. Wo der Zustand rechtlicher Gleichheit erreicht wird, ist das Problem nicht mehr die Revolution, sondern das der Eroberung der Macht durch eine Gruppe, der Wechsel von der Demokratie zur Despotie in offener oder getarnter Form. Die friedliche Lösung des revolutionären Prozesses ist im wesentlichen ein legislatives Problem, die Verhinderung der Despotie eine Frage der Steuerung. Beides muß wohl auseinandergehalten werden, wenn man die Problematik der modernen Demokratie verstehen will. Von ihr wird noch zu sprechen sein.

In den Revolutionen und revolutionären Prozessen der Vergangenheit verschlangen sich in eigenartiger Weise Forderungen nach Freiheit mit denen nach Rechtsgleichheit. Obwohl die Freiheitsparole vor allem in der Französischen Revolution die anderen übertönte, war die Forderung nach Gleichheit die wichtigere. Denn sie ist es, die dem Bürgertum den Staatsapparat auslieferte. Die Freiheit, von der der Liberalismus seinen Namen ableitet, betraf vor allem die Befreiung der Wirtschaft von Bedingungen, wie sie der Merkantilismus in so starkem Maße gekannt hatte, daneben die Freizügigkeit und dergleichen, im ganzen zwar den Einzelnen sehr konkret betreffende, aber aufs Ganze gesehen doch eher zweitrangige Fragen gegenüber der, wem die Steuerung im Staatswesen zufällt.
Die radikale Durchführung des Gleichheitsprinzips beseitigt mit den Zwischenschichten auch schwer ersetzbare Sicherungen gegen den Despotismus. Das eben hatte Tocqueville so scharf gesehen und seine pessimistische Prognose veranlaßt. Zwar ist es nicht so sehr die Tendenz von der Rechtsgleichheit zur ökonomischen Gleichheit, wie Tocqueville meinte, die dieses Instabilitätsmoment schafft, sondern vielmehr die Einbeziehung der Gleichheit in bezug auf die sogenannten staatsbürgerlichen Rechte in die Rechtsgleichheit, die dafür verantwortlich ist. Beides aber muß theoretisch auseinandergehalten werden, will man zu praktisch-politischen Folgerungen gelangen, die auf anderem als Willkür und Gedankenlosigkeit beruhen.
Die Forderung nach Rechtsgleichheit bezieht sich zunächst auf die Privatrechtsordnung im weitesten Sinne, also auf das Feld des Rechtes, auf dem sich die einzelnen Individuen gegenüberstehen. Die staatlichen Funktionen haben ihren Sinn darin, diese Rechtsordnung in ihrem Bestande zu entwickeln und zu sichern und für die Sicherung der Rechte der Einzelnen Sorge zu tragen. Die sogenannten staatsbürgerlichen Rechte der Einzelnen sind lediglich die Form, in der der Einzelne an diesen Funktionen beteiligt ist. Dafür gilt der Gesichtspunkt, das System in optimaler Weise funktionsfähig zu machen. Mit rechtlicher Gleichheit hat das nur insofern etwas zu tun, als dieses System nach unsern Anschauungen von Demokratie und in Übereinstimmung mit der auf diesen Blättern skizzierten Naturrechtstheorie die rechtliche Gleichheit sichern soll. Es ist Konfusion, wenn die Frage, ob Soldaten oder Beamte irgendein, sei es aktives, sei es passives Wahlrecht zuste-

hen soll, unter den Gesichtspunkt der Rechtsgleichheit gerückt wird. Das Wahlrecht ist eine öffentliche Funktion. Die Frage der Stabilisierung eines Rechtsstaates ist im wesentlichen die Frage der Inkompatibilität solcher öffentlichen Funktionen.

6.

Die historische Dimension reicht, wie wir sahen, tief ins Naturrecht selbst hinein, und wenn wir die Gerechtigkeit einer positiven Rechtsordnung ermessen wollen, so können wir es nicht, ohne zu wissen, was in den Rechtsgenossen selber lebendig war. Dieses Maß ist objektiv, aber es wird transzendiert von einer idealen Rechtsordnung, auf die hin in objektivem Sinne ein Fortschritt möglich ist.

Die Institutionen eines Gemeinwesens, auch die rechtlichen, erfüllen ihren Zweck um so besser, je fragloser sie sind und hingenommen werden. Ihre Fraglosigkeit gründet nicht in rationaler Rechtfertigung, sondern in Tradition, in religiöser Weihe, in vielerlei Imponderabilien, für deren Analyse hier nicht der Ort ist. Indem sich an ihnen das Handeln orientiert, in dem sie diesem selbstverständliche Grenzen setzen, sparen sie einen Raum aus, in dem es sich frei entfalten kann. Sofern sie jedoch außerhalb dieses Raumes das Handeln abschneiden, entlasten sie den Handelnden von Entschlüssen, die sie ihm abnehmen.

Es kann keinem Zweifel unterliegen, daß diese Wirkung der Institutionen heute sehr geschwächt ist. Die Ursache ist leicht ergründbar, sie liegt insbesondere in der Säkularisierung der Institutionen und damit in einem Prozeß, der nicht mehr rückgängig gemacht werden kann. Hinzu kommen Brüche der Rechtstradition, wie etwa durch die Rezeption des römischen Rechtes, die Kodifikationen teils aus dem Geist des Naturrechtes, teils aus dem eines hochgezüchteten Pandektenrechtes, von den vielfachen Brüchen in der Entwicklung unserer Staatsform ganz zu schweigen. Die Unsicherheit, die diese Entwicklung in das Rechtsbewußtsein eines Volkes hineintragen mußte, zeigt sich deutlich am Vergleich mit der Schweiz oder dem angelsächsischen Bereich, wo die Entwicklung sehr viel kontinuierlicher verlief.

Für die Zukunft wird es entscheidend sein, ob sich die rechtlichen Institutionen in irgendeinem Sinne wieder »glaubhaft«, wieder fraglos machen lassen. Die Antwort auf diese Frage hängt wesentlich davon ab, wie man die Weiterentwicklung unserer technisch-wirtschaftlichen Zivilisation beurteilt. Es deutet manches darauf hin, daß wir sie, wenn es gelingt, die Katastrophe eines neuen globalen Krieges zu verhindern, zunehmend in die Hand bekommen. Das würde bedeuten, daß wir die Versorgungsprobleme meistern bei sinkender Arbeitszeit für den Einzelnen. Damit ergäbe sich eine Situation, die, weit entfernt, eine allgemeine Beruhigung zu schaffen, den Boden für außerordentliche Spannungen abgäbe, Spannungen, die voraussichtlich ideologischer Art sein würden.

Wenn diese Spannungen nicht zu einem Zusammenbruch des Rechtssystems führen sollen, müssen dessen Institutionen aller Ideologie entrückt werden. Es läßt sich noch nicht übersehen, zu welchen Institutionen das führen wird, eher schon, zu welchen es nicht führen kann. Nach den Erfahrungen mit totalitären Regimen verschiedener Provenienz neigt man dazu, in einer Widerstandspflicht oder jedenfalls doch in einem Widerstandsrecht das Bollwerk gegen den kommenden Despoten zu sehen. Man übersieht dabei allzu sehr, daß eine solche Institution ursprünglich ihren Sinn im Rahmen einer ständischen Verfassung hatte. Für die Stände war ein Widerstandsrecht gegen den Fürsten sinnvoll, denn diese Staatsform beruhte darauf, daß sich Fürst und Stände die Waage hielten. Gegen den möglichen Drang der Fürsten zum Absolutismus war ein Recht der Stände, ihm, wenn er Unrecht tat, zu widerstehen, nur natürlich. Auch waren die Rechtsverhältnisse nicht so kompliziert, als daß sie im allgemeinen nicht mit hinreichender Zuverlässigkeit hätten beurteilt werden können. In der modernen Demokratie liegen die Dinge völlig anders. Als eigentlicher Souverän gilt das Volk, aber der Gedanke, für dieses ein Widerstandsrecht institutionell zu verankern, ist gänzlich absurd. Das Modell des Unrechtes, dem widerstanden werden soll, ist nicht der Putsch, sondern die gleitende Machtergreifung, wie sie sich 1933 in Deutschland vollzog, getragen in diesem Falle sogar von einem recht breiten Teil des Volkes. Aber auch davon abgesehen, ergibt eine Prüfung der Analysen der politischen Situation durch die publizistischen Wortführer der die Weimarer Republik tragenden Parteien in den Jahren und Monaten davor, daß ihnen jegliches Bewußtsein der tiefen Krise dieses Staates fehlte und mithin auch jede Konzeption – den General v. Schleicher hier ausgenommen –, wie dieser Krise abzuhelfen sei. Dabei konnte, was man von einem Regime Hitlers zu gewärtigen hatte, kaum zweifelhaft sein, es lag gedruckt vor. Wenn solche Handgreiflichkeiten einer politischen Führungsschicht nichts sagen, wird man nicht erwarten dürfen, daß das Volk auf verfassungsrechtliche Finessen reagiert, durch die die Legalität eines 30. Januar über die Dreiviertellegalität eines Ermächtigungsgesetzes, die Halblegalität der Auflösung der Parteien schließlich in die Illegalität eines 30. Juni übergeht.

Aber auch ein Widerstandsrecht oder auch eine Widerstandspflicht der Beamtenschaft ist als Mittel zur Verhinderung eines solchen Vorganges illusorisch. Jeder Widerstand eines Verwaltungskörpers setzt voraus, daß der Dienstweg funktioniert, daß gegebene Anordnungen durchgeführt werden. Wenn eine Regierung verfassungswidrige Befehle durchzudrücken versucht, so müssen bereits die Spitzen der Verwaltungskörper Widerstand leisten, man kann auf der Ebene der Räte keinen Widerstand erwarten, der nicht schon auf der Ebene der Präsidenten und Abteilungsleiter geleistet wird. Eine institutionelle Verankerung einer Widerstandspflicht macht aber den Widerstand auf der höchsten Verwaltungsebene unwirksam, weil die zum Unrecht entschlossene Regierung den Beamten am Portepee seiner Widerstandspflicht fassen wird, auf daß er den Anordnungen seiner Präsidenten und Abteilungsleiter keine Folge leiste. Für die Institutionalisierung einer Widerstandspflicht oder eines Widerstandsrechtes fehlen in der modernen Demokratie alle Voraussetzungen. Die Lösung des Problems, dessen man sich mit ihr überheben möchte, muß daher anderswo gesucht werden als in Rechtsvorschriften, die allenfalls gegen ungewöhnlich törichte Putschisten wirksam sein mögen. Für eine Staatsform, die sich, wenn es darauf ankommt, als nicht funktionsfähig erweist, und für die Politiker, die keinen Kredit mehr genießen, wird niemand einen Finger rühren. Es ist ein politischer Irrtum, daß man sich diesen Kredit durch die rechtlichen Institutionen einer Widerstandspflicht und eines Widerstandsrechtes sichern könnte. Gewiß ist vom bürgerlichen Standpunkt ein Bankrotteur einem Straßenräuber vorzuziehen, aber verzweifelten Massen gegenüber vermag sich der letztere die Gloriole eines Schinderhannes zu geben.

Politisch wichtig ist es, gegen ein Abgleiten in Despotismus Widerstände zu schaffen. Die Demokratie kann, was der Totalitarismus nicht kann: sie kann in bedeutenden Bereichen echte Autonomie gewähren, sie kann auf den verschiedenen Gebieten der Verwaltung denjenigen Raum geben, der für eine sachgerechte und daher gute Verwaltung nötig ist. Verwaltung ist nicht Exekution von Gesetzen, die Verwaltungsleistung fällt primär nicht unter juristische, sondern unter sachliche Gesichtspunkte. Wir leiden seit Otto Mayer unter der herrschend gewordenen Tendenz, alle Sachfragen der Verwaltung in Rechtsfragen zu verbiegen. Gerade das unterstützt die Auffassung der Verwaltung als eines Instrumentes der Staatsführung. Wie sehr eine instrumental organisierte Verwaltung eine gleitende Revolution erleichtert, zeigte das Jahr 1933, während noch die alte »liberale« preußische Verwaltung Bismarck in der Konfliktzeit nach seinem eigenen Zeugnis das Leben sauer gemacht hatte. Eine nach modernen betriebswirtschaftlichen Gesichtspunkten arbeitende Verwaltung dürfte auch der herkömmlichen, nach obrigkeitsstaatlichen kameralistischen Gesichtspunkten arbeitenden genauso überlegen sein wie die Unternehmerwirtschaft einer staatlich dirigierten Planwirtschaft. Eine solche Neuordnung der Verwaltung, ihre Einfüllung mit dem entsprechenden Geiste ist auch erforderlich im Hinblick auf die wirtschaftlichen Aufgaben, die dem Staat durch die technische Entwicklung zufallen. Die totalitäre Verwaltungswirtschaft spricht nicht nur modernen wirtschaftstheoretischen Anschauungen, sondern ebenso moderner Verwaltungstechnik Hohn. Nichts dürfte für jemanden, der sich zum Despoten aufwerfen will, so schwer zu verdauen sein wie eine moderne Verwaltung, und insofern ist, nach Fleiners Ausspruch, eine gute Verwaltung die beste Verfassung.

Lassen sich Widerstandsrecht und Widerstandspflicht auch nicht institutionalisieren, so ist eine Positivierung gewiß in der Weise möglich, daß der erkennbar ungesetzlichen Anordnung der Beamte und Staatsbürger, dem erkennbar verfassungswidrigen Gesetz der Richter keine Folge zu leisten braucht. Nur eben wird die gleitende Revolution damit beginnen, daß sie in scheinbarer Legalität diese Hindernisse aus dem Wege räumt. Auch darf man die Möglichkeiten der juristischen Interpretation nicht unterschätzen, dem Staatsbürger, Beamten und Richter auch die bestehenden gesetzlichen Bestimmungen wegzuziehen.

Was bleibt, ist ein übergesetzliches Widerstandsrecht, das sich aus dem Auseinanderfallen des Staatszweckes der Etablierung und

Sicherung einer Rechtsordnung und den Handlungen eines aus diesem Grunde verbrecherischen Regimes ergibt. Kein positives Recht und keine Verfassung vermag über das hinaus, was im Sinne des übergesetzlichen Rechtes mögliches positives Recht ist, zu verpflichten. Sofern dieses übergesetzliche Recht eine objektive Größe ist, was hier zwar nicht in allen Einzelheiten begründet werden konnte, doch wahrscheinlich zu machen war, läßt sich nicht einwenden, es hieße das Recht und den Staat dem Belieben des Einzelnen überantworten, wenn man diesem das Recht zugesteht, für seine Person über Widerstand und Nichtwiderstand zu entscheiden. Daß er dabei Gefahr läuft, nach den bestehenden Gesetzen abgeurteilt zu werden, ist das unvermeidliche Risiko dessen, der sich gegen eine Staatsgewalt auflehnt. Man kann nicht sagen, auch der im höheren Sinne berechtigte Widerstand sei entsprechend den geltenden Gesetzen zu beurteilen; es läßt sich nur feststellen, daß er (wahrscheinlich) von der Justiz des totalitären oder auf dem Wege zum Totalitarismus befindlichen Staates so beurteilt wird. Wo das übergesetzliche Recht im hier entwickelten Sinne von den Machthabern nicht mehr als verbindlich anerkannt wird, geht die gesamte Rechtsordnung und alles Verfassungsrecht über in eine auf bloße Macht etablierte Ordnung, und es hat keinen Sinn, dieser Ordnung eine verpflichtende Kraft zuzuschreiben, die von der verschieden ist, die ein bloßes Machtgebot zu erzeugen vermag. Auf dieser Basis gibt es gegen den Machthaber und alles, was ihm dient, nur ein Verhalten: das politische. Dieses ist dann nicht vom positiven Recht normiert, sondern vom übergesetzlichen, vom Naturrecht – wie man es nun auch nenne – und kann nur die Neuetablierung des Rechtsstaates zum Zweck haben. Der individuelle Widerstand des Einzelnen, der organisierte Widerstand von Gruppen sind dann Etappen in einem Machtkampf. Wer sich auf diesen einläßt, muß die Schuld auf sich nehmen, die in der Verletzung naturrechtlicher Normen liegt, deren Einhaltung einem Gegner gegenüber, der von solchen Bedenken frei ist, hoffnungslose Unterlegenheit bedeuten würde. Aber die Alternative ist nur die Schuld, die der Despot in reichem Maße seinen Dienern zumißt, bis die Mitschuld zum Mark der Treue wird.

Man muß, um hier deutlich durchzuschauen, sich den fundamentalen Sachverhalt vor Augen halten, daß es eine rechtliche Normierung in einem solchen Machtkampf, wie es der Widerstand ist, nur dann geben kann, wenn sie für den, der Widerstand leistet, zugleich die optimale Strategie wäre. In jedem andern Falle nämlich würde sie den den Widerstand allein rechtfertigenden Zweck, die Herstellung des Rechtszustandes, unmöglich machen. In gewissem Sinne kann das Naturrecht als solch eine optimale Strategie aufgefaßt werden: es gewährt jedem die größte Freiheit in der Verfolgung seiner Interessen unter der Voraussetzung, daß sich jeder ihm gemäß verhält. Positive Rechtsordnung und Staat sind der Versuch, diese Bedingung angenähert herzustellen. Dieser Gedanke hat offenbar keine mögliche Anwendung, wenn nicht jeder zur Einhaltung rechtlichen Verhaltens gezwungen werden kann. Es definiert den Krieg geradezu, daß in ihm die Strategie des Handelns ohne Rücksicht auf rechtliche Normierung gewählt werden kann. Dem widerspricht nicht die Existenz des Kriegsrechts, das lediglich den Raum für das freie kriegerische Handeln ausgrenzt. Ähnlich liegt es beim Widerstand, der ja nur eine Art kalten Bürgerkriegs ist, solange der heiße noch nicht möglich oder inopportun ist. Deshalb ist er nicht ohne jede Grenze, aber diese bestimmt sich ebenso nach Gesichtspunkten der politischen Strategie wie denen des Rechtes, sowie es um mehr geht als das Vermeiden oder die Abschwächung eines von Staats wegen befohlenen Unrechtes. Wir dürfen diesen Dingen nichts von ihrer Härte nehmen. Wir haben eine Zeit systematischen politischen Mordes erlebt. Eine Philosophie der Politik, die dem Widerstande nachrechnet, ob er nicht das Attentat zu vermeiden und den Mörder nur zu arretieren hätte suchen sollen, richtet sich selbst. Da auch der nationalsozialistische Staat noch ein gewisses Maß von Rechtsordnung bewahrt habe, hätte der Widerstand keine Zeit der Anarchie riskieren dürfen? Wer eigentlich würde heute nicht ein paar Wochen oder Monate Anarchie 1934 oder 1938 dem, was dann kam, vorziehen?

7.

Es bleibt noch ein Grundproblem der modernen Demokratie: das Verhältnis von Freiheit, rechtlicher Gleichheit und materieller Gleichheit.

Es besteht die starke Tendenz, die rechtliche Gleichheit als ungenügend anzusehen, wenn ihr nicht eine wenigstens angenäherte materielle Gleichheit zur Seite steht. Soziologisch ist das verständlich: da die niederen Einkommen zahlreicher sind als die hohen, jene also mehr Wähler stellen als diese, müssen die Parteien Sorge tragen, daß ihr Wählerreservoir zufriedengestellt wird. Schon damit ist eine Nivellierungstendenz gegeben, die durch die Kriegsperiode seit 1914 noch ungeheuer verstärkt worden ist. Diese Entwicklung hat nun aber auf dem Boden der Demokratie nicht, wie Tocqueville, Lorenz v. Stein und Karl Marx es gleicherweise als unvermeidlich ansahen, zum Kommunismus geführt, sondern hat die Klassenschichtung Bourgeoisie-Proletariat weitgehend in eine Mittelstandsgesellschaft aufgelöst. Das Ergebnis ist, und darin hatte Tocqueville eben doch richtig gesehen, eine sehr allgemeine Abhängigkeit vom Staat und als Ergebnis der Kriege eine Abhängigkeit dieser Staaten selbst. Wenn wir das, was das 19. Jahrhundert noch unter Freiheit verstand, als Maßstab nehmen, so haben wir unsere Freiheit sehr gründlich eingebüßt, obwohl wir sie uns eifrig als »Grundrecht« bescheinigen. Diese Abhängigkeit geht weit in die Bereiche des Geistes hinein, in denen, wo der Staat sich noch zurückhält, die Kulturindustrie herrscht.

Wir haben hier nicht eine soziologische Analyse dieser Situation zu geben, zu deren Durchleuchtung bereits eine umfangreiche Literatur vorliegt. Was uns hier interessieren muß, ist die Rolle, die die Philosophie der Politik darin spielt oder spielen könnte. Sieht man aufs Ganze, so hat sie in dem, was sie seit etwa 1840 an neuen Ideen vorgebracht hat, die Entwicklung zur Unfreiheit hin eher populär gemacht, als daß sie Wege zur Freiheit gewiesen hätte. Das gilt vornehmlich für Marx, aber selbst für J. St. Mill, bei dem, wie Gneist sofort erkannte, die Grundlagen des Staates in sozialen Begriff des »Interesses« verschwinden, und erst recht für Nietzsche und Spengler. Was dagegen gesetzt wurde, war kaum mehr als Repristination irgendeiner Vergangenheit, als ob die politische und soziale Situation keinerlei neue Elemente enthielte, die einen neuen methodischen Ansatz erforderten, um überhaupt an sie heranzukommen. Es war ein wohlgemuter Rechtspositivismus, ein jeden systematischen Zugriff ironisierender Historismus oder eine sehr akademische, sehr von politischen und sozialen Realitäten, die wissenschaftlich nur »wertfreier« Betrachtung unterlagen, distanzierte Wertphilosophie. Es gibt Ausnahmen: der die amerikanische Pioniertradition ausmünzende

Pragmatismus Deweys, die etwas gewaltsame Sinnesprophetie des Grafen Keyserling, der erhabene Voltairianismus Bertrand Russells.
Die Frage, der sich die Philosophie der Politik in unserer Zeit gegenübersieht, ist so schließlich die der Möglichkeit der Freiheit in einer Gesellschaft, die in gewissen Grenzen auf materielle Gleichheit hindrängt. Das Problem ist zu verwickelt, als daß es hier analysiert werden kann. Es wird, wenn nicht alles täuscht, das Problem von morgen sein, gleicherweise für die Demokratie vom westlichen Typus wie für die kommunistischen Länder. Jede große Philosophie der Politik hatte noch einen Einschlag von Utopie, sonst genügte Theorie der Politik, um sich in dem einzurichten, was sowieso da ist.

8.

Damit haben wir den Kreis der Grundlagenfragen einer Philosophie der Politik umrissen. Wenn auch über die praktische Bedeutsamkeit dieser Disziplin schwerlich ein Zweifel sein kann, so wäre es doch ohne Ausbau einer Theorie der Politik nicht möglich, ihre Anweisungen in das Kleingeld des Tages umzuwechseln. Wohl aber vermag sie uns ein Verständnis für das relative Recht und Unrecht der vielfältigen politischen Ideologien zu vermitteln, wie wir sie aus der Geschichte kennen oder wie sie uns in den Reden der Politiker und den Programmen der Parteien täglich entgegentreten.
Diese Ideologien speisen sich nicht nur aus den Quellen der Philosophie, sondern auch aus denen der Religion und Theologie und der »Weltanschauungen«, die sich im Zusammenhang mit der Entwicklung der verschiedensten Wissenschaften gebildet haben. All diese Ideen und Vorstellungen hätten sich nie in politische Ideologien verwandelt, wenn sie sich nicht auch geeignet hätten zum Ausdruck ganz konkreter materieller Interessen.
Es ist daher verständlich, daß man versucht hat, die Philosophie der Politik als eine philosophische Parteienlehre zu entwickeln, die die Aufgabe haben sollte, die den politischen Ideologien zugrunde liegenden Wertsysteme herauszupräparieren, ohne ihr die Fähigkeit zuzubilligen, zwischen diesen Wertsystemen zu entscheiden. Eine solche Entscheidung könne niemals durch eine

wissenschaftliche Untersuchung begründet werden, auch nicht durch eine philosophische, die nicht selber schon auf einer Vorentscheidung beruhe. Dieser Wertrelativismus Max Webers läßt sich kaum widerlegen, wenn man seine Voraussetzungen annimmt. Es wäre schlimm, wenn er das letzte Wort sein müßte. Der Einsicht, daß alle diese Überzeugungen nur relativ sind in dem Sinne, daß sich keine von ihnen wissenschaftlich beweisen oder widerlegen läßt, mangelt die rechte Durchschlagskraft. Eine einflußreiche Ideologie, die des wissenschaftlichen Sozialismus, glaubt gerade, sich auf Wissenschaft berufen zu können und verschließt sich jener Einsicht. Andere stützen sich auf Offenbarung, auf unfehlbare Lehrentscheidungen einer Kirche und beziehen sich so auf eine Quelle, die als über aller Wissenschaft stehend gedacht wird.

Anders stellen sich die Dinge dar, wenn wir unserer Linie der Argumentation folgen. Die Aufgabe der Philosophie der Politik ist gerade zu zeigen, daß der Sinn aller Politik über alle Antagonismen hinaus in der Realisierung eines Zustandes liegt, der nach objektiven Kriterien ein Rechtszustand genannt werden darf. Damit knüpfen wir an die Tradition des Natur- und des Vernunftrechts an, wenn auch eine neue Begründung nötig ist, die den philosophischen und wissenschaftlichen Methoden unserer Zeit besser entspricht. Das bedeutet den Verzicht auf manche Frage, die früher im Vordergrunde der Philosophie der Politik stand, wie etwa die nach der besten Staatsform, die seit Platon nicht zur Ruhe gekommen ist. Diese Frage läßt sich so allgemein gar nicht stellen. Sie kann nur gestellt werden in bezug auf die gegebenen geschichtlichen Bedingungen einer Zeit, und selbst dann ist sie vielleicht nicht entscheidbar. Trotzdem ist wohl jeweils eine gute Staatsform erreichbar, gut in dem Sinne der Realisierung eines Rechtszustandes, der seinen Namen verdient.

Wie nun dieser auch beschaffen sei, so stellt sich seine Realisierung immer aufs neue als Aufgabe. Die soziale Entwicklung steht nicht still, und neue Situationen und Spannungen wollen bewältigt sein. Die Institutionen verlangen, wenn sie ihre Aufgabe erfüllen sollen, nach Dauer, und die Interessen, die an ihrer Erhaltung hängen, werden ihren Ausdruck suchen in einer konservativen Ideologie. Institutionen, die ihren Sinn nicht mehr erfüllen, engen unvermeidlich die Freiheit ein, und das erwachte und erstarkte Interesse an dieser Freiheit wird die Quelle, aus der sich ein progressiver Liberalismus erneuert. Schichten der Bevölkerung, die, von anderen überholt, materiell absinken, fordern ihren Anteil im Namen der Gleichheit, wie es der Sozialismus getan hat. All dies hat in einem lebendigen Gemeinwesen seine Stelle. Denn erst im Miteinander und Gegeneinander dieser Kräfte vollzieht sich jeweils die Angleichung an den erreichbaren Rechtszustand.

Man malt gern das Bild einer künftigen Welt, in der mit den neuesten Methoden der Statistik und Soziologie Verhältnisse und Meinungen erforscht und alle Dinge nach wissenschaftlichen Gesichtspunkten zum Besten gelenkt werden. Das Nötige werde geschehen, ehe der Mann auf der Straße begriffen habe, daß es nötig sei. Manches deutet auf eine solche Entwicklung hin, aber sie setzt voraus, daß die Menschen den staatlichen Einrichtungen mit jener erhabenen Gleichgültigkeit gegenüberstehen wie heute etwa der gut funktionierenden städtischen Abwässerregulierung. »Das Feld ihres Handelns« (Toynbee) müßte sich völlig auf eine Ebene verlagern, auf der äußere Veränderungen nicht eintreten, es sei denn als reines Spiel. Diese Ebene wäre dem Recht entrückt. Nicht zufällig sagt ein Philosoph unserer Tage (A. Gehlen) ein Zeitalter von ideologischen Kämpfen voraus, die ebenso heftig wie folgenlos wären. Er sieht es als ein Zeitalter tiefer Unfreiheit, weil er nicht erkennt, daß es durchaus den Bedingungen des Rechtes entsprechen und damit die Freiheit realisieren könnte. Aber vielleicht kann der Rechtszustand, dessen Realisierung sich für den Menschen nur noch von selbst versteht, diesem das Bewußtsein seiner Freiheit nicht mehr geben.

(1959)

Juridica

Krieg als Straftat

I.

Seitdem in Nürnberg am 30. September/1. Oktober 1946 das Urteil ergangen und vom Kontrollrat bestätigt worden ist, hat man viel über die Folgen dieses Aktes für das Völkerrecht der Gegenwart geschrieben. Von den Voraussetzungen jenes Urteils hat man jedoch, jedenfalls in Deutschland, weniger gesprochen. Und doch gilt es gerade diese herauszustellen, wenn man seine Konsequenzen überblicken will.
Eine solche Frage beschwört eine große Menge von Problemen herauf. Aber man darf sich der Klärung all dieser mehr rechtstheoretischen und teilweise sehr tief liegenden Zusammenhänge nicht entziehen. Das Gericht selbst konnte sich einfach auf sein Statut berufen. Dieses nennt (Art. 6 Abs. 2, Z. b.) ausdrücklich als Tatbestand: »Verbrechen gegen den Frieden: nämlich Planung, Vorbereitung, Einleitung oder Führung eines Angriffskrieges oder eines Krieges unter Verletzung internationaler Verträge, Vereinbarungen oder Zusicherungen, oder Teilnahme an einem gemeinsamen Plan oder einer gemeinsamen Verschwörung zur Ausführung einer der vorgenannten Handlungen.« Das Gericht konnte sich also darauf beschränken, den Nachweis zu führen, daß dieser Tatbestand durch die Handlungen eines Teiles der Angeklagten erfüllt worden war. Diese Fragen von Tat und Schuld der einzelnen Angeklagten sind von dem hohen Tribunal mit größter Gewissenhaftigkeit geprüft worden, und die Verteidigung hatte in dieser Richtung alle wünschenswerte Freiheit. Wenn trotzdem in Deutschland – und es wäre sinnlos, ja gefährlich, das verschweigen zu wollen – Zweifel an der Rechtmäßigkeit des Verfahrens nicht ganz verstummt sind, so haben diese einen anderen Grund. Sie beziehen sich nicht so sehr auf die Durchführung des Prozesses und die Objektivität in der Beurteilung und Feststellung der Tatsachen als vielmehr auf seine Voraussetzungen. Auf eine etwas grobe Formel gebracht, lautet die Argumentation etwa so: Man kann gewiß durch internationalen Vertrag einen völkerrechtlichen Straftatbestand Angriffskrieg schaffen, aber wenn man den Rechtssatz nulla poena sine lege

anerkennt, so darf man jenen nicht mit rückwirkender Kraft ausstatten.

Es ist nicht uninteressant zu sehen, daß die Hauptankläger und auch der Gerichtshof in der Urteilsbegründung diesem Argument dadurch begegneten, daß sie sich um den Nachweis bemühten, daß der Krieg bereits vorher zu einem »internationalen Verbrechen« erklärt worden sei. Das war in einem bestimmten Sinne auch der Fall, aber anerkanntermaßen war er nicht strafrechtlich »geächtet« oder verboten. Es scheint eine gewisse Tendenz zu bestehen, in die völkerrechtliche Lage vor Ausbruch des Krieges die Elemente hineinzuinterpretieren, die man für den Übergang zu einer strafrechtlichen Behandlung des Angriffskrieges zu benötigen glaubt, ohne daß jedoch dieser Anschluß in rein juristischer Interpretation erreicht wird. Demgegenüber bedarf es zunächst einer genauen Feststellung des Sinnes, in dem schon 1939 von »Kriegsächtung« gesprochen werden konnte. Dann wird sich zeigen lassen, welcher Annahmen es bedarf, um die Rechtsvoraussetzungen des Nürnberger Urteils, das als Präjudiz den Angriffskrieg für die Zukunft zu einer strafbaren Handlung stempelt, zu entwickeln. Es ist schon vor 1939 oft davon gesprochen worden, daß der Krieg »geächtet« sei oder »geächtet« werden solle. Auch die Ankläger in Nürnberg haben oft davon gesprochen. Aber was unter diesem Begriff eigentlich verstanden werden soll, ist selten mit hinreichender Klarheit gesagt worden. Sieht man näher zu, so verbergen sich eine Reihe juristisch höchst verschiedener Figuren darunter. Diese gilt es zunächst einmal zu sondern.

Der Begriff der »Kriegsächtung« (»outlawry of war«, »mise de la guerre hors la loi«) wurde von dem nordamerikanischen Rechtsanwalt S.O. Levinson in einem Artikel in der Zeitschrift *New Republic* vom 9. März 1918 zum ersten Male gebraucht. Er wurde seitdem zur Bezeichnung einer Bewegung in den Vereinigten Staaten, die aber auch anderswo manche Anhänger fand. Von besonderer Bedeutung war es, daß es Levinson gelang, den Herausgeber der Zeitschrift *The Christian Century*, Charles Clayton Morrison, und den Senator Borah für seine Ideen zu gewinnen. Der letztere hat dreimal, am 14. Februar 1923, am 9. Dezember 1926 und am 12. Dezember 1927, im Senat der Vereinigten Staaten einen Antrag auf Ächtung des Krieges eingebracht. Die Anträge waren gleichlautend, nur war im letzten der Hinweis darauf, daß Selbstverteidigung nach wie vor zulässig sei, gestrichen, ohne daß jedoch daraus ein sachlicher Unterschied gefolgert werden dürfte. Ebenso hat Senator Frazier am 23. April 1926 im Senat einen Antrag auf Abänderung der Verfassung der USA im Sinne der »Kriegsächtung« eingebracht. Eine besondere Organisation, das »American Committee of the Outlawry of War«, sorgte für die Propagierung der von der Bewegung verfolgten Ziele und unterhielt auch eine Vertretung in Europa. Die wesentliche Forderung der Bewegung ist die, daß der Krieg als Institution des Völkerrechts verschwinden soll. »Abolishing the institution of war« hieß einer der zahlreichen Artikel von Levinson in *The Christian Century* (1928). Der Krieg soll hiernach als völkerrechtliche Institution sowohl für die Erledigung internationaler Streitigkeiten wie auch für die Durchsetzung von Entscheidungen und Urteilen internationaler Gerichte abgeschafft werden. Die bewaffnete Verteidigung wird zwar grundsätzlich zugelassen, ohne daß jedoch klargelegt wurde, unter welchen Voraussetzungen sie geübt werden darf. Nur einige radikale Richtungen wie die »Women's Peace Union« lehnen unter dem Einfluß Tolstoischer Ideen auch das Recht zur bewaffneten Selbstverteidigung ab.

Doch es ist nötig, den Begriff der »Ächtung des Krieges« genauer unter die Lupe zu nehmen.

Ächtung heißt Außerhalb-der-Gesetze-stellen, wie es der englische und der französische Ausdruck besagt. Objekt einer Ächtung ist eine natürliche Person oder eine juristische Person wie etwa der Staat. Die Ächtung natürlicher Personen ist aus der Rechtsgeschichte bekannt. Sie wurden für »friedlos« erklärt, sie galten als »wargus« oder »Würger«, sie waren »vogelfrei«, und es war jedermanns Recht, wenn nicht Pflicht, sie zu erschlagen. Jeglicher Rechtsschutz ist ihnen entzogen, sie können keine Rechtsansprüche geltend machen. Wir kennen diese Institution in Griechenland unter dem Namen προγράφη, wir kennen sie in Rom als proscriptio, in Deutschland als Acht. Ist ein Staat das Objekt, so nimmt die Ächtung naturgemäß eine andere, meist relativ mildere Form an. Sie bedarf der Existenz einer Instanz, die verbindlich einem Staate die Rechte, die ihm gegenüber anderen Staaten zukommen, absprechen kann. Das kann etwa im Rahmen eines Bundes der Fall sein, und wir haben tatsächlich eine Reihe von Fällen, in denen die Bundesexekution gegen den »Übeltäter« erklärt wurde. Die Problematik dieser Art »Ächtung« zeigt sich aber schon daran, daß der »Geächtete« gar nicht immer unterliegt, sondern die Strafexpedition in einen echten Krieg umschlägt und mit einem regelrechten Friedensschluß endigt, wie etwa die Reichsexekution gegen Preußen im Siebenjährigen Krieg und die Bundesexekution gegen Preußen 1866. Oder die verhängten Strafmaßnahmen führen nicht zum Ziel, wenn sie den Krieg ausschließen, wie es der Fall der 1935 vom Völkerbund gegenüber Italien verhängten Sanktionen zeigt.

Diese Beispiele zeigen bereits zur Genüge, daß der Krieg als Institution des Völkerrechts gar kein mögliches Objekt einer Ächtung im herkömmlichen Sinne ist. Man kann den Krieg weder erschlagen noch eine Bundesexekution gegen ihn in Gang setzen oder Sanktionen über ihn verhängen. Der Krieg ist über menschlichen Handlungen definiert, und nur diese sind gewissen völkerrechtlichen Regeln unterworfen. Wir können daher den Krieg von zwei Seiten her fassen, von seiten derer, die die Handlungen begehen oder denen sie – wie den Staaten – zugerechnet werden, oder von seiten der völkerrechtlichen Regeln, unter die jene Handlungen gestellt sind. Beide Wege sind beschritten worden.

Gehen wir zunächst den ersteren Weg: Es springt in die Augen, daß auf ihm tatsächlich eine »Ächtung« im eigentlichen Wortsinne möglich ist. Man kann die kriegführenden Staaten (oder wenigstens eine Partei, den »Angreifer«) ächten, und man kann diejenigen Menschen ächten, die kriegerische Handlungen begehen oder die für ihre Auslösung verantwortlich sind. Was die »Ächtung« eines kriegführenden Staates anlangt, so ist diese – im Rahmen eines Bundes – nichts Neues, sei es, daß die Bundesmitglieder gegen den Friedensbrecher zur Bundesexekution zu schreiten verpflichtet sind, wie im Heiligen Römischen Reich deutscher Nation oder im Deutschen Bund und jetzt im Rahmen der Vereinigten Nationen; oder daß sie gehalten sind, Sanktionen zu verhängen, wie es Art. 17 des Völkerbundpaktes in der milden Auslegung der »Richtlinien« vom 27. 9./4. 10. 1921 vorschrieb. Inwieweit dabei der »geächtete« Staat überhaupt aus jedem Rechtsverhältnis zu den anderen Staaten heraustritt, ist eine Frage für sich. Doch ist es nicht ganz sinnlos, auch dann noch von Ächtung zu sprechen, wenn nur ein, allerdings wesentlicher Teil der wechselseitigen Rechte und Pflichten aufgehoben wird.

Hingegen ist bemerkenswerterweise der Vorschlag unterblieben, die Verantwortlichen am Kriege oder gar jeden, der sich kriegerisch betätigt, zu »ächten«; denn die Acht gegenüber natürlichen Personen ist eine archaische Form strafrechtlicher Diskriminierung und für das moderne, »rechtsstaatliche« Rechtsbewußtsein unerträglich. Wohl aber hat man vorgeschlagen, den Krieg als ein delictum juris gentium zu behandeln und entweder den Staat oder dessen verantwortliche Lenker als Kriegsverbrecher zu bestrafen. Das ist im Nürnberger Prozeß geschehen. So forderte Senator Borah, Kriege zu verhindern »by making the war a public crime under the law of nations«. Die internationalen Kriegsmacher, Kriegshetzer und Kriegsgewinnler sollen danach im eigenen Lande vor Gericht gezogen und bestraft werden. Der Wehbergsche Entwurf eines Kriegsächtungspaktes geht (in Art. 3) sogar noch etwas weiter, indem er die Möglichkeit vorsieht, die Verantwortlichen am Kriege in jedem Vertragsstaat vor Gericht zu ziehen und abzuurteilen, analog etwa der internationalen Regelung der Bestrafung des Frauen- und Rauschgifthandels. Da aber bei diesen Vorschlägen wie auch im Nürnberger Verfahren der Beschuldigte das Recht auf seinen zuständigen Richter hat – auch der Mädchenhändler ist ja nicht »vogelfrei« –, so handelt es sich nicht um eine Ächtung des Kriegsverbrechers im juristischen Sinne.

Aber auch die Ächtung des kriegführenden Staates liegt im strengen Sinn nur dann vor, wenn das Kriegsrecht, wie es vor allem in den Haager Abkommen von 1907, in den Genfer Abkommen vom 27. Juli 1929 usw. niedergelegt ist, keine Anwendung findet – insofern war vor allem das Verfahren nach Art. 16 der Völkerbundssatzung, auch wenn es durch die Richtlinien vom 27. 9. und 4. 10. 1921 nicht auf die sogenannten Sanktionen beschränkt worden wäre, keine Ächtung. Zwar vermeidet jener Artikel die juristische Qualifikation der Bundesexekution, doch sprechen die Richtlinien in Ziffer 3 von Krieg und Kriegszustand, und tatsächlich konnte schlecht ein Zweifel darüber möglich sein, daß die völkerrechtlichen Regeln über Kriegführung gegebenenfalls Anwendung hätten finden sollen. Die Anhänger der Kriegsächtungsbewegung wollen aber gerade auf die Abschaffung des Krieges als Institution des Völkerrechts hinaus: abolishing the institution of war, wie Levinson es formulierte. Um dieses Ziel zu erreichen, genügt an sich die Abschaffung des Kriegs- und (dadurch bedingt) des Neutralitätsrechts. Aber dieser »Federstrich des Gesetzgebers«, der die Kriegs- und Neutralitätsregeln zu Makulatur macht, wäre für sich nichts weiter als ein Rückfall in die vollkommene Barbarei, in einen völlig rechtlosen Zustand. Daher wird er mit dem Gedanken der Ächtung des angreifenden Staates gekoppelt bzw. mit der Diskriminierung der für die Entstehung des Krieges verantwortlichen Personen. Erst dadurch wird ja über das Verhalten der nicht unmittelbar beteiligten Staaten präjudiziert. Sie sind rechtlich zu einem bestimmten Verhalten dem Friedensbrecher gegenüber verbunden. Diesem gegenüber gibt es dann freilich auch keine Neutralität mehr – es ist bekannt, in welch schwierige Lage sich in solchen Fällen ein Land wie die Schweiz, deren Neutralität international garantiert ist, befindet. Das zeigte sich anläßlich der Sanktionen gegenüber Italien im Abessinienkrieg, und es zeigt sich heute in der Frage des Beitritts der Schweiz zur UNO ebenso wie damals in der ihres Beitrittes zum Völkerbund.

Von der Abschaffung (abolition) des Krieges wohl zu unterscheiden ist der Verzicht (renunciation) auf den Krieg als Werkzeug nationaler Politik, wie ihn vor allem der Pariser Vertrag vom 27. August 1928 (auch Briand-Kelloggpakt und, höchst ungenau, »Kriegsächtungspakt« genannt, im folgenden kurz als Kelloggpakt bezeichnet) ausspricht. Einen solchen Verzicht hatten auch schon in den Locarno-Verträgen vom 16. Oktober 1925 Deutschland einerseits und Belgien und Frankreich andererseits in ihrem gegenseitigen Verhältnis erklärt. Es genügt hier die Bezugnahme auf den Kelloggpakt. Dieser spricht einen Verzicht der Unterzeichner auf den Krieg als Mittel nationaler Politik aus. Er kommt, da nicht weniger als 55 Staaten ihn ratifiziert haben, einem universellen Kriegsverzicht sehr nahe, zumal alle Großmächte durch ihn gebunden waren und sind – denn nach dem Wortlaut des Vertrages ist der Verzicht unwiderruflich. Die Konsequenzen für den Vertragsbrecher zieht er selbst: dieser geht der Vorteile, die ihm aus dem Vertrage erwachsen, verlustig, d. h., ihm gegenüber sind die Vertragspartner nicht mehr an den Kriegsverzicht gebunden. Er läßt den Krieg als völkerrechtliche Institution bestehen. Diese Auffassung ist nicht unbestritten, wie das vor allem die Stimson-Erklärung vom 8. 8. 1932 vertritt. Danach soll der Krieg gemäß dem Kelloggpakt nicht länger Quelle und Gegenstand von Rechten sein. In Nürnberg hat sich die Anklage auf den Boden der Stimson-Doktrin gestellt. Aber es ist doch die Frage, wieweit diese Auslegung mit der nicht zu bezweifelnden Fortexistenz der kriegsrechtlichen Bestimmungen, vor allem der Abkommen der zweiten Haager Konferenz zu vereinbaren ist, denen z. B. Abessinien nach 1935 beitrat.

Es ließen sich nun noch andere Materialien zur Diskussion der Frage, wie nach dem Abschluß des Kelloggpaktes der völkerrechtliche Zustand in bezug auf den Krieg war, heranziehen: das (nicht ratifizierte!) Genfer Protokoll vom 2. Oktober 1924, der Saavedra-Lamas-Pakt vom 10. Oktober 1933 (dem aber von europäischen Staaten nur die Staaten der Kleinen Entente und Italien beigetreten sind), eine Entschließung der 8. Vollversammlung des Völkerbundes vom 24. September 1927, die den Krieg für ein internationales Verbrechen erklärt, die Genfer Generalakte vom 26. September 1928 (die mit beträchtlichen Vorbehalten belastet ist) – aber das alles und noch manches andere bringt uns nicht viel weiter. Wir verzichten daher auf eine Diskussion dieser Verträge und Erklärungen und können das um so eher, als sich zeigen wird, daß es für unsere Zwecke völlig genügt, den Kelloggpakt als schlichten Kriegsverzichtspakt zu interpretieren. Denn eines steht damit fest, daß der Angriffskrieg in einem Falle, dem der Kelloggpakt entgegensteht, rechtswidrig ist. Rechtswidrig ist er einfach durch den Umstand, daß der Angriff einen Bruch des Paktes einschließt. Insofern der Kelloggpakt erklärt, »daß jede Signatarmacht, die in Zukunft danach strebt, ihre nationalen Interessen dadurch zu fördern, daß sie zum Kriege schreitet, dadurch der Vorteile, die dieser Vertrag gewährt, verlustig erklärt werden soll«, stellt er nach dieser, wenn man so will, milden Interpretation für die Beziehungen des Vertragsbrechers zu den übrigen Signatarmächten den alten völkerrechtlichen Zustand wieder her, d. h., er überläßt es ihnen, die Konsequenzen daraus zu ziehen. Danach würde auch, was vor allem von Großbritannien schon 1929 bestritten worden ist, das bisherige Neutralitätsrecht weitergelten.

Überblicken wir nun noch einmal die verschiedenen Figuren, die sich unter dem Begriff der sog. Kriegsächtung verbergen. Es sind dies:

1. Die »Ächtung« bzw. Diskriminierung des zum Kriege schreitenden Staates.
2. Die strafrechtliche Diskriminierung der für den Ausbruch des Krieges verantwortlichen Personen.

3. Die Abschaffung des Krieges als Institution des Völkerrechts.
4. Der Verzicht auf den Krieg als Werkzeug der nationalen Politik.

Das sind vier höchst verschiedene Rechtsfiguren, wie sofort klar wird, wenn man betrachtet, in welcher Richtung sie sich einschließen. Die Ächtung des zum Kriege schreitenden Staates (1) schließt zwar in ihrer extremen Bedeutung (aber schon nicht mehr unbedingt als bloße Diskriminierung) die Abschaffung des Krieges als völkerrechtliche Institution (3) und den Verzicht auf den Krieg (4) ein, nicht aber die Diskriminierung der verantwortlichen Personen (2). Die Diskriminierung der verantwortlichen Personen (2) schließt begrifflich den Kriegsverzicht (4) ein, nicht die beiden anderen Fälle. Die Abschaffung des Krieges als völkerrechtliche Institution (3) schließt begrifflich keinen der drei anderen Fälle ein. Ebensowenig tut das der Kriegsverzicht (4).

Positiv-rechtlich war die völkerrechtliche Lage 1939 so, daß der Fall des Kriegsverzichtes (4) auf Grund des Kelloggpaktes vorlag. In einem allerdings vielfach beschränkten Sinne konnte man auch den Fall der Diskriminierung des zum Kriege schreitenden Staates (1) auf Grund der Völkerbundssatzung als gegeben ansehen, jedoch war dieser noch dadurch entwertet, daß Deutschland bereits 1933 aus dem Völkerbund ausgetreten war. Da nun alles darauf ankommt zu zeigen, daß in Nürnberg der Fall der strafrechtlichen Diskriminierung der verantwortlichen Personen (2) mit Recht angenommen werden durfte, so ist nicht viel damit gewonnen, wenn man zeigen könnte, daß wenigstens alle übrigen Fälle vorlagen, da sie eben jenen Fall (2) nicht einschließen. Da aber zweifelsfrei der Fall des Kriegsverzichtes (4) gegeben ist, so ist zu prüfen, ob man nicht bereits mit dieser Voraussetzung zum Ziele kommt. Wenn das gelingt, so ist der Beweis unter einem Mindestmaß von Voraussetzungen geführt worden und wird dann auch nicht durch die Behauptung umgeworfen, daß etwa noch ein anderer Fall gegeben gewesen sei. Wir müssen nun aber, da nach unseren bisherigen Ausführungen der Fall des Kriegsverzichtes (4) den der strafrechtlichen Diskriminierung der verantwortlichen Personen (2) nicht einschließt, den Boden des positiven Rechtes verlassen dürfen. Das heißt aber, daß wir den Boden des Naturrechtes betreten müssen, wenn das Problem überhaupt im positiven Sinne auflösbar ist.

2.

Was Naturrecht sei, ist bis heute eine einigermaßen offene Frage. Obwohl die Juristen heute wieder geneigt sind, naturrechtlichen Gedankengängen Aufmerksamkeit zu schenken, so geschieht die Heranziehung naturrechtlicher Sätze mit dem leisen Unbehagen, das der Wissenschaftler auf einem nicht recht gesicherten Boden empfindet. So muß vor allem gesagt werden, was wir hier unter Naturrecht verstehen werden.

Durch jede Rechtsordnung wird die Menge von Handlungen, die eine Rechtsordnung zum Gegenstand hat, in zwei Teilmengen zerlegt: die Menge der zugelassenen und die Menge der verbotenen Handlungen. Wir denken uns nun eine Rechtsordnung, die die folgenden Eigenschaften hat. Erstens: sie ist lückenlos, d. h., sie umfaßt alle möglichen Handlungen. Zweitens: in ihr ist das Prinzip der Gleichheit vor dem Gesetz strikt durchgeführt. Drittens: sie ist widerspruchsfrei, d. h., es kann, wenn zwei Handlungen in Widerstreit geraten, eindeutig entschieden werden, wer in solchem Falle und in welcher Weise er handeln darf. Viertens: die durch diese Rechtsordnung zugelassene Menge von Handlungen ist die größtmögliche, d. h., die Zulassung einer beliebigen durch sie ausgeschlossenen Handlung würde einen Widerstreit von Handlungen möglich machen, der nicht mehr eindeutig entschieden werden kann, was gegen die dritte Forderung verstieße. Diese so charakterisierte Rechtsordnung bezeichnen wir als »Naturrecht«.

Daß eine solche Rechtsordnung »möglich« ist, d. h., daß unser Begriff von ihr nicht leer ist, setzen wir voraus. Um den Beweis dafür zu führen, sind recht komplizierte Gedankengänge nötig, mit denen wir uns hier nicht belasten können. Nur auf eines soll hier hingewiesen werden, daß sich ein Kriterium für diejenigen Handlungen angeben läßt, die durch eine solche Rechtsordnung ausgeschlossen werden müssen. Dieses Kriterium besitzt interessanterweise eine Verwandtschaft mit Kants kategorischem Imperativ, der fordert, daß man stets so handeln solle, daß die Maxime der Handlung das Prinzip einer allgemeinen Gesetzgebung sein könne. Und man erkennt bekanntlich die durch diesen Imperativ ausgeschlossenen Maximen daran, daß sie die Eigenschaft haben, sich selbst aufzuheben. Ganz ähnlich steht es in unserem Falle.

Jede Rechtsordnung nun, die oder soweit sie widerspruchsfrei ist, hat eine mögliche Geltung. Ob sie irgendwo wirklich gilt, hängt von den Gesetzen und Gewohnheiten ab, die in einem Lande zu einer Zeit herrschen. Daß zwei sich widersprechende Rechtssätze nicht gleichzeitig gelten können, ist klar: denn der Richter muß auf Grund von ihnen ein vollstreckbares Urteil erlassen können, und ein Widerspruch kann nicht vollstreckt werden. Wo solche Widersprüche auftauchen, und das ist nicht selten der Fall, müssen sie als Schein entlarvt oder sonstwie, gegebenenfalls durch Gesetz, beseitigt werden, um der Rechtsordnung auch in solchen Fällen eine mögliche Geltung zu verschaffen. Diejenige Rechtsordnung, die wir oben definiert und als Naturrecht bezeichnet haben, hat nun eine besondere Art von Geltung. Sie hat nicht die wirkliche »positive« Geltung, die den Rechtsordnungen zukommt, die irgendwo auf Grund von Gesetzen oder Verträgen gelten. Es kommt ihr in dieser Hinsicht eine höchst eigenartige Stellung zu.

Sie ist unter allen möglichen (und dazu gehören auch alle positiven) Rechtsordnungen dadurch herausgehoben, daß sie unter anderem durch ein Extremalprinzip definiert ist, insofern sie die größte Anzahl von Handlungen zuläßt (oder, was auf das gleiche herauskommt: die kleinste Anzahl von Handlungen ausschließt) und doch lückenlos und widerspruchsfrei bleibt. Die durch sie ausgeschlossenen Handlungen sind so beschaffen, daß ihre Maximen gar nicht die Qualität haben, Rechtssätze sein zu können. Daher muß jede Rechtsordnung sie ausschließen, wenn sie nicht wenigstens gegen eine der drei übrigen Forderungen verstoßen will. Es ist zweckmäßig, sich die naturrechtliche Rechtsordnung als Inhalt eines Vertrages vorzustellen, der zwischen allen Menschen abgeschlossen wird.[1] Man sieht dann nämlich leicht ein, daß nur ein Vertrag mit diesem Inhalt von jedem Menschen notwendig unterschrieben werden kann, solange er damit einverstanden ist, daß alle rechtlich gleich behandelt werden. Denn würde jemand fordern, daß auch nur eine Handlung mehr zugelassen würde, so würde ein Widerspruch in den Vertrag hineinkommen. Und wenn auch nur eine von den zugelassenen Handlungen ausgeschlossen wird, so könnte jedermann einwenden, daß er gerade auf die Möglichkeit dieser Handlung Wert lege und nicht einsehe,

1 Die Fiktion des Vertrages kann grundsätzlich entbehrt werden, wie in »Naturrecht und Völkerrecht«, in diesem Band, S. 7 ff., dargetan.

weshalb man ihn in seinen Interessen behindere, durch deren Wahrnehmung er mit niemandem kollidiere. Nur das Naturrecht ist gegen diese beiden Einwände gesichert. Das berechtigt uns zu sagen, daß das Naturrecht notwendigerweise gelten kann. Praktisch heißt das nun folgendes: Eine positive Rechtsordnung (auf Grund von Gesetzen) hat normalerweise eine stärkere Geltung als das Naturrecht. Normalerweise: weil es nämlich auch vorkommen kann, daß gesetzlich solche Handlungen erlaubt oder gar geboten werden, die das Naturrecht ausschließt. Solche Gesetze haben keine Rechtsverbindlichkeit, mag auch ein Tyrann auf ihrer Durchführung bestehen. An diesem Punkte scheiden sich Rechtsordnung und bloße Machtordnung, und zwar deshalb, weil die durch das Naturrecht ausgeschlossenen Handlungen unter solchen Maximen stehen, die einer Verallgemeinerung zu allgemeinen Gesetzen nicht fähig sind.

Aber gehen wir einen Schritt weiter, auf den besonderen Zustand hinzielend, in dem sich das Völkerrecht befindet. Das Völkerrecht beruht wesentlich auf Verträgen, die zwischen Staaten geschlossen worden sind. Die Einhaltung der Verträge ist auf diesem Felde ungleich weniger geschützt als auf dem des innerstaatlichen Rechts. Zwar wird der Satz: »pacta sunt servanda« ziemlich allgemein anerkannt, aber seine faktische Geltung ist vom guten Willen des Vertragspartners abhängig. Auch führt er durch die stete Veränderung der Interessen und politischen Konstellationen nicht selten zu Lagen, in denen seine Einhaltung wenigstens für den einen Vertragspartner eine harte Belastungsprobe werden kann, ja wo eben das summum jus summa injuria wird. Es macht sich hier im Völkerrecht das Fehlen einer so durchgearbeiteten Gesetzgebung wie auf dem Gebiet des innerstaatlichen Privatrechts, der Mangel an einem Gesetzgeber, der unhaltbar gewordene Lagen ändern kann, sehr unangenehm bemerkbar. Die viel umstrittene clausula rebus sic stantibus vermag hier nur sehr unvollkommene Abhilfe zu schaffen, und ihre rechtswissenschaftliche Diskussion leidet unter dem gleichen Mangel wie die juristischen Erörterungen de lege ferenda – es fehlt der gesicherte methodische Boden, auf dem sie sich vollziehen müßten. Zwar würde sich dieser Boden in Gestalt des Naturrechts bereitstellen lassen, aber wir stehen da erst am Anfang.

Immerhin läßt sich soviel sagen, daß die in ihrer möglichen Geltung als notwendig ausgezeichnete Rechtsordnung gestattet, sich auf sie verbindlich zu berufen, wenn es gilt, ein völkerrechtliches Verfahren zu schaffen, um solche Handlungen effektiv auszuschließen, die auch das Naturrecht nicht zuläßt. Die Entfesselung eines Krieges gehört zweifellos zu den Handlungen, die das Naturrecht ausschließt – sonst könnte es ja unter Staaten überhaupt keine Handlung ausschließen. Es gibt nur einen »gerechten« Kriegsgrund: wenn nämlich der eine Staat die Rechte eines anderen Staates lädiert, und dieser zum Kriege schreitet, um sein lädiertes Recht wiederherzustellen. Dahin gehört auch die vertraglich übernommene Verpflichtung, einem anderen Staate in solchem Falle beizustehen. Daraus, daß diese Läsion von Rechten nicht der Beurteilung durch Dritte unterliegt, konnte das neuzeitliche Kriegsrecht erwachsen, das den Krieg zur Institution des Völkerrechts machte. Solange freilich dieser Zustand dauerte, in dem das Vorliegen eines »gerechten« Kriegsgrundes allein dem Ermessen des zum Kriege schreitenden Staates (und dem andern nur, insofern sie darüber zu urteilen hatten, ob für sie selbst der Bündnisfall vorläge) anheimgegeben war, war dem Sieger der Zugriff auf die verantwortlichen Personen des Feindstaates verwehrt – er war auf jeden Fall Richter in eigener Sache und insofern nicht befugt zu strafen. Aber von dieser Unzulänglichkeit in bezug auf eine formelle Prozeßvoraussetzung, die hier nicht zur Diskussion steht, abgesehen, dürfte es kaum möglich sein, für die Zeit vor dem Völkerbund und Kelloggpakt eine völkerrechtliche Straftat »Angriffskrieg« zu konstruieren. Hier (mit H. U. Kantorowicz) ein »Gefährdungsdelikt« anzunehmen, ist zwar verführerisch; aber dem steht das Bedenken gegenüber, daß eben die Grenzen der »Gefährdung« positiv-rechtlich geregelt sind, vor allem durch die Haager Landkriegsordnung. Freilich braucht uns das nicht zu kümmern, denn wir sind eben für den uns interessierenden Fall positiv-rechtlich besser gestellt, und zwar in dem entscheidenden Punkt.

Für eine Straftat verlangen wir folgendes: auf der objektiven, der Tatseite die drei Merkmale: die Handlung, ihre Tatbestandsmäßigkeit und das Fehlen von Rechtfertigungsgründen; auf der subjektiven, der Täterseite, die drei Merkmale: den (oder die) Handelnden, seine Schuld und das Fehlen von persönlichen Strafausschließungsgründen. Was die subjektive Seite anbelangt, so liegen hier für uns keine grundsätzlichen Schwierigkeiten. Diese liegen vielmehr ausschließlich auf der objektiven Seite, und zwar

in der Frage der Tatbestandsmäßigkeit der Handlung »Angriffskrieg«. Einen positiv-rechtlichen Tatbestand dieser Art hat es nun vor Aufstellung des Status des Nürnberger Tribunals nicht gegeben. Der naturrechtliche Tatbestand »Angriffskrieg« konnte andererseits so lange nicht zum Zuge kommen, als die Völkerrechtsordnung den Krieg als Mittel der nationalen Politik zuließ und in aller Form Regeln unterwarf. Denn das Naturrecht kommt nicht zum Zuge, wenn das positive Recht ihm entgegensteht. Im Falle des »ungerechten« Krieges befreit es allerdings von den Bündnisverpflichtungen, auch wenn eine solche Befreiung im Bündnisvertrag selbst nicht vorgesehen sein sollte. Bleibt also der Fall, daß es zwar keinen völkerrechtlichen Straftatbestand »Angriffskrieg« im positiv-rechtlichen Sinne gibt, aber der Angriffskrieg völkerrechtlich rechtswidrig, ein positiv-völkerrechtliches Delikt ist. Das war nun zweifellos die Lage nach Abschluß des Kelloggpaktes; denn dieser schließt einen absoluten Kriegsverzicht ein. Hinsichtlich der Völkerbundsatzung liegt die Frage komplizierter, da diese in den Artikeln 12, 13 und 15 nur einen relativen Verzicht auf den Krieg enthält – etwas überspitzt könnte man sagen, daß sie versucht, das Recht, zum Kriege zu schreiten, von einem so komplizierten und langwierigen Verfahren abhängig zu machen, daß dem »Aggressor« darüber die Lust vergeht. Erst der Kelloggpakt schafft eine ganz eindeutige Rechtslage.
Wie aber steht es nun mit dem Übergang vom positiven Unrechtstatbestand zum Straftatbestand? Ist es gestattet, hier das Naturrecht anzurufen? Das Problem taucht erst auf, wenn ex post facto geurteilt werden soll; denn es steht den Staaten natürlich nichts im Wege, jederzeit vertraglich einen solchen völkerrechtlichen Straftatbestand zu schaffen und auf künftige Fälle anzuwenden. Aber kann dieser rückwirkend angewandt werden, wie es in Nürnberg geschehen ist?
Dem scheint der auf der Magna Charta zurückweisende Satz: nullum crimen sine lege, nulla poena sine lege entgegenzustehen. Dieser Satz ist kein Satz des Naturrechts, sondern ist eine Folge aus dem Prinzip, daß sich der Gesetzgeber gegenüber dem Richter die Bestimmung dessen, was unter Strafe gestellt sein soll, vorbehält. Er setzt voraus, daß nach dem Willen des Gesetzgebers die Straftatbestände in einem gewissen Zeitraum lückenlos geregelt sind. Diese Voraussetzung besteht aber auf dem Felde des Völkerrechts, das bisher nur ein höchst rudimentäres Strafrecht

kennt, gar nicht. Folglich hat jener vielberufene (und in Nürnberg auch von der Verteidigung angerufene) Satz auf dem Felde des Völkerrechts gar keine mögliche Anwendung.
Damit spitzt sich das Problem dahin zu, ob die spezifische Geltung des Naturrechts in unserem Falle durchschlägt oder nicht. Diese Frage läßt sich nunmehr dahin beantworten, daß dies tatsächlich der Fall ist. Denn diese Geltung ist ja, wie wir oben sahen, von der Art, daß man rechtlich ihr immer dann zur Auswirkung verhalfen darf, wenn ihr keine positiv-rechtliche Regel entgegensteht. Eben davon haben wir uns aber überzeugt – die Entfesselung des Krieges war ja sogar ein völkerrechtlicher Unrechtstatbestand. Und dieser darf deshalb jederzeit in einen Straftatbestand überführt werden, weil die Entfesselung eines »ungerechten« Angriffskrieges zu jenen Handlungen gehört, die das Naturrecht unter allen Umständen aus den zuzulassenden Handlungen ausschließt und deren Vergeltung daher auf jeden Fall, außer sie sei positiv-rechtlich ausgeschlossen, zugelassen ist.
Damit ist die Frage, die wir aufgeworfen haben, beantwortet. Freilich drängen sich sofort eine Reihe von weiteren Fragen auf, die wenigstens noch gestreift werden sollen. So wird man einwenden, daß danach ja jeder deutsche Soldat, ja jeder, der in der deutschen Kriegsmaschinerie irgendwie tätig war, sich strafbar gemacht habe. Davon kann natürlich keine Rede sein; denn wir haben die Ableitung auf die Entfesselung des Angriffskrieges beschränkt, und diese ließe sich höchstens auf die verantwortliche Führung desselben ausdehnen. Abgesehen davon, daß wir die Schuldseite und die Frage der Strafausschließungsgründe gar nicht geprüft haben. Vor allem aber stehen dem positiv-rechtliche Bedenken gegenüber; denn die Regeln der Kriegführung – also Haager Landkriegsordnung, Verbot des Bakterienkrieges usw. – sind nach wie vor in Geltung, und es ist juristisch wohl kaum sinnvoll, für die Begehung von Straftaten Regeln aufzustellen, nach denen sie begangen werden sollen, wenn sie schon einmal begangen werden. Daher erscheint es uns auch nicht angängig, die Weitergeltung des Haager Abkommens über die Eröffnung der Feindseligkeiten (Erfordernis der Kriegserklärung) für den Bereich der Geltung des Kelloggpaktes anzunehmen, wie das die Anklage in Nürnberg noch getan hat.
Ich möchte einigen Nachdruck darauf legen, daß unser Ergebnis nur zu erzwingen war unter der Voraussetzung, daß eine objek-

tive Rechtswidrigkeit vorliegt. Dieses Mindestmaß an positivrechtlicher Regelung ist die Voraussetzung dafür, daß das Naturrecht eingreifen kann. Die Rechtswidrigkeit gehört zur Tatbestandsmäßigkeit. Die noch immer vielfach beliebte Trennung von beiden hätte zur Folge, daß die Kriegserklärungen Englands und Frankreichs an Deutschland »tatbestandsmäßig« wären, und im Hinblick auf die Völkerbundsatzung Art. 17 könnte sogar zweifelhaft sein, ob ein Rechtfertigungszustand vorliegt, so daß man dann etwa auf die Notwehr als individuellen Strafausschließungsgrund rekurrieren müßte. Hält man dagegen an der Einheit von Rechtswidrigkeit und Tatbestandsmäßigkeit fest, so liegt von vornherein gar keine tatbestandsmäßige Handlung vor. Damit vermeidet man allgemein die bei einer weiteren Ausbildung eines völkerrechtlichen Strafrechts leicht drohende Gefahr einer grundsätzlichen Auslieferung der Politik an das Strafrecht – analog derjenigen, die wir in Deutschland während des Kaiserreiches und der Republik hinsichtlich der Verwaltung erlebt haben. Der Einbruch des Strafrechts in die internationale Politik darf nur in einem Bezirk erfolgen, der de jure bereits aus der Politik ausgeschlossen ist, wie es hinsichtlich des Krieges durch den Kelloggpakt geschehen war. Sonst drückt die Justiz die Politik auf die Ebene bloßer Verwaltung hinab, weil ihr das eigentümlich politische Element, das ein Moment der »Objektlosigkeit« enthält, nicht zugänglich ist.

Damit haben wir bereits den Blick von den Voraussetzungen des Nürnberger Urteils auf die Zukunft gerichtet. Beides läßt sich nicht scharf voneinander trennen. Die Tatsache, daß die weitere Entwicklung des Völkerrechts unter dem Präjudiz vom 30. September/1. Oktober 1946 steht, überführt jenen, wie immer man ihn ansieht, auch auf das Naturrecht gestützten Justizakt in das positive Völkerrecht. Denn das Recht soll nicht, im Einzelfall, dazu dienen, die Macht des Stärkeren zu befestigen, sondern hier wie immer gilt:

»Mit Recht soll man Land bauen.«

(1947)

Deutschland als Völkerrechtsproblem

I.

In Moskau konferierten die Außenminister der vier großen Siegermächte darüber, wie sich in Zukunft die Rechtslage Deutschlands gestalten soll. Langsam beginnen sich Formen abzuzeichnen, die das Verhältnis Deutschlands nach außen und die das Staatsleben der Deutschen im Innern annehmen kann. Noch aber ist alles Möglichkeit, noch ist sehr wenig, von dem man sagen kann: so wird es sein.

In dieser Situation liegt die Frage nahe: Wo stehen wir jetzt, wie läßt sich die Situation, in der sich Deutschland heute befindet, juristisch beschreiben, staatsrechtlich wie völkerrechtlich?

Die Antwort auf diese Frage ist schwer. Die Antworten, die bisher gegeben worden sind, sind unbefriedigend. Deutschland befindet sich in einem Provisorium. In seiner alten Form und Unform scheint es untergegangen, seine neue ist noch nicht gefunden, soviel ist deutlich. Sein gegenwärtiger Zustand ist durch die Tatsache der Besetzung gegeben. Das erscheint klar, aber schon oberflächliches Nachdenken zeigt, daß sein Status juristisch alles andere als eindeutig ist. Bereits die Frage, ob es überhaupt noch als Völkerrechtssubjekt existiert, ist strittig: ist es als Staat untergegangen oder nicht? Die einen sagen ja, die andern nein. Gründe haben beide für sich, eine Entscheidung zwischen ihnen erscheint dem, der unvoreingenommen die Tatsachen betrachtet, kaum eindeutig möglich.

Dennoch ist die Erwägung des Für und Wider nicht müßig. Es dient der Klärung dessen, was man will, und das ist Rechtfertigung genug.

Am 8. Mai 1945 vollzog das Oberkommando der Wehrmacht den Akt, der seit Casablanca als Kriegsziel der Alliierten feststand: die bedingungslose Kapitulation. Keitel, Friedeburg und Stumpf erklärten und unterschrieben: »Wir Endesunterzeichneten, die wir im Namen des deutschen Oberkommandos handeln, erklären die bedingungslose Kapitulation aller unserer Streitkräfte zu Lande, zu Wasser und in der Luft sowie aller übrigen Streitkräfte, die zur Zeit unter deutschem Befehl stehen, vor dem Oberkommando

der Roten Armee und gleichzeitig vor dem Oberkommando der Alliierten Expeditionsstreitkräfte.«
Zu diesem Zeitpunkt gab es keine völkerrechtlich anerkannte deutsche Regierung mehr. Was sich unter Führung des Großadmirals Dönitz so nannte, entbehrte der Legalität im staatsrechtlichen Sinne wie der Anerkennung im völkerrechtlichen. Sie hat auch nicht mehr die Staatsgewalt in Deutschland ausgeübt. Als sie ihr angemaßtes »Amt« antrat, war bereits der größte Teil Deutschlands von den alliierten Truppen besetzt, der Rest, in Stücken voneinander getrennt, in Auflösung begriffen. Die »Deklaration in Anbetracht der Niederlage Deutschlands« vom 5. Juni 1945 beschreibt den Zustand zutreffend: »Es gibt in Deutschland keine zentrale Regierung oder Behörde, die fähig wäre, die Verantwortung für die Aufrechterhaltung der Ordnung, für die Verwaltung des Landes und für die Ausführung der Forderungen der siegreichen Mächte zu übernehmen.«
Daraus ziehen nun die Alliierten die Konsequenz, indem sie deklarieren: »Die Regierungen des Vereinigten Königreichs, der Vereinigten Staaten von Amerika, der Union der Sozialistischen Sowjetrepubliken und die Provisorische Regierung Frankreichs übernehmen hiermit die höchste Autorität hinsichtlich Deutschlands, einschließlich aller Machtvollkommenheiten, die der deutschen Regierung, dem Oberkommando der Wehrmacht und allen staatlichen, städtischen oder örtlichen Regierungen oder Behörden zustehen. Die Übernahme zu den vorstehend genannten Zwecken der besagten Autorität und Machtvollkommenheiten bewirkt nicht die Annektierung Deutschlands.«
Die Zwecke, auf die hingewiesen wird, sind: »unbeschadet späterer Beschlüsse, die hinsichtlich Deutschlands getroffen werden mögen, Vorkehrungen für die Einstellung weiterer Feindseligkeiten seitens der deutschen Streitkräfte, für die Aufrechterhaltung der Ordnung in Deutschland und für die Verwaltung des Landes zu treffen und die sofortigen Forderungen zu verkünden, denen Deutschland nachzukommen verpflichtet ist.«
Von den späteren Beschlüssen erwähnen wir hier nur den, in unserem Zusammenhang entscheidenden, der im Potsdamer Abkommen vom 2. August 1945 niedergelegt ist: »Es müssen Vorbereitungen getroffen werden für die endgültige Umgestaltung des politischen Lebens Deutschlands auf demokratischer Grundlage und die eventuell friedliche Mitarbeit Deutschlands im internationalen Leben.« (III. A. 3. IV.)

2.

Nach völkerrechtlicher Lehre geht ein Staat nur durch »Subjugation« unter. Diese überträgt die Souveränität. Die occupatio bellica hat als solche nicht den Untergang eines Staates im völkerrechtlichen Sinne zur Folge, sie ist ein reiner Machtakt, der die rechtliche Substanz des okkupierten Staates nicht berührt. Die occupatio bellica ist durch die Haager Landkriegsordnung geregelt. Artikel 43 derselben macht dem Okkupanten die »Beobachtung der Landesgesetze« zur Pflicht, »soweit kein zwingendes Hindernis entgegensteht«. Nach Beendigung der Okkupation leben die früheren Gesetze eo ipso wieder auf.
Bedauerlich oder nicht: daß die Rechtslage Deutschlands nicht zureichend durch den Begriff der occupatio bellica erfaßt werden kann, unterliegt keinem Zweifel. Von einem Wiederaufleben der früheren Gesetze nach Beendigung der Besatzung kann keine Rede sein: denn es ist die erklärte Absicht der Alliierten, das politische Leben Deutschlands *endgültig* umzugestalten. Wer also das Rechtsverhältnis zwischen Deutschland und den Alliierten als hinreichend durch den Begriff der occupatio bellica erfaßt behaupten wollte, käme zu der absurden Folgerung, daß die Alliierten fortgesetzt den Artikel 43 der Haager Landkriegsordnung verletzen. Es hilft nichts, wenn man versichert, daß sich politische Intervention und Okkupation überschneiden: Artikel 43 schlösse eben eine derartige Intervention aus. Da die Vertreter dieser Auffassung jene Konsequenz natürlich nicht ziehen können, glauben sie sich folgendermaßen zu behelfen: »Endgültige Maßnahmen jedoch, die im Gegensatz zu Artikel 43 über militärische Notwendigkeiten hinaus unmittelbar in das Verfassungsrecht eingreifen, werden sich nach den allgemein anerkannten Grundsätzen des Völkerrechts nicht aus der ›bloßen Tatsache‹ der Okkupation, sondern allein aus der beim Volke ruhenden Staatsgewalt des okkupierten Staates herleiten lassen. Diese Okkupation läßt, wie total sie sein mag und wie lange sie dauern soll, Deutschland als Staat ebensowenig zugrunde gehen, wie andere europäische Staaten durch jahrelange vollständige Besetzung in den napoleonischen Kriegen oder in den beiden Weltkriegen zugrunde gegangen sind, da nach dem völkerrechtlichen Sprichwort ›Der Staat stirbt nicht‹ Deutschland lebt, weil das deutsche Volk lebt, um die

Worte des Ministerpräsidenten von Württemberg-Baden, Reinhold Maier, zu wiederholen.«
So der hessische Justizminister Zinn in der »Süddeutschen Juristenzeitung« (1947, Heft 1). Nichtsdestoweniger ist diese Auffassung juristisch irrig. Daß die Staatsgewalt beim deutschen Volk ruhe, steht zwar in der Weimarer Verfassung; diese ist jedoch nach wohl einhelliger Ansicht untergegangen. Positivrechtlich läßt sich daher diese Ansicht nicht begründen. Aber rebus sic stantibus ist der ganze Gedankengang Zinns juristisch nicht vollziehbar. Daß jemand die Staatsgewalt innehabe, bedeutet, daß er bestimmte Kompetenzen hat. Wer diese Kompetenzen hat, ergibt sich aus dem angeführten Wortlaut der Deklaration vom 5. Juni 1945: es sind die vier alliierten Regierungen. Diese haben, um es zu wiederholen, »die höchste Autorität hinsichtlich Deutschlands, einschließlich aller Machtvollkommenheiten, die der deutschen Regierung, dem Oberkommando der Wehrmacht und allen staatlichen, städtischen oder örtlichen Regierungen oder Behörden zustehen«, übernommen. Das heißt: sie haben alle Kompetenzen der legislativen, exekutiven und richterlichen Gewalt in Deutschland übernommen. Es ist keine Kompetenz übriggeblieben, die dem deutschen Volk noch zukäme; denn muß auch noch daran erinnert werden, daß dem deutschen Volk bereits alle diese Kompetenzen von seinem »Führer« abgenommen worden waren? Wenn je ein Herrscher mit Recht sagen konnte: »l'état c'est moi«, so war es der »Führer«, dem Deutschland zwölf Jahre folgte. Man wundere sich also nicht, wenn der Untergang des »Führers« der Untergang des deutschen Staates war und sein mußte.
Doch selbst einmal zugegeben, beim deutschen Volke ruhe noch die »Staatsgewalt« – also im Sinne der Lehre von der Volkssouveränität –: wie äußert sie sich? Gewiß, eine Reihe von Kompetenzen haben die Alliierten nun zwar nicht dem deutschen Volke, sondern den neugeschaffenen Ländern und ihren Organen zurückgegeben: aber das betrifft eben nicht Deutschland als Ganzes und ist in jeder Zone in verschiedenem Maße erfolgt. In bezug auf Deutschland als Ganzes äußert sich die angeblich beim deutschen Volke ruhende Staatsgewalt ausschließlich durch den Kontrollrat. Dieser aber ist nun mitnichten ein Organ des deutschen Volkes, sondern ein Organ der vier alliierten Regierungen. Konsequent verfolgt, besagt also die Zinnsche Argumentation, daß dem deut-

schen Volk eine Kompetenz zukommt, die alliierten Regierungen zu ermächtigen, gewisse Gesetze in seinem Namen zu erlassen. Die Widersinnigkeit dieser Konstruktion liegt auf der Hand.

Warum aber diese Verrenkungen? Man würde Zinn nicht gerecht, wenn man seinen Gedankengang lediglich als Zweckkonstruktion ansähe, errichtet, um die Weiterexistenz des deutschen Staates zu sichern. Es liegt ein wirkliches juristisches Problem vor. Er formuliert es so:

»Über Begriff und Wirkung einer occupatio bellica ist sich die internationale Rechtslehre aller Völker heute einig. Die Okkupation ist ›un pur fait‹, ist ›simplement un état de fait‹ (Fauchille); sie ›ne transfère aucun droit de souveraineté à l'occupant, mais seulement l'exercice de quelques uns des droits de la souveraineté‹ (Jacomet), weil einzig die ›subjugation‹, die Einverleibung, die Unterdrückung durch Annexion die Substanz der Souveränität überträgt (Oppenheim), die Besatzungsmächte aber eine Annexion ausdrücklich abgelehnt haben und es in der Proklamation Nr. 1 heißt: ›We come as conquerors, but not as oppressors‹.«

Nun reicht es völlig hin, als »conqueror« zu kommen, wenn man ein Gebiet annektiert, man braucht sich nicht in der Rolle eines »oppressor« (like Hitler) zu gefallen. Und man kann als »oppressor« kommen, ohne schon das Gebiet zu annektieren, das hat schließlich selbst Hitler nicht überall getan. Der angezogene Satz beweist also nicht das, was er beweisen soll. Aber der zentrale Irrtum liegt in der Interpretation von »subjugation« als Annexion. Zwar ist die Annexion die häufigste Form der »subjugation« und daher auch ihr wechselseitiger Gebrauch bei Völkerrechtlern verständlich, aber sie ist der weitere Begriff. Jede Annexion ist zwar eine »subjugation«, aber eine »subjugation« braucht noch nicht eine Annexion zu sein. »Subjugation« bedeutet zunächst »to bring into subjection«, also »Unterwerfung« und noch nicht »Einverleibung«, »Annexion«.

Die ausdrückliche Erklärung der Deklaration vom 5. Juni 1945, daß die Übernahme der Autorität und Machtvollkommenheit keine Annexion bedeute, sollte zu denken geben. Man wird den Text kaum vergewaltigen, wenn man annimmt, daß dieser Zusatz nicht der Beruhigung der Gefühle des deutschen Volkes zuliebe eingefügt ist, sondern um einen naheliegenden Rechtsirrtum auszuschließen. Da die Völkerrechtslehre bisher nicht säuberlich zwischen Subjugation und Annexion schied – weil der Fall bisher praktisch keine Rolle spielte –, deshalb war diese einschränkende Erklärung durchaus angebracht. Es läßt sich aber eben deshalb nicht der Schluß daraus ziehen, den Zinn zieht. Dieser Schluß wird auch durch den sehr genau formulierten Text der Deklaration ausgeschlossen: es ist mit aller Klarheit gesagt, was übernommen wird: es ist nichts anderes als die Staatsgewalt.

3.

Wir haben hier, wie gar nicht so selten im Völkerrecht, den Fall, daß durch die Ereignisse eine völkerrechtliche Rechtsfigur aktuell wird, die bisher mehr oder weniger unbeachtet geblieben ist und daher das Maß an juristischer Durchdringung vermissen läßt, das wir an anderen Rechtsfiguren kennen und oft bewundern. So stellen sich dem Völkerrecht immer neue Aufgaben, und es erscheint uns besser, uns diesen zu unterziehen, als um jeden Preis Tatbestände unter Begriffe zu pressen, die vorn und hinten nicht auf sie passen.
Annexion, so sagten wir, ist immer auch Subjugation, aber die Umkehrung gilt nicht. Die Annexion bezieht sich in erster Linie auf das Staatsgebiet, und wenn sie nur einen Teil des Staatsgebietes betrifft, so kann sie sogar das Staatsvolk von der Annexion ausschließen. Man unterscheidet herkömmlicherweise drei Momente an einem Staat: Staatsgebiet, Staatsvolk und Staatsgewalt. Jedes dieser drei Momente kann sich ein anderer Staat bemächtigen. Kommt einer von ihnen in Fortfall, so geht der Staat unter. Diese Folgerung ist unvermeidlich,, wenn man mit der herrschenden Lehre alle drei Momente als für einen Staat konstitutiv betrachtet. Es empfiehlt sich, den Term »Subjugation« für den Fall der Übernahme der Staatsgewalt durch einen Dritten zu reservieren, während man die Einverleibung des Staatsgebietes als Annexion bezeichnen und unter diesem Begriff auch verstehen mag, daß das Staatsvolk inkorporiert wird, wenn nicht ausdrücklich anderes bestimmt ist.
Die juristische Kennzeichnung einer Rechtslage interessiert wegen der Rechtsfolgen, die sich aus ihr ergeben. Um diese genau erfassen zu können, ist zunächst zu fragen, ob und in welchen Grenzen die Subjugation sich mit den Prinzipien des gegenwärtigen Völkerrechts verträgt. Es ist evident, daß sich die Subjugation

als Dauerzustand nicht verteidigen läßt. Sie ist rechtlich nur als Übergangserscheinung möglich. Durch Annexion kann ein Staat einem anderen Staate inkorporiert werden. Er ist dann als Völkerrechtssubjekt verschwunden, es sei denn, daß das übernommene Staatsvolk als Minderheit als Völkerrechtssubjekt anerkannt wird. Auf jeden Fall aber ist das Verhältnis der Annektierten zu ihrem neuen Staat eine Frage des innerstaatlichen Rechtes; wenn nicht ausdrücklich anders bestimmt, erwerben die Annektierten automatisch die Staatsangehörigkeit des annektierenden Staates. Aber auch hier gelten gewisse Prinzipien naturrechtlicher Art, die die Gleichberechtigung aller Staatsbürger in einer modernen Demokratie fordern, und das Problem der Minderheiten ist ja nicht so sehr das ihrer formalen Gleichberechtigung als das Recht auf ihr kulturelles Eigenleben, insbesondere auf eigene Schulen, auf religiöse Verkündigung in ihrer Muttersprache und dergleichen. An der Staatsgewalt pflegen ja auch sie gleichberechtigt wie alle anderen zu partizipieren. Gerade das fällt bei der vollkommenen Subjugation weg, aber es ist nur gerecht, zu sagen, daß den der Subjugation Unterworfenen das Recht auf Selbstregierung nicht auf die Dauer entzogen werden darf.
Man wird daher sagen müssen, daß es der Zweck einer Subjugation ist, die Eigenstaatlichkeit wieder herzustellen, also einen neuen Staat als Völkerrechtssubjekt aufzubauen. Da für diesen die Anerkennung durch die anderen Staaten Voraussetzung seiner Völkerrechtssubjektivität ist, so muß er gewisse Bedingungen erfüllen und zumal die, seinen völkerrechtlichen Pflichten nachzukommen. Es gibt Kriterien, auf Grund deren sich die Fähigkeit eines Staates, Völkerrechtssubjekt zu sein, beurteilen läßt.
Die Rechtsfolgen einer Subjugation bemessen sich zunächst nach den Bedingungen, unter denen die Staatsgewalt übernommen wurde. Hinsichtlich Deutschlands sind sie also durch die Deklaration vom 5. Juni 1945, das Potsdamer Abkommen vom 2. August 1945 und die verschiedenen Konferenzen der Außenminister gegeben. Man kann auch an das Mandatsrecht des Völkerbundes erinnern – auch dort spielte in der juristischen Diskussion der Umstand der Nichtannexion eine bedeutende Rolle: es fehlte der präzisierte Begriff der Subjugation in dem hier entwickelten Sinne, mit dem sich der rechtliche Tatbestand wohl hätte adäquat erfassen lassen. Das gilt vor allem für die B- und C-Mandate, wobei hier freilich die Verhältnisse so sind, daß an eine Entwick-

lung zu Staaten, die unter den modernen Verhältnissen lebensfähig sind, auf lange Zeit hinaus nicht gedacht werden kann. Aber auch hier haben wir den Vorgang, daß die Staatsgewalt, die bisher von Deutschland ausgeübt worden war, übernommen wurde, während keine Annexion erfolgte und sogar Art. 22 Abs. 1 der VBS dem begegnen sollte. Man könnte ferner an den Fall Neufundlands denken, das 1933 zeitweilig sein Parlament verlor und von einem britischen Gouverneur regiert wurde: auch hier eine Übernahme der Staatsgewalt ohne Annexion, falls man den Dominien, was strittig ist, die völkerrechtliche Eigenständigkeit auch in bezug auf ihr Staatsgebiet zugibt.

Lassen sich also durchaus in gewisser Hinsicht analoge Fälle aus der Staatenpraxis anführen, so wird man doch keine allzu weittragenden Schlüssse daraus ziehen können. Hier wie so oft ist das Völkerrecht von den durch Kodifikationen und Dogmatik ausgebildeten Begriffspalazzi anderer Rechtsmaterien weit entfernt, und weniger als andere Gebiete des Lebens läßt sich die Staatenpraxis durch starre Rechtsbegriffe einengen, wenn sie nicht in Verträgen sich verfestigt hat. Dennoch ist es wichtig, einen Rechtsbegriff herauszuarbeiten, der geeignet ist, einen politischen Vorgang – und zumal einen von der Tragweite des deutschen Zusammenbruchs – zu erfassen. Es handelt sich um die Entscheidung der Frage, ob der politische Vorgang rechtlich möglich ist oder nicht. So lange man das, was in Deutschland vor sich geht, als occupatio bellica hinreichend gekennzeichnet findet, ist die Antwort ganz eindeutig verneinend. Aber dieser Begriff ist unangemessen. Die Subjugation in dem gekennzeichneten Sinne ist völkerrechtlich legitim: es ist ein dogmatisches Vorurteil zu meinen, der Sieger habe nach der bedingungslosen Kapitulation eines Staates nur die Wahl zwischen Annexion und occupatio bellica. Es steht theoretisch nichts im Wege, daß die Siegermächte sich nur der Staatsgewalt des besiegten Staates bemächtigen. Daraus erwachsen ihnen Rechte und Pflichten. Die Rechte sind durch die Innehabung der Staatsgewalt gegeben, die Pflichten erwachsen daraus, daß die Subjugation nur durch den Zweck, das unterworfene Volk wieder instandzusetzen, in die Völkerrechtsgemeinschaft zurückzukehren und seinen Staat neu aufzubauen, gerechtfertigt ist. Hier findet sinngemäß der Rechtsgedanke, der in Artikel 22 der VBS ausgedrückt ist, Anwendung, ein Gedanke, der dort als »une mission sacrée de civilisation« bezeichnet ist.

Die rechtliche Kennzeichnung der deutschen Lage als Subjugation schließt auch keineswegs die Anwendbarkeit der Bestimmungen der Haager Landkriegsordnung bzw. der Genfer Konvention von 1929 aus, die sinngemäß angewandt werden können. Die Beschränkung unserer Handlungsfreiheit macht denen, die sie beschränken, die dadurch für die materielle Existenz des deutschen Volkes notwendig werdende Fürsorge zur Pflicht, ebenso wie in bezug auf die Kriegsgefangenen die entsprechenden Rechtssätze nach wie vor ihre Geltung haben. Aber die Subjugation erlaubt – im Gegensatz zur occupatio bellica – die Eingriffe der Besatzungsmächte in die innerdeutsche Gesetzgebung, die die Herbeiführung demokratischer Formen des öffentlichen Lebens in Deutschland zum Ziele haben.
Es kommt nicht auf das Wort »Subjugation« an, man mag ein anderes wählen. Es kommt aber darauf an, sich klarzumachen, daß es sich in dem Verhältnis des deutschen Volkes zu den Besatzungsmächten um eine eigentümliche völkerrechtliche Figur handelt, die mit den herkömmlichen Begriffen nicht genau bezeichnet ist. »Entstehung und Untergang des Staates sind grundsätzlich vom Völkerrecht nicht geregelt, sondern regeln ihrerseits das Völkerrecht.« Dieser Satz Hermann Hellers findet auch hier seine Bestätigung.
Aber ist der deutsche Staat untergegangen? Ich möchte meinen, daß die Entscheidung darüber praktisch nicht so wichtig ist, wie man gemeinhin annimmt, denn das Maß, in dem die Alliierten die künftige staatliche Form Deutschlands bestimmen werden, setzen diese selber fest. An sich ist schwer einzusehen, daß der 8. Mai 1945 nicht das Ende einer debellatio gewesen sein sollte: wie soll eine solche aussehen, wenn nicht so. Gibt man die Subjugation als die auf den deutschen Fall zutreffende Rechtsfigur zu, so geht ein neuer deutscher Staat aus der Besetzungszeit hervor. Daß das nach einer occupatio bellica, die immerhin irgendwann eine occupatio pacifica werden mag, nicht der Fall ist, das ist es ja gerade, was die einen die These vom Untergang des deutschen Staates verfechten läßt und die anderen, die diesen Untergang nicht zugeben wollen, zu der merkwürdigen Konstruktion der beim deutschen Volk ruhenden und die Alliierten in mysteriöser Weise ermächtigenden Staatsgewalt führt.
Für die Annahme des Unterganges des deutschen Staates scheinen mir vor allem folgende drei Umstände zu sprechen: Die Über-

nahme der gesamten Staatsgewalt durch die Besatzungsmacht, der nun seit der Kapitulation andauernde Mangel auch nur eines einzigen deutschen Organes, das für alle vier Zonen zuständig ist, und schließlich der Umstand, daß die zukünftige staatliche Organisation Deutschlands noch vollkommen offen ist.
Was den ersten Umstand, die Übernahme der Staatsgewalt durch fremde Regierungen anlangt, so ist es schwer, diese Tatsache mit der Annahme der Fortexistenz eines deutschen Staates wie überhaupt mit der Existenz eines solchen im gegenwärtigen Zeitpunkt zu vereinbaren. Sind Staatsgewalt, Staatsgebiet und Staatsvolk die konstitutiven Momente eines Staates, dann bedeutet, wie gesagt, der Fortfall eines dieser Momente eben dessen Untergang. Es heißt schließlich sich in Fiktionen flüchten, wenn man eine faktisch einfach nicht vorhandene Staatsgewalt als irgendwie juristisch vorhanden annimmt. Nun gäbe es immerhin einen Ausweg aus diesem Dilemma, wenn man unterstellt, daß nach dem erklärten Willen der Besatzungsmächte wenigstens die Wirtschaftseinheit Deutschlands gewahrt oder besser wiederhergestellt werden soll und daß hierfür deutsche Organe gebildet werden sollen. Dann könnte man ihr bisheriges Nichtvorhandensein technischen und politischen Schwierigkeiten zugute schreiben und sie als der Intention nach vorhanden annehmen. Aber, und das führt nun schon auf den dritten Umstand, diese Einheit präjudiziert nichts über die künftige rechtliche Organisation Deutschlands, und da reichen die Pläne vom Einheitsstaat bis zum Staatenbund. Daß aber der Plan, Deutschland als Staatenbund zu organisieren, ernsthaft zur Debatte steht, spricht offenbar gegen die Auffassung, Deutschland sei als »Staat« noch vorhanden. Denn ein Staatenbund ist eine völkerrechtliche Verbindung zwischen Staaten, und schließt man die inzwischen gebildeten Länder zu einem solchen zusammen, dann ist der deutsche Staat zerfallen und untergegangen. Ein Staatenbund setzt offenbar nicht einen Staat, sei er nun Einheitsstaat oder Bundesstaat gewesen, als völkerrechtlich identisches Subjekt fort. Werden die Länder irgendwann zu einem solchen zusammengeschlossen, dann ist das doch offenbar ein Integrationsprozeß, an unserem gegenwärtigen Zustand gemessen, während die Verfechter der Annahme, der deutsche Staat existiere trotz allem fort, ihn für einen Desintegrationsprozeß erklären müßten.
Die Argumente, die bisher für die Annahme der Fortexistenz

unseres Staates vorgebracht worden sind, vermögen kaum zu überzeugen. Die Länder haben ein finanzielles Interesse daran, das Defizit ihrer Haushaltspläne auf einen fiktiven Reichshaushalt zu übertragen. Daß ein Finanzausgleich erfolgen muß, ist nicht bestritten, und diese Frage ist unabhängig von der, ob Deutschland als Bundesstaat oder Staatenbund organisiert werden wird. Wenn Hamburg seine Senatoren auf die Treue zum »Deutschen Reich« vereidigt hat, so hat beispielsweise Bayern das Entsprechende nicht getan. Wenn es eine deutsche Staatsangehörigkeit noch gibt und diese auch erworben werden kann, so ließe sich das schließlich auch juristisch anders konstruieren als auf der Voraussetzung der Fortexistenz des deutschen Staates: zumal unter der Voraussetzung unseres Begriffes der Subjugation, der die Einheit des Staatsvolkes (wie auch des Staatsgebietes – doch muß in bezug auf dieses die Einteilung in Zonen und die Neuschaffung der Länder beachtet werden) nicht antastet. All diese Argumente sind nicht zwingend.

Ernster ist der Umstand zu nehmen, daß nach einer Erklärung des ersten Sekretärs des Königs von Großbritannien vom 2. April 1946 sich Seine Majestät noch als im Kriegszustand mit Deutschland befindlich betrachtet. Wenn Rudolf Laun (*Die Zeit* vom 13. März 1947) daraus die Fortexistenz des Reiches folgert, weil sonst England mit seinem eigenen Herrschaftsgebiet im Kriege läge, so setzt er eben die Alternative: Annexion oder occupatio bellica voraus, die, wie wir gesehen haben, eine unvollständige Disjunktion ist; denn es ist eine dritte Möglichkeit in Gestalt der Subjugation gegeben, und diese läßt die Möglichkeit der Fortexistenz des Kriegszustandes in bezug auf das Staatsvolk und die Auffassung des Staatsgebietes als feindliches Ausland offenbar zu, zumal die angelsächsische Völkerrechtslehre den Krieg auch rechtlich als ein Verhältnis nicht nur zwischen Staaten, sondern zwischen Völkern mit den bekannten Rechtsfolgen auffaßt.

Schließlich verdient noch das Urteil des Obergerichts des Kantons Zürich vom 1. Dezember 1946 Erwähnung, nach dem das deutsche Reich als Völkerrechtssubjekt fortexistiere und folglich das Haager Zivilprozeßabkommen von 1905 zwischen der Schweiz und dem Deutschen Reich noch in Kraft sei. Nun ist das Züricher Obergericht kein internationaler Gerichtshof, der die Frage völkerrechtlich verbindlich entscheiden könnte, und die Frage liegt nahe, wie er wohl entschieden hätte, wenn die Schweiz ein politisches Interesse daran hätte, durch jenen Vertrag nicht mehr gebunden zu sein. Auch daß der Vatikan das Reichskonkordat von 1933 bisher als Rechtsgrundlage seines Verhältnisses zu Deutschland weiterhin ansieht, hat ja seinen Grund nicht zuletzt darin, daß es ihn günstig stellt, und seine »Geltung« heute läßt sich, wie Erler (*Süddeutsche Juristenzeitung* 1946, Heft 8/9) gezeigt hat, auch anders begründen. Spanien wieder scheint die Forderungen, die das Reich auf Grund der Unterstützung Francos an es hat, für erloschen zu halten.

Es liegt nahe, an den Begriff des Kondominats zu denken, wenn man das Verhältnis zwischen Deutschland und den Besatzungsmächten zusammenfassend charakterisieren will. Kelsen hat denn auch diesen Begriff herangezogen, und Laun und Zinn haben ihm widersprochen. Die Analogien, die Kelsen beibringt, sind in der Tat nicht glücklich. Er verweist auf das Kondominat Österreichs und Preußens über Schleswig-Holstein von 1864-1866 und das Kondominat Österreichs und Ungarns über Bosnien 1909-1919. Nun lag im ersten Fall, wie Laun mit Recht betont, eine Abtretung von seiten Dänemarks an die beiden anderen Mächte vor, im zweiten Fall eine Annexion. In jedem Fall aber – und das trifft auch auf die anderen von Kelsen genannten Fälle zu: Neue Hebriden (Kondominat Englands und Frankreichs seit 1914), Sudan (Kondominat Englands und Ägyptens seit 1898) – handelt es sich um gemeinsames Staatsgebiet, und das ist, wie wir gesehen haben, genau das, was in bezug auf Deutschland *nicht* vorliegt. Es scheint mir daher richtiger zu sein, im Falle Deutschlands von einem *Koimperium auf Grund einer Subjugation* zu sprechen. Diese völkerrechtliche Definition unseres rechtlichen Zustands schließt – unter Beachtung der Willenserklärungen der Besatzungsmächte, denen sie nicht begrifflich widerstreitet – diejenigen Rechtsfolgen ein, die eine realistische Betrachtung unserer politischen Lage auf Schritt und Tritt bestätigt findet und auf deren Ableitung es Kelsen offenbar ankommt.

4.

Laun hat seinen Artikel überschrieben: Hat Deutschland Rechte? Mir scheint, man sollte lieber fragen: Hat das deutsche Volk Rechte? Und nach Konstituierung der Länder kann selbstverständlich gefragt werden, welche Rechte gegenüber den Besatzungsmächten diese haben. Laun nennt als die Rechte, die Deutschland zugesprochen werden könnten, folgende: Berufung auf gewisse Menschenrechte; den Grundsatz, daß niemand Richter in eigener Sache sein könne; und schließlich den Anspruch jedes Rechtssubjekts auf rechtliches Gehör.

Daß auch dem Besiegten gewisse Menschenrechte zustehen, ist heute allgemein anerkannt und unabhängig von der Existenz eines deutschen Staates. Der Grundsatz, daß niemand Richter in eigener Sache sein könne, besteht zwar zu Recht, doch fragt sich, was als »eigene Sache« anzusprechen ist. In bezug auf Maßnahmen einer untergeordneten Stelle kann zweifellos von einer übergeordneten Stelle auf Klage der Betroffenen hin entschieden werden. Es käme also auf Maßnahmen der Militärregierungen in den Zonen an, und gegen diese gibt es allerdings kein justizförmiges Verfahren. Aber ein solches ist ja für zahlreiche Anordnungen der Regierungen im gewöhnlichen Staatsleben auch nicht gegeben, und es ist nicht recht einzusehen, was dieser Grundsatz uns gegenwärtig viel hilft. Denn – und damit kommen wir zum dritten Punkt – ein Petitionsrecht steht, zumal über die inzwischen eingesetzten deutschen Organe wie Länderregierungen, Landtage, Zonenbeirate usw., den Deutschen zweifellos zu. Allerdings besteht keine Möglichkeit, sich direkt an den Kontrollrat zu wenden, solange zentrale Regierungsstellen fehlen. In diesem Punkte allerdings macht sich der Untergang des deutschen Staates empfindlich bemerkbar.

Freilich scheint Laun der Auffassung zu sein, daß aus der Weiterexistenz des »Reiches« ein Anspruch auf eine zentrale Vertretung folgt, und daß wir deshalb Grund haben, an dieser Fiktion festzuhalten. Aber ein Rechtsanspruch in dieser Richtung steht auch zur Seite, wenn wir die den Tatsachen adäquatere Auffassung vertreten, das »Reich« sei untergegangen. Er erwächst uns nämlich daraus, daß die Subjugation zweckbedingt ist und ihr Zweck eben in der Neuerrichtung einer deutschen Eigenstaatlichkeit besteht. Man mag darüber streiten, welcher Anspruch »stärker«

wäre: es ist ein Streit um des Kaisers Bart, weil die Erfüllung dieses Anspruchs Sache der großen Politik ist, deren Objekt wir nun einmal sind.

Wir werden zu dieser Erfüllung am besten beitragen, wenn wir im Innern uns bemühen, feste Fundamente für das neue deutsche Staatsgebäude zu schaffen. Dazu kann die Erkenntnis des Unterganges des alten Staates nur nützlich sein. Mir scheint, daß gewisse sensationelle Fehlurteile deutscher Gerichte nicht möglich gewesen wären, wenn die Richter sich die Rechtstatsache, daß der deutsche Staat nicht mehr existiert, vor Augen geführt hätten. Wir stehen der Frage, was von der Erbschaft des alten Staates übernommen werden soll und was nicht, freier gegenüber, wenn wir sie als eine Frage der Staatensukzession auffassen. Der fiktive Reichshaushalt, auf dem die Länder ihr Defizit eintragen, wird schließlich auch nicht realer, wenn wir die Existenz eines deutschen Staates fingieren. Für das, was technisch notwendig und wünschenswert ist, lassen sich schließlich immer Formen finden.

Schließlich wollen wir den alten Staat, der uns wahrhaftig den Abschied von ihm leicht genug gemacht haben sollte, nicht überschätzen: er hat das biblische Alter von nicht ganz 75 Jahren erreicht. Aber das deutsche Volk ist ein altes Volk. Es ist ein Volk, das immer wieder einmal in seiner Geschichte vor dem Zusammenbruch seiner Staatlichkeit gestanden hat und genötigt war, diese neu zu formen. Möge sie dieses Mal dauerhaft sein, weil sie freiheitlich ist.

(1947)

Zwischen debellatio und Treuhand

Nicht weniger Logik, sondern bessere Logik.
G. Rümelin

Immanuel Kant veröffentlichte im hohen Alter eine Abhandlung »Über den Gemeinspruch: Das mag in der Theorie wohl richtig sein, taugt aber nicht für die Praxis«. Sie erschien 1793 in *Biesters Berlinischer Monatsschrift,* einer Zeitschrift von aufklärerischer Tendenz und schließt mit den Worten: So bleibt es auch in kosmopolitischer Rücksicht bei der Behauptung: was aus Vernunftgründen für die Theorie gilt, das gilt auch für die Praxis. Wie sehr doch auch ein Kant irrt! Er hat eben den Aufkläricht, wie dann Hegel sagte, nie loswerden können. Ich kann es nur begrüßen, daß Herr v. Schmoller in den freundlichen Zeilen, die er meinen bescheidenen theoretischen Bemühungen um die Aufklärung der völkerrechtlichen Lage Deutschlands gewidmet hat, so nachdrücklich unterstrichen hat, daß Theorie und Praxis im Völkerrecht, in kosmopolitischer Hinsicht, wie Kant sagt, zweierlei sind.

Das Völkerrecht, so sagt er, stelle das Ergebnis einer sich über lange Zeiträume erstreckenden Staatenpraxis dar und sei nicht auf Grund theoretischer Konstruktionen in Lehrbüchern entstanden, mögen diese in sich auch noch so logisch sein. Das gelte auch von den völkerrechtlichen Institutionen wie der Annexion und der Okkupation. Es ist gut, daß das einmal so ausdrücklich betont wird, denn in vielen Köpfen, ja selbst in den gängigen Lehrbüchern, spukt noch der Gedanke, daß theoretische Konstruktionen, wie sie sich in Franz von Vitorias *De Indis* oder in Hugo Grotius' *De jure belli ac pacis* finden, die Entwicklung des Völkerrechts beeinflußt hätten. Nein, die Entwicklung des Völkerrechts vollzieht sich in den langen Zeiträumen der Staatenpraxis, und selbst ein so neues Institut wie das der »Treuhandbesetzung« entwickelt sich nun schon seit fast drei Jahren.

Was ich habe geben wollen, ist eine rein theoretische Erörterung des Falles »Deutschland«, das, was in diesem Fall in der Theorie richtig ist – ich werde nicht so unmodern sein und denken, es tauge auch für die Praxis. Ich finde es außerordentlich wertvoll, daß Herr v. Schmoller sich bemüht hat, der richtigen Theorie, auf die allein es mir ankam, die Praxis in Gestalt des »allgemein anerkannten Völkerrechts« gegenübergestellt zu haben. Nur ein Lob muß ich zurückweisen, das Herr v. Schmoller mir freundlicherweise spendet, daß sich meine These durch besondere Originalität auszeichne. Das erscheint vielleicht von der Praxis her gesehen so. Was die Theorie anlangt, so habe ich nur versucht, sie an einem Punkte etwas genauer zu fassen, so daß sie zur theoretischen Beurteilung des Deutschen Falles geeignet wird. Nicht mehr, aber auch nicht weniger.

Herr v. Schmoller zählt auf, in welchen Fällen nach allgemein anerkanntem Völkerrecht ein Staat untergehen kann. Die Theorie kennt diese Fälle auch, aber sie kennt (man vgl. etwa Anzilotti; *Lehrbuch d. V. R.*, S. 137) auch den Fall, daß ein Staat untergeht, »wenn er, infolge eines unglücklichen Krieges, seine Funktionen gänzlich einstellt«. Sie spricht dann von debellatio oder von, wie die Engländer gern sagen, subjugation. Ein Satz der Völkerrechtstheorie lautet: »Keine Annexion ohne debellatio«. Weil man Theorie und Praxis nicht genügend auseinanderhielt, regte sich die Welt sehr auf, als die Engländer im Sommer 1900 die Annexion der beiden burischen Freistaaten erklärten, bevor die debellatio eingetreten war. Heute schließen unsere Völkerrechtler daraus: Keine debellatio ohne Annexion. Das ist dann zwar logisch falsch, aber mit dem gleichen logischen Fehler kann man eben auch den Satz erschließen: Das mag zwar in der Theorie falsch sein, gilt aber für die Praxis.

Der Theoretiker hat nun immerhin die Frage zu prüfen, ob in dem Falle, wenn ein Staat debelliert ist, nur die Möglichkeit besteht, daß der Sieger dann diesen Staat annektiert. Er wird sich fragen: warum gilt der Satz: keine Annexion (Totalinkorporation) ohne debellatio? Der Grund ist nicht so schwer zu sehen. Durch die debellatio wird das Gebiet des debellierten Staates völkerrechtlich eine res nullius, die er sich inkorporieren kann. Gewiß wird man heute zu fragen haben, ob gegen dieses Recht nicht das Selbstbestimmungsrecht der Völker durchgreift. Es läßt sich etwa auf die Atlantic-Charta verweisen. Daß bereits eine Staatenpraxis »über lange Zeiträume« hinweg bestehe, wird der Theoretiker freilich kaum zu behaupten wagen – im Hinblick auf die Praxis einiger Staaten.

Herr v. Schmoller verweist auf den Krimkrieg und Pariser Frieden vom 30. März 1856. Dieser habe den Grundsatz zur Anerkennung gebracht, daß die Besetzung nicht die Staatlichkeit des besetzten Gebietes berühre. Und diesen Grundsatz versuche ich nun durch meine Theorie zunichte zu machen und das Völkerrecht um 100 Jahre zurückzuwerfen. Auch hier wird die Theorie sich genauer ausdrücken müssen, da es ihr ja auf die Richtigkeit ankommt. Daß das Zarenreich im Krimkriege debelliert worden sei, wird zwar auch der Völkerrechtstheoretiker nicht annehmen, schließlich wurde ja nur ein vergleichsweise kleiner Teil russischen Bodens besetzt. Insofern möchte ich meinen, daß theoretisch und schließlich ja auch praktisch gar kein Anlaß vorlag, einen solchen Grundsatz zur Anerkennung zu bringen. Vielmehr wurde ein Grundsatz zur Anerkennung gebracht, der geradezu voraussetzt, daß eine debellatio nicht stattgefunden hat. Nach diesem Grundsatz findet nämlich ein Übergang der Souveränität über das besetzte Gebiet nur dann statt, wenn der Inhaber der Souveränität, eben der Staat, zu dem das Gebiet unbeschadet seiner zeitweiligen Besetzung durch den Gegner gehört, dieses Gebiet im Friedensvertrag dem Gegner zediert. An die Seite der Annexion tritt in solchen Fällen seither die Zession. So sagt der Art. XXI des Pariser Vertrages vom 30. März 1856: »Le territoire cédé par la Russie sera annexé à la Principauté Moldavie sous la souveraineté de la sublime Porte.«
Nun legt man mit Recht diesen Grundsatz so weit aus, daß auch die Besetzung des gesamten Gebietes des feindlichen Staates als solche noch nicht dessen Untergang herbeiführt. Denn, wie Oppenheim meint, der Sieger könne ja das Gebiet ganz oder teilweise dem vertriebenen oder gefangenen Oberhaupt wieder herausgeben und durch einen Friedensvertrag den Krieg formell beenden. Wenn er das Gebiet aber zu erwerben wünsche, so annektiere er es, und damit ende der Krieg formell durch Subjugation. Dem muß zugestimmt werden. Denn dadurch, daß der Sieger das Gebiet ganz oder teilweise dem gefangenen oder vertriebenen Oberhaupt (es kann auch ein neues Oberhaupt sein, nur eben ein Repräsentant des besetzten Staates) herausgibt, ist eben keine debellatio (Subjugation) eingetreten, der alte Staat funktioniert weiter. Wenn aber nun der Sieger das alte Oberhaupt aufhängt oder einkerkert, wenn er die Bildung eines neuen Oberhauptes nicht zuläßt und auch nicht annektiert, was dann? Dann hat der alte Staat

seine Funktionen eingestellt, er ist debelliert – nach den bisherigen theoretischen Begriffen des Völkerrechts. Aber das allgemein anerkannte Völkerrecht, das auf der Staatenpraxis beruht und einen solchen Fall noch nie erlebt hatte (was für den Theoretiker den Gedanken an eine bereits feste Staatenpraxis für solche Fälle ausschließt), das soll nun dieser im Rahmen der bisherigen Völkerrechtstheorie offenbar durchaus möglichen Möglichkeit entgegenstehen. Entgegenstehen auf Grund eines logisch falschen Schlusses. Doch nein: entgegenstehen, wie Herr Zinn (in der *Südd. Jur. Ztg.*) und Herr Menzel (im *Europa-Archiv*, Dez. 1947) ausführten, auch auf Grund der oben wiedergegebenen Meinung von Oppenheim, denn diese besage: conquest + annexation = subjugation. Der Theoretiker wird bescheiden einwenden, für seine Begriffe seien hier Voraussetzung und Folge verwechselt.

Herr v. Schmoller bringt noch ein anderes Argument dafür vor, daß der Sieger den besetzten Staat entweder bestehen lassen oder annektieren müsse; denn so sagt er, da nach anerkanntem völkerrechtlichem Brauch die Angehörigen des annektierten Staates zu vollberechtigten Angehörigen des annektierenden Staates werden, so würden die eines nur debellierten Staates eine wesentlich schlechtere rechtliche Stellung haben. Die Völkerrechtler haben allerdings so einfach die Rechtslage der Angehörigen annektierter Staaten nicht gesehen, worüber man etwa Josef L. Kunz (*Die völkerrechtliche Option*, Bd. 1, S. 31 f.) vergleiche. Schönborn (*Staatensukzession*, S. 89) schreibt: »Doch ist der Inkorporant völkerrechtlich nicht behindert, seinen neuen Untertanen die Stellung von Staatsangehörigen minderen Rechts zuzuweisen oder überhaupt sein Verhältnis zu ihnen, abweichend von dem zu seinen anderen Staatsangehörigen, zu regeln.« Bekanntlich entstanden dadurch nach dem ersten Weltkrieg zahlreiche Minderheitenprobleme. Aber vielleicht hat sich seit 1938 in einer Zeit, die ja viele Annexionen kannte, eine neue Staatenpraxis herausgebildet.

Ich hatte auf die Völkerbundsmandate hingewiesen, um zu zeigen, daß dem Völkerrecht Gebiete, auf denen höchstens Staatsfragmente existieren, die aber gleichwohl nicht Staatsgebiet von Staaten oder gemeinsames Staatsgebiet mehrerer Staaten sind, nicht unbekannt seien. Denn es war ja eben mein Ehrgeiz, mit den Mitteln des *bisherigen* Völkerrechts auszukommen. Ich stützte mich dabei auf die Tatsache, daß jene Gebiete wohl von

Deutschland aufgegeben (nämlich an die Hauptmächte zediert), aber nicht annektiert worden seien. Nun belehrt mich Herr v. Schmoller dahin, daß eine echte Annexion vorläge im Sinne eines tatsächlichen Überganges der Souveränität über diese Gebiete an die Hauptmächte oder an den Völkerbund, je nachdem welcher Theorie man folge. Ich würde eine echte Annexion im Sinne eines tatsächlichen Überganges (übrigens wieso »tatsächlichen«? – es liegt doch eine *Zession* Deutschlands an die Hauptmächte vor) der Souveränität einen Übergang der Souveränität nennen.[1] Eine Annexionserklärung liegt nicht vor. Die Hauptmächte hatten zwar während des Krieges die Annexionen miteinander vereinbart, aber bekanntlich verhinderte Wilson dieses Projekt auf der Pariser Konferenz. Der Art. 22 Völkerbundssatzung enthält nach herrschender Meinung ein Annexionsverbot. Daß eine Annexion im juristisch-technischen Sinne durch die Hauptmächte vorliege, wird m. W. überhaupt nicht behauptet, jedoch nimmt Rolin für alle, Fauchille für die B- und C-Mandate eine indirekte Annexion an. Daß der Völkerbund annektiert habe, wird zwar von Schneider vertreten, aber Knubben (*Subjekte des Völkerrechts*, S. 473) bemerkt mit Recht: Auch im strengen Sinn, vielmehr gerade im strengen Sinne kann von einer Annexion durch den Völkerbund gar keine Rede sein, man müßte denn unter Annexion einfach nur verstehen den Übergang der Souveränität über ein Land von einem Subjekt auf ein anderes, also einen völlig laxen, alles Mögliche umfassenden und daher ganz farblosen Begriff der Annexion im weitesten Sinne verwenden.« Herr v. Schmoller verwendet ihn also. Welche Folgen eine solche Erweichung des Annexionsbegriffes hat, mag man sich daran klarmachen, daß die Berliner Deklaration vom 5. 6. 45 nur die Annexion Deutschlands im technisch-juristischen Sinne ausschließt. Es ist dann nicht mehr einzusehen, weshalb nicht trotzdem von einer »echten Annexion im Sinne des tatsächlichen Überganges der Souveränität« im Falle Deutschlands soll gesprochen werden können. Es ist eben keine Verwirrung so groß, als daß sie sich nicht durch einen laxen Sprachgebrauch noch größer

1 Auf dem Boden der Reinen Rechtslehre Kelsens läßt sich auch von Annexion sprechen. Herr v. Schmoller, der dieser darin folgt, distanziert sich von »dem« Professor Kelsen und läßt mich auf dessen Schultern stehen, obwohl meine Argumentation gerade auf Kelsenschem Boden nicht möglich ist!

machen ließe. Jedenfalls ist man berechtigt, mit der herrschenden Meinung der Völkerrechtswissenschaft die Behauptung einer Annexion der Mandatsgebiete für einen Ausfluß falscher Theorie oder unzulässiger Erweiterung des Sprachgebrauchs zu halten. (Vgl. auch Göppert, *Völkerbund*, S. 560; Comisetti, *Mandats et souveraineté*, S. 125 ff. usw.)

Im übrigen kann ich Vattels Meinung, daß man sich bei der Auslegung völkerrechtlicher Willenserklärungen nicht ohne Grund von dem allgemeinen Sprachgebrauch entfernen dürfe, nur zustimmen. Die Behauptung z. B., die Mandatsgebiete seien von irgendwem irgendwann annektiert worden, hätte nie aufgestellt werden können, wenn man sich an das gehalten hätte, was in den Dokumenten steht. Was meine Interpretation der Berliner Erklärung vom 5. 6. 45 anlangt, so habe ich mich bemüht, genau das herauszulesen, was nach allgemeinem bisherigen Sprachgebrauch darin steht. Es wird dort die Annexion als nicht bewirkt bezeichnet. Ich nehme den Begriff der Annexion im juristisch-technischem Sinne. Und was ich allerdings gezeigt zu haben glaube, ist, daß aus dem Ausschluß der Annexion nicht geschlossen werden darf, daß keine debellatio vorliegt – nach bisher geltendem Völkerrecht. Das bisher geltende Völkerrecht kennt den Satz: »Keine debellatio ohne Annexion« nicht. Er ist eine freie Erfindung unserer Völkerrechtler. Oppenheim kennt die Formel: conquest + annexation = subjugation nicht; sie ist eine falsche Interpretation seines klaren und einwandfreien Textes.

Herr v. Schmoller sagt: Nach der Berliner Erklärung haben die Alliierten die oberste Regierungsgewalt in Deutschland nicht unbeschränkt, sondern nur für ganz bestimmte, genau bezeichnete Zwecke übernommen. Nach der Berliner Erklärung haben die Alliierten »höchste Autorität hinsichtlich Deutschlands, einschließlich aller Machtvollkommenheiten, die der deutschen Regierung, dem Oberkommando der Wehrmacht und allen staatlichen, städtischen oder örtlichen Regierungen oder Behörden zustehen.« Wie man sieht, ist keine hoheitliche Gewalt ausgenommen worden – es sei denn die der NSDAP. Die Zwecke, zu denen die Übernahme erfolgte, sind: Vorkehrungen für die Einstellung der Feindseligkeiten, für die Aufrechterhaltung der Ordnung in Deutschland und für die Verwaltung des Landes. Es wird ausdrücklich festgestellt, daß keine deutsche zentrale Regierung oder Behörde vorhanden sei, die diese Dinge leisten könne. Man wird diese Worte kaum pressen, wenn man ihnen entnimmt, daß der deutsche Staat seine Funktionen eingestellt hatte. Nach drei Jahren ist immer noch keine zentrale deutsche Behörde vorhanden. Wenn dieser Sachverhalt den Tatbestand der debellatio nicht erfüllt, so weiß ich wirklich nicht recht, welcher ihn dann erfüllen sollte. Daß die Übernahme der höchsten und sonstigen Regierungsgewalt auf Zeit erfolgt (wenn auch ohne Termin), das könnte nach dem »allgemein anerkannten« Völkerrecht selbst der Annahme eines Überganges der Souveränität nicht entgegenstehen.

Aber es läßt sich mit dem Souveränitätsbegriff so ziemlich alles anfangen, ich will ihn daher gar nicht weiter in Anspruch nehmen. Er gehört zu den Begriffen, aus denen sich auf Grund ihrer Unbestimmtheit alles Mögliche scheinbar deduzieren läßt. Ich habe ein Coimperium der vier Besatzungsmächte angenommen. Herr Menzel hat eine nähere Begriffsbestimmung bei mir vermißt, nicht ganz zu Unrecht, denn dieser Begriff wird oft – aus theoretischer Konsequenz auf dem Boden der »Reinen Rechtslehre« Kelsens – mit dem des Condominiums zusammengeworfen. Mir scheint, daß es zweckmäßig ist, den Begriff des Coimperiums von dem des Condominiums dadurch abzugrenzen, daß das Condominalgebiet gemeinsames Staatsgebiet der betreffenden Staaten ist, während das Gebiet, über dem ein Coimperium besteht, das nicht ist. Ferner verwende ich den Begriff des Coimperiums so, daß das Verhältnis der Gesamtheit der Staaten, die das Coimperium bilden, zu der Bevölkerung des Gebietes, über dem das Coimperium errichtet ist, ein ausschließlich völkerrechtliches Verhältnis ist. Im übrigen ergibt sich dieses Verhältnis aus den Bedingungen, unter denen das Coimperium errichtet worden ist, also im Falle Deutschlands aus der Berliner Erklärung vom 5.6.45, dem Potsdamer Abkommen usw.

Hier, so scheint mir, öffnet sich ein Weg, der auf festen Rechtsboden führt. Denn unter diesem Gesichtspunkt bedeutet die Errichtung der Länder einen ganz wesentlichen Einschnitt. Es sind mit ihnen – ich stehe durchaus nicht an zu sagen: Staaten geschaffen worden, die in ihrer Handlungsfähigkeit zwar beschränkt sind, aber über Regierung und Parlament und z.T. auch schon neue Verfassungen verfügen und deren staatliche Funktionen jedenfalls funktionieren. Diese Staaten sollen und wollen zu einem Bundesstaat zusammentreten. Da diese Staaten vorhanden sind und der

Bundesstaat nicht vorhanden ist, so ergibt sich zwingend, daß diese Staaten Völkerrechtssubjekte sind. Auf dem Boden des Völkerrechts ergibt sich gar keine andere Möglichkeit. Auch wenn man sie wegen des Bestehens des Coimperiums nur als Staatsfragmente bezeichnen will, so kommt auch diesen grundsätzlich Völkerrechtssubjektivität zu. Als solche sind sie in ihrer *Existenz* gegen Eingriffe der Besatzungsmächte gesichert. Herr v. Schmoller fragt, was damit schon gewonnen wäre – die Besetzung bleibe doch auf alle Fälle das Entscheidende. Das ist unbestreitbar: aber es geht doch eben darum, die Rechte der Besatzungsmächte abzugrenzen. Diese Abgrenzung ergibt sich aus den Erklärungen, die die Besatzungsmächte abgegeben haben. Beispielsweise können die Besatzungsmächte heute nicht mehr gegen den Willen der Länder zur Errichtung eines Einheitsstaates schreiten. Die Länder haben einen Anspruch darauf, sich zu einem Bundesstaat zusammenzuschließen. Sie haben, wenn ein solcher Zusammenschluß erfolgt, einen Anspruch darauf, nicht etwa durch eine Besatzungsmacht am Anschluß an den entstehenden Bundesstaat gehindert zu werden. Und diese Rechte der Länder wieder – ich habe hier nur einiges angedeutet – sind unabhängig von dem Schicksal des Kontrollrates und des Coimperiums. Schließlich darf darauf hingewiesen werden, daß beim Untergang eines Staates mit dessen Rechten auch dessen Pflichten untergehen. Was von dem oder den sukzedierenden Staaten übernommen wird, hängt von vertraglichen Regelungen ab. Ich übersehe keineswegs, daß dadurch unsere moralischen Verpflichtungen nicht viel leichter werden. Trotzdem: es sind – abgesehen von dem, was *vertragsmäßig* festgesetzt wird – keine Rechtspflichten. Und schließlich ist der Umstand, daß der neu entstehende deutsche Bundesstaat *nicht* identisch das Hitlerreich fortsetzt, ein Imponderabile, das in der öffentlichen Meinung der Welt sich auswirken könnte – kaum zu unseren Ungunsten.

Diejenigen, die sich berechtigt glauben, von der Fortexistenz des Reiches zu sprechen, bezeichnen die gegenwärtige völkerrechtliche Lage als Besetzung *sui generis.* Diese Bezeichnung hätte ich auch wählen können, nur habe ich es vorgezogen zu sagen, was ich unter »sui generis« in diesem Falle verstehe. Und auf keinen Fall verstehe ich darunter eine occupatio bellica; denn m. E. ist eben der Krieg formell durch debellatio (Subjugation) beendet. Wer das nicht annimmt – also die »herrschende Meinung« (die

sich im übrigen über die Bedeutung von »sui generis« durchaus uneinig ist, wie es die sog. »herrschenden Meinungen« in der Rechtswissenschaft meist zu sein pflegen – der treffliche Hofakker bezeichnete sie nicht uneben als herrschenden Wirrwarr) – der muß eben eine occupatio bellica annehmen.
Die occupatio bellica gehört zweifellos zu den völkerrechtlichen Instituten, über die im großen und ganzen Einmütigkeit herrscht: Die Haager Landkriegsordnung hat schließlich nur Grundsätze kodifiziert, die sich in der Staatenpraxis durchgesetzt haben. Ich verstehe es, wenn ein Völkerrechtler sich auf den Standpunkt stellt, die Bestimmungen der LKO müßten auch im Falle Deutschlands eingehalten werden; denn mit der Bedingung, daß der deutsche Staat nach wie vor existiert, sind die Voraussetzungen gegeben, unter denen die Bestimmungen der LKO eingreifen. Es ist kein Zweifel, daß die Möglichkeit, die traditionellen Bestimmungen der occupatio bellica heute im ganzen anzuwenden, von den Besatzungsmächten bestritten wird. Was seit dem 8. Mai 1945 in Deutschland geschehen ist, läßt sich mit diesen Regeln nicht in Einklang bringen. Man beurteilt daher diese Besetzung als Besetzung sui generis, obwohl die LKO doch den Anspruch erhebt, die Rechtsfigur der occupatio bellica geregelt zu haben. Ich glaube gezeigt zu haben, daß die wesentliche Voraussetzung, daß nämlich keine debellatio eingetreten ist, nicht vorliegt und der Fall Deutschlands völkerrechtlich daher anders zu beurteilen ist, auf jeden Fall aber so, daß das traditionelle Völkerrecht alle Elemente enthält, um die Rechte der Besatzungsmächte und die Rechte der deutschen Bevölkerung bzw. der deutschen Länder voneinander abzugrenzen.
Die Vertreter der Auffassung, daß der deutsche Staat weiterhin bestehe, haben versucht, den völkerrechtlichen Charakter der von ihnen angenommenen Besetzung sui generis genauer zu entwikkeln. Dabei kann es sich nicht darum handeln, lediglich auf allgemeine Menschenrechte (wie das übrigens auch Jerusalem, *Frankfurter Hefte* 1947, H. 12, auf dem Boden der Annahme einer debellatio tut) zu rekurrieren. Bei diesen Versuchen erfreut sich der Begriff der Treuhänderschaft steigender Beliebtheit. Dazu einige Bemerkungen.
Der Begriff stammt aus dem Privatrecht. In Deutschland kam er wieder im letzten Drittel des 19. Jahrhunderts auf, er wurde dann zweigleisig, einerseits von den Romanisten, andererseits von den

Germanisten ausgebaut. Er reicht von einer solch eingehend im Privatrecht geregelten Institution wie der Vormundschaft zu solch nicht immer rein erfreulichen Erscheinungen wie den fiduziarischen Rechtsgeschäften. Die Engländer kennen das hübsche Wort, daß fraud and fear die Eltern von trust (Treuhand) seien.

In das Völkerrecht drang er nach dem ersten Weltkriege ein, nicht zuletzt im Zusammenhang mit den Völkerbundsmandaten. Die Mandatare sollten trustees der Mandatsgebiete sein. Da sie dem Völkerbund Rechenschaft schuldeten, so war immerhin eine gewisse Ähnlichkeit mit dem zivilrechtlichen Institut des Vormundes vorhanden.

Als einer der ersten hat neben Zinn H. v. Mangoldt in seiner kleinen Studie *Grundsätzliches zum Neuaufbau einer deutschen Staatsgewalt* (Hamburg 1947) von »treuhänderischer Ausübung der Staatsgewalt« gesprochen. Aber was man bei ihm wie bei allen denen, die im Verhältnis zwischen Deutschland und den Besatzungsmächten ein Treuhandverhältnis sehen wollen, vermißt, ist die Festlegung der Rechte, die sich für die Besatzungsmächte aus diesem Verhältnis ergeben sollen. Sofern gemeint ist, daß die Besatzungsmächte »fair and bona fide« ihre Gewalt in Deutschland auszuüben verpflichtet seien, kann man ohne weiteres zustimmen. Aber dieser Grundsatz gilt zwar auch für Treuhänderschaften, doch er begründet solche nicht und gibt nicht deren rechtlichen Inhalt an.

In den Erklärungen und Abkommen der Alliierten, die Deutschland betreffen, kommt der Ausdruck »Treuhand« nicht vor. Daher ist es schon deshalb mißlich, aus ihm weitgehende Folgerungen abzuleiten, wenn das überhaupt möglich wäre. Der Vergleich mit der Vormundschaft des Zivilrechts, auf den Herr v. Sch. hinweist, den er aber nicht ausführt, löst sich sofort in Nichts auf, wenn man ihn durchzuführen versucht. Schon der alte Gneist klagte, daß es nicht leicht sei, unsere Juristenwelt von der Unzulässigkeit privatrechtlicher Analogien im öffentlichen Recht zu überzeugen. Aber wie sähen die Analogien, selbst wenn sie erlaubt wären, schon aus? Ziehen wir einige: Im Zivilrecht kann der Vormund nicht selbst sein Mündel unter Vormundschaft stellen. Es gibt dort den Obervormund, bzw. das Vormundschaftsgericht. Es gibt den schönen deutschen Rechtsspruch: Mündelvermögen schwindet nicht. Der Vormund hat die Interessen des Mündels wahrzunehmen. Er kann nicht mit sich als Vormund selbst kontrahieren. Ein Vergleich mit dem Verhalten der Besatzungsmächte wäre, wie man sieht, so schlagend, wie er nur sein kann!

Herr v. Schmoller sagt, daß das vorliegende Treuhandverhältnis dadurch gekennzeichnet sei, daß die Besatzungsmächte neben fremden in ihrer Eigenschaft als Treuhänder auch ganz bestimmte eigene Interessen wahrnehmen. Das rührt nun in der Tat an den Kern der Frage. Treuhänderschaft beruht darauf, daß Rechte vom Treugeber auf den Treuhänder übertragen werden. Der Inhalt der Treuhänderschaft ergibt sich aus den Bedingungen und dem Umfang dieser Übertragung. Es dürfte wohl unbestritten sein, daß man sich fremde Rechte nicht selbst übertragen kann. Das deutsche Zivilrecht, auch das Reichsgericht (zuerst RGEZ 84, 217), behandelt das Vorliegen einer Übertragung als konstitutiv für das Vorliegen eines Treuhandverhältnisses. Schon das würde mich abhalten, von einer »Treuhandbesetzung« zu sprechen.

Der Treuhänder handelt im eigenen Namen und verfügt über die ihm aus dem Treuhandverhältnis zustehenden Rechte als eigene. Daß die Alliierten in Deutschland in eigenem Namen handeln und über die ihnen zustehenden Rechte als eigene verfügen, kann nicht bestritten werden. Aber durch die Treuhandkonstruktion »ergibt sich also die eigenartige Rechtslage, daß die einen Organe der Besatzungsmächte teils als deutsche Staatsgewalt, teils als Besatzungsmacht tätig werden können« (v. Mangoldt). Nun ist es schon nötig, den Kontrollrat zur Regierung Deutschlands im staatsrechtlichen Sinne zu machen, um die Existenz eines deutschen Staates zu retten, die Voraussetzung dafür, den Treuhandgedanken überhaupt anzuwenden. Abgesehen davon, daß ein Organ dritter Staaten kaum die Regierung eines Staates im staatsrechtlichen Sinne darstellen kann (was hätten wohl unsere Juristen, denen diese Annahme heute so glatt aus der Feder fließt, vor 1945 über die staatsrechtliche Möglichkeit einer solchen Figur geschrieben?), ist hier nun wirklich nicht mehr zu sehen, wo die Grenzen der Omnipotenz der Besatzungsmächte zu finden sind. Sie haben die »deutsche Staatsgewalt dort aufgenommen, wo der omnipotente Führer sie liegen ließ. Und da sie nach dieser Konstruktion in einem *staats*rechtlichen Verhältnis zu den deutschen Ländern stehen, finden sie auch an diesen keine Grenze. Nun sagt Herr v. Schmoller, die in der Berliner Erklärung genannten Zwecke begrenzten die oberste Regierungsgewalt. Aber diese

Zwecke sind sehr weit gefaßt. Außerdem muß er zugeben, daß die Alliierten bestimmte eigene Interessen verfolgen und daß dies für das vorliegende Treuhandverhältnis charakteristisch sei. Solange man das Verhältnis zwischen den Alliierten und Deutschland als ausschließlich völkerrechtliches betrachtet, bilden die Erklärungen der Alliierten eine feste Grundlage zur Beurteilung der rechtlichen Struktur des Coimperiums. In dem Augenblick, wo man den Kontrollrat und die Oberbefehlshaber der Zonen an die Stelle der deutschen Regierung setzt, werden diese Erklärungen in ihrem Wert problematisch. Sie binden die Besatzungsmächte nicht mehr oder kaum mehr. Nicht einmal die Existenz der Länder ist dann mehr rechtlich gesichert. Wenn die Besatzungsmächte – wie die Sowjetunion das gern sehen würde und wozu England bisher nicht ganz ungeneigt war – morgen einen Einheitsstaat für besser zur Verwaltung und Demokratisierung Deutschlands halten würden, so stände nach dieser Konstruktion der Durchführung auch gegen den Willen der deutschen Länder rechtlich nichts entgegen!
Außerdem versetzt die Treuhandtheorie die Besatzungsmächte dauernd in die Lage, mit sich selbst als Besatzungsmacht auf der einen und als Treuhänder auf der andern Seite zu kontrahieren – es ist für dieses Treuhandverhältnis eben bezeichnend, daß der Treuhänder seine eigenen Interessen verfolgt. Wenn man im Völkerrecht ein Institut der Treuhänderschaft ausbildet, so sollte jedenfalls Selbstkontrahieren ausgeschlossen sein. Ein solches ist nicht nur eine weitere Aufweichung des Treuhandbegriffes, sondern ein Verstoß gegen ein fundamentales Rechtsprinzip. Ich darf betonen, daß dergleichen Begriffserweichungen und Verstöße gegen fundamentale Prinzipien nicht erforderlich sind, wenn man sich auf den Boden der Annahme einer debellatio stellt; und darüber hinaus erlaubt diese Annahme, die sich streng an die Tatsachen hält, einen festen Rechtsboden zu gewinnen, auf dem wir stehen können. So dürfte schließlich doch das, was in der Theorie richtig ist, auch »in kosmopolitischer Hinsicht« für die Praxis taugen. Josef Kohler sah in der Idee, die der Treuhand zugrunde liegt, etwas, was sich zu gehöriger Zeit als mächtiger Hebel des rechtshistorischen Fortschritts zu erweisen pflegt, andererseits freilich auch als ein sehr wirksames Ferment juristischer Dekomposition. In der gegenwärtigen Verwendung des Treuhandgedankens vermag ich nur das letztere zu erblicken. (1965)

Geheimnisse des Landesverrats

Es gehört zu den Unfertigkeiten unserer Demokratie, daß zwar die Pressefreiheit durch das Grundgesetz institutionell garantiert ist, daß aber der Gesetzgeber bisher versäumt hat, ihr durch ein Pressegesetz eine angemessene Form zu geben und sie insbesondere abzugrenzen gegen den Bereich, in dem auch die Presse zur Diskretion gehalten sein muß. Man hat sich an dieser nicht leichten Aufgabe nicht erst versucht, außerhalb Bayerns und Hessens gilt immer noch das Pressegesetz von 1874. Es enthielt nur eine spezielle Bestimmung in § 15, im übrigen leistete der § 92 StGB bis 1934 das Nötige und leider auch schon reichlich mehr: den Auftakt machte der Fall Arnim. Die Bestimmung betraf auch die öffentliche Bekanntmachung von Staatsgeheimnissen, was eigentlich harmlos gemeint war: der Informant, der das Geheimnis in Form einer harmlos scheinenden Annonce weitergab, sollte sich nicht herausreden können. Jener § 15 wurde durch den § 10 des sogenannten Spionagegesetzes von 1914 ersetzt; dieser betraf die Veröffentlichung von Nachrichten über Truppenbewegungen und Verteidigungsmittel entgegen einem Verbot des Reichskanzlers während eines Krieges gegen das Reich oder bei drohender Kriegsgefahr. Dieses Reichsgesetz gegen den Verrat militärischer Geheimnisse wurde durch die Strafrechtsnovelle vom 24. April 1934, die eine Neufassung der Landesverratsparagraphen brachte, ersetzt. Es folgte 1942 ein Gesetz zur Ergänzung der Vorschriften über Landesverrat; der Kontrollrat setzte dann durch eine Verordnung vom 30. Januar 1946 diese nationalsozialistische Gesetzgebung außer Kraft. Die heutige Rechtslage beruht auf dem Strafrechtänderungsgesetz vom 30. August 1951. Die neue Fassung der Landesverratsparagraphen hält sich aufs engste an den Wortlaut der nationalsozialistischen Novellen.

Es ist nötig, diesen Umstand im Auge zu behalten. Wir haben zu fragen, was durch das Dritte Reich hinsichtlich der Behandlung des Landesverrates geändert wurde. Das Strafgesetzbuch von 1871 bedrohte wegen Landesverrat den Deutschen, der sich mit einer ausländischen Regierung einläßt, um dieselbe zu einem Kriege gegen das Deutsche Reich zu veranlassen; es bedrohte ferner den Deutschen, der in Kriegsdienste gegen das Deutsche

Reich tritt oder einer feindlichen Macht Vorschub leistet. Erst dann folgte eine Bestimmung gegen den vorsätzlichen Verrat von Staatsgeheimnissen, Festungsplänen oder solchen Urkunden, Aktenstücken und Nachrichten an eine andere Regierung, von denen der Täter weiß, daß ihr gegenüber die Geheimhaltung solcher Geheimnisse, Pläne und Dokumente für das Wohl des Deutschen Reiches erforderlich ist. Und hier findet sich nun auch schon, daß der Mitteilung an die betreffende Regierung die Veröffentlichung gleichgesetzt wird.

Die Mitteilung von Staatsgeheimnissen an Unbefugte, um mit dem neuen Wortlaut zu reden, oder ihre Veröffentlichung zählt zwar zu den Landesverratsdelikten, kann aber nicht als das für Landesverrat typische Delikt gelten: dieses besteht in einem Zusammenwirken mit einer fremden Regierung, um den eigenen Staat zu bekriegen. Landesverrat ist eben das Gegenstück zu Hochverrat: im einen Falle wird innere, im anderen äußere Gewalt gegen das eigene Staatswesen in Bewegung zu setzen versucht. Der Verrat von Staatsgeheimnissen war demgegenüber sekundär – das zeigt sich schon in den Strafdrohungen. Es verdient auch bemerkt zu werden, daß in allen Fällen außer Zuchthausstrafen auch die Möglichkeit von Festungshaft zugelassen wird sowie die Berücksichtigung mildernder Umstände.

Erst die nationalsozialistische Regelung stellt dasjenige Delikt an die Spitze, das sie als Verrat von Staatsgeheimnissen bezeichnet. Gerade dieses Delikt gilt ihr als typischer Landesverrat. Sie stellt eine Definition der Begriffe Staatsgeheimnis und Verrat voran. Sie erfindet den Begriff des unechten Staatsgeheimnisses, das erlaubt, den Täter, der etwas weitergibt oder veröffentlicht, was nicht zutrifft, aber, wenn es zuträfe, Staatsgeheimnis wäre, so zu bestrafen, als ob er ein echtes Staatsgeheimnis preisgegeben hätte. Ferner prävaliert nun die Todesstrafe. Mildernde Umstände werden in fast keiner dieser Bestimmungen mehr zugelassen. Schließlich werden dem Richter noch eine Sammlung von Nebenstrafen und Folgen an die Hand gegeben: von Geldstrafe in unbeschränkter Höhe bis zur Polizeiaufsicht.

All dies übernimmt, von der Todesstrafe abgesehen, die durch zeitliches Zuchthaus ersetzt wird, die Novelle von 1951; sie übernimmt damit eine Regelung, von der der Bericht der amtlichen Strafrechtskommission von 1936 sagte, daß sie die neuen, also die nationalsozialistischen, Wertmaßstäbe durch die Überholung der

Straffolgen, durch den Weiterausbau der Tatbestände und durch Schließung empfindlicher Lücken zur Anerkennung gebracht habe. In der Tat erweisen sich die Wertmaßstäbe eines totalitären Staates nicht nur darin, daß dem Richter soweit als möglich die Zubilligung mildernder Umstände verwehrt wird und erst recht die Anerkennung einer Überzeugungstäterschaft, wie es die Fassung von 1871 tat, sondern sie dokumentieren sich in der bewußten Ausweitung des Tatbestandes des Geheimnisverrates und in der Vorrangstellung, die im Abschnitt über Landesverrat dem Verrat von Staatsgeheimnissen nunmehr gegeben wurde.

Die Definition des Landesverrates, die der § 88 in der Fassung von 1934 bringt, fließt aus den Formulierungen des alten § 92 des Strafgesetzbuches und aus denen des Spionagegesetzes zusammen: »Staatsgeheimnis« wird definiert durch Schriften, Zeichnungen, andere Gegenstände, Tatsachen oder Nachrichten, deren Geheimhaltung vor einer fremden Regierung für das Wohl des Reiches, insbesondere im Interesse der Landesverteidigung, erforderlich ist. Neu in dieser Formulierung ist der Ausdruck »Tatsache«, mit dem versucht wurde, auch etwa Erfindungen einzufangen. Es ist bezeichnend, daß die Fassung von 1951 diese Ausweitung des Begriffes »Staatsgeheimnis« nicht nur übernimmt, sondern noch darüber hinaus die noch weiter ausweitende Rechtsprechung des Dritten Reiches zu sanktionieren sucht, indem nun von Tatsachen, Gegenständen und Erkenntnissen, insbesondere Schriften, Zeichnungen, Modellen oder Formeln oder Nachrichten darüber gesprochen wird. Der Ausdruck »Erkenntnis« bot dann für die Interpretation wieder neue ausweitende Möglichkeiten: die Ausbildung der sogenannten Mosaiktheorie durch den Bundesgerichtshof. Staatsgeheimnis kann nun auch schon die aus bekannten Tatsachen gewonnene Erkenntnis sein. Schon das Reichsgericht hatte früh den Begriff des Geheimnisses auf den des relativen Geheimnisses erweitert; so ganz geheim brauche ein Geheimnis nicht mehr zu sein, um Staatsgeheimnis sein zu können, was Geheimnis ist, wurde Tatfrage.

Auf die Definition von Staatsgeheimnis folgt die Definition von Verrat. Danach begeht Verrat, wer vorsätzlich ein Staatsgeheimnis an einen Unbefugten gelangen läßt oder es öffentlich bekannt macht und dadurch das Wohl des Staates gefährdet. Auch hier findet sich gegenüber der Fassung von 1871 eine Erweiterung: die Mitteilung mußte damals an die Regierung gerichtet sein, vor der die Geheimhaltung erforderlich war. Das Spionagegesetz von 1914 sprach zwar nur von dem Gelangenlassen an einen andern, beschränkte das aber auf Schriften, Zeichnungen und andere Gegenstände und verlangte eine Gefährdung der Sicherheit des Reiches – nicht nur des Reichswohles. Bei den geheimzuhaltenden Nachrichten des Absatzes 2 dieses Paragraphen wurde bereits wieder als Empfänger eine ausländische Regierung oder eine Person, die im Interesse dieser Regierung tätig ist, verlangt. Die Bundesrepublik rezipierte ganz allgemein die weite nationalsozialistische Fassung.

Verfolgen wir kurz das, was man die Entfaltung des Begriffs des Landesverrats zu nennen pflegt. Das Strafgesetzbuch von 1871 handelte breit in vier Paragraphen vom Zusammenwirken eines Deutschen gegen das Reich – zum Zwecke eines Krieges oder im Kriege – mit einer ausländischen Regierung, also mit dem Feind. Nur *ein* Paragraph war dem Verrat von Staatsgeheimnissen gewidmet. In diesem Paragraph galten zwei weitere Ziffern der Vernichtung, Verfälschung oder Unterdrückung von Beweismitteln für Rechte des Reiches und der Führung eines vom Reich oder von einem Bundesstaat aufgetragenen Staatsgeschäftes zum Nachteil des Auftraggebers. Eine Ergänzung fanden diese Landesverratsbestimmungen durch das sehr detaillierte und seinen Gegenstand präzisierende Spionagegesetz von 1914.

Die Entfaltung des Landesverrates in der Novelle von 1934 und in der von 1951 geht ganz andere Wege. Sie stellt, wie schon gesagt, den Verrat von Staatsgeheimnissen an die Spitze. Sie übernimmt eine Reihe von Gedanken aus dem Spionagegesetz, löst sie aber aus ihrem speziellen Zusammenhange, nachdem sich schon die Entwürfe der Weimarer Zeit auf diese Schleuderbahn begeben hatten. Die Ausspähung bezieht sich jetzt auf Staatsgeheimnisse allgemein, sie ist nicht mehr eingegrenzt auf Gegenstände oder Nachrichten, die die Landesverteidigung betreffen und unter den einschränkenden Bedingungen des Spionagegesetzes stehen. Hinzu kommt der Verrat gefälschter Staatsgeheimnisse, d. h. alles dessen, was Staatsgeheimnis wäre, wenn es zuträfe – die Regierung erhält, was vor allem Zweck dieser Bestimmung ist, die Möglichkeit, das verratene Geheimnis zu bestreiten und trotzdem wegen Landesverrats verfolgen zu lassen. Als Gegenstück zur Ausspähung des echten wird die Strafbarkeit der Fälschung des falschen Staatsgeheimnisses festgelegt. Es kommt hinzu die fahr-

lässige Gefährdung des Reichswohls durch vorsätzlich rechtswidrige Preisgabe eines Staatsgeheimnisses (auch eines gefälschten) an einen andern; es wird damit eine nach Meinung der nationalsozialistischen Strafrechtskommission »bittere Lücke« geschlossen. Es ist gleichgültig, ob der andere das Geheimnis schon kennt oder nicht. Daneben kommt die fahrlässige Preisgabe eines Geheimnisses, die das Reichswohl gefährdet, zu stehen, des weiteren die landesverräterische Konspiration, zu der, ausweislich des Kommissionsberichtes, schon eine deplazierte Geschäftigkeit genügen soll. All dies wird von der Novelle 1951 übernommen, und all dies hat sein Vorbild in dem Spionagegesetz von 1914: hier, wie sich versteht, *mit wohl definierten und eingegrenzten Tatbeständen,* die einen politischen Mißbrauch ausschlossen.
Das Spionagegesetz arbeitete mit recht genau umrissenen Begriffen: Schriften, Zeichnungen und andere Gegenstände einerseits, Nachrichten andererseits wurden geschützt. Die Geheimhaltung mußte im Interesse der Landesverteidigung erforderlich, es mußte die Sicherheit des Reiches gefährdet sein: zwei ziemlich gut objektiv bestimmbare Größen. Diese Beschränkung auf wohlbestimmte Gegenstände (in eins mit objektiver Bestimmbarkeit von Erforderlichkeit der Geheimhaltung und Gefährdung der Sicherheit) war die Voraussetzung dafür, daß man unter rechtsstaatlichen Bedingungen von der Beschränkung des Empfängers auf eine ausländische Regierung absehen und die Tatbestände auf Ausspähung und so weiter erstrecken konnte, ohne damit ins Uferlose zu geraten. Bezeichnend für die Sorgsamkeit noch des kaiserlichen Gesetzgebers war, daß bereits für Nachrichten schon wieder die fremde Regierung ins Spiel gebracht wird.
In der Verallgemeinerung der Bestimmung des Spionagegesetzes in der Novelle von 1934 verschwimmt zunächst der verratene Gegenstand in dem weich gewordenen Begriff des Staatsgeheimnisses. Es verschwimmt der Partner in dem Begriff des Unbefugten, und es verschwimmt die Gefährdung der Sicherheit in dem unbestimmten Begriff des Wohles. Diese Entwicklung war nur konsequent im Sinne dessen, was als das neue Wertsystem des Dritten Reiches ausgegeben wurde. Es liegt im Wesen eines totalitären Staates, das militärische Prinzip der Geheimhaltung auf das Staatsganze zu übertragen. Er kennt keine Öffentlichkeit außer im Sinne der gelenkten Akklamation. Das Leben einer Nation

wird durch Sprachregelung erfaßt. Es ist nicht mehr Sache des Staatsbürgers, sich informieren zu wollen; er hat hinzunehmen, was ihm von Staats und Partei wegen als offizielle Version angeboten wird. Unter solchen Voraussetzungen besteht ein natürliches Bedürfnis des Staates, dem Einzelnen den unmittelbaren Zugang zu Informationen zu verwehren, ihn daran zu hindern, die staatlich nicht approbierte Version zu verbreiten, und denjenigen, der sich nicht fügt, zu diffamieren. Die Landesverratsgesetzgebung von 1934 war in diesem Rahmen ein wichtiger Schritt. Dieser Staat hatte zudem nur allzu viel zu verbergen – keine zehn Wochen weiter seit dem Erlaß der Novelle und das Massaker vom 30. Juni vollzog sich unter Ausschluß der Öffentlichkeit.

Unter diesen Umständen mag es verwunderlich erscheinen, daß die Landesverratsbestimmungen der Novelle von 1951 so stark an der von 1934 sich orientieren – unter den Tatbeständen fehlt nur der von der Kommission von 1936 vorgeschlagene Tatbestand der vorsätzlichen Gefährdung des Reichswohls durch vorsätzliche öffentliche Mitteilung oder Erörterung früherer Staatsgeheimnisse – solches könne, argumentierte man damals, die öffentliche Meinung im Auslande erregen, ein Erfolg, der auch durch eine auf wissenschaftlichem Niveau stehende historische Abhandlung hervorgerufen werden könne, vermöge der politischen Unzeitgemäßheit der Veröffentlichung – immerhin ein Indiz für den Geist, in dem man damals diese Gesetze machte.

Aber man braucht sich wegen der Anlehnung der Novelle von 1951 an die von 1934 nicht so sehr zu verwundern, und vor allem wäre es falsch, dahinter bewußt nazistische Tendenzen zu vermuten. Was daran hindert, sogleich zu erkennen, wie unmöglich es ist, solche Bestimmungen durch ein demokratisches Staatswesen zu übernehmen, sind eingefressene Gewohnheiten unseres Rechtsdenkens.

Zunächst einmal gehört es in Deutschland seit etwa 1900 und bewußt jedenfalls seit dem Weingesetz von 1909 zur Technik der Gesetzgebung, gegebenenfalls auch zu weite Begriffe zu benutzen in der Hoffnung, daß die Praxis sie schon in vernünftiger Weise einengen werde. Aber gerade die Auslegung der Gesetze in der Praxis neigt mehr zu einer Ausdehnung und Abstraktion der Tatbestände als zu deren Einengung. Im Strafrecht wurde diese Tendenz vom Reichsgericht getragen, die Rechtsprechung des Bundesgerichtshofes setzt sie fort. Man nimmt die Tatbestände möglichst weit und sucht die erforderliche Einengung, weil man das alltägliche Leben schließlich nicht beseitigen kann, über Ausschluß der Rechtswidrigkeit, Schuldausschließungsgründe und dergleichen zu erreichen. Der Gesetzgeber setzt das Spiel fort: Abs. 3 des § 100 gibt eine Ausnahme für den Bundestagsabgeordneten, der nach gewissenhafter Prüfung und sorgfältiger Abwägung ein Staatsgeheimnis preisgibt, indem er einen Verstoß gegen die verfassungsmäßige Ordnung rügt, um einen Bruch des Grundgesetzes abzuwehren.

Dieser Absatz dürfte das schwerste Hindernis für eine vernünftige Interpretation der Landesverratsbestimmungen darstellen. Der Referent, der ihn verfaßte, war sicherlich stolz auf sein Werk, in Wahrheit hätte er spätestens hier merken müssen, daß er mit den Landesverratsbestimmungen die Tätigkeit des Bundestages lahmzulegen drohte. Angesichts des sehr *weiten* Begriffes von Staatsgeheimnis darf es geradezu als Aufgabe des die Regierung kontrollierenden Parlamentes gelten, Staatsgeheimnisse auszuspähen. Zumindest müßte es doch wohl einem Bundestagsabgeordneten – von seiner Indemnität abgesehen – erlaubt sein, aus offen liegenden Tatsachen seine Schlüsse zu ziehen und seine »Erkenntnisse«, die im Sinne der Mosaiktheorie des Bundesgerichtshofes ein Staatsgeheimnis darstellen, im Parlament zur Sprache zu bringen aus politischen Gründen, auch ohne daß gleich ein Bruch des Grundgesetzes abzuwehren wäre.

Das Kriterium für ein Staatsgeheimnis liegt nach dem Gesetz darin, daß seine Geheimhaltung für das Wohl der Bundesrepublik oder eines ihrer Länder erforderlich ist. Es gehört zum Wesen der Politik, daß sowohl über das, was dem Wohle eines Staates dient, wie auch über das Wohl selbst keine Einhelligkeit besteht. Das versteht sich insbesondere für eine Demokratie. Das Wohl muß zwar gefährdet sein, aber auch diese Gefährdung ist etwas sehr Relatives. Es ist geradezu der Regelfall, daß etwas, das in einer Hinsicht dem Wohle des Staates dient, in anderer Hinsicht dieses Wohl gefährdet, und umgekehrt kann Gefährdung in der einen Hinsicht dem Staatswohl in anderer Hinsicht wieder dienlich sein. Zwischen beidem wägt der Politiker ab, und die Unterschiedlichkeit politischer Auffassungen offenbart sich gerade bei dieser Abwägung.

Das nun ist alles recht unproblematisch, solange es sich um *echten* Landesverrat handelt, der mit dem Vorsatz begangen wird, dem eigenen Staate zu schaden oder jedenfalls dem fremden zu nützen oder aus rein egoistischen Gewinnmotiven, weil der fremde Staat nun einmal gut zahlt. Anders aber, wenn das Staatsgeheimnis verraten wird – oder wie es hier der Regelfall sein wird: öffentlich bekannt gemacht wird gerade aus Sorge um das Wohl des Staates. Hier geht der Vorsatz nicht auf Gefährdung, und damit möchte dieser Fall ausscheiden, wenn nicht in der Regel eine gewisse Gefährdung des Wohles in der Politik in Kauf genommen werden müßte. Das aber genügt für den sogenannten *bedingten* Vorsatz, der nach der Rechtsprechung ausreicht.

So scheinen die Landesverratsbestimmungen, insbesondere die öffentliche Bekanntmachung eines Staatsgeheimnisses nach § 100 StGB, nicht nur auf den Landesverräter im herkömmlichen Sinne anwendbar zu sein, sondern auch auf den Politiker, Journalisten und Staatsbürger, der aus Sorge um das Wohl der Bundesrepublik etwas bekannt macht, was ein sogenanntes Staatsgeheimnis darzustellen scheint. Wie gefährdet hier gerade der Journalist und der nicht durch die Indemnität des Abgeordneten geschützte Politiker ist, beweist das im Sinne der Mosaiktheorie ausgelegte Wort »Erkenntnisse«: was anders wäre denn die Aufgabe eines politischen Publizisten und Journalisten, wenn nicht, aus dem Zusammenstellen und aus der Interpretation von Tatsachen auf das, was die Regierung nicht ausspricht, zu schließen? Wie sollte es nicht seine Aufgabe sein, die Geheimnisse der Regierung auszuspähen? Wie sollte überhaupt eine politische Diskussion über Außen- und Verteidigungspolitik geführt werden können, wenn nicht auch vorgebracht werden dürfte, was sicherlich eine Gefährdung des Staatswohls in einer Hinsicht mit sich bringen mag, aber um eben dieses Wohles willen auch ausgesprochen werden sollte? Welche Demokratie könnte hierauf verzichten? Die Unterscheidung zwischen Staatsgeheimnis und Regierungsgeheimnis hilft kaum weiter, die Grenze ist schwimmend, läßt sich nur von Fall zu Fall bestimmen, praktisch läßt sich mit der Unterscheidung wenig anfangen. Sollte etwa Korruption ein Staatsgeheimnis darstellen, weil ihre Offenbarung das Vertrauen anderer Regierungen in die amtierende erschüttern könnte?

Es gibt freilich ein Argument, das die Anwendbarkeit der Landesverratsbestimmungen auf die Tätigkeit von ums Wohl des Staates besorgten Journalisten und Politikern verbietet: es läßt sich in der Regel gar nicht feststellen, ob das angebliche Staatsgeheimnis überhaupt ein Geheimnis ist, ob die ausländischen Regierungen, vor denen es ein Geheimnis sein sollte, es nicht längst kennen. Sie pflegen das nicht mitzuteilen, auch das gehört zum politischen Spiel. Unsere Justiz hat keinerlei Möglichkeit, sich darüber hinreichende Sicherheit zu verschaffen, während in den echten Landesverratsfällen das Bestreben des fremden Nachrichtendienstes, der ausländischen Regierung, über das Geheimnis Sicherheit zu bekommen, offen zutage liegt und beweist, daß sie diese Sicherheit nicht haben. Außerhalb dieses Zusammenhanges bleibt der Tatbestand unbestimmt, weil unbestimmt bleibt, daß das Geheimnis ein Geheimnis ist, und damit fällt der Tatbestand des Landesverrates gemäß Artikel 103 des Grundgesetzes in sich zusammen. Darauf hat Werner Maihofer mit Recht aufmerksam gemacht und gefolgert, was hieraus zu folgern ist: daß das Vorgehen der Bundesanwaltschaft gegen den »Spiegel«, das sich offensichtlich auf eine solch weite Auslegung des § 100 StGB stützt, gegen den Artikel 103 des Grundgesetzes verstoße und deshalb verfassungswidrig sei.

Man darf bei dieser Argumentation nicht stehenbleiben. Wird der sogenannte literarische Landesverrat in den § 100 StGB hineininterpretiert, so hat man es in diesem Paragraphen und nicht allein in ihm mit zwei völlig verschiedenen Begriffen von Geheimnis zu tun. Das folgt aus der Argumentation Maihofers noch nicht; in ihr handelt es sich darum, daß in diesen Fällen nicht festgestellt werden könne, was ein Staatsgeheimnis sei und was nicht, weil dem Gericht unbekannt ist, was ausländische Regierungen wissen. Jetzt handelt es sich um folgendes: Im Falle des echten Landesverrates genügt es, daß durch den Verrat das Wohl der Bundesrepublik gefährdet wird. In der Feststellung dieser Gefährdung liegt *keine* politische Entscheidung, weil sich das, was Staatsgeheimnis in diesem Sinne ist, *nicht auf Grund einer Abwägung zwischen politischen Möglichkeiten* bestimmt. Es genügt, daß irgendwelche politischen Möglichkeiten in negativer Weise tangiert werden. Die Regierung kann unter Umständen froh sein, daß dies Geheimnis verraten wurde; das hindert nicht die Verurteilung des Verräters wegen Landesverrats.

Ganz anders, wenn es sich um das handelt, was manche zwar mit der diffamierenden Bezeichnung des Landesverräters belegen möchten, was aber in Wirklichkeit ein Stück innerer Auseinandersetzung über die richtige Außen- oder Verteidigungspolitik ist. Hier geht es *allen* Beteiligten um das Wohl der Bundesrepublik, und hier läßt sich, von extremen Fällen, die keine praktische Bedeutung haben, abgesehen, das, was Staatsgeheimnis sein soll, nur durch politische Entscheidung bestimmen.

Hieraus folgt zweierlei. Zum ersten stehen die beiden Geheimnisbegriffe nicht in dem Verhältnis zueinander, daß der eine weiter und der andere enger wäre, sie liegen vielmehr *auf zwei verschiedenen Ebenen.* Das zeigt sich nun zum andern darin, daß der *politische* Geheimnisbegriff sich schlechterdings der richterlichen Feststellung entzieht, weil es in einem Staate wie dem unseren nicht Sache des Bundesgerichtshofes ist, politische Entscheidungen zu treffen. Diese können auch nicht von einem Gutachter getroffen werden, auch nicht von einem Expertengremium.

Der politische Geheimnisbegriff darf aus zwei Gründen nicht in den § 100 hineininterpretiert werden: einmal bliebe das, was Geheimnis in diesem Sinne ist, notwendig unbestimmt, die betreffenden Landesverratsbestimmungen widersprächen dann auch aus diesem Grunde dem Artikel 103 des Grundgesetzes. Zweitens aber darf er deshalb nicht hineingelesen werden, weil das Wort »Staatsgeheimnis« in allen diesen Paragraphen bereits den unpolitischen, allein auf Gefährdung abgestellten Begriff des Geheimnisses bedeutet. Ein Wort im Strafgesetz kann aber nicht gleichzeitig zwei verschiedene Bedeutungen in dem hier vorausgesetzten Sinne haben – es ist zudem festgelegt durch die Definition in § 99. Der entscheidende Begriff ist der der Gefährdung: diese muß *objektiv*, unabhängig von politischen Entscheidungen, feststellbar sein. Für ein totalitäres Regime liegt hier kein Problem, weil das Staatswohl mit dem zusammenfällt, was die Regierung dafür hält, und weil ein solcher Staat seinen Bürgern das Recht nimmt, darüber öffentlich anders als die Regierung zu denken.

Das Problem, vor dem der Gesetzgeber und auch der Strafgesetzgeber in einem demokratischen Staatswesen hinsichtlich des Verhältnisses von Pressefreiheit und Staatsgeheimnis steht, ist in der Sache das Problem des Ausgleiches zwischen der Wünschbarkeit und auch Notwendigkeit der Geheimhaltung von Tatsachen und Vorgängen vor fremden Regierungen und der Wünschbarkeit und auch Notwendigkeit der Information der Öffentlichkeit. Denn auch Außen- und Verteidigungspolitik unterliegen in einer Demokratie der öffentlichen Diskussion. *Dieses* Problem hat die Novelle von 1951 ignoriert, was sie nicht durfte. Die von 1934 durfte es ignorieren, weil sie Gesetzgebungsakt eines totalitären Staates war. Sieht man auf den Text des Strafgesetzentwurfes von 1962, so läßt sich leider nicht sagen, daß dieses Problem bemerkt oder gar gelöst worden wäre.

Was ist, aufs ganze gesehen, bei der Ausgestaltung der Landesverratsbestimmungen geschehen? Kurz gesagt dies: man hat die Bestimmungen des Spionagegesetzes von 1914 aus ihrem speziellen Zusammenhang herausgelöst und dessen Gegenständen alles untergeschoben, was das Reichsgericht inzwischen in das Wort Staatsgeheimnis des StGB hineininterpretiert hatte. Das war, ausweislich der in der Weimarer Zeit geübten Rechtsprechung, schon schlimm genug, immerhin für einen totalitären Staat verständlich. Daß die Novelle von 1951 diese Aufweichung fortgesetzt hat, ist vielleicht nicht einmal so bedenklich, wie daß der Entwurf von 1962 munter auf diesem Wege fortschreitet. Seine Verfasser bescheinigen dem Entwurf von 1936 ausdrücklich, daß er wertvolle Gedanken enthalte, die unabhängig von der Ideologie jener Zeit erarbeitet worden seien. Man kann kaum umhin, diese Feststellung auf den Abschnitt über Landesverrat, der im wesentlichen die Regelung von 1934 übernimmt, zu beziehen. Aber dessen Abhängigkeit von der Ideologie jener Zeit zu übersehen, wäre eine arge Instinktlosigkeit, und selbst von der Erarbeitung seiner Gedanken wird nicht allzu hoch denken, wer sich die Mühe macht, sein Vorbild, das Reichsgesetz über den Verrat militärischer Geheimnisse vom 3. Juni 1914, wirklich zu studieren.

(1965)

Grundrechte als Eigenrechte?

Im Bonner Grundrechtekatalog ist der Versuch gemacht worden, für alle Grundrechte die sogenannte Popularklage zu geben. Das heißt, jeder Staatsbürger – und bei manchen Grundrechten sogar jeder Mensch – soll den Klageweg beschreiten können, wenn er sich in einem der ihm von der Verfassung gewährleisteten Grundrechte gekränkt fühlt. Diese Bestimmung ist offenbar nur sinnvoll, wenn die Verfassung durch jedes »Grundrecht« dem einzelnen ein subjektives öffentliches Recht verleiht. Sieht man sich aber die sogenannten Grundrechte einmal daraufhin an, wieweit sie überhaupt geeignet sind, subjektive öffentliche Rechte des einzelnen darzustellen, so erheben sich nicht wenige Bedenken. An sich ist das Bestreben, die Grundrechte möglichst als klagbare Eigenrechte zu verleihen, also als Rechte, die einer natürlichen oder juristischen Person zustehen, durchaus verständlich. Man verstärkt dadurch den von der Verfassung gewährten Schutz des Individuums vor Übergriffen des Staates und der Verwaltung. Jedoch muß dann klar sein, welche Rechtsansprüche geschützt werden sollen.

Subjektive öffentliche Rechte müssen offenbar gewissen Erfordernissen entsprechen. Zunächst muß eine natürliche oder eine juristische Person als Inhaber vorhanden sein. Die Grundrechte sprechen gern aus, daß »jedem« oder »allen« etwas gewährt wird. Dies kann durchaus nicht immer so gedeutet werden, daß jeder einzelne irgendein Recht habe; die Regelung kann sich auch auf die Gesamtheit beziehen. Eine solche Unterscheidung ist nicht gleichgültig, von ihr hängt ab, ob der Richter nach dem dictum de omni schließen darf oder nicht. Auch können nicht irgendwelchen Gesamtheiten subjektive öffentliche Rechte zugeschrieben werden. Zweitens muß das subjektive öffentliche Recht gerade der betreffenden Person zustehen als ein Eigenrecht. Sodann muß ein Rechtsanspruch gegeben sein, nicht ein bloßes privates Interesse, und schließlich muß dieser Rechtsanspruch einen bestimmten selbständigen Inhalt haben. Prüft man im Lichte dieser Erfordernisse, deren Selbstverständlichkeit schon in der Weimarer Republik von dem Juristen W. Hofacker vergeblich ausgesprochen wurde, den Bonner Entwurf, so erscheint er in seinen Intentionen überaus fragwürdig. Man hat sich in Bonn damit begnügt, einen Auszug aus der Weimarer Verfassung zu veranstalten, aber die Weimarer Grundrechte stellten gerade meist objektives Recht dar und keine subjektiven öffentlichen Rechte. Es bestand zwar damals die Tendenz, Eigenrechte in die Weimarer Verfassung hineinzuinterpretieren. Die Lehre ging darin voran, jedoch folgte die Rechtsprechung im allgemeinen nur zögernd, und dort, wo sie dieser Tendenz nachgab, war das Ergebnis alles andere als erfreulich.

Es ist Mode geworden, den juristischen Positivismus zu schmähen, und das »Naturrecht« (vielmehr die unverbindlichen Allgemeinheiten, die man darunter versteht) feiert Orgien. Doch wir müssen nun einmal wieder auf den Boden der Gesetze zurückkehren, und das heißt eben auch zum Gesetzestext. Wie sehr die sogenannten Generalklauseln (Treu und Glauben und so weiter) geeignet sind, das Niveau von Rechtsprechung und Gesetzgebung zu senken, haben wir erlebt. Der Richter glaubt sich der juristischen Konstruktion des »Falles« überhoben, und der Gesetzgeber begnügt sich damit, seinen Willen ungefähr zu sagen, in der Hoffnung, daß der Richter ihn korrigieren wird. Hier nun liegt die Gefahr der »Grundrechte«, soweit sie ihrer Natur nach objektives Recht darstellen, aber als Quelle subjektiver öffentlicher Rechte ausgelegt werden. Ein Rechtssatz, der die Quelle eines solchen Rechtes sein soll, muß selbständig sein, er darf nicht durch andere Sätze der Rechtsordnung überhaupt erst interpretierbar werden. Die Grundrechte auf Auswanderung, Nichtauslieferung, Freizügigkeit, Wohnungsfreiheit sind solche selbständigen Sätze. Anders sieht es aber aus mit den so wichtigen Grundrechten der Freiheit der Meinungsäußerung, der Lehrfreiheit, der Gewissensfreiheit und so fort. Es soll nicht gesagt werden, daß sich in diesen Materien nicht subjektive öffentliche Rechte formen ließen. Wenn der Verfassungsgesetzgeber das zuwege bringt, so wäre das nur zu begrüßen. Doch dann ist es mit den allgemeinen Formulierungen, wie sie Weimar aus der Frankfurter Verfassung und Bonn nun wieder aus der Weimarer übernahm, nicht getan. Denn wenn der Richter aus diesen Bestimmungen à tout prix Eigenrechte bilden muß, so muß er sich entweder in der übrigen Gesetzgebung umsehen, ob sich in ihr nicht ein brauchbarer Ansatz findet (so daß eben schließlich dann doch nicht die Verfassung, sondern jenes Gesetz die Quelle des Eigenrechtes ist, wie das etwa bisher bei dem Grundrecht der Freiheit der Person der Fall war), oder aber er muß dazu übergehen, aus eigenen Mitteln ein subjektives öffentliches Recht zu formen, ihm einen brauchbaren Inhalt zu geben, einen angemessenen Inhaber des Rechtes zu erfinden und einen Rechtsanspruch zu stipulieren, wo vielleicht nur ein privates Interesse vorliegt. Kurzum, der Richter muß dem betreffenden Grundrechtsatz der Verfassung jene vier Erfordernisse, von denen oben die Rede war, andichten, und das heißt schließlich nichts anderes, als ein nicht vorhandenes Gesetz frei erfinden.

Die Gefahr, die damit der Rechtsordnung droht, ist deutlich: der Weg zur Rechtsauflösung wird beschritten. Man kann das etwa am Schicksal des Artikels 131 der Weimarer Verfassung verfolgen, der von der Beamtenhaftung handelt. Man war sich zunächst darüber klar, daß diese Bestimmung unselbständig und nur eine Richtschnur für den Gesetzgeber sei. Dann aber erklärte ihn das ehemalige Reichsgericht in einer Reihe von Entscheidungen für sofort anwendbar, und da nun einmal ein selbständiger Inhalt mangelte, wurde nicht nur der Artikel 131, sondern auch der Paragraph 839 des Bürgerlichen Gesetzbuches in die Verwirrung hineingerissen, gewaltsam umgedeutet und der wichtigsten Merkmale beraubt. Es ist das nicht das einzige Beispiel. Um 1930 herum wußte jeder Referendar, daß sich auf dem Wege über Artikel 153 der Weimarer Verfassung sowohl der Eigentums- als auch der Enteignungsbegriff vollständig aufgelöst hatte, trotzdem schrieben die Bonner Räte jenen Artikel ziemlich wörtlich ab. Für alle »Grundrechte« ist in Bonn der Rechtsweg eröffnet worden; unsere Gerichte werden also zu tun bekommen, und sie werden gezwungen sein, den Weg freier Rechtsschöpfung zu beschreiten, weil der Gesetzgeber verabsäumt hat, ihnen zur Schale der subjektiven öffentlichen Rechte auch einen formbaren Inhalt als Kern zu liefern. Und das nun rührt an Grundfragen unseres gesamten Rechtsbetriebes, an die Unklarheit vor allem, die über die logisch oft so verschiedene Natur der Rechtssätze besteht. Wenn der Verfassungsgesetzgeber sagt, daß alle Menschen vor dem Gesetz gleich seien, so ist das gewiß eine erfreuliche Maxime. Aber schon der Gesetzgeber kann nicht umhin, Unterschiede zwischen Staatsbürgern und Nichtstaatsbürgern zu machen. Auch der Richter kann diesen Unterschied nicht vernachlässigen. Wenn ein Staat deutschen Staatsbürgern etwa die Niederlassungs-

freiheit verweigert, so besteht kein Grund, sie den Angehörigen jenes Staates in Deutschland zuzugestehen. Es gibt im internationalen Privatrecht viele Fälle, in denen die Gleichheit der Behandlung der fremden Staatsangehörigen mit den eigenen auf der Grundlage der Gegenseitigkeit vereinbart wird. Garantiert unsere Verfassung grundsätzlich allen Menschen die Gleichheit vor dem Gesetz und verselbständigt sie diesen Grundsatz zu einem subjektiven öffentlichen Recht, das also ein Recht auf Gleichheit unabhängig von der übrigen Gesetzgebung gewährt, so fällt für andere Staaten ein wesentlicher Grund zum Abschluß solcher Verträge auf Gegenseitigkeit weg, da ihren Staatsbürgern in Deutschland alles durch die Verfassung gewährt ist, ohne Rücksicht darauf, ob sie den deutschen Staatsangehörigen entsprechende Rechte einräumen oder nicht. Erkennt man die abhängige Natur des Gleichheitssatzes von der übrigen Rechtsordnung, so kann er zwar nur als Satz des objektiven Rechtes ausgelegt werden, richtet aber wenigstens keinen Schaden an (obwohl er wegen seiner Vieldeutigkeit endlich anders formuliert werden sollte).
Man hat immer wieder über diejenigen Grundrechte gespottet, bei denen auf die Gesetzgebung verwiesen wird. Es wird durch sie in der Tat dem einzelnen nicht viel verliehen, sie sind keine Quelle von Eigenrechten. Es ist richtig, wenn man heute versucht, die Grundrechte möglichst als subjektive öffentliche Rechte zu bilden. Doch dazu genügt es nicht, die Verweisung auf die Rechtsordnung wegzulassen und für die alten Grundrechte die Popularklage zu geben. Die Aufgabe wäre gewesen, ihnen einen formbaren Inhalt zu verleihen. Das ist bei den traditionellen »Grundrechten« wohl nur in beschränktem Maße möglich, immerhin hätte sich einiges in dieser Richtung tun lassen. So hätte man zu den Sätzen des objektiven Rechtes, die die Gewissensfreiheit, die freie Meinungsäußerung, die Freiheit der Lehre und so weiter betreffen, dem einzelnen einige wichtige spezielle subjektive Rechte verleihen und auf diese Weise der Übermacht der Bürokratien und der Organisationen wirksam begegnen können. Es scheint aber, daß die Bonner Räte noch immer den Obrigkeitsstaat des frühen neunzehnten Jahrhunderts als den wesentlichen Gegenspieler des Staatsbürgers des zwanzigsten Jahrhunderts betrachten. Hätte man versucht, die konkreten Probleme unserer Zeit zu sehen, so hätten sich auch konkrete subjektive öffentliche Rechte formen lassen. Zweifellos war es richtig, daß man in Bonn

danach strebte, den Grundrechtekatalog mehr mit technisch-juristischen als mit deklamatorischen Bestimmungen zu füllen, aus der richtigen Einsicht, daß Ideen, die von einer breiten Stömung getragen werden, fehlen und daher jedes Pathos unecht wirken würde. Um so mehr muß man bedauern, daß man sich der juristisch-technischen Seite der Grundrechtegesetzgebung nicht gewachsen gezeigt hat, obwohl hierzu viel Material aus Lehre und Rechtsprechung der Weimarer Zeit vorliegt. Man ist anscheinend nicht mehr imstande, sauber zwischen selbständigen und abhängigen Sätzen, zwischen echten Sätzen und bloßen, ausfüllungsbedürftigen Satzfunktionen zu unterscheiden. Daher unterläuft es den Bonner Räten, daß sie abhängige, ausfüllungsbedürftige Satzfunktionen aus der Weimarer Verfassung für selbständige Sätze, die Quellen von subjektiven öffentlichen Rechten sein können, ausgeben. Die Folgen werden Rechtsverwirrung und Rechtsauflösung sein und, infolge der allgemein gegebenen Popularklage, Rechtsaufblähung.

(1948)

»Recht« und »Interesse«

Im Tagesspiegel hat kürzlich Rainer Barzel erklärt, die Verfassung habe uns »endlich« Grundrechte gebracht, nämlich eine verfassungsrechtliche Anerkennung von Grundrechten. Dies soll dadurch erreicht worden sein, daß es in Artikel 1 Absatz 3 heißt: »Die nachfolgenden Grundrechte binden Gesetzgebung, Verwaltung und Rechtsprechung als unmittelbar geltendes Recht.« Rainer Barzel meint, die einschränkenden Gesetzesvorbehalte seien zwar »äußerst bedenklich«, immerhin würden sie durch die Bestimmungen des Artikels 19, nach dem ein Grundrecht nicht in seinem Wesen angetastet werden dürfe und jedem Bürger die Möglichkeit gegeben sei, gegen die öffentliche Gewalt wegen Verletzung der Grundrechte vor einem ordentlichen Gericht zu klagen, einigermaßen paralysiert. Freilich sei der deutsche Richter nur an das Gesetz gebunden, und das heiße erfahrungsgemäß, daß er an jedes Gesetz gebunden sei. Folglich müsse den Richtern das Recht gegeben werden, Gesetze inhaltlich auf ihre Verfassungsmäßigkeit zu prüfen, damit sie Gesetze, die den Wesensgehalt menschlicher Grundrechte antasteten, für unverbindlich erklären könnten. Sonst sei es um die Sicherung unserer Grundrechte äußerst bedenklich bestellt. Man muß fürchten, daß dieser Weg nicht zur Sicherung unserer Grundrechte führt. Die Folgen dürften eher Rechtsverwirrung und Rechtsauflösung sein.

Man nimmt oft an, daß mit den Grundrechten der Weimarer Verfassung dem einzelnen keine subjektiven öffentlichen Rechte verliehen worden seien. Das stimmt nicht ganz. Es gab Artikel, durch die sie verliehen wurden und die insofern »unmittelbar« galten. So, um einige zu nennen, Artikel 114, der die Unverletzbarkeit der persönlichen Freiheit und die Rechte bei Beeinträchtigung regelte, Artikel 115 (Unverletzbarkeit der Wohnung), Artikel 111 (Freizügigkeit), Artikel 112 (Auswanderung, Anspruch auf Schutz des Reiches, Auslieferungsverbot). Gegen ihre Verletzung konnte man klagen und hat man geklagt, und niemand, der die Judikatur kennt, wird sagen können, daß die Gerichte dem einzelnen ihren Schutz entzogen haben, am wenigsten die Verwaltungsgerichte. Diese Bestimmungen hatten teils selbst einen hinreichenden Inhalt, um subjektive Rechte zu gestatten, oder es

wurden durch andere Gesetze dem einzelnen solche Rechte bereits gegeben, die nun in den Inhalt der Artikel einbezogen werden konnten und dadurch einen verfassungsmäßigen Schutz erhielten. Anders freilich stand es mit Grundrechten wie dem der Gleichheit vor dem Gesetz, der freien Meinungsäußerung, der Glaubens- und Gewissensfreiheit. Hier handelte es sich um objektives Recht, das heißt Gleichheit und Freiheiten waren Folgen unserer (verfassungsmäßigen) Rechtsordnung für den einzelnen, aber keine subjektiven Rechte, die im Wege der Klage geltend gemacht werden konnten, es sei denn, der einzelne war in einem Recht gekränkt worden, das ihm auf Grund eines Gesetzes zustand und in irgendeiner Weise auch unter ein solches »Grundrecht« fiel.
Es ist richtig, daß nach der Bonner Verfassung alle »nachfolgenden Grundrechte« unmittelbar gelten. Doch was heißt das? Man darf wohl vermuten, daß man die Grundrechte als subjektive öffentliche Rechte ausgelegt wissen will. Aber ist das unmißverständlich ausgedrückt? Und ist es vernünftig, den Abschnitt »Die Grundrechte« so zu interpretieren? Die Grundrechte dieser Art als Sätze des objektiven Rechtes können ganz allgemein formuliert werden. Sie sprechen etwas aus, was in der gesamten Rechtsordnung konkretisiert ist, sie haben daher für die künftige Gesetzgebung und für die gegenwärtige Rechtsauslegung eine nicht unwichtige Bedeutung. Sie sind aber viel zu inhaltsarm, um vom Richter »unmittelbar« angewandt werden zu können. Man kann auch vernünftigerweise nicht fordern, daß sie spezielles Recht verdrängen sollen. Tut man das, so setzt man den Richter zum Gesetzgeber ein. Angeblich soll es in den angelsächsischen Ländern so sein. Aber dort haben sich die Dinge langsam entwickelt; es hat sich eine feste Tradition gebildet, die Stellung des Richters ist, auch sozial, eine andere als bei uns. Diese Art der Rechtsprechung hat sich zwar langsam den immer komplizierter werdenden modernen Lebensverhältnissen anpassen können, dennoch wird auch in England und in den Vereinigten Staaten die Bindung der Rechtsprechung durch die Legislative immer stärker. Wir können nicht wünschen, unter unseren Verhältnissen eine Art der Rechtsprechung anzunehmen, die dort, wo sie noch besteht, zunehmend zurückgedrängt wird, weil sie unter den modernen Lebensverhältnissen fragwürdig ist. Es fehlen uns sämtliche Voraussetzungen für ein Richterrecht.

Schon in der Weimarer Republik bestand eine immer stärkere Tendenz, in die Grundrechte hinein subjektive öffentliche Rechte zu interpretieren. Sehen wir die Fälle an, in denen sich diese Tendenz in der Rechtsprechung durchsetzte, so ist das Bild wenig erfreulich. Die Grundrechte selbst boten zu wenig Anhaltspunkte für die Konstruktion von Eigenrechten des einzelnen. Andere Gesetze mußten herhalten, und weil die traditionelle Interpretation nicht ausreichte, mußte der Text »verbogen« werden. Eine gesetzliche Bestimmung gewährt Schutz für ein Interesse. Man kehrt den Satz »Alle subjektiven Rechte sind geschützt« um, und er heißt »Alles geschützte Interesse ist ein Recht«. Mit dieser Suppenlogik lassen sich dann »subjektive Rechte« konstruieren. Der Richter ist zu diesen halsbrecherischen Kunststücken gezwungen, wenn man ihm vorschreibt, solche allgemeinen Sprüche wie den von der Gleichheit vor dem Gesetz, der Freiheit der Meinungsäußerung und so weiter als Quelle für subjektive öffentliche Rechte anzunehmen. Erlaubt man nun noch allgemein die Popularklage, so wird der Rechtsbetrieb aufgebläht, die Gerichte werden mit nichtigen Dingen überlastet, mit zu Rechten aufgebauschten privaten Interessen. Da ein großer Teil dieser Dinge Ermessensfragen der Verwaltung betrifft und der Richter der Verwaltung keine Verwaltungsanordnungen vorschreiben kann, läuft es praktisch darauf hinaus, daß die Rechtsprechung gezwungen ist – zum Beispiel für Artikel 3 Absatz 1 die Gleichheit betreffende Klagen –, Gründe zu erfinden, weshalb gleiche Fälle doch ungleich liegen. Es wäre möglich, daß sich, wie in der Schweiz, eine Routine ausbildet; die Schweiz kann sie vertragen, aber ich glaube, wir sollten alles vermeiden, was eine verantwortungsbewußte Rechtsprechung gefährden kann. Eine weitere Folge wird die Erklärung des Kriegszustandes zwischen Zivilrechtspraxis und Verwaltung sein. Die Verwaltung wird nicht unbeträchtlich damit belastet werden, dem Zivilrichter die Gründe ihrer Verwaltungsakte klarzumachen. Die Verwaltung wird teilweise ihren Aufgaben nicht nachkommen, weil sie weiß, daß der Zivilrichter sie doch ins Unrecht setzt. Denn es ist nun einmal so, daß die Verwaltung ständig irgendwie auf Interessen des einzelnen Wirkungen ausübt.
Der Parlamentarische Rat hat nicht einmal die Umwandlung der Grundrechte, die dem objektiven Recht angehören, in subjektive öffentliche Rechte des einzelnen unmißverständlich ausgedrückt.

In einem Falle der Weimarer Verfassung hat es einen Streit um die »unmittelbare Geltung« eines Artikels gegeben, des Artikels 131, der die Haftung des Staates bei Verletzung der Amtspflicht betrifft. Die Frage war, ob der Artikel anwendbar sei, obwohl »die zuständige Gesetzgebung« gemäß Absatz 2 eine »nähere Regelung« noch nicht erlassen hatte. Man fand den Ausweg, ihn in Verbindung mit Paragraph 839 BGB anzuwenden. Seltsamerweise steht gerade dieser Artikel in der Bonner Verfassung nicht im Abschnitt »Grundrechte«, sondern unter »Der Bund und die Länder«. Er paßt da zwar nicht hin, aber wir können uns nun über seine »unmittelbare« Geltung weiter streiten. Sofern Grundrechte subjektive öffentliche Rechte sind, gelten sie zweifellos unmittelbar, das heißt, sie können angewandt werden, ohne daß eine spezielle Gesetzgebung erfolgt. Wir sind ferner mit Gesetzen so versorgt, daß fast alle sogenannten Grundrechte heute schon bei der Rechtsfindung herangezogen werden können, auch soweit sie objektives Recht darstellen. Der Schluß von der unmittelbaren Geltung der subjektiven öffentlichen Rechte darauf, daß jedes unmittelbar geltende »Grundrecht« ein subjektives öffentliches Recht oder die Quelle solcher sei, ist logisch unzulässig.
Wir haben zu diesem Fehlschluß aber auch wenig Veranlassung. Wo es an einer speziellen Gesetzgebung mangelt, so daß wir uns in der Tat zu den katastrophalen Methoden der Auslegung von Grundrechten entschließen müßten, um die in Absatz 3 des Artikels 1 geforderte unmittelbare Geltung zu erreichen, hat man in der Bonner Verfassung ausdrücklich auf die kommende Gesetzgebung verwiesen und die unmittelbare Geltung suspendiert, so bei Artikel 3 Absatz 2, Artikel 4 Absatz 3, Artikel 6 Absatz 5. Dem steht auch nicht Artikel 10 Absatz 4 entgegen, denn dieser läßt die Klage nur bei Verletzung von Rechten des einzelnen durch die öffentliche Gewalt zu, also bei »Grundrechten« nur, sofern solche Rechte aus ihnen resultieren. Falls unsere Rechtsprechung besonnen bleibt und nicht der allgemeinen Faszination von der angeblichen Umwandlung aller Grundrechte in subjektive öffentliche Rechte erliegt, können wohl die angedeuteten, für unsere gesamte Rechtsordnung völlig unabsehbaren Folgen vermieden werden. Nicht der »Wille des Gesetzgebers«, sondern der Text der Verfassung ist maßgebend. Dennoch muß betont werden, daß wir Grundrechte, die subjektive öffentliche Rechte sind, brauchen, auch über die in der Verfassung behandelten Materien

hinaus. Nur muß man den Inhalt dieser Rechte genau bestimmen. Das erfordert rechtsschöpferische Kraft und juristisches Können. Eigenschaften also, an denen es dem Parlamentarischen Rat nur allzusehr gemangelt hat.

(1949)

Historica

Paulskirche und Deutsche Republik

> Revolutionär keineswegs; höchstens nicht ganz gesetzlich.
> Ausspruch eines Abgeordneten der Deutschen Nationalversammlung 1849

»Das Rauschen und Blühen des großen achtundvierziger Frühlings«: dieses Bild ist nicht erst von Erich Marcks gefunden worden, es drängte sich seit jeher dem Historiker auf, wenn es die Darstellung der deutschen Märzrevolution von 1848 galt, nicht als bloße Assoziation zu der zufälligen Jahreszeit der Ereignisse, sondern als der genaue und treffende Ausdruck der Stimmung jener Tage und Wochen. Als deutschen Völkerfrühling empfanden die Zeitgenossen, empfand das deutsche Bürgertum und empfanden dessen Historiker jene Bewegung und Bewegtheit, die damals die Deutschen ergriff und die Revolution zu nennen uns heute nicht mehr so recht statthaft dünkt.

Liest man heute die literarischen Dokumente jener Zeit, so fällt der Überschwang des Erlebens auf, auch in den Reden der agierenden Personen. Man halte eine Rede Heinrich v. Gagerns oder Hermann v. Beckeraths gegen eine Rede Bismarcks aus jenen Tagen: der Unterschied ist frappant. Nicht nur, daß Bismarck von allen Ideen von 1848 unberührt ist, daß sie ihm antipathisch sind, daß er sie ablehnt; der Graben, der ihn von allen Achtundvierzigern trennt, verläuft gar nicht auf der Ebene politischer Gegnerschaft, so groß und entschieden diese auch war, sondern er scheidet zwei toto coelo verschiedene Welten politischer Haltung, das Verhältnis zur Politik und zum Staat ist hüben und drüben ein völlig anderes. Bismarcks Verhältnis zum Staat und zur Politik war, cum grano salis, naiv, das der deutschen Liberalen war sentimentalisch, wenn es erlaubt ist, diese beiden Schillerschen Kategorien auf etwas so Unpoetisches wie Politik anzuwenden. Bismarck stand zu Staat und Politik noch ungebrochen, er lebte in und aus überkommenen Ordnungen. Ganz anders das deutsche Bürgertum.

Mit der Romantik brach in Deutschland ein neues Staatsdenken

durch als Ausläufer einer großen geistesgeschichtlichen Bewegung, die mit dem Pietismus anhob und nun auch in die Politik einbrach. Der Pietismus war Erlebnisreligion, er setzte religiöses Erleben gegen Dogma und Institution. Diese Präponderanz des Erlebens im seelischen Haushalt des einzelnen blieb nicht auf die religiöse Sphäre beschränkt, sie bezeichnet den Weg der sogenannten deutschen Bewegung von der Empfindsamkeit über Sturm und Drang zu Klassik und Romantik. Für den Bereich des Staatlichen leiht Rousseau zunächst die Stichworte; erst die deutsche Romantik führt zu eigenen Formulierungen des nun vordringenden Erlebnisdenkens vom Staate.
Dieser Einbruch eines neuen Lebensgefühles in das deutsche Staats- und Rechtsdenken ist bisher kaum beachtet worden. Erst Rudolf Smend hat diese geistesgeschichtliche Linie in einer Göttinger Akademieabhandlung von 1943 ausgezogen. »Seit der Romantik«, so schreibt er, »liefern ausdrücklich Gefühl und Herz die entscheidenden politischen Argumente, nicht mehr Wille und Verstand, wie im 18. Jahrhundert.« Freilich steckt, worauf Smend mit Recht hinweist, hinter einer vitalistischen Ausdrucksweise vielfach idealistische Staatsethik und nicht romantische Lebensethik: »Es ist herrschender und geltender deutscher Staatsgedanke der Zeit, daß im konstitutionellen Streben ein neues Feld politischen Lebens und Handelns deshalb gesucht wird, weil es nur im politischen Leben und Handeln sittlich erfülltes Leben geben kann.«
Die idealistische (nachkantische und nichtkantische) Staatsethik setzte sich in Hegel noch energisch gegen das »subjektive Gestimmtsein« der Romantiker ab, sie gab dem fluktuierenden Erleben zwar Halt, vermochte aber nicht die Geister auf den Boden der politischen Tatsachen zurückzuzwingen. So kam es zu der merkwürdigen paradoxen Lage, daß der idealistische Staatsgedanke, der an sich keine Erlebnisbegründung einer Staatslehre war, mächtig auf eine gerade in politischen Dingen erlebnismäßig bewegte und bestimmte Schicht, das liberale Bürgertum, wirkte, während die erlebnisbegründete restaurative Staatslehre Hallers einen bedeutenden Einfluß auf die herrschende konservative Schicht gewann, obwohl diese Schicht in politicis durchaus noch mit Willen und Verstand reagierte und regierte.
Es ist das Unglück des deutschen Liberalismus gewesen, daß er als politische Bewegung sich erst in der ersten Hälfte des 19. Jahr-

hunderts ausbildete. Wenn man boshaft sein wollte, so könnte man sagen, daß er im 18. Jahrhundert noch Wille und Verstand würde mitbekommen haben. Im 19. Jahrhundert bekam er es nicht mehr. »Soweit das politische Erlebnisbedürfnis der Nation seine alten Bahnen und Formen verloren hat, sucht es in den 30er und 40er Jahren«, so sagt Smend sehr eindrücklich, »den Erlebnisraum, den die geistig-sittliche Entwicklung inzwischen ins Ganze der Nation verlegt hat.« Liest man etwa den Bericht Rudolf Hayms über die deutsche Nationalversammlung, so tritt neben dem idealistischen Zug gerade die entscheidende Bedeutung des politischen Erlebens des deutschen liberalen Bürgertums in der Paulskirche vor Augen. Die Schilderung des ersten Präsidenten der Nationalversammlung, Heinrich von Gagern, im zweiten Bande mutet uns geradezu hymnisch an: »Hier ist es, wo sein auf das Reale gerichtetes Wesen eine eigentümliche Verklärung erhält. An dem Orte, wo er am meisten mit seinem ganzen Selbst sich heimisch findet, offenbarte dasselbe eine Kraft des Glaubens und der Begeisterung, wie es nur in der Tiefe eines deutschen Gemütes möglich ist. Er ist eingenommen von dem Glauben an die höhere Bestimmung unserer Nation, wie nur irgendeine idealistische Vorstellung den Menschen besitzen kann. Von ihm aus konstruiert er seine politische Welt, und es widerfährt ihm dann und wann, daß er seiner Vorstellung die Verhältnisse anbequemt, aus ihr heraus die Ereignisse kommentiert und sie so seinem Zwecke dienstbar macht.« Dagegen halte man etwa die Landtagsrede Bismarcks vom 6. Oktober 1849: »Ich will mich zur Sache halten; ich will mich auch weder an die gemütliche Seite der Frage (es handelte sich um einen Antrag, die preußische Verfassung in Übereinstimmung mit der für Deutschland festzustellenden Verfassung zu bringen) noch an Ihre deutschen Herzen wenden, sondern lediglich an den schlichten Preußenverstand.« Es sind nicht nur entgegengesetzte politische Standpunkte, die hier und dort zum Ausdruck kommen, sondern zwei verschiedene Weisen, Politisches zu sehen.

Die mannigfachen Gründe, aus denen das Werk der Paulskirche scheiterte, sind oft erörtert worden. Man kann zweifeln, ob das Einigungswerk unter den gegebenen politischen Verhältnissen überhaupt möglich war, auch wenn gewisse Fehler von seiten der Nationalversammlung nicht gemacht worden wären. Das Urteil, das Rudolf Haym im 3. Band seines Berichtes über sie fällt, trifft durchaus zu: »Sie war glänzend durch so viele Namen, ausgezeichnet in jeder Art bürgerlichen oder wissenschaftlichen Ruhmes. Sie war glänzend durch den Reichtum mannigfaltiger Einsicht und Kenntnis, der in ihr seinen Sitz genommen, glänzender durch das hohe Maß von Freiheitssinn und Patriotismus, der ihre Mehrheit beseelte... Man läuft nicht in Gefahr, ein falscher Prophet zu werden, wenn man behauptet, daß eine gleich glänzende... Versammlung nie wieder auf unserem vaterländischen Boden gesehen werden wird« – eine Prophezeiung, mit der er nur allzu sehr recht behalten sollte. Es verdient bemerkt zu werden, weil es so überaus charakteristisch für den Geist des liberalen Bürgertums ist, daß Haym neben dem Glanz auch die Macht der Versammlung rühmt: »Sie war mächtig eben durch diese Tugenden (scil. durch Freiheitssinn und Patriotismus) und durch die Mäßigung, welche deren Gefolge ist. Sie war mächtig durch das Mandat, welches sie durch den übereinstimmenden Willen der Völker und Fürsten aus einer Revolution übernommen hat. Sie war mächtig, weil und solange die Sympathien der Nation ungeteilt und unverirrt ihr zur Seite standen.« In seltsamer Weise fließt hier das Gefühl für den mit politischen Möglichkeiten erfüllten geschichtlichen Augenblick in die Illusion des Glaubens an die Macht der Idee hinüber. Die Macht der Idee, die Macht der Tugenden hatte gerade genügt, das vormärzliche System zusammenbrechen zu lassen, nicht weil sich in ihrem Namen so unwiderstehliche Bataillone der Revolution formiert hätten – nichts war weniger der Fall gewesen –, sondern weil sie die Kraft des Widerstandes lähmte, für eine kurze Zeit nur, aber eine solche genügt. In solchen Situationen ist die Frage die, wer es versteht, Macht zu organisieren; auf den Nachweis, daß er im Besitze der revolutionären Tugenden sei, kommt es wenig an, selbst eine entschlossene Reaktion hat ihre Chancen, ebenso wie eine ultrarevolutionäre Minderheit, die eigentlich niemand will, wenn sie nur alle Möglichkeiten zu nutzen versteht. Freilich eines ist in solchen Momenten nicht möglich, wo man mit Tagen anstatt mit Wochen, mit Stunden anstatt mit Tagen rechnen muß: sich Zeit zu nehmen und über den besten Zustand der kommenden Welt nachzudenken. Der neue Zustand muß im Kern und das heißt in der Organisation der staatlichen Machtmittel bereits geschaffen sein, ehe man darangeht, ihn verfassungsmäßig auszubauen und zu sanktionieren. Denn die Stunde, in der die Zügel den alten hierarchischen Gewalten entglitten sind, ist flüchtig, und die Bewegung und Bewegtheit der Geister, die sie heraufführte, läßt sich nicht aufs Eis legen. Gar ein revolutionärer Elan läßt sich nicht in Treuhandverwaltung geben, und man darf nicht glauben, daß man in Jahresfrist noch etwas mit ihm ausrichten könne, um so weniger, wenn wie 1848 der Gegenspieler nicht nur ein altes und abgewirtschaftetes System, sondern eine Gruppe von in sich gefestigten Staaten, von zwei Großmächten wie Preußen und Österreich und einigen Mittelstaaten ist. Denn selbst gesetzt der Fall, daß in diesen die Revolution siegreich war, daß in ihnen die alten reaktionären Kräfte durch liberale, mit dem Ziel der deutschen Einheit sympathisierende Männer ersetzt worden wären, so gibt es eine Art von politischem Trägheitsgesetz, wonach Staaten in ihrer Selbständigkeit und Souveränität zu beharren tendieren, ziemlich unabhängig von den Ideologien, die die Köpfe der leitenden Männer beherrschen. Der Regierende kann nicht nur seiner Idee folgen, er ist für die zukünftigen Möglichkeiten des von ihm geleiteten Staates verantwortlich, und der Verzicht im Interesse einer übergeordneten Einheit, der im Augenblick des allgemeinen Rausches vielleicht möglich und statthaft ist, kann schon nach kurzer Zeit nicht mehr ausgesprochen werden.

Sehr bald und im Laufe der Zeiten immer mehr hat man das Versagen der Nationalversammlung in Frankfurt dem Umstand aufbürden wollen, daß etwas mehr als hundert Professoren in ihr saßen. Es blieb unserer Zeit, in der Gesichtslosigkeit offenbar schon als politischer Vorzug gilt, vorbehalten, diesen Vorwurf dahin zu verallgemeinern, daß die Abgeordneten allzu ausgeprägte Individualitäten gewesen seien. Die Figur des »politischen Professors« hat seit jener Zeit etwas von einem in politischer Hinsicht nicht ganz ernstzunehmenden Wesen bekommen. Aber man sollte, wenn man sich in solcherlei Betrachtungen gefällt, nicht übersehen, daß eine den Staat tragende Schicht einer ihren politischen Willen ausprägenden Elite bedarf. Für das deutsche Bürgertum war diese Elite die Gelehrtenschaft gewesen, und deren Schwäche war die Schwäche der ganzen Schicht, die sie repräsentierte, nicht ihre eigene allein. Die rheinischen Bankiers und Kaufleute zeigten sie ebenso wie die Dahlmann und Droysen, die Beseler und Waitz. Und wenn es zur Abwertung der politischen Fähigkeiten der deutschen Professoren beitrug, daß zu den prominentesten und hartnäckigsten Gegnern Bismarcks Gelehrte vom Range eines Virchow und Mommsen gehörten, so sollte man heute am wenigsten vergessen, daß die Revision des landläufigen und immer wieder gedankenlos nachgesprochenen Urteils über sie zu den seit langem fälligen Revisionen unserer Geschichtsschreibung gehört. Nach dem »Trauma« (Smend), das ihm das Scheitern der Paulskirche zufügte, entzog sich das deutsche liberale Bürgertum der »Gelehrtenpolitik«. Aber das bedeutete nun nichts anderes mehr, als daß es der einzigen politischen Elite, die es hat bilden können, das Mandat verweigerte. Die Folgen blieben denn auch nicht aus: der deutsche Liberalismus ist seitdem direktionslos und steril.

Das Scheitern der Frankfurter Nationalversammlung war für das deutsche Bürgertum ein Trauma, eine seelische Erschütterung im Tiefsten, die nicht wieder ausgeglichen wurde – »auch nicht durch ihre natürliche Kompensation in politischen Wunschträumen«, wie Smend richtig beobachtet hat. Daß eine Revolution nicht zum Ziele führt, ein großes politisches Ziel, wie es die Reichsgründung war, erst zwanzig Jahre nach dem ersten Anlauf durchgesetzt wird, ist in der Geschichte kein gar so ungewöhnlicher Fall. Ein solches Mißlingen pflegt auch nicht mit einem seelischen Trauma zu enden; daß in der Politik Niederlagen hinzunehmen sind, sollte man wissen. Schließlich ist das deutsche liberale Bürgertum keineswegs in seiner physischen Existenz getroffen worden, seine wirtschaftliche Blüte stand ihm noch bevor. In Preußen hatte es in der oktroyierten Verfassung vom 5. Dezember 1848 alles Wesentliche und Wünschenswerte erreicht, in anderen deutschen Staaten ebenfalls. Warum also ein Trauma, wenn nicht alle Blütenträume reiften? Der Grund ist einfach genug, es hatte nicht mit Wille und Vernunft Politik betrieben, sondern sich von der Sehnsucht nach dem, was Smend so treffend den »Erlebnisraum« nennt, führen lassen. Dabei war es mit der politischen Realität zusammengestoßen.

Der Staat ist weder dazu da, ästhetisch genossen zu werden, noch auch ist er bloßes Instrument, Maschine, Apparatur. Eher könnte man ihn einem Haus vergleichen, in dem man sich einrichtet und das man einrichtet, das man umbaut, anbaut und aufstockt. Das deutsche Bürgertum baute in Frankfurt ein Lustschloß, das sich als Luftschloß erwies, da das Baumaterial, die Handwerker und die baupolizeiliche Genehmigung fehlten. Ohne Bild: es schuf eine Verfassung (trotz aller Kompromisse) nach seinem Bilde,

ohne den Weg in die politische Realität zu finden. Die Paulskirche nahm sich Zeit. Sie beriet monatelang ihre Herzensangelegenheiten, die Grundrechte. Doch solche gingen ohnehin in die Länderverfassungen ein. Sie sprach aus, daß ihr Verfassungswerk in toto zu akzeptieren sei von den Regierungen, die, anders als sie, die politischen Realitäten in Deutschland waren. Man zögerte selbst dann noch, bewußt die kleindeutsche Lösung anzustreben, als man sah, daß nur sie realisierbar war. Als der Oktroi der österreichischen Verfassung die Lage klärte und nun alles daran gelegen sein mußte, auf gute oder schlechte Art den Reichsverweser Erzherzog Johann los zu werden, als dieser, glücklicher Zufall, selber abdizieren wollte, da bat man ihn bewegten Herzens zu bleiben. Nach Ablehnung der Kaiserkrone durch Friedrich Wilhelm IV. vertagte man sich nicht, wie – politisch vollkommen richtig – Hermann v. Beckerath riet. Dies nur die auffälligsten politischen Fehler der Nationalversammlung, von solch törichten Beschlüssen wie dem, den Krieg gegen Dänemark, nach dem Waffenstillstand von Malmö, den Preußen mit Dänemark abgeschlossen hatte, fortzusetzen, ganz zu schweigen. Gewiß, auch die Paulskirchenversammlung hatte ein Recht auf politischen Irrtum. Auch sie durfte scheitern, und es hätte auch ein politisch gewiegteres Parlament an ihrer Aufgabe scheitern können. Nicht daß sie scheiterte, trifft sie, sondern daß sie in keinem Augenblick ihrer Existenz ein Verhältnis zur politischen Realität fand.
Man hatte geglaubt, auf der politischen Bühne mitzuspielen. Aber in der Politik wie im Theater sind die heroischen Gefühle Sache des Zuschauers, nicht der Agierenden. Man machte die Erfahrung, daß man sich nur im Zuschauerraum unterhalten hatte und daß diese Unterhaltung ohne Einfluß auf den Gang des Stückes war. Man blieb im Zuschauerraum sitzen und begleitete je nachdem mit Beifall oder Pfeifen die Vorgänge auf der politischen Bühne, auf der bald Herr von Bismarck-Schönhausen Hauptrolle und Regie übernahm. Erst 1918 wurde das deutsche liberale Bürgertum nolens volens auf die Bühne gezwungen. Es brachte die Requisiten von 1848 mit: die Reichsfarben, die Grundrechte, aber nicht den Geist, nicht die konstruktiven verfassungsrechtlichen Ideen, die die Paulskirchenverfassung enthielt. Denn Politik hin, Politik her: die Frankfurter Verfassung war ein Wurf großen Stils.
Die schwarzrotgoldenen Fahnen von 1848 waren kein Symbol

mehr, nachdem sie 70 Jahre eingemottet gewesen waren. Sind sie es heute? Es könnte sein oder vielmehr: man darf hoffen, daß sie es sein werden. Zwölf Jahre nazistischer Diktatur haben Voraussetzungen dazu geschaffen. Sie waren Jugenderinnerungen von Leuten, die sie aus den Erzählungen ihrer Väter kannten. Sie waren ein Requisit der Unzufriedenheit mit dem Kaiserreich, vorzüglich mit Wilhelm II. Es gab 1918 zwei Fahnen, die Symbole waren: die schwarzweißrote des Bismarckreiches und die roten Fahnen der Sozialisten.

Für die jüngeren Generationen, die gewohnt sind, daß Deutschland die Farben wie ein Chamäleon wechselt, ist der Fahnenwirrwarr von 1919 – die Weimarer Verfassung bescherte uns fünf verschiedene schwarzrotgoldene und fünf schwarzweißrote – Hekuba. Aber für das deutsche Bürgertum war er leider symbolisch; denn die schwarzrotgoldenen Farben, Symbol seiner gescheiterten Revolution, wurden für einen großen Teil von ihm weniger das Symbol einer gewonnenen Revolution – man hatte ja eigentlich nur eine proletarische Revolution aufgefangen – als eines verlorenen Krieges. Das Bürgertum hatte das Bismarckreich zwar nicht politisch erobern können, aber auch soweit es diesem ablehnend gegenüberstand, negierte es nicht die Bismarcksche Reichsgründung als solche, sondern nur den Umstand, daß es nach einem schwächlichen Anlauf in den siebziger Jahren von Bismarck – und gerechterweise muß man hinzufügen: durch eigene Schuld und verführt durch die wirtschaftliche Prosperität – endgültig in die Rolle des Zuschauers gedrängt worden war.

Das deutsche liberale Bürgertum hat sich mit der Bismarckschen Reichsgründung sehr schnell abgefunden, mehr: es hat sie begrüßt. Und als in ihrem Gefolge der wirtschaftliche Aufschwung einsetzte, hat es kapituliert. Man kann den politischen Sinn des deutschen Bürgertums an der Staatslehre ablesen. Nicht Gneist und Gierke haben sie bestimmt, sondern Laband und seine Nachfolger. Das Labandsche Reichsstaatsrecht war ein Staatsrecht für Bürokraten. Auf der anderen Seite lärmten die Literaten, ohne Beziehung zu politischer Wirklichkeit, zu Staat und Recht. Die Staatslehre der wilhelminischen Zeit war, soweit sie interessant ist, Sache von Ökonomen und Soziologen, aber insoweit auch eben ohne die lebendige Beziehung zu ihrem Kern, zum Staats- und Verfassungsrecht. Als die bürgerliche Republik am Ende eines verlorenen Krieges stand, zeigte sich sofort, daß das deutsche

Bürgertum kein staatstheoretisches Bewußtsein ausgebildet hatte. Im Entwurf zur Weimarer Verfassung war wie in seinem Schöpfer noch manches aus der dünnfließenden Tradition der sogenannten organischen Staatslehre lebendig, aber die Keime davon waren in der Verfassung selbst mehr beseitigt als entfaltet.
Die Bismarcksche Reichsverfassung vom 16. April 1871 war eine sehr nüchterne Konstruktion gewesen, genau den Verhältnissen und Absichten des Kanzlers angepaßt. Sie ist eine Modifikation der Verfassung des Norddeutschen Bundes vom 26. Juli 1867. Die politische Crux der Reichsverfassung war der Artikel 21, der fast wörtlich dem Art. 21 der Bundesverfassung entsprach. Er ist eine Verschärfung des § 124 der Frankfurter Verfassung. Er bestimmte, daß ein Mitglied des Reichstages sein Mandat verliert und nur durch neue Wahl wiedererlangen kann, wenn er ein besoldetes Reichsamt oder ein besoldetes Staatsamt in einem Bundesstaat annimmt oder im Reichs- oder Staatsdienst in ein Amt eintritt, mit welchem ein höherer Rang oder ein höheres Gehalt verbunden ist. Der Artikel enthält einen gesunden Gedanken: er schnitt den Abgeordneten die Möglichkeit ab, sich lukrative Ämter zu verschaffen, und er machte es den Regierungen der Bundesstaaten unmöglich, auf die Fraktionen des Reichstages dadurch Einfluß zu gewinnen, daß sie hervorragenden Abgeordneten hohe Staatsämter übertrugen. Aber auf der anderen Seite hatte der Artikel zur Folge, daß es für einen Abgeordneten nicht verlockend war, ein Ministeramt zu übernehmen – es kostete ihn seinen Sitz im Parlament. Der Reichstag war kein Sprungbrett für Politiker, die regieren wollten. Freilich war der Ehrgeiz unserer Parteiführer, die Leitung der Regierung zu übernehmen, nicht gerade groß – das war der tiefberechtigte Vorwurf, den der liberale Admiral v. Stosch dem Parteiführer R. v. Benningsen machte –, aber in den Jahren des Bismarckreiches verschwand solcher Ehrgeiz fast völlig.
Daß die Bismarcksche Verfassung den Artikel 21 enthielt, nimmt nicht wunder. Wohl aber ist es merkwürdig, daß der § 124 der Frankfurter Verfassung die Übernahme eines Reichsministeramtes nicht ausdrücklich ausnimmt. Immerhin bestimmt er nur, daß sich das Mitglied des Volkshauses, das im Reichsdienst ein Amt oder eine Beförderung annimmt, einer neuen Wahl unterwerfen muß und seinen Sitz behält, bis die Wahl stattgefunden hat, während Artikel 21 den Verlust des Mandats, das nur durch neue

Wahl wiedererlangt werden kann, statuiert. Für das Staatenhaus, das die Frankfurter Verfassung vorsieht – dessen Mitglieder sollen zur Hälfte von Staatenregierungen ernannt, zur anderen Hälfte von den Staatenparlamenten gewählt werden –, ist ausdrücklich festgestellt (§ 123), daß Reichsminister ihm nicht angehören können, was nur sinnvoll ist, da es ja die Bundesstaaten repräsentieren soll. Aber der § 124 der Frankfurter Verfassung zeigt doch die Schwäche des politischen Willens des deutschen Bürgertums. Die politische Problematik einer solchen Bestimmung scheint nicht in das Bewußtsein getreten zu sein.
Die Stellung des Reichsoberhauptes, des Kaisers, war in der Frankfurter Verfassung sehr stark. Er übt überall seine Gewalt durch die von ihm berufenen Minister aus. Man hätte also die Entwicklung selbständiger Reichsministerien erwarten dürfen, während die Bismarcksche Verfassung das auf diesen selbst zugeschnittene Kanzlersystem brachte, das nun freilich durch die nur zweimal (1872/73 unter Bismarck, 1892/94 unter Caprivi) kurze Zeit unterbrochene Verbindung mit dem Posten des preußischen Ministerpräsidenten, der einem kollegialen Kabinett vorstand, befestigt, aber auch kompliziert worden war. Heute wird man urteilen dürfen, daß die Frankfurter Lösung die gesündere war, sie hätte es auch einer so starken Persönlichkeit wie Bismarck nicht ermöglicht, dem Parlament das Rückgrat zu brechen. Und noch mehr. Auch die Frankfurter Konstruktion der beiden Häuser des Reichstages, Staatenhaus und Volkshaus, war der Bismarckschen von Bundesrat und Reichstag überlegen. Das Staatenhaus kann am ehesten dem Senat der USA verglichen werden; er war auch das Modell gewesen. Es vertrat die Bundesstaaten, aber seine Mitglieder waren nicht an Instruktionen der Staatsregierungen gebunden, wie das dann beim Bundesrat der Fall war und später, in der Weimarer Zeit, beim Reichsrat, der jenem, wie man gesagt hat, wie ein Maultier dem Vollblut glich. Schließlich soll die Aufmerksamkeit noch auf einen Punkt gelenkt werden, in dem die Frankfurter Verfassung eine bessere Lösung als die Bismarcksche gefunden hatte: die Einrichtung eines Staatsgerichtshofes (unter dem Namen »Reichsgericht«), die diese nicht kennt. Die Bismarcksche Verfassung weist Entscheidungen über Verfassungsstreitigkeiten dem Bundesrat zu und verweist notfalls auf den Weg der Reichsgesetzgebung. Die Frankfurter Verfassung sieht einen Staatsgerichtshof im Vollsinn des Wortes vor. 1892

konnte Karl Binding sagen: »Wir gestehen nicht gerne, daß unsere Verfassung nach Inhalt in manchem und nach der Form von Anfang bis Ende hinter der von 1849 zurücksteht, und daß manche böse Lücke in ihr aus den Satzungen ihrer Vorgänger trefflich zu füllen wäre. Ich denke dabei... an die großartige Konzeption des Reichsgerichts als Staatsgerichtshof zur Wahrung alles bestrittenen Staatsrechtes im Reiche, also des publizistischen Friedens.«

Hält man die Weimarer Reichsverfassung gegen ihre beiden Vorgängerinnen, so fällt auf, daß sie in der Konstruktion des Staates mehr auf dem Wege der Bismarckschen als der Frankfurter Verfassung wandelt. Genau besehen enthält sie keinen neuen konstruktiven Gedanken: sie begnügt sich im Grunde damit, das Konstruktionsgerüst der Verfassung von 1871 soweit zugunsten der Macht des Reichstages zu schwächen, daß es nicht gleich am ersten Tage einstürzt. Die Machtfülle, die auf den Reichstag gehäuft wird, macht diesen nun aber keineswegs zu einer Säule des Staates; denn durch die verfassungsmäßige Verankerung des Verhältniswahlrechtes wird er ein Spielball der Parteibürokratien. In dem noch halb absolutistischen Kaiserreich war es natürlich richtig, wenn man nach der Parlamentarisierung rief. Es ist wohl menschlich verständlich, daß nach dem Sturz der Monarchie ein exzessiver Parlamentarismus als einzig mögliche Lösung erschien, zeugt aber nicht gerade von Einfallsreichtum. Man erkannte die darin liegenden Gefahren, man sah voraus, daß es mit der Fähigkeit des Parlamentes, regierungsfähige Mehrheiten zu bilden, nicht weit her war, und so suchte man nach Gegengewichten. Man fand es im plebiszitär gewählten Reichspräsidenten, den durchgesetzt zu haben das fraglose Verdienst Max Webers ist. Leider sollte er sich als ein Danaergeschenk erweisen, zumal man dem Präsidenten nun auch noch die Diktaturgewalt des Artikels 48 in die Hand drückte und, wie man angesichts der verfehlten Grundkonstruktion zugeben sollte, in die Hand drücken mußte.

Neben der monarchischen Gewalt war Preußen die Säule des Kaiserreiches gewesen. Man stürzte sie, indem man von den 26 preußischen Stimmen im Reichsrat die Hälfte an die preußischen Provinzen gab. Theoretisch konnten sich die preußischen Stimmen gegenseitig aufheben, praktisch haben bis zu 10 Provinzen gegen die preußischen Regierungsstimmen ihr Votum abgegeben.

Der Reichsrat hat als Gremium hervorragender Berufsbeamter sachlich gute Arbeit geleistet und einen steigenden Einfluß auf Gesetzgebung und Reichsverwaltung erlangt. Aber er ist keine politische Instanz geworden, und man kann ihn nicht einmal als das Surrogat der fehlenden ersten Kammer bezeichnen. Es fehlte diesem System der Schwerpunkt, es war nicht ausbalanciert.

Das zeigte sich mit besonderer Deutlichkeit an der Art und Weise, wie der Staatsgerichtshof in die Weimarer Verfassung eingebaut worden war. Die auf ihn bezüglichen Artikel sind über die Verfassung verstreut. Artikel 108 sieht seine Errichtung vor. Seine Zuständigkeiten ergeben sich aus Artikel 15 (Streitigkeiten über die Ausführung von Reichsgesetzen), 18 (Gebietsänderungen), 19 (Verfassungsstreitigkeiten), 59 (Ministeranklage), 90 (Eisenbahnen), 170 (Übernahme der Post und Telegraphenverwaltung Bayerns und Württembergs auf das Reich). Der entscheidende Artikel ist der Artikel 19. Er läßt so gut wie alles offen.

Der § 126 der Frankfurter Verfassung zieht zwar den Kreis der Zuständigkeit des Reichsgerichtes sehr weit, aber doch wohlbestimmt, soweit sich das bei einer Verfassung, die die Feuerprobe der Praxis nicht durchgemacht hat, beurteilen läßt. Und weiter: die Institution des Reichsgerichtes hat im Ganzen der Frankfurter Verfassung eine wirkliche Funktion, sie dient dem Gleichgewicht der Gewalten. Sie ist eine »großartige Konzeption«, wie Binding sagte, was man eben den Staatsgerichtshof der Weimarer Verfassung schwerlich nennen wird. Die Regelung der Zuständigkeit ist dafür unerläßlich, man kann einer solchen Institution nicht selber überlassen, was sie an sich reißt, wenn man sich hinreichende Vorstellungen über die Funktion gemacht hat, die ihr im Verfassungsleben der Nation zukommen soll. Die Frankfurter Verfassung ging insofern sehr weit, als sie ausdrücklich dem einzelnen die Popularklage in die Hand gab: den Angehörigen eines Bundesstaates wegen Aufhebung oder verfassungswidrigen Veränderung oder – als letztes Mittel – wegen Verletzung der Landesverfassung; den deutschen Staatsbürgern wegen Verletzung der durch die Reichsverfassung gewährten Rechte.

Dieser letzte Punkt ist darum von besonderer Wichtigkeit, weil die Frankfurter Verfassung in ihrem VI. Abschnitt die Grundrechte des deutschen Volkes festlegte. Sie hat auf die Festlegung dieser Grundrechte, wie schon erwähnt, viel Zeit verwandt. Der Abschnitt umfaßt nicht weniger als 50 Paragraphen. Er enthält vieles, das durch den damaligen Rechtszustand bedingt ist. Aber im ganzen wird man noch immer Gneists Urteil zustimmen können, der sie »gewissenhaft erwogen« nennt. Die Bismarcksche Verfassung kennt diese Grundrechte nicht, aber man darf nicht vergessen, daß sie mehr oder weniger in den Verfassungen der Bundesstaaten des Kaiserreichs verankert worden waren und insofern für eine Regelung in der Reichsverfassung kein Bedürfnis vorlag. Hingegen hat die Weimarer Verfassung sie in ihren zweiten Hauptteil übernommen, teils wörtlich, teils verändert oder ergänzt und durch »Grundpflichten« erweitert. Auch hier kann man leider nicht sagen, daß die Weimarer Nationalversammlung ihr Werk besser gemacht hätte als die Frankfurter. Immerhin kann man den Weimarer Vätern dieser Artikel zugute halten, daß sie nicht wissen konnten, was Lehre und Rechtsprechung aus ihren wohlmeinenden Sätzen machten. Seit 1945 ist der Ruf nach »Grundrechten« wieder besonders laut, unsere neuen Länderverfassungen beeilten sich, sie aus der Weimarer Verfassung mehr oder weniger wörtlich abzuschreiben. Aber die Spuren sollten schrecken: gerade über gewisse »Grundrechte« vollzog sich der Einbruch der Politik in die Rechtspflege.

»Was Staatsform und Farben symbolisierend, das suchen die Grundrechte an ihrem Teil formulierend zu leisten.« Man kann diesen Satz Smends zugeben. Doch dann wird man das Weimarer Verfassungswerk nur um so kritischer betrachten müssen. Was die Farben anlangt, so waren sie damals gerade als Symbol ein Mißgriff: denn die Staatsform, die in Weimar geschaffen wurde, war nicht die Fortsetzung des Werkes der Paulskirche, sondern eine ziemlich verunglückte Parlamentarisierung des Bismarckreiches. Die Übernahme von Grundrechten aus der Frankfurter Verfassung formulierte eben in entscheidenden Punkten nicht das eigene Bekenntnis, das man ablegen wollte; man nahm die Worte, ohne den Geist zu haben. Die Grundrechte der Weimarer Verfassung waren – sehr im Gegensatz zu denen der Paulskirche – nicht aus eigenem Durchdenken, nicht aus einem eigenen staatstheoretischen Bewußtsein erwachsen. Ebensowenig wie die Staatskonstruktion der Weimarer Verfassung – anders als der ursprüngliche Entwurf von Hugo Preuß – eine originelle Leistung war, eine geschlossene Konzeption.

Und heute? Schon das wenige, was wir angedeutet haben, hätte Weimar als Vorbild ausschalten sollen. Aber kann uns, nach 100

Jahren, das Werk der Paulskirche noch etwas bedeuten? Das politische Versagen des liberalen Bürgertums, um das noch einmal zu betonen, ist kein Einwand gegen ihr Verfassungswerk, das wirklich durchdacht und aus einem Guß ist. »Je besonnener und besser eine Verfassung ist, desto schwerer wird sie angenommen in einer Zeit der Aufregung und der Verwirrung.« Dieser Ausruf Bassermanns im Frankfurter Weidenbusch hat sich am Werk der Paulskirche bewahrheitet. Man könnte geradezu sagen, daß es eben die politische Unfähigkeit der Paulskirche war, die ihr die Ausarbeitung einer so guten Verfassung ermöglichte, die es noch heute durchzudenken lohnt. Sie ist aus dem erwachsen, was das deutsche Bürgertum einmal an staatstheoretischem Bewußtsein ausgebildet hatte. Es hat dieses Bewußtsein, wir sagten es schon, nicht fortentwickelt, die letzten Stationen sind Gneist und Gierke. Die Weimarer Zeit hat dem deutschen Volk ein Bild seines Staates nicht zu geben vermocht und die Folgezeit erst recht nicht.

Aber können wir heute wirklich so weit zurückgreifen und Fäden knüpfen, die so lange abgerissen sind, selbst wenn wir wollten? Die Frage ist ernst. Dennoch können wir sie bejahen, wenn wir uns zutrauen, selbständig zu denken. Dann vermögen wir das Frankfurter Werk wirklich und endlich fruchtbar zu machen, dann ist es schließlich doch ein Vermächtnis gewesen und das Bewußtsein gerechtfertigt, das die Männer der Paulskirche hatten, als sie ihre Hoffnungen zerstört sahen, das Wissen, wie Rudolf Haym es am Schluß seines Berichts formuliert: »daß das deutsche Volk, wie immer in nächster Zukunft seine Geschichte sich wenden möge, erstmals zurückkehren wird zu dem Verfassungsgedanken, den sein erstes Parlament ihm vermacht hat.«

Was kann dieser Gedanke heute bedeuten? Wenn man die Frankfurter Verfassung analysiert und aus ihren konstitutionell-monarchischen Formen herauszulösen sucht, dann kommen wir auf eine Staatskonstrukion, die der der Vereinigten Staaten von Amerika sehr ähnelt. Das ist kein Zufall, aber erklärt sich nicht daraus, daß man in Frankfurt gebannt über den Atlantik geblickt hätte, wie man ja überhaupt in der Paulskirche noch souverän mit Ideen und Möglichkeiten, Erfahrungen und Vorlagen zu schalten wußte, sehr im Gegensatz zu Weimar und zu Bonn, wo den schwächlichen Enkeln nur noch Vernunft von gestern und vorgestern zum Unsinn von heute gerät. Vielmehr entstammen die

Verfassung der Paulskirche und die der USA noch dem gleichen Ideenkreise, dem liberal-konstitutionellen. In der Frankfurter Verfassung erscheint verständlicherweise die Eigenständigkeit der Regierungsgewalt mehr betont. Das kommt vor allem in der Konstruktion des Staatenhauses zum Ausdruck, in dessen Besetzung zu gleichen Teilen durch Abgeordnete, die von den Regierungen und von den Staatenparlamenten ernannt sind.
Die Übersetzung der Frankfurter Verfassung vom Monarchischen ins Republikanische macht keine Schwierigkeiten, Beweis im Grunde dafür, wie wenig bedeutungsvoll der Unterschied zwischen beiden Staatsformen noch ist, sowie nur der Übergang vom Absolutismus zur Konstitutionalisierung gemacht worden war. An Stelle des Königs wäre ein für vier oder wieviel Jahre immer gewählter Präsident das Haupt der Exekutive. Die Gesetzgebung nebst den notwendigen Kontrollen läge in der Hand von zwei Kammern, einem Staatenhaus und einem Volkshaus, wobei auch das erstere unabhängig von Instruktionen durch die Länderregierungen zu sein hätte. Und diesen beiden Gewalten stände ein Staatsgerichtshof gegenüber, der diesen Namen verdient. Diese Grundkonstruktion, die in der Frankfurter Verfassung enthalten ist, läßt durchaus einem wohldurchdachten Föderalismus Raum, sie setzt ihn geradezu voraus. Es ließen sich die Motive der genossenschaftlichen Bundesstaatstheorie Gierkes fruchtbar machen. Es fehlt uns keineswegs an eigener staatstheoretischer Tradition, wir müssen nur den Mut und die Einsicht aufbringen, in selbständiger Weise von dem Gebrauch zu machen, was sie, was auch die Paulskirche uns heute noch zu sagen hat. »Wenn wir«, so schrieb Rudolf v. Gneist noch wenige Jahre vor seinem Tode (in seiner Schrift über die Militärvorlage von 1892), »wenn wir den Grundbau des deutschen Staates: ›*die Regierungsgewalt als Quelle, das Gericht als Schranke, das Gesetz als höchsten Regulator der Staatstätigkeit*‹ zum Maßstab nehmen, so finden wir in dem Verfassungsentwurf der Nationalversammlung alle diese Grundzüge wieder, zum Teil in klassischer Weise des Ausdrucks, nur durchbrochen durch einzelne Sätze, welche der Gedankenreihe der Volkssouveränität und westlichen Mustern entlehnt sind.«

(1948)

Über den Liberalismus

1.

Der Liberalismus leitet seinen Namen von der Freiheit *(libertas, liberté)* her, und wenn sein Name für signifikant gelten soll, so wird man sein Prinzip, den zentralen Bezugs- und Quellpunkt seiner Ziele und Bestrebungen, seiner Anschauungen und Lehren in der Freiheit suchen müssen – was nun immer auch Freiheit sein mag. Trotz seinem proteushaften Charakter liegt in dem bloßen Worte »Freiheit« eine nicht geringe Faszination. Selbst diejenigen, die den Namen des Liberalen als einen Ekelnamen verabscheuen, vermögen sich ihr nicht zu entziehen. Konservativen Theoretikern wird, wie einer der geistvollsten unter ihnen, Georg Quabbe, sagte, die Freiheit »zu einem vielstelligen Schatzwechsel des geistigen Reiches, der nie in die Hände des kleinen Mannes gelangt, für den also weniger mehr wäre«. Auf den extremen Flügeln rechts und links reduziert sich die Freiheit in die handgreifliche Bindung, das Befohlene spontan zu tun; aber die Freiheit fordert selbst den Diktatoren noch die Reverenz ab, die in ihrem pervertierten Gebrauche des Wortes liegt.

So ist das Wort »Freiheit« heute in aller Munde, aber die Sache des Liberalismus erscheint als wenig versprechend. Wohin wir in Europa blicken, haben die liberalen Parteien ihre Bedeutung eingebüßt. Nicht nur den christlich-konservativen und den sozialistischen Demokraten ist der Liberalismus eine abgetane Sache, sogar die Neuliberalen selber erklären die Form, die der Liberalismus im 19. Jahrhundert angenommen habe, für hoffnungslos diskreditiert. Worauf es seinen Vertretern heute allein ankomme, so sagt ihr Wortführer Wilhelm Röpke, sei der Liberalismus in einem allgemeinen, unantastbaren und über die Jahrtausende hinweg immer frischen Sinne: demjenigen der Persönlichkeitskultur, der dem Menschen angemessenen Ausgewogenheit von Freiheit und Bindung und der von der Erbsünde der Gewalt und Ausbeutung erlösten *nicht*-kollektivistischen und *nicht*-feudalmittelalterlichen Gesellschaft.

Wer wollte diese Formel nicht unterschreiben? Sie wäre sogar als Einigungsformel von SPD und CDU nicht ungeeignet. Denn die

»dem Menschen angemessene Ausgewogenheit von Freiheit und Bindung« ist kein Prinzip, das irgendeinen Maßstab abgeben könnte, sondern sie bedarf selber eines Prinzipes zur Bestimmung dessen, was dem Menschen in dieser Hinsicht angemessen ist. Das Maß an Freiheit und Bindung, das der Konservative, der Liberale, der Sozialist und der Universalist für den Menschen angemessen hält, ist jeweils ein anderes. Was also dieses Maß für den Liberalen bestimme, wäre zu fragen.

Die Antwort scheint auf der Hand zu liegen: es ist das Prinzip der Freiheit selber. Man müsse, so hatte ein brillanter Kritiker, Carl Schmitt, gesagt, den Liberalismus als »konsequentes, umfassendes, metaphysisches System« betrachten, als ein System, das auf den beiden Voraussetzungen beruht, daß aus dem freien Kampfe der Meinungen die Wahrheit entstehe und daß sich aus dem freien Wettbewerb Harmonie ergebe, mit den praktischen Folgerungen des Parlamentarismus auf der staatlichen und des Kapitalismus auf der wirtschaftlichen Ebene. Diese beiden Voraussetzungen sind höchst problematische Behauptungen, mehr noch: sie sind falsch. Und es stünde um den Liberalismus schlecht, wenn sie Folgerungen wären aus dem allgemeinen Prinzip der Freiheit, an das, wenn es sich überhaupt formulieren läßt, aller Liberalismus, der seinen Namen verdient, gebunden ist. Dann wäre das Prinzip der Freiheit ein Pseudoprinzip, ein Irrtum, für den Partei ergreifen zu wollen absurd wäre, nachdem der Liberalismus des 19. Jahrhunderts selber es *ad absurdum* geführt hat.

Es ist also zu prüfen, ob jene beiden Voraussetzungen des Liberalismus ihrerseits Freiheit als Prinzip voraussetzen, ja ganz allgemein, welche Beziehungen der historische Liberalismus zum Prinzip der Freiheit hat. Das erscheint auf den ersten Blick als eine durchaus akademische Aufgabe; aber wie eine kurze Überlegung lehrt, ist sie mehr als nur das.

Wenn nämlich mit Recht von einem Prinzip der Freiheit gesprochen werden kann, so liegt im Begriffe der Freiheit etwas, was in bezug auf den Menschen eine Notwendigkeit hat; das nämlich heißt es, wenn man sagt: es gibt ein Prinzip der Freiheit. Dieses Prinzip, das mit dem des Rechtes zusammenfällt, fordert nichts anderes als das Zusammenstimmen der Freiheit aller nach allgemeinen Gesetzen. Das ist eine ganz abstrakte Bestimmung, die sich zunächst recht dürr, ja dürftig ausnimmt. Aber gerade darin liegt die ihr eigentümliche Stärke. Denn ein solches Prinzip führt nun nicht in eine abstrakte Staatskonstruktion, auf einen »Idealstaat«, den man der so anderen Wirklichkeit gegenüberstellen könnte, sondern es fordert, daß man es schrittweise im Hinblick auf die sozialen Gegebenheiten konkretisiere. Die Frage, wie erhalten, wie erringen, wie sichern wir unser aller Freiheit in *dieser* Zeit, unter *diesen* Umständen, brennt uns allen auf den Nägeln. Man gibt heute gern die Antwort: durch den Wohlfahrtsstaat; aber es bedarf keines besonderen Scharfblickes, um einzusehen, daß in ihm die Freiheit eines jeden auf dem Altare des Gemeinwohles geopfert werden kann. Man möchte die Politik »ethisieren«, an sittliche Normen binden, aber es bedarf nur geringen Nachdenkens, um zu erkennen, daß das Vertrauen auf die moralische Gesinnung der Inhaber von Machtmitteln auf schwachen Füßen steht, daß aber die rechtsförmige Erzwingung solcher Gesinnung nicht nur in ihrem Erfolge problematisch bleibt, sondern geradenwegs in eine Despotie führt. Es bedarf eben stets der Korrektur durch das Prinzip der Freiheit, wenn Freiheit gesichert werden soll.

Der Liberalismus war, was auch über ihn zu sagen sein wird, die Partei, die sich zur Freiheit bekannte. Wir werden daher unser Verhältnis zum Liberalismus ins reine bringen müssen, wenn wir unser Verhältnis zur Freiheit überprüfen. Wir werden also den Liberalismus im Lichte des Prinzips der Freiheit betrachten.

2.

Es ist historisch durchaus verständlich, wie sich jene beiden Vorstellungen, die dem »System« des Liberalismus zugrunde liegen, haben ausbilden können. Daß sich aus dem freien Wettbewerb Harmonie ergebe, diese Behauptung ist als solche ein Satz der ökonomischen Theorie und muß in ihr begründet oder widerlegt werden. Wir lassen sie hier auf sich beruhen und begnügen uns mit der Bemerkung, daß im Rahmen der ökonomischen Theorie von Adam Smith bis J. B. Say die Behauptung sinnvoll war: das freie Spiel der Interessen führe zu einer harmonischen gegenseitigen Begrenzung derselben, es liege im Interesse der wirtschaftenden Individuen selber, sich unter freiem Wettbewerbe so zu begrenzen, daß eine harmonische Abstimmung aufeinander erfolgt.

In der anderen These, daß die Wahrheit aus dem freien Kampfe der Meinungen entstehe, fließen verschiedene Vorstellungen zusammen: Erstens die Vorstellung, daß die Vernunft, die zur Erkenntnis der Wahrheit befähigt, ungleich über die Menschen verteilt ist, und zweitens, daß die menschliche Natur eine Affinität an die Forderungen der Vernunft habe, so daß die Menschen die ihnen einleuchtend gemachte Wahrheit auch annehmen. Diese letztere Vorstellung ist es ja, die auf dem Grunde des vielbelächelten Optimismus der Aufklärung liegt, sie macht recht eigentlich das aus, was man als den Vernunftglauben der Aufklärung bezeichnen kann. Sie leugnen heißt – wie man sich leicht klarmacht – nicht, daß die Forderungen der Vernunft an Verbindlichkeit einbüßen; diese These betrifft nur die Bereitschaft, die von Natur aus in dem Menschen liegt, sich den Forderungen der Vernunft zu fügen. Deshalb konnte Kant diese These der Aufklärung leugnen, ohne der Vernunft ihren Rang und ihre Verbindlichkeit zu bestreiten: so konnte er das Erbe der Aufklärung hinübernehmen, nachdem ihr Optimismus zuschanden werden mußte und ward – an der Natur des Menschen. Die elende Vorstellung, daß die Verbindlichkeit der Forderungen der Vernunft abhängt von irgendeinem Glauben an die Vernunft selber: daß jene für uns keine Verbindlichkeit hätten, weil uns dieser »Glaube« zusammengebrochen sei – ein Glaube, von dem die Aufklärung nichts gewußt hat –, diese Verwirrung der Begriffe und Wörter blieb unserer Zeit vorbehalten; und was in ihr an Realität steckt: daß zuzeiten die Neigung der Menschen, sich diesen Forderungen zu fügen, gering sein kann, und daß sie im Zweifel gering ist, wenn nicht ein natürliches Interesse der Vernunft zu Hilfe kommt – ist eine bare Trivialität.

Wie dem nun auch sei: besitzt die Natur des Menschen eine Affinität an die Vernunft, dann muß dem freien Austausche der Meinungen die Tendenz einwohnen, die Wahrheit im Bewußtsein der Menschen herrschend zu machen. Es kommt eben nur darauf an, diesem Meinungsaustausch keine Hindernisse in den Weg zu legen. Man braucht, um dieses einzusehen, nicht erst die Analogie der aus dem freien Wettbewerbe der wirtschaftlichen Individuen resultierenden Harmonie heranzuziehen.

Hier wie dort hat die Freiheit nur die Funktion, einen Prozeß, der seinem Gesetze nach einem optimalen Effekt zustrebt, vor Störungen zu sichern. Aber das Gesetz, unter dem dieser Prozeß, und das, unter dem jener steht, ist nicht ein Gesetz der Freiheit. Und wir haben wenigstens für den einen Fall gesehen, auf welcher Voraussetzung das den Prozeß dirigierende Gesetz beruht: eben auf der einen ursprünglichen Angemessenheit der menschlichen Natur an die Forderungen der Vernunft. Fällt diese Voraussetzung – und Kant hat sie bestritten –, so fällt das Gesetz, das den optimalen Effekt garantiert, und fällt das Gesetz, so verliert die Forderung der Freiheit ihre Rechtfertigung.

Der Freiheit kommt in diesem Gedankenzusammenhange, wie wir schon andeuteten, nicht Rolle und Rang eines Prinzipes zu. Wenn sie diese Würde haben soll, so muß sie selber in sich das Gesetz enthalten, das die Erscheinungen des politischen Lebens ordnet, und die Verbindlichkeit dieses Gesetzes muß sich als Postulat der Vernunft darstellen. Es war Rousseau, der in seinem *Contrat Social* diese Entdeckung wenn nicht schon gemacht hatte, so doch zu ihr hinleitete.

So hat man Rousseaus *Contrat Social* das *Schibboleth* des Liberalismus genannt. Freilich gibt es kaum eine politische Ideologie, die Rousseau nicht zu ihren Klassikern zählte oder als den Urheber alles Unheils verabscheute. Der Vielfältigkeit seiner Wirkung entspricht die Verschlungenheit seiner gedanklichen Motive. Es ist nicht eben leicht, die Staatslehre seines *Contrat Social* mit der Moralphilosophie seines *Emile* zu vereinigen, ohne den Rationalismus des ersteren in den Irrationalismus des anderen oder umgekehrt hineinzudeuten. Durch den Staat – das ist der Sinn von Rousseaus Konstruktion – machen sich die Menschen von ihrer gegenseitigen Abhängigkeit voneinander frei, indem die Rechte aller gesichert werden, und diese Freiheit, die nur der Staatsbürger hat, wird zur Quelle aller anderen Freiheit, auch der sittlichen. Die Möglichkeit sittlicher Gesinnung hatte Rousseau nun aber gerade an ein natürliches Bedürfnis des Menschen in bezug auf andere Menschen, an ein Sympathiegefühl geknüpft, das folglich als Bedürfnis des Herzens noch keine Freiheit ist und zu sittlicher Freiheit erst dann wird, wenn es den Staatszweck realisieren hilft. Diese einigermaßen künstliche Verknüpfung von Vernunftstaatsrecht und Gefühlsethik führt ihn zu den bekannten, für die Nachwelt so verwirrenden Konsequenzen, unter denen dann gar der Religionszwang als Bedingung der Möglichkeit der Freiheit erscheint. Es lag Rousseau gewiß fern, den Totalitären damit den Freibrief ausstellen zu wollen, so wenig wie seine

Lehre, die die Konstituierung der Menschenrechte bezweckte, damit in landläufigem Liberalismus aufgeht, wie sie auch weder eigentlich demokratisch noch absolutistisch ist. »Man kann im Hinblick auf Rousseaus Verhältnis zu Hobbes und Locke und den Philosophen der französischen Enzyklopädie geradezu sagen, daß seine Staatsphilosophie ein Versuch ist, über die hoffnungslose Gegensätzlichkeit solcher Prinzipien hinauszukommen.«[1]

Bekanntlich ist es Kant gewesen, der Rousseaus Entdeckung des Vernunftstaatsrechtes in seiner umfassenden Lehre vom Vernunftrechte fruchtbar gemacht hat, und der sie von ihren Paradoxien dadurch befreite, daß er auch das Prinzip der Sittlichkeit wie Platon in der Vernunft suchte und nicht mehr im Gefühle, wie es Rousseau auf den Spuren Shaftesburys getan hatte. Seine in unserem Zusammenhange entscheidende Leistung liegt darin, daß er das Recht durch die Freiheit definierte, nämlich als Bedingung der Vereinbarkeit der Freiheit aller mit der eines jeden. Damit wurde nun die Freiheit selber zum Ordnungsprinzip, und wenn sich mit dem emphatischen Begriffe der Freiheit der erhabene Begriff des Rechtes untrennbar verschmolz, so schien damit dem Liberalismus das Prinzip geliefert, das zu besitzen ihn sein Name verpflichtet.

3.

Man hat Kant nicht ohne tieferes Recht an den Beginn des deutschen Liberalismus – und nicht nur des deutschen – gestellt, weil auf ihn einerseits der moderne Freiheitsbegriff zurückgehe und er zweitens die Unterscheidung zwischen der Rechtssphäre und der Sphäre der Moral gebracht habe.[2] Freilich ist es nicht ganz richtig,

1 Klaus Reich, »Staatsrecht und Ethik bei Rousseau«, in: *Romanische Forschung* 60/4. Diese Arbeit hat die Verschlingung der verschiedenen Motive bei Rousseau für mein Urteil erstmals überzeugend nachkonstruiert.

2 Federico Federici, *Der deutsche Liberalismus. Die Entwicklung einer politischen Idee von Immanuel Kant bis Thomas Mann* (Artemis-Verlag, Zürich 1946). Dieses Buch versucht die Geschichte des deutschen Liberalismus durch ausgewählte Texte, denen jeweils ein kurzer Kommentar vorausgeschickt wird, darzustellen. Der Verfasser stellt den Li-

wenn man nun die Sache so ansieht, daß für Kant der Rechtsstaat, den er in der Rechtssphäre ansiedelt, noch auf der Basis des Naturrechtes entstehe. Denn das Naturrecht bewegt sich durchaus in der Sphäre der Moral, und Kant ist eben der erste, der – nach dem teilweisen Vorgange Rousseaus – damit auf der ganzen Linie bricht. Daher fällt auch nicht der Begriff der Freiheit, um den es in der Rechtslehre geht, mit dem der Autonomie des Willens zusammen. Es handelt sich vielmehr lediglich um das Zusammenstimmen der Freiheit aller nach allgemeinen Gesetzen: dieses Problem versucht seine Rechtslehre aufzulösen.

Der Staat wird von Kant gedacht als Vereinigung von Menschen zum Schutze der Rechte eines jeden. Diese Bestimmung hat sich dem Liberalismus tief eingeprägt, aber so wie man sie bei Freund und Feind auffaßte und heute selbst bei den enragiertesten Liberalen als nicht mehr zeitgemäß verwirft, hätte man nicht auf Kant zu warten brauchen, um sie sich sagen zu lassen. Es kommt hier offenbar alles darauf an, was unter »Recht« zu verstehen ist. Es ist die äußere Freiheit eines jeden, sofern und soweit sie mit der jedes andern in Übereinstimmung nach allgemeinen Gesetzen steht. Diese Auskunft scheint einigermaßen mager zu sein, aber sie ist sehr folgenreich, und sie gibt *jeder* Zeit das Problem auf, den Rechtszustand zu realisieren, wozu offenbar zweierlei gehört: nicht nur die Durchsetzung der Gesetze durch die staatliche Zwangsgewalt, sondern auch die Durchführung einer der Zeit und ihren besonderen Bedingungen angemessenen, dem Schutze der Rechte eines jeden vor der Willkür eines jeden anderen dienenden Gesetzgebung.

Der deutsche Liberalismus hat sich nie recht entschließen kön-

beralismus als die dritte große Umwälzung der Renaissance und der Reformation an die Seite. »Dieser Liberalismus ist in seiner allgemeinen Bedeutung nichts anderes als der Ausdruck des Freiheitsbegriffes in politischer Hinsicht.« Damit rückt für die deutsche Entwicklung der Begriff – nicht unbedingt: das Wort – des Rechtsstaates in den Mittelpunkt. Es scheint mir, daß diese Perspektive in der Tat die ist, in der der deutsche Liberalismus vornehmlich gesehen werden sollte. Sie führt aus allen parteipolitischen Verengungen heraus. Unter diesem Gesichtspunkt ist die Auswahl der Dokumente geschickt getroffen und vermittelt ein eindrucksvolles Bild. Einleitung und Kommentar des Herausgebers, der sich als ausgezeichneter Kenner ausweist, leisten das Mögliche, um den Gehalt der Texte zu erschließen.

nen, sich diese kantische Position zu eigen zu machen. Dieser Knochen erschien allzu dürr. Man hatte aus Amerika und Frankreich Kataloge von Menschenrechten geliefert bekommen, und wenn nun auch Kant unter anderem das Recht auf Eigentum, das Recht der Meinungs- und Pressefreiheit aus seinem Prinzip ableiten konnte, so schien es nur eine Bestätigung mehr für etwas, das zu besitzen man sich sowieso schmeichelte, und dazu als ein ursprüngliches Recht, einsichtig für jeden, der nicht böswillig ist. Das war auch soweit ganz in der Ordnung. Die Erklärungen der Menschen- und Bürgerrechte von 1776 bis 1789 waren keine bloß theoretischen Deklarationen, sondern politische Akte in praktischer Absicht. Diese Leute wußten, was sie wollten, und gaben dem Ausdruck. Sie liegen, wie der gesamte Frühliberalismus, auf der Linie des Kampfes einer aufsteigenden, ja aufgestiegenen Schicht, des Bürgertums, gegen überkommene soziale und politische Bindungen.

Trotz allem Einflusse der Philosophie auf die Formulierungen der französischen *Déclaration des droits de l'homme et du citoyen*, der ebenso unleugbar besteht wie jener der amerikanischen *Declaration of rights*, ist diese ein analoges Instrument wie das fast schon mythische Urbild: die *Magna Charta Libertatum* von 1215. Diese war eine feudalrechtliche Abmachung, die die Zentralgewalt des Königs beschränkte, freilich nicht nur im Interesse der Barone, die sie aufgesetzt hatten, sondern auch des Volkes, dessen Rechte auch gegenüber den Baronen selbst festgestellt wurden. Der rechtliche Charakter dieser *Charta* steht heute wieder fest, seit Stubbs *Constitutional History of England* (1873) und den Forschungen Maitlands. Die *Charta* erlitt nun in den Kämpfen des 17. Jahrhunderts das merkwürdige Schicksal, von dem Oberrichter Sir Edward Coke als Teil des *Common Law* behandelt zu werden, als dieser unter Jakob I. den Kampf einleitete zwischen den das *Common Law* anwendenden ordentlichen Gerichtshöfen und den vom Kronrate eingesetzten Königlichen Gerichtshöfen, die das römische Zivilrecht einzuführen trachteten. In diesem Kampfe nun entstand durch die Interpretation der Juristen der Mythos der *Magna Charta* als der Bürgschaft allgemeiner bürgerlicher Freiheit, die mit der Idee eines zentralen und souveränen Parlamentes verknüpft wurde. Nimmt man die Bedeutung der Religionskämpfe und schließlich die realen Reibungen der amerikanischen Kolonisten mit dem Mutterlande, die zum Anlaß der *Declaration of Rights* der Neuenglandstaaten wurden, hinzu, so erkennt man deutlich, daß hinter deren Formulierungen seit je sehr reale Interessen gestanden haben. Mögen sie nach Heinrich Heines Worten »aus dem Himmel, dem ewigen Vaterland der Vernunft« stammen oder nicht, so hat doch wohl Georg Jellinek recht mit seiner These, daß die naturrechtliche Theorie allein, unbefruchtet von geschichtlichen Ereignissen, nie zu einer gesetzgeberischen Aufstellung von Menschen- und Bürgerrechten geführt hätte.

Daß die Formulierung der Menschenrechte im Naturrecht des 18. Jahrhunderts vorbereitet wurde, widerspricht dem eben Gesagten nicht. Naturrecht, so nannte der Däne Martin Hübner, der Historiker desselben, »das System oder die Gesamtheit der verpflichtenden Regeln, welche einzig die Vernunft uns vorschreibt, um uns sicher zur Glückseligkeit zu führen«. Das eben war es: das natürliche Recht als Leitfaden zur Glückseligkeit, was den Blick immer vom Recht abzog und auf die Moral hinleitete. Denn damit wird das Reich der Zwecke, die der Mensch sich machen kann, unter dem Gesichtspunkt eines obersten Zweckes betrachtet und nach den Regeln gefragt, die der Erreichung dieses Zwekkes dienlich sind. Daß darin kein Prinzip der Begrenzung der äußeren Freiheit des Menschen und deren Sicherung gegenüber dem Belieben anderer gelegen ist, liegt auf der Hand. Was jetzt als Menschenrecht auftritt, ist die also moralisch begründete Forderung des Menschen, vom Staate in der Verfolgung seiner Glückseligkeit nicht gestört zu werden. Auf der anderen Seite ist es aber diese Verschiebung auf die Glückseligkeit, die zu der Forderung an den Staat führt, für eben diese zu sorgen. Damit hat das Naturrecht nicht nur der liberalen Forderung der Menschen- und Bürgerrechte, sondern auch ebenso dem Despotismus, sowohl dem aufgeklärten monarchischen als auch dem demokratischen des Wohlfahrtsausschusses, vorgearbeitet.

Meist wird der Unterschied zwischen Liberalismus und Demokratie so dargestellt, daß gesagt wird, der erstere gehe im wesentlichen von dem Freiheitsgedanken aus, der letztere vom Gleichheitsgedanken. Da nun Gleichheit als rechtliche Gleichheit für den Liberalismus wesentlich ist, so sieht man in diesem auch gern eine Dialektik am Werke, vermöge deren er dazu tendiert, in Demokratie umzuschlagen. Der Ausdruck »Dialektik« paßt selbstverständlich immer, wenn die Verhältnisse kompliziert werden und die Motive verschlungen sind. Wie wir jedoch sahen, läßt sich der Punkt, an dem im Liberalismus dieser »Umschlag« erfolgt, genau bezeichnen. Er liegt genau da, wo aus dem »naturrechtlichen« Gedanken, daß der Zweck des Staates in der Beförderung des »Gemeinwohles« liege – und eben nicht in der Sicherung der Rechte aller –, die praktischen Folgerungen gezogen werden.

Halten wir jedoch hier kurz ein, um den Begriff der Demokratie etwas näher zu betrachten. Es ist eine undankbare Aufgabe, ihn festzulegen; denn er schillert nachgerade in allen Farben. Man hat sein Zentrum im Begriff der Gleichheit sehen wollen: einer Gleichheit, die sich nicht in der Gleichheit vor dem Gesetz erschöpft, sondern materielle Gleichheit, »wirkliche« Gleichheit ist, jedenfalls mehr oder weniger und jedenfalls so, daß der Kommunismus wenn nicht schon als die logische Konsequenz, so doch als die extreme Durchführung der Demokratie erscheint: als Gleichheit der Rechte, des Besitzes, der Erziehung und Bildung. Es war diese Tendenz des Gleichheitsprinzips, sich über den ganzen Bereich des Lebens auszudehnen und alle Unterschiede zu verschlingen, die die pessimistischen Kulturkritiker um die Mitte des 19. Jahrhunderts zu ihren düsteren Prophezeiungen veranlaßte: Prophezeiungen, die sich auf die tatsächlichen Veränderungen dieser Jahrzehnte wohl stützen konnten. Die Entwicklung zielte ziemlich gradlinig auf einen kommunistischen Zustand hin, der Motor dieser Entwicklung lag offenbar im Gleichheitsprinzip. Es schien so, als ob das Prinzip der staatsbürgerlichen Gleichheit, wie es dem Liberalismus entsprach, sich nicht rein halten ließ, als ob die rechtliche Gleichheit über sich hinausdrängte auf die abschüssige Bahn, die in das kommunistische Ikarien führte. Hinter diese verbreitete Ansicht wird man ein Fragezeichen setzen müssen.

Zunächst einmal bestand in der Frage der Gleichheit von vornherein gar kein so prinzipieller Unterschied zwischen denen, die man mit gutem Grunde Liberale, und denen, die man Demokraten nennen darf. Auch für die Demokraten handelte es sich um staatsbürgerliche Gleichheit, der Unterschied bestand in den Auffassungen über den Kreis der Personen, die unter die »Gleichen« zu rechnen seien. Die Kommunisten als Verfechter einer materiellen Egalität schienen zunächst für sich zu stehen. Gewiß legten die Liberalen mehr den Ton auf das Freiheitsprinzip, die

Demokraten mehr auf das der Gleichheit, aber das machte noch keinen prinzipiellen Unterschied, während die Kommunisten von den beiden anderen Gruppen sich in eben diesem Punkte im Grundsatz unterscheiden: ihr Gleichheitsprinzip meint etwas anderes. Wenn sich die Liberalen gegen die Privilegien des Adels wandten, so war das ein Ausfluß des von ihnen vertretenen Gleichheitsprinzipes, nur daß die Demokraten als die Vertreter breiterer Volksschichten auch diese in den Genuß der staatsbürgerlichen Gleichheit – vor allem im Wahlrechte – kommen lassen wollten. Dieser Unterschied erhielt dadurch den Schein eines prinzipiellen Gegensatzes, daß die demokratische Interpretation des Gleichheitsprinzipes auf der Idee der Volkssouveränität fußte.

Viel wichtiger jedoch als der unterschiedliche Nachdruck, den Liberale und Demokraten auf die Prinzipien der Freiheit und Gleichheit legten, war die Ambivalenz der ihnen gemeinsamen Idee des Gemeinwohles als Staatszweck. Die gemeinsame politisch-soziale Gegnerschaft gegen Feudalismus und Absolutismus führte zwangsläufig bei verschiedenen sozialen Schichten zu jeweils anderen Methoden zur Erreichung des Staatszwecks des Gemeinwohles, das sich, unfaßbar wie es ist, auf die Förderung von Gruppeninteressen reduziert. Zu Kräften gelangt, konnte die Bourgeoisie ihr Interesse darin sehen, daß man ihrem Wirken freie Bahn gab; eine wirtschaftlich wenig kräftige, durch Kriegsfolgen mitgenommene Mittelschicht, von den niederen Volksklassen zu schweigen, konnte sich Förderung des Gemeinwohles schwerlich anders als durch staatliche Intervention zu ihren Gunsten vorstellen. Aber auch die erste Gruppe war dem staatlichen Interventionismus nicht so völlig abgeneigt, so daß nicht nur kein prinzipieller Gegensatz zwischen dem liberalen und dem demokratischen Lager bestand, sondern die Grenzen je nach Lagerung der Interessen ganz fließend waren. Und das von beiden Gruppen geteilte Prinzip des Staatszweckes ist auch das des äußeren linken Flügels, des Sozialismus und Kommunismus. Es ist dieses Prinzip des Gemeinwohles als Staatszweck, das die Entwicklung in der ersten Hälfte des 19. Jahrhunderts auf den Kommunismus hintreibt und solange hintreiben mußte, als das aufkommende Zeitalter des Industrialismus mit der dringend gewordenen und dringender werdenden »sozialen Frage«, dem Problem des »Pauperismus«, nicht fertig wurde.

Wenn es ein Hindernis gab, das die Entwicklung vor einem Abgleiten in sozialistische Formen schützte und damit die kapitalistische Wirtschaftsform rettete, so war dieses nicht so sehr die liberale Freiheitsidee mitsamt dem Prinzip des Privateigentums, als vielmehr der Einfluß der Smith'schen Ökonomie, der die Wirtschaftenden wie auch die Regierungen an die Möglichkeiten der Konkurrenzwirtschaft glauben ließ. Dieser Glaube täuschte nicht: die kapitalistische Wirtschaft hat bis zum ersten Weltkriege die soziale Frage durch Wohlstandssteigerung der breiten Massen soweit erledigt, daß das Gespenst des Kommunismus, das 1848 umging, praktisch verschwunden war.
Damit soll nicht behauptet werden, die durch den Kapitalismus ermöglichte Wohlstandssteigerung der breiten Schichten habe die soziale Frage vollkommen aus der Welt geschafft und hätte dies für sich allein auch bei längerer Dauer des Friedens tun können. Der Demokratismus, der die staatsbürgerliche Gleichheit grundsätzlich jedem zuspricht, erzielt nämlich damit einen ganz wesentlichen Effekt: er läßt zur Mitbestimmung im Staate Schichten zu, die ein notwendiges Interesse daran haben, daß der Staatszweck primär in der Förderung des Gemeinwohles gelegen ist; denn weil sie in bezug auf ihre Existenz grundsätzlich von anderen abhängig sind, so müssen sie diese Abhängigkeit zu einer allgemeinen machen wollen. Sozialisierung der Produktionsmittel ist nichts anderes als diese Verallgemeinerung der Abhängigkeit der Existenz. Soweit der Frühliberalismus dazu neigte, den Staatszweck primär in der Sicherung der Rechte aller zu sehen – was sich aber in ihm nie hat vollkommen durchsetzen können –, soweit hatte er völlig recht darin, das Wahlrecht und das heißt die Mitbestimmung im Staate auf diejenigen zu begrenzen, die, wie Kant das ausdrückte, »ihr eigener Herr« sind. So absonderlich uns heute – nach nun bald hundert Jahren allgemeinen Wahlrechtes – seine Bemühungen um die Bestimmung dessen, wer »sein eigener Herr« ist, erscheinen mögen, so steckt eben darin die Erkenntnis, daß nur, wer »sein eigener Herr« ist, ein Interesse an der Sicherung der Rechte aller haben kann und damit an dem, was für einen Liberalismus, der sich selbst versteht, einzig Staatszweck sein kann. Denn das Gemeinwohl als Staatszweck tendiert immer, wie man es auch näher bestimmen mag, zu einem Despotismus. Wenn im Laufe des 19. Jahrhunderts dieser Effekt nicht eintrat, so lag das daran, daß die führende Schicht dieser Zeit

nicht nur dem Gemeinwohl, sondern vor allem ihren damit weithin identifizierten Interessen am besten mit einem Zustande relativer Freiheit im Politischen und zeitweise sogar mit einem Zustande fast völliger Freiheit auf wirtschaftlichem Gebiete gedient sah.

Es ist überaus bemerkenswert, daß dort, wo die Freiheitsforderungen am extremsten vertreten wurden, also im Manchestertum einerseits, im Anarchismus der Jahrhundertmitte andererseits, der Liberalismus nicht den Kantischen Faden (daß der Staatszweck in der Sicherung der Rechte aller zu suchen sei) aufnahm. Für den Anarchismus versteht sich das von selbst, sieht er doch gerade in der staatlichen Zwangsgewalt den ärgsten Feind aller Freiheit. Er kann das nur auf Grund einer vorausgesetzten natürlichen Harmonie: des harmonischen Zusammenstimmens der Zwecke der ihrem freien Belieben überlassenen Menschen. Es liegt ihm dasselbe Prinzip zugrunde wie dem Manchestertum – nur daß der Anarchismus es vollkommen verallgemeinert: es wird vom wirtschaftlichen Gebiete auf den ganzen Bereich des Lebens ausgedehnt. Proudhon, der bei weitem bedeutendste Theoretiker des Anarchismus, hat zuzeiten mehr oder weniger erhebliche Einschränkungen gemacht. Er hat – wenigstens in den Jahren nach 1848 in seiner Schrift *»Du principe fédératif«* – in einer *société libre* dem Staat oder der Regierung vorzüglich *»un rôle de législation, d'institution, de création, d'inauguration, d'installation – c'est, le moins possible, un rôle d'exécution«* zugewiesen; er hat für die *beiden* Ausprägungen des *régime de liberté,* die Demokratie *(gouvernement de tous par chacun)* und die Anarchie *(gouvernement de chacun par chacun)* oder, wie er mit bezeichnendem Blick auf England auch sagt: das *selfgovernment,* als wesentliches Merkmal die Gewaltentrennung angegeben, also das Vorhandensein der den Staat konstituierenden Gewalten vorausgesetzt. Aber der Staatszweck fällt auch für ihn mit der Förderung der Interessen eines jeden zusammen, es ist keine Rede davon, daß sich der Staat auf den Schutz der Rechte aller zu konzentrieren habe.

Wenn der Liberalismus, wie es vor allem der extreme Wirtschaftsliberalismus des *laisser faire* tat, den Staat mit der Rolle des Nachtwächters zum Schutze von Eigentum und Leben betreut und darin aufgehen lassen möchte, so ging damit zwar eine Betonung des Rechtsinstitutes des Eigentums Hand in Hand, aber nicht schon des Gedankens einer Sicherung der Rechte aller. Das

private Eigentum an Produktionsmitteln ist einer der stärksten Hebel für die Realisierung von Interessen. Die »bürgerliche Gesellschaft«, die man im 19. Jahrhundert dem Staate entgegensetzte, war Träger eines Liberalismus, der gewissermaßen auf wirtschaftlichem Felde einen staatsfreien Raum auszusparen wünschte, um auf diesem deren Kräfte frei entfalten zu können. Gewissermaßen: denn sie bedurfte eines starken rechtlichen Fundamentes, um dazu imstande zu sein: Rechtsinstitute wie die G.m.b.H., das Aktienrecht, das Wechselrecht u. dgl. zeigen, wie gerade diese sogenannte »bürgerliche Gesellschaft« von der Rechtsordnung und damit vom Staate abhängig war. Aber dem rechtlichen Schutze, der weitgehend den Interessen der Unternehmer zugute kam, stand kein gleichwertiger Rechtsschutz für die wirtschaftlich Schwächeren gegenüber – ein Verhältnis, das sich im Laufe der sozialen Kämpfe fast umgekehrt hat. Worauf es uns hier ankommen muß: der Liberalismus des *laisser faire* war nicht am Rechte, sondern an Interessen orientiert.
Es war jedoch nicht der Wirtschaftsliberalismus des *laisser faire* allein, für den diese Feststellung zutrifft. Auch wo er sich der Schwachen annimmt, wo er eine mehr oder weniger entschiedene soziale Färbung bekommt und selbst der Staatsintervention auf wirtschaftlichem Gebiete nicht durchaus ablehnend gegenübersteht, sehen wir den Liberalismus der zweiten Hälfte des 19. Jahrhunderts die Förderung von Interessen des »Gemeinwohles« zum Staatszwecke machen. Das Bewußtsein, daß der Staatszweck im Schutze der Rechte aller zu suchen sei, schwindet nun vollends, und es schwindet vor allem die Einsicht in den Rechtsgrund der Freiheiten, die man nach wie vor als Bürger- und Menschenrechte fordert und in den Verfassungen verankert.

4.

Es gehört zu den größten und verderblichsten Illusionen über den Liberalismus, aber auch des Liberalismus selber, daß er »eigentlich« – wenn er sich selber treu und konsequent bleibe – einer starken Konstruktion der Staatsgewalten widerstreite. Die Sicherung der Rechte aller als Staatszweck, das bedeutet: daß die Staatsgewalten unwiderstehlich sein müssen gegenüber allen Staatsbürgern, Interessengruppen, Parteien, Kirchen usw., wenn sie ihre Aufgabe sollen erfüllen können. Mit dem »Nachtwächter« ist es nicht getan. Sie bedeutet aber noch etwas mehr: die Aufgabe des Staates, durch seine Gesetzgebung dafür zu sorgen, daß niemand in seinem rechtlichen Verhältnis zu allen anderen von dem gesetzlosen Belieben eines andern abhängig ist. Die weithin herrschende soziologische Betrachtung aller gesellschaftlichen Verhältnisse und staatlichen Funktionen hat viel schätzbares Material geliefert für die Erkenntnis möglicher effektiver gesetzlicher Regelung. Aber sie enthält in sich gar keine Prinzipien, die etwas darüber zu sagen erlaubten, wie die gesetzliche Regelung denn beschaffen sein solle. So orientiert sie sich an irgendwelchen Wünschbarkeiten, an einem notwendig unklaren Begriffe des Gemeinwohles oder an handfesten Interessen von Gruppen.

In der Geschichte des Liberalismus haben seit eh und je Interessen eine wichtige Rolle gespielt – wie in fast jeder anderen Bewegung von historischem Belang. Die bloße Idee vermag nur wenig, wenn ihr nicht anderes zu Hilfe kommt, um die Menschen zum Handeln in ihrem Sinne zu bewegen: ein Interesse also als ein Vermittelndes, als etwas, das macht, daß der Mensch die Idee als seine Sache ergreift. Daß »die Sache der Freiheit« zeitweise so weithin mit der Sache des Bürgertums zusammenfiel, ließ den Liberalismus mächtig sein als politische Bewegung. Es ist bezeichnend, daß der deutsche Liberalismus nach 1870 degenerierte, nachdem seine nationalen Ziele ohne ihn realisiert worden waren und das Bürgertum, das ihn trug, sein politisches Erstgeburtsrecht für das wirtschaftliche Linsengericht der französischen Kriegsentschädigung sich hatte abkaufen lassen. So beschämend dieser Vorgang war, so ist er doch nur zu verständlich: die liberale Idee ist wenig mächtig, wenn ihre Träger es nicht gelernt haben, ihre Interessen mit ihr zu identifizieren. Man braucht deshalb auf das deutsche Bürgertum keinen Stein zu werfen, denn wenn es sich von den Inhabern der Macht hat korrumpieren lassen, so ist das Bürgertum anderswo korrumpiert worden durch die Innehabung der Macht, zu der es gelangte. Allerdings darf nicht übersehen werden, daß der Besitz der Macht ein liberales Bürgertum geneigt macht, sich mit dem Staate und seinen liberalen Institutionen zu identifizieren – auch dann noch, wenn es, durch die ihm zugefallene Macht korrumpiert, diese für seine eigensüchtigen Interessen mißbrauchen kann. Im übrigen sorgt das Erstarken seines großen politischen Gegenspielers, der durch den Fortschritt des Industrialismus mächtig anschwellenden Arbeiterschaft, dafür, daß die Mißbräuche nach und nach abgestellt werden und ungeachtet aller Schwankungen ein gewisses Gleichgewicht auf dem Boden freiheitlicher Demokratie erreicht wird.

Für das deutsche Bürgertum war es ein Verhängnis, daß es, endlich zur Macht gelangt, diese gleich mit seinem Gegenspieler hat teilen müssen. Darin lag eine der entscheidenden Belastungen der Weimarer Republik; denn das Bürgertum als der berufene Träger der liberalen Traditionen litt so von vornherein unter einer doppelten Schwäche. Seine Vorstellung vom Rechtsstaate war nicht unvereinbar mit gewissen obrigkeitsstaatlichen Elementen, die vor allem aus preußischen Traditionen stammten, und sodann fand es sich wieder in einem Staatswesen, das schon sichtlich auf dem Wege zum demokratischen Wohlfahrtsstaate war. Noch andere Momente, die in gleicher Richtung wirkten, kamen hinzu, und unter ihnen sind die wichtigsten die Hypothek des verlorenen Krieges und die einen nicht unbeträchtlichen Teil des deutschen Bürgertums beherrschende katholische Tradition mit ihren auf ständische Ordung abzielenden Tendenzen. So war eine genuine Schwäche des deutschen Liberalismus nicht verwunderlich.

Jedoch liegt eine entscheidende Schwäche in der liberalen Ideologie selber, wie sie sich im 19. Jahrhundert entwickelt hat. In England hatten die Voraussetzungen für die Entwicklung des Liberalismus, wie man weiß, günstiger gelegen als auf dem Kontinent. Die Gleichung zwischen den liberalen Forderungen und den Interessen des englischen Bürgertums war in erstaunlicher Weise aufgegangen, und diese Interessen konnten weitgehend als die der Nation gelten. So konnte der Gedanke aufkommen, man brauche nur diese Interessen zur Geltung und zum Ausgleich zu bringen, um das Ziel des Liberalismus zu verwirklichen. Der Staat erscheint derart als eine Organisation, um eben dieses zu leisten. Indem er diesen Gedanken zum Angelpunkt seiner Staatslehre machte, hat John Stuart Mill einen höchst folgenschweren Einfluß auf die weitere Entwicklung des Liberalismus genommen. Er ist mit seinen Schriften *»On liberty«* (1859) und *»On Representative Government«* (1861) der Schicksalsmann des Liberalismus geworden, ist ihm doch nicht weniger gelungen, als den, wie wir sahen, schon stets mehr oder weniger überdeckten, aber doch immer noch wirksamen Grundgedanken des Liberalismus: daß der Staatszweck die Sicherung der Rechte aller sei, vollends zu exstirpieren.

Rudolf Gneist, der letzte deutsche liberale Staatstheoretiker von Rang, hat das sofort gesehen. Schon 1864 schreibt er in einer Abhandlung über das Repräsentativsystem in England[3] mit Bezug auf Mill: »Alle Grundlagen des Staates verschwinden hier in dem sozialen Begriff der ›Interessen‹, welche der Verfasser durch ein allgemeines Stimmrecht der erwachsenen Männer und Frauen und durch eine Vertretung der unter sich assoziierten Minoritäten zur Geltung zu bringen hofft. Die Organisation der Gemeindekörper wie des Staates auf dieser Grundlage sind unverkennbar nur Verallgemeinerungen des neuenglischen Systems der Armenverwaltung. Die Staatsregierung nach Mill würde zu einem bürokratischen *Poor Law Board* im größten Maßstab werden ... Aber auch der Rechtsorganismus verschwindet in dem verschwimmenden Begriff der ›Interessen‹ ... Daß die Praxis dieser Idee aber ebenso wie in Frankreich auf dem Boden völlig verflachter Munizipalverfassungen nur zur zentralisierten Bürokratie und zu dem Absolutismus eines *élu du peuple* führen kann, hätte Stuart Mill aus der Geschichte der zwei letzten Menschenalter Frankreichs entnehmen sollen.«

Diese Bemerkung Gneists ist durch die Entwicklung seither nicht widerlegt worden. Sie ist nicht nur interessant durch die zutreffende Prognose, die sie dem auf »Interessen« gegründeten Staate stellt, sondern ebenso durch die scharfe Abhebung auf den entscheidenden Punkt: die Exstirpation der eigentlichen Grundlage des Staates zugunsten der Interessen, der Grundlage, für die das 19. Jahrhundert in England die Formel gefunden hatte: *The supreme authority of the law.* Von ihr hatte Gneist selber anderswo gesagt, daß sie die »Achse« der konstitutionellen Verfassungsform bilde, der monarchisch-konstitutionellen Staatsform ihre Lebensfähigkeit gebe und einer parlamentarischen Parteiregierung die moralische und rechtliche Möglichkeit verleihe.

Die vielberufene Staatsfremdheit des Liberalismus ist ein Mißverständnis nicht so sehr seiner Kritiker als der Liberalen selbst.

3 In dem von A. Frhr. von Haxthausen herausgegebenen Sammelwerk: *Das konstitutionelle Prinzip,* II, S. 143 ff.

Historisch ist es verständlich genug, daß der Liberale im Staate nur den Apparat sah, der gewisse Funktionen zu erfüllen hatte, aber im übrigen in mehr oder weniger enggezogene Schranken verwiesen werden mußte. Der Liberalismus, als historische Bewegung im Kampfe gegen den Absolutismus aufgekommen, identifiziert den Staat mit der für den Bürger mehr oder weniger ärgerlichen »Obrigkeit«, und sein Ziel war, diese, wenn sie schon ein notwendiges Übel war, zu einem möglichst geringen zu machen. Diese Gegnerstellung wirkte in mannigfachen Verhüllungen fort. Sie enthält auf ihrem Boden das utopische Mißverständnis, daß es im idealen Falle so etwas wie eine staats- und rechtsfreie Gemeinschaft der Menschen geben könne. Dieses utopische Erbteil ist christlicher Provenienz, es ist die säkularisierte Idee der Gemeinschaft der Heiligen. Es ist zugleich Häresie, da es die Möglichkeit einer von Erbsünde freien Menschheit in der Zeit behauptet. Die sozialistische Utopie, einschließlich der marxistischen Lehre vom Absterben des Staates, liegt auf der Linie dieses »Liberalismus«, der sich selbst nicht versteht.

Er versteht sich deshalb nicht selbst, weil er sein Problem nicht allgemein stellt: als das Problem möglicher Gemeinschaft vernunftbegabter Wesen, die in der Verfolgung ihrer Interessen kollidieren können und deren Willkür es nun so zu beschränken gilt, daß sie handeln, als ob sie von gutem Willen gegeneinander erfüllt seien. So hatte Kant das Problem gestellt. Die Auflösung dieses Problems (durch die Realisierung des Rechtszustandes und also den Staat) ist die Bedingung jeglicher Gemeinschaft, in der der Mensch in der Verfolgung seiner Zwecke vom guten Willen des anderen *nicht* abhängig ist. Denn man täusche sich nicht: ohne die Erfüllung dieser Bedingung verbleibt in jeder Gemeinschaft, die allein auf der Erfüllung ethischer Forderungen beruht oder auf das Vertrauen in die Beständigkeit von Sympathiegefühlen gegründet ist, der Mensch in *dieser* Abhängigkeit vom anderen.

Das Recht – und damit der Staat – läßt sich nicht durch Pädagogik ersetzen, auch nicht durch höhere, und das nicht nur, weil die Erfahrung dagegen spräche – sie spricht deutlich genug –, sondern weil der Mensch im staatslosen Zustande im Zusammenleben mit seinesgleichen unfrei ist in dem Sinne, daß er jederzeit von der gesetzlosen Willkür jedes anderen abhängig ist. Selbst wenn eine Überpädagogik es fertigbrächte, den Menschen so zu erziehen, daß in ihm der gute Wille jederzeit und allenthalben

mächtig wäre, so kann sie doch nicht machen, daß der Mensch seinen Willen nicht auch zum Bösen bestimmen könnte.
Aber lassen wir es, so könnte man einwenden, auf solche seltenen Fälle ankommen. Nun, dann möge man sagen, nach welchen Prinzipien denn die Menschen sich in ihrem äußeren Verhalten gegeneinander richten sollen, wenn man ihnen die Gesetze vorenthält, nach denen sie ihre Willkür in Übereinstimmung bringen können? Man wird, wenn man einmal den Versuch macht, sich sehr schnell davon überzeugen, daß das Sittengesetz – oder wenn man das vorzieht: die sittlichen Werte – gar keine Prinzipien enthalten, die für eine Gemeinschaft von Menschen in ihrem äußeren Verhalten zueinander konstitutiv wären: es setzt in dem einzigen Prinzip, das das allenfalls zu leisten scheint, in dem der Gerechtigkeit, die Existenz von Rechten, also auch von den diese Rechte den Menschen zuteilenden Gesetzen und damit des Staates voraus.
Die traditionelle Lehre von der Dreiteilung des Staatszweckes in Rechts-, Macht- und Wohlfahrtszweck verkennt in ihren verschiedenen Ausgestaltungen die fundamentale Einheit von Staat und Recht. Gewiß liegt in jeder Staatstätigkeit, wie G. Jellinek sagt, ein Element, das die Erhaltung und Stärkung des Staates selbst bezweckt; gewiß dient die staatliche Verwaltung nicht nur dem Staatszwecke der Sicherung der Rechte aller, sondern hat Wohlfahrtsaufgaben zu leisten. Aber die letzteren sind Aufgaben, die dem Staate aufgebürdet werden, weil es nützlich ist, dies zu tun. Es lassen sich auch andere Lösungen für sie denken, und sie haben auch vielfach andere Lösungen gefunden.
So sehr es allen gängigen politischen Vorstellungen widerspricht: ein *notwendig* positives Verhältnis zum Staate als solchem hat unter den politischen Bewegungen nur der Liberalismus; denn diese Notwendigkeit fließt aus seiner Idee, der Idee der Freiheit. In dem Augenblick, wo er über sich selbst zur Klarheit gelangt, wird ein starkes konservatives Moment in ihn einfließen, weil er nüchtern mit dem rechnen muß, was ist: mit den Menschen, wie sie sind; mit dem, was in ihnen an Traditionen lebendig ist; mit den überlieferten Einrichtungen. Der Staat bedarf eines beharrenden sozialen Momentes, wenn er nicht zum Spielball der Interessen und Wünsche werden soll. So wie die Balancierung der Gewalten im Staate ein Kernstück des liberalen Staatsrechtes ist, so ist die Balancierung der Interessen und gesellschaftlichen Macht-

anhäufungen das Kernstück liberaler Politik – nicht so sehr im Sinne des Ausspielens aller gegen alle, eines kurzfristigen Taktierens, als vielmehr in der fortschreitenden Realisierung einer Rechtsordnung, die jedem garantiert, in der Verfolgung seiner Zwecke vom gesetzlosen Belieben der anderen unabhängig zu sein.

Erst jetzt zeigt sich aber auch das mit dem Freiheitsprinzip untrennbar verknüpfte Gleichheitsprinzip in seiner wahren Gestalt. Nicht daß es mehr die Freiheit sozusagen dialektisch überrundete, wie es in der Vergangenheit geschah. Die Realisierung staatsbürgerlicher Gleichheit, die weitgehend gegen den Liberalismus erfolgt ist, zwingt diesen zur Realisierung derjenigen Voraussetzungen, unter denen die allgemeine Teilhabe an den Staatsbürgerrechten allein sinnvoll ist. Und damit wäre es wieder an ihm, die großen sozialen Fragen der Zeit aus der Perspektive der Gruppeninteressen und Gruppenegoismen herauszurücken und zu lösen im Aufbau eines Staates, in dem jeder Staatsbürger sich und sein Recht wahrhaft geborgen weiß.

5.

Wir haben uns hier darauf beschränkt, dem Prinzip des Liberalismus nachzuspüren. Die Konsequenzen aus diesem Prinzip ließen sich nur hier und da andeuten. Ihre Entwicklung wäre die Aufgabe, die dem Liberalismus heute theoretisch und praktisch gestellt ist und die geleistet zu haben er sich schwerlich schon rühmen kann. Sie ist dem Liberalismus gestellt, aber sie ist nicht Aufgabe einer Partei, sondern aller, die die Sache der freiheitlichen Demokratie ernst nehmen. Denn es steht so: was man auch sonst als obersten Staatszweck setze, trägt in sich den Keim des Despotismus, und dieser wird sich gegen die Freiheit durchsetzen, wo nicht festgefügte Traditionen dem entgegenstehen. Solche Traditionen haben wir nicht, wie sich erst jüngst im Konflikte aller drei Gewalten zeigte, dessen Ausbruch niemanden verwundern kann, der sich klargeworden ist über die in allen Prinzipienfragen herrschende Verwirrung, die sich in Grundgesetz und Politik hinreichend dokumentiert hat. Man kann nicht »aus der Erfahrung lernen«, wenn man über keine Maßstäbe für ihre Beurteilung verfügt, sei es über akkumulierte Erfahrung in Gestalt bewährter Tradition, sei es über Prinzipien von einsichtiger Notwendigkeit, über die sich die Denkfaulheit belustigen mag. Man habe Traditionen oder Prinzipien, wenn man Demokratie und Freiheit haben will.

(1953)

Betrachtungen zum 20. Juli

I.

Soviel über die Ereignisse des 20. Juli 1944 und ihre historischen, politischen, militärischen und menschlichen Hintergründe geschrieben worden ist, so ist noch manches im Dunkel geblieben. Eine umfassende, historisch-politische Studie, die sich auf alles zugängliche Material stützt, steht noch aus, aber das, was von den Beteiligten oder von ihnen Nahestehenden bisher geäußert worden ist, läßt wohl noch manche Aufklärung von Einzelheiten, doch kaum eine durchgreifende Revision des Bildes erwarten, das man sich bisher machen konnte. Gleichwohl ist dieses Bild gerade dort verschwommen und nebulös, wo man eigentlich am ehesten Klarheit erwarten sollte: in der Darstellung der Vorgänge nämlich, die zum Scheitern des Staatsstreiches führten. Die offiziöse nationalsozialistische Version ist bekannt: Sie zeigt den Major Remer als »Helden« des Tages, freilich nur, um hinter ihm den Propagandaminister Goebbels als den Überhelden erstehen zu lassen. Aber selbst wenn man das Mißlingen des Attentats auf Hitler hinzunimmt und vor allem die Vorgänge in der Bendlerstraße selbst, so erklärt sich der Ablauf der Ereignisse nicht. Die Gegenaktion in der Bendlerstraße macht durchaus den Eindruck, daß sie eine Folge des Mißlingens nicht nur des Attentats, sondern des Staatsstreiches war; und von Herrn Remer weiß man zwar, daß ihm durch sein Telefongespräch mit Hitler die Befehlsgewalt über alle Truppen in Berlin übertragen wurde, aber man hat nichts davon gehört, daß er in die Verlegenheit gekommen wäre, davon Gebrauch zu machen. Selbst wenn sich die Vorgänge in Berlin halbwegs einleuchtend durch die bekannt gewordenen Tatsachen erklären ließen, so bliebe immer noch unverständlich, weshalb in fast allen Wehrkreisen alles ruhig blieb, während in Wien und Paris die Verschwörer zunächst die Macht an sich reißen konnten.

Auf eine ins Detail gehende Erörterung aller Schwierigkeiten, in die man bei der Betrachtung der Ereignisse gerät, wenn die bisher angenommene Version zutrifft, soll und kann hier verzichtet werden. Wichtiger sind für uns die Folgerungen, die sich aus der landläufigen Version ziehen lassen und ja auch gezogen werden. Die Verschwörer erscheinen in der Tat als eine Clique, die sich auf ihr Verschwörerhandwerk schlecht verstand. Sie haben rein organisatorisch offenbar nur wenig in Bewegung zu setzen verstanden. Nun wird man vielleicht sagen dürfen, daß es für sie kaum möglich war, auf dem Weg über den militärischen Befehlsapparat mehr für ihre Sache und für den Sturz des Regimes in Bewegung zu setzen. Eine weitere Folgerung schließt sich dann wie von selber an: sie hätten sich eben nicht nur auf ihren militärischen Befehlsapparat verlassen dürfen, sondern es wäre ein wahrhaft politisches Handeln erforderlich gewesen, also ein In-Bewegung-Setzen des deutschen Volkes selbst. Dazu hätte ihnen dann aber die rechte Verbundenheit mit diesem gefehlt, sie wären auf Grund von Tradition, Herkunft und Gesinnung auch die letzten gewesen, die das deutsche Volk zum Sturz des Tyrannen hätten begeistern können. Immerhin vermag eine solche Deduktion die Tatsache nicht aus der Welt zu schaffen, daß die Offiziersverschwörung, die am 20. Juli 1944 scheiterte, die einzige gewesen ist, die überhaupt, wenn auch nur für einen Augenblick, das nationalsozialistische Regime in seinen Grundfesten wanken ließ. Alle übrigen Verschwörungen oder Widerstandsorganisationen hatten nicht die geringste Aussicht auf Erfolg. Sie konnten wohl Versuche sein, geeignete Personen für den Fall eines Zusammenbruches des Regimes zusammenzufassen, aber sie konnten, so wie die Dinge nun einmal lagen, niemals erwarten, durch eigene Aktionen den Zusammenbruch herbeizuführen. Das gilt auch für die Widerstandsorganisationen der politischen Linken.

Der an die Adresse des deutschen Volkes gerichtete Vorwurf, daß es sich nicht dazu aufgerafft habe, das Naziregime abzuschütteln, ist in sich problematisch. Selbst wenn die überwiegende Mehrheit der Deutschen den besten Willen dazu gehabt hätte, so hatte das deutsche Volk nicht die Möglichkeit dazu. Wenn das Dritte Reich etwas bewiesen hat, so eben das, daß es für eine entschlossene Staatsführung möglich ist, durch den Aufbau einer Terrorherrschaft jeden inneren Widerstand effektiv unwirksam zu machen. Es ist nicht unwichtig, sich das klarzumachen; denn es läßt sich für die Zukunft eine Lehre daraus ziehen. Man muß wissen, daß ein Volk seine Freiheit für eine unabsehbare Dauer verloren hat, sowie es einmal in den Zauberkreis der modernen Diktatur tritt. Es liegt dann nicht mehr bei ihm, diese zu beenden. Es muß also auf alle Weise dafür gesorgt werden, daß der erste Schritt in dieser Richtung gar nicht getan werden kann. Und man sollte sich keinen Illusionen darüber hingeben, daß man ihn nicht dadurch unmöglich macht, daß man ein Widerstandsrecht oder eine Widerstandspflicht der Staatsbürger proklamiert; denn die modernen Diktatoren pflegen ihren Einzug auf einer mehr oder weniger breiten Welle der Volksstimmung und inmitten entschlossener Formationen von Prätorianern zu halten. Dagegen stemme sich dann, wer kann und seines Lebens überdrüssig ist.

Mit dem Augenblick, in dem sich eine Diktatur heute installiert, ist sie kaum mehr zu stürzen; sie müßte schon außerordentlich ungeschickt sein. Der Diktator kann sich auf den gesamten Staatsapparat stützen, auf eine schon zahlenmäßig imposante, durchorganisierte Bürokratie. Alle Erfahrungen, die wir – und wir nicht allein – mit der Staatsbürokratie machen konnten, haben gezeigt, daß dieser Apparat praktisch reibungslos funktioniert, sofern nur bei Anordnungen und Befehlen die formalen Zuständigkeiten gegeben sind. Der Befehlende muß zuständig sein für die Erteilung des Befehls, und die Stelle, der die Ausführung befohlen wird, muß sachlich für die Ausführung zuständig sein: unter dieser Voraussetzung läßt sich ohne sonderliche Schwierigkeit die Diktatur etablieren und aufrechterhalten. Ob die Verfassungsbestimmungen materiell eingehalten werden, spielt dabei eine geringe Rolle und ist durchaus zweitrangig; es bedarf keines großen Druckes, um die Staatsbürokratie über »Verfassungswidrigkeiten« hinwegsehen zu lassen. Man hat zur Zeit des Dritten Reiches oft über den »Pluralismus« im Aufbau der staatlichen Exekutive gespottet, über den immer komplizierter werdenden Aufbau der Zuständigkeiten. Aber dem lag die Erkenntnis zugrunde, daß auch ein Diktator straff organisierte und in einer Spitze auslaufende Verwaltungszweige zu fürchten hat, zumal in der Heeresorganisation.

Die nationalsozialistische Führung verließ sich durchaus nicht darauf, daß der Amtsträger den Befehl der vorgesetzten Dienststelle mißachten würde, wenn dieser sich gegen das Regime richtete. Man baute nicht darauf, daß der Untergebene von nationalsozialistischem Geist erfüllt sei, wohl aber rechnete man damit, daß er dem Vorgesetzten gehorchen werde, auch bei einem Staatsstreich von oben. Man zog daraus die Konsequenz, daß es außer dem Führer selbst keine Stelle geben durfte, die einen allzu großen Teil des Machtapparates in Bewegung setzen konnte. Daß es sehr schwer sein würde, für einen Staatsstreich eine größere Anzahl von oberen Befehlshabern unter einen Hut zu bringen und zu koordinieren, war eine nicht unbegründete Vermutung. Daß in der Tat eine weitgetriebene Aufsplitterung der Zuständigkeiten einen Staatsstreich überaus erschwerte, sollte sich am 20. Juli 1944 erweisen. An ihr ist die Offiziersverschwörung letztlich gescheitert. Merkwürdigerweise sind diese Vorgänge bisher im Dunkeln geblieben, man hat sich bis heute von der durch Goebbels in die Welt gesetzten Propagandaversion düpieren lassen. Im folgenden sollen nun die wahren Vorgänge dargestellt werden. Daran werden wir dann noch einige Betrachtungen knüpfen.

2.

Zunächst ist es nötig, sich einen Überblick über die Heeresorganisationen, mit der die Verschwörer zu rechnen hatten, zu verschaffen.

Totalitäre Regime haben ihre eigene Logik, und diese entfaltet sich erst voll während eines Krieges. Auf der einen Seite erhalten nun bisher relativ kleine Prätorianergarden die Gelegenheit, sich außerhalb der eigentlichen Heeresorganisationen auszubauen. Auf der anderen Seite beginnt die Heeresorganisation selber in zunehmendem Maße aufzusplittern. Für den Diktator, der seinen Krieg selbst führen will, ist ein Oberbefehlshaber des Heeres teils ein Hindernis, um seine Wünsche durchzusetzen, teils ein gefährlicher Gegenspieler. Der erste größere militärische Rückschlag im Winter 1941/42 in Rußland bot eine Gelegenheit, sich seiner zu entledigen. Es ist kaum anzunehmen, daß Hitler nur deshalb auf die Ernennung eines Nachfolgers von Brauchitsch verzichtete, weil er überzeugt war, nur er könne die Funktionen des Oberbefehlshabers des Heeres ausfüllen. So wenig er einen siegreichen Oberbefehlshaber des Heeres fürchtete, so sehr einen geschlagenen. Er wußte, daß die hohe Generalität nicht unbedingt zu seinem Regime stand. Er wußte, daß sie gegen den von ihm heraufbeschworenen Zweifrontenkrieg gewesen war, daß sie den Überfall auf die Sowjetunion nun schon gar mißbilligte, daß seine Kriegserklärung an die USA in den Augen dieser Leute schwer-

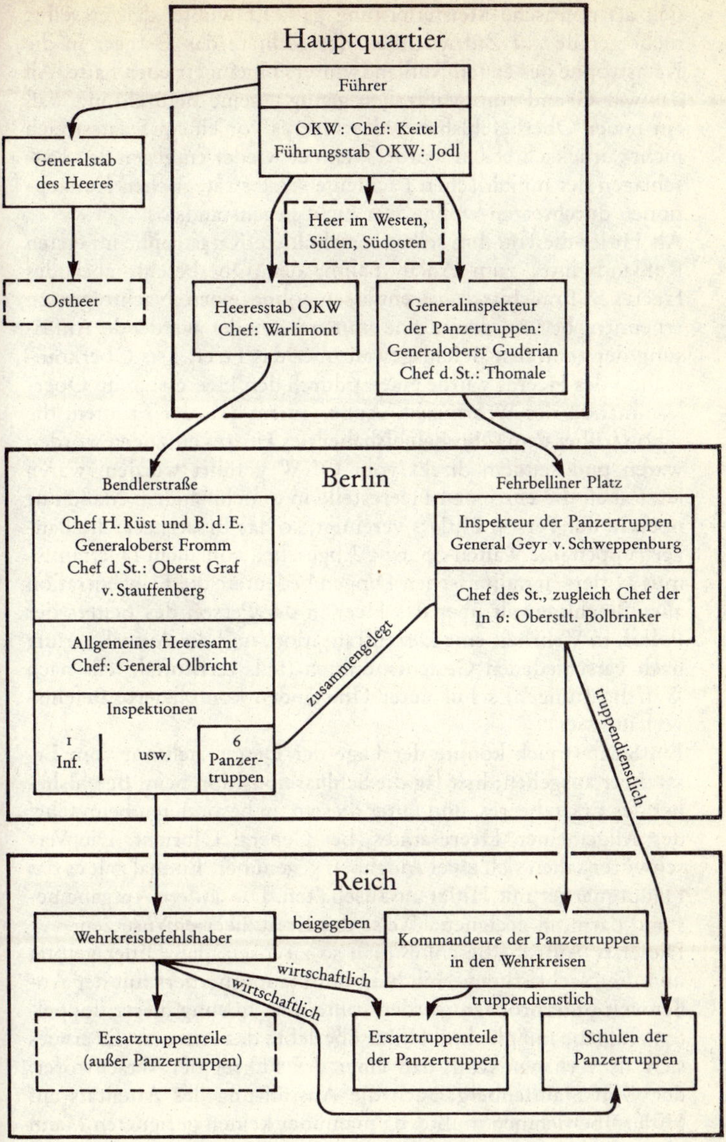
Hauptquartier
Führer
OKW: Chef: Keitel
Führungsstab OKW: Jodl
Generalstab des Heeres
Heer im Westen, Süden, Südosten
Ostheer
Heeresstab OKW Chef: Warlimont
Generalinspekteur der Panzertruppen: Generaloberst Guderian Chef d. St.: Thomale
Berlin
Bendlerstraße
Chef H. Rüst und B. d. E. Generaloberst Fromm Chef d. St.: Oberst Graf v. Stauffenberg
Allgemeines Heeresamt Chef: General Olbricht
Inspektionen
1 Inf.
usw.
6 Panzertruppen
zusammengelegt
Fehrbelliner Platz
Inspekteur der Panzertruppen General Geyr v. Schweppenburg
Chef des St., zugleich Chef der In 6: Oberstlt. Bolbrinker
truppendienstlich
Reich
Wehrkreisbefehlshaber
beigegeben
Kommandeure der Panzertruppen in den Wehrkreisen
wirtschaftlich
wirtschaftlich
truppendienstlich
Ersatztruppenteile (außer Panzertruppen)
Ersatztruppenteile der Panzertruppen
Schulen der Panzertruppen

lich als politische Meisterleistung galt. Er wußte, daß er selbst nicht gerade zur Zufriedenheit der Militärs das Ostheer in die Katastrophe des ersten Rußlandwinters hineingetrieben hatte. All das war Grund zum Mißtrauen genug – seine Befürchtung, daß ein neuer Oberbefehlshaber des Heeres vor einem Staatsstreich nicht zurückschrecken würde, wenn er wieder entgegen den Ratschlägen der militärischen Fachleute seine strategischen Konzeptionen durchsetzen wollte, war nicht gegenstandslos.

Als Hitler die von ihm selbst verschuldete Katastrophe im ersten Rußlandwinter zum Anlaß nahm, den Oberbefehlshaber des Heeres v. Brauchitsch zu entlassen, ohne einen Nachfolger zu ernennen, begann damit eine immer schneller werdende Auflösung der zentralen Befehlsgewalt über das Heer. Das Oberkommando des Heeres wurde ersetzt durch den Heeresstab im Oberkommando der Wehrmacht. Außer einem Teil der Fronten, die schon früher dem Oberbefehlshaber des Heeres entzogen worden waren und seitdem direkt vom OKW geführt wurden, waren jetzt auch die einzelnen Heeresteile in zunehmendem Maße nur noch in der Person Hitlers vereinigt, so das Ersatzheer, die Panzertruppen, die Waffen-SS usw. Abgesehen von allem Dilettantismus Hitlers in militärischen Dingen bedeutete die Konzentration aller Befehlsgewalt über das Heer in der Person des Leiters der Politik in Wahrheit eine Dezentralisation, und die Aufsplitterung nach verschiedenen Gesichtspunkten (teils territorial, teils nach Waffengattungen) schuf unter Umständen komplizierte Befehlsverhältnisse.

Ein Staatsstreich konnte der Lage der Dinge nach nur vom Ersatzheer ausgehen; hier lag die Schlüsselposition beim Befehlshaber des Ersatzheeres, und unter diesem im besonderen beim Chef des Allgemeinen Heeresamtes, bei General Olbricht. Die Verschwörer sahen sich zwei Aufgaben gegenüber. Einmal galt es das Hauptquartier mit Hitler auszuschalten. Die andere Aufgabe bestand darin, in geeigneter Weise das Ersatzheer einzusetzen.

Die erste Aufgabe beschloß man so zu lösen, daß Hitler getötet und die Nachrichtenverbindung des Hauptquartiers mit der Außenwelt unterbrochen werden sollte. Die Lösung dieser doppelten Aufgabe mißglückte. Hitler überlebte das Attentat. Es erwies sich als verhängnisvoll, daß einer der Führer der Verschwörer, der Graf Stauffenberg, auch die Ausführung des Attentats auf Hitler übernehmen mußte, da man über keinen geeigneten Mann sonst verfügte, der ungehindert Zutritt zu Hitler hatte. Der Zutritt ohne schärfere Kontrollen war nur den engsten Mitarbeitern und Militärs in hohen Schlüsselpositionen, wie Stauffenberg als Chef des Stabes des Befehlshabers des Ersatzheeres, gestattet. Nur er konnte mit einer Mine den dreifachen Absperrungsring, von dem die Höhle des Wolfes umgeben war, passieren. Es erwies sich weiterhin als verhängnisvoll, daß man sich einer mantellosen Mine (englischer Herkunft) bediente, also lediglich der Wirkung des Luftdruckes vertraute und auf die Splitterwirkung verzichtete. Das Mißlingen des Attentats hatte zur Folge, daß ein Mitverschworener, der General der Nachrichtentruppen Fellgiebel, die ihm zufallende Aufgabe, das Ausschalten des Nachrichtennetzes, nicht durchführte. Da das Hauptquartier fast ausschließlich über Berlin mit der Außenwelt verbunden war, so wäre es nach dem Ausschalten des Nachrichtennetzes praktisch ohnmächtig gewesen.

An dem Versagen des Generals Fellgiebel hängt nun fast der gesamte folgende Ablauf der Ereignisse. Wir wissen nicht, was sich ereignet hätte, wenn die Abschaltung des Nachrichtennetzes durchgeführt worden wäre, so wie es der Plan der Verschwörer vorsah. Aber wir wissen, was dann nicht hätte stattfinden können. Es wären die für den Fortgang des Staatsstreiches so verhängnisvollen Verbindungen Berliner Dienststellen mit dem Hauptquartier nicht zustande gekommen, Hitler hätte auch nicht wenige Stunden später über den Rundfunk sprechen können. Wenn es sich auch nicht entscheiden läßt, ob trotz des Mißlingens des Attentats die Verschwörer sich hätten behaupten können, so lag es doch kaum außer dem Bereich der Möglichkeit, durch Isolierung des Hauptquartiers zunächst wenigstens die volle Macht in der Heimat und in den besetzten Gebieten in die Hände zu bekommen. War das geschehen, so wäre man auch wohl zur endgültigen Beseitigung Hitlers imstande gewesen.

Die Ereignisse in Berlin nahmen folgenden Verlauf. Für die Lösung der zweiten Aufgabe, sich mit Hilfe des Ersatzheeres aller Schlüsselpositionen in Berlin und im Reich zu versichern, hatte man eine einfache Lösung gefunden: Die Auslösung des Falles »Walküre«. Der Fall »Walküre« war eine Planung, die für Unruhen im Reiche selbst, ausgelöst durch Aufstände oder durch die Landung feindlicher Truppen, gedacht war. Alle Einheiten hatten für diesen Fall ihren Terminkalender, er führte automatisch zur

Besetzung aller wichtigen Gebäude, Brücken usw. Die Auslösung des Falles »Walküre« war im Auftrage des Befehlshabers des Ersatzheeres Sache des Chefs des Allgemeinen Heeresamtes (AHA). Der Fall »Walküre« war für alle Heereseinheiten verbindlich, ungeachtet der besonderen Befehlsverhältnisse, die für einige von ihnen, so z. B. für die Panzertruppen, galten.
Den Panzereinheiten fielen verständlicherweise im Falle »Walküre« besonders wichtige Aufgaben zu, und im Plane der Verschwörer konnte das nicht anders sein. Es kam viel darauf an, daß die Verschwörer schnell die entscheidenden Punkte der Hauptstadt in die Hand bekamen, zumal den Rundfunksender, das Telegraphenamt usw. So wurden die um Berlin liegenden Schulen und Einheiten von der Auslösung des Falles »Walküre« unterrichtet (über den Wehrkreisbefehlshaber und Stadtkommandanten General v. Hase), und sie begannen termingemäß die ihnen zufallenden Aufgaben auszuführen. Trotzdem kam es nicht zur Besetzung des Rundfunks und der Ministerien. Der Aufmarsch war in Gang gekommen, wurde aber in Berlin plötzlich abgebrochen. In den anderen Wehrkreisen scheinen die »Walküre«-Maßnahmen zunächst durchgeführt worden zu sein. Aber der Witzleben-Befehl kam nicht zur Ausführung, außer in Wien (und in Paris). Was war geschehen?
Hier liegt das große, bisher nicht wirklich geklärte Rätsel des 20. Juli 1944. Die bisher bekannt gewordenen Tatsachen erklären nichts. Es handelt sich bei ihnen um zwei Komplexe: Den ersten bilden die wohl immer noch nicht ganz durchsichtigen Vorgänge im AHA in der Bendlerstraße, die zur Erschießung des General Olbricht und des Grafen Stauffenberg und zum Tode des Generalobersten Beck führten. Aber soweit sich diese Vorgänge heute übersehen lassen, haben sie keinen Einfluß auf den Ablauf der Ereignisse außerhalb des Hauses gehabt.
Der zweite Komplex läßt sich mit dem Stichwort Remer-Goebbels bezeichnen. Major Remer war mit seinen Truppen vor dem Propagandaministerium erschienen. Er hat auf den Rat des NS-Führungsoffiziers Hagen Goebbels aufgesucht, woraufhin es dann zu dem bekannten Telefongespräch kam. Remer erhielt die Befehlsgewalt für ganz Berlin, um den Aufstand niederzuschlagen, aber diese Befehlsgewalt hat er überhaupt nicht ausgeübt. Es ist auch zweifelhaft, ob die in Berlin einrückenden Truppen einem Befehl Remers, in ihre Quartiere zurückzukehren,

Folge geleistet hätten; denn um seine Legitimation als Befehlshaber war es recht schwach bestellt. Goebbels seinerseits benutzte die Chance, die sich ihm bot, sich selbst zum Helden des Tages aufzuwerfen. Aber in dem Augenblick, in dem Goebbels die Initiative ergriff, war der Aufstand bereits gescheitert. Das bedeutet, daß alle die Tatsachen unterdrückt werden mußten, aus denen sich der wirkliche Hergang ergeben konnte. Was war aber nun geschehen?

Die nachfolgende Darstellung stützt sich auf den Bericht eines Augenzeugen.

Die intakt gebliebenen Nachrichtenverbindungen zwischen dem Hauptquartier und Berlin haben den unmittelbaren Anlaß zum Scheitern des Staatsstreiches gegeben, und zwar gleich in dreifacher Hinsicht:

1. durch die Verhaftung der Verschwörer in der Bendlerstraße durch Angehörige des AHA unter Oberstleutnant Herbert;
2. durch die Abdrehung des größten Teiles der auf Berlin marschierenden Truppen, bevor diese ihre Aufgaben in Berlin (Besetzung der Ministerien, Schutz des AHA, Rundfunk usw.) durchgeführt hatten, durch den Inspekteur der Panzertruppen;
3. durch die Unterrichtung der Kommandeure der Panzertruppen bei den Wehrkreisbefehlshabern über das Attentat und die Übermittlung des Befehls, daß die Panzerersatzeinheiten in den Wehrkreisen den Befehlen der Wehrkreisbefehlshaber hinsichtlich der »Walküre«-Befehle und insbesondere hinsichtlich des Witzleben-Befehls *nicht* nachzukommen hätten. Diese Unterrichtung geschah ebenfalls durch den Inspekteur der Panzertruppen.

Wie konnte es zu diesen drei entscheidenden Gegenmaßnahmen gegen die Verschwörer kommen, bevor die von ihnen eingeleiteten Aktionen auch nur zu einem ersten Abschluß gekommen waren?

Zu 1.: Nach dem Attentat auf Hitler und dem Beginn der Verschwörung in Berlin kamen Ferngespräche zwischen Dienststellen des AHA in der Bendlerstraße und dem Hauptquartier zustande, durch die das Attentat und sein Mißglücken hinsichtlich der Person Hitlers im AHA bekannt wurde. Diese Ferngespräche waren der Anlaß zu dem Vorgehen des Oberstleutnants Herbert, einem Angehörigen des AHA in der Bendlerstraße, durch das die

Verschwörer verhaftet und zum Teil anschließend erschossen wurden. Eine Klärung dieser Vorgänge, vor allem ihr zeitlicher Ablauf und die Einzelheiten, zwischen welchen militärischen Stellen die erwähnten Ferngespräche geführt wurden, muß noch erfolgen. So verloren die Verschwörer vorzeitig ihre führenden Köpfe und die Stelle, von der aus der Staatsstreich einigermaßen zentral gelenkt werden konnte.
Zu 2.: Der vom AHA ausgelöste »Walküre«-Befehl war auch allen Heeresdienststellen in Berlin zugegangen. So hatte ihn auch der Inspekteur der Panzertruppen, dessen Dienstsitz am Fehrbelliner Platz war, erhalten. Da nun der Chef des Stabes des Inspekteurs – der unmittelbar dem Generalinspekteur der Panzertruppen im Hauptquartier, Generaloberst Guderian, unterstellt war – *gleichzeitig* Chef einer Inspektion des AHA (In 6) war, hatte er sich zum AHA begeben, um dort weitere Weisungen über den Fall »Walküre« einzuholen. Dort wurde ihm der Witzleben-Befehl übergeben. Nach Rückkehr zum Fehrbelliner Platz setzte er sich mit seiner vorgesetzten Stelle, dem Generalinspekteur im Hauptquartier, in Verbindung und erhielt sie auch, da die Nachrichtenverbindungen weder vom Hauptquartier noch von Berlin aus unterbrochen waren. So erfuhr er den Sachverhalt über die Verschwörung und erhielt Befehl, die auf Berlin marschierenden Panzertruppen umkehren zu lassen, die Panzerersatztruppenteile sich unmittelbar zu unterstellen und auch für den ausgelösten Fall »Walküre« der Befehlsgewalt der Wehrkreisbefehlshaber zu entziehen. Die Unterrichtung der auf Berlin marschierenden Panzertruppen geschah durch Ordonnanzoffiziere. Sie erhielten Befehl, die Truppen teils in ihre Unterkünfte zurückkehren zu lassen oder sich auf dem Fehrbelliner Platz vor dem Sitz des Inspekteurs der Panzertruppen zu versammeln. So mißglückte eine wesentliche Voraussetzung für den glücklichen Ablauf des Staatsstreiches bald nach seinem Beginn: für die Inbesitznahme der Schlüsselpositionen in der Hauptstadt standen keine oder nicht mehr ausreichende Truppen zur Verfügung. Zudem erhielten die Verschwörer auch keine Kenntnis von diesen Vorgängen, so daß sie keine Gegenmaßnahmen mehr ergreifen konnten.
Zu 3.: Die Unterrichtung der Kommandeure der Panzertruppen bei den Wehrkreisbefehlshabern hatte zur Folge, daß in den Wehrkreisen, die sämtlich den Fall »Walküre« ausgelöst hatten, die Hintergründe der »Walküre«-Auslösung und das Mißlingen

des Attentates bekannt wurden, bevor sie den Witzleben-Befehl ausgeführt, ja zum Teil bevor sie den Witzleben-Befehl überhaupt erhalten hatten. Die Durchgabe dieses Befehls muß sich aus bisher nicht bekannt gewordenen Umständen zum Teil erheblich verzögert haben. So unterließ man in fast allen Wehrkreisen die Ausführung des Witzleben-Befehls (Verhaftung der Gauleiter usw.) und wird aller Wahrscheinlichkeit nach – durch die Unterrichtung der Kommandeure der Panzertruppen gewarnt – zunächst versucht haben, zu einer Klärung der Lage zu kommen, bevor man einen solchen folgenschweren Befehl ausführte. So scheiterte auch die weitere wesentliche Aufgabe des Staatsstreiches, nämlich sich in den Besitz der vollziehenden Gewalt im Reich zu setzen.

Die von der Nazipropaganda behauptete Niederschlagung des Aufstandes durch Major Remer nach dem Telefongespräch bei Goebbels entbehrt also jeder sachlichen Grundlage. Remer hat nichts zum Scheitern des Staatsstreiches getan, er hat weder das AHA als Kopf der Verschwörung ausgeschaltet noch die in Berlin und im Reich anlaufenden Aktionen verhindert. Er war ja selbst mit seiner Truppe auf Weisung des AHA in Berlin, und sein Telefongespräch mit Hitler, das wiederum nur durch das Nichtausschalten der Nachrichtenverbindung zustande kommen konnte, wäre für den Staatsstreich in Berlin wohl auch dann ohne Bedeutung geblieben, wenn die Verschwörer die Fäden nicht so schnell aus den Händen verloren hätten.

Daß die Verschwörer die Fäden so schnell verlieren konnten, daß überhaupt nur ein Teil des Heeres, nämlich das Ersatzheer, für sich den Versuch eines Staatsstreiches machen konnte, liegt in der Aufspaltung der Befehlsbefugnisse des Heeres nach dem Abgang von Brauchitsch begründet. Es unterliegt wohl keinem Zweifel, daß ein von einem Oberbefehlshaber des Heeres zu irgendeiner Zeit des Krieges befohlener und durchgeführter Staatsstreich zu einem Erfolg geführt hätte. Denn schon dieser Versuch des 20. Juli zeigt, wie sehr alle Einheiten den gegebenen Befehlen gehorchten, und die Gegenmaßnahmen im AHA und durch den Inspekteur der Panzertruppen hätten nicht erfolgen können, da nur die Sonderstellungen vieler Dienststellen des Heeres zu Befehlen führen konnten, die nicht über den zentralen Befehlsweg gegangen waren. Solche Sonderstellungen von Heeresteilen konnte es aber unter einem Oberbefehlshaber nicht geben, und

sie sind ja auch erst nach dem Abgang von Brauchitsch geschaffen worden.
Schließlich soll noch betont werden, daß die oft aufgestellte Behauptung nicht zutrifft, man habe aus Rücksicht auf die nationalsozialistische Einstellung der Truppe und der jüngeren Offiziere keinen Staatsstreich mit dem Heere durchführen können. Im Gegenteil zeigt gerade der 20. Juli, daß das jüngere Offizierskorps einen von oben befohlenen Staatsstreich mitgemacht hätte. Nicht die Truppe oder nationalsozialistische Offiziere, sondern das Versagen Fellgiebels und das Fehlen einer zentralen Befehlsgewalt sind der Grund zum Scheitern des Staatsstreiches gewesen.

3.

Es ist der Überlegung wert, ob sich die Technik der Sicherung eines totalitären Regimes durch Aufspaltung der Befehlsbefugnisse gegen Staatsstreiche auch *mutatis mutandis* auf Demokratien übertragen lasse. Was die Sicherung eines demokratischen Staates gegen den Umsturz betrifft, so stehen die Verfassungstheoretiker immer noch unter der Vorstellung, als drohe der Umsturz von unten her, von den »Massen«. Es läßt sich aber unter den modernen technischen Verhältnissen kaum noch erfolgreich »Revolution« machen; die waffentechnische Überlegenheit des Staates ist zu groß. Außerdem ist für die Industriestaaten die klassische Zeit der revolutionären Situation seit langem vorüber. Was droht, ist der Übergang zu totalitäten Staatsformen auf ganz oder halb »legalem« Wege, die kalte Revolution von oben her. Diese Bedrohung erfordert andere Mittel als die gegen Revolutionen von unten.
Offenbar kann der Entstehung eines totalitären Regimes nur dann erfolgreich begegnet werden, wenn sich verhindern läßt, daß die Spitze der Exekutive die Gesetzgebung offen oder verschleiert an sich reißt. Es scheint, daß die klassische scharfe Scheidung zwischen exekutiver und legislativer Gewalt dazu nicht ausreicht. Die Exekutive selbst muß in geeigneter Weise aufgespalten werden. Hier liegt das Problem. Die Legislative im demokratischen Staat befindet sich in dieser Hinsicht in einer ähnlichen Lage wie der Diktator im totalitären. Aber für sie kompliziert sich die Sachlage dadurch, daß sie nicht selbst die nötige Koordi-

nierung der Zweige einer aufgespaltenen Exekutive übernehmen kann, wie das dem Diktator möglich ist.

Es ist hier nicht der Ort, im einzelnen die verfassungsmäßigen Vorkehrungen zu entwickeln, die sich aus einer Übertragung des angedeuteten Sicherungsprinzips des totalitären Staates auf ein demokratisches Staatswesen ergeben. Es kam hier nur darauf an, einmal an einem konkreten Beispiel zu zeigen, daß totalitäre Regime gewisse Grundsätze entwickelt haben, die die Aufmerksamkeit auch der demokratischen Verfassungstheoretiker verdienen.

Daß eine föderale Grundstruktur des Staates besonders günstige Voraussetzungen für eine Aufspaltung der Regierungs- und Verwaltungsfunktionen bietet, die sich gegen »totalitäre« Anwandlungen der Zentralgewalt widerstandsfähig erweist, bedarf kaum besonderer Unterstreichung, wenn es auch sehr sorgfältiger Überlegung bedarf, wie die Aufspaltung im einzelnen durchgeführt werden soll. Eines allerdings muß mit einigem Nachdruck hervorgehoben werden: die grundsätzlichen Scheidelinien, die man zwischen den großen Kompetenzbereichen z. B. von Zentralgewalt und Ländergewalten zieht, müssen dann auch mit aller Entschiedenheit gezogen werden. Die Kompromißbereitschaft angesichts gemeinsam zu überwindender kritischer Situationen wird nicht vermindert, sondern verstärkt, wenn die Kompetenzbereiche eindeutig gegeben sind und daher eine Verschiebung der Kompetenzabgrenzungen durch Nachgiebigkeit im konkreten Falle nicht zu befürchten ist.

Das Mißlingen des Umsturzversuches vom 20. Juli 1944 ist insofern auch heute noch für uns lehrreich. Freilich enthält wie stets so auch hier die Geschichte Lehren nur dann, wenn man auf ihren tatsächlichen Verlauf sieht und nicht auf die historische Legende, die sich über die Ereignisse des 20. Juli bereits legte, ehe noch der Tag zu Ende gegangen war. (1949)

Nachschrift 1991: Für den damals von Berlin abwesenden Inspekteur der Panzertruppen handelte dessen Chef des Stabes, Oberstleutnant Bolbrinker. Ein Telefongespräch mit dem Hauptquartier fand mit dem Chef des Stabes des Generalinspekteurs, General Thomale, statt. Hitler wußte offenbar, was vorgefallen war: der Generalinspekteur Guderian wurde Chef des Generalstabes, Oberstleutnant Bolbrinker – vor einigen Jahren in seiner Heimatstadt Bielefeld verstorben – wurde zum Generalmajor ernannt.

Betrachtungen zur deutschen Verfassungsfrage

1.

Deutschland muß, zum dritten Mal im Laufe von 80 Jahren, sich eine Verfassung geben. Es hat dafür kein überzeugendes Vorbild, so eifrig man auch nach einem solchen Ausschau hält. Weder die Bismarcksche Verfassung noch die Weimarer lassen sich wiederbeleben, auch nicht in modifizierter Gestalt, so gern das manche Leute, mehr aus Mangel an neuen Ideen als aus innerer Überzeugung, wünschen. Auch an den Verfassungen fremder Staaten können wir uns wenig genug orientieren, soviel sich in dieser oder jener Hinsicht aus ihnen lernen läßt. Der Parlamentarismus Westeuropas ist kein Muster mehr, da er selbst von Krise in Krise gerät oder, sofern er noch, wie in England, funktioniert, auf historischen Voraussetzungen beruht, die bei uns schlechterdings nicht gegeben sind. Die Schweiz, auf die sich so manche Blicke richten, genießt die Vorteile ihrer kleinen Dimensionen; ihre Bundesverfassung auf eine Massendemokratie wie die Deutschlands übertragen zu wollen, zeugt nicht gerade von tiefer soziologischer Einsicht. Am ehesten könnte die Verfassung der Vereinigten Staaten von Amerika ein Beispiel sein, an dem man sich orientieren könnte. Es ist nicht uninteressant, daß gerade die Frankfurter Nationalversammlung von 1848/49 ihre Blicke sehr stark auf Amerika gerichtet hatte, als sie ihr eigenes Verfassungswerk schuf – bis heute das durchdachteste und ausgewogenste immerhin, das wir hervorgebracht haben – aber es scheint, daß sich weder die Verfassung der USA noch die der Paulskirche bei den gegenwärtigen Erörterungen in Deutschland sonderlicher Beachtung erfreut. Auch sie jedoch können wir nicht einfach übernehmen; wir müssen unser Verfassungsproblem von Grund auf durchdenken.

Das sollte schließlich selbstverständlich sein, aber dem steht ein ernstes Hindernis entgegen. Das deutsche Volk hat bis heute kein eigenes staatstheoretisches Bewußtsein ausgebildet. Der Anlauf, den das deutsche Bürgertum im vorigen Jahrhundert dazu nahm, ist schließlich versandet, versandet gerade in der Reichsschöpfung Bismarcks. So sind nur Ansätze vorhanden, die fortentwickelt werden könnten. Sie liegen bei Gneist und bei Gierke. Vor allem der letztere hat einer Bundesstaatstheorie vorgearbeitet, die hätte fruchtbar werden können, wenn man sie ausgebaut hätte. In dieser genossenschaftlichen Bundesstaatstheorie wird der Bundesstaat nicht mit der Zentralgewalt identifiziert, vielmehr umgreift er diese wie die Länder. Er nennt, etwas verwirrend, die Zentralgewalt den Gesamtstaat. »Der Gesamtstaat und die Gliedstaaten«, so sagt er, »haben eben in ihrer Gesondertheit nur einen Teil der Befugnisse auszuüben, die in der ihnen gemeinschaftlich zustehenden souveränen und unteilbaren Gewalt enthalten sind ... keine dieser staatlichen Sphären ist für sich allein die Staatsgewalt.« Für Gierke steht also die Zentralgewalt *neben*, nicht über den Gliedstaaten, oder über ihnen nur in einem sehr eingeschränkten Sinne. Jedenfalls ist sie nicht das Subjekt der Souveränität, das eben der Bundesstaat ist, der beides umfaßt, die Zentralgewalt wie die Gliedstaaten. Er ist, in der Gierkeschen Terminologie, eine genossenschaftliche Gesamtpersönlichkeit, nicht zu verwechseln mit den ihr untergeordneten Persönlichkeiten des Gesamtstaates (der Zentralgewalt) und der Gliedstaaten. Diese Gierkesche Theorie ist praktisch ohne Einfluß geblieben, sie ist auch nicht weiter ausgebaut worden. Man glaubte, sie mit gewissen formallogischen Argumenten abtun zu können, und Gierkes Ausdrucksweise konnte in der Tat gewissen Mißverständnissen Vorschub leisten. Schiebt man keine Begriffe unter, die hier nicht angemessen sind, konstruiert man einmal Gierkes Gedanken nach, so lösen sich die logischen Bedenken in nichts auf. Seine Konzeption des Bundesstaates ist die großartigste und tiefste Interpretation der föderalistischen Idee. Es ist hier nicht der Ort, das Versäumte nachzuholen und auf der Gierkeschen Basis eine Theorie des Bundesstaates und des Föderalismus zu entwickeln. Wohl aber mag diese kurze Erinnerung an ihn uns dazu verhelfen, unsere verfassungspolitische Aufgabe schärfer ins Auge zu fassen.

Zum Bundesstaat gehören beide, Zentralgewalt und Gliedstaaten, man kann sich das nicht deutlich genug vor Augen führen. Es kann sich also nicht darum handeln, eine Zentralgewalt zu konstituieren und den Ländern auch einen gewissen Einfluß zu verschaffen, ebensowenig wie es genügt, die Länder hinzustellen und einige Befugnisse der Zentralgewalt zuzuweisen. Länder und Gesamtstaat müssen vielmehr miteinander innig verschränkt sein. Es sind die Länder, auf denen sich die Zentralgewalt aufbaut, und es ist die Zentralgewalt, die die Länder als Gesamtstaat zusammenfaßt. Unter diesem Aspekt erlangt die Frage der Ersten Kammer eine ganz zentrale Bedeutung.

Die notwendige Verschränkung von Zentralgewalt und Gliedstaaten läßt sich auf verschiedenen Wegen erreichen; die Bismarcksche Konstruktion der Vereinigung von Reichskanzleramt und preußischer Ministerpräsidentschaft war ein solcher. Diese Verbindung diente weniger einer preußischen Hegemonie als der Ausschaltung eines Dualismus zwischen dem Reich und dem stärksten Gliedstaat. Durch die kollegiale Verfassung des preußischen Kabinettes blieben Preußen und Reich aber auch gegeneinander weitgehend selbständig. Diese Praxis war freilich nicht in der Verfassung verankert. Hinzu trat die starke Stellung des Bundesrates. Der Bundesrat beschließt nach Art. 7 der Verfassung vom 16. IV. 1871 über die dem Reichstag zu machenden Vorlagen und die von demselben gefaßten Beschlüsse; über die zur Ausführung der Reichsgesetze erforderlichen allgemeinen Verwaltungsvorschriften und Einrichtungen, sofern nicht durch Reichsgesetz etwas anderes bestimmt ist; über die Mängel, welche bei der Ausführung der Reichsgesetze oder der in den voraufgehenden Artikeln erwähnten Vorschriften oder Einrichtungen auftreten. Damit lag die Regierungsgewalt in den Händen des Bundesrates. Er wurde von den Gliedstaaten nach einem Schlüssel beschickt (von 58 Stimmen hatte Preußen 17, Bayern 6), aber die Stimmen, über die ein Bundesmitglied verfügte, mußten instruiert sein und einheitlich abgegeben werden. Der Bundesrat bildete aus seiner Mitte dauernde Ausschüsse, in denen außer dem Präsidium vier Bundesstaaten vertreten waren. Bemerkenswerterweise fehlte ein Ausschuß für Auswärtige Angelegenheiten. Die völkerrechtliche Vertretung des Reiches lag beim Präsidium. Ein Bundesrat von dieser Konstruktion wird stets eine bürokratische Regierung darstellen.

Die Weimarer Verfassung übernahm die Institution des Bundesrates, schwächte jedoch seine Stellung. Das ergab sich schon dadurch, daß nun eine Reichsregierung eingerichtet wurde, was Bismarck gerade vermieden hatte. Dadurch wurde der Reichsrat, wie die Institution nun hieß, von einer regierenden in eine bloß beratende Stellung gedrängt. Die Position Preußens im Reichsrat wurde sehr geschwächt, man gab die Hälfte seiner Stimmen an die Provinzen. Obwohl nun der Art. 63 bestimmte, daß die Länder im Reichsrat durch Mitglieder ihrer Regierungen vertreten würden, so wurde er doch das Feld der hohen Verwaltungsbürokratie, ein Schauplatz sachlicher und guter Arbeit, auch von steigendem Einfluß auf die Verwaltung des Reiches und auf die Gesetzgebung, aber keine Stätte politischer Entscheidungen. Die Ministerpräsidenten der Länder hat er nie gesehen. Es bildete sich in Anlehnung an die Übung beim Bundesrat ein System von Stellvertretern heraus. Die größeren Länder pflegten einen höheren Beamten als stimmführendes Mitglied zu bestellen, der den Titel eines Gesandten führte. Daß die Stimmen eines Landes (bei Preußen ohne die Provinzialstimmen) nur einheitlich und nach Instruktion abzugeben seien, stand zwar nicht in der Verfassung, folgte aber daraus, daß die Ländervertreter für ihre Regierungen handelten und diese ihre Entscheidungen vor den Landtagen zu vertreten hatten.

Der Weimarer Verfassung ließ sich eine unitaristische ebensogut wie föderalistische Interpretation geben – sie war schließlich auch in dieser Hinsicht nur ein Waffenstillstand zwischen Föderalisten und Unitaristen gewesen. Heute sollte man nicht die Gefahren übersehen, die der Unentschiedenheit zwischen Bundesstaat und dezentralisiertem Einheitsstaat entspringen. Man hatte in Weimar einen Bundesstaat dem zentralisierten Einheitsstaat angenähert, mit einem wenig erfreulichen Effekt: die Balance der Gewalten im Staat war empfindlich gestört, man hatte den Gleichgewichtszustand des Bundesstaates aufgegeben, ohne den Gleichgewichtszustand, der im dezentralisierten Einheitsstaat möglich gewesen wäre, dafür eingetauscht zu haben. Dadurch tauchte ein Problem auf, das durch eine Verfassung eigentlich überflüssig gemacht sein sollte, das Problem des Hüters der Verfassung. Davon wird noch zu sprechen sein. Hier genügt es vorerst, den Tatbestand festzustellen und zu sagen, daß es Aufgabe einer Verfassung ist, die im Staate vorhandenen Gewalten gegeneinander auszubalancieren, so daß sie sich gegenseitig in Schach halten und verhindern, daß eine von ihnen hypertroph wird.

Was das Verhältnis zwischen den Ländern und der Zentralgewalt angeht, so widersprach nichts so sehr dem Geist eines Bundesstaates als die Tatsache, daß die Länder durch die Art der Konstruktion des Reichsrates praktisch aus der Reichspolitik ausgebootet worden waren. Der Reichsrat war weder eine Art

Reichsregierung wie der Bundesrat noch auch eine Erste Kammer. Der Entwurf der Frankfurter Verfassung von 1849 enthielt eine Institution des Reichsrates, die sich in etwa mit dem Reichsrat der Weimarer Verfassung vergleichen läßt. Er ist hier beratendes Organ, in ihm sind die Gliedstaaten durch instruierte Stimmen vertreten. Aber daneben sieht die Frankfurter Verfassung eine Erste Kammer, ein Staatenhaus vor, das zusammen mit dem Volkshaus die Legislative bildet.[1]

2.

Heute wird es entscheidend darauf ankommen, daß die Länder ihren Platz bei der politischen Willensbildung des Bundesstaates erhalten. Man kann sich nicht genug vor Augen halten, daß das wohlverstandene föderale Prinzip den Bundesstaat als Einheit von Zentralgewalt und Gliedstaaten begreift. Der Schauplatz dieser Willensbildung wird die Erste Kammer sein müssen. Übernehmen wir die guten Bezeichnungen der Frankfurter Verfassung, so liegt die Legislative beim Bundestag, der in zwei Häusern tagt: dem Staatenhaus und dem Volkshaus. Das Volkshaus entspricht unserm alten Reichstag. Das Staatenhaus ist eine für uns neue Institution; es ist die für unsere zukünftige Entwicklung entscheidende Institution, und alles hängt davon ab, daß sie richtig konstruiert sein wird.

Die Aufgaben des Staatenhauses sind, wie die des Volkshauses, Gesetzgebung und Kontrolle der Bundesregierung. Es ist eine mißliche Sache, hier mit instruierten Stimmen arbeiten zu wollen. Es würde das, auch wenn man die Anwesenheit von Ministern der Länder vorschreiben wollte, wieder über kurz oder lang zu einem System der Stellvertretung führen. Und vor allem: die Mitglieder des Staatenhauses als Exekutoren von Beschlüssen der Länderkabinette bedeuten dem Volk nicht eben viel und wenig vor allem im Vergleich zu den der Verfassung nach frei entscheidenden Abgeordneten des Volkshauses. Das Staatenhaus darf nicht verbürokratisieren. Für eine beratende Instanz braucht das an und für sich kein Fehler zu sein; im Gegenteil, gerade dadurch kann die Sachkunde und Sachlichkeit des hohen Verwaltungsbe-

1 In der zweiten Lesung kam der Reichsrat gegen die Stimmen der Mittelparteien in Fortfall.

amtentums fruchtbar gemacht werden. Aber ein bürokratisiertes Staatenhaus wird nicht eine Stätte politischer Willensbildung sein. Es muß Gegenstand des öffentlichen Interesses und der Anteilnahme der Staatsbürger sein. Das wird aber nur dann erreicht werden, wenn seine Mitglieder Persönlichkeiten des Vertrauens sind, die frei entscheiden, nicht ausführende Organe für Beschlüsse, die anderswo gefaßt werden.
Das heißt nun aber, daß die Mitglieder des Staatenhauses für ihre Arbeit demokratisch legitimiert sein müssen. Man könnte an die Entsendung durch die Landtage denken, aber auch dann haben sie einen schweren Stand in der öffentlichen Meinung gegenüber den unmittelbar vom Volk gewählten Abgeordneten des Volkshauses. Eine Wahl durch die Wählerschaft der Länder entspricht eben am meisten dem demokratischen Prinzip, sie legitimiert. Man darf diese Frage der Legitimation nicht leicht nehmen, eine Erste Kammer hat bei uns keine Tradition, wir haben keine Peers, wir haben kein ständisches Ordnungsprinzip, und daß irgend jemand dadurch Eindruck erwecken könnte, daß er sich als Vertreter der oder jener Partei vorstellt, wird man doch nicht im Ernst glauben wollen, obwohl das Zweckgerede von Parteifunktionären nicht verstummen will, daß das deutsche Volk in Parteien und Programmen denke. Das deutsche Volk hat wieder und wieder beweisen, daß das nicht der Fall ist. Nicht die NSDAP und ihre lächerlichen 25 Punkte, sondern Hitler war es, der faszinierte, dem man nachlief und dem die Parteien eben keine Persönlichkeiten, sondern nur gehobene Funktionäre gegenüberstellten. In Frankreich erleben wir die Erfolge de Gaulles. Zu den Massen gehören die Führer, sei es nun im guten oder im schlechten Sinne, und es gibt schließlich nur zwei Wege: den totalitär-cäsaristischen der Führervergottung oder den demokratischen, der in den Massendemokratien nun zwar nicht zu Parteien und Programmen zurückführt, wohl aber zu einem sozusagen dezentralisierten Führersystem, zu mehr oligarchischen Formen, zu einer von Verfassungs wegen stabilisierten freien Konkurrenz von Teams um die entscheidenden Positionen im Staate. Denn die vorherrschende Legitimationsform in der modernen Demokratie ist eben die Wahl durch den Urwähler, das Vertrauen, das diese Wahl dem Gewählten ausdrückt, daß er von der ihm für eine Wahlperiode übertragenen Entscheidungsbefugnis rechten Gebrauch machen werde.

Darauf wird noch zurückzukommen sein. Hier genügt es, die Konsequenz für das Staatenhaus zu ziehen: seine Mitglieder sollten grundsätzlich von der Wählerschaft der Länder gewählt werden, eben als Vertreter der Länder. Man befürchtet aber, sie möchten dann eben doch im Staatenhaus Fraktionen bilden und sich als Vertreter ihrer Parteien fühlen. Zudem gibt man immer wieder einmal dem Zweifel Ausdruck, wozu denn das Staatenhaus gut sei, wenn es schließlich auf dem gleichen Wege wie das Volkshaus gewählt werde. Darauf ist zu erwidern, daß die Mehrheitsverhältnisse im Staatenhaus auch bei dieser Art Wahl andere sein können als im Volkshaus und daß auf alle Weise dafür gesorgt werden muß, der Minderheit Gehör und Einfluß zu verschaffen. Daß der Senat anders zusammengesetzt sein kann als das Repräsentantenhaus, daß im Capitol eine andere Partei herrschen kann als im Weißen Haus – auf dieser Möglichkeit beruht eines der Geheimnisse der amerikanischen Demokratie. Es wäre gut, wenn auch wir begriffen, daß die Minorität nicht nur dazu da ist, überstimmt zu werden. Immerhin ist bei unseren Verhältnissen der Wunsch berechtigt, daß das Staatenhaus auch wirklich ein Haus der Gliedstaaten werde. Auch dieses läßt sich erreichen.

Das Staatenhaus sollte rund 60 Mitglieder umfassen. Da die Gliedstaaten heute alle Mittelstaaten darstellen, da das übermächtige Preußen ebenso wie die Klein- und Kleinststaaten verschwunden ist, so wird man gut tun, jedem Land die gleiche Anzahl von Mitgliedern des Staatenhauses zuzubilligen. Deutschland wird etwa 16 Länder einschließlich der freien Städte umfassen. Das ergäbe für jedes Land vier Mitglieder. Davon sollte die Hälfte in den Ländern gewählt werden, also in jedem Lande zwei, und zwar so, daß alle zwei oder drei Jahre ein Abgeordneter oder Senator auf vier oder sechs Jahre mit absoluter Mehrheit gewählt wird. Die beiden andern Mitglieder (Senatoren), die ein Land zu stellen hat, sollten Mitglieder der Landesregierung sein, und zwar der Ministerpräsident und der Finanzminister.

Eine solche Konstruktion des Staatenhauses böte viele Vorteile. Sie macht die Erste Kammer zu einem Gremium von wirklicher Autorität. Sie läßt erwarten, daß seine Sprache die Sprache staatsmännischer Vernunft sein wird, daß die bloße parteimäßige Bindung keine ausschlaggebende Rolle spielt, sofern nur die Aufstellung der Kandidatur der zu wählenden Senatoren den Parteibürokratien genommen und in die Hände der Parteimitglieder – wie in den USA – gelegt wird. Sie gibt den Ländern wirklichen Einfluß auf die Bundesgesetzgebung, verhindert aber, soweit das möglich, Exzesse von reinem Länderegoismus. Sie macht durch die Mitwirkung der Finanzminister der Länder die weitgehende Übertragung der Finanzpolitik auf die Zentralgewalt tragbar. Sie schafft durch die Mitwirkung der Ministerpräsidenten der Länder eine wirkliche Koordination zwischen Länder- und Bundesinteressen. Sie wirkt voraussichtlich auf die Regierungsverhältnisse in den Ländern stabilisierend. Die Arbeit in den zu bildenden Ausschüssen wird vor allem den gewählten Senatoren zufallen. Die Belastung der Ministerpräsidenten und Finanzminister, die ihnen durch ihre Teilnahme an den Sitzungen des Staatenhauses erwächst, muß in Kauf genommen werden. Sie dürfte auch durchaus erträglich sein. Ein deutscher Bundesstaat, in dem die Länder etwas bedeuten, ist den bürokratisch-diplomatischen Formen entwachsen. Will man ein Staatenhaus von politischem Gewicht schaffen, so darf man nicht Stellvertretung und Instruktion der Stimmen zulassen. Sonst wäre Bürokratisierung die unvermeidliche Folge; wir bekämen ein wahrscheinlich sachlich einwandfrei arbeitendes Gremium, das aber keine politische Autorität hätte.

Die Konstruktion des Staatenhauses mußte uns deshalb so ausführlich beschäftigen, weil es den Schnittpunkt zwischen Ländergewalt und Zentralgewalt bildet. Hier entscheidet sich der Charakter des deutschen Bundesstaates, in ihm liegt das eigentliche föderalistische Konstruktionsproblem, das in den bisher bekannt gewordenen Verfassungsentwürfen viel zu leicht genommen wird. Man darf nicht vergessen, daß zweierlei in dieser Konstruktion gewonnen werden muß: daß das Staatenhaus auf der einen Seite auch eine echte Vertretung der Länder werden und daß es auf der andern Seite eine demokratische Legitimation haben muß, die der des Volkshauses standhält. – Über das Volkshaus ist wenig zu sagen, es ist die auch im Bundesstaate notwendige Repräsentation des gesamten Volkes. Seine offenen Probleme sind zum Teil solche des Wahlrechtes, zum Teil solche, die es mit dem Staatenhaus gemeinsam hat, der Umfang der legislativen Kompetenzen und des Verhältnisses zur Bundesregierung.

3.

Die Frage der Bundesregierung führt uns vor ein sehr grundsätzliches Problem: das Problem des Parlamentarismus. Es kann kein Zweifel sein: die parlamentarische Regierungsform ist im Niedergang begriffen, und es ist nichts weniger als selbstverständlich, daß eine freie Demokratie auch eine parlamentarische Demokratie sein muß. Diese Form der Regierung bedeutet, daß die Exekutivgewalt in ihrer Tätigkeit sehr weitgehend von der Legislative abhängig ist. Sie ist nicht nur den Gesetzen unterworfen, sie unterliegt nicht nur in ihrer Amtsführung der Kontrolle des Parlamentes, sondern sie ist in jedem Augenblick ihrer Existenz vom Vertrauen des Parlamentes abhängig. In der Praxis führt das zu einem mehr oder weniger schnellen Wechsel der Kabinette, wenn nicht aus anderen Gründen ein stabiles Zweiparteien- oder festes Koalitionssystem besteht. Aber auch dann findet sich die Regierung vielfältig in ihrer Tätigkeit gehemmt durch die Rücksichtnahme auf die Wünsche der Parteien. Und nicht nur das: ein wesentlicher Teil der Arbeitskraft der Minister wird dadurch absorbiert, die eigene Stellung zu sichern, und so der eigentlichen Regierungstätigkeit entzogen. Parlamentarische Regime stehen in dieser Hinsicht den despotischen in nichts nach. Parlamente sind nicht weniger launenhafte Despoten als Diktatoren oder absolute Monarchen; die ihnen verantwortlichen Minister haben hier wie da vollauf zu tun, sich die Gunst ihres Herrn zu erhalten; denn sie bedürfen ihrer, um an der »Macht« zu bleiben. Allzumenschliches spielt entscheidend mit herein. Wenn der Despot von denen umlagert wird, die ein hohes Amt übertragen erhalten möchten und, da dieses besetzt ist, den Inhaber aus seiner Stellung drängen müssen, so haben die Parteien mannigfache Verpflichtungen gegenüber ihren prominenten Anhängern und Funktionären, denen nachzukommen nur durch einen raschen Wechsel der Kabinette möglich ist. Die im allgemeinen größere Stabilität der Regierungen in den kleinen Demokratien dürfte jedenfalls auch darin ihren Grund haben, daß die Anzahl der für ein Regierungsamt in Frage kommenden Anhänger soviel geringer ist als in den Massendemokratien. Gewiß sind diese »Personalfragen« nicht die Motive bei Regierungskrisen, aber daß die Motive, die zur Krise führen, so ernst genommen werden, hängt eben damit zusammen, daß die Opponierenden über »Ersatzmänner« verfügen. Daß das Heil des

Staates davon abhänge, daß ein Wechsel der Personen eintrete, ist kein ernstzunehmender Einwand – sonst müßten die Länder mit stabilen Regierungen (und das sind die gut funktionierenden Demokratien) längst zugrunde gegangen sein. Aber in den Abgrund der Diktatur stürzen gerade die Staaten, die einen raschen Verschleiß von Kabinetten aufweisen.

Das Versagen des Parlamentarismus in den Massendemokratien ist kein Zufall. Vielhundertköpfige Gremien sind zur Führung von Regierungsgeschäften wenig geeignet. Sie geben partikularen Interessen Gelegenheit sich vorzudrängen. Würden diese Interessen es auch niemals fertigbringen, sich durch ein Gesetz die Befriedigung ihrer Wünsche zu verschaffen, so können sie sich doch leicht auf dem Wege des Mißtrauensvotums, schon durch die Drohung damit, Geltung verschaffen; denn sie finden bei den extremen Parteien des Parlaments stets aus ganz anderen Motiven gern gegebene Unterstützung. Es lassen sich noch mannigfache andere Gründe für das Versagen des parlamentarischen Systems anführen. Wir pflegen über sie hinwegzusehen, weil wir uns gewöhnt haben, uns mit Fiktionen zu begnügen, etwa mit der, daß der Abgeordnete in seinen Reden oder bei Abstimmungen seiner wohl erwogenen Meinung Ausdruck gebe, daß er die Interessen eines Berufes oder Standes verträte. »Was die Geschäftsleute nicht verstehen, ist, daß ich genau so, wie sie mit Öl, mit Stimmen handele«, soll einer der erfolgreichsten Politiker, die je gelebt haben, einmal geäußert haben, und Schumpeter bemerkt mit Recht dazu, daß, wer diesen Ausspruch nicht so in sich aufgenommen habe, daß er ihn zeitlebens nicht mehr vergißt, politisch noch in den Kinderschuhen stecke. Soziologisch betrachtet sind die Politiker heute eine Art Bohème, d. h. eine Gruppe von Menschen, die in der Gesellschaft keinen festen Standort mehr hat. Politik ist ein Beruf, mag es auch vielleicht nützlich erscheinen, den alten Beruf wie ein Amateursportler noch dem Scheine nach beizubehalten. Die Belastung des Politikers durch die Politik ist auch so groß, daß er sich ihr ganz verschreiben muß. Es erfolgt oft der Übergang in bezahlte Parteiämter und Berufsorganisationen. Ein Schuhmachermeister, der Landtagsabgeordneter wird, wird keine Schuhe mehr besohlen, sondern zusätzlich Landrat, Kreishandwerksmeister und dergleichen werden. Als Schuhmachermeister und Kreishandwerksmeister scheint er noch ein örtlicher Honoratior zu sein, aber in Wirklichkeit befindet er sich schon im Übergang zur politischen »Bohème«. Er wird ökonomisch immer stärker von seiner Partei abhängen, davon, daß diese ihm bezahlte Funktionärsstellen oder Ehrenämter mit Aufwandsentschädigungen, Dienstwagen, Tagegeldern usw. verschafft. Dieser Prozeß sozialer Ablösung, der für den Parlamentarier von heute so charakteristisch ist, darf nicht übersehen werden. Deshalb sollte man zwar tun, was noch getan werden kann, um den Einfluß der echten Honoratioren in den Parteien zu stärken, nicht zuletzt durch das Mehrheitswahlrecht und dadurch, daß die Aufstellung der Kandidaten den Parteibürokratien genommen und in die Hände der Wähler gelegt wird, aber man sollte sich im klaren sein darüber, daß in den modernen Massendemokratien die Parlamentarier gerade in ihrem Stamm außerhalb der Stände und Klassen stehen.

Die gesellschaftliche, soziale Standortlosigkeit und Entwurzelung des »Berufspolitikers« ist der eigentliche Nährboden alles (rechten wie linken) Faschismus. Wir haben keine Klasse mehr, die wirtschaftlich unabhängig *und* abkömmlich ist – diese Eigenschaft befähigte gerade den Großgrundbesitz zur politischen Führung. Diese Entwicklung läßt sich nicht rückgängig machen. Es kommt darauf an, ihre Nachteile zu vermindern und den in ihr liegenden Gefahren zu begegnen. Die klassischen Ideale der Demokratie sind weitgehend über Bord gegangen – es ist bezeichnend, daß die Rechtfertigung des Parlamentarismus bereits seit der zweiten Hälfte des 19. Jahrhunderts sich ausschließlich auf Zweckmäßigkeitserwägungen beruft. Für Max Weber, um nur den letzten Vertreter des Parlamentarismus von Rang in Deutschland zu nennen, war das Parlament vor allem Stätte und Mittel politischer Führerauslese. Später waren die Apologien des Parlamentarismus auf den Ton: was sonst? gestimmt. Als Carl Schmitt »die geistesgeschichtliche Lage des heutigen Parlamentarismus« in einer glänzenden Schrift darstellte und schloß, daß die Ideen, die jenen trugen, sich verflüchtigt hätten, da wurde ihm nicht etwa mit einem Bekenntnis zu diesen Ideen geantwortet, sondern man (d. h. ein führender demokratischer Staatsrechtslehrer) warf ihm vor, daß er den Parlamentarismus mit den Ideen solch »verschimmelter« Größen wie Burke, Bentham, Guizot und J. St. Mill identifiziert habe. Nach einem tragenden Prinzip sucht man bei den Verteidigern des Parlamentarismus heute vergebens – und doch: die Institutionen bedürfen eines solchen

Prinzips, sollen sie nicht zusammenbrechen. Aber wo ist es zu finden?

Die tragenden Ideen des Parlamentarismus alten Stils waren Diskussion und Öffentlichkeit. Die Diskussion sollte ein Mittel sein, die »Wahrheit« zu finden, man wandte sich an die vernünftige Einsicht des Gegners, man suchte zu überzeugen. Geben wir ruhig zu, daß dieses Prinzip für die großen »Volkshäuser« keine Geltung mehr hat. Im Bereich einer Ersten Kammer, des Staatenhauses, wie wir es bezeichnet haben, könnte es noch wirksam sein oder wieder wirksam werden, aber auch hier ist es nicht mehr legitimierend – jedenfalls nicht in einer Massendemokratie wie der unsern. Die legitimierende Kraft des Prinzips der Diskussion hängt eng mit dem Glauben an die seligmachende Kraft der Wissenschaft zusammen; heute vermögen wir die Dinge nicht mehr so einfach zu sehen, es ist uns der ein wenig naive Glaube der Aufklärung, daß die Vernunft im Menschen mächtig sei, nach soviel trüben Erfahrungen abhanden gekommen. Nicht ganz so schlecht ist es vielleicht um die legitimierende Kraft des Prinzips der Öffentlichkeit bestellt, obwohl ich fürchte, daß das Verlangen nach Publizität nicht eben mehr sehr stark bei uns entwickelt ist. Es wäre erfreulich, wenn wir es dahin brächten, unsere Angelegenheiten in vernünftiger Diskussion zu klären und wenn wir das Verlangen hätten, daß öffentliche Angelegenheiten öffentlich behandelt würden. Aber bloße Wünschbarkeiten dürfen wir nicht für Faktizitäten nehmen.

Dennoch sind Parlamente nicht überflüssig geworden, und nicht nur deshalb nicht, weil wir nichts Besseres an ihre Stelle zu setzen wissen. Sie garantieren immer noch ein gewisses Maß von Öffentlichkeit, so sehr sich auch die eigentliche Arbeit vom Plenum in die Ausschüsse verlagert hat, so sehr auch die Entscheidungen vielfach anderswo fallen. Die parlamentarische Diskussion hat in Wahrheit eine Sinnverschiebung erlitten. Geben wir zu, was Tatsache ist, daß die Parlamentsreden weniger an die Mitglieder des Parlaments als zum Fenster hinaus gehalten werden. Dann ist nämlich das Parlament, solange es seinen Namen überhaupt noch verdient, die Stätte, in der die Minderheit sich in aller Öffentlichkeit aussprechen kann. Demokratische Verfassungen schützen den freien Abdruck von Parlamentsreden: hier liegt die wichtigste Garantie dafür, daß die Minderheit ihre Stellung publizieren kann. Und das führt uns nun auch auf die Prinzipien, die das

Parlament auch heute legitimieren; es sind die liberalen Prinzipien der Freiheit und der Gleichheit.

Die liberale Gleichheitsidee ist formal, die eigentlich demokratische ist substantiell und meint Homogenität. Wir haben im Lauf der letzten hundert Jahre erlebt, daß das demokratische Prinzip der Homogenität seinen Siegeszug antrat. Inzwischen sind in drei, vier Jahrzehnten, die von Katastrophen erfüllt waren, die alten sozialen Niveauunterschiede bei uns so weitgehend eingeebnet, daß sich außer einigen Theoretikern und den Kommunisten niemand mehr recht für weitere Einebnungen interessiert. Die Klassen- und Standesunterschiede haben sich so sehr verwischt, daß die Forderung nach Homogenität, nach demokratischer Gleichheit ins Leere stößt oder aber die Privatsphäre des Einzelnen, und zwar nun auch des Arbeiters, empfindlich tangiert. Unter den Verhältnissen, mit denen wir speziell in Deutschland zu rechnen haben, dürfte der Schwerpunkt, der in den vergangenen Jahrzehnten auf der Entwicklung zur demokratischen Gleichheit lag, sich wieder zugunsten des Liberalismus verschieben – sofern der Liberalismus bei uns noch eine Chance hat.

Trotz allem – diese Chance ist vorhanden, was nun nicht bedeutet, daß es eine Chance der sich liberal nennenden Parteien zu sein braucht. Das wesentliche Prinzip des Liberalismus, das der Freiheit, scheint immer noch einige Kraft auszustrahlen. Politisch erleben wir naturgemäß einen gewissen Gegenschlag gegen das antiliberale, totalitäre nazistische Regime. Im Wirtschaftlichen ist zwar das Laissez-faire-Prinzip tot, aber auch die Wirtschaftsplanung erscheint diskreditiert, und mit etwas weniger Dogmen und mehr moderner Theorie ließe sich schon zu einer vernünftigen Marktwirtschaft kommen – immerhin ist hier der Widerstand der Sozialisten noch beträchtlich. Im Kulturellen sitzen die antiliberalen Kräfte mehr auf der bürgerlichen Seite, wo die katholische Kirche heute beträchtlichen Einfluß ausübt. Im Ganzen wird man sagen dürfen, daß weniger ein Drang nach Freiheit besteht als vielmehr eine Bereitschaft zur Freiheit. Man würde an die Freiheit wieder glauben, wenn sie glaubwürdige Vorkämpfer fände.

Die Prinzipien der Freiheit und Gleichheit fordern ein Regierungssystem, in dem die Gesetzgebung einem vom Volke gewählten Parlament zufällt. Es gibt keinen anderen Weg, um die Freiheit zu sichern; denn die Freiheit sichern, heißt der Minderheit die Möglichkeit einräumen, Einfluß zu gewinnen. Daß die eine

Kammer unter Umständen von einer anderen politischen Gruppe beherrscht wird als die andere, gehört zum Sinn des Zweikammersystems. Läßt man nun aber das Parlament (in seinen beiden Häusern) durch die Prinzipien der Freiheit und Gleichheit legitimiert sein, so ist nun allerdings zu fordern, daß es in seinen Funktionen auf Gesetzgebung und Kontrolle der Regierung beschränkt wird. Kontrolle der Regierung heißt vor allem, daß es die Publizität von Regierungsmaßnahmen erzwingen kann. Es liefe aber dem Prinzip der Freiheit zuwider, wenn das Parlament, wie das die Entwicklung des Parlamentarismus mit sich gebracht hat, selbst in die Exekutive eingriffe.

Wird die Regierung vom Vertrauen des Parlaments abhängig gemacht, so vermag die Parlamentsmehrheit eine diktatorische Macht auszuüben, die das Parlament beherrschende Parteiführung kann der Regierung ihren Willen aufzwingen. Dieses Problem wurde in der Weimarer Republik nicht akut, weil es keine festen Mehrheiten gab. Aber das führte nun dazu, daß die Minderheiten in der Lage waren, ihren Willen der Mehrheit aufzuoktroyieren, da sich stets die extremen Parteien bereit fanden, am Sturze der Regierung mitzuwirken. Die Unzuträglichkeiten des Parlamentsregimes (nicht nur jene allein) sind oft so erörtert worden, daß sich wenig hinzufügen läßt. Daß sich trotzdem immer wieder Befürworter für diese Art von Unregierung finden, hat zwei Gründe. Einmal glaubt man es der Lehre von der Volkssouveränität schuldig zu sein: das Volk soll durch seine gewählten Vertreter sich selbst regieren. Sodann besteht bei uns eine gewisse Scheu, einen Mann vier Jahre lang regieren zu lassen, ohne die Möglichkeit, ihn zu stürzen. Jener ideologische Grund ist mehr als fadenscheinig. Eine realistische Betrachtung der Abgeordneten in den Volkshäusern zumal läßt weniger das Volk als Parteibürokratien als »Souverän« in Erscheinung treten.

Interessanter ist das mehr praktische Argument, ein zu fest in den Sattel gesetzter Regierungschef möchte sich zum Diktator wandeln. Aber diese Wandlung ist eben nur dann möglich, wenn ihm die Möglichkeiten in die Hand gedrückt werden, die man ihm (oder einem Präsidenten) nicht verweigern kann, wenn man ihn vom Vertrauen des Parlamentes abhängig macht; also die Möglichkeit, das Parlament vorzeitig aufzulösen und Neuwahlen anzuberaumen, einen Volksentscheid herbeizuführen oder notfalls Diktaturbefugnisse wie die des Artikels 48 der Weimarer Verfassung auszuüben. Diese Befugnisse, sich gegen ein Parlament durchzusetzen, werden gegeben, weil man – mit Recht – kein Zutrauen dazu hat, daß in Krisensituationen die Parlamentsregierung funktioniert. Selbstverständlich kann auch einem für eine gewisse Zeitdauer eingesetzten Regierungschef das Parlament ein von diesem für notwendig gehaltenes Gesetz versagen. Man wird ihm daher die Möglichkeit lassen müssen, zurückzutreten, wenn er unter diesen Umständen die Regierungsgeschäfte nicht weiterführen zu können glaubt. Aber ein solcher Akt wird eine Ausnahme sein, und auch die Parteien werden es sich überlegen, ob sie es dazu kommen lassen.

Sicherungen dagegen, daß der Ministerpräsident sich zum Diktator aufwirft, gibt es hinlänglich. Die wichtigste ist ein wohldurchdachter Staatsgerichtshof, also ein Oberstes Bundesgericht, das Verordnungen und Gesetze, die gegen die Verfassung verstoßen, außer Kraft setzen kann. Freilich werden die Kompetenzen dieses Gerichtes in der Verfassung sorgfältig abgegrenzt werden müssen. Die Frankfurter Verfassung von 1849 ist darin vorbildlich, während die Weimarer es dem Staatsgerichtshof selbst überließ, sich sein Feld abzustecken – wohl kaum mit überzeugendem Erfolg. Aber auch schon der Umstand, daß die Regierung auf das Parlament bei der Gesetzgebung strikt angewiesen bleibt, daß sie nicht mit »Notverordnungen« regieren kann, sondern von der Legislative unter allen Umständen abhängig ist, wenn sie den Rahmen der bestehenden Gesetze durchbrechen will, bedeutet einen starken Schutz gegen Mißbrauch der Exekutivgewalt. Und weiter wird die Kontrolle der Exekutive durch das Parlament nicht entbehrt werden können. Alle diese Einschränkungen verhindern leicht eine Entwicklung zur Diktatur, ohne die Regierungstätigkeit auf Schritt und Tritt zu einem Hindernisrennen zu machen.

Dem vom Staatenhaus vorgeschlagenen, vom Volkshause auf vier Jahre gewählten Regierungschef sollten auch die Repräsentativaufgaben des früheren Reichspräsidenten zufallen. Im parlamentarischen System ist der Präsident der ruhende Pol der Exekutive in der Ministerpräsidenten Flucht. Er hat die wesentliche Funktion, die Ministerpräsidenten oder Bundeskanzler zu berufen und zu entlassen. Er ist im Gleichgewichtssystem des Parlamentarismus ein unentbehrliches Gegengewicht gegen das allzu mächtige Parlament. Er ist dort Hüter der Verfassung in einem ausgezeichneten Sinne. All diese Funktionen des Präsidenten sind bei der von uns empfohlenen Konstruktion gegenstandslos. Seine Stellung wäre so schwach, so sehr auf Repräsentation beschränkt, daß er die Einhaltung der Verfassung nicht erzwingen könnte, wenn die so viel stärkeren anderen Sicherungen versagten. Die Vereinigung des Amtes des Regierungschefs mit dem Präsidenten würde die Stellung des Bundespräsidenten einigermaßen der des Präsidenten der USA angleichen. Nur würden wir auf jeden Fall fordern, daß er bei der Berufung der Bundesminister an die Zustimmung des Parlaments gebunden ist und daß dieses Kabinett dann eine Kollegialverfassung hat. Sollte trotzdem noch seine Stellung für unsere deutschen Verhältnisse als zu stark erscheinen, so könnte man auch an ein Direktorium denken, das in gleicher Weise vom Staatenhaus vorgeschlagen und vom Volkshaus gewählt würde. In ihm könnte dann der Vorsitz, mit dem die Repräsentativaufgaben zu verknüpfen wären, jährlich wechseln.

Es gibt nun noch ein Argument, den Bundesstaat nicht durch einen eigenen Bundespräsidenten repräsentieren zu lassen, sondern durch den Regierungschef der Zentralgewalt, mit Gierke zu reden, des Gesamtstaates. Denn der Bundespräsident repräsentiert nicht nur die Zentralgewalt, der er als Regierungschef zuzurechnen ist, sondern auch die Gliedstaaten, die Länder, und in dieser Einheit erst den Bundesstaat. Aus diesem Grunde sollte auch das Staatenhaus bei seiner Ernennung maßgebend mitwirken, am zweckmäßigsten eben durch ein Vorschlagsrecht, während die Wahl vom Volkshause vollzogen wird. Es gibt, wenn man es mit dem Grundgedanken der genossenschaftlichen Bundesstaatstheorie einmal genau nimmt, im Bundesstaat keine Institution, die nicht entweder den Gliedstaaten oder aber dem Gesamtstaat angehörte. Die Repräsentation des Bundesstaates als der Einheit von Gliedstaaten und Zentralgewalt kann daher nur stellvertretend für alle Genossen von einer glied- oder einer gesamtstaatlichen Institution ausgeübt werden. Ein eigener Bundespräsident, der sozusagen über den Wassern schwebt, wäre daher weniger eine Manifestation des bundesstaatlichen Geistes als vielmehr ein Gespenst aus einer andern Welt, der Welt des Einheitsstaates.

An dieser Stelle wird deutlich, daß es zur Schaffung eines Bundesstaates nicht nur einer Verteilung der Funktionen durch die Verfassung bedarf, sondern ebensosehr der Ausbildung eines staatstheoretischen Bewußtseins durch die Staatsbürger, einer Lehre vom Bundesstaat, in der sich der Geist, in dem die Verfassung auszulegen ist, ausprägt.

(1950)

Währungsprojekte – und warum

1. Bretton Woods revisited

Vom deutschen Bundeskanzler und vom französischen Staatspräsidenten wird der Plan eines europäischen Währungsverbundes vorangetrieben. Den spärlichen Verlautbarungen nach haben sie sich Mitte September auf die drei wesentlichsten Punkte eines solchen Planes geeinigt, wenn auch bei der in Währungsfragen erforderlichen Diskretion verständlicherweise keine Einzelheiten bekanntgegeben wurden. Denn was auch immer den beiden Partnern des genaueren vorschwebt, so muß Staaten, die dem Verbunde beitreten wollen, ein gewisser Verhandlungsspielraum zugestanden werden: den anderen Staaten der Europäischen Gemeinschaft und nicht diesen allein, wie das Interesse der Schweiz an einem Beitritt zeigt. Die drei Punkte, über die eine Einigung erfolgt ist, sind kurz die folgenden: die Rechnungseinheit, deren man im System als Bezugsgröße bedarf; ferner die Modalitäten der Intervention an den Devisenmärkten, die zur Aufrechterhaltung der dann festgelegten Paritäten unter den im Verbund eingebrachten Währungen erforderlich ist; und schließlich Art und Umfang des Währungsfonds, der zur Finanzierung von Interventionen und sonstigen Krediten dienen soll. Die Einigung bezieht sich auf Umrisse, die noch der Ausfüllung bedürfen. Damit wurde das Wort zunächst den Experten übergeben.

Es bleibt nicht aus, daß solch ein Plan auf ebensoviel Bedenken wie vorsichtige Zustimmung stößt. Er hat Folgen, und solche Folgen sind schwer abschätzbar, sie fördern und sie verletzen Interessen. In Staaten mit relativ stabiler Währung wird man fürchten, eben diese Stabilität möchte leiden durch den Zusammenschluß mit Staaten mit schwindendem Geld. In Staaten mit größerer Inflationsrate glaubt man hoffen zu dürfen, durch den währungspolitischen Zusammenschluß mit jenen an Stabilität zu gewinnen. Das Land mit der stärksten Währung, die Schweiz, dürfte sich davon versprechen, den argen Druck gegen den Franken, der von der Dollarspekulation ausgeht, abzufangen und zu mildern. Aber wie dem auch sei, welche Wünsche von Regierungen und Zentralbanken, von Industrie und Kreditwirtschaft an die Urheber des Plans auch herangetragen werden: Das Projekt als solches, so begrenzt es auch für den Augenblick noch scheinen mag, weist darauf hin, daß die Währungspolitik wieder einmal an einem Punkt angelangt ist, an dem an Reformen gedacht werden muß.

Das vermag nur den zu überraschen, der in der euphorischen Erwartung befangen war, der Übergang zu flexiblen Wechselkursen nach dem Zusammenbruch des Systems von Bretton Woods sei geeignet gewesen, diejenige Wirtschaftspolitik zu ermöglichen, die aus der *Stagflation*, aus Rezession und Inflation herausführen würde. Inzwischen hat sich Reif auf die Träume gelegt, und man hat sich der alten Wahrheit erinnert, daß die Vorlage von Währungsprojekten zu den Symptomen einer Krise gehört, So war es in der großen internationalen Dauerkrise, die sich von der Mitte der siebziger bis zur Mitte der neunziger Jahre des vorigen Jahrhunderts mit einigem Auf und Ab hinzog: Damals kreisten die Projekte um die Wiedereinführung des Silbers als Währungsgeld, um der Goldknappheit zu begegnen und Staaten wie Indien und China mit ihren »abgewerteten« Silberwährungen, die auf dem Binnenmarkt recht stabil geblieben waren, den dadurch erlangten Wettbewerbsvorteil auf dem Weltmarkt zu nehmen, insbesondere der indischen Baumwollindustrie. So war es auch während der Inflation zu Beginn der zwanziger Jahre dieses Jahrhunderts, als man nicht nur in Deutschland daranging, den Schutt des ersten Weltkrieges beiseite zu räumen: John Maynard Keynes' Traktat über Währungsreform von 1923 war die sichtbarste Frucht dieser Bemühungen auf theoretischem, die deutsche Rentenmark die auf dem praktischen Felde. So war es wieder zur Zeit der großen Depression um 1930, deren Folge in der Theorie und nach dem zweiten Weltkriege dann auch in der Praxis der so mächtig werdende Keynesianismus sein sollte.

Das 1944 beschlossene System von Bretton Woods war ein Versuch, den Fehler zu vermeiden, den man nach dem ersten Weltkrieg bei der (recht unvollkommenen) Rückkehr zum klassischen Goldstandard gemacht hatte (Deutschland 1924, Großbritannien 1925). Man suchte ein System fester Wechselkurse zu schaffen, in dem das Gold eine letztlich untergeordnete Rolle spielte. Das klassische System des Goldstandards, das vor dem ersten Weltkrieg geherrscht hatte, bewies zwei Eigenschaften: volle Konvertibilität der einen Goldwährung in eine andere und festen Wech-

selkurs unter ihnen. Diese Eigenschaften folgten einfach daraus, daß jede Banknote in Gold eingewechselt werden konnte und in einer festen gesetzlichen Relation zum Gold stand.
Man muß sich klarmachen, was solch eine Goldwährung klassischen Zuschnitts bedeutet: offenbar eine gemeinsame Währung aller Länder, die sich zu ihr bekennen. Ob Mark oder Pfund oder Franc oder (seit 1900) auch Dollar: sie waren über einer gewissen Menge Feingold *definiert.* Das System hatte Schwächen, die eine Rückkehr zu ihm nach dem ersten Weltkrieg verhindern mußten: der Umfang des Giralgeldes war zu groß geworden. Schon eine bloße Golddeckung erwies sich bereits Ende der zwanziger Jahre als das, was sie nach J. A. Schumpeters Worten auch sein sollte: als »die goldene Bremse an der Kreditmaschine«. Die folgende Deflationskrise hatte ihren Namen davon, daß selbst der nötigste Geldbedarf nicht mehr gedeckt war.
In Bretton Woods machte man sich also daran, eine Währungsordnung zu schaffen, die für eine sehr gewandelte Zeit eben das leistete, was die klassische Goldwährung vor dem Ersten Weltkrieg geleistet hatte: so etwas wie eine gemeinsame Währung aller am System beteiligten Staaten mit den Eigenschaften einer solchen – der Konvertibilität der Währungen bei festen Wechselkursen. An die Stelle des Goldes traten in diesem System die Sonderziehungsrechte (SZR), eine Recheneinheit unter den Zentralbanken der beteiligten Staaten. Es wurde der Internationale Währungsfonds gebildet, jedes Mitglied erhielt an diesem eine Quote und dieser entsprechend eine Kreditlinie. Jedes Mitglied sollte die Parität der eigenen Währung in Goldeinheiten anmelden (oder in Dollar in Gewicht und Feinheit am 1. Juli 1944) – wie denn auch die Werteinheit der SZR mit 0,888671 g Feingold festgesetzt worden war. Die Mitglieder waren verpflichtet, Gold nur in einer gewissen Marge zu kaufen oder zu verkaufen. Durch die Begrenzung der SZR war damit ein System geschaffen, das in den Grundzügen dem der klassischen Goldwährung nahe kam. Man hatte »die erste große Kodifikation von völkerrechtlich vereinbarten Spielregeln des internationalen Währungssystems« (Otmar Emminger) geschaffen. Damit hätte, neben den Goldbeständen der Zentralbanken, für die internationale Liquidität gesorgt sein sollen.
Den riesigen Kapitalvernichtungen durch zwei Weltkriege folgte nun aber nicht ein sorgsamer Aufbau eines neuen Kapitalstocks

(was allemal ein sparsames Wirtschaften voraussetzt), sondern eine ubiquitäre und ununterbrochene Folge von »Sozialprogrammen« jeglicher Art – mit entsprechender allseitiger Verschuldung der Staaten, denen durch die glückliche Fügung der Geschichte ein Notenmonopol zugefallen war, das sie zu inflatorischer, Schulden vernichtender Geldpolitik instand setzte. Von dieser Situation ging für die Zentralbanken ein erheblicher Druck aus, nach mehr Deckung Umschau zu halten. Man fand sie im sogenannten Gold-Devisen Standard, und da die USA im westlichen System nun einmal die stärkste Wirtschaftsmacht sind, war es weiter kein Wunder, daß der Dollar in die Stellung einer nicht weiter konvertierbaren Leit- und Reservewährung einrückte. Diese Entwicklung hat sich, woran man nicht vorbeisehen sollte, unabhängig von und neben dem System von Bretton Woods vollzogen – in einem, wenn man so will, dialektischen Vorgang: *Wegen* seiner allgemeinen Konvertibilität war der Dollar in diese Stellung eingerückt, in der er nicht weiter konvertibel war, weil das Schatzamt verständlicherweise die Konversion des Dollars in Gold abblocken mußte.
Die vielberufene Dollarmisere hat, wie sich versteht, noch weitere Gründe: die seit 1959 passive Zahlungsbilanz (1968/69 ausgenommen) läßt Dollars in andere Länder, unter anderem die Ölländer, strömen. Die USA verschulden sich zunehmend, gemildert durch Inflationierung. Wenn die Welt Dollars in ihren Portefeuilles hält, gewährt sie damit der amerikanischen Wirtschaft einen Kredit auf Dauer; entsprechend wird diese die Liquiditätsknappheit nicht fürchten müssen. Die amerikanische Wirtschaftspolitik gewinnt vielmehr an Bewegungsfreiheit, während dieser Zustand für die Gläubigerländer mit Dollarstandard Abhängigkeit bedeutet. So läßt sich verstehen, daß von amerikanischer Seite wenig getan wird, einen Zustand zu beenden, der manche Annehmlichkeit bietet und dessen weniger angenehme Seiten angesichts der für die amerikanische Wirtschaft relativ geringen Bedeutung der Außenwirtschaft nicht sehr ins Gewicht fallen.
Man hat dem System von Bretton Woods Konzeptionslosigkeit und Anachronismus vorgeworfen. Aber dieses System hat eine Grundkonzeption, man muß sie nur sehen: die durch die *Definition* aller Währungen in Gold mit dem *Festhalten* der Parität als Regel praktisch geschaffene Gemeinschaftswährung. Feste Wechselkurse und Konvertibilität sind nur Folgerungen aus dieser

Grundkonzeption. Nur hat man inzwischen den Veränderungen der Parität zuviel Spielraum gelassen und ihr praktisch keine Hindernisse in den Weg gelegt. Schlimmer noch: die Wissenschaft hat die Paritäten nicht als definitorisch angesehen, sondern als *gestoppte Preise*, die man der »Realität« anpassen müsse. Es hat an den abenteuerlichsten Vorschlägen nicht gefehlt, um einen solchen Prozeß auch noch zu automatisieren. Spannungen traten auf, weil das viel zu weich ausgelegte und erst recht so gehandhabte System nicht denjenigen Zwang auf die Wirtschaftspolitik der Nationen auszuüben vermochte, den auszuüben es seiner Idee nach angetreten war. Der laute Ruf nach der Herstellung »realistischer« Wechselkurse hat die Spekulation gegen die Deutsche Mark nur gefördert, im Mai 1971 geradezu hervorgerufen. Natürlich sind in einem floatierenden System die Kurse Preise. Aber war ein System der festen, definierten Wechselkurse denn so anachronistisch? L. Albert Hahn hatte völlig recht, wenn er sagte, die Wahrheit sei, daß Wechselkursstabilität und Autonomie der nationalen Geld- und Konjunkturpolitik unvereinbar seien. Sie sind es, in der Tat. Aber ist nicht in Wahrheit eben die nationale Geld- und Konjunkturpolitik der Anachronismus? Sind nicht inzwischen Zweifel erlaubt und auch laut geworden, ob es überhaupt so zweckmäßig sei, daß von den Staaten Konjunktur- und Geldpolitik getrieben werde, nachdem man wenig Nutzen und viel Flurschaden aus diesem Tun feststellen kann?

2. Vom Altern der Neuen Ökonomie

Wir sprechen von John Maynard Keynes, vom Keynesianismus. Keynes' Allgemeine Theorie der Beschäftigung, des Zinses und des Geldes war 1936 erschienen. Sie versuchte in der Theorie eine Antwort zu geben auf die große Depression am Beginn der dreißiger Jahre. Keynes glaubte ein Phänomen ausgemacht zu haben – Gleichgewicht bei unfreiwilliger Arbeitslosigkeit –, das auf dem Boden der »klassischen« Theorie nicht möglich war. Um dieses Phänomen zu erfassen, verallgemeinerte er die Theorie, stellte dann aber die Theorie auf den speziellen aktuellen Fall ab: Es kam ihm auf dessen wirtschaftspolitische Bewältigung an, sein Blick hing stets am Aktuellen. Seine neue Theorie war eine Theorie des Wirtschaftskreislaufs, als solche der erste große Wurf nach Fran-

çois Quesnay (1758) und Karl Marx (1867) und ebenso wie diese mit makroökonomischen Größen operierend. Es schien nun möglich zu sein, diesen Kreislauf wirtschafts- und geldpolitisch so zu steuern, daß gewisse wünschenswerte Ziele erreicht werden: Vollbeschäftigung, stabiler Geldwert, ausgeglichene Zahlungsbilanz, Wirtschaftswachstum – man pflegt die Ziele in »magischen« Dreiecken oder Vierecken zusammenzufassen.
Das bundesdeutsche Stabilitäts- und Wachstumsgesetz von 1967 schreibt gewissermaßen diese Ziele gesetzlich vor – das erste Mal, daß eine Wirtschaftstheorie gesetzlich verordnet wurde! Dieses Gesetz gab der Regierung ein Instrumentarium, das dazu dienen sollte, eine *antizyklische* Konjunkturpolitik zu betreiben, die vor allem Vollbeschäftigung und stabilen Geldwert sichert. Erreicht werden sollte dies durch eine Fiskalpolitik, die durch den Einsatz fiskalischer Mittel einer Rezession entgegenwirkt und eine Überhitzung der Konjunktur abkühlt, durch *deficit spending* einerseits, um einen Auslösereffekt für Investitionen hervorzurufen, und durch Dämpfung der Nachfrage nach Investitionsgütern, etwa durch eine Investitionssteuer, andererseits. »The fiscal and monetary authorities lean against the prevailing winds« – wie Paul A. Samuelson schrieb. Und man versuchte die Mittel nicht nur tendenziell in bestimmten Richtungen einzusetzen, sondern sprach wie Karl Schiller als Finanz- und Wirtschaftsminister von »Feinabstimmung«: man glaubte die jeweilige Wirtschaftslage hinreichend zu kennen, man glaubte sich im Besitz der nötigen Mittel, um das Schiff auf genauem Kurse steuern zu können, man glaubte die rechte Theorie zu haben, die sagt, was zu tun sei.
Daß nicht alles so lief, wie es laufen sollte, ließ die Ursache dafür zunächst in dem weniger stabilitätsbewußten Ausland suchen, zumal in den USA, die mit ihren Dollars auch einen Inflationsimport in die Bundesrepublik verursachten. Man sah das Hauptübel in dem angeblich so festen Wechselkurs im Rahmen des Bretton-Woods-Systems. Da nun aber die Ursache für die Dollarschwäche in den USA, ihrer Wirtschaftspolitik, dem Vietnam-Krieg und jedenfalls in von den Vereinigten Staaten zu vertretenden Umständen lagen (die als solche gegenüber allen andern wirksam waren), wäre es vernünftig gewesen, es den USA zu überlassen, den Dollar abzuwerten. Statt dessen schritt die Bundesrepublik zur Aufwertung am 27. Oktober 1969, vorangegangen war eine Exportbelastung und eine Importbelastung von je

4% über zehn Monate und ein Monat *Floaten* der Deutschen Mark; zwei Jahre später kam dann die Freigabe des DM-Kurses, am 9. Mai 1971. Am 15. August des gleichen Jahres wurde die Goldkonvertierbarkeit des Dollars aufgehoben, im Dezember wurden im Smithonian-Abkommen Leitkurse vereinbart. Im März 1973 gingen die EWG-Staaten zum *Blockfloating* über – das System von Bretton Woods war endgültig zusammengebrochen.

Das unterschiedliche Verhalten anderer Staaten vor und nach diesem Datum brauchen wir nicht zu skizzieren. Freilich zeigte sich, daß alles Floaten nicht zu dem Ziele führte, das nach der Theorie hätte erreicht werden müssen: die Salden in den Zahlungsbilanzen zu beseitigen. Und mehr noch: bei weltweiter Inflationstendenz sind Veränderungen in den Wechselkursen ein Mittel, sich außenwirtschaftlich der Inflation anzupassen, wir halten da mit den international steigenden Preisen auf dem Weltmarkt über die Aufwertung der Deutschen Mark durchaus mit. Durch diesen Anpassungsprozeß an die weltweite inflatorische Entwicklung wird verständlich, daß die hohen Salden in den Leistungsbilanzen nicht verschwanden; und die Vorwürfe an die Bundesrepublik wegen ihres ständigen Exportüberschusses entbehrten nicht eines berechtigten Kernes. Auch das Floating hat inflationsfördernde Konsequenzen, das war schon früh vom geschäftsführenden Direktor des Internationalen Währungsfonds (IWF) und vom Generaldirektor der Bank für Internationalen Zahlungsausgleich in Basel festgestellt worden. Wenn eine Währung einen Preis in einer anderen hat, so können eben Warenpreisänderungen in der einen durch Geldpreisänderungen der anderen kompensiert werden, so daß von den Paritäten kein Druck auf das Warenpreisniveau auszugehen braucht. Indem man praktisch und dann auch theoretisch das System von Bretton Woods als ein System »stabiler, aber anpassungsfähiger Wechselkurse« interpretierte, hatte man ihm den Keim zu seiner Auflösung bereits imputiert.

Aber warum? Als die Verträge von Bretton Woods geschlossen wurden, noch im zweiten Weltkriege, in einem *war to end war*, da war den führenden Leuten die Erinnerung an die Zeit der klassischen Goldwährung noch nicht geschwunden, und es mochte auf amerikanischer Seite noch Hoffnung auf *the one world* (mit Wendell Willkies Formel) darüber gelegen haben. Aber doch mehr als im Statut des IWF wurden Praxis und Theorie bald darauf von der Vorstellung beherrscht, in den *New Economics* die Mittel für eine effektive antizyklische Konjunkturpolitik in der Hand zu haben – zwangsläufig einer nationalen Wirtschafts-, Finanz- und Geldpolitik, die aber ihrer Idee nach wunderbar harmonisch war: Im Besitz ihrer Prinzipien und ausgestattet mit den nötigen Instrumenten bedurfte diese Politik keines Zwanges, der von der eben erst etablierten internationalen Währungsordnung auszugehen hätte (so entsprach es deren Idee, die man nur nicht wahrhaben wollte). Es liegt also eine gewisse Ironie darin: Als die antizyklische Konjunkturpolitik, ernsthaft auf die Probe gestellt, versagte, zerstörte man, um sie doch noch zu retten, das System von Bretton Woods, um auf dessen Trümmern dann einzusehen, daß die antizyklische Konjunkturpolitik sich nicht mehr restituieren ließ.

Woran ist die antizyklische Konkunkturpolitik gescheitert? In einem so komplexen Gebilde wie der Wirtschaft gibt es dafür, wie sich versteht, die mannigfaltigsten Gründe. Vielleicht liegt eine allgemeine Ursache darin, daß sie kurzfristige Erfolge anstreben muß, aber mittel- und langfristige Maßnahmen einzusetzen hat, um diese Erfolge zu erreichen, während kurzfristig wirksame Mittel eher langfristigen Flurschaden anzurichten geeignet sind. Eine Geldmengensteuerung, von der sich die sogenannten Monetaristen um Milton Friedman Erfolg versprechen, indem sie das Wachstum der Geldmenge an das der Produktivität koppelt, schiene da Erfolg haben zu können. Aber ihr steht im Wege, daß eine Zentralbank mit dem Notenmonopol nur die Steuerung der Zentralbankgeldmenge in der Hand hat, nicht hingegen oder doch nur in sehr beschränktem Ausmaß die Geldschöpfung durch den Bankenapparat, die von erheblicher Elastizität ist. Auch kann sich eine wachsende Geldmenge in verschiedener Weise niederschlagen: Die Umlaufgeschwindigkeit kann vermindert werden, das reale Sozialprodukt kann steigen oder es können auch die Preise klettern; der Effekt hängt an dem – im Prinzip ungewissen – Verhalten der Unternehmer und Haushalte. Eben dies, daß man es mit ungewissem Verhalten zu tun hat, ist geeignet, jede Konjunkturpolitik zum Abenteuer zu machen.

Für jeden, der Konjunkturpolitik treibt, für Wirtschaftsminister, Finanzminister, Zentralbankräte gilt es, wahrscheinliches Verhalten von Wirtschaftenden in Produktion, Dienstleistung und Konsum zu alterieren – man sagte früher und noch immer gern: auf einen Gleichgewichtszustand hin. Aber wir wissen nicht, ob wir in dieser Hinsicht nicht umdenken müssen, ob wir die Wirtschaft nicht als Prozeß sehen sollten, der Gleichgewichtszustände nicht kennt und in dem hypothetisch angenommene Gleichgewichtszustände durchaus nicht optimal zu sein brauchen. Im Gleichgewichtszustand wird im Saldo aller Bewegungen schließlich auf der Stelle getreten – es läßt sich dies, wie Erfahrung und neuerdings auch Theorie lehren, auch bei hoher Arbeitslosigkeit tun. Es käme also darauf an, Bewegung zu erzeugen. Fragt sich nur, wie und wohin.

Die keynesianische Revolution setzte ihre Hoffnungen auf fiskalische Maßnahmen. Die öffentlichen Hände sollten für Beschäftigung sorgen und sei es, gern strapaziertes Beispiel, durch Schaufeln und Wiederzuschaufeln von Löchern. Aber *deficit spending* und Inflationierung trugen nur bei zu ständig wachsenden öffentlichen Lasten, zu wachsender Verschuldung der öffentlichen Hände und Anhebung der Steuerlast, während die Investitionsneigung, die anzuregen man ausgezogen war, eher noch nachließ. Man wollte, mit dem Wort Karl Schillers, die Pferde zum Saufen bringen. Die Pferde zeigten sich abgeneigt.

War das verwunderlich? Wohl kaum. Es kam manches zusammen, um die Pferde eher scheuen zu lassen. Die Unternehmer fanden sich in eine Zange genommen. Es soll investiert werden, um Beschäftigung zu schaffen. Dafür käme es auf Kapitalbildung bei Unternehmern wie beim Publikum an. Mit dieser Einsicht beginnt man, sich von der Auffassung der »Neuen Ökonomie«, die über eine Nachfragebelebung zu diesem Ziele kommen soll, abzusetzen. Kapitalbildung erfordert, daß die Möglichkeit dazu belassen und nicht weggesteuert wird. Kapitalbildung beim Unternehmer wird durch Gewinne ermöglicht; aber am Gewinn nagt nicht nur der Zahn des Steuerstaates, sondern auch der Tarifpartner. Gewiß wäre es nicht gerecht, die Verantwortung auf diesen abzuwälzen, das Ergebnis von Tarifverhandlungen wird von beiden Parteien getragen. Es ist nur nachgerade ein Klima entstanden, in dem der Unternehmergewinn nicht mehr als selbstverständlich gilt. Wenn Lohnerhöhungen über die Produktivitätssteigerung nachhaltig hinausgehen, wird der Unternehmergewinn geringer und Löhne erscheinen als Kosten in den Preisen – wie anders als bei steigender Arbeitslosigkeit ließe sich deren Niveau durch restriktive Geldpolitik stabilisieren?

Es war Josef A. Schumpeter, der zuerst in den dreißiger Jahren im Amerika des *New Deal* eine unternehmerfeindliche Atmosphäre diagnostizierte. Da hat sich einiges in den Köpfen verkehrt, das man zurechtrücken muß. Es ergibt keinen Sinn, die Löhne an den Preisen orientieren zu wollen, wie es seit Jahr und Tag mit schöner Regelmäßigkeit geschieht. Löhne gehen, wie gesagt, in die Kosten ein, und Arbeitgeber wie Arbeitnehmer fordern in den Preisen den Nachfragenden ihr Einkommen ab. Zwischen den Tarifpartnern kann um die Verteilung noch so viel gerungen werden, beide stehen auf dem Markt letztlich den Nachfragenden gegenüber. Es gibt eben keine Zweiklassengesellschaft, diese ist eine verderbliche Illusion: verderblich deshalb, weil sie geeignet ist, das auch sonst genug angeschlagene Vertrauen zu untergraben, das ein Entschluß zu investieren nun einmal erfordert.

3. Wohin?

Es gilt also Illusionen aufzugeben, auf dem Felde der begrenzten Volkswirtschaften so gut wie auf dem der internationalen Währungspolitik. Auch in diesem Bereich ist das Vertrauen geschwunden, das Vertrauen in deren Seriosität. Das hängt eng damit zusammen, daß die internationale Währungsordnung, wie sie sich, so unvollkommen wie immer, im System von Bretton Woods dargestellt hatte, zertrümmert worden ist. Denn eines hätte man aus den Erfahrungen der ersten Jahrhunderthälfte lernen können: daß ein marktwirtschaftliches System an Effizienz von keinem übertroffen, ja nicht einmal erreicht wird, daß es aber zu seiner Stabilität einer *rechtlichen Verfassung* bedarf. Auf internationalem Gebiet stand diese Erfahrung noch aus, die Zerstörung des Systems von Bretton Woods hat sie inzwischen geliefert: Die unsichtbare Hand des Marktes kann nur wirksam werden, wenn die unsichtbare Hand der Rechtsordnung den Markt trägt. Denn eine effektive Rechtsordnung ist es, die Vertrauen ermöglicht, weil sie allen Beteiligten eine – wie immer definierte – Disziplin auferlegt. Disziplin ist zwar unbequem, ermöglicht aber ein systemkonformes Verhalten. Auf dieses käme es an.
Der neue Währungsplan, der von der Bundesrepublik und Frankreich initiiert wird, ist in seinen Einzelheiten noch nicht bekannt, aber einige wesentliche Züge lassen sich ebenso erkennen wie

einige Streitpunkte mit prospektiven Partnern. Der Plan nimmt die Idee der »Schlange« auf als eines Blockfloating gegenüber den Währungen derer, die nicht teilnehmen. Aber diese neue »Schlange« wird verstärkt und stabilisiert durch die Einrichtung eines Fonds, der wohl einmal die Last des im Block Floatierens – bisher in der »Schlange« von beteiligten Zentralbanken getragen – auf sich nehmen soll, zum anderen aber auch die Mitgliedswährungen gegenseitig abzustützen bestimmt ist. Damit würde eine Institutionalisierung der beiden wichtigsten Funktionen eines solchen Währungsverbundes erreicht sein. Und das wäre, aus der Sicht einer Währungsverfassung, ein wesentlicher Fortschritt für den Bereich, in dem der Verbund konstituiert sein wird: ein echter Ersatz für Bretton Woods.

Natürlich wirft ein solches Projekt eine Vielzahl von Fragen auf, die sich für die Teilnehmer in sehr unterschiedlicher Weise stellen werden. Die Skala der Härte der Währungen, die in den Verbund eingebracht werden sollen, ist überaus unterschiedlich. Die Länder mit weicheren Währungen können hoffen, ihr Geld zu härten durch die Stützung, die sie von seiten der Länder mit harten Währungen im Verbund erfahren. Umgekehrt können, wie eingangs schon angedeutet, die Länder mit harten Währungen befürchten, von den weniger stabilen Partnern in einen inflationären Prozeß tiefer hineingezogen zu werden, dem man sich bislang mit leidlich gutem Erfolge hatte entziehen können.

Giscard und Schmidt haben gesprochen, die Kärrner haben zu tun, die Experten, die in Brüssel tagen, sind uneins: Die Interessen sind verschieden, die Ansichten auch, aber das war vor 34 Jahren in Bretton Woods nicht eben anders. Sie werden überbrückt werden, weil die Politik es so will und weil sie es wollen muß. Der Kern der Europäischen Gemeinschaft ist der Gemeinsame Markt, um den sie sich versammelt, und der flexible Wechselkurs erwies sich inzwischen als eben das, was er politisch und wirtschaftlich nur sein konnte: als ein Ferment der Dekomposition. Gewiß hatte man noch die »Schlange«, die wenigstens die kleinen Mitglieder der EG in einem Block um die Bundesrepublik zusammenhielt. Aber wenn eine Währungspolitik von Gewicht geführt werden sollte, so mußte Frankreich einbezogen werden. Und es zeigte sich jetzt sehr schnell, daß ein solcher Verbund wie der geplante attraktiv genug ist, auch einem zögernden Großbritannien den Beitritt wünschenswert erscheinen zu lassen, obwohl ein Rückzug dann wohl verlegt wird – für britische Politiker ein eher unliebsamer Gedanke. Aber auf der Dollarflut segelt es sich schlecht allein.

Vielleicht spielt bei alledem auch noch ein Grund mit, der abseits zu liegen scheint: die bevorstehenden Wahlen zum Europäischen Parlament, das zwar nach wie vor mit minimalen Befugnissen, dafür mit gestärkter Legitimation antreten wird. Ein Währungsverbund ist ein Thema für Experten, die die Möglichkeiten, Bedenken, Gegensätze diskutieren, aufklären, auffächern können. Er ist mit zahllosen technischen Details durchsetzt, kein Thema für ein Parlament, bei dem die Regierungschefs nicht wissen, wohin dann auf der Flut der Reden ihre Felle schwimmen werden. Man könnte verstehen, wenn Giscard und Schmidt, von der politischen Notwendigkeit ihres Projektes überzeugt, es noch vor den Europa-Wahlen über die europäische politische Bühne zu bringen trachten. Darauf deuten auch die knappen Terminsetzungen hin und die, was noch zu erwähnen sein wird, vorläufige Umgehung von Gesetzgebungsakten. Auch für das Europa-Parlament wäre solche Entlastung von Vorteil, es werden späterhin Schritte zu tun sein, für die es gut sein wird, nicht einmal eine bloß rhetorische Verantwortung für das Währungsprojekt getragen zu haben.

Die Entscheidungen können, das ist klar, nur auf einem Gipfel fallen, dessen Teilnehmer, allen Meinungs- und Interessenverschiedenheiten zum Trotz, zu einer Einigung zu kommen wünschen. Es soll eine Europäische Währungseinheit (EWE) über einem Währungskorb geschaffen werden, dessen Zusammensetzung noch strittig ist. Bestehende Vereinbarungen, insbesondere über die »Schlange«, müssen den anderen, noch zu treffenden harmonisiert werden, im Laufe von etwa zwei Jahren soll ein Europäischer Währungsfonds (EWF) geschaffen, ja konsolidiert sein. Bis dahin hat man Übergangsregelungen zu treffen, insbesondere über Interventionsmechanismen und Kreditfazilitäten. Der Interventionsmechanismus dient wie bisher dazu, die Währungen der Gemeinschaft in einer »Schlange« zu halten, die Interventionspflicht der Zentralbanken ist, wie sich versteht, nach oben hin nicht limitiert; doch soll ein Saldenausgleich bis zum Ende des folgenden Monats erfolgen, im Schnitt also innerhalb von 45 Tagen. Die neu hinzutretenden Länder wünschen diese Frist auf 90 Tage verlängert, wodurch freilich die Salden in ganz andere Höhen als bisher getrieben werden könnten.

So sucht man denn nach Bremsen und Filtern, da der kürzestfristige Währungsbeistand nicht mit Auflagen verbunden werden wird. Die Kreditfazilitäten sind in einer Höhe von 25 Mrd. EWE ins Auge gefaßt (etwa 65 Mrd. DM), die Aufteilung in kurz- (3 + 3 Monate) und mittelfristige Tranchen (2-5 Jahre) steht noch aus. Da die Bereitstellung bereits zum 1. Januar 1979 erfolgen soll, ohne daß Gesetzesänderungen bis dahin erfolgen, dürfte es sich um Swap-Arrangements handeln, um ein von der bestehenden Währungsordnung toleriertes Einräumen von Kreditlinien unter den Zentralbanken. So will man die Zweijahresfrist bis zur Konstituierung des geplanten EWF überbrücken. Der Streit geht vorerst offenbar um die Laufzeit der kurzfristigen Kredittranchen; statt der 3 + 3 Monate, woran die Bundesrepublik und die Niederlande festhalten möchten, streben Großbritannien, Frankreich und Italien eine Laufzeit von 6 Monaten mit Verlängerungsmöglichkeit an.
Wie auch immer der neue Währungsverbund ausfallen wird, es werden sich in ihm zwangsläufig die Interessengegensätze und das Gefälle der Währungen der Partner widerspiegeln. Der Verbund wird immer wieder vor Zerreißproben gestellt werden, eine Voraussage, die angesichts des Dollarverfalls billig ist. Dabei dürfte es wohl nicht einmal die in ihrem Selbstgefühl allzu gehätschelte Spekulation sein, die den Verbund vor die ärgsten Probleme stellen wird. Die Vereinigten Staaten sehen dem Verfall ihrer Währung mit bemerkenswerter Gelassenheit zu. Sie können es auch, wenn sie darauf hoffen dürfen, daß ihnen am Ende zwei Möglichkeiten zufallen: die einer Exportoffensive, die die anderen Industriestaaten, Japan und die Bundesrepublik vorab, das Fürchten lehren kann, und die Entlastung davon, der Welt eine Reservewährung stellen zu müssen. Was das erstere anlangt, so wird diese gern an die Wand gemalte Gefahr wahrscheinlich überschätzt; auch Gründe, die in der bisherigen Politik amerikanischer Unternehmen liegen, sprechen dagegen. Aber Befreiung von der Aufgabe, das Reserve-Medium für die Wirtschaft zu stellen, wäre in der Tat ein Ziel, das verlocken kann. Wenn der Plan des Europäischen Währungsverbundes in Japan wohlgefällig aufgenommen wurde, so hat man dort wohl vor allem diese Seite der Sache gesehen. Denn ein solcher Verbund bahnt schließlich die Möglichkeit für die beteiligten Zentralbanken, sich vom »Gold-Devisenstandard« zu lösen, soweit unter »Devisen« eben Dollars verstanden werden.

Man darf sich also, aber man braucht sich auch nicht darüber zu täuschen, daß die inneren Spannungen, denen der Verbund auf Grund der in ihn eingehenden ungleichen Währungen ausgesetzt ist, zusammen mit den Aufgaben, die sich ihm im weltwirtschaftlichen Bereiche stellen, harten Belastungsproben ausgesetzt sein wird. Dafür sorgen schon die Konvertibilität der Währungen auf der einen und die fortbestehende nationale Zins- und Wirtschaftspolitik auf der anderen Seite. Es wird weniger darauf ankommen, wie seine Statuten im einzelnen aussehen, als darauf, daß sie hart genug sind, die im Verbund zusammengeschlossenen Staaten zu einer konvergierenden Politik zu zwingen. Das Beispiel von Bretton Woods, was eine zu weiche, auch noch durch falsche Theorie abgestützte Praxis anrichten kann, sollte warnen. Angesichts der divergierenden Interessen und Interessenverbände und der ideologischen Obsessionen von Politikern wird es nicht leicht sein, die Voraussetzungen für die Stabilität der einmal beschlossenen Paritäten des Verbundes auf dem politischen Felde effektiv durchzusetzen.

Freilich gäbe es ein Mittel, diesen Problemknoten zu durchhauen. Währungspolitik ist kein Handwerk, zu dem Politiker geboren oder zu dem sie berufen wären. Man sollte sie also davon dispensieren. Entnationalisierung des Geldes, freie Wahl der Währung hat neuerdings Friedrich Adolf von Hayek vorgeschlagen, und Wolfgang Stützel, selten um den treffenden Ausdruck verlegen, hatte sich kurz zuvor schon für »Geldfluchtfreiheit« ausgesprochen – für die Freiheit, aus der eigenen Währung zu emigrieren wie auch (in welchem Staat auch immer) die Währung zu wählen, in der man sparen möchte: also für ein Emigrations- wie für ein Asylrecht in Geldsachen.

Hayeks Vorschlag für die nahe Zukunft (begründet durch die Diskussion eines weitergehenden) besteht darin, »daß sich die Länder des Gemeinsamen Marktes (möglichst einschließlich der neutralen Länder Europas, vielleicht später auch der Länder Nordamerikas) gegenseitig durch formalen Vertrag binden, weder den Handel in ihren gegenseitigen Währungen (inklusive Goldmünzen) noch einer in gleicher Weise freien Ausübung von Bankgeschäften seitens einer in einem ihrer Territorien gesetzlich niedergelassenen Bank irgendwelche Hindernisse in den Weg zu legen«. Der Plan bezweckt, die der vorgeschlagenen Vereinbarung unterliegenden Währungen der *Disziplin des Marktes* zu unterwerfen – jedes der geldemittierenden Institute wäre gehalten, seine Emissionspolitik so zu gestalten, daß es nicht durch andere aus dem Markt gedrängt würde. Die Maßnahmen »zum Schutze der eigenen Währung« würden dann entfallen.

Ein solcher Plan mag im Augenblick noch abenteuerlich erscheinen. Aber ist es nicht im Rahmen eines marktwirtschaftlichen Systems nur konsequent, auch die Währungen dem Markt zu unterwerfen? Vielleicht wird man später zu rühmen haben, daß der jetzt angesteuerte Währungsverbund in weiser Selbstbeschränkung nicht die nationalen Währungen zugunsten einer europäischen beseitigt und so eine Vielfalt erhält, die man dann (später) frei und grenzüberschreitend konkurrieren lassen könnte – und zwar von einem (heute freilich schon gewissen) Tage an, an dem es angesichts überwältigender Schwierigkeiten nur noch den Ausbruch in die dem marktwirtschaftlichen System inhärente wirtschaftliche Vernunft geben *kann,* wenn man eine neue Zwangsbewirtschaftung vermeiden will, die nur noch den Mangel verteilt.

(1978)

Lord Keynes of Tilton

»Jeder deutsche Politiker weiß, was wir ihm zu danken haben.« So schrieb im Jahre 1929, zehn Jahre nach dem Ende des ersten Weltkrieges, der deutsche Rechtslehrer Hermann U. Kantorowicz[1] über den englischen Nationalökonomen John Maynard Keynes, den Verfasser des aufsehenerregenden Buches *The Economic Consequences of the Peace* (London 1919): »Man weiß, daß nicht nur die Franzosen rasten, sondern auch viele seiner Landsleute Keynes Verräter, Lügner, ja sogar Deutschenfreund schalten. Aber wie bald ist – jenseits des Kanals – diese Stimmung in die der Bewunderung und Belehrungsbereitschaft umgeschlagen, so daß nun Keynes als die erste Autorität für den Friedensvertrag angesehen werden konnte.«

Die beiden Bücher von Keynes über *Die wirtschaftlichen Folgen des Friedensvertrages* und über *Die Revision des Friedensvertrages* bleiben denkwürdig als Zeugnis für das Bestreben eines klarsichtigen und weitblickenden Mannes, den Frieden den Forderungen der Vernunft, der Gerechtigkeit und der Menschlichkeit anzupassen. Keynes ist mit seinen Forderungen nicht durchgedrungen. Wenn wir zurückdenken, weshalb diese Stimme der Vernunft verhallte und verhallen mußte, so sollte es uns heute fernliegen, wieder einmal von der »Schuld der anderen« zu spre-

1 *Der Geist der Englischen Politik und das Gespenst der Einkreisung Deutschlands*, 1929, S. 142. Kantorowicz, der sein Leben 1940 in England beschlossen hat, ist der schärfste Entlarver des »Märchens von der Einkreisung Deutschlands« und gründlichste Kritiker der von deutschen Politikern und Gelehrten betriebenen Unschuldspropaganda gewesen. Seine »Kritik der Kriegsschuldfrage«, ein Sachverständigengutachten, das er auf Ersuchen des parlamentarischen Untersuchungsausschusses des Reichstages 1923 unter Eid erstattete, »ist schon 1925 gedruckt worden und sollte in den nächsten Jahren ans Licht treten, falls es nicht gewissen mächtigen Kreisen gelingt, die Veröffentlichung zu hintertreiben« (a. a. O., S. 22). Nun, es ist damals jenen Kreisen gelungen, die Veröffentlichung zu hintertreiben. Es wäre wünschenswert, wenn das Buch nunmehr der Öffentlichkeit zugänglich gemacht würde, ebenso wie seinem, bisher für die deutsche Strafrechtsliteratur nicht existierenden, grundlegenden Werk *Tat und Schuld*, Zürich 1933, endlich der gebührende Platz in der Diskussion eingeräumt werden sollte.

chen. Viel wichtiger ist es für uns zu erkennen, was wir selber dazu getan haben, eine vernünftige Regelung zu hintertreiben: es ist nicht wenig. Vor allem ist es die höchst unglückliche Verkoppelung von Kriegsschuld und Reparationen gewesen, die man sich in Deutschland zurechtgelegt hatte, in der Meinung, man könne über den Nachweis von Deutschlands Unschuld – die, weil nicht bestehend, auch nicht zu erweisen war und schon gar nicht für jemand, der ein Interesse an der Schuldbehauptung hat – die Befreiung von den Reparationen bewirken.[2] Wenn das deutsche Volk einmal nüchtern nachrechnete, wieviel Geschirr es zu seinem eigenen Schaden in nationalistischer Erregung zerschlagen hat[3] und daraus für die Zukunft die Folgerungen zöge, so würde es damit einen Teil des Dankes abstatten, den es J. M. Keynes für sein mannhaftes Eintreten schuldig geworden und geblieben ist.

Wer war dieser Mann?

John Maynard Keynes wurde 1883 in Cambridge in England geboren. Sein Vater war John Neville Keynes, zuletzt Registrary Emeritus der Universität, bekannt durch seine ausgezeichneten *Studies and Exercises in Formal Logic* (1884 u. ö.), die klassische Darstellung der Logik aristotelischer Provenienz. Der Name der Familie ist normannischen Ursprungs und entspricht dem französischen »chênes«. Keynes' Bildungsweg führte über Eton und über das King's College in Cambridge. Dann trat er 1906 in den Zivildienst ein (India-Office), doch kehrte er bereits 1908 an sein College als Fellow zurück. Während des ersten Weltkrieges war Keynes im Schatzamt tätig und nahm als dessen Vertreter und als

2 Als ob der Beweis der Schuldlosigkeit Deutschlands einen Verzicht erwirkt hätte! Vgl. H. W. V. Temperly, *A History of the Peace Conference of Paris,* Bd. II, S. 73.

3 Es lohnte einmal, diese Rechnung aufzumachen. Die Tatsachen pflegen in Deutschland unbekannt zu sein. Um nur eine zu nennen: Jedes Kind weiß in Deutschland, daß der Zusammenbruch der Danatbank 1931 eine Folge des Zusammenbruchs der »Nordwolle« war. Er war nicht die einzige Ursache. »In two months time, this bank had lost more than $ 150 000 000 out of the $ 500 000 000 which had been drawn out of Germany consequent upon the Stahlhelm Parade in Silesia.« So Walton Newbold, Mitglied des MacMillan Committee on Finance and Industry, in seinem Buch *Democracy, Debts and Disarmament,* 1933, S. 250; vgl. auch S. 237 f.

Stellvertreter des Schatzkanzlers an der Pariser Friedenskonferenz teil. Er trat, wie er selber sagt, von diesem Posten zurück, als es klar wurde, daß nicht länger Hoffnung auf wesentliche Änderung des Entwurfes der Friedensvertragsbestimmungen bestand. Er kehrte nach Cambridge zurück zu wissenschaftlicher und publizistisch-kritischer Arbeit. Aber dem praktischen Leben blieb er vielfach verbunden, nicht nur durch seine scharfe Kritik an der Politik der Bank von England allein. Das englische Musikleben – um nur dieses zu nennen – verdankt ihm bedeutende Förderung. Er heiratete die russische Tänzerin Lydia Lopokova. Einige Jahre seines Lebens vermochte er wenigstens zum Teil »den köstlichsten Beschäftigungen zu widmen, die jenen, die ihren Unterhalt nicht zu verdienen brauchen, offenstehen: nämlich Schriftstellerei und experimentelle Landwirtschaft« – wie er es selbst einmal von Silvio Gesell sagt.

Der zweite Weltkrieg brachte Keynes wieder an die führende Stellung des britischen Finanz- und Wirtschaftslebens: Er wurde Direktor der Bank von England, Mitglied des beratenden Ausschusses, der dem Schatzkanzler zur Seite stand. Seine Hand war in den Budgets spürbar, und England verdankt es wesentlich ihm, wenn es den Krieg in finanzieller Hinsicht nicht schlechter überstand. Vor allem ist aber sein Name mit dem großen Vertragswerk von Bretton Woods verknüpft, wenn auch der endgültige Text nicht aus dem Keynes-Plan, sondern dem amerikanischen White-Plan entwickelt worden ist. Aber trotzdem bleibt der Keynes-Plan in seiner ursprünglichen Gestalt auch für die Zukunft noch interessant genug, baut er doch auf den theoretischen Grundlagen auf, die Keynes in seiner *Allgemeinen Theorie der Beschäftigung* ... entwickelt hat. Von ihr wird noch zu sprechen sein. Hier genügt es zu sagen, daß wichtige Gedanken des Keynes-Planes in das endgültige Vertragswerk übergegangen sind, ebenso wie vieles aus Keynes' (in Deutschland fast unbekannt gebliebenen) Zusatzplänen über die Bildung eines internationalen Rohstoff-Pools, eines Investment-Ausschusses für die Finanzierung des Kapitalbedarfs rückständiger oder verarmter Länder oder über die Errichtung eines internationalen Wirtschaftsausschusses zur Förderung langfristiger Investitionen im Interesse der Weltwirtschaft. Der Kern des Keynes-Planes besteht darin, daß, wenn ein Land einen nicht ausgenutzten Ausfuhrüberschuß hat, dieser Überschuß international nutzbar gemacht wird, solange jenes Land ihn nicht auszunützen wünscht. Das sollte natürlich nicht heißen, wie Keynes in seiner bedeutenden Rede vom 18. Mai 1943 im Oberhaus[4] – der Jungfernrede übrigens des neuen Peers Lord Keynes of Tilton – sagte, daß die Vereinigten Staaten zur Milchkuh der Welt oder Englands werden sollten. Vielmehr handelt es sich um ein »höchst notwendiges Stück des weltwirtschaftlichen Mechanismus«, dessen Fehlen zwischen den beiden Weltkriegen »keinen kleinen Anteil am Entstehen der Atmosphäre hatte, in der die Nazis gedeihen konnten.« Wir brauchen uns ja nur an den Anteil zu erinnern, den die Schutzzollpolitik der USA am Entstehen der Weltwirtschaftskrise um 1930 gehabt hat. Es ist hier nicht der Ort, um auf das Verhältnis des Keynes-Planes zu den konkurrierenden Plänen, etwa dem White-Plan oder dem kanadischen Plan, einzugehen oder zu zeigen, was von Keynes' Ideen in das endgültige Vertragswerk eingegangen ist. Im Ganzen wird man aber sagen können, daß sich das durchgesetzt hat, was Keynes forderte, wenn er am Ende seiner Rede sagte: »Klares, gesundes Denken über diese Probleme könnte viel tun, die materielle Last der Kinder der Menschen zu erleichtern«. Seine letzte große Tat für sein Land waren die Verhandlungen über die 4,4 Milliarden Dollaranleihe in den USA: ein großer bedeutender Erfolg in der Lösung eines überaus komplizierten handelspolitischen und währungstheoretischen Problems der künftigen weltwirtschaftlichen Organisation. Es waren schließlich diese Mühen um die finanzielle Atempause bis zur Normalisierung des britischen Außenhandels, denen sein Herz nicht mehr gewachsen war. Er verschied am Ostersonntag auf seinem Landgut an einem Herzschlag.

Es trifft auch auf John Maynard Keynes zu, was er einmal als Verdienst des Nationalökonomen Robbins preist,[5] daß dieser, beinahe allein, konsequent einen in sich geschlossenen Gedankengang aufrechterhält und seine praktischen Vorschläge dem gleichen System angehören läßt wie seine Theorien. Freilich müssen wir eine Einschränkung machen, wenn man das eine Einschränkung nennen will: so ganz hat Keynes einen in sich geschlossenen Gedankengang – wenn man auf das Ganze seiner

4 Zitiert nach *Manchester Guardian* vom 19. Mai 1943.

5 *Allgemeine Theorie der Beschäftigung, des Zinses und des Geldes,* 1936, S. 17, Anm. 3.

ökonomischen Theorie sieht – eigentlich nie aufrechterhalten; er hat vielmehr früh an dem in sich geschlossenen klassischen System gerüttelt und es schließlich – in seinem letzten großen Buch – gesprengt. Daher haftet seinen großen theoretischen Werken etwas Fragmentarisches an – etwa verglichen mit denen von Marshall oder Pigou. Doch davon später.

Die Bildungseinflüsse, die tiefer auf den jungen Keynes einwirkten, lassen sich durch die Namen zweier wissenschaftlicher Schulen bezeichnen: Es ist die Cambridge-Schule der Nationalökonomie unter Marshall, und es ist der philosophische Neurealismus, der um 1900 von Cambridge seinen Ausgang nahm und am besten durch die großen Namen von George Edward Moore (geb. 1873), Bertrand Russell (geb. 1872) und Alfred North Whitehead (geb. 1861) bezeichnet wird. Der Letztgenannte dieser drei Begründer des Neurealismus wirkte damals zwar als Mathematiker, war aber doch (nach Veröffentlichung seines *Treatise on Universal Algebra*, 1898) bereits der Logik eng verbunden. Er arbeitete bis 1912 gemeinsam mit Russell das Standardwerk der neuen Logik – die *Principia Mathematica* (1910-1913) – aus. Seine mathematische Arbeit galt vor allem der Axiomatisierung der Geometrie, doch weiß er sich hinsichtlich der logischen und philosophischen Seite Russell verpflichtet.[6] Der führende philosophische Kopf unter ihnen war um 1900 Moore (*Principia Ethica*, 1903, vor allem aber einige Abhandlungen), in dessen Bann Russell in seinen ersten philosophischen Publikationen (*A Critical Exposition of the Philosophy of Leibniz*, 1900; *The Principles of Mathematics*, 1903) noch durchaus stand. Moore ist ein Denker, dessen Begabung vor allem in der Analyse, im Fragen liegt, weniger oder kaum im System, in der Antwort, in der Konstruktion. Dabei bleibt er dem common-sense verpflichtet wie der common-sense-Philosophie Reids und der schottischen Schule. Es gibt ein ursprüngliches Wissen, das allem abgeleiteten und erschlossenen Wissen vorangeht und an das der Philosoph genau so gebunden ist wie der naive Mensch. Man hat nun wohl die dogmatische Grundlage von Moores Methode seine Erklärung für den common-sense genannt (wie die von Russell dessen Vorliebe für die

6 *The Axioms of Projective Geometry*, 1906, S. VI. *The Axioms of Descriptive Geometry*, 1907.

Wissenschaft),[7] aber im ganzen gesehen, ist doch die undogmatische Haltung eines der hervorstechendsten Merkmale von Moores (wie auch Russells) Philosophieren.

Nun soll gewiß nicht Keynes für die Cambridge School of Analysis reklamiert oder zu einem Schüler Russells gemacht werden. Aber es ist unverkennbar, daß seine wissenschaftliche Attitude wesentlich von dorther bestimmt ist. Nicht nur daß auch Keynes ein geschulter Mathematiker ist, für den Lady Algebra nur die zehnte Muse war. Die ganze Art seines analytischen Denkens entspricht dem jener Philosophen. Die logische Analyse ist ihm ein natürliches Mittel, seine Forschung vorwärtszutreiben. Er strebt dahin, die Grundlagen tiefer zu legen, die axiomatischen Voraussetzungen herauszuarbeiten. Er ist undogmatisch wie jene; nicht ohne Grund steht er im Rufe eines Häretikers seiner Wissenschaft. Und nicht zuletzt: seiner Art des Forschens eignet ein guter Schuß common-sense, wie er ja auch nicht ungern eine Übereinstimmung seiner Thesen mit dem common sense des businessman konstatiert.

Diese Züge des Keynesschen Denkens findet man in seinem großen Werk beisammen, bezeichnenderweise einem philosophisch-mathematischen, dem *Treatise on Probability* (1921, deutsch 1926). Es ist ein Werk, das sich schnell, auch außerhalb Englands und auch in Deutschland, Beachtung errungen hat. Keynes entwickelt eine sogenannte subjektive Wahrscheinlichkeitstheorie und steht damit in der Nachfolge des Begründers des Wahrscheinlichkeitskalküls, Jacob Bernoullis. Seine Hauptthese ist, daß Wahrscheinlichkeit es nicht mit Ereignissen, sondern mit Urteilen oder Aussagen zu tun hat. Dem halten Mathematiker – etwa Coolidge[8] oder Richard v. Mises[9] – entgegen, daß die Wahrscheinlichkeit von Urteilen schwerlich eine geeignete Grundlage für eine mathematische Behandlung sei, und geben einer objektivistischen Auffassung, wie sie schon der von Keynes heftig befehdete John Venn in seiner *Logic of Chances* vertreten hatte (so aber auch schon J. St. Mill in seiner Logik), den Vorzug. Immerhin dürfte dieser Einwand heute als erledigt gelten: auch eine Deu-

7 Black, »Relations between Logical Positivism and the Cambridge School of Analysis«, in: *Journ. of Unified Science (Erkenntnis)*, Bd. VIII, S. 6.

8 *Probability*, 1924, S. 5.

9 *Wahrscheinlichkeit, Statistik und Wahrheit*, 1928, S. 58 ff.

tung der Wahrscheinlichkeit als einer logischen Beziehung zwischen Sätzen läßt eine mathematische Behandlung zu. Damit ist nun zwar die Keynessche Beweisführung nicht gerettet; aber man darf bei diesem ebenso gelehrten wie anregenden und geistreichen Buch nicht vergessen, daß es mit am Anfang der so sehr ausgedehnten Diskussion um den Wahrscheinlichkeitsbegriff nach dem ersten Weltkrieg steht. Inzwischen hat man zwischen verschiedenen Sprachen unterscheiden gelernt, je nachdem sich die Sprache auf Objekte oder auf die Zeichen und logischen Verknüpfungen einer Sprache (Syntax) oder auf die Beziehungen der Zeichen zu den Objekten (Semantik) bezieht. Damit ergab sich die Strukturgleichheit (Isomorphie) der mathematischen und der logischen Wahrscheinlichkeitstheorie, und die erkenntnistheoretische Wichtigkeit des Unterschiedes zwischen der semantischen und der Objekt-Auffassung der Wahrscheinlichkeit schrumpfte so erheblich zusammen.[10] Immerhin ist hiermit das Problem, das uns die Wahrscheinlichkeit aufgibt, noch keineswegs endgültig bezwungen. Es bleibt vor allem – mit ihm eng verbunden – das erkenntnistheoretisch schwierigere Induktionsproblem. Aber auch unter so veränderten Voraussetzungen bleibt der *Treatise on Probability* interessant genug, weniger für den Mathematiker, doch für den Philosophen, der etwa Keynes' *Prinzip der Beschränkung der Mannigfaltigkeit* zum Gegenstand seines Nachdenkens zu machen nicht verfehlen sollte. So setzte Keynes mit diesem Buch die Reihe der englischen Forscher, die Nationalökonomie und Philosophie in ihrer Person fruchtbar verbanden, würdig fort. Und es sind nicht die schlechtesten Namen, denen er den seinen anreiht: dem von A. Smith, der beiden Mill und W. H. St. Jevons'.

Wenn wir nun von der anderen Schule sprechen, die entscheidenden Einfluß auf Keynes' Denken gewonnen hat, von der Cambridge School of Economics unter der Führung von Alfred Marshall, so betreten wir damit das Gebiet, auf dem der größte Teil des wissenschaftlichen Lebenswerkes von Keynes liegt, das Gebiet der theoretischen Ökonomie. Hatte Marx von Ricardo und dessen Vorgängern als den Klassikern gesprochen, so dehnt Keynes diesen Begriff auf Ricardo und dessen Nachfolger aus, und wir werden demgemäß unter der klassischen Schule die Öko-

10 Reichenbach, »Über semantische und Objekt-Auffassung von Wahrscheinlichkeitsausdrücken«, in: *Journ. of Un. Sc.*, Bd. VIII, S. 50 ff.

nomen bis zu J. St. Mill, Marshall, Edgeworth und Pigou verstehen.

Es ist auf den ersten Blick etwas überraschend, den Begriff der »Klassik« so erweitert zu sehen; denn wir sind gewohnt, den Unterschied zwischen der älteren und der modernen Theorie in der Einführung des Grenznutzenprinzips durch Carl Menger (1871), W. St. Jevons (1871) und Léon Walras (1874) zu erblicken. Das bleibt natürlich richtig; aber trotzdem kann man – mit Keynes – auch die moderne Grenznutzenschule in ihren drei Zweigen noch als »ricardianisch« bezeichnen – den Schweden Wicksell und etwa noch Wicksteed einmal mit Fug ausgenommen. Die entscheidende Veränderung betraf die klassische »objektive« Werttheorie: an die Stelle des so oder so definierten Arbeitswertes trat das subjektive Prinzip des Nutzens. Das erlaubte einen sehr viel einheitlicheren Aufbau der theoretischen Ökonomik und machte Fragen lösbar, die sich auf dem Boden der objektiven Wertlehre nicht bezwingen ließen: so konnten nunmehr, um nur einiges zu nennen, die Kostenelemente auf einen Generalnenner gebracht, Monopolpreise, Preise verbundener Produkte, Preisbildung im internationalen Handel aus einer einheitlichen Preistheorie entwickelt werden. Das Grenzprinzip, das nicht auf die spezielle Form des Grenznutzens beschränkt blieb, erleichterte die mathematische Behandlung ökonomischer Fragen, da es auf eine natürliche Art auf Differentialquotienten führte. Und doch blieb auch die neue Theorie im Banne der klassischen Tradition, am stärksten freilich auf deren klassischem Boden: in England selbst. Nicht zu Unrecht sagt Keynes, daß Marshall das Grenznutzenprinzip auf die ricardianische Theorie aufgepfropft habe.[11]

11 In Deutschland scheinen die Dinge etwas anders zu liegen: Man braucht nur an die Namen von Knies, Schmoller und Gottl-Ottlilienfeld zu erinnern. Aber deren Werk ist nicht eigentlich ökonomische *Theorie* in dem strengen Sinne, in dem wir hier von Theorie sprechen. Für Schmollers historisch-empirische Forschung ist das unmittelbar einleuchtend. Gottl und seine Schule bezeichnen ihre Lehre selbst als Theorie; aber ihr Theoriebegriff ist ein anderer. Um deutlich zu machen, was wir unter Theorie verstehen wollen, läßt sich am besten darauf hinweisen, daß eine Theorie in unserm Sinne nur vorliegt, wenn sie prinzipiell die Anwendung mathematischer Methoden gestattet. Das scheint nun auch diejenigen theoretischen Ökonomen auszuschließen, die wie Eucken, Röpke u. a. eine vollumfassende mathe-

Wie dem nun sei: die Einführung des Grenznutzenprinzips ermöglichte jedenfalls, die Wirtschaftstheorie weit einheitlicher aufzubauen, als es vorher der Fall gewesen war. Es wurde auch möglich, die Theorie »wirklichkeitsnäher« auszugestalten, als man es auf dem Boden der objektiven Wertlehre konnte. Aber wer nun sagen wollte,[12] daß die klassische Theorie einen weltanschaulichen, die moderne (Grenznutzen-)Theorie einen instrumentalen Charakter habe, der hätte doch nur cum grano salis recht. Kurz und daher etwas grob gesagt, geht der »weltanschauliche« Charakter einer Theorie, der sich dann in wirtschaftspolitischen Folgerungen zeigt, nur so in diese ein, daß gewisse Prämissen über Tatbestände – versteckt oder offen – gemacht werden. Die alte klassische Theorie ist noch etwas voraussetzungsvoller als die moderne und daher in ihrem Anwendungsbereich beschränkter – die »Richtigkeit« der Prämissen sei dabei dahingestellt, weil reine Theorie zunächst nur hypothetisch ist und – strenggenommen – nur in Wenn... so...-Sätzen spricht. Aber auch die moderne Theorie ist in dem, was sie voraussetzt, noch zu eng, als daß sie eine allgemeine Theorie der (arbeitsteiligen) Wirtschaft genannt werden dürfte, und deshalb ist sie auch nicht als Instrument für die theoretische Beherrschung jeder Wirtschaftsform (mit Arbeitsteilung) geeignet. Wollte man nun aus der modernen Theorie wirtschaftspolitische Folgerungen ziehen, so sind diese naturgemäß nur da am Platze, wo die sämtlichen Voraussetzungen der Theorie erfüllt sind. Soweit diese nicht erfüllt sind, wäre an sich insoweit die Theorie unanwendbar und daher auch die wirtschaftspolitischen Postulate, die man aus ihr zieht, gegenstandslos. Nun wird man nicht sagen wollen, es käme nicht vor,

matische Ökonomik nicht für möglich halten, weil es die ökonomische Theorie nicht nur mit Gütermengen, sondern mit wirtschaftlichen Handlungen der Menschen zu tun habe. In »Handlung, Maxime, Situation«, in diesem Band S. 405 ff., ist gezeigt, daß durch eine geeignete Fassung des Begriffes der Handlung der Unterschied zwischen der »mathematischen« und »nicht-mathematischen« ökonomischen Theorie zum Verschwinden gebracht werden kann. Erwähnt zu werden verdient noch der anders als bei Keynes angesetzte Versuch von Hans Peter, zu einer allgemeineren Theorie, als es die klassische ist, vorzustoßen, vor allem in seinem letzten Buch: *Strukturlehre des Wirtschaftskreislaufes,* Berlin 1943.

12 Wie W. Röpke, *Die Lehre von der Wirtschaft,* 1937, S. 18.

daß man an einer Theorie festhält, die in bezug auf die wirtschaftliche Wirklichkeit unanwendbar und mithin, sofern sie als Theorie dieser Wirtschaft auftritt, falsch ist; dann werden jene Prämissen, denen keine Realität entspricht, zu Postulaten und sind dann das, was wir uns eine »Weltanschauung« zu nennen gewöhnt haben.

Damit haben wir den Punkt erreicht, an dem der Theoretiker Keynes die klassische Theorie im weiteren Sinne durchbrochen hat. Ansätze finden sich schon in früheren Arbeiten von ihm, wie dem *Traktat über Währungsreform* (1924), vor allem auch in seinem großen *Treatise on Money* (London 1930, deutsch 1932), aber der große Wurf glückte ihm erst in seiner *General Theory of Employment, Interest and Money* (London 1935, deutsch 1936). Dieses Buch ist das Werk, mit dem Keynes in die Geschichte der Nationalökonomie eingegangen ist. Es ist kein Standardwerk wie die *Principles* Marshalls oder J. St. Mills oder der *Inquiry* von Adam Smith. Es ist ein kühner Vorstoß ins Neuland gleich der Entdeckung des Wirtschaftskreislaufs durch Quesnay und den *Grundsätzen* Carl Mengers. Aber das Verfahren, das Keynes anwendet, die Richtung, in der er fortschreitet, unterscheidet sich wesentlich von den Verfahren und den Richtungen, in denen sich Quesnay und Menger (oder wie wir für diesen auch sagen könnten: Jevons oder Walras) bewegten. Quesnay entdeckte, so könnte man sagen, den Raum, in dem sich die wirtschaftlichen Vorgänge abspielen. Menger (oder Jevons oder Walras) entdeckte ein Verfahren, das die Theorie der Vorgänge in diesem Raum einheitlicher als bisher aufzubauen erlaubt. Keynes entdeckte, daß die Theorie über diese Vorgänge ein Axiom enthält, das zu speziell gefaßt ist, als daß sich mit jener Theorie *alle* Vorgänge, die sich in dem Raum abspielen *können,* beherrschen ließen.

Keynes hat jenes Axiom selbst mit dem »Parallelen-Axiom« der euklidischen Theorie verglichen. Wie man dieses erst fallenlassen mußte, um die Geometrien entwickeln zu können, mit deren Hilfe sich die moderne Physik aufbauen ließ, so muß jenes Axiom der klassischen Theorie erst als solches erkannt und fallengelassen werden, um eine *allgemeine* Theorie der Beschäftigung, des Zinses und des Geldes aufbauen zu können, mit deren Hilfe sich die Tatsachen unseres Wirtschaftssystems beherrschen lassen. Und selbst wenn – was man mit guten Gründen bezweifeln kann – selbst wenn es möglich wäre, mit der klassischen Theorie, also unter Voraussetzung jenes Axioms, die Tatsachen unserer Wirtschaft zu beherrschen, selbst dann bleibt die unter Unterdrükkung jenes Axioms aufgebaute Theorie wertvoll, weil sie die Beherrschung von Wirtschaftsformen gestattet, für die jenes Axiom nicht zutrifft. Keynes gibt für jenes Axiom drei Sätze an,[13] von denen jeder die beiden anderen einschließt. Es sind dies die Sätze:

1. Der Reallohn ist gleich dem Grenznachteil der bestehenden Beschäftigung.
2. Unfreiwillige Arbeitslosigkeit im strengen Sinne gibt es nicht.
3. Das Angebot schafft die Nachfrage in dem Sinne, daß der gesamte Nachfragepreis gleich dem gesamten Angebotspreis auf allen Niveaus der Produktion und Beschäftigung ist.

Fallen diese Sätze, so fallen mit ihnen die herkömmliche Stellung in bezug auf die sozialen Vorteile privater und nationaler Sparsamkeit und in bezug auf den Zinsfuß, die klassische Theorie der Arbeitslosigkeit, die Mengentheorie des Geldes, die uneingeschränkten Vorteile des laissez-faire in bezug auf den Außenhandel und vieles andere. Die Diskussion dieser Fragen bildet den Inhalt des Keynesschen Werkes. Was immer in dieser oder jener Hinsicht von den Ökonomen (Keynes selbst eingeschlossen) vorweggenommen sein mag: es beeinträchtigt das die Bedeutung dieses – hier scheint mir das Wort am Platze – genialen Buches nicht; denn diese liegt nicht in dieser oder jener Einzelheit, sie liegt nicht in den Antworten, wie wichtig diese auch sein mögen, sondern sie liegt vor allem in der Fragestellung, der Fragerichtung, in die die ökonomischen Probleme einbezogen werden.

Keynes selbst spricht in bezug auf sein Verfahren von »formal analysis«. Wenn wir das in den gegenwärtigen deutschen wissenschaftstheoretischen Sprachgebrauch übersetzen wollen, so werden wir von Grundlagenforschung sprechen. Denn das ist es genau, was Keynes macht: Er legt die Fundamente tiefer und gewinnt dadurch die Möglichkeit, seine *allgemeine* Theorie zu entwerfen. Damit aber steht er auch als Theoretiker der Ökonomie in jener wissenschaftstheoretischen Richtung, an deren Aufbau und Durchsetzung die von Moore, Russell und Whitehead ausgehende philosophische Bewegung einen so hervorragenden Anteil hat.

13 *Allg. Theorie* ..., S. 19.

»To the formation of the general opinion of the future I dedicate this book«, so schrieb Keynes am Schluß seiner *Economic Consequenses of the Peace.* Es gilt dies in erhöhtem Maße für das Werk seiner Reife. Was von ihm, über alle positive Belehrung hinaus, ausgehen kann, ist vor allem eine ungeheure Auflockerung des wirtschaftlichen Denkens. Es hilft Vorurteile zerstören und Dogmen entlarven. Es macht den Weg frei für neue Ideen.

Nichts tut uns mehr not, vor allem uns in Deutschland, wo ein Jahrzwölft hindurch fast alle freie Diskussion unserer Lebensfragen unterdrückt war. Allenthalben regt sich das Bewußtsein, daß die alte Stellung gegenüber den Fragen der Wirtschaft und der Politik einer tiefgreifenden Revision bedarf, daß die traditionellen Fronten antiquiert sind.

Im Jahre 1926 sagte Keynes in seiner Vorlesung über *Das Ende des laissez-faire*: »Ich tadle den doktrinären Staatssozialismus nicht deshalb, weil er die altruistischen Triebe der Menschen in den Dienst der Gesellschaft stellen will, oder weil er sich von dem ›laissez-faire‹ abwendet, oder weil er dem Menschen die Freiheit nimmt, eine Million zu verdienen, oder weil er den Mut zu kühnen Experimenten aufbringt. Alle diese Dinge kann ich nur gutheißen. Ich tadle ihn, weil er die Bedeutung der aktuellen Ereignisse verkennt, weil er in Wirklichkeit nicht viel mehr ist als das verstaubte Überbleibsel eines Planes, der auf die Lösung der Probleme von vor fünfzig Jahren zugeschnitten war, und sich auf einem Mißverständnis dessen aufbaut, was jemand vor hundert Jahren gesagt hat«.[14] Die wirtschaftlichen Fragen, vor denen Europa und vor denen wir selbst stehen, sind so riesenhaft, daß es sich niemand mehr leisten kann, sie mit antiquierten Mitteln auf Grund überholter Theorien lösen zu wollen. Diese Fragen sind heute letal. Endgültige Verelendung und Verlust der persönlichen Freiheit wären der Preis. Vom einen wie vom anderen sollten wir wissen, was das heißt. Und doch: auf Grund einer richtigen Analyse des Problems, so sagt uns Keynes,[15] sollte es möglich sein, die Krankheit zu heilen und gleichzeitig Leistungsfähigkeit und Freiheit zu bewahren.

»In keinem der großen Länder der Erde wird die volkswirtschaftliche Theorie so verachtet wie in Deutschland«, stellte 1930

14 *Das Ende des laissez-faire,* 1926, S. 34.
15 *Allg. Theorie ...,* S. 321.

M. J. Bonn[16] fest: »Wären die Erfolge (der Praxis) verblüffend, so müßte sich die Theorie das gefallen lassen. Im großen Ganzen hat aber die ›Praxis‹ in allen entscheidenden Fragen falsch geführt – man denke nur an die Inflation und an die Anleihepolitik.« Wir sollten über diese Worte eines so guten Kenners der Wirtschafts- und Finanzpolitik der Weimarer Republik nicht leichthin hinweggehen: sie stellen, sozusagen »personalpolitisch«, unseren wirtschaftspolitischen Möglichkeiten keine gute Prognose. Hinzu kommt noch, daß an den entscheidenden Fragen der Demokratie und der Wirtschaftsordnung seit fast anderthalb Jahrzehnten in Deutschland kaum ernsthafte Arbeit mehr geleistet worden ist. Es fehlte der Austausch mit den großen Demokratien, mit der Forschung des Auslandes, es fehlte die Möglichkeit freier Diskussion. Selbst das, was erarbeitet wurde, ist schon nicht mehr in breitere Schichten gedrungen. Das politische Weltbild der Deutschen ist fossil. Es gilt für uns, den Rechtszustand zu realisieren und damit die Freiheit der Persönlichkeit zu garantieren. Das ist die Aufgabe der Politik. Es gilt sozialer Gerechtigkeit den Weg zu bahnen; dem muß die Struktur der Wirtschaft angepaßt sein. Aber lassen wir uns von Keynes warnen: »In the great events of man's history, in the unwinding of the complex fates of nations Justice is not so simple.«[17] Das gilt auch hier. Keynes kann uns helfen, den richtigen Weg zu finden. Wir werden ihn nicht kanonisieren, aber er kann uns zeigen, wie wir die Probleme, vor denen wir stehen, analysieren müssen, um zu richtigen Resultaten zu gelangen.

Und so sei ihm noch einmal das Wort gegeben: »Ich bin überzeugt, daß die Macht erworbener Rechte im Vergleich zum allmählichen Durchdringen von Ideen stark übertrieben wird. Diese wirken zwar nicht immer sofort, sondern nach einem gewissen Zeitraum; denn im Bereich der Wirtschaftslehre und der Staatsphilosophie gibt es nicht viele, die nach ihrem fünfundzwanzigsten oder dreißigsten Jahre durch neue Theorien beeinflußt werden, so daß die Ideen, die Staatsbeamte und Politiker und selbst Agitatoren auf die laufenden Ereignisse anwenden, wahrscheinlich nicht die neuesten sind. Aber früher oder später sind es die

16 *Der Neue Plan als Grundlage der Deutschen Wirtschaftspolitik*, 1930, S. 231.

17 *Economic Conseq. ...*, S. 210.

Ideen, und nicht erworbene Rechte, von denen die Gefahr kommt, sei es zum Guten oder zum Bösen.«[18]

(1946)

18 *Allg. Theorie...*, S. 324.

Sozialwissenschaft

1. Zur Geschichte des Wortes »sozial«

Ursprünglich bedeutet das lateinische »socialis« soviel wie »die Bundesgenossen (socii) betreffend«. Erst in der Kaiserzeit nimmt es seine allgemeinere Bedeutung an, zumal bei Seneca (homo sociale animal) als Übersetzung des griechischen Ausdruckes »κοινωνικός«. Die Sozialtheorie der Scholastik entwickelt diesen Sprachgebrauch nicht weiter, sie behält ihn nur bei im Zusammenhange der Wiedergabe des stoischen »ζῷον κοινωνικόν«. »Gesellschaft« in allgemeiner Bedeutung wird vorzugsweise durch »civitas« wiedergegeben. »Societas« bleibt fester Ausdruck für ein Privatrechtsverhältnis, das rein obligatorisch ist und keine neue Rechtsperson konstituiert. »Körperschaft« heißt »universitas«, »collegium«, »corpus«.

Prägnanter treten die Ausdrücke »socialis«, »societas« im Zusammenhange der Renaissance der Spätantike im 17. Jh. auf, so schon »ius sociale« bei Grotius, so vor allem, seit Pufendorf und die Cambridge-Platoniker den appetitus societatis zur Quelle des Naturrechtes machen (ein später Ausläufer ist der »instinct social« bei Comte). Aber als Terminus technicus entfaltet der Ausdruck »socialis« doch erst im 18. Jh. seine Möglichkeiten: »status socialis« (Darjes, 1751), »social virtues« (Hume, 1751; noch nicht im *Treatise*), »social passions« (A. Smith, 1759), »contrat social« (Rousseau, 1762), »économie sociale« (Graf de Buat, 1773), »social operations of the mind« (Reid, 1785).

2. Sozialwissenschaft als Theorie gesellschaftlicher Entwicklung

a. Programm sozialer Reform

Die Idee einer eigenen *»Sozialwissenschaft«* tritt erst zu Beginn des 19. Jh.s auf, und nun nicht als Zusammenfassung bereits vorhandener wissenschaftlicher Untersuchungen, sondern als *Pro-*

gramm, und zwar in Frankreich. Zeitpunkt und Ort sind kein Zufall. Frankreich hatte seit Ausbruch der Revolution mehrfach die Staatsform geändert und noch öfter die Verfassung. Dem standen keine entsprechenden Veränderungen der sozialen Struktur gegenüber, die gesellschaftlichen Verhältnisse erwiesen sich augenscheinlich als eine gegenüber dem Staat relativ selbständige Größe, deren Wichtigkeit angesichts der sozialen Bewegungen, zumal des vierten Standes (»der gefährlichen Klasse«), wohl nicht mehr übersehen werden konnte. Philosophiegeschichtlich ist es die Auflösung des Naturrechtes – das zwar noch den code civil trägt –, die ein Vakuum schafft, das nun die Idee einer »Sozialwissenschaft« auszufüllen bestimmt ist, bei Saint-Simon unter dem Namen einer »Physicopolitik«, bei Ch. Fourier dann als »science sociale« (*Théorie des quatre mouvements*, 1808). In beiden Fällen tritt die neue Wissenschaft als *science générale* auf, die, stark evolutionistisch ausgerichtet, eine Reform der gesellschaftlichen und politischen Verhältnisse zum praktischen Ziele hat und insbesondere bestrebt ist, das Problem der arbeitenden Klasse zu lösen. Freilich muß bei beiden das Programm für die Erfüllung stehen; denn Saint-Simon gelangte bei allem Ideenreichtum nicht zum Aufbau einer Sozialwissenschaft, und Fourier errichtete schließlich nur ein seltsames System von *Analogien* über seinen beiden Grundsätzen, daß die Anziehungen (beim Menschen: *Triebe*) proportional den Bestimmungen *(Befriedigungen)* seien und daß die Reihenordnung die Harmonien bestimme. (»Analog« sind z. B.: Milchstraße, Hyperbel, Ehrbegierde; Planetensystem, Ellipse, Liebe; Trabanten, Parabel, Vatertum; Sonnensysteme, Kreis, Freundschaft). Die engere Soziallehre Fouriers ruht auf einer Theorie der Triebe, die durch Entwicklung der entsprechenden Gesetze der Serie, das Problem der *Harmonie des Genusses* und damit das der Vollendung des Menschen lösen soll.

b. Systematisierung

Erst auf dem Hintergrund dieser Anfänge wird die Leistung A. Comtes deutlich. Nicht nur, daß er die Ideenfülle Saint-Simons systematisiert hat, sondern daß er die science générale mit der Philosophie gleichsetzt, diese wieder mit den positiven (theoretischen) Wissenschaften, unter denen die science sociale (oder sociologie oder physique sociale) dann eine, wenn auch die höchste, die andern voraussetzende ist, macht seine Konzeption der Sozialwissenschaft so bedeutsam. Zwei Grundgedanken verschlingen sich bei ihm: der sukzessive Aufbau der Wissenschaft in Mathematik, Astronomie, Physik, Chemie, Biologie und Soziologie und das – auf Turgot zurückgehende – *»Dreistadiengesetz«* der Aufeinanderfolge des theologischen, metaphysischen und positiven Zeitalters. Während es die Biologie mit den Individuen zu tun hat, untersucht die Soziologie deren Verbindungen, die in der Statik nach ihren Eigenschaften, in der Dynamik nach ihren Veränderungen und Entwicklungsgesetzen behandelt werden. Das Individuum gilt danach als Abstraktion. Entscheidend ist nun, daß die Stadien der Entwicklung des menschlichen Geistes ihre Entsprechungen im Sozialen haben, in den Herrschaftsverhältnissen: das theologische, das die Naturvorgänge aus der Annahme übernatürlicher Wesen oder eines den Gegenständen einwohnenden Willens erklärt, im militärischen; das metaphysische, das Abstraktionen hypostasiert, im juristischen; das positive, das aus der Erfahrung Gesetze ableitet, die zu Vorhersagen befähigen, im industriellen Herrschaftsverhältnis. Dem theologischen Stadium ist Ordnung das Ziel, dem metaphysischen Fortschritt, dem positiven beides. Erst mit der Schaffung der Sozialwissenschaft haben alle Wissenschaften das positive Stadium erreicht, und der positive Aufbau der Gesellschaft und somit das *»Zeitalter der Allgemeinheit«* wird möglich. Damit stützt die Konzeption der Sozialwissenschaft sich einerseits auf eine Systematik der Wissenschaften, andererseits auf ein Evolutionsschema, ist aber durchaus noch beseelt vom utopischen Vorgriff der Saint-Simon und Fourier, ist auch wie bei diesen mit dem vierten Stande verbunden (»Bedingung des Anbruchs der positiven Lehre ist die Verbindung der Proletarier mit den Philosophen«) und verhält sich noch durchaus unkritisch gegenüber Grundlage und Methode.

c. Psychologisierung

Wohl nicht ohne Zusammenhang mit Comte und unter Übernahme des Namens *»Sociologie«* hat in England H. Spencer eine verwandte Konzeption der Sozialwissenschaft entwickelt. Das zugrunde liegende Entwicklungsschema verschränkt zwei Tendenzen: die vom Homogenen zum Heterogenen und die entgegengesetzte der Integration des Differenzierten. Dieses Schema ist daher von großer Schmiegsamkeit. Es enthält auch eine Art Dreistadiengesetz: von den primitiv-indifferenten Mischungen der sozialen Typen, von den militärischen Zwangsgemeinschaften und schließlich den freiheitlicheren nach dem Muster des liberalen Industrie- und Handelsstaates. Aber im Gegensatz zu Comte ist Spencer Individualist, baut auf der *Psychologie* auf und bezieht sich vorwiegend auf ethnologisches Material. Er ist vollkommen bürgerlich, fortschrittsgläubig, aber unutopistisch. Die Konzeption der Sozialwissenschaft ist bei ihm wie bei Comte Ausfluß eines *Evolutionsschemas.*

3. Sozialwissenschaft als Staatswissenschaft

Zur gleichen Zeit wie Comte nimmt Simonde de Sismondi den Ausdruck »science sociale« auf, aber nun im Plural und etwa in dem Sinne, in dem man damals in Deutschland von »Staatswissenschaft« sprach. Insbesondere fallen darunter die Verfassungslehre und die Wirtschaftslehre. Gleichzeitig beginnen in Deutschland die Versuche, im Rahmen der Staatswissenschaften eine besondere Gesellschaftswissenschaft zu begründen, wohl zuerst – nach den mehr programmatischen Forderungen von F. Buchholz nach einer »Wissenschaft von der Gesellschaft in ihren notwendigen und zufälligen Beziehungen« (1815) und Hegels Beschreibung der bürgerlichen Gesellschaft als der »Erscheinungswelt des Sittlichen« – bei M. v. Lavergne-Peguilhen. Der geschichtliche Ort ist hier aber ein ganz anderer. Das *Naturrecht* wird gewandelt als *Rechtsphilosophie* weitergeführt, aber durch die historische Rechtsschule (Hugo, Savigny, Eichhorn, Mühlenbruch) aus der Jurisprudenz verdrängt. Diese hat, nach einem Worte J. Stahls, wieder »das Maß der Verhältnisse in das Zivilrecht einzuführen gesucht« und gibt eben dadurch den Anstoß zur Forderung nach einer Wissenschaft von diesen »Verhältnissen«. Demgemäß will H. Eisenhart die *»Sozialwissenschaft« als Grundlage der Rechtswissenschaft* geben, als die »umfassende Wissenschaft von der Totalität der menschlichen Lebensverhältnisse«, und zwar als eine »philosophische«, d. h. nach heutigem Sprachgebrauch: theoretische Wissenschaft. Verwandte Anschauungen finden sich

in der Rechtsphilosophie Krauses und seiner Schüler, zumal bei Ahrens, also dort, wo der Staatsbegriff philosophisch zurücktritt, wie auch bei R. v. Mohl. Für diesen bezeichnet »Gesellschaft« alle zwischen Individuen und Staat stehenden Bildungen, die sich aus einem Interesse entwickeln. Ist der Staatsbegriff in der Krauseschule abgewertet, weil der Menschheitsbund das Ziel ist, so liegt Mohls Anschauung auf der Linie des den Staat wesentlich als Apparat verstehenden Vulgärliberalismus und ist im Kern eine Trivialisierung der Lehre Hegels, gegen die der Widerspruch Treitschkes es leicht hat. Vom Gemenge »gesellschaftlicher Lebenskreise« neben dem Staate her war kaum eine schärfer konturierte Sozialwissenschaft zu konzipieren – im Programmatischen ist Ahrens darin viel konturierter, und erst recht K. Marx, der den Staat als Instrument der Herrschaft in den Händen einer Klasse versteht, die Gesellschaft als klassenmäßig geschichtet ansieht und die Geschichte als Folge von Klassenkämpfen betrachtet. Indem Marx nach dem Gesetz fragt, das den Ablauf beherrscht, bekommt er die Konzeption einer umfassenden Sozialwissenschaft in den Griff, die im Kern eine Theorie der gesellschaftlichen Entwicklung wie die Comtes ist.
Trotz dieser verschiedenen Ansätze bleiben die sozialwissenschaftlichen Disziplinen in Deutschland zunächst im Rahmen der »Staatswissenschaften«, und dies ist im wesentlichen eine Nachwirkung Hegels, die meist recht verdeckt ist. Offen faßbar ist sie im Werke L. v. Steins. Für diesen liegt es im Prinzipe des Staates, daß er eine Verfassung für alle und Freiheit für den einzelnen fordert und sich in seiner Verwaltungstätigkeit das Leben aller Staatsbürger zur Aufgabe macht. Daher kann die Staatswissenschaft im engeren Sinne gar nicht an die konkrete Staatswirklichkeit herankommen, wenn sie nicht auch die tatsächlichen Abhängigkeiten des einzelnen systematisch behandelt. Diese aber sind gesellschaftlicher Art; *Staat* und *Gesellschaft* liegen in dauerndem Kampfe, dessen Sinn in der Durchsetzung des Staatsprinzipes gegen die Gesellschaft liegt. Insofern bleibt die besondere Gesellschaftslehre, die er ausbaut, der Staatswissenschaft durchaus eingeordnet. Und solange diese Staatsidee nachwirkte, konnte sich die Sozialwissenschaft nicht aus dieser Umklammerung lösen. Was jenseits aller Programme effektiv geleistet wurde, wie Mohls *Polizeiwissenschaft nach den Grundsätzen des Rechtsstaates* (1844) oder L. v. Steins *Lehrbuch der Finanzwissenschaft* (1860)

und *Verwaltungslehre* (1865 ff.), ist Staatswissenschaft, die eine wesentliche Aufgabe in der Anpassung der staatlichen Institutionen an die gewandelten gesellschaftlichen Verhältnisse sucht. Diese Linie, deren Exponent Stein war, wird von G. v. Schmoller und seiner jüngeren Historischen Schule fortgeführt, freilich zunehmend berührt von positivistischer Historik und in Zunft- und Verwaltungsgeschichte auslaufend.

Der Bruch im politisch-staatlichen Denken des deutschen Bürgertums im Gefolge der Bismarckschen Reichsgründung führte zur Entleerung des Begriffes »Staatswissenschaft«. Die *Positivierung des Staatsrechtes*, seine positivistische Interpretation unter Labands Führung, löst das öffentliche Recht aus dem politischen Verständnis, das es noch bei Gneist, dem jungen Gierke, M. v. Seydel beherrscht, aus der fruchtbaren Spannung zwischen Prinzipien und sozialem Zustande. Die Publizistik wird in einem einengenden Sinne zur Rechtswissenschaft. Damit wird ihr Verhältnis zu den übrigen »Staatswissenschaften« viel lockerer als das zur Zivilistik, und jene verlieren so die intime Bindung an den Bereich des Staatlichen, den sie bis dahin noch gehabt hatten. Hinzu kommt, daß sich die nun kräftig entwickelnde *ökonomische Theorie* unter dem Einfluß der subjektiven Wertlehre stark privatwirtschaftlich orientiert, so daß auch von hier aus der Name »Staatswissenschaft« obsolet wird. Er bedeutet wenig mehr als eine äußerliche Klassifizierung, nach der die »Staatswissenschaften im wörtlichen Sinne« nunmehr zur Rechtswissenschaft, nur die »Staatswissenschaften im übertragenen Sinn« (G. v. Mayr) zum Gebiet des sogenannten »Professors der Staatswissenschaft« zu zählen sind.

4. Sozialwissenschaft als Sozialökonomie

Seit den 1880er Jahren setzt sich in der Literatur – nicht im amtlichen Sprachgebrauch – die Bezeichnung »Sozialwissenschaften« mehr und mehr durch. Dahinter steht der Umstand, daß unter der Führung der »Kathedersozialisten« (Schmoller, A. Wagner) das Interesse dieser Wissenschaften an der *»sozialen Frage«* und für die *Sozialpolitik* in steigendem Maße geweckt wird. »Sozialwissenschaften« sind nun diejenigen Wissenschaften, die die Gegenstände behandeln, mit denen es in praktischer Hinsicht die Sozialpolitik zu tun hat.

Das spricht mit aller Deutlichkeit Max Weber in seinem Programmaufsatz für das *Archiv für Sozialwissenschaft und Sozialpolitik* (1904) aus, wenn er allen Nachdruck auf den Unterschied zwischen der wertenden Sozialpolitik und der »wertfreien« Sozialwissenschaft legt und die Konzeption dieser Wissenschaftsgruppe auf »die wissenschaftliche Erforschung der allgemeinen Kulturbedeutung der sozialökonomischen Struktur des menschlichen Gemeinschaftslebens und seiner historischen Organisationsformen« abstellt. Damit unterbaut Weber den neuen Sprachgebrauch mit einer einheitlichen Konzeption. Er steht der Möglichkeit einer »allgemeinen Sozialwissenschaft« mit Skepsis gegenüber, weil der allgemeine Begriff des »Sozialen« gar keine Gesichtspunkte liefere für die Beleuchtung der Bedeutung einzelner Kulturelemente. Diesen Gesichtspunkt gewinnt Weber, indem er die wirtschaftliche Struktur des Soziallebens zum Leitfaden nimmt, an dem sich die Probleme der Sozialwissenschaften aufziehen lassen. In diesem Sinne ist seine gesamte Soziologie als Sozialwissenschaft intendiert, auch die Religionssoziologie. Nicht die »sachlichen« Zusammenhänge der »Dinge« sind für diese Sozialwissenschaft konstitutiv, sondern die gedanklichen Zusammenhänge der Probleme, die sich ergeben, wenn man die kulturellen Phänomene von der wirtschaftlichen Struktur des Soziallebens her in verstehender Analyse aufzurollen versucht. Das ist ein methodologisches Prinzip. Weber transformiert damit den geschichtsphilosophischen Ansatz von Marx ins Methodologische, wie Schmoller den geschichtsphilosophischen Ansatz L. v. Steins ins nur noch implizit von einer philosophischen Anschauung getragene Historisch-Empirische.

5. Sozialwissenschaft als Strukturlehre

a. Analogieverfahren

Während bei Fourier wie bei Comte, bei Stein wie bei Marx eine bestimmte Anschauung über das *Wesen* des Gegenstandes der Sozialwissenschaft bzw. der Staatswissenschaft zugrunde liegt und ihre Konzeptionen dieser Wissenschaft von dort aus verständlich werden, so können auch Voraussetzungen über die

Struktur des Gegenstandes, des »Sozialen«, zu bestimmten Konzeptionen führen. Es liegt zunächst nahe zu vermuten, daß sich in den Strukturen Entsprechungen für die Gegenstände der verschiedenen Wissenschaften finden. Als solche Strukturen bieten sich an: der *Mechanismus*, wie ihn die Physik beschreibt, und der *Organismus*, wie er Gegenstand der Biologie ist. Ferner sind geläufige Strukturbegriffe die der *Ganzheit* und des *Prozesses*, obwohl für sie das Vorbild einer anderen Wissenschaft, in der sie bereits hinreichend geklärt erscheinen, fehlt. Diese vier Wege zu einer Konzeption der Sozialwissenschaft sind sämtlich beschritten worden. Da ein exakter Strukturbegriff erst in neuerer Zeit herausgearbeitet worden ist, so darf man bei diesen Versuchen keine Klarheit ihrer Urheber über den methodischen Charakter ihres Vorgehens erwarten. Vor allem hinsichtlich der Auffassung der Gesellschaft als Mechanismus, Organismus oder Ganzheit besteht bei ihnen die Absicht einer Art *»Wesensbestimmung«*, und die Verfahrensweise ist daher die naiv gehandhabte Analogie.

b. Mechanismus

Die Mechanik, insbesondere die Himmelsmechanik ist für H. Ch. Carey das Modell für die Sozialwissenschaft geworden. Wenn Carey die Sozialwissenschaft als »die Wissenschaft der Gesetze, die den Menschen in seinen Bemühungen, sich die höchste Individualität und die größte Kraft der Assoziation mit seinen Mitmenschen zu erwerben, beherrschen« erklärt, so scheint das an Steins Lehre zu erinnern, nach der sich der Kampf zwischen Staat und Gesellschaft um das »persönliche Leben« dreht und das Aufgehen der Gesellschaft im Staate die volle Auflösung des Unpersönlichen ins Persönliche bedeuten würde, wenn ein solcher Zustand der Harmonie den Menschen erreichbar wäre. Aber was bei Stein historisch-dialektisch gedacht, ist bei Carey der Mechanismus einer nach Analogie der Schwerkraft vorgestellten *Assoziationskraft* (des appetitus societatis des Naturrechts). Der endlichen *Harmonie* stehen nur mechanische und folglich ausräumbare Hindernisse im Wege. Es ist das gleiche Gesetz, das die Bewegungen der Himmelskörper und die Beziehungen der Menschen zueinander beherrscht. Aufs einzelne gesehen, wirken die physikalischen Analogien bei Carey freilich einigermaßen aufgeklebt; der Wert seiner Untersuchungen liegt in der Verarbeitung von empirischem Material. In der Denkweise sind die Grenznutzentheoretiker viel »mechanistischer«, wenn sie die ökonomische Theorie auf eine Theorie partieller Differentialgleichungen hin entwickeln. Aber für Carey hängt die Konzeption der Sozialwissenschaft als der umfassenden Wissenschaft, mit den Hauptzweigen der politischen Ökonomie und der Jurisprudenz, an deren Analogisierung mit einer ziemlich naiv vorgestellten Mechanik.

c. *Organismus*

Wesentlich tiefer ist das Bild des Organismus im analogischen Verfahren ausgewertet worden, vor allem von P. v. Lilienfeld und J. Nowikow. Auch hier wird der Gegenstand der Sozialwissenschaft als von Naturgesetzen beherrscht vorgestellt, nur daß es nun die Gesetze der organischen Natur sind. Das Bild des Organismus hatte man auch schon vorher auf menschliche Gesellschaften angewendet, so etwa Comte, doch bedeutete das nur die Feststellung der Zweckhaftigkeit der sozialen Körper, nicht die Konzeption der science sociale als eine Art »Biologie«. Diesen Schritt macht als erster und am konsequentesten P. v. Lilienfeld, der zu keinem biologischen Sachverhalt ein sozialwissenschaftliches Analogon aufzusuchen versäumt. Sein Mut zum Absurden ist nur die Konsequenz seines organizistischen Ansatzes und des methodologischen Analogieprinzipes. Das letztere darf nicht mit irgendwelchen Analogiespielereien verwechselt werden; denn von Lilienfelds Voraussetzung aus, daß der *soziale Körper* ein ebenso *echter Organismus* ist wie der organische, ist die Analogisierung von sozialen Gliederungen, Prozessen und Funktionen mit organischen so legitim wie die Analogisierungen der Biologie innerhalb des organischen Reiches. Wo die radikale organizistische Auffassung verlassen und die biologische Analogie nur noch für Teilbereiche des Sozialen festgehalten wird, wie etwa bei dem späteren Schäffle und späteren Worms, zerfällt denn auch die Konzeption einer einheitlichen Sozialwissenschaft in die einer Mehrzahl von Disziplinen, die sich, beschreibend oder vergleichend (Worms), mit den sozialen Phänomenen befassen.
Um den erheiternden oder auch verdrießlichen Absurditäten je-

des strengen Organizismus zu entgehen, boten sich zwei Wege: Entweder konnte man den biologischen *Organismusbegriff nur metaphorisch* zur Kennzeichnung sozialer Körper anwenden, wie Comte und im wesentlichen auch Spencer. Dann liegt sein Wert in der Veranschaulichung gewisser Züge des sozialen Körpers, aber er hat keine heuristische Funktion mehr und vermag eine Konzeption der Sozialwissenschaft nicht mehr zu tragen. Oder aber man verallgemeinert den Begriff so, daß man wohl noch im sozialen wie im organischen Körper *Modelle* von ihm hat, ohne daß jedoch eine detaillierte Analogisierung dieser Modelle miteinander angestrebt wäre.
In gewisser Weise stellt der Begriff der *Ganzheit* eine solche Verallgemeinerung dar. Er ist innerhalb der Sozialwissenschaft vor allem von O. Spann und seiner Schule zur Geltung gebracht worden. Spann hat seinen Ganzheitsbegriff in eine Metaphysik des objektiven Geistes eingebettet, und es ist diese Metaphysik, die seine universalistische Konzeption der Sozialwissenschaft trägt. Diese *Geistmetaphysik* verstellt jedoch den Blick auf die Struktur der Ganzheiten. Es hätte nahegelegen, diese durch eine Spiegelung des Ganzheitsbegriffes an dem Gestaltbegriffe der *Psychologie* zu klären, zumal diese in neuerer Zeit dazu gelangte, zwischen den eigentlichen Gestalten (Ehrenfels: form, shape) und Wirkungssystemen (Köhler: organized whole; Koffka: functional whole) zu scheiden und beide, wie K. Grelling und P. Oppenheim gezeigt haben, einer strukturellen Definition fähig sind. *Gestalt-* bzw. *Ganzheits*begriffe in diesem Sinne spielen auch in den Sozialwissenschaften eine Rolle. Die Erforschung ihrer systematischen Bedeutung für diese steckt aber noch in den Anfängen.

d. *Prozeß*

Neben Mechanismus und Organismus (bzw. Ganzheit) tritt als dritter Grundbegriff, der eine Gesamtkonzeption der Sozialwissenschaft ermöglicht, der des *Prozesses.* Diese Auffassung hat ihren wichtigsten Vertreter in Franz Oppenheimer gefunden, wenn selbstverständlich auch der prozeßhafte Charakter des sozialen Lebens nicht erst von ihm entdeckt zu werden brauchte. Für Oppenheimer ist jedoch die Lehre vom sozialen Prozeß der allgemeine Teil der Soziologie, in die so der gesamte Bereich der Sozialwissenschaft einbezogen wird. Der Begriff des Prozesses wird dabei allerdings mehr erläutert als eigentlich analysiert. Als Kern des Prozesses wird das *Handeln* erkannt, dieses aber nicht strukturell definiert, sondern von den psychologischen Voraussetzungen her, die als »Strukturen« objektiviert werden, aufzubauen versucht. Insofern liegt Oppenheimers Lehre in der Richtung der *General Theory of Action* von T. Parsons und den Ansätzen zu einer soziologischen Handlungslehre bei A. Gehlen. Bei Oppenheimer beruht die Konzeption der Sozialwissenschaft auf einer gewissen *anschaulichen* Vorstellung vom Gegenstand der Sozialwissenschaften. Sein Begriff des sozialen Prozesses steht für diese Vorstellung so, wie der des Mechanismus oder Organismus oder der Ganzheit für die entsprechende tragende Vorstellung bei Carey, Lilienfeld und Spann steht und seine Rechtfertigung von ihr empfängt. Der philosophische, ja weltanschauliche Hintergrund dieser Konzeptionen verdeckt zugleich die strukturelle Problematik, die mit ihnen verbunden ist.

6. Sozialwissenschaftliche Methodologie

a. Umgekehrt-deduktive Methode

Die bisher besprochenen Konzeptionen der Sozialwissenschaft sind sämtlich inhaltlich, vom Gegenstand her bestimmt, nicht von einer spezifisch sozialwissenschaftlichen Methode her. Eine Ausnahme machte nur M. Weber, aber seine viel diskutierte Methodologie mit dem *Idealtypus* als Zentrum beschreibt zwar sozialwissenschaftliche Verfahrensweisen, ist jedoch nicht auf die Sozialwissenschaften beschränkt.

Einen Versuch, die Konzeption der Sozialwissenschaft auf einer Verschränkung gewisser Methoden aufzubauen, hat John Stuart Mill unternommen. Er geht davon aus, daß alle sozialen Phänomene als Wirkungen der »Natur« des Menschen begriffen werden müssen. Ihre Ursachen sind daher sehr komplex, und es läßt sich keine unter ihnen auszeichnen. Daher ist die Methode der Sozialwissenschaften konkret-deduktiv, d. h., es wird in ihnen von Kombinationen von Umständen auf mögliche Wirkungen geschlossen. Dieses Verfahren ist selbstverständlich nicht auf die

Sozialwissenschaften beschränkt. Eine geschlossene Theorie läßt sich auf diese Weise im Regelfalle nicht entwickeln; sie läßt sich nur auf solchen Gebieten anstreben, die von den Zeitumständen wie von den nationalen Besonderheiten einigermaßen unabhängig sind. Das ist in erster Linie auf dem Gebiet der *Wirtschaft* der Fall. Damit sind der Ausgliederung sozialwissenschaftlicher Disziplinen sehr enge Grenzen gezogen, und die Sozialwissenschaft als solche gibt insoweit mehr eine methodische Anweisung für die wissenschaftliche Analyse konkreter Fälle, als daß sie eine Erklärung der sozialen Wirklichkeit in einem gegliederten System von Theorien liefert.

Die Gesamtwissenschaft von der Gesellschaft läßt sich am Leitfaden der Frage, welche Wirkung aus einer Ursache unter Voraussetzung eines bestimmten Gesamtzustandes folge, gar nicht aufbauen. Trotzdem hält Mill eine »allgemeine« Sozialwissenschaft für möglich. Er stützt sich dabei auf eine empirisch gegebene *Fortschrittstendenz* der Geschichte, die als solche keine Tendenz zur »Verbesserung«, sondern lediglich den prozeßhaften Charakter der Geschichte im Gegensatz zum Kreislauf bedeutet, sowie auf das beobachtbare Auftreten von *Gleichförmigkeiten*. Beides zusammen ermöglicht die Aufstellung empirischer Gesetze. Aber diese verdienen erst dann wissenschaftlich zu heißen, wenn sie aus den Gesetzen der menschlichen Natur abgeleitet werden können. Nicht die Empirie verifiziert hier die Deduktion, sondern die Deduktion verifiziert das empirisch gefundene Gesetz. Das ist die *umgekehrt-deduktive Methode*, die nach Mill spezifisch historisch ist. Mill orientiert sich hier an Comte. Aber er gründet die Möglichkeit des umgekehrt-deduktiven Verfahrens auf eine allgemeine Wissenschaft von der menschlichen Natur, die ihrerseits deduktiv verfährt und nach ihm nur so verfahren kann. Die konkret-deduktive Methode ist hingegen in den Naturwissenschaften üblich. So weist die Methodenkombination, die für die Sozialwissenschaft kennzeichnend ist, dieser ihren Platz an zwischen den Naturwissenschaften auf der einen und den Geisteswissenschaften auf der anderen Seite.

b. Konkret-deduktive Methode

Nur diese geistreiche Verschlingung der beiden Methoden erlaubte Mill eine einheitliche Konzeption der Sozialwissenschaft, die gleichwohl der komplexen Wirklichkeit der »Gesellschaft« alles Recht gibt. Bemerkenswerterweise nimmt Carl Menger, der Begründer und Methodologe der Wiener Schule, nur den einen Faden auf: die konkret-deduktive Methode der Untersuchung isolierter funktioneller Abhängigkeiten im Rahmen eines festgehaltenen Gesamtzustandes – *ceteris paribus*, wie die Wiener Formel lautet. Eine Einheit der Sozialwissenschaft ließ sich von dieser methodologischen Basis nicht mehr gewinnen. In der Auseinandersetzung mit Schmoller, dessen Historismus diese Einheit aus Steinscher Tradition einwohnte, ging er an dessen Anliegen völlig vorbei. Aber nicht nur der methodologische, sondern auch der inhaltliche Ansatz, die *subjektive Wertlehre*, widerstrebte der Einbeziehung des einheitsstiftenden historischen Momentes, obwohl sie in anderer Richtung die Sozialwissenschaft als Einheit zu konzipieren erlaubt. Der sich durch Jahrzehnte hinziehende *Methodenstreit* hat für eine solche Konzeption wenig Früchte getragen: er ließ sich seit der Wende 19./20. Jh. in zunehmendem Maße in die gleichfalls von der Millschen Logik angeregte und dann durch Dilthey, Windelband und Rickert bestimmte philosophische Auseinandersetzung über das Verhältnis von Natur- und Geistes- oder Kulturwissenschaften, von erklärender und verstehender, nomothetischer und idiographischer, generalisierender und individualisierender Methode hineinziehen.

c. Sozialwissenschaft als »Nicht-Naturwissenschaft«

Im weiteren Rahmen dieser Diskussion hat es nicht an Versuchen gefehlt, die Möglichkeit einer einheitlichen Sozialwissenschaft dadurch zu retten, daß man das Reich des Sozialen dem Reiche der Natur entgegensetzte. Darin war Rudolf Stammler vorangegangen, und an ihn anknüpfend ließ dann K. Diehl die Sozialwissenschaften mit den Nicht-Naturwissenschaften zusammenfallen. »Sozial« bedeutet für ihn soviel wie »durch soziale Betätigung hervorgebracht«. Im Grunde befinden sich nur die Wirtschaftswissenschaft und die Rechtswissenschaft im Blickfeld dieser Wis-

senschaftstheorie, und diese werden nun allerdings insofern miteinander verschlungen, als die konkrete Wirtschaft wesentlich als Effekt einer bestimmten Rechtsordnung angesehen und das Bestehen »sozialer Gesetze« bestritten wird.
Von einer anderen Seite her kommt Max Adler zu einer ähnlichen Auffassung. Auch er stellt die Bereiche des Sozialen und der Natur einander gegenüber, aber nur mit relativem Rechte; denn schließlich wird das Soziale doch wieder in die Natur eingebettet. Für ihn als Marxisten gibt es selbstverständlich soziale Gesetze von kausalem Charakter. Aber wie die kausale so gilt ihm auch eine teleologische Betrachtung als möglich, und diese erlaubt die Heraushebung des Sozialen aus seinem naturalen Zusammenhange. Auch Sombart darf in diesem Zusammenhange genannt werden; die von ihm intendierte Neo-Soziologie soll die theoretische Kulturwissenschaft umfassen, soweit sie nicht Sinntheorie (Dogmatik) ist, »als die Lehre von den Kategorien, in denen wir die gesellschaftlichen Bezogenheiten des Geistes in den einzelnen Geistbereichen denken«.

d. Ergebnis des Methodenstreites

Durch die Entgegensetzung von Natur und »Sozialem«, wie es für alle diese Versuche charakteristisch ist, werden keineswegs zwei Bereiche der Theorienbildung gewonnen, die in sich theoretisch und methodisch geschlossen wären. Schon für den Bereich der Natur trifft das nicht zu. Es kann gar keine Rede davon sein, daß Physik und Biologie einen solchen geschlossenen Bereich bilden. Auch theoretische Sozialpsychologie und eine theoretisch relativ durchgebildete Sozialwissenschaft wie die Wirtschaftstheorie lassen sich nicht zu einer umfassenden Theorie zusammenschließen. Was den Zusammenschluß der von der Sozialpsychologie verschiedenen sozialwissenschaftlichen Disziplinen betrifft, so zeigen sich zwar gewisse Möglichkeiten, aber hinsichtlich der Methodendiskussion seit dem Streit zwischen Menger und Schmoller wird man nur Felix Kaufmann zustimmen können, wenn er das Fazit dahin zieht, daß »mangels einer einheitlichen Bezugsbasis von einer systematischen (deduktiven) Einheit der Sozialwissenschaften nicht die Rede« sein könne.
Diese Feststellung Kaufmanns bedarf jedoch heute einer gewissen

Korrektur. Auf der einen Seite erhebt die *Soziologie* vielfach den Anspruch, wenigstens für den Bereich der Sozialwissenschaften die grundlegende Disziplin darzustellen. Auf der andern Seite beginnt sich eine *Handlungslehre* herauszubilden, die als eine Art allgemeiner Sozialwissenschaft aufgefaßt werden kann.

7. Die Einheit der Sozialwissenschaften

a. Die einheitsstiftende Rolle der Soziologie

Soziologie wird in außerordentlich unterschiedlicher Weise als Disziplin konstituiert. Sie ist daher hier nur in solchen Formen zu berücksichtigen, in denen ihr eine einheitsstiftende Funktion in bezug auf die heute sehr differenzierten Sozialwissenschaften zugeschrieben werden kann. Auffassungen wie die Comtes, nach denen sie mit dem Bereich einer noch kaum differenzierten Sozialwissenschaft zusammenfällt, oder wie die M. Webers, wo sie über dem von der Wirtschaft und ihren Ausstrahlungen her sich ergebenden Problemzusammenhang definiert wird, bleiben hier beiseite.

In gewisser Weise erfüllt die Soziologie eine einheitsstiftende Funktion stets dann, wenn sie es sich zur Aufgabe setzt, eine *Theorie des sozialen Prozesses* zu liefern, nicht nur wie Oppenheimer als eine allgemeine Theorie, die in den speziellen theoretischen Sozialwissenschaften nach verschiedenen Richtungen hin konkretisiert wird, sondern als eine Theorie von sozialen Entwicklungen, Tendenzen oder Trends, die sich die Ergebnisse der übrigen Sozialwissenschaften zunutze macht und anwendet. Das kann in sehr verschiedener Weise geschehen. Die universalgeschichtlichen Versuche Alfred Webers, A. Rüstows, P. Sorokins, aber auch – trotz sehr viel lockerer Beziehungen zu den Sozialwissenschaften – A. J. Toynbees gehören hier ebenso her wie der um Werden, Wachsen und Vergehen des »Kapitalismus« bemühte Versuch J. A. Schumpeters. Die Konzeption der Einheit der Sozialwissenschaften, die von all diesen Versuchen ungeachtet aller Unterschiede möglich wird, ist ganz analog der J. St. Mills. Nur wird sie nicht mehr über die Methode gewonnen, sondern über den Gegenstand der Disziplinen.

Eine andere Möglichkeit, die Soziologie als Grundwissenschaft im Bereiche des Sozialen aufzufassen, liegt darin, ihre besondere Schauweise auf die systematische Erfassung zwischenmenschlicher Beziehungen abzustellen, wie es insbesondere durch L. v. Wiese geschieht. Soll sie sich freilich nicht in einer Klassifizierung von Distanzverhältnissen erschöpfen – und schon die allgemeine Analyseformel v. Wieses, nach der der soziale Prozeß als Resultante von *Situation* und *Haltung* begriffen werden soll, geht darüber hinaus –, muß sie funktionale Abhängigkeiten einbeziehen. Damit wird die Grenze zu den übrigen theoretischen Sozialwissenschaften fließend. Alle Theorien, die Mensch-Mensch-Beziehungen erfassen, gehen in diese Soziologie ein. Aber auch wo in Sozialwissenschaften Mensch-Sach-Beziehungen im Vordergrund zu stehen scheinen, wie in der Wirtschaftstheorie, gehen diese doch meist in komplizierter aufgebaute Mensch-Mensch-Beziehungen ein, und insofern könnte eine *Beziehungssoziologie* wie die v. Wieses in der Tat die sozialwissenschaftliche Grundwissenschaft abgeben.

b. Probleme einer allgemeinen Handlungslehre

Freilich läßt sich bei allem unzweifelhaften Nutzen der systematischen Erforschung der zwischenmenschlichen Beziehungen für den Aufbau der Sozialwissenschaften fragen, ob der Ansatz bei Elementen, aus denen sich *Situationen* aufbauen, zweckmäßig ist. Denn die Thematik der Sozialwissenschaften liegt nicht so sehr in den Situationen selbst als im sozialen *Prozeß*, also im Übergang von Situationen in andere. Dieser Übergang ist das, was man eine *Handlung* nennen kann, wenn man diesen an sich vieldeutigen Begriff entsprechend präzisiert und verallgemeinert. Dieser Ansatz dürfte am ungezwungensten eine einheitliche Konzeption der theoretischen Sozialwissenschaften erlauben. Einmal läßt sich diesen, soweit sie sich überhaupt als spezielle Handlungslehren auffassen lassen, eine *allgemeine Theorie der Handlungen* als Grundlage vorordnen. Ferner werden so die Elemente, die in den Aufbau von Situationen eingehen, jeweils an ihrem systematischen Ort erfaßt. Die »Robinson-Situationen« (und -Handlungen) erscheinen als der Grenzfall der n-Personen-Situationen (und -Handlungen) für $n = 1$. Sodann wird die alte Streitfrage, ob es analog den Naturgesetzen besondere *Sozialgesetze* gibt, dadurch gegenstandslos, daß sie in die empirisch beantwortbare Frage nach der relativen *Konstanz von Handlungen* oder Handlungsreihen übergeht. Denn neben den Transformationen, die aus den von der Theorie unterstellten Maximen der Personen resultieren und die Situationen ineinander überführen, bleibt für die Annahme besonderer »Gesetze« kein Raum. Von hier aus wird dann auch das Verhältnis der theoretischen Sozialwissenschaften zu anderen Wissenschaften durchsichtig: zur *Rechtswissenschaft*, die einen Bereich zulässigen Handelns aus dem möglichen Handeln herausschneidet, zur *Psychologie*, die die Motivationen von Handlungen aufhellt. Die »Probleme einer soziologischen Handlungslehre«, die neuerdings A. Gehlen eindrucksvoll herausgestellt hat, sind fast durchweg psychologischer Art und liegen nicht auf der Ebene der theoretischen Sozialwissenschaften in dem gekennzeichneten Sinne, auf der z. B. alle Probleme der *Wirtschaftstheorie* liegen.

c. Praxeologie als verallgemeinerte Grenznutzentheorie

Von der subjektiven Werttheorie her hat L. v. Mises eine allgemeine Handlungslehre oder *Praxeologie* (das Wort stammt von Espinas, 1890) zu gewinnen gesucht. Diese Theorie der (Wahl-) Handlungen stellt sich im wesentlichen als eine Verallgemeinerung der ökonomischen Grenznutzentheorie dar. In diese Richtung hatte schon H. H. Gossen gedeutet. Die Fruchtbarkeit dieser Praxeologie müßte sich aber auf außerökonomischem Gebiete erst erweisen. Eine solche Anwendung kann man etwa in der *Theorie der Außenpolitik* von L. Richardson sehen, die ähnlich der ökonomischen Marginalanalyse verfährt, also im wesentlichen sich partieller Differentialgleichungen bedient. Mises steht der sinnvollen Anwendbarkeit mathematischer Mittel mit Skepsis gegenüber. Aber auf das Mittel käme es nicht an, wenn nur eine allgemeine Handlungslehre aufgebaut wird. Diese wird im wesentlichen strukturell sein müssen; die als wirtschaftliche, politische, militärische usw. Handlung gedeutete *Struktur* gehört ja durchaus schon in die betreffende spezielle Sozialwissenschaft. Der Gesichtspunkt des »Sozialen« für sich gibt eben keine Deutung her, die über die allgemeine Deutung als Handlung hinausführte – das hat Max Weber vollkommen richtig gesehen. Der Nutzen der *Mathematik* für die allgemeine Handlungslehre liegt vor allem darin, daß sie die Herausarbeitung des Strukturellen erzwingt. Für eine allgemeine *Theorie der Wahlhandlungen* hat K. J. Arrow sich mit Erfolg verbandstheoretischer Mittel bedient. Für den Bereich des »strategischen« Handelns hat die von J. von Neumann inaugurierte und ausgebaute mathematische *Spieltheorie* Wesentliches beigebracht – mit Anwendungen auf ökonomischem, politischem und militärischem Gebiet. Gleichgültig wie man über den praktischen Nutzen dieser mathematischen Theorien urteilt: sie gewähren auf jeden Fall einen Einblick in die Mannigfaltigkeit von Handlungsstrukturen. Es muß hervorgehoben werden, daß die Spieltheorie keine deduktiv-abgeschlossene Theorie ist, sondern daß ihr weiterer Ausbau von der empirischen Erforschung von Handlungen zu erwarten steht. Die Strukturtheorie des Handelns erlaubt so zwar, von einem einheitlichen Bezugssystem der Sozialwissenschaften zu sprechen, eben den Handlungsstrukturen, ohne daß damit jedoch schon eine deduktive Einheit der Sozialwissenschaften gegeben wäre. Ob eine solche überhaupt möglich ist, bleibt zumindest offen; der gegenwärtige Stand der Forschung rückt sie auf keinen Fall in greifbare Nähe.

d. »General Theory of Action«

Eine verwandte Konzeption einer in einer allgemeinen Theorie des Handelns begründeten Einheit der Sozialwissenschaften entwickeln T. Parsons und seine Mitarbeiter. Sie ist insofern umfassender, als sie die *Psychologie* (und damit auch die Sozialpsychologie) in den Bereich dieser Wissenschaftsgruppe mit einbezieht, neben Ökonomie, Soziologie, »Politie« und einer theoretischen Disziplin, die die Untersuchung von Struktur und Entwicklung von »patterns of culture« im Hinblick auf ihre Bedeutung für soziale Systeme zum Gegenstand hätte. Die *Psychologie* hat für Parsons als Hauptaufgabe die Analyse der menschlichen Persönlichkeit als eines Systems von Handlungen. Dieser Gesichtspunkt ist interessant und fruchtbar und zieht gewissermaßen das Integral über den *»Rollen«*, in denen das Individuum in den Sozialwissenschaften erscheint. Fraglich erscheint nur, ob die psychologische Theorie der Persönlichkeit in diesem Sinne, wie sie hier in der Nachfolge Freuds (Scheidung von »Ich«, »Es«, »Überich«) entwickelt wird, eigentliche Psychologie ist oder nicht vielmehr eine sozialwissenschaftliche Quasipsychologie, deren auf gewisse Daten aufgebaute Typisierungen erst noch der Legitimation durch die Psychologie bedürfen. In letzterer Weise aufgefaßt, würde diese Disziplin die Homogenität der Sozialwissenschaft nicht sprengen, was sie als echte Psychologie täte, wie gerade Parsons' Versuch, sie als solche zu fassen, zeigt.

e. Die analytische Bedeutung der theoretischen Sozialwissenschaft

Das über den Handlungsstrukturen definierte Feld wissenschaftlicher Forschung ist jedenfalls gegen die Gebiete der Naturwissenschaften auf der einen, gegen die Psychologie und die Geisteswissenschaften auf der anderen Seite wohl abgegrenzt, und es erscheint sinnvoll, es mit dem Feld der theoretischen Sozialwissenschaften zu identifizieren. Darüber darf nun freilich nicht vergessen werden, daß die konkrete sozialwissenschaftliche Untersuchung sich auf sehr komplexe, historisch gegebene Gegenstände richtet. Es hängt von dem Ziel solcher Untersuchungen ab, wieweit sie sich auf die theoretische Ausrüstung einer speziellen sozialwissenschaftlichen Disziplin beschränken können oder ob sie zur analytischen Erfassung ihres Gegenstandes sogar über den Kreis der sozialwissenschaftlichen Theorien hinaus etwa in den der psychologischen oder biologischen Theorien greifen müssen. Die Einheit der Sozialwissenschaften kann sich daher sinngemäß nur auf die Einheit einer Gruppe theoretischer Disziplinen beziehen.

Literatur

Fourier, Charles, *Théorie des quatre mouvements et des destinées générales,* Lyon 1808

Hegel, G. W. F., *Grundlinien der Philosophie des Rechts,* 1821, hg. von G. Lasson, Leipzig (1911) ³1930

Comte, Auguste, *Cours de philosophie positive,* 6 Bde., Paris (1830-1842) ⁵1892-94

Lechevalier, O., *Études sur la science sociale*, 2 Bde., Paris 1832, 1834
Simonde de Sismondi, J. Ch. L., *Études sur les sciences sociales*, Bd. 1: Paris 1836; Bd. 2 u. 3: Brüssel 1836, 1837
Paget, A., *Introduction à l'étude de la science sociale*, Paris 1838
de Pompery, E., *Exposition de la science sociale*, Paris 1840
v. Stein, Lorenz, *Der Sozialismus und Communismus des heutigen Frankreich*, (Leipzig 1842) [2]Leipzig u. Wien 1848 (mit Anhang: *Die sozialistischen und communistischen Bewegungen seit der dritten französischen Revolution*)
Mill, John Stuart, *A System of Logic, Ratiocinative and Inductive*, 2 Bde., London (1843) [8]1910
Eisenhart, Hugo, *Philosophie des Staates oder Allgemeine Sozialtheorie*, 2 Bde., Leipzig 1843, 1844
v. Mohl, Robert, *Die Polizeiwissenschaft nach den Grundsätzen des Rechtsstaates*, 3 Bde., Stuttgart (1832-34) [3]1866
v. Stein, Lorenz, *Geschichte der sozialen Bewegung in Frankreich von 1789 bis auf unsere Tage*, 3 Bde., Leipzig (1850); Neudr.: hg. v. G. Salomon, München 1921
– *System der Staatswissenschaft*, 2 Bde., Stuttgart 1852-1856
v. Treitschke, Heinrich, *Die Gesellschaftswissenschaft*, Leipzig 1859
Carey, H. C., *Principles of Social Science*, 3 Bde., Philadelphia (1858-1859) [2]1877 (*Die Grundlagen der Sozialwissenschaft*, hg. von C. Adler, 3 Bde., München 1863-1864)
v. Lilienfeld, Paul, *Gedanken über die Sozialwissenschaft der Zukunft*, 5 Bde., Mitau 1873-1881
Schäffle, Albert, *Bau und Leben des sozialen Körpers*, Tübingen (1875-1878), 2 Bde., [2]1896
Spencer, Herbert, *Principles of Sociology*, 3 Bde., London 1876-1896
Menger, Carl, *Untersuchungen über die Methode der Sozialwissenschaften und der politischen Ökonomie insbesondere*, Leipzig 1883
v. Schmoller, Gustav, »Zur Methodologie der Staats- und Sozialwissenschaften«, in: *Jb. f. Ges. Verw. u. Volkswirtsch.* 7 (1883)
– *Zur Literaturgeschichte der Staats- und Sozialwissenschaften*, Leipzig 1888
Hauriou, Maurice, *La science sociale traditionelle*, Paris 1896
Stammler, Rudolf, *Wirtschaft und Recht nach der materialistischen Geschichtsauffassung* (Leipzig 1896), Berlin [5]1924
Barth, Paul, *Die Philosophie der Geschichte als Soziologie*, Bd. 1, Leipzig (1897) [4]1922
v. Mayr, Georg, *Begriff und Gliederung der Staatswissenschaften*, Tübingen (1901) [4]1921
Schäffle, Albert, *Abriß der Soziologie*, hg. von Karl Bücher, Tübingen 1906
Worms, René, *Philosophie des sciences sociales*, 3 Bde., Paris 1913-1920

Adler, Max, *Marxistische Probleme,* Stuttgart 1913
Schumpeter, Joseph, *Vergangenheit und Zukunft der Sozialwissenschaften,* München u. Leipzig 1915
Diehl, Karl, *Theoretische Nationalökonomie,* Bd. 1, Jena (1916) [2]1922
Oppenheimer, Franz, *System der Soziologie,* 4 Bde., Jena 1922-1929
Weber, Max, *Gesammelte Aufsätze zur Wissenschaftslehre,* Tübingen (1922) [2]1951
Walther, Andreas, *Soziologie und Sozialwissenschaften in Amerika und ihre Bedeutung für die Pädagogik,* Karlsruhe 1927
Valdour, Jacques, *Les méthodes en science sociale,* Paris 1927
Schams, Ewald, »Zur Geschichte und Beurteilung der exakten Denkform in den Sozialwissenschaften«, in: *Z. f. d. ges. Staatswiss.* 85 (1928)
Seidler, Ernst, *Die sozialwissenschaftliche Erkenntnis,* Jena 1930
Heimann, Eduard, *Sozialwissenschaft und Wirklichkeit,* Tübingen 1932
Kaufmann, Felix, *Methodenlehre der Sozialwissenschaften,* Wien 1936
Sombart, Werner, »Soziologie: Was sie ist und was sie sein sollte«, in: *Sitzungsber. d. Preuß. Akad. d. Wiss. Phil.-hist. Kl.,* Berlin 1936.
Walther, Andreas, *Die neuen Aufgaben der Sozialwissenschaften,* Hamburg 1939
v. Neumann, John, und Morgenstern, Oskar, *Theory of Games and Economic Behavior,* Princeton (1944) [3]1953
Cole, G. D. H., *Scope and Method in Social and Political Theory,* Oxford 1945
Gruchy, A. G., *Modern Economic Thought – the American Contribution,* New York 1947
Zimmermann, Waldemar, »Das ›Soziale‹ im geschichtlichen Sinn- und Begriffswandel«, in: *Studien zur Soziologie. Festg. für L. v. Wiese,* 1, Mainz 1948
Barnes, H. E., *Historical Sociology: Its Origins and Development,* New York 1948 (*Soziologie der Geschichte,* Wien u. Stuttgart 1951)
v. Mises, Ludwig, *Human Action,* New Haven 1949
Geck, L. H. A., »Erkenntnis und Heilung des Soziallebens. Zum Aufbau der Sozialwissenschaft«, in: *Soziale Welt* 1 (1949/50)
Spann, Othmar, *Das philosophische Gesamtwerk im Auszug,* hg. von Hans Riehl, Wien 1950
Geck, L. H. A., *Sozialpolitische Aufgaben,* Tübingen 1950
Arrow, K. J., *Social Choice and Individual Values,* New York 1951
Sorokin, Pitirim, A., *Social Philosophies of an Age of Crisis,* Boston 1951 (*Kulturkrise und Gesellschaftsphilosophie,* Stuttgart u. Wien 1953)
Winkmann, Hans, »Die Bedeutung der systematischen Soziologie für die Sozialwissenschaften«, in: *Soziologische Forschung in unserer Zeit,* hg. von K. G. Specht, Köln 1951
Horkheimer, Max, *Survey of the Social Sciences in Western Germany,* Washington 1952

Parsons T.. Shils, E. A. u. a., *Toward a General Theory of Action*, Cambridge (Mass.) 1952
Gehlen, Arnold, »Probleme einer soziologischen Handlungslehre«, in: *Soziologie und Leben*, hg. von Carl Brinkmann, Tübingen 1952
Rose, Arnold M., *Theory and Method in the Social Sciences*, Minneapolis 1954
For a Science of Social Man, hg. von J. Gillin, New York 1954
Die Einheit der Sozialwissenschaften. Franz Eulenburg z. Ged., hg. von W. Bernsdorf und G. Eisermann, Stuttgart 1955

(1955)

Theoretica

Handlung, Maxime und Situation

Zur logischen Analyse der mathematischen Wirtschaftstheorie

I

Die Frage nach dem Recht und den Grenzen der Anwendung mathematischer Methoden in der Wirtschaftstheorie ist oft gestellt worden. Die Antwort der Forscher, die von solchen Methoden expliziten Gebrauch machen, läuft mit einer gewissen Einhelligkeit von Thünen und Cournot über Jevons und Marshall bis Erich Schneider[1] auf die folgende Argumentation hinaus: das Feld, das die Wirtschaftsforschung bearbeitet, stellt sich dar als ein Feld von wirtschaftlichen Größen, zwischen denen Interdependenz besteht. Daraus ergibt sich die Antwort unmittelbar; denn die Interdependenz quantitativer Größen kann nur mathematisch, sei es in der üblichen mathematischen Symbolik oder verbal, behandelt werden. Es scheint mir, daß diese Antwort nicht völlig genügt. Sie ist ja auch, vor allem in Deutschland, von der Wirtschaftswissenschaft nie einhellig rezipiert worden. Das Gegenargument ist besonders hübsch von Sombart formuliert worden: das Wesentliche sei, daß in Wirklichkeit gar keine unmittelbaren Funktionen zwischen Gütermengen gegeben seien, primär seien allein die wirtschaftlichen Handlungen als Leistungen von Mitteln für Ziele.

Nun läßt sich gewiß darüber streiten, was für die Wirtschaftsforschung und vor allem für die Theorie das »Wesentliche« ist, ob die Interdependenz aller wirtschaftlichen Größen oder die wirtschaftlichen Handlungen. Das ist denn auch ausreichend in den Methodenstreitigkeiten seit vielen Jahrzehnten geschehen. Leugnen läßt sich weder die Tatsache der Interdependenz der wirtschaftlichen Größen noch auch die Tatsache, daß diese Größen und ihre funktionalen Abhängigkeiten irgendwie ein Effekt wirtschaftlichen Handelns sind. Geht man von dem letzten Faktum

1 »Sinn und Grenzen der quantitativen Wirtschaftsforschung«, in: *Z. f. d. ges. Stw.* 108 (1952), S. 594 ff.

als dem primären aus, so kommt man zur »verstehenden« Wirtschaftstheorie, findet von dort aber nicht den Zugang zur mathematischen Ökonomie. Geht man von dem ersten Faktum aus, so ergibt sich die mathematische Theorie der Wirtschaft, aber der zweite Gesichtspunkt wird offenbar notwendig vernachlässigt. Nun kann man selbstverständlich auch je nach den Problemerfordernissen einmal den einen und dann wieder den anderen Ausgangspunkt wählen und tut es vielfach auch: nur kommt man auf diese Weise zu keiner in sich zusammenhängenden Theorie. Diese drei möglichen Wege fallen mit Sombarts »drei Nationalökonomien« zusammen.

Wie ich glaube und auf den folgenden Seiten nachzuweisen versuche, liegt all dem eine Verkennung des wissenschaftstheoretischen Charakters der sog. mathematischen Wirtschaftstheorie zugrunde, und zwar eine Verkennung, der alle an dem »Methodenstreit« beteiligten Parteien verfallen sind. Es ist zwar richtig, daß die Wirtschaftsforschung die wirtschaftlichen Größen und ihre Interdependenz zum Gegenstande hat. Es ist auch richtig, daß die mathematische Wirtschaftstheorie sich mit der Interdependenz dieser Größen beschäftigt. Aber sie tut nicht nur das, sie kann sich nicht einmal darauf beschränken. Sie muß annehmen und nimmt ja auch durchweg an, daß die Wirtschaftenden nach Maximen handeln, und sie muß Annahmen über diese Maximen machen und macht sie. Sie kann freilich auch so tun, *als ob* sie das nicht täte oder nicht nötig hätte. Statt zu sagen: wenn unter den und den Bedingungen der Monopolist nach dem maximalen Gewinne strebt, so ist der Monopolpreis p, kann sie auch sagen: wenn unter den und den Bedingungen der Gewinn des Monopolisten ein Maximum wird, so ist der Monopolpreis p. Dabei ist dann der Ausdruck »Gewinn des Monopolisten« nur ein Name für eine wirtschaftliche Größe, der Monopolist als wirtschaftender Mensch ist ganz in der Versenkung verschwunden.

Wollen wir nun zeigen, daß die mathematische Wirtschaftsforschung das ist, was die »verstehende Ökonomie« sein möchte, also eine Erforschung der wirtschaftlichen Handlungen der Menschen und als Theorie eine Theorie über wirtschaftliche Handlungen, so müssen wir daher zweierlei zeigen: einmal, daß die wirtschaftlichen Handlungen so in die mathematische Wirtschaftstheorie eingehen, daß diese in der Tat als eine Theorie wirtschaftlicher Handlungen aufgefaßt werden kann, und sodann müssen wir den Versenkboden angeben, durch den die mathematische Wirtschaftstheorie die agierenden Personen – mit methodologischem Recht – verschwinden lassen darf und muß! Die Handelnden müssen offenbar gleich am Anfang verschwinden, jedoch so, daß sie in struktureller Hinsicht den Gang der Dinge bestimmen. Wie das zugeht, werden wir sogleich sehen. Ich entnehme dabei mit Absicht die Beispiele – mit Ausnahme des ersten, aus dem täglichen Leben gegriffenen – der *älteren* Theorie. Ich benutze auch keine logischen Mittel, die nicht seit vierzig Jahren vorhanden wären. Auch auf eine Diskussion der v. Neumannschen *Theory of Games* sei verzichtet. Deren Charakter als einer mathematischen Theorie über Handlungen vom Typ der strategischen Spiele liegt auf der Hand und ist nicht erst noch nachzuweisen. Die Erörterung ihres wissenschaftstheoretischen Verhältnisses zu dem hier erörterten Typ der mathematischen Ökonomie würde aber den Rahmen dieser Abhandlung sprengen. Es kommt zunächst einmal darauf an, den alten »Methodenstreit« der Ökonomie in seinem hier angedeuteten Aspekt endlich aufzulösen. Dazu ist es nicht nötig, die oft erörterten Argumente erneut durchzudiskutieren, sondern mit möglichst einfachen Mitteln zu zeigen, was die mathematische Wirtschaftstheorie »eigentlich« macht.[2] Um das Ergebnis vorwegzunehmen: Sie macht ge-

2 Einen Versuch, die mathematische Wirtschaftstheorie als eine »verstehende mathematische Ökonomie« aufzufassen, hat vor fast zwei Jahrzehnten Ewald Schams in seiner Abhandlung »Wirtschaftslogik« in *Schmollers Jahrbuch* Bd. 58, vor allem S. 524 ff., unternommen. Schams geht nun so vor, daß er als Ausgangsmaterial einen Satz von der Art: »Wenn $p_1, p_2, \ldots, p_n$ die Preise der Güter 1, 2, ..., n sind, dann ist d_1 eine Menge des Gutes 1 und ich frage d_1 nach« wählt. Wenn dies für alle Konsumenten festgestellt wird, so kann man zur Gesamtnachfrage nach dem Gute 1 gelangen usw. Nun argumentiert Schams so: d_1 kann als Funktionswert eines n-Tupels von reellen Zahlen $p_1, p_2 \ldots, p_n$ aufgefaßt werden. So komme die Ökonomie zu ihren Gleichungen. Nun sei aber der Ausgangssatz ein »Werturteil«, aus dem so die mathematische Funktion sich herleite und das daher berechtige, von »verstehender« mathematischer Ökonomie zu sprechen – ein Werturteil deshalb, weil es sich auf eine vorgegebene Rangordnung der Bedürfnisse des betreffenden Individuums bezieht. Es genüge hier, auf folgendes hinzuweisen: Die Rangordnung ist für die Theorie festgelegt durch die Ausgangssätze von der angeführten Art, die »Rangordnung« ist nichts als die Maxime, die man für das Handeln des Konsumenten annimmt. Man

nau das, was die »verstehende Ökonomie«, die eine Theorie der wirtschaftlichen Handlungen sein möchte, machen müßte, wenn sie sich selbst verstünde.

2

Wir gehen vom Begriff der Handlung aus. Über den Begriff Handlung bzw. Handeln ist viel geschrieben worden, ohne daß sich eine Präzisierung ergeben hätte, die für unsere Zwecke brauchbar wäre. Wir müssen uns daher zunächst um eine Präzisierung dieses Begriffes bemühen. Eine Handlung ist es z. B., wenn ich ein Brot kaufe, wenn ich eine Rechnung bezahle, wenn ich einen Gegenstand gegen einen anderen tausche. Ganz allgemein kann man sagen: ich handele, wenn ich eine Situation *S*, die wir auch die *Ausgangssituation* nennen wollen, in eine gegenüber *S* in einem bestimmten Sinne veränderte Situation *S'*, die wir auch die *Endsituation* nennen können, überführe. Kaufe ich beim Bäkker ein Brot, so besaß in der Ausgangsposition der Bäcker dieses Brot und ich eine gewisse Summe Geld, während auf Grund meiner Handlung (und der des Bäckers) in der Endsituation der Bäcker eine bestimmte Summe Geld besitzt und ich das Brot. Nun handelt in diesem Beispiel der Bäcker ebenfalls: er verkauft mir das Brot. Es ist zweckmäßig, den Begriff der Handlung so weit zu fassen, daß wir als »Handlung« einfach den Übergang der Ausgangssituation in die Endsituation bezeichnen. Wir gebrauchen also den Begriff »Handlung« in einem etwas weiteren Sinne als üblich. In gewissen Fällen ist dieser weitere Sprachgebrauch sogar nicht unüblich, etwa bei Handlungen von Gesellschaften, Gruppen, Parteien usw., wo verschiedene Personen bei der Handlung zusammenwirken. Wir führen diese Verallgemeinerung nur konsequent durch und betrachten die Handlung als den Übergang von einer Situation in eine andere auf Grund des Handelns von einem oder mehreren Menschen. Ohne eine solche Verallgemeinerung können wir auch nicht hoffen, zu einer Präzisierung des Begriffes »Handlung« zu gelangen.

kann sie natürlich psychologisch oder soziologisch »verstehen« wollen – damit gewinnt man für die Theorie nichts. Andererseits leistet aber die Theorie auch nichts für ein Verständnis der Rangordnung.

Die Präzisierung des Begriffes »Handlung« setzt offenbar die Präzisierung des Begriffes »Situation« voraus. Wir wenden uns also diesem zu. In der Situation des Brotkaufes finden sich vor: der Brotkäufer und der Brotverkäufer, ferner das Brot und das Geld, mit dem es erworben wird. Der Käufer besitzt in der Ausgangssituation das Geld, der Verkäufer das Brot. Der Käufer fragt nach, der Verkäufer bietet an. Wir können diese Situation selbstverständlich noch komplizieren, aber es kommt uns zunächst auf die Darstellung ihrer Struktur an.[3] Wir haben sie bisher beschrieben durch die Angabe gewisser in ihr auftretender Relationen: »besitzt«, »bietet an«, »fragt nach«; wir schreiben für diese kurz »B« (»besitzt«), »A« (»bietet an«), »N« (»fragt nach«). Dann können wir diese Situation so beschreiben: Es gibt ein x, y, u, v, so daß

$$xBu \text{ und } yAv \text{ und } xNv \text{ und } yBv. \qquad (1)$$

Nennen wir nun ferner $\breve{R}$ die Konverse der Relation R, wenn $y\breve{R}x$ dann und nur dann zutrifft, wenn xRy. Dann können wir (1) auch so umformen: Es gibt ein x, y, u, v, so daß

$$u\breve{B}x \text{ und } xNv \text{ und } v\breve{A}y \text{ und } yBv. \qquad (1')$$

Nun heiße $R|S$ die Verkettung der Relationen R und S, wenn es ein z derart gibt, so daß xRz und zSy. Wir dürfen also aus (1′) schließen:

$$\breve{B}|N|\breve{A}|B \neq \Lambda, \text{ wobei } \Lambda \text{ die leere Relation andeutet.} \qquad (2)$$

Damit können wir die Situation, die wir betrachten, strukturell als Verkettung von Relationen auffassen.

Eine Verkettung von Relationen ist selbst wieder eine Relation. Schreiben wir für (2) kurz S, so gilt also uSv, d. h., die Situation S ist diejenige Relation, die zwischen dem Gelde des Käufers (Nachfragenden) und dem Brot des Verkäufers (Anbieters), um in unserem Beispiel zu bleiben, besteht. Wir führen jetzt einen neuen Begriff ein, den Begriff der Maxime. Dieser ist der theoretischen Ökonomie vertraut. Sie unterstellt beispielsweise, daß der Wirtschafter, etwa ein Monopolist, die Erzielung eines maximalen Gewinnes zur Maxime hat. In unserem Beispiel können wir die Maxime sowohl des Nachfragers wie des Anbieters so formulieren:

3 Der größeren Deutlichkeit halber wird im folgenden stets eine Relation durch das zweistellige Prädikat, dessen Extension sie ist, gedeutet, z. B. die Nachfragerelation durch »fragt nach«.

$$vTu, \quad (3)$$

wobei das »T« die symmetrische Relation: »soll getauscht werden gegen« andeuten soll. Da wir in der Theorie stets unterstellen, daß das, was nach der Maxime geschehen soll, auch geschieht, so können wir »T« auch deuten als: »ist getauscht gegen«.

Jetzt können wir ein Stück weiter gehen. Man nennt eine Relation von der Form $P|R|\breve{P}$ das »P-Bild von R« und schreibt dafür »$P^{;}\,R$«. $P^{;}\,R$ ist also die Relation, die zwischen u und v dann besteht, wenn es ein x, y gibt, so daß xRy, uPx und vPy. Auf Grund von (2) und (3) erhalten wir:

$$T|S|T, \quad (4)$$

wegen der Symmetrie von T ist $T = \breve{T}$. Für (4) dürfen wir also schreiben:

$$T^{;}\,S, \quad (5)$$

(5) ist aber nun nichts anderes als die Relation, die die Endsituation S' charakterisiert. Schreiben wir (5) aus, so erhalten wir:

$$T|\breve{B}|N|\breve{A}|B|T. \quad (6)$$

(6) bedeutet, daß der Nachfrager nun v eingetauscht hat, der Anbieter u. Das ist aber genau die für die Endsituation S' charakteristische Relation zwischen u und v.

Wir sind jetzt in der Lage, auch die Begriffe der Handlung und Maxime strukturell zu charakterisieren. Wir hatten den Begriff der Situation strukturell charakterisiert in der Weise, daß wir die Situationen S und S' als Verkettung von Relationen auffaßten. Wir sagten, daß wir unter einer Handlung den Übergang von der Ausgangssituation S zur Endsituation S' verstehen wollten. Wir werden jetzt also die Handlung als Abbildung von S auf S' charakterisieren. Die Maxime M stellt sich uns strukturell als der Korrelator dar, der diese Abbildung leistet. Die Endsituation S' ist das M-Bild von S.

In unserem Beispiel leistete der T-Korrelator eine eineindeutige Abbildung. Meist wird man sich in der Wirtschaftstheorie mit einer einmehrdeutigen Abbildung begnügen können.

Im allgemeinen Falle ist auch die Verkettung von zweistelligen Relationen $R_1, R_2, \ldots, R_m$, durch die die Situation S beschrieben werden kann, nicht selber wieder eine zweistellige Relation, sondern eine n-stellige ($n \geqq 2$). Wir wollen das an einem Beispiel zeigen, das uns zugleich einen Schritt auf unser Ziel weiterführt.

Wir geben der durch (1) beschriebenen Situation die Deutung, daß der Anbieter ein Produkt anbietet, dessen Herstellung ihm keine Kosten verursacht, und daß er in dieser Produktion ein Monopol hat. Außerdem nehmen wir an, daß er nicht einem Nachfrager gegenübersteht, sondern einer großen Zahl von solchen, sagen wir n. Dann erhalten wir n Situationen S, die alle die Struktur $\breve{B}|N|\breve{A}|B$ haben und die wir zu einer Gesamtsituation

$$u_0 S v_0 \equiv u_1 S v_1 \text{ und } \ldots \text{ und } u_n S v_n \tag{8}$$

zusammenfassen wollen. (8) ist nur eine bequemere Schreibweise für

$$u_0\breve{B}|N|\breve{A}|Bv_0 \equiv \begin{matrix} u_1\breve{B}|N|\breve{A} \\ \vdots \quad \vdots \quad \vdots \quad \vdots \\ u_n\breve{B}|N|\breve{A} \end{matrix} \bigg| \; Bv_0 \equiv u_1\breve{B}|N|\breve{A}|Bv_1 \tag{9}$$

$$\text{und } \ldots \text{ und } u_n\breve{B}|N|\breve{A}|Bv_n.$$

Die $v_1, \ldots, v_n$ stellen Anzahlen von produzierten Einheiten dar. u_1 ist der Preis für v_1 Einheiten, …, u_n der für v_n Einheiten. Sei der Preis pro Einheit p, so ist $u_1 = v_1 p, \ldots, u_n p = v_n p$. Ferner ist $u_0 = u_1 + \ldots + u_n$, $v_0 = v_1 + \ldots + v_n$. Wir betrachten die Maxime, die wir zunächst so auffassen können, daß sie entsprechend besagt:

$$u_0 T v_0 \equiv u_1 T v_1 \text{ und } \ldots \text{ und } u_n T v_n. \tag{10}$$

Diese Festsetzung würde genügen, wenn der Anbieter einen festen Preis p pro Einheit fordert. Aber wir wollen annehmen, daß der Anbieter den Preis p_0 fordert, bei dem sein Gewinn – in unserm Falle: = Umsatz – ein Maximum wird. Wir nehmen weiter an, daß die Nachfrager bei verschiedenen Preisen auch verschiedene Mengen nachfragen und daß die Größe der $u_1 \ldots u_n$ je nach dem Preise variiert. Mit anderen Worten, es ist:

$$v_1 = \mathrm{f}_1(p), \ldots, v_n = \mathrm{f}_n(p), \tag{11}$$

zusammengefaßt:

$$v_0 = \mathrm{f}_0(p). \tag{12}$$

Die Maximen der Nachfrager sind also so zu formulieren:

$$p \cdot \mathrm{f}_0(p)\, T v_0 \equiv p \cdot \mathrm{f}_1(p)\, T v_1 \text{ und } \ldots \text{ und } p \cdot \mathrm{f}_n(p)\, T v_n. \tag{13}$$

Nehmen wir die Maxime des Anbieters hinzu, so geht (13) über in

$$\max_{p} p \cdot \mathrm{f}_0(p)\, T v_0. \tag{14}$$

Damit ist die Endsituation $T^{\cdot}S$ eindeutig festgelegt.

Sodann sei noch ein drittes Beispiel erörtert. Wir wählen dazu die Walras-Casselschen Produktionsgleichungen.

Man geht hier von einer Situation aus, für die folgendes gilt: (1) Von den m Produktionsmitteln R_i (i = 1, ..., m) sind jeweils r_i Einheiten vorhanden; (2) für die Herstellung einer Einheit des Produktes P_j (j = 1, ..., n) werden a_{ij} Einheiten von R_i benötigt; (3) weiß man, daß der Preis einer Einheit des Produktes P_j gleich $f_j(p_1, \ldots, p_n)$ ist, wenn p_1 Einheiten von $P_1, \ldots, p_n$ Einheiten von P_n produziert werden. Sei nun »B_i« die Relation »besitzt vom Produktionsmittel R_j die Menge«, »H_j« die Relation »benötigt zur Herstellung einer Einheit von P_j an Einheiten von R_i« und »E_j« die Relation »hat, wenn er p_1 Einheiten von $P_1, \ldots, p_n$ Einheiten von P_n herstellt, für eine Einheit von P_j zu erwarten den Preis«. Dann erhalten wir aus der Beschreibung der Ausgangssituation, wenn wir als Relatum die Gesamtheit der Hersteller nehmen:

$$\begin{aligned}&\breve{H}_1|B_1 \text{ und } \ldots \text{ und } \breve{H}_n|B_1 \text{ und } \ldots \text{ und } \breve{H}_1|B_m\\ &\text{und } \ldots \text{ und } \breve{H}_n|B_m \text{ und } \breve{H}_1|E_1 \text{ und } \ldots \text{ und}\\ &\breve{H}_n|E_1 \text{ und } \ldots \text{ und } \breve{H}_1|E_n \text{ und } \ldots \text{ und } \breve{H}_n|E_n\\ &\text{und } B_1|E_1 \text{ und } \ldots \text{ und } B_m|E_1 \text{ und } \ldots \text{ und}\\ &B_1|E_n \text{ und } \ldots \text{ und } B_m|E_n.\end{aligned} \tag{15}$$

Für (15) wollen wir kürzer schreiben:

$$\breve{H}\Big|{}^{B}_{E} \tag{16}$$

wobei wir zu beachten haben, daß diese dreistellige Relation zwischen einem m-Tupel und zwei n-Tupeln besteht.

Diese Darstellung folgt der üblichen[4], ist aber für unsere Zwecke nicht ganz geeignet. »E« bedeutet hier soviel wie, daß die Hersteller die Gesamtnachfrage für jedes Preisniveau kennen. Darin liegt nun aber die Beziehung auf die nachfragenden Konsumenten, die wir ebenfalls als Gesamtheit einsetzen. Die Hersteller bieten an, die Konsumenten fragen nach und verfügen über das für ihre Nachfrage erforderliche Geld. Das ist aber die uns schon bekannte Relation »$N|\breve{A}|B$« der früheren Beispiele; für das »B« in ihr, das wir hier schon in modifizierter Bedeutung verwendet haben, wollen wir »V« schreiben. Wir ersetzen also das »E« durch »$N|\breve{A}|V$« und erhalten:

4 Vgl. z. B. H. Peter, *Grundprobleme der theoretischen Nationalökonomie* 1, 47; aber auch Schlesinger an dem später zu zitierenden Ort.

$$\breve{H}\Big|^{B}_{N|\breve{A}|V} \qquad (17)$$

also wieder eine dreistellige Relation, für die übrigens ebenfalls die zu (16) gemachte Bemerkung gilt. Es mag immerhin erwähnt werden, daß diese Darstellung der von Cassel[5] gegebenen entspricht.

Worauf gehen nun die Maximen der Beteiligten? Hinsichtlich der Nachfrager liegt das auf der Hand: auf den Kauf der Produkte P_1, ..., P_n gemäß der Nachfragefunktion. Sie kaufen die Einheit der hergestellten Menge p_j von P_j zum Preise $\pi_j = f_j(p_1, \ldots, p_n)$. Wir können daher schreiben:

$$\pi_1\, p_1\; T\; p_1 \text{ und } \ldots \text{ und } \pi_n\, p_n\; T\; p_n \qquad (18)$$

Dafür schreiben wir kürzer:

$$(\pi_1\, p_1, \ldots, \pi_n\, p_n)\; T\; (p_1, \ldots, p_n). \qquad (19)$$

Die Maxime des Herstellers geht einmal auf den Absatz seiner Produkte, und insofern ist (19) ein angemessener Ausdruck auch für sie. Aber es kommt ihm zugleich auf die günstigste Verteilung der Produktionsmittel auf seine Produkte an, d. h., der Preis der Einheit eines Produktes soll gleich den Kosten der in dieses Produkt eingehenden Produktionsmittel sein. Es soll also gelten:

$$\pi_j = \alpha_{1j}\varrho_1 + \ldots + \alpha_{mj}\,\varrho_m, \qquad (20)$$

wenn ϱ_i der Preis für die Einheit von R_i ist.

Formulieren wir also die Maxime für die Nachfrageseite, so bekommen wir

$$[p_1 \cdot f_1(p_1, \ldots, p_n), \ldots, p_n \cdot f_n(p_1, \ldots, p_n)]\; T\; (p_1, \ldots, p_n), \qquad (21)$$

und entsprechend für den Produzenten:

$$(p_1 \cdot \sum_{i=1}^{m} a_{i1}\,\varrho_i\,\cdot, \ldots, p_n \cdot \sum_{i=1}^{m} a_{in}\,\varrho_i)\; T\; (p_1, \ldots, p_n). \qquad (22)$$

Wenn wir (17) betrachten, so stellt diese Relation eine Relation zwischen den folgenden m- und n-Tupeln dar:

$$\sum_{i=1}^{m} a_{i1}, \ldots, \sum_{i=1}^{m} a_{in};\; r_1, \ldots, r_m;\; \pi_1\, p_1, \ldots, \pi_n\, p_n$$

(an der $\breve{H}$-, B- und V-Stelle, in dieser Reihenfolge).

Nun sind die Produkte P_1, ..., P_n ja nichts anderes als Kombinationen der Produktionsmittel R_1, ..., R_m, und daher lassen sich

5 G. Cassel, *Theoretische Sozialökonomie*, 3. Auflage, S. 115 ff.

die $r_1, \ldots, r_m$ auf die $p_1, \ldots, p_n$ aufteilen und umgekehrt. Deshalb läßt sich die Maxime des Produzenten auch so formulieren:

$$(\pi_1\, p_1, \ldots, \pi_n\, p_n)\; T\; (r_1, \ldots, r_m). \tag{23}$$

Damit sind wir am Ziele. Wir dürfen (17) auf Grund von (21)-(23) folgendermaßen mit T verketten:

$$\begin{array}{l} \qquad\quad B|T \\ T|\breve{H}| \\ \qquad\quad N|\breve{A}|V|T \end{array} \tag{24}$$

und wenn wir jetzt für (17) »S« schreiben, so können wir (24) die Form

$$T^{;}\, S \tag{25}$$

geben.

Für die Situation $T^{;}\, S$ gelten dann die bekannten Casselschen Gleichungen:

$$r_i = \sum_{j=1}^{n} a_{ij}\, p_j \; (i = 1, \ldots, m); \tag{1*}$$

$$\pi_j = \sum_{i=1}^{m} a_{ij}\, \varrho_i \; (j = 1, \ldots, n); \tag{2*}$$

$$\pi_j = \mathrm{f}_j\, (p_1, \ldots, p_n) \; (j = 1, \ldots, n), \tag{3*}$$

wie sich aus dem Vorstehenden unschwer ergibt.[6]

6 Die Darstellung ist insofern nicht ganz einwandfrei, als das Gleichungssystem keine eindeutigen positiven Lösungen für ϱ_i, π_j, p_j zu besitzen braucht. Dieser Effekt kann aber erreicht werden, wenn man (1*) ersetzt durch:

$$r_i = \sum_{j=1}^{n} a_{ij}\, p_j + \ddot{u}_i \; (i = 1, \ldots, m) \tag{1**}$$

wobei $\ddot{u}_i$ einen evtl. Rest des Produktionsmittels R_i andeutet. Dann besteht die Lösbarkeit unter gewissen Bedingungen, wie A. Wald gezeigt hat. Vgl. die Ausführungen von K. Schlesinger und A. Wald in: *Ergebnisse eines mathematischen Kolloquiums*, hg. v. Karl Menger, Heft 6, S. 10-20, Heft 7, S. 1-6. – Zusatz (1962): Läßt man die Voraussetzung des unmodifizierten Walras-Casselschen Systems, daß alle Produktionsmittel, die zur Verfügung stehen, auch verbraucht werden, fallen, so benötigt man eine entsprechende Formulierung von (23), die etwa besagt, daß die Hersteller mit Hilfe der Produktionsmittelmengen $\sum_{i=1}^{m} r_i R_i$ den Erlös $\sum_{j=1}^{n} p_j\, P_j$ zu erzielen gedenken. Die dieser Maxime zugrunde liegende Relation wäre nicht mehr die Tauschrelation T, sondern eine von ihr verschiedene Relation T'. In (24) wäre an der B-Stelle

3

Was wir im Vorstehenden erreicht haben, ist eine strukturelle Charakterisierung der Begriffe: Situation, Handlung und Maxime. Das haben wir zunächst an einem nicht-mathematischen Beispiel entwickelt. Wir haben dann an Hand von zwei Beispielen aus dem Gebiet der mathematischen ökonomischen Theorie gezeigt, daß sich die gleichen Strukturen auch dort finden. Damit haben wir eine Basis gewonnen, auf der wir die beiden Fragen, die in dieser Abhandlung erörtert werden sollen, wieder aufnehmen können. Es sind dies die Fragen erstens nach der Anwendbarkeit mathematischer Methoden in der theoretischen Ökonomie und zweitens nach dem Verhältnis der mathematischen ökonomischen Theorie zu einer Wirtschaftstheorie, die als Theorie über wirtschaftliche Handlungen interpretiert werden kann. Wir wenden uns jetzt der ersten dieser beiden Fragen zu.

Betrachten wir die Ausgangssituation des zweiten Beispieles, in der sich ein Monopolist und die Nachfrager nach seinem Produkt gegenüberstehen, so ist dies eine Relation zwischen der Anzahl $v_\circ$ der zu produzierenden Einheiten und einer »Kaufkraft« $u_\circ$ auf der Nachfrageseite. Sowohl $v_\circ$ wie $u_\circ$ sind unbestimmt, unbeschadet einer möglichen oberen Grenze für beide. Vorausgesetzt ist lediglich $v_\circ > 0$ und $u_\circ > 0$. Hingegen ist keine bestimmte Funktion $u_\circ = f(v_\circ)$ gegeben, auch nicht: $u_\circ = v_\circ \cdot p$.

statt T nunmehr T' zu verketten. Korrelator (Transformation) wäre nicht mehr die Relation T, sondern die Folge $\mathfrak{T} = \{T, T'\}$ und entsprechend (25) $\mathfrak{T}'S$ zu schreiben. Da nicht mehr vorausgesetzt wird, daß alle R_i verbraucht werden, so folgt aus

$$\sum_{j=1}^{n} \sum_{i=1}^{m} a_{ij} = \sum_{i=1}^{m} \sum_{j=1}^{n} a_{ij}$$

nicht mehr

$$\sum_{i=1}^{m} r_i R_i = \sum_{j=1}^{n} p_j P_j.$$

(1**) wird nicht von der Ausgangssituation geliefert, sondern gibt mit (2*) und (3*) die Bedingungen an, unter denen die Maximen der beteiligten Personen (oder Personengruppen) eine Transformation ergeben. Vgl. meine Abhandlung »Über einige Systeme von Produktionsgleichungen«, in: *Z. f. d. ges. Staatswiss.* 118 (1962), H. 3, S. 412-425; in diesem Band S. 423 ff.

Erst durch die Maxime des Anbieters kommt es zu einem einheitlichen Preis pro Einheit, so daß $u_\circ = v_\circ \cdot p$ gilt. Durch die Maximen der Nachfrager erhielten wir: $v_\circ = f_\circ(p)$. Und erst die Maxime des Anbieters wieder erlaubt zu sagen: $u_\circ = \max p \cdot f_\circ(p)$. Daraus folgt dann als Bedingung für p:

$$\frac{du_\circ}{dp} = p \cdot f_\circ'(p) + f_\circ(p) = 0,$$

also die Gleichung für den Monopolpreis in diesem sehr vereinfachten Falle.

In unserem dritten Beispiele liegen die Verhältnisse ganz entsprechend. Wir hatten die Darstellung dort bis zur Aufstellung des üblichen Systems simultaner Gleichungen durchgeführt.

Betrachten wir die Ausdrücke etwas näher, die in beiden Beispielen links und rechts vom Korrelator »T« stehen.

Im ersten Beispiel steht links »$\max p \cdot f_\circ(p)$«, rechts »$v_\circ$«, dabei ist der links stehende Ausdruck nur ein anderer Ausdruck für »$u_\circ$«. Dieses »$u_\circ$« begegnet uns auch, ebenso wie »$v_\circ$«, in der Beschreibung der Ausgangssituation, ist aber in dieser, ebenfalls wie »$v_\circ$«, ein bloßer Name, der uns zudem über die Größe von $u_\circ$ gar nichts sagt. An die Stelle dieses unbestimmten Ausdruckes wird durch die Maxime eine *kennzeichnende Funktion* gesetzt, nämlich $\max p \cdot f_\circ(p)$, und damit wird der entscheidende Schritt vollzogen. In der Ausgangssituation liegt an mathematischen Beziehungen zwischen $u_\circ$ und $v_\circ$ nicht mehr als: $u_\circ = k \cdot v_\circ$, wenn k eine reelle Zahl ist, eine bare Trivialität, da $u_\circ$ und $v_\circ$ Namen für Zahlen sind.

In dem dritten Beispiel begegnen wir in der Ausgangssituation dem n-Tupel $\pi_1 p_1, \ldots, \pi_n, p_n \,.\, \pi; p_j$ $(j = 1, \ldots, n)$ war hier auch nicht mehr als ein Name für den Preis der p_n Einheiten des Produktes P_n. In der Maxime erhielten wir dafür sogar zwei kennzeichnende Funktionen, nämlich für jedes $\pi_j p_j$ durch die Teilmaxime der Nachfrager $f_j(p_1, \ldots, p_n)$ und durch die Teilmaxime des Produzenten $p_j \cdot \sum_{i=1}^{m} a_{ij} \varrho_i$. Die Ausgangssituation lieferte nur die Gleichung (1*). Diese folgt unmittelbar aus der Definition der Situation, sie beschreibt nur die technisch mögliche Verteilung der Produktionsmittel auf die Produkte, die Kombinationen dieser Produktionsmittel darstellen. Die wirtschaftstheoretischen

Gleichungen (2*) und (3*) ergeben sich erst auf Grund der durch die Maxime eingeführten kennzeichnenden Funktionen.[7]
Damit haben wir ein Ergebnis erreicht, das uns erlaubt, die Frage der Anwendbarkeit mathematischer Methoden in der theoretischen Ökonomie zu beantworten: die mathematische Formulierung wirtschaftlicher Vorgänge wird dadurch möglich, daß das wirtschaftliche Handeln gedacht wird als unter solchen Maximen stehend, die erlauben, die in der Beschreibung wirtschaftlicher Situationen auftretenden Namen für Zahlen durch kennzeichnende Funktionen zu ersetzen.
Freilich leistet die Maxime nicht nur dies, sondern gleichzeitig die nötigen Zuordnungen, die die Ausgangssituation auf die Endsituation abbilden, d.h. die Maxime selbst, die ja eine Relation darstellt, tritt als kennzeichnende Funktion auf. Sie kennzeichnet diejenigen Größen, die in der Endsituation auftreten. Dies kann sie in eindeutiger Weise nur dann leisten, wenn die kennzeichnende Funktion (oder die kennzeichnenden Funktionen), die sie gleichzeitig an die Stelle eines in der Ausgangssituation auftretenden Namens für eine Zahl setzt, die eindeutige Bestimmung aller auftretenden Größen zur Folge hat.

4

Wir können jetzt zu der Erörterung der Frage übergehen, in welchem Sinne die mathematische ökonomische Theorie als eine Theorie über wirtschaftliche Handlungen aufgefaßt werden kann. Die Antwort scheint auf der Hand zu liegen, aber bevor wir sie aussprechen, ist es gut, einem naheliegenden Einwande zu begegnen.
Dieser Einwand läßt sich so formulieren: wie kann eine Theorie eine Theorie über Handlungen sein, wenn sie die handelnden Menschen so verschwinden läßt, wie es die mathematische theoretische Ökonomie doch tut.
Nun ist es jedenfalls so, daß durch alles wirtschaftliche Handeln irgendwelche Größen zueinander in Beziehung gesetzt werden,

7 Zusatz (1962): Vgl. Anm. 6 (1**), (2*) und (3*) ergeben sich durch die in den Maximen auftretenden kennzeichnenden Funktionen *als Bedingungen für das Zusammenstimmen der Maximen zu einer Transformation.*

seien es nun Gütermengen oder Preise oder was sonst. Auch in einer Robinsonwirtschaft geschieht das, z. B. hinsichtlich von Aufwand und Ertrag. Wenn wir aber betrachten, welche Beziehungen zwischen den in der Beschreibung einer wirtschaftlichen Situation auftretenden Größen besteht, so treten stets solche Größen auf, die in keiner einfachen Beziehung zueinander stehen, sondern in einer solchen, die sich bei der Analyse als eine Verkettung von Relationen darstellt, und zwar darunter stets auch von solchen Relationen, deren Vorbereich oder Nachbereich Menschen als Elemente enthält, die Wirtschafter, seien es nun Konsumenten oder Produzenten oder was sonst. Durch die Verkettung der Relationen wird aber eine neue Relation geschaffen, in der diese Personen eliminiert sind.

Sie sind eliminiert, aber sie haben doch ihre Spuren zurückgelassen. Zunächst bereits in der Ausgangssituation. Diese würde nämlich in jedem Falle hoffnungslos auseinanderfallen, wenn die Existenz von wirtschaftenden Menschen nicht vorausgesetzt wäre. Nehmen wir eine durch *P / R* charakterisierte Ausgangssituation, so heißt das, daß es für *xPy* und *yRz* wenigstens ein Tripel *x*, *y*, *z* gibt, so daß »*xPy* und *yRz*« erfüllt ist. Deuten wir »*P*« als »wendet auf« und »*R*« als »erzielt den Ertrag«, so steht »*x*« für einen Aufwand irgendwelcher Art, »*z*« für einen Ertrag irgendwelcher Art und »*y*« für wirtschaftende Menschen. Technischer ausgedrückt, die Elemente des Nachbereiches von *P* bzw. des Vorbereiches von *R* sind Menschen, und allgemein können wir sagen, daß in einer wirtschaftlichen Situation wenigstens zwei und meist sogar mehr als zwei Relationen verkettet sind, bei denen die Elemente ihres Vorbereiches oder Nachbereiches Menschen sind. Sonst haben wir offenbar alles vor uns, nur keine wirtschaftliche, d. h. für die Wirtschaftstheorie relevante Situation. Was für die Ausgangssituation in dieser Hinsicht gilt, trifft ebenso für die Endsituation zu.[8]

8 M. M. Kossitsch hat in seiner Abhandlung »Politische Soziologie« in: *Soziologische Forschung in unserer Zeit*, 1952, S. 174 Anm., gegen meinen Versuch, Wirtschaftstheorie und Theorie der Politik als Zweige einer Theorie der Handlungen aufzufassen (»Wie ist die Theorie der Politik möglich?«, in: *Zeitschrift f. d. ges. Staatswiss.* 106, S. 447 ff.; in diesem Band S. 441 ff., eingewandt, in der Wirtschaftstheorie »konkurrierten nicht Menschen unmittelbar miteinander, sondern Gütermengen auf dem abstrakten Markt«. Ein »Markt« ist, wie sich aus unserer

Aber noch an einer anderen Stelle finden wir die Spur der wirtschaftenden Personen, und zwar in der Maxime. Sie ist der Korrelator, der Ausgangssituation und Endsituation verknüpft, aber diese Verknüpfung geschieht dadurch, daß die wirtschaftenden Personen durch sie ihre Willkür bestimmen.
Man kann füglich nicht mehr als dies von der Wirtschaftstheorie hinsichtlich der Berücksichtigung der wirtschaftenden Menschen

Analyse ergibt, eine Verkettung von Relationen. Wenn nun »abstrakter Markt« heißen soll, daß die Wirtschaftstheorie auf Grund einer »Abstraktion« zu ihm gelangt und daß auf diesem Wege die Menschen aus ihm verschwinden, so ist diese Behauptung ersichtlich falsch. Man kann zwar den Markt oder die Märkte, mit denen sich die Wirtschaftstheorie beschäftigt, »abstrakt« nennen, aber gerade in dieser Hinsicht sind sie es nicht. Die Elimination der wirtschaftenden Personen aus der Beschreibung der Situation durch Verkettung hat mit »Abstraktion« nichts zu tun. Daß es sich für die Theorie der Politik in dem von mir entwickelten Sinne gerade nicht darum handelt, »verbalistisch« Parallelen zwischen ihr und der Wirtschaftstheorie zu ziehen, wie M. M. Kossitsch zu meinen scheint, sollte für jeden Leser meiner Abhandlung deutlich sein. Wie nun eine *Theorie* der Politik aussehen soll, die nicht *mutatis mutandis* den oben entwickelten Begriff der Handlung zugrunde legt, davon gestehe ich mir keinen Begriff machen zu können – sie ist dann eben bestenfalls »politische Soziologie«. Ich habe in jener Abhandlung gesagt, daß ich unter einer »rationalen« Handlung eine Handlung verstehe, die »eine Beschaffenheit hat, die den Aufbau einer Theorie ermöglicht, die mit der Wirtschaftstheorie verglichen werden kann« (S. 450). Da dies offenbar nicht immer richtig verstanden worden ist, so sei mit allem Nachdruck gesagt, daß es bisher im gesamten Bereich der Sozialwissenschaft *keine* Definition oder axiomatische Festlegung des Begriffes »rationale Handlung« gibt, die in die Grundlagen einer Theorie eingehen könnte und so, daß auf ihr aufgebaut werden kann. Deshalb ist auch die mir von A. Peters (*Z. f. d. ges. Staatswiss.* 108, S. 542 ff.) so nachdrücklich entgegengehaltene Behauptung, die politischen Handlungen seien »irrational«, kein Einwand, solange nicht gesagt werden kann, was diese Behauptung bedeutet. Kossitsch ist in dieser Hinsicht deutlicher: »In der Politik dominieren die Leidenschaften der Agierenden und von ihnen werden auch die Zuschauer angesteckt.« Freilich wird damit die Politik mit den Vorgängen in einem Narrenhause gleichgesetzt, und eine »Politische Soziologie«, die von solchen Vorstellungen lebt, richtet sich wohl selbst. Im übrigen dürften unsere Ausführungen zeigen, in welcher Richtung der Begriff »rationale Handlung« gesucht werden muß, wenn er in die Grundlagen von Theorien wie der Wirtschaftstheorie und der Theorie der Politik soll eingehen können.

verlangen. Der Satz Sombarts, das Wesentliche sei, daß in Wirklichkeit gar keine unmittelbaren Funktionen zwischen Gütermengen gegeben seien, ist vollkommen richtig. Sie sind es nicht, und daß sie es wären, ist keine Annahme, die irgendwo von der mathematischen ökonomischen Theorie vorausgesetzt würde. Die Funktionen zwischen Gütermengen, mit denen die mathematische Wirtschaftstheorie arbeitet, sind in der Regel durchaus »mittelbar«, wenn man es so ausdrücken will. Das zeigt die Analyse mit aller Deutlichkeit. Aber diesen Charakter braucht man den Funktionen *prima facie* nicht anzusehen, denn ob nun mittelbar oder unmittelbar, es sind eben Relationen und Funktionen zwischen Gütermengen oder Preisen. Wenn jemand fordern wollte, die Wirtschaftstheorie dürfe Relationen nicht verketten, auch wenn die Logik das zu tun erlaubt, so würde sich diese Forderung als ein außerordentlich wirksames Mittel erweisen, die wirtschaftstheoretische Forschung zum Stillstand zu bringen, und es wird vielleicht sogar Theoretiker geben, die der Meinung sind, dieser Beweis sei bereits von einer allzusehr auf »Verstehen« bedachten Forschung erbracht worden.

Das bedeutet nun nicht, daß die wirtschaftlichen Gegebenheiten nicht auch einer anderen Betrachtung fähig wären, als sie sie in der Wirtschaftstheorie erfahren. Aber eine solche Betrachtung kann nicht die wirtschaftlichen Handlungen in dem hier entwikkelten Sinne betreffen. Um nämlich aus der Wirtschaftstheorie hinauszugelangen, müßte sie die Ausgangssituation so fassen, daß die wirtschaftenden Personen durch sie, sei es nur zueinander oder außerdem auch zu Gütermengen usw., in Relation gesetzt werden. Das ist trivialerweise stets möglich, indem man in der Beschreibung der Ausgangssituation die Konversen von Relationen, deren Vor- oder Nachbereich Personen zu Elementen hat, oder entsprechende neue Relationen hinzunimmt. Eine Wirtschaftssoziologie, die sich als Beziehungslehre versteht, könnte so vorgehen, wenn sie über die bloße Klassifikation zwischenmenschlicher Beziehungen hinausgelangen will. Ob sich auf dieser Basis eine Theorie von Handlungen aufbauen läßt, hängt daran, ob sich die Maximen dann so formulieren lassen, daß in der Ausgangssituation auftretende Namen durch kennzeichnende Funktionen ersetzt werden. Es scheint mir, daß dies möglich ist. Nehmen wir beispielsweise die Situation einer Wahl, in der sich zwei Kandidaten und die Wähler gegenüberstehen. Wenn die Maxime auf seiten der Wähler dahingeht, den Kandidaten zu wählen, dessen Programm am meisten zusagt und auf seiten der Kandidaten, je ein bestimmtes Programm vorzulegen, so lassen sich die Kandidaten durch ihre Programme kennzeichnen und die Wähler durch eine Verteilung auf Meinungsgruppen. Dadurch wird dann wieder eine Zuordnung der Stimmen auf jeden der beiden Kandidaten möglich.[9]

Inwiefern ist die mathematische ökonomische Theorie eine Theorie der wirtschaftlichen Handlungen? Sie ist es insofern, als alle Größen, mit denen sie sich beschäftigt, stets in dem Zusammenhang auftreten, den wir als Handlung bezeichnet haben. Sie interessieren nur in diesem strukturellen Zusammenhange, ganz analog, wie sich der theoretische Physiker für die physikalischen Größen nur in dem durch die Naturgesetze gegebenen Zusammenhange interessiert. Wir können geradezu sagen: der von uns charakterisierte Begriff der Handlung nimmt in der Wirtschaftstheorie und den ihr analogen Wissenschaften – wie der Theorie der Politik – diejenige Stellung ein, die der Begriff des Naturgesetzes in der theoretischen Physik einnimmt.

Dem widerspricht nicht das Vorkommen von »Gesetzen«, wie des Gesetzes vom abnehmenden Ertragszuwachs. Dieses stellt selbstverständlich keine »Handlung« dar, sondern ist eine Funktion, die in die Beschreibung von gewissen Situationen gehört,

9 Ich habe das in meiner Abhandlung: »Wie ist Theorie der Politik möglich?«, a. a. O., S. 451 ff., an einem einfachen Fall ausgeführt. Es kam mir dort wie hier nur darauf an zu zeigen, wie man beim Aufbau einer Theorie der Politik verfahren kann. Das hat A. Peters offenbar mißverstanden, wenn er ausruft: als »wenn ›politische‹ Erwägung im Einzelfall damit erschöpft wäre, – erschöpft sein dürfte!« (a. a. O., S. 546). Ich hatte nämlich gefragt: »wie müssen die Kandidaten zweckmäßigerweise ihr Programm gestalten, um welche Gruppen müssen sie in erster Linie kämpfen?« Ist das im Rahmen einer Theorie der Politik eine ebenso moralisch zu verpönende wie lebensfremde Frage und ein Beweis von bedauerlichem »Machiavellismus«? Freilich meinte Georg Quabbe (*»Tar a Ri« – Variationen über ein konservatives Thema*, S. 108) nüchtern: »Programme haben den Zweck, Interessenten zu fangen.« Das sollten eigentlich auch »politische Soziologen« bemerkt haben. Auf die sehr schwierige Frage einer strukturellen Charakterisierung zulässiger und unzulässiger Maximen in einem normativen Sinne gehe ich hier nicht ein; ich halte eine solche Charakterisierung grundsätzlich für möglich und mit sehr überraschenden Ergebnissen.

ganz analog der Gleichung (1*) der Walras-Casselschen Produktionsgleichungen, die eine Beschreibung der technisch möglichen Verteilung von Produktionsmitteln auf Produkte, die Kombinationen dieser Produktionsmittel sind, darstellt.

(1954)

Über einige Systeme von Produktionsgleichungen

H. Arnold Schmidt zum 11. Juli 1962

I.

Der Gegenstand der Wirtschaftstheorie sind die wirtschaftlichen Handlungen. Eine Handlung in ihrer einfachsten Form ist die Umwandlung einer Situation in eine andere Situation gemäß den Absichten der an der Ausgangssituation beteiligten Personen. Eine Handlung kann mehrstufig sein, das heißt, sie kann eine Folge von Zwischensituationen durchlaufen, bevor die Endsituation den Absichten der Beteiligten gemäß herbeigeführt ist. Die Absichten aller Beteiligten brauchen sich nicht in gleichem Maße in der Endsituation niederzuschlagen. Gewalt, eigene Dummheit und verwandte Umstände können die Realisierung von Absichten verhindern. In der Theorie wird man sich im allgemeinen für die Bedingungen interessieren, unter denen gewisse Absichten zum Zuge kommen. Aber wie auch immer die Endsituation sich gestalten mag, so ist sie jedenfalls daraus hervorgegangen, daß eine gewisse Anfangssituation gegeben war und daß die an dieser beteiligten Personen begonnen haben, diese Situation nach gewissen Absichten, die sie gefaßt haben, umzugestalten.[1]

1 Vgl. meine Abhandlung »Handlung, Maxime und Situation. Zur logischen Analyse der mathematischen Wirtschaftstheorie«, in: *Studium Generale* 7/1, S. 60 ff. (1954), in diesem Band S. 405 ff. Die Fragestellung war damals wesentlich auf das Zustandekommen ökonomischer Gleichungssysteme gerichtet und die Antwort war, daß über die Maximen der an einer wirtschaftlichen Handlung beteiligten Personen Namen von Zahlen durch kennzeichnende Funktionen ersetzt werden. In der vorliegenden Untersuchung soll die logische Stellung der Gleichungen in der Wirtschaftstheorie genauer bezeichnet werden. Für den Ökonomen mag der eingeschlagene Weg ein wenig umständlich erscheinen; er ist durch die wissenschaftstheoretische Absicht bestimmt. Immerhin führte der Versuch der logischen Abklärung eines Beispieles, der Walras-Casselschen Produktionsgleichungen, auf eine naheliegende Verall-

Was im besonderen eine wirtschaftliche Handlung sei im Unterschied etwa zu politischen Handlungen, brauchen wir hier nicht zu erörtern; eine Definition geben zu wollen, wäre ein kaum sehr fruchtbares Unternehmen. Es genügt vollauf, auf unser intuitives Verständnis für das, was wir als eine wirtschaftliche Handlung betrachten, zu appellieren; durch eine hinreichend intensive Beschäftigung mit der theoretischen Ökonomie wird ein solches Verständnis erworben. Ein Umstand freilich ist für uns wesentlich, daß sich nämlich die ökonomische Theorie nicht für alles interessiert, was in einer ›wirtschaftlichen‹ Situation gelegen ist. Ihr kommt es nur auf gewisse Relationen an, die sie enthält. Ganz allgemein können wir eine Situation und also auch eine ›wirtschaftliche‹ als eine Relation zwischen allen Elementen, die zur Situation gehören, auffassen, im Falle der Wirtschaft etwa Menschen, Güter, Preise und dergleichen mehr. Wir können diesen relationalen Zusammenhang in der Regel so beschreiben, daß wir nur von zweistelligen Relationen Gebrauch machen. Seien *a*, *b* Personen, *c*, *d* Gegenstände, die zusammen in einer Situation S stehen, so daß *S* (*a*, *b*, *c*, *d*) eine Beschreibung dieser Situation wäre (mit Hilfe der vierstelligen Relation *S*), so würde es für eine Beschreibung der gleichen Situation mit Hilfe von zweistelligen Relationen offenbar nicht genügen, wollten wir eine Beziehung zwischen *a* und *c* und eine andere Beziehung zwischen *b* und *d* konstatieren, weil wir aus einer solchen Beschreibung keine Beziehung zwischen *a* und *b* oder *a* und *d* oder *b* und *c* oder *c* und *d* herauslesen könnten. Daß jedes Element einer Situation mit jedem anderen Element dieser Situation in irgendeiner, wenn auch noch so vermittelten Beziehung stehe, macht das Wesen der Situation aus.

Seien nun *a*, *b*, *c*, *d* die Elemente einer Situation und *P*, *Q*, *R* drei zweistellige Relationen, die zur Beschreibung der Situation *S* zur Verfügung stehen und gelte

1.1 *aPc und cQd und dRb*

als Beschreibung. Dann liefert diese in der Tat eine Beziehung zwischen jedem Element der Situation mit jedem anderen Ele-

gemeinerung und diese auf einen Zusammenhang mit dem heute so wichtigen Neumann-Modell. Auf die ökonomische Diskussion der verschiedenen Systeme mich einzulassen, konnte nicht in meiner Absicht liegen.

ment derselben. Heißen wir zwei Relationen R und R' miteinander verkettet, wenn es für ein Paar x, z ein y gibt derart, daß xRy und $yR'z$, so ist die Verkettung $R|R'$ eine Relation, die zwischen x und z besteht genau dann, wenn xRy und $yR'z$ gilt. Dann gelten auf Grund von 1.1 offenbar noch die folgenden Beziehungen: $aP|Qd$, $cQ|Rb$ und $aP|Q|Rb$. Die Beschreibung 1.1 genügt also, um jedes Element der beschriebenen Situation mit jedem anderen Element derselben in Beziehung zu setzen.

In einer Theorie der wirtschaftlichen Handlungen interessieren nur gewisse Relationen, die in der Situation gelegen sind, etwa die Relationen zwischen Gütern und Geldmengen oder Preisen. Freilich muß man darauf achten, daß in den Verkettungen und Relationen, die als relevant herausgehoben werden, *alle* zur Beschreibung der Situation benötigten Relationsterme auftreten. Würde es uns etwa in dem Beispiel 1.1 nur auf die Beziehung zwischen den Elementen c und d ankommen, so würde es genügen zu schreiben:

1.2 cQd.

Die beiden anderen Glieder der Konjunktion 1.1 wären also zur Beschreibung der uns interessierenden Beziehung überflüssig gewesen. Bezeichnen wir die Konverse von R durch $\breve{R}$ ($y\breve{R}x$ gilt genau dann, wenn xRy gilt), so könnte man sich durch die folgende Verkettung behelfen wollen, um alle Terme hineinzukriegen:

1.3 $c\breve{P}|P|Q|R|\breve{R}d$,

aber die Verkettungen $\breve{P}|P$ bzw. $R|\breve{R}$ setzen nur c bzw. d mit sich selbst in Beziehung und können daher eliminiert werden. Dann bleibt von 1.3 wieder nur cQd übrig. Wir müssen daher fordern, daß die Verkettungen so beschaffen sind, daß sie nicht in dieser trivialen Weise reduziert werden können.

Halten wir daran fest, daß in 1.1 die Elemente a, b Personen, die Elemente c, d Güter darstellen, so ist es nicht möglich, 1.1 eine wirtschaftstheoretisch ›interessante‹ Deutung zu geben, wie immer man P, Q, R auch deuten mag. Anders, wenn die Elemente c, d Personen, die Elemente a, b Güter darstellen. Dann bedeute etwa ›P‹ ›befindet sich im Besitz von‹, ferner sei $R = P$ und ›Q‹ bedeute, ›befindet sich im gleichen Raum mit‹. Dann ist es sinnvoll, dem einen die Absicht, a gegen b einzutauschen, und dem andern die Absicht, b gegen a einzutauschen, zuzuschreiben. Sei nun T die Tauschrelation, mit deren Hilfe wir die Absichten, oder, wie wir von nun an sagen wollen, die *Maximen* M_c, M_d der beiden in diesem Falle ausdrücken können, so entnehmen wir 1.1 als die uns interessierende Relationsaussage:

1.4 $$aP|Q|Rb$$

und lassen uns durch das Maximenpaar M_c, M_d die Transformation $\mathfrak{T} = (T)$ mit aTb und bTa liefern, mit deren Hilfe wir $P|Q|R$ auf $T|P|Q|R|T$ abbilden. Wir dürfen behaupten:

1.5 $$bT|P|Q|R|Ta.$$

Darin steckten $bT|Pc$ und $dR|Ta$, was besagt, daß nun c den Gegenstand a auf Grund eines Tausches besitzt. Wir nennen $T|P|Q|R|T$ das $\mathfrak{T}$-Bild von $P|Q|R$.

Dieses hier kurz skizzierte analytische Handwerkszeug soll uns dazu dienen, für ein ökonomisches Gleichungssystem genau diejenige Aufgabe aufzuzeigen, die es im Rahmen der ökonomischen Theorie erfüllt. Eine stichhaltige Beantwortung dieser Frage ist nicht ganz gleichgültig. Es legt sich dem Ökonomen immer wieder nahe, diese Gleichungssysteme als ökonomische Analoga zu den Naturgesetzen zu betrachten und sie entsprechend als eine Art von ›Sozialgesetzen‹ zu interpretieren. Wir werden auf diese Frage in Abschnitt *3.* zurückkommen.

Als Beispiel, an dem die Analyse durchgeführt wird, wählen wir ein System von Produktionsgleichungen, das allgemeiner als das der sogenannten Walras-Casselschen ist. Dieses System ist bisher m. W. nicht in der ökonomischen Theorie behandelt worden. Daraus wird man aber keinen Einwand gegen seine Verwendung als Beispiel herleiten können, wie sich sogleich zeigen wird. Wir legen in *2.* zunächst die Ausgangssituation durch acht Annahmen fest. Sodann werden die Maximen der Beteiligten explizit angegeben, worauf sich das Gleichungssystem gewinnen und dessen Stellung in der Theorie festlegen läßt. In *3.* werden wir die wissenschaftstheoretische Analyse vertiefen und einige Folgerungen ziehen. Durch Hinzunahme von zwei spezifierenden Annahmen gewinnen wir aus dem allgemeinen Modell dann in *4.* das Walras-Casselsche. In *5.* wird sich zeigen, daß man aus dem allgemeinen Modell durch die Hinzunahme von 4 anderen spezifizierenden Annahmen das von Johann v. Neumann 1936 angegebene Modell für zirkuläre Produktionsprozesse gewinnen kann. Schließlich wird in *6.* noch ein weiteres Modell gewonnen werden, indem sowohl die spezifierenden Walras-Casselschen als auch die v. Neumannschen Annahmen hinzugenommen werden. Durch zwei weitere Annahmen läßt sich dann dieses Modell in ein stationäres überführen[2].

Die Darstellung ist so gehalten, daß der Leser ohne Schwierigkeit die wissenschaftstheoretische Analyse des allgemeinen Modelles auf die anderen übertragen kann. Das Verhältnis der fünf Systeme von Produktionsgleichungen zueinander dürfte auch für die ökonomische Theorie von Interesse sein. Sie sind deshalb der bequemeren Übersicht halber noch einmal in einem Anhang zusammengestellt worden.

2.

Wir bestimmen eine Ausgangssituation in der folgenden Weise:

(1) von m Produktionsmitteln R_i ($i = 1, \ldots, m$) seien $r_1, \ldots, r_m$ Einheiten verfügbar.

(2) Aus den R_i seien n Produkte P_j ($j = 1, \ldots, n$) herstellbar.

(3) Es gebe l technische Prozesse T_k ($k = 1, \ldots, l$), in denen sich P_j aus R_i herstellen lassen, so daß in jedem T_k wenigstens ein P_j ($1 \leqq j \leqq n$) durch irgendeine Kombination von R_i herstellbar ist.

(4) In einem technischen Prozeß T_k ($1 \leqq k \leqq l$) gehen a_{ijk} Einheiten von R_i ($1 \leqq i \leqq m$) in b_{jk} Einheiten von P_j ($1 \leqq j \leqq n$) ein.

(5) Die Konkurrenzbedingungen unter den Produzenten lassen keinen Profit zu.

(6) Den Produzenten ist die Preisfunktion f_j ($p_1, \ldots, p_n$) für die Einheit von P_j bekannt, wobei $p_1, \ldots, p_n$ die von den Produkten $P_1, \ldots, P_n$ hergestellten Mengen bezeichnen.

(7) π_j bezeichne den Preis für eine Einheit P_j.
ϱ_i bezeichne den Preis für eine Einheit R_i.
ξ_k bezeichne die Intensität, mit der ein technischer Prozeß T_k:

2 Die Walras-Casselschen Gleichungen werden mit einer leichten Modifikation in der Form benutzt, in der sie in Heft 6 (1935) und 7 (1936) der *Ergebnisse eines mathematischen Kolloquiums*, hg. von Karl Menger, von K. Schlesinger angegeben und von A. Wald auf ihre Lösbarkeit hin untersucht worden sind. Die Abhandlung J. v. Neumanns steht in Heft 8 (1936).

$$\sum_{j=1}^{n} \sum_{i=1}^{m} a_{ijk} R_i \rightarrow \sum_{j=1}^{n} b_{jk} P_j \text{ ausgenutzt wird.}$$

(8) Für die Intensitäten ξ_k ($k = 1, \ldots, l$) gelte:

$$\xi_k \geqq 0; \quad \sum_{k=1}^{l} \xi_k > 0.$$

Aus (4) und (7) folgt insbesondere:

2.1 $$p_1 = \sum_{k=1}^{l} b_{jk} \xi_k \; (j = 1, \ldots, n)$$

Damit ist die Ausgangssituation klar. Es fragt sich nun, welche Maximen für die Nachfrager und für die Produzenten anzunehmen sind. Die Nachfragermaximen lassen sich mit Hilfe der Preisfunktion ausdrücken. Danach wird ein Gesamtangebot p_1, …, p_n zu Preisen $f_1(p_1, \ldots, p_n)$, … $f_n(p_1, \ldots, p_n)$ aufgenommen werden. Deuten wir die Nachfragermaxime durch die Relation M_1 an, so dürfen wir schreiben:

2.2. $$(p_1 f_1 (p_1, \ldots, p_n), \ldots, p_n f_n (p_1, \ldots, p_n)) \; M_1 \; (p_1, \ldots, p_n).$$

Die Ziele der Produzenten lassen sich auf doppelte Weise ausdrücken. Nach (6) sind Profite ausgeschlossen, die Hersteller können bestenfalls den Preis erzielen, der die Kosten deckt. Es handelt sich für sie darum, die Kosten für die von ihnen verbrauchte Menge eines Produktionsmittels R_i, das ihnen in der Menge r_i zur Verfügung steht, hereinzubringen, wobei zu beachten ist, daß wenn r_i nicht verbraucht wird, von ihm also ein Rest $\ddot{u}_i$ übrigbleibt, R_i zu einem freien Produktionsmittel wird, dessen Preis $\varrho_i = 0$ ist. Diese Kosten sind $\sum_{k=1}^{l} \sum_{j=1}^{m} a_{ijk} \varrho_i \xi_k$. Das gleiche Ziel der Produzenten läßt sich aber auch so ausdrücken, daß sie für ein Produkt P_j denjenigen Preis zu erzielen streben, der die Kosten der Herstellung dieses Produktes deckt, nämlich $\sum_{k=1}^{l} \sum_{i=1}^{n} a_{ijk} \varrho_i \xi_k$. Die Maxime der Unternehmer läßt sich also durch zwei Relationen M_2 und M_3 darstellen, so daß gilt:

2.3 $$\left(\sum_{k=1}^{l} \sum_{j=1}^{n} a_{1jk} \varrho_1 \xi_k, \ldots, \sum_{k=1}^{l} \sum_{j=1}^{n} a_{mjk} \varrho_m \xi_k \right) M_2 \; (r_1, \ldots, r_m)$$

2.4 $$\left(\sum_{k=1}^{l}\sum_{i=1}^{m} a_{i1k}\,\varrho_i\,\xi_k, \ldots, \sum_{k=1}^{l}\sum_{i=1}^{m} a_{ink}\,\varrho_i\,\xi_k\right)$$

$$M_3\left(\sum_{k=1}^{l} b_{1k}\,\xi_k, \ldots, \sum_{k=1}^{l} b_{nk}\,\xi_k\right).$$

Wir haben zu fragen, unter welchen Bedingungen die Maximen 2.2, 2.3 und 2.4 eine Transformation $\mathfrak{T} = (M_1, M_2, M_3)$ ergeben. Dazu ist offenbar erforderlich, daß die Ausdrücke auf der linken und die auf der rechten Seite von M_1, M_2, M_3 übereinstimmen. Die linken Seiten in 2.3 und 2.4 stimmen überein wegen

2.5 $$\sum_{i=1}^{m}\sum_{k=1}^{l}\sum_{j=1}^{n} a_{ijk}\,\varrho_i\,\xi_k = \sum_{j=1}^{n}\sum_{k=1}^{l}\sum_{i=1}^{m} a_{ijk}\,\varrho_i\,\xi_k.$$

Die linken Seiten in 2.1 und 2.4 (bzw. 2.3) stimmen überein, wenn für den Preis π_j einer Einheit von P_j gilt:

2.6 $$\pi_j = f_j\left(\sum_{k=1}^{l} b_{1k}\,\xi_k, \ldots, \sum_{k=1}^{l} b_{nk}\,\xi_k\right) \quad (j = 1, \ldots, n)$$

2.7 $$\pi_j\, b_{jk} \leqq \sum_{i=1}^{m} a_{ijk}\,\varrho_i \qquad (j = 1, \ldots, n;\ k = 1, \ldots, l)$$

und

2.8 Wenn in 2.7 $<$ gilt, dann $\xi_k = 0$.

Die rechten Seiten in 2.1 und 2.4 stimmen überein, weil die Nachfrager zu dem Preis nach 2.6 jedes Angebot aufnehmen, insbesondere also auch das in 2.4 auf der rechten Seite stehende. Für die rechten Seiten in 2.3 und 2.4 muß gelten:

2.9 $$r_i \geqq \sum_{k=1}^{l}\sum_{j=1}^{n} a_{ijk}\,\xi_k \qquad (i = 1, \ldots, m)$$

und

2.10 Wenn in 2.9 $>$ gilt, dann $\varrho_i = 0$.[3]

---

3 Für 2.9 und 2.10 ist die äquivalente Schreibung üblich:

2.9* $$r_i = \sum_{k=1}^{l}\sum_{j=1}^{n} a_{ijk}\xi_k + \ddot{u}_i \qquad (i = 1, \ldots, m),$$

2.10 $$\ddot{u}_i\, q_i = 0,$$

wobei $\ddot{u}_i$ einen evtl. Rest von R_i bezeichnet.

3.

Wir deuten die Gesamtheit der Produzenten durch ›$\mathfrak{u}$‹, die Gesamtheit der Nachfrager durch ›$\mathfrak{v}$‹ an. Ferner definieren wir, um uns bequem ausdrücken zu können:

$$\bar{\mathfrak{a}}_i =_{df} \sum_{k=1}^{l} \sum_{j=1}^{n} a_{ijk}\, \xi_k \qquad (j = 1, \ldots, m),$$

$$\mathfrak{a}_j =_{df} \sum_{k=1}^{l} \sum_{j=1}^{m} a_{ijk}\, \xi_k \qquad (j = 1, \ldots, n).$$

Daß die Produzenten nach (1) über gewisse Mengen von Produktionsmitteln verfügen, deuten wir durch die Relation ›B‹ an. Es gilt mithin:

3.1 $\mathfrak{u}\, B\, (r_1, \ldots, r_m)$.

Daß nach (2) – (4) die Produzenten für die Herstellung eines Angebotes gewisse Mengen von Produktionsmitteln benötigen, deuten wir durch die Relation ›*H*‹ an. Es gilt mithin:

3.2 $\mathfrak{u}\, H\, (\bar{\mathfrak{a}}_1, \ldots, \bar{\mathfrak{a}}_n)$.

Sodann haben die Produzenten nach (6) für ihr Angebot $p_1, \ldots, p_n$ einen gewissen Preis zu erwarten. Wir deuten diese Relation durch ›*E*‹ an. Wenn wir π_j durch $f_j\, (p_1, \ldots, P_n)$ definieren, so dürfen wir mithin behaupten:

3.3 $\mathfrak{u}\, E\, (p_1\, \pi_1, \ldots, p_n\, \pi_n)$.

Um die Nachfrager (bzw. deren Gesamtheit) ausdrücklich einzuführen, betrachten wir ›*E*‹ als eine Abkürzung für die folgende Verkettung: ›$A|N|Z$‹. Darin bedeute ›*A*‹ die Angebotsrelation. Es gelte mithin:

$$\mathfrak{u}\, A\, (p_1, \ldots, p_n).$$

›*N*‹ bedeute die Nachfrage-Relation; es gelte mithin:

$$\mathfrak{v}\, N\, (p_1, \ldots, p_n).$$

›*Z*‹ bedeute die Relation zwischen den Nachfragern und dem, was sie für ein Angebot zu zahlen bereit sind. Es gelte mithin:

$$\mathfrak{v}\, Z\, (p_1\pi_1, \ldots, p_n\pi_n).$$

Dann gilt offenbar unter der Voraussetzung der Existenz von Nachfragern und nachgefragten Mengen (bzw. angebotenen) Mengen $p_1, \ldots, p_n$:

$$u\, A|\breve{N}|Z\, (p_1\pi_1, \ldots, p_n\pi_n)$$

und wir können definieren:

$$E =_{df} A|\breve{N}|Z.$$

Eine Situation läßt sich, wie wir in *1* sahen, charakterisieren durch die Verkettungen derjenigen Relationen, die zu ihrer Beschreibung benötigt werden. Auf Grund von 3.1-3.3. gilt:

3.4 $(\bar{a}_1, \ldots, \bar{a}_n)\, \breve{H}|B\, (r_1, \ldots, r_m)$,

3.5 $(\bar{a}_1 \ldots, \bar{a}_n)\, \breve{H}|E\, (p_1\, \pi_1, \ldots, p_n\, \pi_n)$,

3.6 $(r_1, \ldots, r_m)\, \breve{B}|E\, (p_1\, \pi_1, \ldots, p_n\, \pi_n)$.

Da wir an der Situation unter dem Aspekt der theoretischen Ökonomie interessiert sind, brauchen wir nur diejenigen Verkettungen zu berücksichtigen, die Relation zwischen ökonomischen Größen, in diesem Falle zwischen den Tupeln $(r_1, \ldots, r_m)$, $(\bar{a}_1 \ldots, \bar{a}_n)$ und $(p_1\, \pi_1, \ldots, p_n\pi_n)$ darstellen. Durch 3.4-3.6 wird jede der drei Relationen *B, H, E* mit jeder anderen verkettet. Mithin stellen 3.4-3.6 eine vollständige Charakterisierung der ökonomischen Situation dar. Wir geben diese Situation *S* kurz wieder durch

3.7 $$S = \breve{H}\Big|\begin{matrix} B \\ E \end{matrix}.$$

Das ökonomische Modell besteht nun darin, daß *S* mit Hilfe der Transformation $\mathfrak{T} = (M_1, M_2, M_3)$ auf das $\mathfrak{T}$-Bild von *S* abgebildet wird. Dann geht auf Grund von 2.2-2.4 offenbar 3.7 über in

3.8 $$\mathfrak{T}\text{-}Bild\ von\ S = M_3|\breve{H}\Big|\begin{matrix} B|M_2 \\ E|M_1 \end{matrix}.$$

Das $\mathfrak{T}$-Bild von *S* ist eine Relation zwischen den Tupeln:

$$(\bar{a}_1\, \pi_1, \ldots, \bar{a}_n\, \pi_n),\ (a_1\, \varrho_1, \ldots, a_m\, \varrho_m),\ (p_1, \ldots, p_n),$$

wobei $$p_j = \bar{a}_j \quad \text{und} \quad \bar{a}_j\, \pi_j = \sum_{k=1}^{l} b_{jk}\, \pi_j\, \xi_k.$$

Nunmehr können wir aussprechen, daß die Produktionsgleichungen 2.6-2.10 *die Bedingungen darstellen, unter denen die Maximen der an der Situation S beteiligten Personengesamtheiten eine Transformation ergeben, die S auf das $\mathfrak{T}$-Bild von S abbildet.* Damit ist die Stellung der ökonomischen Gleichungssysteme bestimmt. Hilfsweise kann, wie in (8) die Beschreibung der Ausgangssituation noch zusätzliche Gleichungen liefern, aber diese stellen stets nur Randbedingungen dar. Sowenig wie die Ausgangssituation genügt die Endsituation (das $\mathfrak{T}$-Bild von *S*), um aus den sich in ihr gegenüberstehenden Größen ein ökonomisches Gleichungssystem zu gewinnen. So spielt in dem behandelten Falle die Größe r_i ($i = 1, \ldots, m$) in der Endsituation keine Rolle. (Die Ausdrücke »Ausgangssituation« und »Endsituation« sind relativ zu verstehen; das Modell kann natürlich einen Prozeß beschreiben, in dem die Endsituation wieder als Ausgangssituation für den Übergang zu einer weiteren unter den gleichen Maximen genommen wird usf. Ebenso läßt sich die Ausgangssituation als aus einer anderen gemäß den Modellbedingungen hervorgegangenen betrachten.)

Wir fassen das Ergebnis dieser Analyse in den folgenden beiden Sätzen zusammen:

S 1 *Sei in einem ökonomischen Modell S die Relation, die die Ausgangssituation charakterisiert, seien* $M_1, \ldots, M_m$ *die Relationen, die die Maximen der Beteiligten charakterisieren, sei ferner S' die Relation, die eine Situation charakterisiert, in die die Ausgangssituation auf Grund der Maximen der Beteiligten übergehen kann, dann gibt es ein System* $\mathfrak{S}$ *von Gleichungen bzw. Ungleichungen derart, daß* $\mathfrak{S}$ *die Bedingung dafür ist, daß es eine Transformation* $\mathfrak{T} = (M_1, \ldots, M_m)$ *gibt, so daß S' ein* $\mathfrak{T}$*-Bild von S ist.*

S 2 *Ein System von Gleichungen bzw. Ungleichungen, das zur Beschreibung eines ökonomischen Modells benutzt wird, ist ein System* $\mathfrak{S}$ *im Sinne von* **S 1**, *wenn für es reelle nichtnegative Lösungen existieren.*

Die Funktion solcher ökonomischer Gleichungssysteme (bzw. Systeme von Ungleichungen), nämlich die Bedingungen dafür zu sein, daß die Maximen der Beteiligten eine Transformation, die auf eine gewisse (Ausgangs-)Situation anwendbar ist, ergeben, ist bisher nicht recht in den Blick gekommen. Das ist so unverständlich nicht. Man hat den Maximen nie die volle Aufmerksamkeit geschenkt, man hat sie vor allem eigentlich nie explizit formuliert. Das ist in der Regel auch gar nicht nötig, es genügt zu sagen, daß der Unternehmer den Kostenpreis oder ein Umsatzmaximum oder was immer anstrebe. Wir wissen dann alle, was gemeint ist, wenn nur die Ausgangssituation hinreichend genau beschrieben worden ist. Die wissenschaftstheoretische Analyse zwingt dazu, auch das explizit zu formulieren, was man sonst im Vorbeigehn und ohne Schaden mehr cavalièrement abtun kann.

Betrachten wir die Maximen in den hier behandelten Modellen daraufhin, ob sie als variabel gedacht werden können, so möchte es scheinen, daß das nicht der Fall sei. Das liegt – jedenfalls, was die Produzenten anlangt – einfach daran, daß wir die Ausgangssituation listigerweise so gewählt haben, daß den Produzenten keine vernünftige andere Wahl bleibt, als danach zu streben, wenigstens die Kosten zu decken. Die Maximen brauchen so eindeutig nicht gegeben zu sein. Gerade in der neueren Theorie sind die Fälle in den Vordergrund getreten, in denen verschiedene Maximen sinnvoll sein können, man denke an den Bereich der Spieltheorie und der Entscheidungsfunktionen, wo der Spieler zwischen verschiedenen Strategien wählen kann. Wo aber prinzipiell eine Wahl getroffen wird, bewegt sich die Theorie der Handlung im Bereich von Möglichkeiten.

Hiermit ist nicht schon gesagt, daß die theoretische Ökonomie keine feste Beziehung zum wirklichen Handeln der wirtschaftenden Menschen habe. Die Fähigkeit, Zwecke und damit auch Maximen wählen zu können, gehört zur ›Wirklichkeit‹ des wirtschaftenden Menschen wie des handelnden Menschen überhaupt. Das macht das Verhältnis der Theorie der wirtschaftlichen Handlungen (und nicht dieser allein) zur ›Wirklichkeit‹ soviel komplizierter, als es etwa das Verhältnis der theoretischen Physik oder Biologie zu den entsprechenden Bereichen der Wirklichkeit ist. Hinsichtlich ihres Gehaltes an objektiver Erkenntnis ist die theoretische Ökonomie sicherlich mehr als ein bloßer ›Instrumentenkasten‹ von mehr oder minder großer Tauglichkeit für die Analyse gegebener historischer Tatbestände. Andererseits ist es auch nicht so, daß man *jedes* theoretische Modell des Handelns als in der historischen Wirklichkeit irgendwo in irgendeiner Annäherung realisiert müßte nachweisen können, um es – im Sinne der *Theorie* – für sinnvoll erklären zu dürfen. Wie aber steht es dann mit dem Verhältnis von ökonomischer Theorie und ökonomischer Wirklichkeit?

Diese Frage ist noch nicht beantwortet durch die Klärung der Rolle, die ökonomische Gleichungssysteme wie die Produktionsgleichungen in der Theorie, im theoretischen Modell spielen. Immerhin erlaubt der Aufweis, daß solche Systeme von Gleichungen (bzw. Ungleichungen) die Bedingungen dafür angeben, daß die theoretisch angenommenen Maximen der Handelnden auf die angenommene Ausgangssituationen anwendbare Transformationen ergeben, die negative Antwort, daß diese Gleichungssysteme jedenfalls nicht als ›Naturgesetze‹ interpretiert werden dürfen in dem Sinne, wie man die Gleichungssysteme der Physik als Naturgesetze betrachtet. Die Auffassung, solche Gleichungssysteme stellten den Naturgesetzen entsprechende Sozialgesetze dar, war verständlich, wenn man, wie noch Felix Kaufmann, die mathematische Wirtschaftstheorie als eine Theorie über Preise und Gütermengen betrachtete. Aber es ist richtiger, wie auch die gegenwärtige Analyse wieder gezeigt hat, sie als eine Theorie über wirtschaftliche Handlungen anzusehen. Eine solche wird, wie mir scheint, immer eine Theorie möglichen Handelns sein müssen, gerade weil die Fähigkeit, sich Zwecke machen und damit Maximen wählen zu können, zur Wirklichkeit des Menschen gehört. Das braucht nicht auszuschließen, daß wir einmal auf ganz harte Konstanten stoßen, die die Grenzen bestimmen, innerhalb deren der Mensch handeln kann. Aber damit geraten wir in weitschichtige Fragen, die nicht mehr Gegenstand dieser Abhandlung sein können.

4.

Wir betrachten in den folgenden Abschnitten Spezialfälle des in 2 behandelten Modells. Diese Spezialfälle ergeben sich dadurch, daß wir zu den Annahmen (1)-(8) gewisse spezifizierende Annahmen hinzunehmen. Zunächst machen wir die folgenden beiden spezifizierenden Annahmen:

(9) Es sei in (3) $l = n$; ferner sei $b_{jk} = 0$ für $k \neq j$. Es soll also soviel Prozesse T_k wie Produkte P_j geben, und in jedem technischen Prozeß soll genau ein Produkt erzeugt werden, so daß in T_j nur das Produkt P_j erzeugt wird.

(10) Es sei in (4) $b_{jj} = 1$; d. h., es gehen im Prozeß T_j a_{ijj} Einheiten von R_i in die Produktion einer Einheit des Produktes P_j ein.

Auf Grund von (9) und (10) geht 2.1 über in

4.1 $p_j = \xi_j \ (j = 1, \ldots, n).$

Die Maximen sind dann wie folgt zu formulieren. Für die Nachfrager:

4.2 $(p_1 f_1 (p_1, \ldots, p_n), \ldots, p_n f_n (p_1, \ldots, p_n)) \ M_1 \ (p_1, \ldots, p_n);$

für die Produzenten:

4.3 $$\left(\sum_{j=1}^{n} a_{1jj}\, \varrho_1\, \xi_j, \ldots, \sum_{j=1}^{n} a_{mjj}\, \varrho_m\, \xi_j\right) M_2\,(r_1, \ldots, r_m),$$

4.4 $$\left(\sum_{i=1}^{m} a_{i11}\, \varrho_i\, \xi_1, \ldots, \sum_{i=1}^{m} a_{inn}\, \varrho_i\, \xi_n\right) M_3\,(b_{11}\, \xi_1, \ldots, b_{nn}\, \xi_n).$$

Die linken Seiten in 4.3 und 4.4 stimmen überein wegen

4.5 $$\sum_{i=1}^{m} \sum_{j=1}^{n} a_{ijj}\, \varrho_i\, \xi_j = \sum_{j=1}^{n} \sum_{i=1}^{m} a_{ijj}\, \varrho_i\, \xi_j.$$

Ist π_j der Preis für die Einheit des Produktes P_j, so muß gelten, damit die linken Seiten von 4.2 und 4.3 (bzw. 4.4) übereinstimmen:

4.6 $$\pi_j = f_j\,(p_1, \ldots, n) \qquad (j = 1, \ldots, pn),$$

4.7 $$\pi_j \leqq \sum_{i=1}^{m} a_{ijj}\, \varrho_i \qquad (j = 1, \ldots, n)$$

und

4.8 Wenn in 4.7 $<$ gilt, dann $\xi_j = 0$.

Die rechten Seiten in 4.2 und 4.4 stimmen überein, weil die Nachfrager zum entsprechenden Preis jedes Angebot aufnehmen, insbesondere also das auf der rechten Seite von 4.4 genannte. Die rechten Seiten von 4.3 und 4.4 stimmen überein, wenn

4.9 $$r_i \geqq \sum_{j=1}^{n} a_{ijj}\, \xi_j \qquad (i = 1, \ldots, m)$$

und

4.10 Wenn in 4.9 $>$ gilt, dann $\varrho_i = 0$.

In den Gleichungen 4.6-4.10 erkennt man unschwer die bekannten Walras-Casselschen Produktionsgleichungen. In der üblichen Fassung gilt in diesen in 4.7 nur =, das heißt, man macht die zusätzliche spezielle Annahme

(8*) $$\xi_j > 0 \qquad (j = 1, \ldots, n);$$

man berücksichtigt also solche Produkte nicht, die aus den zur Verfügung stehenden Produktionsmitteln wohl herstellbar wären, deren Produktion aber unterlassen wird, weil sie unrentabel wäre. Die zusätzliche Annahme (8*) ist überflüssig und zerstört

die Symmetrie von 4.7, 4.8 und 4.9, 4.10. Ursprünglich hatte man auch in 4.9 nur die Gleichheit angenommen.
Setzt man das in 2 entwickelte Modell voraus, so lassen sich die Gleichungen 2.6-2.10 mit Hilfe von (9) und (10) auch unmittelbar in 4.6-4.10 überführen:
2.6 geht in 4.6 über, weil aus (9), (10) folgt:

$$\sum_{k=1}^{l} b_{jk}\, \xi_k = b_{jj}\, \xi_j = \xi_j \qquad (j = 1, \ldots, n).$$

2.7 und 2.8 gehen in 4.7 und 4.8 über wegen (10):

$$b_{jj} = 1.$$

2.9 und 2.10 gehen in 4.9 und 4.10 über, weil in 2.9 alle Summanden $a_{ijk}\, \xi_k$ für $j \neq k$ verschwinden.

5.

Wir machen jetzt statt der zusätzlichen Annahmen (9) und (10) die folgenden zusätzlichen Annahmen zu (1)-(8):
(11) In (1) gelte $R_i = P_i$ und $m = n$; das bedeute, daß aus den Produktionsmitteln R_i wieder Güter R_i erzeugt werden.
(12) Wir betrachten alle natürlichen Produktionsmittel als freie Güter. Für ein natürliches Produktionsmittel R_i würde also stets gelten $ü_i > 0$, folglich $\varrho_i = 0$. Wir können die natürlichen Produktionsmittel als im Überfluß vorhanden daher vernachlässigen und unter den R_i nur solche Güter verstehen, die keine natürlichen sind.
(13) Wir setzen: $\xi_1 : \ldots : \xi_l = \text{const.}$
(14) Wir setzen:
Die Maxime der Nachfolger ist identisch mit 2.2, die der Produzenten mit 2.3 und 2.4. Durch die speziellen Annahmen (11)-(14) fällt nun freilich die Formulierung der Bedingungen, unter denen diese Maximen übereinstimmen, anders aus.
Die Übereinstimmung der linken Seiten in 2.3 und 2.4 ist wieder durch 2.5 gegeben.
Hinsichtlich der linken Seiten von 2.2 und 2.4 (bzw. 2.3) ist zu beachten, daß das Produkt P_i dieselbe Art Gut ist wie das Produktionsmittel R_i und daß sich ihr Preis wegen (14) nur durch einen Faktor unterscheiden kann, so daß gilt:

5.1 $\pi_j = \varrho_j \beta^{-1} \qquad (j = 1, \ldots, n).$

Dann aber ist die Bedingung für die Übereinstimmung von 2.2 und 2.4

5.2 $$\beta \sum_{i=1} \sum_{j=1} a_{ijk} \varrho_i \geqq \sum_{i=1} b_{ik} \varrho_i \qquad (k = 1, \ldots, l; m = n)$$

und

5.3 Wenn in 5.2 > gilt, dann $\xi_k = 0$.

Die rechten Seiten in 2.2 und 2.4 stimmen wieder überein, weil die Nachfrager jedes, insbesondere also das spezielle Angebot auf der rechten Seite von 2.4 aufnehmen. Für 2.3 und 2.4 überlegt man, daß aus (10)-(13) folgt:

5.4 $$r_i = \sum_{k=1}^{l} b_{ik} \alpha^{-1} \qquad (i = 1, \ldots, m),$$

weil das Verhältnis der Ausnutzung der verschiedenen möglichen Produktionsprozesse konstant und sich daher die Menge der produzierten Produktionsmittel R_i von der Menge des gleichartigen Produktes P_i für alle i nur durch einen Faktor α unterscheiden kann. Folglich muß gelten:

5.5 $$\alpha \sum_{k=1}^{l} \sum_{j=1}^{n} a_{ijk} \xi_k \leqq \sum_{k=1} b_{ik} \xi_k \qquad (i = 1, \ldots, m; m = n)$$

und

5.6 Wenn in 5.5 < gilt, so ist $\varrho_i = 0$.

Zu demselben Ergebnis gelangt man, wenn man das in *2* angegebene Modell voraussetzt und die speziellen Annahmen (11)-(14) in die Gleichungen 2.6-2.10 einführt. Diese gehen dann in die Gleichungen 5.2, 5.3, 5.5 und 5.6 über, wie man sich leicht überzeugt. Für die Übergänge benutzt man 5.1 und 5.4.

Das Modell für zirkuläre Wirtschaftsprozesse in einer expandierenden Wirtschaft, das man so erhält, ist a. a. O. 1936 von Johann v. Neumann angegeben und auf seine Lösbarkeit hin untersucht worden. v. Neumann führt den technischen Expansionskoeffizienten α durch die Annahme $\xi_1 : \ldots : \xi_k =$ const. ein. Neben α führt v. Neumann einen Zinsfaktor $\beta = 1 + \frac{z}{100}$, wobei z den Zinsfuß für die Zeiteinheit bezeichnet, ein. Diese Einführung von β und unsere Annahme $\varrho_1 : \ldots : \varrho_m =$ const. sind äquivalent. Die

Zeiteinheit brauchen wir nicht eigens einzuführen, da sie nichts ist als die Zeit, die jeweils für den Übergang von einer Situation zur nächsten unter den Modellbedingungen benötigt wird. Eine einheitliche objektive Dauer braucht nicht angenommen zu werden.

6.

Es liegt nahe, zu den Annahmen (1)-(8) die speziellen Annahmen (9)-(14) hinzuzunehmen. Man erhält dann ein Neumann-Modell auf der Walras-Cassel-Basis. Das Gleichungssystem lautet dann:

6.1 $$\beta \sum_{i=1}^{m} a_{ijj}\, \varrho_i \geqq \varrho_j \qquad (j = 1, \ldots, m)$$

und

6.2 Wenn in 6.1 > gilt, dann $\xi_j = 0$.

Ferner:

6.3 $$\alpha \sum_{i=1}^{n} a_{ijj}\, \xi_j \leqq \xi_i \qquad (i = 1, \ldots, n)$$

und

6.4 Wenn in 6.3 < gilt, dann $\varrho_i = 0$.

Man kann dieses System gewinnen, wenn man zu den Annahmen über die Ausgangssituation (1)-(14) die Maximen formuliert. Man gewinnt dann 6.1, 6.2, 6.3 und 6.4 als Bedingungen dafür, daß diese Maximen eine Transformation ergeben. Man kann auch in das Gleichungssystem 2.6-2.10 die Annahmen (9)-(14) einführen, oder in das Walras-Cassel-System die Annahmen (11)-(14) oder in das Neumann-System die Annahmen (9) und (10).

Wenn wir diesen letzten Weg gehen, so wird auf Grund von (9) in 5.5 $b_{ik} = 0$ für jedes $k \neq i$ und folglich auch $a_{ijk} = 0$ für jedes $k \neq j$.

Dadurch bleibt auf der linken Seite nur $\alpha \sum_{i=1}^{m} a_{ijk}\, \xi_j$ und auf der rechten Seite nur ξ_i, da nach (10) $b_{ii} = 1$.

Entsprechend bleibt in 5.2 auf der linken Seite nur $\beta \sum_{i=1}^{m} a_{ijj}\, \varrho_i$ wegen (9) und auf der rechten nur ϱ_j wegen (9) und weil nach (10) $b_{jj} = 1$.

Als weitergehende Annahme wäre noch möglich:

(15) Für jedes ξ_k': $\xi_k = \xi_k'$ $(k = 1, \ldots, l)$
(16) Für jedes ϱ_i': $\varrho_i = \varrho_i'$ $(i = 1, \ldots, m)$

Dann wird

6.5 $\alpha = \beta = 1.$

6.1-6.5 beschreiben einen stationären Produktionsprozeß.

Es liegt nahe zu fragen, ob sich die Annahmen (9) und (10) nicht abschwächen lassen. Aber wenn man nur $l = n$ annehmen wollte, so käme man nicht auf das Walras-Cassel-Modell, weil man damit nicht auch schon $p_j = b_{jj}\,\xi_j$ bekäme, was offenbar nötig ist. Hingegen ist die Annahme (10) im Gegensatz zur Annahme (9) entbehrlich. Denn statt davon auszugehen, daß im technischen Prozeß T_k a_{ijk} Einheiten von R_i zur Herstellung von b_{jk} Einheiten von P_j benötigt werden, können wir beide Anzahlen durch b_{jk} dividieren

Anhang
Übersicht über die fünf Systeme der Produktionsgleichungen

I. Das *allgemeine* System

Annahmen: (1)-(8)

2.6 $$\pi_j = f_j\left(\sum_{k=1}^{l} b_{1k}\,\xi_k, \ldots, \sum_{k=1}^{l} b_{nk}\,\xi_k\right);$$

2.7, 2.8 $$\pi_j\, b_{jk} \geqq \sum_{i=1}^{m} a_{ijk}\,\varrho_i, \text{ und wenn } <, \text{ dann } \xi_k = 0;$$

2.9, 2.10 $$r_i \geqq \sum_{j=1}^{n} \sum_{k=1}^{l} a_{ijk}\,\xi_k, \text{ und wenn } >, \text{ dann } \varrho_i = 0.$$

II. Walras-Cassel

Annahmen: (1)-(10)

4.6 $$\pi_j = f_j\,(\xi_1, \ldots, \xi_1);$$

4.7, 4.8 $\pi_j \leqq \sum_{i=1}^{m} a_{ijj}\, \varrho_i$, und wenn <, dann $\xi_j = 0$;

4.9, 4.10 $r_i \geqq \sum_{j=1}^{n} a_{ijj}\, \xi_j$ und wenn >, dann $\varrho_i = 0$.

III. J. v. Neumann

Annahmen: (1)-(8), (12)-(14)

5.2, 5.3 $\beta \sum_{i=1}^{m} \sum_{j=1}^{n} a_{ijk}\, \varrho_i \geqq \sum_{j=1}^{n} b_{jk}\, \varrho_j$, und wenn >, dann $\xi_k = 0$;

5.5, 5.6 $\alpha \sum_{k=1}^{l} \sum_{j=1}^{n} a_{ijk}\, \xi_k \leqq \sum_{k=1}^{l} b_{ik}\, \xi_k$, und wenn <, dann $\varrho_i = 0$.

IV. Walras-Cassel – v. Neumann kombiniert

Annahmen: (1)-(14)

6.1, 6.2 $\beta \sum_{i=1}^{m} a_{ijj}\, \varrho_i \geqq \varrho_j$, und wenn >, dann $\xi_j = 0$;

6.3, 6.4 $\alpha \sum_{j=1}^{n} a_{ijj}\, \xi_j \leqq \xi_i$, und wenn <, dann $\varrho_i = 0$.

V. Walras-Cassel – v. Neumann stationär

Annahmen (1)-(16)

$$\sum_{i=1}^{m} a_{ijj}\, \varrho_i \geqq \varrho_j, \text{ und wenn } >, \text{ dann } \xi_j = 0;$$

$$\sum_{j=1}^{n} a_{ijj}\, \xi_j \leqq \xi_i, \text{ und wenn } >, \text{ dann } \varrho_i = 0.$$

Nach Annahme (8) gilt für alle fünf Systeme

$$\xi_k \geqq 0; \sum_{k=1}^{l} \xi_k > 0.$$

In der üblichen Formulierung von II (in 4.7 gilt nur =) wird zusätzlich (8*) angenommen: $\xi_k > 0$ ($k = 1, \ldots, l$).
(1962)

Wie ist die Theorie der Politik möglich?

I.

»Politik« ist nicht nur eine Bezeichnung für das, was gewisse Leute, die sich selbst Politiker nennen, betreiben, sondern es gibt auch eine Wissenschaft dieses Namens. »Politik« steht als Titel auf einer langen Reihe von Büchern, die Gelehrte vom Range eines Dahlmann, Mohl, Treitschke, Roscher, Holtzendorff, Ratzenhofer zu Verfassern haben. In den angelsächsischen Ländern findet man an Universitäten ganze Fakultäten für »Political Sciences«, die in etwa dem entsprechen, was in Deutschland Staatswissenschaften heißt oder heißen könnte; denn unsere »Staatswissenschaften« sind weitgehend auf die Wirtschaftswissenschaften, ergänzt um Sozialwissenschaften und Soziologie, reduziert worden. Eine spezielle Wissenschaft von der Politik hat sich nicht recht herauskristallisieren wollen, bei uns nicht, trotz der ja gar nicht unverächtlichen Ahnenreihe, die wir angedeutet haben, aber auch nicht in den Ländern, in denen die political sciences ein solches Ansehen genießen. Gewiß ist die Politik Gegenstand mancher wissenschaftlichen Bemühungen, aber wenn man näher zusieht, ist es doch eben so, daß man sie zum Gegenstand historischer, juristischer, ökonomischer, soziologischer, psychologischer Untersuchungen macht. Was sich Wissenschaft von der Politik nennt, scheint in solchen, im System unserer Wissenschaften fest lokalisierten Forschungen aufzugehen.

Um in dieser Frage klar zu sehen, empfiehlt es sich, einmal zu überlegen, daß ja auch das weite Feld der Wirtschaft in gleicher Weise sich aufteilen ließe. Wir können die Wirtschaft historisch, juristisch, soziologisch, psychologisch betrachten. Freilich wird niemand sagen wollen, daß die Betrachtungsweisen, die in bezug auf die wirtschaftlichen Vorgänge möglich sind, damit erschöpft seien; denn wir haben eben eine eigene weit ausgebildete Wirtschaftswissenschaft, die sich nicht unter die genannten Disziplinen aufteilen läßt, sondern etwas Eigenes darstellt und vollkommen unverwechselbar ist. Es läßt sich auch der Grund angeben, weshalb dem so ist, weshalb eine eigene Wirtschaftswissenschaft vorhanden und aus welchem Grunde sie möglich ist. Die wirtschaftlichen Vorgänge beruhen, nämlich auf gewissen rationalen Handlungen von Menschen und über diese Handlungen läßt sich eine Theorie aufstellen. Es ist eben dieser Umstand, daß eine Wirtschafts*theorie* in dem anspruchsvollen Sinne dieses Wortes *möglich* ist, der macht, daß die Wirtschaftswissenschaft sich streng gegen alle anderen Wissenschaften abheben läßt. Auch die Wirtschaftsgeschichte verdankt ihm ihre Sonderstellung im Rahmen der Geschichtswissenschaften. Sie hat nicht nur festzustellen, wie es gewesen ist, sondern sie hat ihren Gegenstand mit Hilfe der Theorie zu durchleuchten und verständlich zu machen – gleichgültig, in wie großem oder geringem Maße sie dieser Aufgabe bisher genügt haben mag.

Die Politik ist in gleicher Weise bisher nicht zum Gegenstand einer Theorie gemacht worden, und das eben hat überhaupt eine Wissenschaft der Politik, die von allen anderen Wissenschaften wohl unterschieden ist, nicht aufkommen lassen. Politik wird mit den Augen des Historikers, des Juristen, des Nationalökonomen, des Soziologen, des Psychologen angesehen. Wollte man nun Politik als eine durch ihren Gegenstand definierte Wissenschaft auffassen, so müßte dieser Gegenstand von allen diesen Gesichtspunkten aus betrachtet werden. Nichts macht die Errichtung von Lehrstühlen für Politik so fragwürdig wie diese Sachlage; man brauchte als Inhaber eines solchen Lehrstuhles einen Gelehrten, der in gleicher Weise Jurist, Historiker, Ökonom, Soziologe, Psychologe ist. Man kann auch sagen, daß man eben nicht einen Lehrstuhl für Politik braucht, sondern eine ganze Fakultät, wenn man die Gefahr des Dilettantismus vermeiden will. Der Historiker, der Staats- und Völkerrechtler, der Nationalökonom, der Soziologe, der Psychologe wird das, was unter seinem Gesichtspunkt zu sagen ist, besser sagen können als ein Vertreter der »Politik«, der darauf angewiesen ist, bei allen diesen Kollegen Anleihen zu machen und ihnen ins Handwerk zu pfuschen.

Müssen wir uns bei dieser, hier in groben Strichen skizzierten Sachlage beruhigen? Wir müssen es offenbar dann, wenn die Politik nicht in ähnlicher Weise, wie das bei der Wirtschaft möglich ist, Gegenstand einer Theorie sein kann. Nun scheint auf den ersten Blick die Wirtschaft sich besser als Gegenstand einer Theorie zu eignen, als es bei der Politik der Fall ist. Bei den wirtschaftlichen Vorgängen treten stets quantitative Größen auf, wie Gütermengen und Preise, und diese werden in der Wirtschaftstheorie, so scheint es, zueinander in Beziehung gesetzt. Allein, diese Größen werden nur dadurch theoretisch beherrschbar, daß gewisse Größen dahin tendieren, Extremalwerte anzunehmen, und daß das der Fall ist, hängt von der Voraussetzung ab, daß die wirtschaftlich Handelnden sich an gewisse Maximen halten. Das ist es eigentlich, was wir meinen, wenn wir davon sprechen, daß wirtschaftliches Handeln rationales Handeln sei. Diese Rationalität der wirtschaftlichen Handlungen ermöglicht also die Wirtschaftstheorie, nicht schon das Auftreten von quantitativen Größen wie Gütermengen und Preise. Denn wenn auch mit Recht die Wirtschaftstheorie lehrt, daß zwischen diesen Größen funktionale Abhängigkeiten bestehen, so wird doch dieser Zusammenhang von Gütermengen und Preisen allemal durch das rationale Handeln der Wirtschafter hergestellt. Wenn wir z. B. sagen, daß der Monopolpreis eines Gutes an einer bestimmten Stelle liegt, so heißt das, wenn wir die Nachfragekurve als gegeben annehmen, daß der Monopolist den Preis so festsetzt, daß sein Gewinn ein Maximum wird.

Die Frage wird also sein, ob wir den politischen Handlungen in ähnlicher Weise wie den wirtschaftlichen Rationalität zuschreiben dürfen, d. h. also, daß man fragen muß, ob auch das politische Handeln von Maximen beherrscht wird, wie das beim wirtschaftlichen Handeln der Fall ist. Wir wollen hier nicht in eine Analyse politischer Vorgänge eintreten. Aber es wird doch wenigstens hypothetisch gesagt werden dürfen, daß auch das politische Handeln rational ist. Die weitere Frage wird dann sein, ob uns der relative Mangel an quantitativ feststellbaren Größen, den die Politik zweifellos gegenüber der Wirtschaft aufweist, ernstlich am Aufbau einer Theorie der Politik hindert. Ich glaube, daß das nicht der Fall ist; aber anstatt allgemeine Reflexionen darüber anzustellen, wollen wir lieber einige Schritte in eine Theorie der Politik hinein tun. Zuvor freilich empfiehlt es sich, die bisher angestellten Überlegungen noch etwas zu vertiefen.

Die Wissenschaft von der Politik müßte also eine gewisse Ähnlichkeit mit der Wirtschaftstheorie besitzen, und mir scheint, daß die Ähnlichkeit so groß sein müßte, daß es sich empfiehlt, jene so wenig wie diese der Soziologie zuzurechnen. Auf den Namen kommt es freilich wenig an, nur muß man sich darüber klarwerden, daß mit dem Begriffsapparat der Soziologie im üblichen

Wortverstande sich diese Theorie nicht aufbauen läßt, und daß nicht mehr recht einzusehen ist, weshalb die Wirtschaftstheorie aus dem Rahmen der Soziologie herausfallen soll, wenn man die Theorie der Politik (als Theorie der politischen Handlungen) in ihn einbezöge. Man sollte die Soziologie, nachdem sie nun einmal sich als Spezialwissenschaft zu konsolidieren begonnen hat, nicht auf einen enzyklopädischen Zustand zurückführen wollen. Im übrigen schließt eine Theorie der Politik eine soziologische Betrachtung politischer Vorgänge nicht aus, wie ja auch die Wirtschaftstheorie die Wirtschaftssoziologie nicht ausschließt.

Theorie der Politik ist also Theorie politischer Handlungen. Wir werden noch sehen, was das bedeutet. Wir sagten bereits, politische Handlungen seien rational. Damit wollen wir zunächst nichts weiter sagen, als daß sie eine Beschaffenheit haben, die den Aufbau einer Theorie ermöglicht, die mit der Wirtschaftstheorie verglichen werden kann. Das heißt, politische Handlungen werden unter gewissen Maximen stehen müssen, die sich zu den Maximen, von denen die theoretische Ökonomie spricht, in Analogie bringen lassen. Solche Maximen setzen Situationen voraus, in denen sie sinnvoll angesetzt werden können. Und nun gehen wir noch einen Schritt weiter. Politische Weltanschauungen, Ideologien, politisches Ethos werden in die Theorie der Politik ausschließlich in Gestalt von Maximen dieser Art eingehen. Was wir von unserer Theorie der Politik verlangen, ist nun nicht zuletzt dies, daß sie uns erlaubt, Modelle zu konstruieren, an denen wir ablesen können, wie politische Vorgänge ablaufen, wenn nach gewissen Maximen gehandelt wird. Ob irgendwelche politischen Maximen aus Ressentiment, religiöser Überzeugung oder vernünftiger Überlegung stammen, ist für die Theorie der Politik gleichgültig – es gibt Wissenschaften, die das untersuchen. Aber wie diese Maximen sich auswirken, wie Zustände aussehen, in denen sie zum Zuge kommen können, das sind Fragen, die die Theorie der Politik und sie allein lösen kann. Die Analogie zur Wirtschaftstheorie ist auch hier deutlich greifbar, und ebenso wird die Theorie der Politik ein analytisches Werkzeug zum Verständnis politischer Vorgänge sein, wie die Wirtschaftstheorie ein analytisches Werkzeug zum Verständnis der Vorgänge der »wirklichen Wirtschaft« ist.

Damit soll nicht, um einer heute fast unvermeidlichen Verwechslung vorzubeugen, einer »Szientifizierung« der Politik das Wort geredet werden. Die Frage, ob eine solche, d.h. ob die Auslieferung der Politik an »Gesellschaftsingenieure« möglich, zweckmäßig oder wünschenswert ist, kann überhaupt erst auf dem Boden einer ausgebildeten Theorie der Politik diskutiert werden, und im übrigen erinnert sie an die fatale Aufforderung, nach einem »System« zu leben, zu müllern, zu fletschern. Auch wird die Theorie der Politik wie alle Theorie über Absolutsetzungen skeptisch denken lehren, denn auch sie wird in Wenn ..., so ...-Sätzen sprechen. Aber sie wird den so komplexen Gegenstand der Politik exakter und tiefer durchdringen und eben damit das leisten, was man von einer Wissenschaft von der Politik erwarten kann. Sie würde zudem, an die ihr zukommende Stelle im Rahmen aller mit der Politik in irgendeiner Weise befaßten Wissenschaften gerückt, die »Politik« – wenn wir nunmehr den alten Namen übernehmen – als eigenständige Wissenschaft konstituieren und damit als besonderes Lehrfach begründen.

Die Theorie der Politik würde das leisten, was ihr zugeschrieben wird, wenn – es sie gibt. Damit stehen wir vor der Frage: Wie ist Theorie der Politik möglich?

Die Antwort darauf soll in den folgenden Ausführungen gegeben werden. Um uns nicht allzusehr in abstrakte Erörterungen zu verlieren, die durch eine solche Frage nahegelegt werden, wollen wir zunächst an zwei anspruchslosen Beispielen zeigen, wie eine solche Theorie der Politik angefaßt werden kann. Es kommt uns dabei nur darauf an, das methodische Vorgehen deutlich zu machen. Das erste Beispiel entnehmen wir der Innenpolitik, das zweite der Außenpolitik. Bei dem ersten werden wir an eine These Schumpeters einige theoretische Überlegungen anschließen, bei dem zweiten können wir uns darauf beschränken, die ersten Schritte einer ziemlich weit von L.F. Richardson ausgebauten Theorie der Außenpolitik zu referieren. Schließlich werden wir dann einige abstrakte Erörterungen anschließen.

2.

In seinem vielschichtigen, ebenso tiefgrabenden wie geistreichen Buch über *Kapitalismus, Sozialismus und Demokratie* hat Schumpeter[1] die Gründe dargelegt, weshalb er die klassische Lehre von der Demokratie nicht annehmen könne. Diese schreibe dem »Volk« eine feststehende und rationale Ansicht über jede einzelne Frage zu, mit deren Ausführung es dann durch Wahlen Vertreter beauftrage. Dadurch werde die Wahl der Repräsentanten dem Hauptzweck der demokratischen Ordnung nachgeordnet, der darin bestehe, der Wählerschaft die Macht des politischen Entscheides zu verleihen. Man wird Schumpeter zugeben können, daß, wenn diese Darstellung den faktischen Vorgang in den Demokratien beschreiben soll, sie die Dinge schlechthin auf den Kopf stellt und daß diese Theorie mit Größen arbeitet, die nicht gegeben sind. Wir können aber die Kritik, die Schumpeter an der klassischen Lehre übt, dahingestellt sein lassen; es interessiert uns hier nur, wie er sie – im Hinblick auf die Tatsachen – auf die Beine stellt. »Angenommen, so sagt er, wir vertauschen die Rollen dieser beiden Elemente und stellen den Entscheid von Fragen durch die Wählerschaft der Wahl jener Männer nach, die die Entscheidung zu treffen haben. Oder um es anders auszudrükken: Wir nehmen nun den Standpunkt ein, daß die Rolle des Volkes darin besteht, eine Regierung hervorzubringen oder sonst eine dazwischengeschobene Körperschaft, die ihrerseits eine nationale Exekutive oder Regierung hervorbringt. Und wir definieren: die demokratische Methode ist diejenige Ordnung der Institutionen zur Erreichung politischer Entscheidungen, bei welcher Einzelne die Entscheidungsbefugnis vermittels eines Konkurrenzkampfes um die Stimmen des Volkes erwerben«.[2]

Die Argumente, die Schumpeter anführt, um seine These zu stützen, können wir hier übergehen; denn ob sie nun die tatsächlichen Vorgänge in den Staaten, die er im Auge hat, wirklich treffen, ist für uns hier so gleichgültig, wie es für den Wirtschaftstheoretiker, der die Theorie der vollkommenen Konkurrenz entwickelt, gleichgültig ist, ob irgendwo zur Zeit in der Wirtschaft

1 Joseph A. Schumpeter, *Kapitalismus, Sozialismus und Demokratie*, Bern 1944.

2 A.a.O., S. 427f.

vollkommene Konkurrenz besteht oder nicht. Daß sie einiges für sich hat, wenn man weniger auf die Reden, die Politiker in Volksversammlungen zu halten pflegen, als auf ihr Verhalten sieht, wird man kaum bestreiten wollen. Man wird sogar noch weiter gehen können und sagen, daß in dem Punkt: *Kampf* um die Entscheidungsbefugnis überhaupt ein, ja *das* wesentliche Moment des »Politischen« getroffen ist. Es ist natürlich nicht völlig gleichgültig, was entschieden wird und wie entschieden wird. Aber Entscheidungen trifft auch der Verwaltungsbeamte in seinem Kompetenzbereich. Das Amt, das er innehat, weist ihm seinen Kompetenzbereich zu, innerhalb dessen er nach sachlichen Gesichtspunkten entscheidet. Der Politiker hat von Hause aus kein solches Amt und keinen Kompetenzbereich, innerhalb dessen er entscheiden kann – den Blick auf die Sache gerichtet. In der Demokratie muß er nun diese Entscheidungsbefugnis in Konkurrenz mit anderen bei den Wahlen sich erkämpfen, auf daß man ihm und nicht dem Konkurrenten das Mandat übertrage. Und sofern die Wählerschaft das Mandat bei der nächsten Wahl rückgängig machen kann, genüge es für ihn nicht, nach sachlichen Gesichtspunkten von seiner Entscheidungsbefugnis Gebrauch zu machen. Für ihn stehen andere Gesichtspunkte, eben solche, die sich aus dem Konkurrenzkampf um das Mandat ergeben, wenigstens mit im Vordergrund. Das wird, beiläufig gesagt, auf dem Felde der Außenpolitik besonders deutlich: hier geht es im Konkurrenzkampf zwischen Staaten um die Entscheidungsbefugnis in den internationalen Angelegenheiten, darum, allein zu entscheiden oder wenigstens mit zu entscheiden. Es ist kein Zufall, daß die auf die sachlich beste Lösung gerichtete Mentalität des Beamten auf diesem Felde so oft eine unglückliche Rolle spielt. Ihr ist der spezifisch politische Gesichtspunkt versagt.

Kehren wir indes zu unserem eigentlichen Anliegen zurück. Schumpeter bemerkt, daß seine Theorie ebensowenig genau bestimmt ist, als es der Begriff des Konkurrenzkampfes um die Führung ist. Dieser Begriff biete ähnliche Schwierigkeiten wie der Begriff der Konkurrenz in der wirtschaftlichen Sphäre, mit dem er nutzbringend verglichen werden könne. Er meint damit den schon angedeuteten Umstand, daß in der Wirtschaft die Konkurrenz zwar nie völlig fehle, aber kaum je vollkommen sei. Und ähnlich bestehe auch im politischen Leben immer einige Konkurrenz um die Gefolgschaft des Volkes, wenn auch vielleicht nur potentiell. Trotzdem ist es auch auf dem Felde der politischen Theorie sinnvoll, ein Modell zu konstruieren, in dem freie Konkurrenz um freie Stimmen herrscht.

Es ist nicht allzuschwer, gewisse Analogien zwischen einem solchen Modell politischer Vorgänge und dem üblichen Modell einer Wirtschaft, in der freie Konkurrenz herrscht, zu entdecken. Aber solche Analogien sind als solche von beschränktem Wert, denn es gilt ein solches Modell systematisch zu erforschen. Immerhin vermag uns der Blick auf das entsprechende wirtschaftliche Modell gewisse Fingerzeige zu geben. Aber es fehlen dem politischen Modell gerade die Analoga zu Preisen und nachgefragten Gütermengen und damit recht eigentlich das, was beim wirtschaftlichen Modell so angenehm die exakte mathematische Behandlung ermöglicht. Versuchen wir dennoch, unter gewissen idealisierenden Voraussetzungen, wie sich versteht, auf exakte Weise ein Modell zu konstruieren für den einfachen Fall, daß sich zwei Kandidaten um die Stimmen der Wähler bewerben.

Der Politiker findet sich mannigfachen Interessen gegenüber, die er berücksichtigen muß, will er Erfolg haben. Nehmen wir an, es handele sich um vier Interessen. Diesen können – was ihre Befriedigung anlangt – die Menschen, für den Politiker die Wähler, entweder zustimmend oder ablehnend oder gleichgültig gegenüberstehen. Die Wählerschaft zerfällt nun in eine Anzahl von Gruppen, innerhalb deren jeder in gleicher Weise zu allen vier Interessen steht. Insgesamt sind $3^4 = 81$ Gruppen möglich. Nehmen wir der Einfachheit halber an, daß diese Gruppen gleich stark sind. Jede Gruppe wird den Kandidaten wählen, der den meisten ihrer Forderungen genug zu tun und die wenigsten zu verletzen verspricht. Bezeichnen wir die Forderungen mit 1, 2, 3, 4, die Stellungnahme zu ihnen mit +, −, 0, so läßt sich das Verhalten jeder Gruppe durch eine Matrix, z. B. (++−0), darstellen, wobei die Reihenfolge der Zeichen der Zählung der Interessen entspricht und die Zeichen selbst die Stellung zu ihnen andeuten. In dem Beispiel (++−0) wünscht die Gruppe, daß die Interessen 1 und 2 befriedigt werden und daß das Interesse 3 nicht befriedigt wird, während ihr die Befriedigung oder Nichtbefriedigung des Interesses 4 gleichgültig ist. Die Gruppe (0000) enthält offenbar die berufsmäßigen Nichtwähler. Wir nehmen noch an, daß alle vier Interessen voneinander unabhängig sind, d. h., daß jede beliebige Kombination der Stellungnahme zu ihnen ohne Widerspruch möglich ist.

Mögen sich nun zwei Kandidaten um die Wähler bemühen. Davon sei dem ersten an der Befriedigung des Interesses 1 gelegen, dem zweiten an der Befriedigung der Interessen 2 und 3. Die Frage ist: wie müssen sie zweckmäßigerweise ihr Programm gestalten, um welche Gruppen müssen sie in erster Linie kämpfen? Nehmen wir einmal an, der erste wähle für sein Programm die Matrix (++−+), der zweite die Matrix (−++−). Wie steht es mit ihren Aussichten?

Wir setzen voraus, daß jede Gruppe den Kandidaten wählt, mit dem sie in mehr Punkten als mit dem andern übereinstimmt. Man überlegt sich leicht, daß folgendes eintritt:

Die Gruppe (0000) wird der Wahl fernbleiben, ebenso die Gruppe (0−00), die gegen den Punkt ist, in dem die Programme beider Kandidaten übereinstimmen. Von den verbleibenden 79 Gruppen werden sich, wie man leicht errechnet, je 30 dem einen bzw. dem anderen Kandidaten zuwenden. Es verbleiben 19 Gruppen, die mit jedem der Kandidaten in einer gleichen Anzahl von Punkten übereinstimmen. Um die Gewinnung dieser 19 Gruppen wird also der Wahlkampf gehen müssen. Die Frage ist nun, auf welchen Programmpunkt wird ein Kandidat besonderes Gewicht legen müssen, welchen wird er in den Vordergrund rükken müssen, um die größte Chance zu haben?

Dazu müssen wir die Häufigkeit betrachten, mit der diese 19 Gruppen den einzelnen Programmpunkten zustimmen oder sie ablehnen oder ihnen gleichgültig gegenüberstehen. Lassen wir den Fall (0+00) zunächst beiseite, so ist die Häufigkeit in allen Fällen die gleiche, also = 6. Und wenn wir nun die Gruppe (0+00) hinzunehmen, so erhalten wir folgende Matrix:

	1	2	3	4
+	6	7	6	6
−	6	6	6	6
0	7	6	7	7

Diese lehrt uns, daß die Betonung des zweiten Programmpunktes, in dem beide Kandidaten übereinstimmen, die größte Chance bietet. Denn für diesen Punkt existiert unter den Gruppen, von denen man überhaupt eine Beteiligung an der Wahl erwarten kann, eine zustimmende mehr als Gruppen, die ihn ablehnen.

Wir hatten vorausgesetzt, daß dem ersten Kandidaten vor allem an der Durchsetzung seiner Ansichten zum Punkte 1, dem zweiten in erster Linie zum Punkte 3 gelegen sei. Aber das darf für den Wahlfeldzug offenbar keine Rolle spielen. Wir haben angenommen, daß sie ein Programm aufstellen, in dem sie zu jedem Punkt ablehnend oder befürwortend Stellung nehmen. Wir wollen nun noch überlegen, wie sich die Dinge darstellen, wenn der zweite Kandidat die Matrix (−++o) wählt. Um diesen Fall beurteilen zu können, müssen wir Regeln für das Verhalten des Wählers aufstellen, wenn ihm der Kandidat über einen oder mehrere zur Debatte stehende Punkte gar nichts sagt, bzw. sich für desinteressiert erklärt an der Art ihrer Lösung. Wir werden das Verhalten des Wählers so festlegen, daß er stets den Kandidaten vorziehen wird, der sich seiner Stellungnahme in einem Punkt mehr als der andere nicht widersetzt. Die Gleichgültigkeit des Wählers in einem Punkt soll aber nicht ein prae für einen Kandidaten bedeuten, der gegenüber dem betreffenden Punkt auch gleichgültig ist. Dann ist die Wirkung die, daß nunmehr jeder Kandidat 36 Gruppen auf sich zieht. Nach wie vor werden die Gruppen (oooo) und (o−oo) nicht wählen. Es verbleiben dann 7 Gruppen, um die sich der Wahlkampf drehen wird, und zwar die Gruppen (+++o) (+−+o) (o+o+) (−+−o) (−−−o) (−o−o) (o+oo). Die Häufigkeitsmatrix ist:

	1	2	3	4
+	3	3	3	0
−	3	2	3	0
0	1	2	1	7

Der zweite Programmpunkt ist wieder der für den Wahlfeldzug entscheidende. Auch jetzt ist die Frage die, wer die Gruppe (o+oo) zu sich hinüberzieht. Sie ist unter den Gruppen, bei denen die Wahl noch nicht festliegt, die einzige, um die sich ein Kandidat bemühen kann, ohne damit genau soviel Gruppen dem Gegenkandidaten in die Arme zu treiben, wie er gewinnt.

Ich breche hier ab, denn es soll hier keine Theorie entwickelt werden. Wir zeigen nur, wie man beispielsweise verfahren könnte, um eine Theorie der Politik aufzubauen, die den Namen einer Theorie verdient. Schon das kleine Beispiel, das wir vorgeführt haben, zeigt in aller Bescheidenheit, die ihm ansteht, daß diese Art Theorie der Politik auch mathematischer Behandlung fähig ist. Es ist natürlich einigermaßen willkürlich vorauszusetzen, daß alle Gruppen gleich groß sind, aber wenn man an die

Befragung des Publikums durch das Gallupinstitut und ähnliche Unternehmungen denkt, so ist es nicht allzu schwer, sich auch von der Größe der einzelnen Gruppen gewisse quantitative Vorstellungen zu bilden. Und dann läßt sich die Theorie natürlich noch ausbauen, man kann mehr als zwei Kandidaten zulassen, ja beliebig viele und dann sehen, wie sich die Verhältnisse verschieben.

Sehr interessante Untersuchungen, die freilich auch erst einen Anfang darstellen, findet man in dem Büchlein des Mathematikers Karl Menger über *Moral, Wille und Weltgestaltung* (Wien 1934). Sie beschäftigen sich nicht gerade mit Wahlen oder überhaupt mit Theorie der Politik, aber man kann seinen mathematisch-logischen Aufzeichnungen über Willensgruppen unschwer sehr viele und schöne Anregungen zum Aufbau einer solchen Theorie entnehmen. Leider ist das Buch in Deutschland so gut wie unbeachtet geblieben, obwohl Oskar Morgenstern in seiner Abhandlung über *Logistik und Sozialwissenschaften* nachdrücklich darauf hingewiesen und seinen Wert für die Ökonomie betont hat: »Die Gegensätze auf dem Markt werden durch den Mechanismus der Preisbildung ausgeglichen, die Gegensätze der Interessen auf dem Gebiete der Wirtschaftspolitik dagegen auf sehr mannigfaltige Art. Es wäre nun zweifellos bedeutsam, wenn es gelänge, das Zustandekommen einer konkreten wirtschaftspolitischen Entscheidung in ebensolcher Weise zu formalisieren, wie dies für Normensysteme geschehen ist, um daraus, wenn möglich, Schlüsse bezüglich der Technik der Interessenvertretung zu ziehen, über die bisher keine guten Einsichten erzielt worden sind.« Es ist, und ich hoffe, daß das anzunehmen schon jetzt dem Leser keine allzu großen Hemmungen mehr bereitet – es ist gar nicht so hoffnungslos, auch auf dem Gebiete der Politik theoretische Einsichten zu erzielen, die quantitativ denen auf dem Gebiet der Wirtschaftstheorie nicht nachzustehen brauchen. Es wird die Politiker gewiß betrüben, daß auf den Lehrstühlen für Politik möglicherweise sogar Wissenschaft getrieben werden wird, ja »graue« Theorie, aber es besteht für sie auch kein Anlaß zur Verzweiflung; denn sollte die Theorie es zu guten Einsichten bringen, so wird sich doch schwerlich so bald jemand finden, der die Politiker zwingt, nach ihnen zu handeln.

3.

Richardson nennt seine Untersuchung zur Theorie der Außenpolitik[3] »a study in group psychology«, aber es mag zweifelhaft sein, ob diese Bezeichnung glücklich ist. Denn der Gegenstand, den er betrachtet, sind politische Handlungen. Diese beschreibt er durch Gleichungen, vielfach durch Differentialgleichungen. »The equations«, so sagt er, »are merely a description of what people would do if they did not stop to think«. Oder andererseits: »It is what would occur if instinct and tradition were allowed to act uncontrolled«.[4] Mir scheint, man kann diese Unterscheidung, die psychologisch interessant ist, bis zu einem gewissen Grade vernachlässigen. Statt dessen können wir sagen, daß ein Handeln beschrieben wird, das unter gewissen Maximen steht. Diese Maximen können auf Denken beruhen genausogut wie auf Instinkt und Tradition. Wenn man eine Theorie aufbauen will, so muß man wissen, worum man sich nicht kümmern will. In der Theorie der Politik werden wir uns nicht darum kümmern, ob die Politiker denken oder aus Instinkt handeln. In diesem Sinne werden wir ihre Handlungen mit Pareto als »logische Handlungen« betrachten.

Da Richardsons Buch 1939 erschien, so hatte es zwangsläufig das gleiche Schicksal wie Mengers Buch von 1934. So wird es nützlich sein, daß auf seine Existenz hingewiesen wird.

Der erste Teil bringt eine lineare Theorie zweier Staaten, der zweite eine statistische Diskussion des Verhaltens von sieben Großmächten in den Jahren 1922/38, der dritte eine Theorie der Instabilität des Friedens zwischen mehreren Staaten. In einem vierten Teil werden Fragen der Anwendung der Theorie diskutiert.

Es wäre dringend zu wünschen, daß die Argumente von Richardson ausführlich diskutiert und seine Untersuchungen fortgeführt würden. Aber das liegt außerhalb der Grenzen dieser Abhandlung, die die Theorie der Politik nicht entwickeln will, sondern nur zeigen, daß und wie sie möglich ist. Wir greifen daher nur einige Einzelheiten heraus, um zu zeigen, wie Richardson vorgeht.

3 Lewis F. Richardson, *Generalized Foreign Politics. A study in group psychology* (The British Journal of Psychology, Monograph Supplements XXIII), Cambridge 1939.

4 A.a.O., S. 1.

Zunächst legt er eine Äußerung zugrunde, wie sie der Verteidigungsminister jedes Landes tun könnte, die in ihrem Tenor darauf hinausläuft, daß sein Land Beweise seiner friedlichen Gesinnung gegeben habe, daß aber die Regierung ihre Pflicht versäumen würde, wollte sie nicht angesichts der Unruhe in der Welt und der Gefahren, von denen das Land umgeben ist, die angemessenen Schritte tun, um die Defensivkräfte des Landes zu vermehren. Und nun sagt Richardson, daß der einfachste Ausdruck für das, was der Verteidigungsminister sagt, die Gleichung

$$dx / dt = ky$$

ist, in der t die Zeit, x die eigenen Verteidigungsmittel, y die Gefahren, von denen das Land umgeben ist und schließlich k eine positive Konstante bedeutet, welche »Verteidigungskoeffizient« genannt werden mag. Nehmen wir nun an, daß nur von einem anderen Staat die Gefahren drohen, so wird dessen Verteidigungsminister entsprechend versichern:

$$dy / dt = kx.$$

Die Auflösung der beiden Gleichungen ergibt:

$$x = Ae^{kt} + Be^{-kt}$$
$$y = Ae^{kt} - Be^{-kt}$$

wobei A und B geeignet gewählte Konstanten bedeuten.
Da k positiv ist, so gilt:

$$\lim_{t \to \infty} e^{kt} = \infty$$

Das durch die beiden Gleichungen beschriebene System ist also nicht stabil. Aber das System kann auch stabil gemacht werden, wenn man die Grenzen in Erwägung zieht, die der Aufrüstung durch die Kosten usw. gesetzt sind. Wir erhalten dann die Gleichungen:

$$dx / dt = ky - \alpha x$$
$$dy / dt = lx - \beta y$$

wobei α und β positive Konstanten sind, die die Kosten usw. der Aufrüstung repräsentieren und k und l die Verteidigungskoeffizienten, die nun aber auch bei den Ländern verschieden sein können. Es können noch besondere Umstände hinzutreten, die die Rüstung eines Staates in die Höhe treiben, und die nicht mit den Gefahren identisch sind, denen sich der Staat durch die Rüstung des anderen Staates ausgesetzt sieht. Wir werden also – provisorisch – auf der rechten Seite der beiden Gleichungen noch Summanden g und h, die diese Gefahren repräsentieren (also etwa territoriale Ambitionen des Nachbarstaates und dergleichen), hinzufügen und erhalten:

$$dx / dt = ky - \alpha x + g$$
$$dy / dt = lx - \beta y + h$$

Im Falle einseitiger Abrüstung des einen Staates würde $y = o$ und folglich für diese Zeit:

$$dx / dt = -\alpha x + g$$
$$dy / dt = lx + h$$

Auf Grund der zweiten dieser beiden Gleichungen wird y nicht = o bleiben, wenn h positiv ist, und auch x wird wachsen, wenn ky wieder positiv ist und wächst. Einseitige Abrüstung ist gemäß diesen Gleichungen nicht von Dauer.

Dieses verhältnismäßig einfache Beispiel mag genügen, um die Methode von Richardson zu illustrieren. Es genügt auch wohl, um zu zeigen, daß sich auf diese Weise Modelle konstruieren lassen, die hinreichend interessant sind. Wer finden sollte, daß in Wirklichkeit die Verhältnisse viel komplizierter liegen als in diesem Modell, mag bedenken, daß Richardson sich nicht mit dem begnügt hat, was auf den ersten sechs Seiten seines Buches steht und hier in etwas gedrängter Form referiert worden ist. Vor allem hat er sich bemüht zu zeigen, wie diese Modelle dazu dienen können, die wirklichen Vorgänge zu analysieren. So gibt er auf der Basis seiner Zwei-Staatentheorie (man kann für die beiden Staaten ja auch zwei Gruppen von Staaten setzen) eine Analyse des Wettrüstens von 1909-1914, und wir haben schon darauf hingewiesen, daß der ganze zweite Teil einer statistischen Diskussion des Verhaltens von sieben Großmächten in den Jahren 1922-38 gewidmet ist und der vierte Teil – in der Form eines Gespräches zwischen Autor und Kritiker – die Frage der Anwendung noch einmal erörtert. Das Schwergewicht der Untersuchung liegt auf dem dritten Teil, der Theorie der Unstabilität des Friedens zwischen mehreren Staaten. Doch diese mathematisch etwas kompliziertere Theorie hier zu entwickeln, fehlt es an Raum und vielleicht auch an der Geduld des kaum mehr geneigten Lesers.[5]

5 Nach Abschluß des Manuskriptes ging mir durch die liebenswürdige Vermittlung von Herrn Dr. Morris Stockhammer in Brooklyn, N. Y., John von Neumanns und O. Morgensterns *Theory of Games and Economic Behavior*, 2. Aufl., Princeton University Press, Princeton 1947,

4.

Wir haben zwei Fälle vorgeführt, denen man es prima facie nicht ansieht, daß sie einer mathematischen Behandlung zugänglich sind. Aber gerade dieser Umstand berechtigt uns sozusagen zu den schönsten Hoffnungen im Hinblick auf die zukünftige Gestalt einer Theorie der Politik. Die Dinge liegen auf diesem Felde – sowenig wie auf dem der theoretischen Ökonomie – mathematisch nicht ganz trivial, und es wird zweifellos von einem gewissen Punkte ab der tätigen Mitarbeit der Mathematiker bedürfen, wenn das Gebäude der Theorie der Politik, von dem freilich erst kaum einige Grundmauern stehen und von dem wir noch nicht einmal den gesamten Grundriß genau kennen, aufgeführt werden soll. Jedoch wird niemand, der sich die Mühe macht, die vortreffliche Arbeit von Richardson zu studieren und die Entwicklungsmöglichkeiten der Mengerschen »Logik der Sitten« zu überlegen, mehr der Meinung sein, es ließe sich auf dem Felde der Politik nicht erfolgreich die gleiche theoretische Arbeit leisten, die auf

641 S., zu. Daß die mathematische Theorie der Gesellschaftsspiele noch einmal für die theoretische Ökonomie Bedeutung gewinnen würde, durfte man bereits auf Grund einer früheren Abhandlung von J. v. Neumann (»Über ein ökonomisches Gleichungssystem und eine Verallgemeinerung des Brouwerschen Fixpunktsatzes«, in: *Ergebnisse des mathematischen Kolloquiums,* herausgegeben von Karl Menger, Heft 8, 1936) vermuten. Diese Arbeit blieb damals unbeachtet, aber die Vermutungen, die sich für die zukünftige Entwicklung der ökonomischen Theorie an sie knüpfen ließen, sind durch das nun vorliegende Werk in einer singulären Weise erfüllt und übertroffen worden. Man sagt kaum zu viel, daß durch dieses Buch für die ökonomische Theorie – zunächst für die Statik – eine völlig neue Situation geschaffen worden ist. Der analytische Apparat, der hier von einem hervorragenden Mathematiker wie Neumann der Wirtschaftswissenschaft geschenkt worden ist, harrt ebenso einer Anwendung in einer Theorie der Politik. Obwohl die Verfasser selbst eine solche Anwendung noch nicht machen, greift man mit dem Urteil nicht zu hoch, daß das Werk von Neumann und Morgenstern der mit Abstand bedeutendste Beitrag zu einer Theorie der Politik ist, der in unserem Jahrhundert bisher erschienen ist; die Aufgabe der Theorie der Politik wird weithin darin bestehen, von diesen analytischen Mitteln Gebrauch zu machen. Es ist in dem vorliegenden Zusammenhang nicht möglich, vom Inhalt des Buches einen zulänglichen Begriff zu geben.

weiten Gebieten der Wirtschaftslehre bereits geleistet worden ist.

Fragen wir nun, woher es denn komme, daß eine solche Art der Behandlung politischer Probleme möglich ist, so ist die Antwort nicht ganz so einfach. »Politik« ist – wie »Wirtschaften« – eine Art menschlichen Handelns nach gewissen Maximen. Handeln nach bestimmten Maximen heißt nun eine vorgegebene Situation in eine bestimmte andere Situation überführen. Worin sich diese durch das Handeln erzeugte Situation von der vorgegebenen unterscheidet, läßt sich aus der Maxime ablesen. Die Maxime muß nun offenbar so formuliert sein, daß die Transformation der ersten Situation in die zweite stets möglich ist – jedenfalls in unserer Theorie. Es hat, um es grob zu sagen, keinen Sinn, als Maxime anzunehmen, daß die Menschen wenigstens einmal in der Woche ins Kino gehen sollen, wenn wir nicht für die Ausgangssituation festsetzen, daß es Kinos gibt. Etwas anders gewendet: die Maxime sagt uns nur, daß die Elemente der ersten Situation eine andere Konstellation eingehen, daß bestimmte Größen gewisse Werte annehmen, z. B. ein Maximum oder Minimum werden. Abstrakter gesprochen: die Maxime dient uns dazu, die erste Situation auf die zweite abzubilden, und damit hätten wir uns bereits der mathematischen Sprechweise bedient. Diese ist hier auch durchaus in ihrem mathematischen Sinn gemeint. Wir beschreiben Situationen mit Hilfe von Klassen und Relationen, und auf Grund der logischen Beziehungen, die in diese Beschreibung mit eingehen, können wir auch zu einer mathematischen Behandlung fortschreiten, wenn gewisse zusätzliche Forderungen erfüllt sind.[6]

So hat offenbar auch Pareto gedacht, wenn er die Politik zu den »logischen Handlungen« rechnete wie die Wirtschaft und sie damit aus dem Felde seiner Soziologie herausnahm.[7] Wir können

6 Diese Andeutungen mögen hier genügen. Diese Frage habe ich in »Handlung, Maxime und Situation«, in diesem Band S. 405 ff., behandelt.

7 Paretos Stellungnahme ist in diesem Punkt nicht ganz eindeutig. Ich folge hier Franz Borkenau, *Pareto* (*Modern Sociologists,* Bd. II), London 1936, S. 22: »We are at a loss to say whether other types of actions fall under the same heading (scil. ›logical actions‹), but may surmise that at least the wellconsidered struggle for political power is put in this group; for Pareto treats it at length in the latter part of his ›Sociology‹ in

auf Grund dessen, was wir oben angedeutet haben, den Begriff der »logischen Handlung« nun wohl etwas genauer fassen. Es sollen damit diejenigen Handlungen gemeint sein, für deren Theorie sich der Begriff der Handlung so fassen läßt, wie wir angedeutet haben: als Abbildung einer Situation auf eine andere. Das ist nicht das, was man gemeinhin als Handlung zu bezeichnen pflegt. Es trifft aber für die wirtschaftlichen und politischen Handlungen zu, hingegen nicht für diejenigen, die Pareto als nichtlogische Handlungen bezeichnet und deren Erforschung das Ziel seiner Soziologie ist. Aber auch, wenn man mit L. v. Wiese die Soziologie über den zwischenmenschlichen Beziehungen und Gebilden definiert, so bleibt es sinnvoll, wie mir scheint, der Theorie der Politik in dem hier entwickelten Sinne eine Stelle außerhalb der Soziologie anzuweisen, aus den gleichen Gründen, aus denen auch die Wirtschaftstheorie der Soziologie als Beziehungslehre gegenüber selbständig bleibt. Überflüssig zu wiederholen, daß damit nicht der komplexe Gegenstand »Politik« der Soziologie entzogen wird; diese erfaßt nur andere Seiten an ihm als die Theorie der Politik. Die Soziologie der Politik ist gewiß eine theoretisch und praktisch wichtige Disziplin, jedoch kann sie die Theorie der Politik nicht ersetzen, sowenig wie die Wirtschaftssoziologie die Wirtschaftstheorie ersetzen kann.

(1950)

his theory of elites, without ever pointing out non-logical elements though he never fails to do this elsewhere in his work wherever any non-logical element seems to be present.« Und wenige Sätze vorher: »Only one of the two main species of action is studied in Pareto's sociology, namely ›non-logical actions.‹ ›Logical actions‹ though not expressly excluded from sociology appear in Pareto's work only in the way of incidental remarks.«

Über die Einheit der Sozialwissenschaft

Wenn man nach der Einheit der Sozialwissenschaft fragt, so scheint sich leichthin die Antwort anzubieten, daß diese, wenn irgendwo im Gegenstande zu suchen sei, in dem, was man als das »Soziale« zu bezeichnen pflegt. Freilich ist der Terminus »sozial« mit allerlei Bedeutungen verschiedener Provenienz belastet. Das wäre das Schlimmste noch nicht. Ärger schon ist, daß der Name »Sozialwissenschaft« keineswegs so ganz selbstverständlich der heute so benannten Gruppe von Wissenschaften zugeschrieben wird und daß diese Zuschreibung durchaus nicht so eindeutig ist, wie man wünschen möchte. Historisch geht der Name »Sozialwissenschaft« auf Fourier zurück, aber weder aus diesem Ursprung noch aus seinen späteren mannigfachen Verwendungen läßt sich für die Frage nach der Einheit der Sozialwissenschaft, sofern wir sie, was wir hier tun wollen, auf die gegenwärtige Situation der Wissenschaft beziehen, allzuviel herausholen. Ich lasse daher die Geschichte des Terminus beiseite und darf das um so mehr, als ich sie gerade sub specie der Einheit der Sozialwissenschaft an anderer Stelle[1] umrissen habe.

Die Frage nach der Einheit der Sozialwissenschaft soll hier also ganz prinzipiell und systematisch gestellt werden. Dabei sehe ich davon ab, diese Wissenschaftsgruppe von vornherein eindeutig zu umgrenzen, und möchte mich vor allem nicht auf eine heute gelegentlich übliche Abgrenzung festlegen, die diese Gruppe in einen Gegensatz zu den Wirtschaftswissenschaften bringt. Ich ziehe es daher auch vor, von der Einheit der Sozialwissenschaft zu sprechen statt, wie üblich, von der Einheit der Sozialwissenschaften. Die aus welchen Gründen auch immer erfolgte Deklarierung einer Disziplin als Sozialwissenschaft soll uns genausowenig binden wie die aus irgendwelchen Gründen sich herleitende Gewohnheit, eine Disziplin nicht als Sozialwissenschaft in Anspruch zu nehmen.

1 *Handwörterbuch der Sozialwissenschaften*, Artikel »Sozialwissenschaft«; in diesem Band S. 380 ff.; ferner »Stein, Schmoller, Weber und die Einheit der Sozialwissenschaft«, in: *Systeme und Methoden in den Wirtschafts- und Sozialwissenschaften, E. v. Beckerath zum 75. Geburtstag*, Tübingen 1964, S. 191 ff.; in diesem Band S. 475 ff.

Das mag auf den ersten Blick recht willkürlich erscheinen und die Gefahr mit sich führen, daß das Resultat der Überlegungen, die wir anstellen wollen, von vornherein den Charakter der Beliebigkeit trägt. Denn worin wir nun auch die Einheit der Sozialwissenschaft finden mögen, so wird dies nach unserem methodischen Ansatz doch eben davon unabhängig sein, was heute als Sozialwissenschaft gilt. Damit aber scheint doch eben die Gefahr sehr groß, daß das Ganze auf eine vielleicht neue, aber willkürliche Apologie für eine bestimmte Terminologie hinausläuft, und das wäre so ziemlich das letzte, was ein an substantiellen Fragen interessierter Forscher sich von einer Untersuchung wie der unserigen wünscht.

Mir scheint, daß diese an sich nicht unberechtigten Bedenken sich beheben lassen. Ich möchte einige Bemerkungen darüber vorausschicken, was wir unter der Einheit einer Wissenschaftsgruppe verstehen wollen. Gehen wir hierin von einem einigermaßen fest umrissenen Begriffe aus, so läßt sich ja nicht erwarten, daß wir eine Einheit in dem vorausgesetzten Verstande in einem fest umrissenen Umkreis von Disziplinen auch antreffen werden. Es brauchen dann weder alle historisch »sozialwissenschaftlich« genannten Disziplinen zu dieser Einheit zusammenzustimmen, noch auch braucht der Umkreis derjenigen Disziplinen, die zu dieser Einheit zusammenstimmen, mit der Menge der als Sozialwissenschaften deklarierten erschöpft zu sein. Zu fordern ist dann nur, daß wir unsern Gesichtspunkt, unter dem wir von der Einheit der Sozialwissenschaft sprechen, in vernünftiger Weise wählen.

Was soll also Einheit hier besagen? Es empfiehlt sich, an den Sprachgebrauch der modernen Wissenschaftstheorie anzuknüpfen. Dann liegen die Dinge so: Wir betrachten die Disziplinen als Satzmengen. In diesen Sätzen treten neben ihren logischen und mathematischen Bestandteilen gewisse Termini auf, die eine empirische Bedeutung haben. Von diesen sind gewisse Termini durch andere definiert. Die definierten Termini können wir hier vernachlässigen und dürfen uns an die undefinierten halten. Wir würden dann im idealen Falle von einer Einheit all dieser Disziplinen sprechen, wenn sich über diesen undefinierten Termini eine Theorie aufbauen läßt, die sie und nur sie enthält.

Man sieht sofort, daß wir von einer Einheit der Sozialwissenschaften, was immer man unter ihnen versteht, noch weit entfernt sind. Es ist daher zweckmäßig, diese Forderung abzuschwächen, und zwar so, daß nur noch gefordert wird, daß es sinnvoll ist, einer solchen allgemeinen Theorie zuzustreben. Den Ausdruck »sinnvoll« können wir durchaus so verstehen, daß die Entscheidung über das, was in dieser Hinsicht genannt werden kann, den Vertretern dieser Wissenschaften überlassen bleibt. Wir können ihn getrost auf die gegenwärtige Situation der Sozialwissenschaften beziehen.

Bei der großen Komplexheit der historisch gegebenen Gegenstände der Sozialwissenschaften, sofern sie diese aufzuhellen suchen, empfiehlt sich eine weitere Einschränkung, nämlich auf die eigentlich theoretischen Disziplinen. Sowenig man dem Forscher, der sich um die Aufklärung eines vorliegenden, historisch gegebenen Vorganges bemüht, wird Vorschriften machen wollen darüber, wo er die Ursachen zu suchen hat und wo nicht, sowenig kann man andererseits die Vielfalt der für ihn zu berücksichtigenden Gesichtspunkte zur Norm machen wollen für die Einheit der Sozialwissenschaft selbst.

Damit haben wir in einer ersten Annäherung das Feld unserer Untersuchung gewonnen. Was jetzt not tut, ist, uns des Einstieges zu versichern, der uns auf jenen Punkt führt, von dem aus wir die Einheit der Sozialwissenschaft begreifen können. Ich wähle dazu die Bestimmung des Unterschiedes zwischen den Sozialwissenschaften im eigentlichen Sinne und den Wirtschaftswissenschaften durch Leopold von Wiese. Diese Bestimmung ist für unsere Zwecke deshalb geeignet, weil sie eine ziemlich weit verbreitete Anschauung auf eine kurze Formel bringt und zuspitzt. Danach wäre es für die Sozialwissenschaften im engeren Sinne charakteristisch, daß sie sich mit Beziehungen zwischen Menschen beschäftigen, während es die Wirtschaftswissenschaften mit Beziehungen zwischen Menschen und Dingen zu tun haben. Man könnte nun darüber hinausgehen und den Gegensatz noch etwas verschärfen. Denn was den theoretischen Ökonomen interessiert, sind wenigstens häufig Beziehungen etwa zwischen Preisen und Gütermengen und dergleichen, also Relationen, in denen Menschen als Relata nicht auftreten. Insbesondere hat man die mathematische Ökonomie als eine Theorie aufgefaßt, die mit Beziehungen zwischen Preisen und Gütermengen zu tun hat.

Aber für diese Auffassung Wieses ist es kennzeichnend, daß sie die Beziehungen, mit denen es die Wirtschaftswissenschaften auf der einen, die Sozialwissenschaften im engeren Sinne auf der anderen Seite zu tun haben, nicht weiter analysiert. Dabei sollte allein schon der Umstand stutzig machen, daß etwa auch die Wirtschaft zum Feld soziologischer und das heißt also sozialwissenschaftlicher Forschung gemacht wird, in ihr also Mensch-Mensch-Beziehungen aufgesucht und beschrieben werden. Es ist doch aber so, daß etwa die Beziehung zwischen Arbeitnehmer und Arbeitgeber keine schlichte zwischenmenschliche Beziehung ist wie die zwischen Hans und Grete, die sich ineinander verliebt haben, sondern sie wird, wie immer sie geartet sein mag, getragen und vermittelt durch diejenigen für die Wirtschaftstheorie relevanten Relationen, die in der Produktionstheorie usw. ihren theoretischen Ort haben.

Will man hier zur nötigen Klarheit gelangen, so tut man gut, von einer möglichst vollständigen Beschreibung derjenigen Situationen auszugehen, auf die sich die Wirtschaftssoziologie einerseits und die Wirtschaftswissenschaft andererseits beziehen. Die Beschreibung einer solchen Situation stellt sich dar als eine Konjunktion von Aussagen über Beziehungen von der Art: A besitzt gewisse Produktionsmittel X, und B hat mit A einen Dienstvertrag, usw. Oder A_1 bietet eine gewisse Menge M_1 des Gutes X an und ... und A_m bietet eine Menge M_m des Gutes X an, und B_1 fragt eine Menge N_1 von X nach, und ... und B_n fragt die Menge N_n von X nach usw., wobei etwa die Mengen $N_1 \ldots N_n$ Funktionen des Preises von X sein können oder auch Funktionen einer Einwirkung der A's auf die B's.

Und nun zeigt sich folgendes: die Relationen, mit denen sich Wirtschaftssoziologie und Wirtschaftswissenschaft beschäftigen und die wir sinnvoll als deren eigentlichen Gegenstand auffassen können, sind nun nicht jene primitiven Relationen, aus denen sich die Beschreibung aufbaut, sondern Relationen sehr viel komplizierterer Art, nämlich Relationen, die sich aus der Verkettung dieser primitiven Relationen ergeben.[2]

2 Zur Erläuterung und nur zur Erläuterung des für meine Absichten wesentlichen Begriffes der Verkettung nehme ich ein einfaches Beispiel: Es sei eine Situation beschrieben auf die folgende Weise: A fragt X nach, und X wird von B angeboten. Unter der Voraussetzung, daß es X gibt, sind dann die Relationen der Nachfrage und des Angeboten-werdens miteinander verkettet, und diese Verkettung der beiden Relationen ist selbst eine Relation, und zwar in diesem Falle eine Relation

Wir können sagen, daß die ursprüngliche Beschreibung der Situation eine solche Verkettung impliziert. Der Übergang zu einer solchen Verkettung läßt sich immer machen. Denn wenn er sich nicht machen ließe, so läge gar keine in sich zusammenhängende Situation vor, die ja nichts anderes ist als ein mehr oder weniger kompliziertes Relationsgefüge, in dem jedes Element mit jedem anderen in einer irgendwie vermittelten Beziehung steht. Und eben deshalb bin ich auch grundsätzlich frei, welche Elemente ich als durch diese Situation miteinander in Beziehung stehend betrachte: denn welche ich dafür auch wähle, so kann ich stets für diese eine Verkettung angeben, die sie miteinander in Beziehung setzt und in die sämtliche primitiven Relationen eingehen, die in der ursprünglichen Beschreibung auftreten.

Nun stehen solche Situationsbeschreibungen – meist mehr angedeutet als ausgeführt – zwar am Anfang, sei es sozialwissenschaftlicher, sei es wirtschaftswissenschaftlicher Theorienbildung, aber was als das eigentliche Thema solcher Theorien anzusehen ist, sind die Veränderungen, die diese Situationen unter gewissen Aspekten erleiden: also die Übergänge zu irgendwie gewandelten neuen Situationen. Es ist sinnvoll, den Begriff der Handlung so zu präzisieren und zu verallgemeinern, daß er genau den Übergang von einer Situation zu einer anderen Situation bezeichnet. Auch die Beschreibung der neuen Situation, die sich als Resultat einer Handlung ergibt, impliziert wieder Verkettungen von Relationen, unter denen den Theoretiker wiederum eine gewisse interessiert: man kann sie auffassen als eine Abbildung der ursprünglichen Situation, wenn man die Maximen der beteiligten Personen als eine Transformation betrachtet, die aus der sich als Verkettung darstellenden, in der ursprünglichen Situation enthaltenen Relation eine neue macht. Die Gleichungs- oder Ungleichungssysteme in der mathematischen Ökonomie sind von der Art, daß sie die durch die Maximen definierte Abbildung eindeutig festlegen. Wenn man nämlich bei der wissenschaftstheoretischen Analyse der mathematischen Ökonomie die vorausgesetzten Maximen der beteiligten Personen zu einer Transformation zusammenfaßt, so erhält man die funktionalen Ausdrücke, die in den Gleichungssystemen auftreten, und das Gleichungssystem

zwischen A und B. Vgl. hierzu und zum Folgenden meine Abhandlung »Handlung, Maxime und Situation«, in diesem Band S. 405 ff.

selber gibt die Bedingungen an, unter denen die Maximen eine Transformation ergeben.[3]

Wie man sieht, ist dieser Handlungsbegriff außerordentlich weit, doch gibt er nur diejenige Struktur wieder, die auch die Handlung des einzelnen hat, wenn er sich aus Brettern und Nägeln eine Kiste zimmert. Aber er nimmt die Handlung gleich als ein soziales Phänomen, wenn ich einmal so sagen darf. Solange man das Handeln unter psychologischen oder psychologisierenden Gesichtspunkten betrachtet, ist es wohl berechtigt, das Individuum in den Mittelpunkt zu stellen. Für die Wirtschaftswissenschaften wie für die Sozialwissenschaften überhaupt wäre eine Betrachtungsweise, die den sozialen Prozeß oder wie man das nennen will aus den Einzelhandlungen zusammenstückt, sehr unnatürlich. Viel zwangloser und dem faktischen Vorgehen dieser Wissenschaften angemessener erscheint eine Auffassung, die die Handlung von vornherein als einen sozialen Vorgang ansieht und die individuelle Handlung, soweit sie sich überhaupt sinnvoll ausgrenzen läßt, als den Grenzfall, in dem die Anzahl der beteiligten Personen gleich eins ist.

Ich möchte diesen Handlungsbegriff nun benutzen, um einige in der modernen ökonomischen Theorie benutzten Begriffe von ihm aus zu erläutern, und zwar die Begriffspaare »stationär–evolutorisch« und »Statik–Dynamik«. Was das erstere Begriffspaar anlangt, so bietet seine Deutung keinerlei Schwierigkeiten. Als stationär wird man nämlich den Grenzfall bezeichnen, in dem die Handlung sich darstellt als ein Abbilden der Situation in sich selbst oder genauer einer gewissen von der Situation implizierten Relation in sich selbst. Zusätzlich müssen wir für die stationären ökonomischen Systeme fordern, daß sich durch die Abbildung die Werte der Variablen nicht ändern. Dieser Zusatz wird nötig durch die Eigentümlichkeit des Ansatzes dieser ökonomischen Theorien, die Variable in Relation zueinander setzen, für die Wertverläufe definiert sind. Das stationäre System erscheint damit als Grenzfall des evolutorischen. Eine Handlung ist im allgemeinen Falle evolutorisch, im speziellen kann sie stationär sein.

Während sich das Begriffspaar »stationär–evolutorisch« auf die

3 Vgl. meine Abhandlung »Über einige Systeme von Produktionsgleichungen«, in: *Zeitschr. f. d. ges. Staatswiss.*, Bd. 118 (1962), S. 412 ff.; in diesem Band S. 423 ff.

betrachteten Systeme bezieht, also auf die Handlungen selbst, bezieht sich das Begriffspaar »Statik–Dynamik« auf die Theorien über solche Systeme über Handlungen. Was unsere Theorien zu zeigen haben, sind Folgen von Handlungen, also Folgen von Abbildungen von Situationen, insbesondere gewisser von ihnen implizierter Relationen aufeinander. Sie haben die Transformationen zu beschreiben, die diese Abbildungen leisten. Die Transformationen ergeben sich aus den Maximen der Beteiligten, mithin aus deren Verhalten, und woran sich nun dieses Verhalten orientiert, aus welchen und worauf bezüglichen Erwartungen die Maximen resultieren, über alles dies können wir beliebige Annahmen machen, wenn wir lediglich Modelle bauen wollen, oder müssen wir uns an der Erfahrung orientieren, wenn wir wünschen, daß unsere Modelle eine gewisse Anwendung haben. Aber wie dem auch sei, so muß jede Theorie über eine Handlung irgendwelche Annahmen über die Transformation machen, die von einer Situation zu einer andern führt, und indem sie das tut, erklärt sie in der Tat, wie eine Situation aus der vorhergehenden entsteht. Es ist sinnvoll, eine solche Theorie mit Frisch eine dynamische zu nennen, und insofern ist die dynamische Theorie durchaus der allgemeine Fall. Freilich kann man nun im Grenzfall die Variablen, die erklärt werden sollen, ausschließlich abhängig sein lassen von Daten, die sich auf den gleichen Zeitpunkt oder das gleiche Zeitintervall beziehen, wie es die sogenannte statische Theorie tut. Ob eine solche statische Theorie hinreichend ist, kann selbstverständlich nur die Erfahrung entscheiden.
Es ist eine etwas mißliche Sache, sich in die Bemühungen um eine zureichende Bestimmung dessen, was unter einer dynamischen Theorie verstanden werden soll, einzumischen. Man geht dabei in der Regel von gewissen Vorstellungen darüber aus, was man statisch nennen will, und versucht dann das nicht unter den Begriff der Statik Fallende als Dynamik näher zu charakterisieren – ein Verfahren, das wohl zwangsläufig in Schwierigkeiten führt, sofern ein zunächst negativ abgegrenztes Feld von möglichen Theorien nicht durchweg auch allgemein positiv charakterisierbar zu sein braucht. Gehen wir hingegen davon aus, daß es sich um Theorien über eine gewisse Klasse von Handlungen handelt in dem hier entwickelten sehr allgemeinen Sinne, so bietet sich die Auffassung, die statischen Theorien als spezielle Fälle der dynamischen zu nehmen, von selber an.

Nun verknüpft man die Frage der Unterscheidung zwischen statischen und dynamischen Theorien mit der nach einer kausalen Erklärung sozialer Vorgänge und meint, daß im Rahmen einer dynamischen Theorie eine Kausalanalyse möglich sei. Dadurch erhält diese Frage allerdings ein erhebliches Gewicht. Aber was heißt hier »Kausalanalyse«? Wir nennen einen Zustand kausal determiniert durch einen voraufgehenden Zustand, wenn es ein Gesetz oder eine Klasse von Gesetzen gibt, wonach die Zustandswerte des späteren Zustandes auf Grund der bekannten Zustandswerte des früheren abgeleitet werden können. Die Physik kennt solche Gesetzlichkeiten, und es ist nicht zu leugnen, daß gerade nach der hier entwickelten Auffassung der wirtschafts- und sozialwissenschaftlichen Theorien eine gewisse Analogie der letzteren mit den physikalischen Theorien besteht. Denn wir werden die physikalischen Zustände mit den sozialen Situationen in Analogie setzen dürfen. Fragen wir aber nach dem Analogon zu den physikalischen Gesetzen auf der Seite der Wirtschafts- und Sozialwissenschaften, so kann die Antwort nur die sein, daß wir dieses Analogon in den Transformationen zu suchen haben, also in der jeweiligen Resultante der Maximen der Beteiligten.

Auch wenn die empirische Betrachtung ergeben sollte, daß gewissen Maximen oder auch Transformationen eine bemerkenswerte Konstanz zukommt, so wird man sie doch nicht mit den Naturgesetzen identifizieren wollen, sondern sich bewußt bleiben, daß man von Wirtschafts- und sozialen »Gesetzen« nur in analogischem Sinne sprechen kann. Es ist einigermaßen Geschmackssache, ob man unter diesen Umständen das Wort »kausal« noch benutzen will; aber wie man darüber auch entscheiden mag, so trägt es jedenfalls kein neues Moment in die Betrachtung hinein.

Freilich könnte man die Frage stellen (oder durch den Ausdruck »kausal« dazu versucht sein), was denn die beteiligten Personen veranlasse, in gewissen Situationen sich zu gewissen Maximen des Handelns zu entscheiden. Aber diese Frage läßt sich im Rahmen dieser Art Theorien weder stellen noch mit den Ausdrucksmitteln einer solchen Theorie beantworten. Maxime bedeutet hier nur soviel, wie daß sich gewisse Personen in gewissen Situationen in gewisser Weise verhalten. Ob sie das nun tun aus den unergründlichen Tiefen ihres Seelenlebens heraus oder auf Grund vernünftiger Überlegung oder auf Grund einer »Seelenmassage« durch Wirtschafts- oder Familienminister, durch Kanzler oder Erzbi-

schof, läßt sich in einer solchen Theorie nicht ausdrücken, sondern nur mit den Ausdrucksmitteln der Psychologie. Durch die Vieldeutigkeit der Wörter »Situation« und »Handlung« wird hier leicht Verwirrung hervorgerufen. Denn wenn man die vernünftige Überlegung oder die Seelenmassage eine »Handlung« nennen will, so eben nicht »Handlung« in dem hier verwendeten Sinne, da durch diese nicht eine Situation in unserem Sinne verändert wird, sondern eine Transformation.
Damit ist eine Interpretation der Transformationen bzw. der Maximen abgewehrt, die immer gegen – sei es sozialwissenschaftliche, sei es wirtschaftswissenschaftliche – Theorienbildung von sich auf den Feldern der Soziologie und der Wissenschaft von der Politik tummelnden Irrationalisten vorgebracht wird, daß nämlich eine solche Theorienbildung nur zulässig sei in bezug auf zweckrationales Verhalten, nicht aber in bezug auf ein Verhalten oder Handeln, das von diesem verschieden ist. Es ist jedoch nicht so, daß wir über eine Definition von zweckrationalem oder rationalem Handeln verfügten, so daß wir über dieser Definition eine Theorie solchen Handelns aufbauen könnten, und auf der anderen Seite ist es nicht so, daß wir nicht über einem Handeln, das aus irgendwelchen als irrational angesehenen Motiven heraus erfolgt, ein theoretisches Modell aufbauen könnten. Wir können das Verhalten von Menschen in gewissen Situationen rein behavioristisch beschreiben, und das bedeutet, daß wir die Transformationen und die Maximen, aus denen diese resultieren, für eine das Verhalten oder das Handeln steuernde Gesetzlichkeit ansehen. Es scheint mir wesentlich zu sein zu erkennen, daß die Transformationen gegen ihre Deutung indifferent sind, was nicht ausschließt, daß in bestimmten Fällen eine »rationale« Deutung, in anderen wieder eine »irrationale« Deutung sie im Hinblick auf eine mögliche Anwendung interessant macht oder überhaupt als »natürlich« erscheint. Wir gehen von irgendwelchen konkreten Vorstellungen über die Art der Maximen und Transformationen aus, wenn wir theoretische Handlungsmodelle entwickeln; wir wollen nicht ins Leere hinein bauen, nur weil das, was sich nie und nirgends begeben hat, auch nie veraltet. Ich möchte nur mit einem gewissen Nachdrucke darauf insistieren, daß die Konzeption einer Theorie des Handelns, die ich hier angedeutet habe, nicht als auf Theorien sogenannten rationalen Handelns beschränkt gedacht zu werden braucht.

Das ist das eine. Ein anderes, was ich in diesem Zusammenhange hervorheben möchte, ist der Umstand, daß sich diese Handlungstheorie nicht in einem geschlossenen, deduktiv-axiomatischen System entwickeln läßt. Oder vorsichtiger gesagt: ich kenne keinen Grund, der dafür spricht, daß dies möglich wäre. Das bedeutet rebus sic stantibus: die Theorie läßt sich nur entwickeln in der Form von Modellen, wie die Wirtschaftstheorie sich auszudrükken pflegt – zum Kummer des Wissenschaftstheoretikers, der unter Modell eine Interpretation eines Formalismus versteht, so daß die Formeln in wahre Aussagen übergehen. Die Modelle im Sinne der Wirtschaftstheorie oder allgemeiner der Handlungstheorie lassen sich charakterisieren als eine bestimmte Art von Gestalten, als Wirkungssysteme, wie Grelling und Oppenheim sie prägnant bezeichnet haben. Es mag zweifelhaft sein, ob sich für alle Modellbildungen, die auf diesem Felde denkbar sind, auch stets eine Determinationsrelation definieren läßt, wie der Begriff des Wirkungssystems das voraussetzt, ob nicht auch Modelle anderer Art, sei es im Sinne abstufbarer Typen, sei es im Sinne des ursprünglichen Gestaltbegriffes von Ehrenfels zuzulassen sind: die Entscheidung darüber liegt dem Handlungstheoretiker ob, der seine Modelle nach seinen Bedürfnissen aufbauen wird.[4] Die größte Vielfalt an Modellen nun einmal vorausgesetzt, braucht diese jedoch den Aufbau einer allgemeinen Theorie der Handlungen nicht zu hindern. Was bedeutet hier aber allgemeine Theorie? Nun soviel, daß wir die Modelle ihrer konkreten Interpretation als inhaltlich irgendwie bestimmte Handlungen entkleiden. Wir behalten dann einen Formalismus übrig, den wir nur noch ganz abstrakt als Handlung interpretieren, aber nicht mehr als wirtschaftliche oder strategische oder politische Handlung oder als Poker oder dergleichen. In bezug auf die im Rahmen dieser allgemeinen Theorie auftretenden Systeme stellen die etwa in der Wirtschaftstheorie entwickelten Modelle dann in der Tat auch Modelle in dem Sinne dar, in dem man in der Logik und Mathematik von Modellen spricht, nämlich Interpretationen, die Formeln eines Systems der allgemeinen Theorie in Aussagen der Wirtschaftstheorie überführen. Dabei braucht es keineswegs so

4 Vgl. meine Abhandlung »Zur Logik der Ordnungsbegriffe«, in: *Studium Generale,* 5/4 (1952), S. 205 ff.; in *Schriften 3* (stw 924), S. 339 ff.; auch in: *Theorie und Realität,* hg. von H. Albert, Tübingen 1964, S. 209 ff.

zu sein, daß jedes allgemeine System nur ein Modell hat, ganz im Gegenteil.

Es ist für unsern Zusammenhang nur von Interesse, daß eine solche allgemeine Theorie der Handlungen möglich ist, während wir die Frage, ob sich auf dieser allgemeinen Ebene hinreichend interessante Probleme stellen, links liegenlassen können. Ehe wir aber die nunmehr fälligen Konsequenzen für unser Thema: »Die Einheit der Sozialwissenschaft« ziehen, müssen wir noch eine Präzisierung dessen, was wir unter Handlung im Sinne der allgemeinen Theorie verstehen wollen, anbringen. Wir wollen nämlich fordern, daß die Transformationen durchweg als Resultanten aus Maximen von Personen aufgefaßt werden. Das bedeutet eine gewisse Einengung, von der man sich bei anderer wissenschaftlicher Zielsetzung freimachen kann, etwa bei einer Theorie der Technik oder des physikalischen Experimentes, die aber in unserem Zusammenhange sinnvoll ist. In der allgemeinen Theorie der Handlung in diesem etwas engeren Sinne haben wir nun aber die Bezugsbasis, in bezug auf die wir von einer Einheit der Sozialwissenschaft zu sprechen berechtigt sind.

Wir könnten jetzt, wenn wir wollen, definieren, was wir unter einer Sozialwissenschaft oder genauer: unter einer sozialwissenschaftlichen Theorie verstehen, und diese Definition würde dann besagen, daß eine sozialwissenschaftliche Theorie als Interpretation eines Teilbereiches der allgemeinen Theorie der Handlungen aufgefaßt werden kann. Dann könnten wir uns daranmachen, die vorhandenen Theorien daraufhin durchzusehen, ob sie sich unter diesen Begriff subsumieren lassen oder nicht – ein sicherlich nützliches und auch ein wenig langweiliges Geschäft, das interessant gerade dann wird, wenn es sich nicht anstandslos abwickeln läßt.

Bevor ich darauf zu sprechen komme, wo gewisse Schwierigkeiten auftreten, möchte ich in Ergänzung von bereits Gesagtem noch einmal den Punkt herausstellen, wo man solche Schwierigkeiten nicht suchen darf. Wie ich schon ausgeführt hatte, impliziert eine hinreichend vollständige Situationsbeschreibung gewisse Verkettungen von Relationen, und diese Verkettungen ihrerseits stellen die Beziehungen dar, deren Bilder durch die Transformationen erzeugt werden. Dabei hängt die Wahl der Verkettung von der Fragestellung ab, mit der man an die Situation herantritt: In der Situation steht jedes Element mit jedem anderen Element in einer durch die Situation bedingten Relation, was immer diese Elemente sein mögen, Personen oder Sachen, und man kann ebenso bei der Beziehung ansetzen, in der die Personen in dieser Situation zueinander stehen, wie bei der, in der die Sachen zueinander stehen. Statt der Personen können auch Klassen von Personen auftreten, statt der Sachen Mengen von solchen oder gewisse Größen, die für sie erklärt sind, etwa Preise usf. Es hängt von den in Ansatz gebrachten Transformationen ab, welche unter den implizierten Verkettungen theoretisch interessant werden können; so ändert sich in den herkömmlichen Modellen der ökonomischen Theorie in der Regel in bezug auf die Relation der Personen zueinander nichts. Es darf auch nicht außer acht gelassen werden, daß entsprechend der Fragestellung die Situation von vornherein mehr oder weniger abstrakt beschrieben wird, so daß entsprechend der Fragestellung die Beschreibung geändert werden muß. Man kann etwa modellmäßig Fluktuationen der Bevölkerung im Rahmen einer konjunkturellen Entwicklung betrachten, und ein solches Modell wäre ein Wirkungssystem. Ungeachtet dessen kann es eine Beschreibung dieser Situationsfolge geben, die in bezug auf alle stattfindenden Transpositionen invariant bleibt, das heißt, es läge insofern eine Gestalt im ursprünglichen Sinne vor. Auch diese Invarianten sind für die Sozialwissenschaft von erheblicher Bedeutung, so sind etwa die Gebilde im Sinne der Wieseschen *Soziologie* von dieser Art. Aber auch sie fallen unter den Begriff der Handlung in dem hier entwickelten Sinne, da sie bedeuten, daß die Transformationen die Eigenschaft haben, eine bestimmte von der Ausgangssituation implizierte Relation in sich selbst abzubilden.

Es wäre nun reizvoll zu zeigen, wie die Normierung der Handlungen durch eine Rechtsordnung für diese Invarianten von großer und leicht einsichtiger Bedeutung ist und das gerade vermöge des Umstandes, daß sich die Rechtsinstitute selber unter gewissen Voraussetzungen über dem hier benutzten Handlungsbegriff definieren lassen. Allein ich deute diese Möglichkeit nur eben an und wende mich den Schwierigkeiten zu, von denen ich vorhin sprach. So weit das Feld der sozialwissenschaftlichen Theorienbildung auch gefaßt ist, so hat es doch offenbar eine entschiedene Grenze da, wo Psychologisches ins Spiel kommt.

Das Verhältnis von Sozialwissenschaft und Psychologie ist eine einigermaßen peinvolle Angelegenheit, sowie man aus einer psychologisierenden Sozialwissenschaft oder soziologisierenden Psychologie zu einer kritischen Reflexion über das Verhältnis beider fortschreitet. Es bereitet schon einiges Unbehagen, von dem Verhältnis zwischen der Psychologie und der Soziologie zu sprechen, um auf der Seite der Sozialwissenschaften hier gleich die relevanteste als Pars pro toto zu setzen. Denn was die Soziologie sei, ist nicht so leicht zu sagen, wenn man nicht auf eines Meisters Fahne schwört oder sich selbst den Meistern zuzählt, und in der Psychologie sind die Brücken, die Gestaltpsychologie, verstehende Psychologie und Tiefenpsychologie untereinander verbinden, sicherlich keine Bauwerke, die man ohne Lebensgefahr betreten kann. Aber es mag genügen, uns diese etwas ärgerliche Problematik ins Bewußtsein gerufen zu haben, um vorerst zu tun, als wäre in dieser Hinsicht wenigstens alles in bester Ordnung, und nachdem wir hinsichtlich der Sozialwissenschaft und folglich auch einer in ihren Rahmen fallenden Soziologie festen Boden gewonnen haben, auch zu unterstellen, daß die Psychologie eine ebenso feste und einheitliche Größe sei.

Wenn wir von der Sozialwissenschaft herkommend etwas über deren Verhältnis zur Psychologie ausmachen wollen, so ist der Ansatzpunkt dafür recht eindeutig gegeben: es sind die Transformationen bzw. die Maximen, deren Resultate die Transformationen sind. Wir müssen dann unterscheiden zwischen den Maximen und den Motivationen, die im Einzelfalle zu ihnen führen. Von ihnen sind für die sozialwissenschaftliche Theorie immer nur die Maximen relevant. Nehmen wir irgendein sozialwissenschaftliches Modell und unterstellen wir, daß es uns erlaubt, einen historischen Vorgang in guter Annäherung zu erklären. Dann sagt dieses Modell etwas darüber aus, welchen Normen das Verhalten gewisser Personen oder Klassen von Personen effektiv folgte, aber es sagt uns nichts darüber, aus welchen Motiven sich diese Personen oder Klassen von Personen gerade so und nicht anders verhalten haben. Wir können auch etwa zeigen, daß, wenn eine Person lediglich ein begrenztes Ziel zu realisieren strebt, ihr über dieses hinaus ein ganz bestimmtes Verhalten dadurch diktiert ist, daß andere Personen gewisse Verhaltensnormen befolgen, oder daß eine gewisse Wahrscheinlichkeit dafür besteht, daß das der Fall ist. Ich möchte damit nur andeuten, daß das Verhalten in solchen Situationen und unter der Erwartung eines bestimmten Verhaltens der anderen nicht völlig frei ist, daß Anpassungen erzwungen werden und durchaus noch modellmäßig erklärbar sind. Die Personen sind nur Träger von Maximen, oder wie man mit Parsons sagen kann: von Rollen. Eine Rolle ist nichts anderes als eine Klasse von Maximen.

Aber mit all dem sind wir der Psychologie um keinen Schritt nähergekommen. Psychologische Begriffe tauchen noch gar nicht auf, und wenn man genau zusieht, können sie im Rahmen einer sozialwissenschaftlichen Theorie gar nicht auftauchen. Sicherlich kann man beim Aufbau eines sozialwissenschaftlichen Modells davon ausgehen, daß die Personen gewisse seelische Eigenschaften haben sollen, oder wie man so schön zu sagen pflegt, eine bestimmte Psychologie haben. In das Modell selber gehen diese Eigenschaften nur ein als Maximen, sie normieren das Verhalten, die Antwort der Personen auf gewisse Situationen. Genau mit diesem Übergang aber hat man sich bereits von diesen psychologischen Voraussetzungen befreit, weil die Maxime, weil die Rolle grundsätzlich in bezug auf ihre Motivation vieldeutig ist.

Auf der anderen Seite kann die Psychologie selbstverständlich soziale Strukturen in legitimer Weise in ihre Betrachtung einbeziehen, sie kann und soll untersuchen, wie ein Individuum dazu kommt, sich mit seiner sozialen Rolle zu identifizieren, oder was die Diskrepanz zwischen individueller seelischer Konstitution und aufgenötigter oder frei ergriffener sozialer Rolle für es bedeutet, was die Folgen davon sind und so fort. Aber die sozialwissenschaftlichen Termini haben als solche gar keinen psychologischen Erklärungswert, sie müssen durch Termini der psychologischen Theorie ersetzt werden. Ich sage nicht, daß sie für eine verstehende Psychologie nicht von bedeutendem Nutzen sein können, aber »verstehend« bedeutet hier schließlich neben seiner positiven Bedeutung, die in keiner Weise angetastet werden soll, doch auch in negativer Hinsicht, daß man über eine operale psychologische Theorie nicht oder noch nicht verfügt. Die Meinung von Parsons, daß sich die gleichen, sei es sozialwissenschaftlichen, sei es psychologischen Begriffe auf beiden Ebenen, der der sozialwissenschaftlichen und der der psychologischen Theorie verwenden lassen, kann ich nicht beipflichten, und am wenigsten möchte ich der Zukunftsmusik Gehör schenken, die von der fortschreitenden Klärung der logischen Struktur dieser Begriffe eine völlig adäquate dynamische Theorie der menschlichen Motivationen erwartet, die dann bruchlos sich in die sozialwissenschaftliche Theorie fortsetzt.[5]

Etwas anders nimmt sich das Verhältnis von Psychologie und Sozialwissenschaft aus, wenn man auf die Untersuchung des konkreten historischen Falles abhebt. Es kommt hier ganz auf die Fragestellung an, mit der man an das Material herantritt, und die Wahl der Fragestellung ist ihrerseits nicht vom Material unabhängig. Es wäre ganz sinnlos, hier Verbotstafeln aufrichten zu wollen, wenn natürlich auch der empirischen Forschung ein Bewußtsein der Art und möglichen Reichweite der von ihr benutzten theoretischen Begriffe nicht abträglich ist. So unbestreitbar die Wichtigkeit der psychologischen Aufklärung der Motivationen ist, die zu bestimmten Haltungen und Reaktionsweisen führen, so wenig soll auch der Fragestellung das Recht bestritten werden, die der Bedeutung der Situationen und Handlungsverläufe für die Motivbildungen der an ihnen teilnehmenden Personen nachfragt, oder schlichter ausgedrückt, einer Untersuchung der Bedeutung des Gesellschaftlichen für das Bewußtsein und das Verhalten der Individuen. All das hat sein Recht, sein sehr gutes und unbestreitbares Recht, kann uns aber nicht an der Feststellung hindern, daß die sozialwissenschaftliche Theorienbildung es mit Handlungsstrukturen zu tun hat und eben dadurch gegen alle psychologische Theorienbildung, auch gegen psychologische Handlungstheorien, die ja stets Theorien von Verhaltensmotivationen sein werden, wohl abgegrenzt werden kann und auch abgegrenzt werden muß, wenn wir nicht theoretische Einsicht gegen ein unklares Gemenge eintauschen wollen, das weder den Namen einer sozialwissenschaftlichen noch den einer psychologischen, ja überhaupt nicht den Namen einer Theorie verdient.

Mir scheint, daß durch diese Scheidung die Sozialwissenschaft nichts verliert, was sie effektiv besessen hätte. Aber sie gewinnt, wenn man sie als theoretische Wissenschaft über den Handlungsstrukturen definiert, doch auch etwas dazu, ein geklärteres und innigeres Verhältnis zu den normativen Nachbardisziplinen der Rechtswissenschaft, Rechtsphilosophie und Ethik. Das sei nun wenigstens noch in kurzen Zügen angedeutet. Ich möchte dabei die Rechtsphilosophie voranstellen, weil sie sich, ähnlich der

5 Vgl. Th. W. Adorno, »Zum Verhältnis von Soziologie und Psychologie«, in: *Frankfurter Beiträge zur Soziologie*, Bd. 1 (1955), S. 11 ff.

theoretischen Sozialwissenschaft, allgemein mit Handlungsstrukturen beschäftigt, oder genauer mit Systemen von solchen Strukturen, nur unter einem bestimmten, normativen Gesichtspunkt, dem der Verträglichkeit.

Was eine solche Rechtstheorie mit der sozialwissenschaftlichen Theorie verbindet, ist der Umstand, daß hier wie dort der gleiche strukturelle Handlungsbegriff zugrunde liegt. Während aber die sozialwissenschaftlichen Theorien sich für Handlungsverläufe interessieren, interessiert sich die Rechtstheorie für die strukturellen Bedingungen, unter denen ganz allgemein Handlungen als miteinander verträglich gedacht werden können. Rechtsordnungen haben bekanntlich den Sinn, Handlungen zuzulassen oder auszuschließen, so daß, wenn zwei Menschen etwas tun wollen, was nicht beides getan werden kann, die Frage entscheidbar ist, wer handeln darf und wer nicht. Es lassen sich nun gewisse Postulate – es sind nur zwei an der Zahl – aufstellen, durch die man erreicht, daß diese Frage theoretisch in jedem Fall entscheidbar ist. Damit erhält man dann gewisse typische Handlungsverläufe oder Handlungsketten, die, wenn man sie in der Sprache unserer Rechtswissenschaft interpretiert, nichts anderes darstellen als strukturelle Beschreibungen der wohlbekannten Institute des Privatrechts, und man sieht sehr schön, wie die konkreten Privatrechtsordnungen diese Strukturen nur in der einen oder anderen Weise näher ausgestalten.

Ich breche hier ab, weil es genug sein muß anzudeuten, wie es eben der gleiche strukturelle Handlungsbegriff ist, der für die theoretische Sozialwissenschaft wie für die Rechtstheorie und damit für die Rechtswissenschaft relevant ist und über die Rechtstheorie eben auch für die Ethik, wenn man zugibt, daß es für die Maxime des sittlich Handelnden notwendig und hinreichend ist, daß sie als Prinzip einer allgemeinen Gesetzgebung tauglich sei. Diese Qualität hat sie jedenfalls dann, wenn die Handlungen, die sie hervorruft, den strukturellen Erfordernissen der Rechtstheorie entsprechen, und es läßt sich zeigen, daß sie sie auch nur dann hat.[6] Damit bin ich am Ende dessen, was zu sagen ich mir vorgenommen habe. Mein Thema war die Einheit der Sozialwissenschaft, und ich habe mich bemüht zu zeigen, daß von einer Ein-

6 Vgl. hierzu oben, S. 33 ff., »Das Problem des Rechts und die Ethik« und »Grundlegung zu einer Strukturtheorie des Rechts«, S. 77 ff.

heit jedenfalls in bezug auf die theoretischen Sozialwissenschaften in einem wohl definierten Sinne gesprochen werden kann und so, wie ich mich wenigstens anzudeuten bemüht habe, daß wenn gewissermaßen die theoretischen Sozialwissenschaften Variationen über Handlungsstrukturen in bezug auf ihren Ablauf sind, die Rechtstheorie sowie Rechtswissenschaften und Ethik Variationen über die gleichen Strukturen in bezug auf ihre Verträglichkeit darstellen. Solche Definitionen sind in gewissem Sinne immer Fragen der Zweckmäßigkeit, und wie es nun mit der Nützlichkeit der hier vorgelegten Definition auch stehen mag, so wollen wir uns zum Schlusse daran erinnern, daß ihr Nutzen nur darin gesucht werden kann, daß sie uns hilft, Wahrheiten zu finden, die wir wohl sonst nicht so leicht gefunden hätten.

(1956)

Stein, Schmoller, Weber und die Einheit der Sozialwissenschaft

Max Weber ist unter den Soziologen nicht nur Deutschlands eine singuläre, ja einsame Gestalt. Schule zwar hat er nicht gemacht, aber es ist eine mannigfache Wirkung von ihm ausgegangen und er hat seinem Fach Diskussionsstoff bis auf den heutigen Tag geboten. Werturteilsfreiheit, Idealtypus, Verantwortungsethik – das sind Fach- wie Schlagwörter, die nimmermüde weitergegeben werden. Die Soziologie in den Vereinigten Staaten von Nordamerika erlebt seit Jahren eine Weber-Renaissance als Antwort auf ein allzu eifriges Waten im so seichten wie uferlosen Meere sogenannter sozialer Fakten, und mit dem cultural lag, mit dem die deutsche Soziologie in Statistik und Interview einstieg, wird jene Renaissance auch uns erreichen: das Jubiläum mag als Eröffnung dienen. Trotzdem sollte ein Wermutstropfen den Wein der Begeisterung bitter machen; denn Max Weber der Soziologe, Max Weber der Wissenschaftstheoretiker hat nun einmal am Ende einer Entwicklung gestanden, wenn man die Geschichte der Sozialwissenschaft betrachtet. Daß er überaus anregend oder auch bahnbrechend als Historiker gewesen, ist eine Sache, die auf einem anderen Blatte steht. Nur daß die Blätter allzu gern, allzu unbesonnen verwechselt werden.

Die Stellung Max Webers in der Geschichte der Soziologie zu bestimmen, hat für die Historiker der Soziologie stets eine gewisse Verlegenheit bedeutet. Max Webers Werk gehört nur sehr bedingt in die Geschichte dieser Disziplin hinein. Nicht daß seine so umfassenden Interessen es verbieten, ihn auf ein einziges Fach festzulegen, daß sie ihn auch zum Verfasser rechtsgeschichtlicher, wirtschaftsgeschichtlicher, wissenschaftstheoretischer und politischer Arbeiten von Rang gemacht haben.

Man darf alle diese Arbeiten nicht beiseite lassen, wenn man Weber als Soziologen betrachten will; der Schlüssel zu so manchem, was ihm seinen Ruhm als Soziologe und als Wissenschaftstheoretiker eingebracht hat, liegt in seinen frühen rechtsgeschichtlichen Arbeiten. Seinem Studium nach war Weber Jurist, er ist Referendar gewesen, hat in der Jurisprudenz promoviert und sein Assessorexamen gemacht. Seine Dissertation ist ein Beitrag zur Geschichte der

Handelsgesellschaften im Mittelalter, hervorgegangen aus einer Seminararbeit bei Levin Goldschmidt. Dieser Name, heute nur der engeren Fachwelt bekannt, muß besonders hervorgehoben werden, denn Goldschmidt darf vor anderen als der Schöpfer des modernen deutschen Handelsrechtes gelten. Die kodifikatorische Leistung des Handelsgesetzbuches steht im Schatten der großen Kodifikation des Bürgerlichen Gesetzbuches, das 1900 in Kraft trat. Aber die rechtsschöpferische Leistung war beim Handelsgesetzbuch eher die größere: es ist eigenständiger gegenüber dem römischen Recht, die Ausgestaltung seiner Institute ist mehr dem Wirtschaftsleben, den Erfordernissen des Verkehrs abgelauscht. Goldschmidt selber sprach wohl vom jus aequum, vom billigen Recht, das der Fall in sich selber trage. Man muß Goldschmidts große Leistung für das deutsche Handelsrecht auf dem Hintergrunde dessen sehen, was vorher da war, auf dem Hintergrunde des Pandektenrechts, das sich seine Konstruktionsmittel aus dem überkommenen römischen Recht zusammenborgte und zusammenbog, aus einem Rechte, das auf ganz andere Verhältnisse abstellte, als es die des aufstrebenden Industriestaates des neunzehnten Jahrhunderts waren. Levin Goldschmidts Universalgeschichte des Handelsrechts zeichnete sich dadurch aus, daß sie die Wandlungen des Rechts aus den Wandlungen der Lebensverhältnisse begriff, und auch Max Weber hebt in seiner Jugendarbeit zur Geschichte der Handelsgesellschaften im Mittelalter immer wieder auf das soziale Substrat der rechtlichen Institutionen ab.

Max Webers zweites Buch, mit dem er sich habilitierte, ist eine römische Agrargeschichte, auch sie steht noch durchaus in der rechtsgeschichtlichen Tradition, über ihr wurde er, wie er einmal sagt, zu einem Drittel Nationalökonom. Schon bald taucht die Möglichkeit einer Berufung auf einen Lehrstuhl für Nationalökonomie auf, in Freiburg, und nachdem sie sich zunächst wieder zerschlagen hatte, realisiert sie sich. Im Hin und Her der Berufung muß sich Weber entscheiden, ob er die Juristerei aufgeben will, bezeichnenderweise empfindet er sie bereits als »relativ öd«. Aber Nationalökonomie wird nie so recht Webers Beruf, obwohl er nun Ordinarius für dieses ›Fach‹ ist – sie liegt ihm als theoretische Disziplin im modernen Sinne fern; die Grenznutzenlehre der Wiener Schule streift er, aber die in der Rückschau großen und in der Theorie nach vorwärts weisenden Werke der Zeit lassen ihn, soweit man zu sehen vermag, kalt. Webers Herzen nahe lag hingegen, was man damals die soziale Frage nannte, und im weiteren Sinne überhaupt das Politische.

Man muß, wenn man Webers Ansätze recht verstehen will, die Situation ins Auge fassen, in der sich damals die deutsche Nationalökonomie befand. In ihr war nicht der Boden bereitet, auf dem sich die großen Fortschritte und neuen theoretischen Ansätze so ohne weiteres rezipieren ließen. Es seien nur ein paar dieser Werke aus der Zeit kurz vor Webers Übergang zur Nationalökonomie genannt: Eugen von Böhm-Bawerks Kapital und Kapitalzins von 1884 und 1888, die Untersuchungen über die Theorie des Preises von Auspitz und Lieben von 1888, Alfred Marshalls Principles von 1890 oder gar Irving Fishers Mathematische Untersuchungen zur Preistheorie von 1892. Alle diese Werke bedeuteten für die deutsche Nationalökonomie der Zeit keine Sensation und schon gar nicht einen Aufbruch zu neuen Zielen. Noch regierten die historischen Schulen die Stunde, die ältere unter Wilhelm Roscher, Karl Knies und Karl Hildebrandt, die jüngere unter Gustav Schmoller. Sogar das Wort »Theorie« war verpönt, man sagte Lehre oder dergleichen, um nicht Animositäten zu erwecken. Die theoretische Ökonomie war im 19. Jahrhundert in Deutschland glücklos gewesen. Hermann Gossens ein wenig skurrile Handlungslehre, die Entscheidendes vorwegnahm, war gar nicht erst bekannt geworden, erst der Engländer Jevons hat auf sie und ihre Bedeutung hingewiesen, nach Jahrzehnten. Der geniale Wurf Thünens war schnell wieder in Vergessenheit geraten, ein Systematiker vom Range Hermann von Mangoldts war allzufrüh gestorben.

Doch selbst auch die ältere historische Schule war über ihre Programme nicht hinausgekommen; Karl Knies' bedeutendes Buch über Geld und Kredit steht bezeichnenderweise außerhalb des programmatischen Zusammenhanges. Mit einigem Recht hat später Alexander Rüstow sagen können, daß das Ideal dieser älteren historischen Schule nur durch Friedrich Lists Nationales System der politischen Ökonomie und durch den wissenschaftlichen Teil des Werkes von Karl Marx erfüllt worden sei, so sehr, wie Rüstow meint, »die drei alten Männer, die für ihre Gründung verantwortlich zeichnen (eben Roscher, Knies und Hildebrandt), sich bei dieser Feststellung im Grabe herumdrehen würden«.[1]

1 Nach E. Salin, *Geschichte der Volkswirtschaftslehre*, 3. Aufl., Bern 1944, S. 166.

So verhältnismäßig trist der Anblick der ökonomischen Theorie um 1890 in Deutschland denn auch war, so lebendig war jedoch die wirtschaftsgeschichtliche Forschung auf der einen und die sozialpolitische Diskussion auf der anderen Seite. Für die Wirtschaftsgeschichte brauchen wir nur an Gelehrte wie A. Meitzen, dem Max Weber seine Römische Agrargeschichte widmete, wie Georg Friedrich Knapp, wie Eberhardt Gothein, nachmals Webers engerer Kollege in Heidelberg, wie Inama-Sternegg zu erinnern; die Reihe ließe sich verlängern. Für die sozialpolitische Diskussion dürfen wir uns darauf beziehen, daß es eben kein Zufall war, daß sich in den siebziger Jahren die führende Vereinigung der deutschen Nationalökonomen unter dem Namen eines Vereins für Socialpolitik etablierte. Sie hatte zudem einen gewissen theoretischen Hintergrund an der vergleichsweise in Deutschland lebendigen Disziplin der Finanzwissenschaft; in ihr steht der Name Adolph Wagners voran, des mit Gustav Schmoller zusammen führenden sogenannten Kathedersozialisten. Sozialpolitik ist, wie der Name sagt, Politik; in gewissem Ausmaß bot die Nationalökonomie in den gesellschaftlich starren, halb feudalen, nur halb konstitutionellen Verhältnissen des Kaiserreiches dem politisch interessierten und engagierten Bürger die Aufstiegschance, die ihm in der Politik selbst verwehrt war – und dieses politische Engagement deutscher Nationalökonomen, das Max Weber so durchaus teilte, macht eigentlich erst die Leidenschaftlichkeit verständlich, mit der er für den eigentlichen wissenschaftlichen Bezirk dann für Werturteilsenthaltung, Werturteilsfreiheit eingetreten ist.
Doch man kann und darf Webers geistige Herkunft nicht auf die Rechtswissenschaft und Rechtsgeschichte einerseits, die deutsche Nationalökonomie der Zeit andererseits reduzieren, man muß beides zusammensehen und kommt damit auf das, was man damals traditionellerweise als die Staatswissenschaften zu bezeichnen pflegte und Sozialwissenschaften zu nennen sich gewöhnte. Mit dem Titel Staatswissenschaften heben wir auf eine spezifisch deutsche Entwicklung ab, die abseits liegt von dem, was in Westeuropa in der Nachfolge Comtes, in der Nachfolge Spencers und bald eines Schwarmes von Amerikanern als Soziologie auftritt. Ebenso wie von der westlichen Soziologie, muß diese Staatswissenschaft auch von den romantisch-philosophischen Anfängen der deutschen Soziologie, etwa bei Ferdinand Tönnies, oder auch

vor den in romantischer Bürger- und Bauernseligkeit der Forschung des Volkes zugewandten Versuchen etwa eines Heinrich Riehl geschieden gehalten werden. Ihr liegt eine wissenschaftliche Konzeption zugrunde, der gegenüber all diese anderen Versuche und Bemühungen vergleichsweise harmlos anmuten. Max Weber muß in dieser Tradition der deutschen Staatswissenschaften gesehen werden, die er zu einem gewissen Abschluß gebracht hat, nicht ohne dabei der Geschichtsforschung mächtige Anregungen vermittelt und weitreichende Perspektiven aufgerissen zu haben.

Wir streifen nur eben Hegels Rechtsphilosophie mit der Bemerkung, daß sie zum Privatrecht ihrer Zeit auf Abstand hält, daß sie in der Tradition des Natur- und Vernunftrechts steht, nicht aber, wie die rechtsphilosophischen Systeme der Hegelianer wie Eduard Gans und Ferdinand Lassalle in der Tradition der Jurisprudenz selber. Der Staat, zur Wirklichkeit der sittlichen Idee erhoben, ist nun nicht mehr wie bei Kant auf seinen Zweck der Sicherung der Rechte aller hin konstruiert; diese Rechte selbst haben nicht mehr das systematische Interesse, das sie für Kant hatten und haben mußten. Diese Verschiebung des Blickpunktes ist überaus folgenreich: nicht mehr treten die rechtlichen Bedingungen des bürgerlichen Zustandes ins Licht als vielmehr dieser Zustand selbst in seinem konkreten Dasein als bürgerliche Gesellschaft nach System der Bedürfnisse, Rechtspflege und Polizei – in merkwürdiger Spiegelung der drei Gewalten Montesquieus, die ja Hegel so im inneren Staatsrecht nicht gelten läßt.

Hiermit bahnt sich nun eine Entwicklung an, die auf Jahrzehnte hinaus bestimmend wird; sie führt hin zu einem System der Staatswissenschaften, das öffentliches Recht umfaßt sowie die wirtschaftlichen und nichtwirtschaftlichen Wissenschaften von der bürgerlichen Gesellschaft, nicht aber die Privatrechtswissenschaft.

Diese neue Konzeption findet ihren bedeutendsten Niederschlag im Werke Lorenz von Steins. Der landläufige enzyklopädische Gebrauch des Wortes Staatswissenschaft, wie er sich um die Mitte des neunzehnten Jahrhunderts vor allem bei Robert von Mohl findet, stellt freilich auf das Wort »Staat« ab: in die Enzyklopädie der Staatswissenschaften werden eben diejenigen Wissenschaften einbezogen, die den Staat in irgendeiner Hinsicht zum Gegenstande haben: Staatslehre und Staatsgeschichte, Staatssittenlehre und Politik, öffentliches Recht und Verwaltungslehre, Finanzwissenschaft und Staatswirtschaftslehre, Polizeiwissenschaft, Kriegswissenschaft und Statistik. Wie man sieht, bleiben draußen die nicht speziell mit dem Staat befaßten wirtschaftlichen und soziologischen Wissenschaften einerseits, die Privatrechtswissenschaften andererseits. Diese enzyklopädische Staatswissenschaft war aus der sogenannten Kameralistik hervorgewachsen, ihre Zurückhaltung gegenüber der Ökonomie erklärt sich aus dieser Herkunft, durch die zugleich die Volkswirtschaftspolitik ihren Platz in der Polizeiwissenschaft fand. Hinter solcher Abgrenzung und Einengung von Disziplinen steht die besondere politisch-staatliche Entwicklung in Deutschland, stehen Bedürfnisse der fürstlichen Territorialstaaten, steht insonderheit auch bis weit ins 18. Jahrhundert hinein das Überwiegen des bevölkerungspolitischen Interesses in wirtschaftlich alles andere als blühenden, durch Kriege entvölkerten Landen.

Größe und Grenze von Steins Leistung werden nirgends deutlicher als in seiner Finanzwissenschaft.[2] Er führt auf der einen Seite sehr bewußt die deutsche Tradition fort, die aus dem 18. Jahrhundert von Seckendorff über Justi zu Rau führt und die auf eine Verselbständigung der Finanzwissenschaft oder allgemeiner: der Staatswirtschaftslehre drängte. Stein rühmt der deutschen Wissenschaft nach, der Finanzwissenschaft ihre Selbständigkeit wiedergegeben zu haben, nachdem sie in Frankreich und England durch Smith zu einem Teile der Nationalökonomie geworden war. Staatswirtschaftslehre und Finanzwissenschaft werden von Stein der Verwaltungslehre eingegliedert; für ihn stellen sie nicht »die Anwendung der Grundsätze der Nationalökonomie auf die Verwaltung in allen ihren Zweigen« dar, er verwirft den Grundsatz, »daß die Gesetze der Volkswirtschaft den Gesetzen über die Steuern zu Grunde liegen müssen«.[3]

Man sieht, wie fern Stein den heutigen Anschauungen steht; an der Einbeziehung der Finanzwissenschaft in die moderne theoretische Ökonomie ist nicht mehr zu rütteln. Trotzdem hatte Stein so unrecht nicht, wenn man auf den Zustand der ökonomischen Theorie zu seiner Zeit abstellt. Die Einbeziehung der Finanztheo-

2 L. v. Stein, *Lehrbuch der Finanzwissenschaft*, 2 Bde., 4. Aufl., Leipzig 1878.

3 L. v. Stein, a. a. O., Bd. 1, S. 36, 34.

rie in die allgemeine ökonomische Theorie läßt sich nicht mehr als Anwendung der Grundsätze der Nationalökonomie auf die Verwaltung charakterisieren, die Einheit steckt im Methodischen, im Marginalprinzip, sie steckt im Ausbau der Kreislauftheorie, der Geldtheorie und der Beschäftigungstheorie, der erst die Einbeziehung ermöglicht hat. Die Tendenz, die Finanzwissenschaft als in sich geschlossenes Gebiet gegenüber der ökonomischen Theorie zu behandeln, ist also so unverständlich nicht. Stein zieht nun dieses isolierte Gebilde in den Kreis einer Verwaltungslehre und nimmt die Finanzwissenschaft im vollen Umfange einer Staatswirtschaftslehre.

Diese Einbeziehung ist alles andere als bloß äußerlich. Nach Steins Überzeugung liegt es im Wesen des Güterlebens, und damit auch seiner individuellen Gestalt, der Wirtschaft, daß es in allen Punkten auf dem Maße beruht, welches allenthalben die Mäßigung des Einzelnen und die Ordnung des Ganzen erzeugt. Dem harten, unerbittlichen Gesetz aller wirklichen Arbeit, daß wir alle der Ordnung bedürfen und daher auch keiner des Maßes entbehren könne, vermag sich – nicht umsonst hat man Stein den ersten deutschen Philosophen der Arbeit genannt – keiner zu entziehen, auch der Staat nicht. Lorenz v. Stein drückt das wie folgt aus: »Das Maß jener materiellen Bedingungen legt sich zwar wie eine kalte Hand auf die Wärme der idealen Bewegungen der Staatsidee, aber es stellt sich auch zugleich wie ein fester Damm der rücksichtslosen Willkür einer positiven Staatsgewalt entgegen; außerhalb der Staatsidee liegend, durch eigene Kräfte besetzt und beherrscht, wird dieses Maß zum Maße für alles, was die Staatspersönlichkeit in Verfassung und Verwaltung wollen und tun mag, also auch für ihre finanziellen Forderungen ... Wollend oder nicht wollend muß der Staat anerkennen, daß das Maß seiner Entwicklung in dem Maße der wirtschaftlichen Bedingungen gegeben ist, welche er für jene verwenden kann. Und so ergibt sich die erste und allgemeinste Grundlage aller Staatswirtschaft, die große und unbewegliche Basis ihrer Geltung in Wissenschaft und Leben jedes Staates: was durch die Staatswirtschaft möglich ist, ist überhaupt möglich; was durch die Staatswirtschaft verweigert wird, ist überhaupt nicht möglich.«[4]

Es ist verständlich, daß sich Stein von solchem Ansatzpunkte her

4 Ebenda, S. 12.

weder mit einer rein ökonomischen Behandlung der Finanzwissenschaft noch auch mit einer rein juristischen Behandlung des öffentlichen Rechtes und in diesem Falle des Finanz- und Steuerrechtes begnügen konnte, sondern daß juristische und ökonomische Behandlung der Materie sich ihm aufs engste verbindet. Der starke Einschlag der juristischen Behandlung in der Finanzwissenschaft bei Stein hat die Vertreter dieser Disziplin immer wieder befremdet, wie andererseits der bald vordringende Positivismus in der Jurisprudenz bald wenig genug mehr mit Steins Art, die Verwaltungswissenschaft zu betreiben, anfangen konnte. Auf der andern Seite hat kaum einer wie Stein so früh und scharf die Unzulänglichkeit der rein juristischen Behandlung des Reichsstaatsrechtes durch Paul Laband gesehen: daß so dem Finanzrecht nicht gerecht zu werden sei. Rudolf Smends Integrationslehre hätte sich auf Stein berufen können: dieser hat den integrierenden Charakter gerade des Finanzwesens eines Staates in aller Deutlichkeit gesehen.

Die Einzelheiten der Steinschen Lehre brauchen uns hier nicht zu bekümmern, sie ist Vergangenheit. Das für Steins Staatswirtschaftslehre und insbesondere für seine Steuerlehre so wichtige Prinzip der Reproduktivität, nach dem durch das, was der Staat für die einzelnen leistet, die ihm seine Einnahmen bringen, seine Ausgaben zu ihrem eigenen Ursprung zurückkehren und sich durch sich selbst vermehren, ist durch die Kritik gerichtet, die Emil Sax an ihm geübt hat, so sehr auch gerade dieses Prinzip in der deutschen Finanzwissenschaft nachgewirkt hat. Steins Entgegensetzung von Gesetz und Verordnung, konstruiert aus dem Begriff einer aus dem wohlverstandenen Bedürfnis der Gesellschaft sich entwickelnden vollziehenden Gewalt, hatte schon Rudolf Gneist[5] entgegen gehalten, daß sie in keinem positiven Verwaltungsrecht, am wenigsten im deutschen bestehe. Und Steins Versuch erneuerter Spekulation, der sein System der Verwaltungslehre »zu völliger Unwirksamkeit verdammt« hatte, wie man gesagt hat, konnte schon aus methodischen Gründen nicht wieder aufgenommen werden; es war das dialektische Verfahren gewesen, das ihm die Durchführung seiner Konzeption ermöglicht hatte.

5 R. Gneist, *Der Rechsstaat und die Verwaltungsgerichte in Deutschland*, 2. Aufl., Berlin 1872, S. 267 f.

Dialektisch: denn diese Konzeption der Staatswissenschaft umfaßt nicht nur die materialen und juridischen Wissenschaften vom Staate, sondern ebenso eine Gesellschaftslehre, in deren Kreis auch die Nationalökonomie fällt. Der Gegensatz der Begriffe Staat und Gesellschaft ist im Kerne der Gegensatz zwischen Freiheit und Abhängigkeit, der Gesellschaft als dem System der Abhängigkeiten steht der Staat als das Prinzip der Freiheit gegenüber. Die Geschichte erscheint Stein nicht wie Marx als eine Geschichte von Klassenkämpfen, sondern als ein Kampf zwischen der Idee des Staates und der Gesellschaft, dessen jeweiliger Stand sich im konkreten Staat der Stunde niedergeschlagen hat.

Die Herkunft dieser Konzeption von Hegel liegt auf der Hand, ebenso auch die Überlegenheit einer solchen Konzeption gegenüber denen, die einfach die Gesellschaft dem Staat nebenordneten wie Mohl – gegen diesen und seinesgleichen hatte Treitschkes Widerspruch es leicht. Der Staat rückt in eine Linie mit allen zwischen ihm und den Individuen stehenden Verbindungen der letzteren; in diese »soziologische« Auffassung des Staates teilen sich Vulgärliberalismus und Sozialismen aller Spielarten, und, wie wir hinzufügen müssen, diese Auffassung ist auch Max Weber nicht fremd. Sie sieht daran vorbei, daß der Staat seinen Sinn vom Recht her bekommt und insofern von der Freiheit.

Was Steins Dialektik noch zur Einheit hatte zusammenführen können, mußte mit fortschreitender Positivierung hoffnungslos wieder auseinanderfallen: nicht nur, daß die Staatswissenschaften nunmehr ein Verband mehr oder weniger locker verbundener Disziplinen werden, zusammengebunden vorläufig noch in rechts- und staatswissenschaftlichen Fakultäten, es werden vielmehr aus dem Kreis der Staatswissenschaften gerade die Staatswissenschaften im engeren und eigentlichen Sinne, also die publizistischen Rechtsdisziplinen, ausgeschieden. Kerndisziplinen werden die, welche nicht den Staat, sondern die Gesellschaft zum Gegenstande haben, die Wirtschaftswissenschaften, die Soziologie, die Statistik. Gewiß macht sich noch ein Mann wie Georg von Mayr zum Fürsprecher des Festhaltens am alten Zusammenhange, aber es sprechen ihm dafür mehr Gründe der Bildung und Ausbildung, Gründe der Förderlichkeit, nicht aber ein diese Disziplinen zur Einheit bändigendes Prinzip, nicht eine großartige Konzeption wie diejenige Lorenz von Steins. Am ehesten hält sich noch die alte Idee der Staatswissenschaft als Einheit und das Bewußtsein der Zusammengehörigkeit, des Aufeinanderangewiesenseins aller dieser Disziplinen, der juristischen wie der ökonomischen, soziologischen, technologischen dort, wo der Gegenstand in seinen Einzelheiten überschaubar bleibt, wo die Aufgabenstellung die konkreteste ist: in der Kommunalwissenschaft.

Die Entleerung des Begriffes der Staatswissenschaft ist kein isolierter Vorgang, er geht Hand in Hand mit der Entleerung der staatsrechtlichen Begriffe von ihren politischen Gehalten, damit daß der Rechtspositivismus herrschend wird auch in der deutschen Publizistik – ein Vorgang, für den der Name Paul Labands geradezu ein Symbol geworden ist. Laband schritt darin auf einer Bahn weiter, die vor ihm C. F. von Gerber eingeschlagen hatte. Es steckt in diesem Übergang zu reiner positiv-rechtlicher Behandlung auch auf diesem Felde, dem des öffentlichen Rechts, nicht nur eine Distanzierung von der Tagespolitik. Es drückt sich darin ebenso das Mißtrauen aus gegen die philosophische Verbrämung, gegen die sogenannten »philosophischen Einleitungen«, mit welchen die Schriftsteller über Staatsrecht bisher ihren Arbeiten einen besonderen Schmuck zu geben vermeint hatten. Was in jenen philosophischen Einleitungen wirklich juristischer Natur ist, also die ganze Lehre von der Staatsgewalt nach deren Inhalt und Grenzen, wurde nunmehr vom Systeme des Staatsrechts selbst ergriffen, mit seinen eigenen entscheidenden Gesichtspunkten verknüpft und in einer ganz anderen Weise bestimmt, als sich's von der Philosophie erwarten ließ. Auf der andern Seite wird das Staatsrecht durch die stete Kritik des nach dem Maßstabe seines systematischen Prinzips von allen nicht juristischen, bloß der ethischen und politischen Betrachtung angehörenden Stoffes gereinigt.

Für den engeren Kreis der Staatswissenschaften, der ›uneigentlichen Staatswissenschaften‹, wie Georg von Mayr sie nennt, kam bald der Name der Sozialwissenschaften in Schwang. Eine neue Konzeption war damit noch nicht gegeben. Sozialwissenschaften im nun aufkommenden Sinne sind diejenigen Disziplinen, die wissenschaftliche Gegenstände behandeln, die mit der immer mehr in den Vordergrund tretenden ›sozialen Frage‹ und der aktuell werdenden Sozialpolitik in mehr oder weniger engem Zusammenhange stehen. Das ist gewiß ein pragmatischer Gesichtspunkt, unter dem sich eine Gruppe von Disziplinen zusammenfassen läßt, aber es ist nicht die Konzeption einer all diese

Disziplinen in sinnvoller Gliederung umfassenden Sozialwissenschaft.

Lorenz von Steins Konzeption der Idee des Staates, die ihm die Staatswissenschaft dialektisch zu organisieren gestattete, war für die nunmehr junge Generation, mit Gustav Schmollers Worten, nur noch die trunkene Sicherheit des spekulativen Standpunktes. Trotzdem darf man sagen, daß gerade Gustav Schmoller von der umfassenden Sicht Steins nicht unberührt geblieben ist; er hat auf seine Weise, und das ist nun die einer sehr empirisch, sehr historistisch, ja historisch gestimmten Generation, die Sozialwissenschaften zusammengesehen. Heute gilt Schmoller, was Hegel für Schmollers Zeit war, als »toter Hund«. Die Geschichte wird dieses Urteil voraussichtlich revidieren, obwohl sie Schmollers Niederlage im Methodenstreit mit Carl Menger längst besiegelt hat. Aber der Gegensatz Menger-Schmoller ist uninteressant geworden, er betrifft ein Kapitel in der Geschichte der Nationalökonomie, die Schlacht um die Theorie ist geschlagen. Aber bei Schmoller ist mehr darin als das bloße Gebiet des Wirtschaftlichen, es geht bei ihm, wenn man so sagen darf, um die ganze Breite des sozialen Feldes. Wie wir noch sehen werden, versucht Max Weber, sie noch einmal durch eine ingeniöse Wendung unter einem einheitlichen Gesichtspunkt in den Griff zu bekommen und unter Bereitstellung einer bestimmten Methodik. Die damalige Situation der ökonomischen Theorie, so wie sie sich zur modernen Theorie hin entwickelte, gestattete damals kaum den Gedanken daran, prinzipiell auf der ganzen Breite des sozialen Bereiches so zu verfahren: die Wirtschaftstheorie hatte sich noch nicht als Theorie wirtschaftlicher Handlungen im heutigen Sinne im Griff, so daß sich die Idee einer allgemeineren Theorie der Handlungen hätte konzipieren lassen. Max Weber bot eine Lösung an, die nicht auf der Linie der modernen Theorie liegt oder zu ihr hätte führen können. Gustav Schmoller hingegen versuchte das Feld offenzuhalten. Beide sahen auf ihre Weise die Notwendigkeit einer umfassenden sozialwissenschaftlichen Konzeption, beide versuchten eine Antwort, und vielleicht darf man sagen, daß sich gegenüber den Antworten beider aller späteren Konzeptionen einer umfassenden Soziologie etwas sektiererisch ausnehmen.

Aber noch einmal zurück zu Schmoller. Aus dem Kreis der Sozialwissenschaften sind für ihn die Theorie und Dogmatik des öffentlichen Rechts ausgeschieden, nicht jedoch die Verfassungs-

und Verwaltungsgeschichte. In unübertrefflicher Schärfe hat Josef Schumpeter, der in der Auffassung der ökonomischen Theorie Schmollers entschiedener Gegner gewesen ist, das Programm Schmollers gezeichnet: »Mit einer Minimalbelastung an Apriori an das Material herantreten, damit Zusammenhänge zu erfassen suchen, dabei das Apriori für die Zukunft vermehren und neue Auffassungsweisen erarbeiten, die weiterem Materiale gegenüber als provisorisch vorhandenes Rüstzeug dienen und so weiter in steter Wechselwirkung zwischen Material und gedanklicher Verarbeitung ... Halten wir den tragenden Gesichtspunkt dieser Formel fest, dehnen wir den Begriff der Geschichte für den Augenblick auf alles soziale Material (Ethnologie, Statistik usw.) aus, sehen wir, gleichfalls für den Augenblick, von dem Requisit der Idealtypik ab ... so heißt dasselbe Programm: Begreifen der Geschichte aus der Geschichte. Und sein Zielpunkt ist – weil das offenbar nicht bloß für die Welt des Wirtschaftens gilt – eine einheitliche Soziologie oder Sozialwissenschaft als gedanklich (»theoretisch«) verarbeitete Universalgeschichte. Das ist der Sinn des Schmollerschen – im Gegensatz besonders zum philosophischen und juristischen – Historismus, wenn ein ›ismus‹ denn sein soll, und der Gesichtspunkt, aus dem die Detailforschung ihren – für Schmoller und überhaupt die Wissenschaft – ›letzten‹ Sinn empfängt.«[6]

Schumpeters Bild von Schmoller ist vielleicht ein wenig überzeichnet; es bleibt im Dunkeln, welches nun, außerhalb des Wirtschaftlichen, die gedanklichen Hilfsmittel seien, mit deren Hilfe Universalgeschichte theoretisch verarbeitet werden soll. Das ist gegen Schmoller kaum ein Einwand; dessen Bestreben ging darauf, diese Mittel in möglichst naher Fühlung mit dem historischen Stoffe selber zu entwickeln. So mochte offenbleiben, von welchem Charakter sie sein würden, man würde sehen. Dennoch hatte er (oder Schumpeters Vision von ihm) eine bestimmte Vorstellung davon, »wie man es machen müsse, um sich dem Ziel zu nähern, ohne in den Sümpfen der Spekulation und des Unernstes zu versinken, dasselbe zu wollen wie Ibn Chaldun und Vico, aber so, daß es auch möglich und dabei mehr erreicht wird, als daß die besten Arbeiter auf allen in Betracht kommenden Gebieten ner-

6 J. A. Schumpeter, *Dogmenhistorische und biographische Aufsätze*, Tübingen 1954, S. 192f.

vös werden – des Weges der Teilerklärung einer Teilerscheinung, des einzelnen Zusammenhanges, der einzelnen Situation und ihrer Veränderung, der einzelnen Institutionen und der einzelnen Typen, der einzelnen Organisationsformen, wobei keiner dieser verschiedene Problemreihen auslösenden Gegenstände vor anderen bevorzugt wird ...«[7]

Man sieht, eine Einheit der Sozialwissenschaft wird hier gestiftet durch das Ziel der begriffenen Universalgeschichte, nicht durch eine vorgängige Einheit der gedanklichen Mittel, die zur Erreichung dieses Zieles aufgeboten werden sollen. Dies letztere sogar um so weniger, als Schmoller bekanntlich außerhalb ihrer Anwendung und Bewährung am historischen Stoffe der Ausarbeitung dieser Mittel abhold war, jedenfalls für sich, es war nicht seine Sache, wenn er auch gern von vorhandenem Theorienbestande Gebrauch machte. Inzwischen haben wir an begriffener Universalgeschichte keinen Mangel; Spengler und Toynbee, Piterim Sorokin und Alfred Weber und Alexander Rüstow haben, jeder auf seine Weise, diese Vision zu realisieren versucht, doch läßt sich nicht sagen, daß die Arbeiter auf den in Betracht kommenden Gebieten nicht nervös geworden, daß die Sümpfe der Spekulation und des Unernstes vermieden worden seien. Gustav Schmollers Vorsicht war nicht dieser Universalgeschichtler Teil, aber selbst die Durcharbeitung ihrer begrifflichen Mittel ist nicht so, daß nicht Schmoller in jeder Weise mit ihnen hätte konkurrieren können. In dieser Richtung darf man einen Fortschritt über Schmoller hinaus nicht suchen, er ist nicht da, nicht begriffene Universalgeschichte ward geschrieben, sondern ›stilisierte Geschichte‹.[8]

Einen Schritt über Schmoller hinaus geht Max Weber, und er macht ihn dadurch, daß er entschlossen das Wirtschaftliche in den Mittelpunkt der Sozialwissenschaft rückt und als deren Aufgabe die Erforschung der allgemeinen Kulturbedeutung der sozialökonomischen Struktur des menschlichen Gemeinschaftslebens und seiner historischen Organisationsformen bezeichnet. Das Wort »Sozialwissenschaft« solle die geschichtliche und theoretische Beschäftigung mit den gleichen Problemen umfassen, deren prakti-

7 Ebenda, S. 193.

8 Vgl. dazu mein Buch: *Brechungen. Kritische Versuche zur Philosophie der Gegenwart*, Reinbek 1964, Teil 1; *Schriften 1* (stw 922).

sche Lösung Gegenstand der Sozialpolitik im weitesten Sinne des Wortes sei. Diese Parallelisierung von Sozialwissenschaft und Sozialpolitik ist deshalb bedeutsam, weil sich von ihr aus verstehen läßt, weshalb sich Weber hinsichtlich der Sozialwissenschaften an die Kulturbedeutung der sozialökonomischen Struktur des menschlichen Gemeinschaftsleben als Thema der Forschung halten will. Max Weber betont mit dem allergrößten Nachdruck, daß das, was gemeinhin als die Allgemeinheit des Begriffes des Sozialen angesehen werde, nichts anderes sei als die Unbestimmtheit dieses Begriffs – eine Unbestimmtheit, die eine allgemeine Sozialwissenschaft gar nicht zuließe. Weber sagt: »Der Glaube, es sei die Aufgabe fortschreitender wissenschaftlicher Arbeit, die ›Einseitigkeit‹ der ökonomischen Betrachtungsweise dadurch zu heilen, daß sie zu einer allgemeinen Sozialwissenschaft erweitert werde, krankt zunächst an dem Fehler, daß der Gesichtspunkt des ›Sozialen‹, also der Beziehung zwischen Menschen nur dann irgendwelche, zur Abgrenzung wissenschaftlicher Probleme ausreichende Bestimmtheit besitzt, wenn er mit irgendeinem speziellen inhaltlichen Prädikat versehen ist.«[9]

Max Weber erläutert diese seine Ansicht durch einen, wie es auf den ersten Blick scheinen möchte, überaus einleuchtenden Vergleich. Es bestehe, meint er, genausowenig Anlaß, die Sozialökonomik als Vorläufer oder Ausschnitt einer allgemeinen Sozialwissenschaft anzusehen, wie Anlaß bestehe, sie deshalb für einen Teil einer allgemeinen Biologie zu halten, weil sie sich mit Lebenserscheinungen befasse, oder als Teil einer vermehrten und verbesserten Astronomie, weil sie von Vorgängen handele, die sich auf einem Himmelskörper, eben der Erde, abspielen. Gegenüber solcher Argumentation könnte man sich nach Gründen umsehen, die dafür sprechen, daß die Vergleiche auf dem einen oder andern Beine hinken. Aber eine solche Argumentation führte wahrscheinlich nur in ziemlich endlose Distinktionen hinein, und es mag fraglich erscheinen, ob sich auf diesem Wege überhaupt etwas zwingend dartun ließe. Entscheidend nämlich ist eine ganz prinzipielle Anschauung Max Webers über die Natur einer Wissenschaft. Nicht nämlich die sachlichen Zusammenhänge der Dinge, so meint er, konstituieren eine Wissenschaft, sondern die

9 M. Weber, *Gesammelte Aufsätze zur Wissenschaftslehre*, Tübingen 1922, S. 165.

gedanklichen Zusammenhänge der Probleme lägen den Arbeitsgebieten der Wissenschaften zugrunde.
Gesteht man Max Weber diesen Standpunkt zu, so hat er ein leichtes Spiel. Unschwer kann er uns zeigen, daß auf dem Gebiet der Sozialökonomik oder Sozialwissenschaft, so wie er sie als Wissenschaft von der Kulturbedeutung des Ökonomischen verstanden wissen will, mit neuer Methode einem neuen Problem nachgegangen wird und dadurch Wahrheiten entdeckt werden, welche neue bedeutsame Gesichtspunkte eröffnen: das hat er schließlich selber, voran in seinen Untersuchungen zur Religionssoziologie, gezeigt. Der Schluß, daß hier eine neue Wissenschaft geboren sei, ist dann unabweislich.
Doch darf man ihm diesen Standpunkt so ohne weiteres zugestehen? Heute freilich geht man gern von Gegenständen aus, in der Meinung, die Wissenschaft, die dazu gehöre, ließe sich schon dazugründen. Ist Politik etwa kein Gegenstand, der Bemühung der Wissenschaft würdig? Also wird es denn schon eine Wissenschaft von der Politik geben können, man rücke den Gegenstand nur in verschiedene Beleuchtungen, dann wird sich schon etwas über ihn sagen lassen. In der Tat, dieses Rezept funktioniert immer, nur daß man aus diesem Funktionieren nicht schließen sollte, es sei, unter dem Aspekt möglicher Wissenschaft, in Ordnung.
Gegenüber solchen Naivitäten hat Webers Widerspruch es leicht. Trotzdem läßt sich die Wissenschaftlichkeit nicht so ausschließlich, wie es Weber möchte, an den gedanklichen Problemzusammenhang binden. Es steckt dahinter eine Vorstellung, die die Philosophie des neunzehnten Jahrhunderts tief beherrscht und außerordentlich nachgewirkt hat, daß nämlich die Welt originär als eine Art Chaos gegeben ist, das erst durch den Filter des menschlichen Geistes kategorial geformt wird. Die Organisation unseres Geistes sorgt dafür, daß aus dem Chaos unserer Empfindungen die Welt, die wir kennen, entsteht, und in einer merkwürdigen Verdoppelung des Vorganges baut sich dann erst durch Beziehungen auf Werte aus dem Chaos der geschichtlichen Welt die geschichtliche Welt, in der wir Unterscheidungen machen können, auf. Zwar wird niemand die geschichtliche Welt, so wie sie nun einmal ist, ehe wir ihre Vorgänge unter durch Werte bestimmte Gesichtspunkte rücken, ein Chaos nennen, man spricht vom »historischen Kontinuum«. Aber da der Begriff des Konti-

nuums in der Mathematik definiert wird, und diese Definition hier keine mögliche Anwendung hat, so leistet das drastischere Wort Chaos die gleichen Dienste.

Es geht bei der wissenschaftlichen Durchleuchtung der Geschichte wesentlich um die Erkenntnis kausaler Zusammenhänge, die offenbar schwierig wird, wenn grundsätzlich jedes historische Ereignis als von einer Unendlichkeit von Ursachen bestimmt anzusehen wäre. Um die Frage, welche Ketten von Ursachen als relevant oder bedeutsam für die historische Erkenntnis herausgestellt werden sollen, drehte sich eine recht uferlose Diskussion, aber die Frage wurde in gemessener Abstraktheit verhandelt, von Heinrich Rickert wie von Max Weber wie von all den andern. Ein Philosoph zwar, Otto Braun, veranschaulichte das Eingreifen des »Wertgesichtspunktes« durch das Beispiel der Flugbahnen der Geschosse, die in der Schlacht bei Lützen abgeschossen wurden: nur eine davon interessiere den Historiker, nämlich die des Geschosses, das Gustav Adolf traf. Aber welche Aussagen kann der Historiker über die Flugbahn dieses Geschosses schon machen, außer der, daß auch sie den Gesetzen der Ballistik gehorchte, und warum soll er sich nur für die Flugbahn interessieren, warum nicht, unterm gleichen »Wertgesichtspunkte«, fürs Geschoß – wärs noch vorhanden, so führte die Spur immerhin ins Raritätenkabinett. Vor solchen Absurditäten der Philosophie ist der Leser bei Max Weber sicher, seine Überlegungen führen in die Nähe etwa der Lehre des Strafrechtlers Binding, zuzurechnen sei dem Täter die Setzung der Ursache, die dem Erfolge »adäquat« sei. Im Grunde kommt die Diskussion zu keinem rechten Ende, wie bei den Voraussetzungen, unter denen sie geführt wird, eigentlich auch zu erwarten.

Max Weber bietet nun ein methodisches Hilfsmittel an, dessen Ruhm sich an seinen Namen geheftet hat, den Idealtypus. Der Idealtypus ist eine sorgsam konstruierte Sinneinheit eines Vorganges, einer Handlung, eines Zustandes, einer Gestalt. Max Weber hat seine Idealtypen, die der Herrschaft, die des Propheten, die der mittelalterlichen Stadt und welcher sonst immer nicht ins Blaue hinein konzipiert und konstruiert, sondern ein riesenhaftes historisches Material befragt und analysiert, um eine Art Beschreibung oder Definition eines Idealtyps geben zu können. Aber handelt es sich nicht dann vielmehr um Realtypen, wie sie Spätere zu geben behaupteten? Nun, Max Webers Idealtypen sind nicht deshalb, wie man wohl gemeint hat, Idealtypen, weil in ihnen gewisse Eigenschaften, die an den realen Personen oder Ereignissen oder Vorgängen zu beobachten sind, in idealer Weise gesteigert wären, so daß sie so rein in der Wirklichkeit nicht vorkämen. (Das, was als Realtyp ausgegeben wird, kommt ebenso wenig ›vor‹.) Die Idealtypen Webers heißen ideal deshalb, weil sie begriffliche Mittel sind, unter denen und durch die der historische Stoff erfaßt und gegliedert wird. Das strenge Festhalten an dieser Idealität ist die Voraussetzung dafür, daß die Historie als werturteilsfreie Wissenschaft betrieben werden kann. Zwar gehen Wertgesichtspunkte in die Konstruktion der Idealtypen ein, aber sie werden gleichsam objektiviert und zu reinen Mitteln des Begreifens, des Verstehens gemacht.

Für Schmoller, wenn wir noch einmal einen Blick auf ihn zurückwerfen, besteht diese ganze Problematik nicht, er neigt im Grunde viel mehr zur herkömmlichen ökonomischen Theorie als Mittel des Begreifens als zum Requisit der Idealtypik. Webers Problematik besteht für ihn deshalb nicht, weil er, der um vieles unphilosophischere, die Voraussetzung eines »historischen Kontinuums« oder wie man das nennen will, nicht mitmacht. Er läßt zumindest auch diese Frage offen.

Und hier nun muß gesagt werden, was uns von Weber trennt und was ihn, so merkwürdig es klingen mag, verhindert hat, der Inaugurator einer neuen Wissenschaft, der Wissenschaft der Soziologie in seinem Sinne, im Sinne seiner Sozialökonomik, seiner Sozialwissenschaft zu werden. Es ist die von den Soziologen kaum schon recht gesehene und in ihrer Tragweite erkannte Entstehung einer strukturtheoretischen Ökonomie, einer Strukturtheorie des wirtschaftlichen Handelns und nicht mehr nur des wirtschaftlichen Handelns allein. Diese Strukturtheorie bezieht sich zwar auf mögliches Handeln, aber sie hat nur Sinn unter der Voraussetzung, daß das wirkliche Handeln in gewisser Weise strukturiert ist. Um ein wenig massiv anzudeuten, was gemeint ist: auch im wirklichen Handeln sitzt Mathematik, und es ist Aufgabe der Theorie, diese Mathematik herauszuholen.

Die Alternative hinsichtlich der Konstitution einer Wissenschaft liegt nicht mehr so einfach, wie sie noch für Max Weber lag: sachliche Zusammenhänge der Dinge oder gedanklicher Problemzusammenhang? Gewiß, der Problemzusammenhang bleibt nach wie vor für empirische Untersuchungen und selbst für Disziplinen entscheidend, aber in den theoretischen Disziplinen, die den empirischen, den historischen insbesondere, das analytische Werkzeug für ihre Arbeit liefern, liegt es etwas anders: eine theoretische Disziplin erschließt einen objektiven Strukturzusammenhang, dieser stellt die Probleme, die in ihm auftreten können.

So wäre denn Weber, wenn wir auf die theoretische Sozialwissenschaft sehen, ein Ende; wir können nicht auf ihm fußen, ihn nicht weiterführen, weder seine soziologische Idealtypik noch seine Wissenschaftstheorie. Sie gehören seiner Zeit, während Schmollers Idee der begriffenen Universalgeschichte sich heute wohl verschärfen ließe, der vorsichtige Mann hatte sorgfältig das Feld offengehalten.

Aber nachdem dies gesagt ist, müssen wir um so mehr Max Webers überragende Leistung für die Historie hervorheben und bewundern, insonderheit seine religionssoziologischen Untersuchungen, eine Menge von dem, was wir in Wirtschaft und Gesellschaft an historischen Analysen finden und die ein wenig in den Schatten geratenen Arbeiten zur Agrargeschichte. Sie sind anregend vor allem auch in ihren Irrtümern, in ihren Verzeichnungen, an deren Berichtigung Generationen von Historikern, von Religionsforschern zu tun gehabt haben und noch haben.

(1964)

Mathematische Sozialtheorie

I. Grundlagen

1. Umfang und Charakter

In den Bereich der hier zu behandelnden theoretischen Sozialwissenschaften fällt nicht die mathematische ökonomische Theorie, ebenso nicht die Kriegswissenschaft, die konventionellerweise ausgeschlossen wird, obwohl sie aus naheliegenden Gründen besonders entwickelt und neben der Wirtschaftswissenschaft auch methodologisch von Interesse ist. Sie beginnt in den Vereinigten Staaten von Amerika übrigens in Verbindung mit der mathematischen Sozialtheorie zu treten. Entsprechendes gilt für die Verwaltungswissenschaft, die seit Otto Mayer in Deutschland einseitig unter juristische Gesichtspunkte gerückt worden war, aber nun wieder an ältere Traditionen anknüpft und in Amerika in den Bereich der mathematischen Sozialtheorie einbezogen zu werden beginnt (Herbert A. Simon). Die Wissenschaft von der Politik ist dem hier betrachteten Bereich zuzurechnen, ebenso die Soziologie in den entsprechenden Auffassungen.

Diese Wissenschaften lassen sich abstrakt als Wissenschaften vom menschlichen Handeln bezeichnen. Wir legen einen sehr allgemeinen Begriff der *Handlung* zugrunde, indem wir Handlung als Umwandlung einer Situation S in eine Situation S' auffassen. Die Situation S lasse sich charakterisieren durch die Verkettung der Relationen, in denen die zur Situation gehörigen Personen und Gegenstände miteinander stehen. Die Umwandlung von S in S' läßt sich dann charakterisieren durch eine Abbildung der Relation (Verkettung) S auf S' mit Hilfe eines Korrelators K, so daß S' das K-Bild von S darstellt. Diesen Korrelator K identifizieren wir mit der Resultante der Maximen der in S stehenden Personen, soweit jede dieser Personen ihre besondere Maxime (Ziel) durchzusetzen versteht. Handlungen werden mithin als Übergänge von S zu dem K-Bild von S aufgefaßt.

Die »Maxime« in diesem Sinne ist keine psychologische Größe, sondern ein gedachter Leitfaden, an dem das Handeln effektiv erfolgt. Von psychologisch faßbaren Motivierungen des Handelns wird dabei abgesehen. Es ist selbstverständlich möglich, auch den Motiven nachzuforschen, aus denen gehandelt wird, aber diese sind Gegenstand der Psychologie. Da die psychologischen Dispositionen für das effektive Handeln der Menschen nicht gleichgültig sind, wird man gegebenenfalls bei der Ausarbeitung von Handlungsmodellen darauf zu achten haben, daß die dem Modell zugrunde gelegten Maximen sich in guter Übereinstimmung mit empirisch feststellbaren psychischen Dispositionen befinden.

Diese abstrakte Auffassung des Handlungsbegriffes läßt bereits erkennbar werden, daß grundsätzlich die theoretischen Sozialwissenschaften (als Wissenschaften vom Handeln in diesem Sinne) mathematischer Behandlung zugänglich sein müssen. Da die Ökonomie es mit Quantitäten von Geld und Gütern zu tun hat, lag hier die Durchführung von sich der Mathematik als Mittel bedienenden Theorien am nächsten. Die Ausgangssituation stellt sich dar als eine Relation zwischen gewissen Güter- und Geldmengen, die Endsituation läßt sich dann auf Grund der Maximen, die sich etwa in Nachfragekurven, in Maximisierungen oder Minimisierungen gewisser Werte niederschlagen, in einem Gleichungs- oder Ungleichungssystem einfangen. Die Möglichkeit mathematischer Behandlung hängt aber nicht daran, daß man es mit Quantitäten zu tun hat und daß für das Messen der Erscheinungen eine Metrik zur Verfügung steht. Eine mathematische Behandlung kann ebensogut qualitativer Natur sein, und vor allem ist zu berücksichtigen, daß oft erst die qualitative mathematische Argumentation auch auf eine den – in den Sozialwissenschaften ja oft sehr komplexen – Erscheinungen angemessene Metrik führen kann.

2. Ordnungsrelationen und Metrik

Hatte die sozialwissenschaftliche Theorie, nachdem sie ihrer anfänglichen Tendenz zu Entwicklungstheorien ferner gerückt war, sich vornehmlich der Klassifikation der sozialen Phänomene zugewandt, so ergab sich gerade von hier aus ein Antrieb, bloße Klassifizierungen zu überwinden, indem man statt einer klassebildenden Eigenschaft eine Beziehung definiert, die einen Individuenbereich in eine ein- oder mehrdimensionale Ordnung zu bringen erlaubt. Von hier aus führt ein weiterer Schritt zur Einführung einer Metrik, die über die Definition eines Nullpunktes und geeigneter Maßeinheiten die Aufstellung einer Skala gestattet. Eine solche Metrik ist in der Regel kein absolutes Maßsystem, sondern relativ zu gewissen Skalenwerten, die ihrerseits auf geeignete Objekte bezogen sind, aber an sich auch auf andere bezogen sein könnten.

Einen für die Sozialwissenschaften wichtigen Fall stellt die Benutzung von gewissen Wahrscheinlichkeiten p, q von Wahrscheinlichkeitsverteilungen $A, B, C, \ldots$ von Ergebnissen dar. Es bestehe zwischen den $A, B, C, \ldots$ eine Relation $\leq$, so daß folgendes gilt:

(1) $A \leq B$ oder $B \leq A$,

(2) wenn $A \leq B$ und $B \leq C$, dann $A \leq C$,

(3) wenn $A = B$, dann $C\,A\,p = C\,B\,p$,

(4) wenn $A < B$ und $B < C$, dann gibt es genau ein p, so daß $B = A\,C\,p$,

wobei »$A = B$« soviel wie »$A \leq B$ und $B \leq A$«, »$A < B$« soviel wie »$A \leq B$ und nicht $B \leq A$« und »$A\ B\ p$« die Verteilung bedeutet, bei der p die Wahrscheinlichkeit von A und $1 - p$ die Wahrscheinlichkeit von B ist. Dann läßt sich die Eindeutigkeit von p für $B = A\,C\,p$ benutzen, wenn man A (und allen Verteilungen A', ..., für die gilt $A = A'$) eine reelle Zahl $z(A)$ zuordnet, um zu Zuordnungen von Zahlen $z(B)$ zu B und $z(C)$ zu C zu kommen. Insbesondere läßt sich über diese oder verwandte Postulate zu einer Skala für den »*Nutzen*« gelangen (John v. Neumann und Oskar Morgenstern, Jacob Marschak, Leonard J. Savage, Israel N. Herstein und John Milnor), wenn man die Relation »$\leq$« als »wird nicht vorgezogen« deutet.

3. Rationalitätsprinzip

Man hat durch dieses Prinzip des Nutzens dem Prinzip der Rationalität des Handelns einen bestimmten Inhalt gegeben. Vielfach wird das Prinzip der Rationalität des Handelns so eingeführt, daß gesagt wird, das Verhalten eines Individuums oder einer Gruppe lasse sich so beschreiben, daß das Individuum (oder die Gruppe) irgendeine Größe zu maximisieren (oder auch zu minimisieren) strebe. Es läßt sich weiterhin so einrichten, daß diese Größe der Nutzen in dem angedeuteten Sinne ist. Das Prinzip der Rationalität des Handelns besagt dann soviel, daß der handelnde Mensch dahin streben wird, sofern er eine »Wahl« hat, seinen (ihm möglichen) größten Nutzen zu realisieren. Dagegen sind verschiedene Einwände vorgebracht worden: daß die Nutzenmaximisierung viel zu komplizierte mathematische Probleme aufwerfe, als daß sich hinreichend schlicht Ergebnisse daraus ableiten ließen oder der Durchschnittsmensch auf solcher Linie handele; auch sei die Nutzenfunktion angesichts der wechselnden Präferenzen der Menschen zu unstabil, um mit ihr soziale Prozesse über eine hinreichend lange Zeitdauer beschreiben zu können; ferner beeinflusse jeder durch sein Verhalten das Verhalten des anderen, dessen Änderung nun wieder ihn beeinflusse, so daß es zu keiner bestimmten Lösung komme (wie etwa in der Oligopoltheorie).

Nun läßt sich darauf hinweisen (Kenneth J. Arrow), daß das Rationalitätsprinzip meist mit zusätzlichen Ad-hoc-Annahmen verknüpft wird. Insbesondere läßt sich explizit die Bedingung einführen, daß das handelnde Individuum die Folgen seines Verhaltens nicht übersieht. Dann läßt sich im statistischen Schließen ein Modell für ein solches Verhalten gewinnen, das als rational angesehen werden darf. Aber es ist sicherlich nicht so, daß wir über ein allgemeines Prinzip der Rationalität des Handelns verfügten in der Weise, daß dieses nun Voraussetzung wäre für die Entwicklung aller mathematischen Verhaltensmodelle. Eher ließe sich umgekehrt sagen, daß jedenfalls jedes Verhalten rational ist, für das sich ein solches Modell angeben läßt. So trifft man in der Soziologie der Politik gelegentlich die Meinung an, daß eine Ausdehnung des mathematischen Verfahrens auf die political science deshalb nicht möglich sei, weil das politische Handeln »irrational« sei und Leidenschaften die Szene beherrschten oder weil der Politiker außer Nutzengesichtspunkten auch sittlichen Erwägungen Raum gebe. Deshalb ist die scharfe Scheidung zwischen »Maximen« in dem oben skizzierten Sinne, die allein in die Modelle der mathematischen Sozialtheorie eingehen, und den *»Motiven«*, die in die Psychologie gehören, nötig.

Die Modelle der mathematischen Sozialtheorie können auf doppelte Weise interpretiert werden, als Beschreibungen wirklichen Verhaltens oder als Anweisungen zu »gesolltem« Verhalten. Eine solche »normative« Interpretation sagt natürlich nichts aus über die moralische Qualität solcher »Normen«. Konstruktion von Modellen, die gewissen moralischen Normen entsprächen, wäre Aufgabe der Sozialphilosophie. (Das Wort »Modell« wird hier stets in der in der Sozialwissenschaft üblichen Bedeutung, nicht in der dem Mathematiker geläufigen, gebraucht.)

4. Allgemeine Systemtheorie

Ein allgemeines Prinzip der Rationalität des Verhaltens setzte voraus, daß sich das gesamte Feld der mathematischen Sozialtheorie von einheitlichen mathematischen Gesichtspunkten aus beherrschen ließe. Davon sind wir heute weit entfernt. Die Tendenz der gegenwärtigen Entwicklung, die sich ja außerhalb der Ökonomie durchaus noch in den Anfangsstadien befindet, geht eher dahin, zunächst einmal zu einer allgemeinen Systemtheorie zu gelangen (Ludwig v. Bertalanffy), die die Modellbildungen auch auf anderen Gebieten, insbesondere der Biologie und Biosoziologie, umfaßt und ihre Verwandtschaft untersucht, eine Tendenz, die durch die neuere Entwicklung auf den Gebieten der mathematischen Statistik und Spieltheorie, der Informationstheorie und Kybernetik naheliegen mußte auf Grund der Beobachtung, daß in weit auseinanderliegenden Wissenschaften sehr verwandte mathematische Modelle eine Rolle zu spielen begannen.
Die übliche Aufteilung in Natur- und Geisteswissenschaften reicht für die Erfassung der sich hier vollziehenden Entwicklung nicht aus. Die Verwendung mathematischer Mittel ist an sich weder spezifisch naturwissenschaftlich noch spezifisch geisteswissenschaftlich. Die Spieltheorie etwa deutet, wenn auf ökonomische oder strategische Vorgänge angewandt, diese weder als Poker noch als russisches Roulett, sondern sie behandelt sie nur mit gleichen oder verwandten Mitteln, mit denen sie Poker und dergleichen behandelt. Wenn sich zwei Bereiche mit gleichen oder verwandten mathematischen Mitteln behandeln lassen, so nicht, weil sie inhaltlich verwandt wären, sondern weil sie unter gewissen Gesichtspunkten sich als strukturell verwandt erweisen. Die mathematische Behandlung mit ihrer fortschreitenden Anpassung der mathematischen Beschreibung an die aufgedeckte

Struktur des Gegenstandes bedeutet gerade die Befreiung von der Diktatur der Bilder, wie sie sich in den bekannten »mechanistischen«, »organizistischen« usw. Theorien niedergeschlagen hat. Es handelt sich nicht darum, das Modell aus einem Bereich, etwa der Wirtschaft, schematisch in ein Modell eines anderen Bereiches, etwa der Politik, umzuinterpretieren, sondern darum, für den eigenen Bereich angemessene Modelle zu finden. Die allgemeine Systemtheorie versucht, dies durch systematische Behandlung der Modellbildungen in allen Wissenschaften zu erleichtern.

Der Begriff des Systems in dem hier gebrauchten Sinne läßt sich auffassen als eine Verallgemeinerung des Gestaltbegriffes, wie er durch Christian v. Ehrenfels in die Psychologie eingeführt und später nach verschiedenen Richtungen hin präzisiert worden ist (Paul Oppenheim, Kurt Grelling, Jürgen v. Kempski, Nicholas Rescher). Granville St. Hall und Robert E. Fager definieren ihn als den einer Menge von Objekten, Eigenschaften von Objekten und Beziehungen zwischen Objekten und Eigenschaften von Objekten. Diese sehr weite Definition erlaubt auch, von abstrakten Systemen, d. h. Systemen, zwischen deren Objekten nur mathematische oder logische Beziehungen bestehen, zu sprechen. Als Beispiel kann ein beliebiges System von Gleichungen oder Ungleichungen aus der mathematischen Sozialtheorie dienen. Man kann ein solches ohne Rücksicht auf die sozialtheoretische Bedeutung der Variablen als ein mathematisches System S_{math} betrachten. Als solches stellt es dann ein Modell eines sozialtheoretischen Systems S_{soz} dar, das es beschreibt, wenn man S_{math} sozialtheoretisch deutet. S_{soz} stellt aber seinerseits wieder ein Modell dar, das in einer gewissen Idealisierung Vorgänge des sozialen Lebens wiedergibt oder wiedergeben soll. Das Modell S_{soz} läßt sich oft ebensogut und eindeutig verbal beschreiben. Der Übergang zu S_{math} erlaubt aber, das Problem, das die Analyse von S_{soz} aufgibt, in ein mathematisches zu überführen. Dabei können weitere Idealisierungen erfolgen oder sich als nötig erweisen. So wird man etwa vielfach diskrete Bereiche als Kontinua behandeln usw. – es verdient bemerkt zu werden, daß auch die Physik mit solchen Idealisierungen arbeitet –, freilich auch danach streben, ein der Struktur von S_{soz} möglichst isomorphes S_{math} anzugeben. Eine gewisse Schwierigkeit liegt darin, daß die Mathematik zwar lange Zeit den Wünschbarkeiten der Physik gefolgt ist, aber den Bedürfnissen der Sozialwissenschaften keine Beachtung geschenkt hat. Doch mit der neueren Entwicklung der mathematischen Statistik und Spieltheorie hat man für die Sozialwissenschaften neue und vielfach adäquatere mathematische Behandlungsweisen zu erschließen begonnen.

5. *»Physikalistische« Deutungen*

Von hier aus zeigt sich, daß »Analogien« zwischen wirtschaftlichen und politischen Vorgängen etwa oder zwischen physikalischen und sozialen im Bereich der mathematischen Sozialtheorie keine inhaltliche Bedeutung haben. Es handelt sich regelmäßig, wenn ein physikalisches System S_{phys} zu einem sozialtheoretischen S_{soz} in Analogie gesetzt und zur »Deutung« des letzteren benutzt wird, nur darum, daß zur Analyse von S_{soz} das zur Analyse von S_{phys} benutzte S_{math} (oder ein diesem sehr verwandtes) verwendet wird. Die Frage ist dann nicht, ob physikalische und überhaupt naturwissenschaftliche Begriffe auf sozialwissenschaftliche Sachverhalte (die als Domäne der Geistes- oder der Kulturwissenschaften gelten) angewandt werden dürfen – das »Physikalische« ist hier nur »façon de parler« –, sondern, ob jenes mathematische System dem sozialtheoretischen, dem es entsprechen soll, hinreichend isomorph oder ähnlich ist.
Es gibt freilich Versuche, mehr von inhaltlich verstandenen naturwissenschaftlichen Theorien her sozialwissenschaftliche Tatbestände zu erfassen. Ein solcher Versuch ist etwa der umfassende von George K. Zipf, die Sozialtheorie auf dem Prinzip der kleinsten Anstrengung (als in Analogie zum Prinzip der kleinsten Wirkung) zu begründen; aber er bleibt in Analogien stecken. Ein anderer wäre der des Astronomen John Q. Stewart, der Analogien zum Gravitationsgesetz benutzt. Nach ihm soll die Wechselwirkung zwischen zwei Städten umgekehrt proportional der Entfernung zwischen ihnen sein. Interessanter sind die Untersuchungen von »Sozialphysikern« wie Stuart C. Dodd, Eliot D. Chapple und anderen, die mehr Gewicht auf dem sozialwissenschaftlichen Gegenstande angepaßte Symbolisierungen legen.

6. Wirkungssysteme

Ein sozialtheoretisches System wird in der Regel ein Wirkungssystem (Oppenheim und Grelling) sein, d. h., es wird in der Regel eine Determinationsbeziehung vorausgesetzt sein. Deren Definition ist für die Beurteilung echter oder unechter Korrelationen von Bedeutung. Simon hat eine Definition für die Kausalbeziehung angegeben und für diese Frage ausgewertet; er hat auch eine Brücke von hier aus zum Problem der »Identifizierbarkeit« (Tjalling C. Koopmans) von sozialen (ökonomischen) Beziehungen bzw. Konstanten geschlagen.

Die Annahme einer Determinationsbeziehung für sozialtheoretische Modelle ist nicht gleichbedeutend mit der Annahme, daß die sozialen Vorgänge von »*Naturgesetzen*« beherrscht würden. Die Auffassung, daß ein sozialtheoretisches Modell Handlungen beschreibt, d. h. Veränderungen von Situationen, die durch Maximen aufeinander abgebildet werden, läßt für Naturgesetze gar keinen Raum, vielmehr stellen die Maximen das genaue sozialtheoretische Analogon zum Naturgesetz dar. Aber das sozialtheoretische Modell kann einen streng deterministischen oder einen statistischen Charakter haben. Das hängt von den Annahmen ab, die ihm zugrunde liegen. Im allgemeinen wird man sagen dürfen, daß ein rein deterministisches Modell im Hinblick auf die soziale Wirklichkeit eine stärkere Idealisierung darstellt als ein entsprechendes Modell von statistischem Charakter.

7. Explanatorischer und heuristischer Wert von Modellen

Überhaupt liegt der Wert von Modellkonstruktionen in der mathematischen Sozialtheorie nicht nur in ihrem Erklärungswert, sondern oft haben sie mehr noch eine der sogenannten Nullhypothese in der Statistik verwandte Funktion, wie Anatol Rapoport treffend hervorgehoben hat; die Nullhypothese schließt ihrerseits auch oft die Konstruktion eines mathematischen sozialtheoretischen Modells ein. Eine Nullhypothese H_0 (bzw. das betreffende Modell) wird in der Regel so angenommen, daß sich daraus, daß H_0 auf Grund eines geeigneten Testes verworfen werden muß, schließen läßt, daß etwa die Verschiedenheit gewisser beobachte-

ter Größen nicht zufällig ist. Gerade die Verwerfung einer Konstruktion (eines Modells) führt so auf »kausale« Zusammenhänge.
Der Wert von Modellkonstruktionen ist mithin oft nicht ein explanatorischer, sondern ein heuristischer. Dieser letztere Gesichtspunkt kann sehr einfache Modelle rechtfertigen, deren explanatorischer Wert von vornherein als sehr gering angeschlagen werden müßte, da es nur darauf ankommt, aus dem vorausgesetzten Modell zwingende Folgerungen zu ziehen und diese mit Beobachtungen zu vergleichen. Richtung und Größe der Abweichungen können für weitere Forschungen bedeutsam sein.

8. Identifizierbarkeit

Mathematisch ist das Problem der »Identifizierung« das der Bedingungen, unter denen ein System von Gleichungen (oder auch Ungleichungen) Lösungen besitzt. Beschreibt ein solches System einen kausalen Zusammenhang zwischen den Unbekannten, so ist es klar, daß Lösungen existieren müssen. Da die Übereinstimmung der Anzahl der (unabhängigen) Gleichungen mit der Unbekannten weder eine hinreichende noch eine notwendige Bedingung für die Lösbarkeit ist, so ist es für die mathematische Sozialtheorie, die es bei ihren Modellen weitestgehend mit solchen Gleichungssystemen zu tun hat, nicht unwichtig, allgemeine Bedingungen für die Lösbarkeit solcher Systeme zu kennen. Das Problem stellt sich insbesondere auch für die *stochastischen Modelle* der mathematischen Sozialtheorie. Freilich muß es ihr auch darauf ankommen, daß sich das Vorliegen der betreffenden Bedingungen im konkreten Falle hinreichend leicht nachweisen läßt. Dieser letzteren Forderung genügen zahlreiche speziellere Bedingungen, die von Koopmans, Herman Rubin und anderen angegeben worden sind. Abraham Wald hat das Problem in sehr allgemeiner Form gestellt, indem er die p Elemente der zugrunde gelegten beiden Matrizes in einer Folge $\Theta_1, \ldots \Theta_p$ ordnete und die Menge $\Theta = \{\Theta_1, \ldots \Theta_p\}$ als Punkt des p-dimensionalen Raumes ansah. Die Frage war dann die Identifizierung einer Koordinate Θ_p des Punktes Θ des Parameterraumes im strengsten Sinne oder in dem abgeschwächten, daß es eine offene Menge ω gibt, die Θ enthält, so daß für jede zulässige Transformation Y

entweder $\Theta_p (Y) = \Theta_p$ oder aber $\Theta (Y)$ außerhalb von ω liegt. Aber die sehr allgemeinen Bedingungen für die Identifizierbarkeit, die Wald angibt, lassen sich im gegebenen Falle nicht leicht verifizieren.

II. Einige Modelle

A. Deterministische Modelle

1. Allgemeine Kennzeichnung

Unter deterministischen Modellen verstehen wir hier solche, in denen eine Situation *S* nach den gemachten Voraussetzungen und Randbedingungen eindeutig in *S'* übergeht, ohne daß *S'* durch irgendwelche Wahrscheinlichkeitsverteilungen gekennzeichnet wäre. Eine naheliegende Darstellungsform für solche Modelle sind Systeme von linearen Gleichungen oder Ungleichungen, insbesondere auch Differentialgleichungen, in denen nach der Zeit differenziert wird.

2. Richardsons Theorie der Außenpolitik und des Krieges

Ein gutes Beispiel eines solchen Modells, und zugleich eines der am besten ausgearbeiteten, ist die von Lewis F. Richardson in verschiedenen Ansätzen entwickelte Theorie der Außenpolitik und des Krieges. Ihr liegt die Vorstellung zugrunde, daß sich die Rüstung eines Staates nach den Bedrohungen richten wird, denen er ausgesetzt ist. Seien x die eigenen Verteidigungsmittel, y die Bedrohungen, denen er begegnet, t die Zeit, so stellt

$$\frac{dx}{dt} = ky,$$

wobei k einen »Verteidigungskoeffizienten« bedeute, die rüstungsmäßige »Antwort« dar. Für den Fall von nur zwei Staaten erhält man für den anderen Staat entsprechend

$$\frac{dy}{dt} = lx,$$

wenn man die Bedrohungen mit der Rüstung des anderen gleichsetzt und mit l den Verteidigungskoeffizienten des zweiten Staates bezeichnet. Wie sich leicht zeigen läßt, ist das durch die beiden Gleichungen beschriebene System instabil. Es läßt sich jedoch stabil machen, wenn man die Rüstungskosten und dergleichen die Rüstungen begrenzende Faktoren (ausgedrückt durch αx bzw. βy, wobei α und β Konstanten sind) in Betracht zieht (und ferner auch zu erhöhter Rüstung drängende Faktoren, etwa Revanchegelüste und dergleichen, die hier durch die Konstanten g und h repräsentiert werden mögen), und man erhält folgende Gleichungen

$$(1) \quad \frac{dy}{dt} = ky - \alpha x + g,$$

$$(2) \quad \frac{dx}{dt} = lx - \beta y + h.$$

Für das durch (1) und (2) beschriebene Modell lassen sich die Bedingungen für Gleichgewicht und Stabilität diskutieren. Richardson gibt unter anderem ein »*Rivalitätstheorem*« an. Er verallgemeinert seine Theorie zunächst auf drei, dann auf n Staaten und erörtert eine Anzahl spezieller Fälle. Auch versucht er sie für eine statistische Diskussion des Wettrüstens von sieben Großmächten 1922-1938 auszuwerten. Erwähnenswert ist auch Richardsons Theorie des »Sichduckens«, mathematisch, weil er nichtlineare Ausdrücke einführt, inhaltlich, weil er darin zwei auf den ersten Blick einander ausschließende Theorien vereinigt, die genannte des Wettrüstens und die, daß bei großem Rüstungsabstand sich der schwächere Staat unterwirft. In späteren Arbeiten hat sich Richardson insbesondere mit dem Einfluß von »Kriegsstimmungen« beschäftigt. Eine kritische Analyse seiner Theorien hat Rapoport gegeben.

3. Rashevskys Theorie des imitativen Verhaltens

Gewisse deterministische Vorstellungen liegen meist auch den Modellen sozialen Verhaltens zugrunde, die Nicolas Rashevsky, ein Vertreter der mathematischen Biologie, entworfen hat. Er hat sich unter anderem beschäftigt mit imitativem Verhalten von Individuen (dem gewisse Wahrscheinlichkeiten zukommen) und dessen Auswirkung in einer Gesellschaft, die vollständig determiniert ist, wenn man sie hinreichend groß nimmt. Es läßt sich dann der »Gleichgewichtszustand« für eine Person (unter der Voraussetzung, daß jeder jeden beeinflußt) betrachten und etwa zeigen, daß man die Anzahl *X* der Personen, die am Gleichgewichtspunkt ein bestimmtes Verhalten an den Tag legen, als Funktion aller in bezug auf das System exogenen Variablen erhält, unter Elimination der Wahrscheinlichkeit eben dieses Verhaltens bei einer Person.

4. Grade der Idealisierung

Für die Analyse solcher deterministischen oder wenigstens im großen deterministischen Systeme bietet sich vor allem die klassische Analysis an, die sich auf Grund verwandter Vorstellungen im engen Zusammenhange mit der klassischen Physik entwickelt hat. Die Ereignisse erscheinen als »in Kontinua eingebettet« (Charles S. Peirce), sie lassen sich beschreiben durch *n*-Tupel reeller Zahlen, deren eine die Zeit repräsentiert, womit auch Veränderungen faßbar werden.

Der deterministische Apparat erzwingt wenigstens zwei Idealisierungen, die für die Sozialwissenschaften schwerer ins Gewicht fallen als für die Physik. Die Welt, mit der es der Sozialwissenschaftler zu tun hat, stellt in keiner Dimension ein Kontinuum dar, auch nicht in der der Zeit. Diese Idealisierung beeinträchtigt freilich den Wert von sozialtheoretischen Modellen, die sonst hinreichend adäquat sind, im allgemeinen nicht, die Marginalanalyse ist ein gutes Beispiel dafür. Eine in der Regel sich weit stärker auswirkende Idealisierung scheint bei den deterministischen Modellen darin zu liegen, daß sie ganz oder teilweise davon absehen, daß sich Menschen im allgemeinen auch anders verhalten können und somit Aussagen über ihr Verhalten nur Aussagen über wahrscheinliches Verhalten sein können. Jedoch läßt sich den deterministischen Modellen eine in dieser Hinsicht einwandfreie Interpretation geben, wenn man die »Gesetze«, die das Modell demonstriert, wie oben dargelegt, als Maximen auffaßt und diese im normativen Sinne nimmt. Als Beschreibungen genommen geben sie nur Möglichkeiten wieder. Eine nicht nur formale Auffassung des deterministischen Charakters, sondern eine Interpretation im Sinne des philosophischen Determinismus, d. h. die Auffassung des Modells in dem Sinne, daß es einen streng »gesetzmäßigen« Vorgang demonstriere, kommt erst dadurch zustande, daß das sozialtheoretische Modell als ein sozialpsychologisches verstanden wird. So sehr der Sozialtheoretiker bestrebt sein kann und – je nach seiner Zielsetzung – bestrebt sein muß, seine Modelle dem wirklichen Verhalten einer bestimmten Menschengruppe in einem gewissen Zeitraum anzupassen, so bleiben sie doch grundsätzlich Modelle über mögliches Verhalten.

B. Wahrscheinlichkeitsmodelle

1. »Objektive« Wahrscheinlichkeit

Mit Wahrscheinlichkeiten haben es die Sozialwissenschaften auf doppelte Weise zu tun. Einmal werden gewisse Individuen oder Gruppen nur mit einer gewissen Wahrscheinlichkeit das erwartete Verhalten an den Tag legen. Wir sprechen in diesem Falle davon, daß dieses Verhalten objektiv eine Wahrscheinlichkeit w habe (objektive Wahrscheinlichkeit). Wie groß diese Wahrscheinlichkeit eines bestimmten Verhaltens ist, hängt bei der Konstruktion von Modellen von den Annahmen ab, die über dieses Verhalten gemacht werden. Bei reinen Modelluntersuchungen ist es oft bequem, sie gleich 1 zu setzen oder ihre absolute Größe unbestimmt zu lassen und sich über diese erst bei der empirischen Anwendung auf Grund geeigneter statistischer Daten eine Vorstellung zu bilden.

2. »Subjektive« Wahrscheinlichkeit

Der andere Begriff der Wahrscheinlichkeit ist der der subjektiven Wahrscheinlichkeit. Hierunter verstehen wir, daß ein Individuum (oder eine Gruppe) den Eintritt eines gewissen Ereignisses, etwa eines bestimmten Verhaltens eines anderen Individuums (oder einer Gruppe), mit einer gewissen Wahrscheinlichkeit erwartet und hiernach sein eigenes Verhalten einrichtet. Modellmäßig gesprochen: Die subjektive Wahrscheinlichkeit ist an eine Erwartung von Individuen, die im Modell betrachtet werden, geknüpft, nicht an eine Erwartung des Sozialwissenschaftlers. Diese Unterscheidung von objektiver und subjektiver Wahrscheinlichkeit hat nichts mit den verschiedenen »objektivistischen« und »personalistischen« Deutungen des Wahrscheinlichkeitsbegriffes zu tun. Von den Fragen der Begründung des Wahrscheinlichkeitsbegriffes können wir hier im allgemeinen absehen.

3. Ramsey-Norm

Als Beispiel für subjektive Wahrscheinlichkeiten mag die von Marschak so genannte »*Ramsey*-Norm« (nach dem Mathematiker und Logiker Frank P. Ramsey) dienen. Es handele sich ganz allgemein darum, festzulegen, wann unter n möglichen Entscheidungen eines Individuums die j-te Entscheidung einer andern, etwa der k-ten, nicht vorzuziehen ist. Dazu betrachten wir die Menge aller möglichen Ergebnisse der Entscheidungen des Subjekts. Es sei das Ergebnis der j-ten Entscheidung im i-ten Weltzustand a_{ij} ($i = 1, \ldots m; j = 1, \ldots n$). Verhält sich das Individuum dem Modell entsprechend, so gibt es ein w_i ($w_i \leq 0, \sum_{i=1}^{m} w_i = 1$) und eine reelle Funktion $u\ (a_{ij})$, so daß die j-te Entscheidung genau dann der k-ten nicht vorgezogen wird, wenn

$$\sum_{i=1}^{m} w_i\, u\, (a_{ij}) \leq \sum_{i=1}^{m} w_i\, u\, (a_{ik}).\ (j, k = 1, \ldots n).$$

Die Zahlen w_i sind die subjektiven Wahrscheinlichkeiten, mit denen das fragliche Individuum den Weltzustand i erwartet, während $u\ (a_{ij})$ den Nutzen des Ergebnisses a_{ij} für das Individuum bezeichnet. Verhält sich das Individuum »normgemäß«, so erlaubt seine Entscheidung den Rückschluß auf seine subjektiven Wahrscheinlichkeiten und auf seinen Nutzen. Das ist wichtig, weil die subjektiven Wahrscheinlichkeiten nicht mit den objektiven Wahrscheinlichkeiten (etwa denen erwarteter Würfe mit einem echten Würfel) zusammenzufallen brauchen. Im speziellen Falle kann man $u\ (a_{ij})$ mit der »Auszahlung« a_{ij} identifizieren. Dann lassen sich klarerweise die subjektiven Wahrscheinlichkeiten aus den Entscheidungen erschließen; oder wenn man die subjektiven Wahrscheinlichkeiten voraussetzt, liegt der Schluß auf den Nutzen auf der Hand. Es läßt sich leicht zeigen, daß sich in beiden Fällen eine Metrik für die subjektive Wahrscheinlichkeit bzw. für den Nutzen ergibt, und im allgemeinen Falle eine für den erwarteten Nutzen. Man läßt in vielen Modellen (insbesondere auch in der Spieltheorie) oft die subjektive Wahrscheinlichkeit der Erwartung mit der objektiven Wahrscheinlichkeit des Eintrittes des erwarteten Ereignisses zusammenfallen, d. h., man unterstellt, daß die Individuen die Wahrscheinlichkeitsverteilungen kennen. Der Nutzenbegriff läßt sich noch so verallgemeinern, daß man annimmt, daß das zwischen a_1 und a_2 wählende Individuum diese Wahl nur mit einer gewissen Wahrscheinlichkeit trifft. Dann ist jedoch die Vorzugsrelation, die dem Nutzenbegriff zugrunde liegt, nicht mehr transitiv (Robert D. Luce).

4. Stochastische Prozesse

Die Annahme, daß ein Individuum eine gewisse Wahl selbst ceteris paribus nur mit einer gewissen Wahrscheinlichkeit trifft, erscheint gerade für die Sozialwissenschaften natürlich, obgleich man bisher bei Modellkonstruktionen die Präferenzen gern als feststehend angesehen hat (wie etwa in der ökonomischen Theorie der Indifferenzkurven). In der Theorie der Politik legen etwa Wahlen nahe, Modelle zu entwerfen, die Wahrscheinlichkeiten von Änderungen in der Haltung der Wähler über einen gewissen Zeitraum hin, etwa den eines Wahlkampfes, in Betracht ziehen. Meinungsbefragungen erlauben hier ein gewisses »Experimentieren«. Es werde etwa ein Individuum in gewissen Abständen um seine Meinung zu einer bestimmten Frage befragt, es seien m Meinungen möglich, und w_{ij} sei die Wahrscheinlichkeit, daß das betreffende Individuum im Zeitpunkt $t + 1$ die Meinung j hat, wenn es im Zeitpunkt t die Meinung i hatte. Dann läßt sich offenbar eine mn-Matrix W angeben, die die Wahrscheinlichkeiten des Übergangs von einer möglichen Meinung i zu einer Meinung j in einem Befragungsabstand enthält. Allgemein ist dann für einen Zeitraum von $n + 1$ Befragungen die Wahrscheinlichkeit der Aufeinanderfolge der Meinungen i_0, i_1, ... i_n gleich:

$$w_{i_0 i_1} \cdot w_{i_1 i_2} \cdot \ldots \cdot w_{i_{n-1} i_n}.$$

Die Menge der von einer bestimmten Meinung aus möglichen m^n

Folgen F_j von Änderungen sind dann Wahrscheinlichkeiten W_j zugeordnet, für die gilt:

$$\sum_{j=1}^{m^n} W = 1.$$

Die Mengen der Folgen F_j bilden einen stochastischen Prozeß, in diesem Falle einen Markov-Prozeß (spezieller: eine Markovkette), da die Wahrscheinlichkeit der Meinung im Zeitpunkt $t + 1$ nur von der Meinung im Zeitpunkt t abhängt. Man kann diese Einschränkung aufgeben, auch das Modell auf n Personen erweitern, was hier nicht zu verfolgen ist.
Solche stochastischen Prozesse sind offensichtlich für die mathematische Sozialtheorie von erheblicher Bedeutung. Allgemein stellen sie eine Menge von zufälligen Variablen dar, die eine gemeinsame Wahrscheinlichkeitsverteilung haben. Auf solche stochastischen Prozesse beziehen sich auch die Entscheidungsfunktionen.

5. Entscheidungen

a. Klassifizierung

Seit einiger Zeit ist immer mehr der Begriff der Entscheidung und des Treffens von Entscheidungen mit ins Zentrum der mathematischen Sozialtheorie gerückt. Auf der einen Seite hatte er sich in der Theorie der Verwaltung, des Managements aufgedrängt (Chester I. Barnard, Edwin O. Stene, Simon), dann war er in speziellerer Form in der mathematischen Statistik von Wald formuliert worden in Weiterführung der Neyman-Pearsonschen Theorie der Prüfung von Hypothesen und der R. A. Fisherschen Theorie der Schätzung. Wald führte das Problem des statistischen Schlusses zurück auf das der Wahl einer Entscheidungsfunktion δ. Ein Entscheidungsproblem in diesem Sinne ist stets auf einen stochastischen Prozeß bezogen.
Man hat die Entscheidungen nach verschiedenen Gesichtspunkten klassifiziert. Die Einteilung in individuelle und kollektive liegt zwar nahe und ist in der sozialwissenschaftlichen Praxis bedeutsam, aber ihr theoretisches Gewicht scheint weniger groß zu sein, da, so verschieden die Motivierung bei den verschiedenen

Individuen sein mag, die einem Kollektiv angehören, eine Entscheidung eben dieses Kollektivs einheitlich ist und insofern theoretisch wie eine individuelle behandelbar. Theoretisch und methodologisch wesentlich interessanter ist die Einteilung der Entscheidungen nach Gewißheit, Risiko und Ungewißheit.

b. Entscheidungen unter Gewißheit

Eine Entscheidung unter Gewißheit treffen bedeutet soviel, daß für jede betrachtete Handlung bekannt ist, daß sie unweigerlich zu einem bestimmten Ergebnis führt. Das Problem der Entscheidung läuft dann darauf hinaus, unter den gegebenen möglichen Handlungen diejenige zu wählen, die einen gewissen Wert zu einem Maximum (oder Minimum) macht. Da sich jeder Handlung h aus der Menge H der möglichen Handlungen ein entsprechender Index $f(h)$ zuordnen läßt, gilt es, die Handlung h_o zu finden, für die $f(h_o) \geq f(h)$ für alle h in H wird. Die Entscheidungen unter Gewißheit sind nur eine andere Darstellung der (im formalen Sinne) deterministischen Modelle.

c. Entscheidungen unter Risiko

Eine Entscheidung unter Risiko treffen bedeutet, daß unter den Alternativen, denen sich ein Individuum gegenübersieht, wenigstens das Ergebnis der einen, falls sich das Individuum für diese entscheidet, nur mit einer Wahrscheinlichkeit *w* zu erwarten ist. Eine Lösung bahnten v. Neumann und Morgenstern damit an, daß sie zeigen konnten, daß sich den zugrunde liegenden Alternativen dann Nutzengrößen zuordnen lassen, wenn das Individuum in der Lage ist, in bezug auf jedes mögliche Paar von Glücksspielen über die Menge jener Alternativen eine Präferenz zu haben.

Eine Entscheidung unter Ungewißheit zu treffen, liegt zunächst in einem Spiel (im Sinne der Spieltheorie), wenn die Entscheidungen der andern Spieler nicht bekannt sind. Aber dies ist nicht eigentlich gemeint, wenn man von Entscheidungen unter Ungewißheit spricht. Hat man eine Alternative zwischen den Verhalten $V_1, \ldots V_m$ und hängt die relative Wünschbarkeit eines jeden davon ab, welcher der Weltzustände $z_1, \ldots z_n$ vorliegt, gibt es weiter eine A-priori-Wahrscheinlichkeitsverteilung über diese Zustände und ist diese bekannt, so geht das Problem über in das einer Entscheidung unter Risiko. Das eigentliche Problem der Entscheidung unter Ungewißheit entsteht erst, wenn über die $z_1, \ldots z_n$ nichts bekannt ist oder nicht genügend, um ein Risiko zu kalkulieren.

Um auch bei völliger Ungewißheit rational Entscheidungen treffen zu können, sind eine Reihe von Kriterien entwickelt worden. So versucht man etwa beim Maximin-Kriterium, von einer am wenigsten günstigen A-priori-Verteilung auszugehen (spieltheoretisch: Man entscheidet sich für die *Maximin-Strategie* gegen die angenommene *Minimax-Strategie* des unbekannten Gegners). Die Auszahlungen werden in Nutzen angegeben, man entscheidet sich für die Maximisierung des für jedes V_i zu erwartenden geringsten Nutzens. Savage hat dieses Kriterium zu verbessern gesucht durch den Übergang zu Auszahlungen in Risiko. Die Entscheidung fällt nach diesem Minimax-Risiko-Kriterium für die Minimisierung des für jedes V_i größten Risikos. Leonid Hurwicz hat Minimum m_i und Maximum M_i der Nutzen-Indizes für jedes V_i in Betracht gezogen; V_i soll einem V_j nach ihm dann vorgezogen werden, wenn für eine gewisse feste Zahl α, die zwischen 0 und 1 liegt, gilt:

$$\alpha m_i + (1 - \alpha)M_i > \alpha m_j + (1 - \alpha)M_j.$$

(Für $\alpha = 0$ ist das das genannte Maximin-Kriterium.) Der Schwierigkeiten dieser und anderer Kriterien wegen hat man versucht, die Desiderata für solche Kriterien axiomatisch festzulegen.

Es bleibt noch der Fall der Entscheidungen bei teilweiser Unkenntnis. Hier ist es das Ziel von Savage, die ungenügende Kenntnis in seiner personalistischen Entscheidungstheorie zu benutzen, um eine eindeutige A-priori-Wahrscheinlichkeitsverteilung der

Zustände z_1, ... z_m aufzuzeigen. Hurwicz will die partielle Kenntnis benutzen, um gewisse A-priori-Verteilungen auszuschließen, um die Menge Z der Zustände dann in bezug auf die verbleibende Klasse von A-priori-Verteilungen als Entscheidungsproblem unter vollständiger Ungewißheit zu behandeln.

e. Statistische Entscheidungen

Die statistischen Entscheidungen sind solche unter Risiko und Ungewißheit. Vorausgesetzt ist ein stochastischer Prozeß, dessen Verteilungsfunktion F nicht vollständig bekannt ist, man weiß etwa nur, daß sie einer gewissen Klasse Ω von Verteilungsfunktionen angehört. Dann gibt es eine Risikofunktion $r(F, \delta)$ derart, daß sie die erwarteten Verluste und Kosten – wie immer diese zu messen seien – angibt für den Fall, daß F wahr ist und die Entscheidungsfunktion δ benutzt wird. Dann soll δ_1 einem δ_2 vorgezogen werden, wenn $r(F, \delta_1) \leq r(F, \delta_2)$ für alle F in Ω und $r(F, \delta_1) < r(F, \delta_2)$ für wenigstens ein F in Ω. Wald, der die Theorie der Entscheidungsfunktionen aufbaute, hat das Entscheidungsproblem als ein Zwei-Personen-Nullsummen-Spiel aufgefaßt. Die Risikofunktion wird dann zur Auszahlungsfunktion, der am wenigsten günstigen A-priori-Verteilung entspricht die Minimax-Strategie des Spielers 1, der Minimaxlösung des Entscheidungsproblems die Minimaxstrategie des Spielers 2 usw.

f. Gruppenentscheidungen

Gruppenentscheidungen bringen insoweit keine neuen Probleme, als erlaubt ist, die Gruppe wie ein Individuum zu behandeln. Anders steht es, wenn man die Frage aufwirft nach dem Verhältnis der Gruppenentscheidung zu den individuellen Präferenzen der Angehörigen der Gruppe. Hier gelang es zunächst Arrow, ein wichtiges negatives Ergebnis zu erzielen. Sein Problem mag kurz angedeutet werden: Gegeben seien die Rangordnungen für die Alternativen, die für die n Glieder einer Gesellschaft bestehen. Gesucht sind »faire« Methoden, diese individuellen Rangordnungen in einer Rangordnung der Gesellschaft zusammenzufassen. Es zeigte sich nun, daß fünf anscheinend harmlose Bedingungen

für Fairneß einander widersprechen, daß es keine social-welfare-Funktion, d.h. eine Regel für die Transformation der individuellen in die Gruppenrangordnung geben kann, die alle fünf Bedingungen erfüllt. Diese sind: (1) daß jene Funktion für alle denkbaren *n*-Tupel von Rangordnungen definiert ist; (2) daß bei gewissen Modifikationen des *n*-Tupels die Funktion für ein gewisses Paar das gleiche Ergebnis liefern soll (positive Verknüpfung sozialer und individueller Werte); (3) daß irrelevante Alternativen unabhängig sind; (4) soll es für jedes Paar Alternativen *x*, *y* ein Tupel individueller Ordnungen geben, so daß die Gesellschaft *x* vor *y* vorzieht; (5) soll es keine individuelle Ordnung geben mit der Eigenschaft, daß, wenn diese *x* vor *y* vorzieht, auch die Gesellschaft das tut ohne Rücksicht auf die Präferenzen anderer Individuen. – Die vierte Bedingung verlangt, daß jede soziale Präferenz auf ein Tupel individueller Rangordnungen bezogen ist, während die fünfte einen »Diktator« ausschließt. Eine social-welfare-Funktion, die der ersten bis dritten Forderung genügt, verstößt entweder gegen die vierte oder fünfte.
Es bedarf keiner Betonung, daß dieses Ergebnis Arrows für die mathematische Sozialtheorie von wesentlicher Bedeutung ist, vor allem auch für eine Theorie der Demokratie. Man hat auf verschiedene Weise versucht, das Problem der social-welfare-Funktion zu lösen, sei es, daß man gewisse Forderungen abschwächte, die individuelle Stärke der Präferenzen statt der bloßen Rangordnung einführte und anderes. Insbesondere ergeben sich spieltheoretische Aspekte. Man kann etwa auf einfache Mehrheit abstellen, was, wie sich zeigen läßt, zu intransitiven Gruppenpräferenzen führen kann. Das hätte keine Bedeutung, solange man es – etwa in einem Parlament – mit isolierten Alternativen zu tun hat. Aber unter Umständen kann bekanntlich das Ergebnis von Abstimmungen von der Reihenfolge der Fragen abhängen. Ein erst abgelehnter Gesetzentwurf kann ein wenig später vom gleichen Parlament angenommen werden, ohne daß, wie gemeinhin unterstellt, ein Abgeordneter seine »Meinung« geändert haben müßte – eben auf Grund der veränderten Umstände.
Die Wichtigkeit der Reihenfolge bei Abstimmungen mag durch folgendes Beispiel erläutert werden. Um ein vorhandenes Gesetz *x* durch ein anderes (*y* oder *z*) zu ersetzen, sei eine qualifizierte (¾) Majorität nötig. Es gebe vier gleich starke Parteien 1-4, deren Präferenzen folgende seien: 1: $z > y > x$; 2: $z > y > x$; 3: $y > x >$

$z; 4: x > z > y$. Partei 4 verlange eine Abstimmung darüber, ob y oder z dem x entgegengesetzt werde. Dann wird zugunsten von z entschieden, das aber keine qualifizierte Mehrheit gegen x hat, obwohl es eine qualifizierte Mehrheit von y gegen x gegeben hätte. Gerade parlamentarische Abstimmungen liefern, wie Luce und Howard Raiffa in diesem Zusammenhange hervorheben, in ihren dynamisch-strategischen Aspekten schöne Beispiele für n-Personenspiele. Für eine Theorie der Politik (und für analoge Probleme in andern sozialwissenschaftlichen Disziplinen) ist dabei weniger die modellmäßige Erfassung einzelner Fälle interessant, als daß auf diese Weise die Machtverteilungen in einem Parlament (aber nicht nur darin) behandelbar werden. Daher kommt es zunächst weniger auf die unmittelbare Anwendbarkeit der Modelle als darauf an, überhaupt eine geeignete Begriffsklaviatur für solche Fragen zu schaffen. Solche Begriffe sind etwa der der ψ-Stabilität, wobei ψ eine Regel ist, die für jede Koalitionsstruktur die Spieler angibt, die frei sind, sich über ein Zusammengehen zu verständigen, ferner der der »vernünftigen Auszahlungen«, der des »Wertes« eines Spieles und der der charakteristischen Funktion eines Spieles.

6. Lern- und Informationstheorie

Eng verbunden mit Spieltheorie und Theorie der Entscheidungsfunktionen ist die Lerntheorie von Robert R. Bush und Frederick Mosteller. Das »Lernen« im Sinne dieser Theorie stellt einen Markov-Prozeß dar. Diese Theorie verdient einen Hinweis deshalb, weil Lernvorgänge in diesem Sinne sich auch im Gegenstandsbereich der Sozialwissenschaften finden – man denke etwa an das Hineinwachsen einer Bevölkerung in neue politische Formen. Mehr schon als der Lernbegriff ist der der Information in den Bereich der mathematischen Sozialtheorie einbezogen worden, zumal er auch in der Spieltheorie eine Rolle spielt. Dies legt nahe, sich nach Anwendungsmöglichkeiten der Informationstheorie auch in der mathematischen Sozialtheorie umzusehen, zumal in Verbindung mit der Theorie der Steuerungsvorgänge [Kybernetik]. Information in diesem Sinne wird als eine Funktion eines Quotienten aus zwei Wahrscheinlichkeiten w_2/w_1 betrachtet, wobei w_1 den reziproken Wert der Anzahl der möglichen

Situationen (Zustände) vor Empfang der Information, w_2 den reziproken Wert der Anzahl der möglichen Situationen (Zustände) danach bezeichnet. Ist die Information vollkommen, so ist nur eine Situation möglich – nämlich die in Wahrheit vorliegende – und $w_2 = 1$. Um die gewünschte Information bei unabhängigen Operationen additiv zu machen, pflegt man für ihre Bewertung eine logarithmische Funktion zu wählen.

C. Topologie, Gruppentheorie, Theorie der Verbände

Eine Anwendung topologischer Mittel in der Psychologie und auch in der Soziologie hatte schon Kurt Lewin gefordert, ohne aber in seinen Arbeiten selber vom mathematischen Apparat der Topologie Gebrauch zu machen. Dann hatte v. Neumann (1935) bei der Untersuchung der Lösbarkeit eines Gleichungssystems für zirkuläre Produktionsprozesse darauf hingewiesen, daß der Zusammenhang mit topologischen Tatsachen Problemen der untersuchten Art (z. B. Minimax-Problemen) natürlich sei. Neuerdings hat vor allem Rashevsky auch für die mathematische Sozialtheorie sich auf die Topologie bezogen, weil es sich, wie in der Biologie so auch hier, um ziemlich komplexe Relationen handle. Verwandte Überlegungen führen für die Aufstellung sozialtheoretischer Modelle auf Gruppentheorie und Theorie der Verbände.

III. Normensysteme

Seit Ernst Mally (1926) sind verschiedene Versuche gemacht worden, die mathematischen Gesetze der Logik der »Sollsätze« festzulegen. Dabei zeigte sich, daß sich Redeweisen wie »es ist gesollt, daß ...«, »es ist erlaubt, daß ...« in eine Analogie zu Ausdrücken wie »es ist notwendig, daß ...« bzw. »es ist möglich, daß ...« bringen lassen. Es lag daher nahe, geeignete Systeme der *Modallogik* in entsprechender Weise in Systeme der *»deontischen« Logik* umzudeuten.

Beispielsweise geht Oskar Becker so vor, daß er die Variablen *p*, *q*, *r* als Handlungen deutet, deren Negationen als Unterlassungen. *»Gp«* bedeute dann, daß die Handlung *p* geboten (gesollt) ist, »*Ep*«, daß *p* erlaubt ist. Es legen sich dann folgende Beziehungen nahe:

$$G \sim p \leftrightarrow Ep,$$
$$\sim Gp \leftrightarrow E \sim p,$$
$$\sim (Gp \vee G \sim p) \leftrightarrow Ep \wedge E \sim p$$

(wenn »~« die Negation, »→« die Implikation, »∧« die Konjunktion, »∨« die Disjunktion, »↔« die Äquivalenz andeutet).
Diese Beziehungen bestehen auch zwischen den Modalitäten »notwendig« (*N*) und »möglich« (*M*), wenn man »*G*« durch »*N*« und »*E*« durch »*M*« ersetzt. Becker definiert darin »*Mp*« durch »~ *N* ~ *p*« und führt neben den aussagenlogischen (*p*, *q*, *r* sind hier Aussagenvariablen) folgende Axiome ein:

(1) $$N (p \wedge q) \leftrightarrow Np \wedge Nq,$$
(2) $$Np \rightarrow p.$$

Es kommt noch eine Substitutionsregel hinzu, nach der auch noch $N\mathfrak{A} \leftrightarrow N\mathfrak{B}$ gilt, wenn zwei Ausdrücke $\mathfrak{A}$ und $\mathfrak{B}$ im Sinne der Aussagenlogik äquivalent sind. Dieses modale System geht in ein deontisches über, wenn man »*N*« durch »*G*« ersetzt. Axiom (2) bedeutet dann, daß eine gebotene Handlung auch tatsächlich ausgeführt wird. Kombinationen (bzw. Iterationen) der deontischen Operatoren *G*, *E* deutet Becker als »Instanzenzug« (z. B. »*EGp*« soll besagen, daß die höhere Instanz der unteren Instanz erlaubt, *p* anzuordnen). Es sind auch gewisse Variationen eines solchen deontischen Kalküls möglich und untersucht worden (Becker, Georg H. v. Wright, Albert Hofstadter und John C. C. McKinsey, Ota Weinberger).
Einen besonderen Hinweis verdient das deontische System N_1^* von Hector Neri Castañeda, schon, weil es relativ weit ausgebaut worden ist und an die hundert Theoreme bewiesen werden. In N_1^* sind zwei voneinander unabhängige Operatoren *I* und *K* axiomatisiert. Der *I*-Operator erlaubt den Übergang von Imperativen zu Aussagen (Indikativen). Der *K*-Operator führt einen Imperativ über in eine Aussage über die Verpflichtung zu dem durch den Imperativ gebotenen Tun. Die speziellen Axiome für den (interessanteren) *K*-Operator lauten (wenn durch »*p*« Aussagen, durch »*z*« Imperative angedeutet werden):

A 14 $Kz \rightarrow \sim K \sim z,$
A 15 $K(z_1 \wedge z_2) \leftrightarrow Kz_1 \wedge Kz_2,$
A 16 $K(p \wedge z) \leftrightarrow p \wedge Kz,$

A 17 $K(Kz \rightarrow z)$,
A 18 $(x)Kz \rightarrow K(x)z$,

wobei x eine Individuenvariable ist und »(x) ...« bedeutet »für alle x: ...«.
Es kommt noch eine Regel hinzu, nach der, wenn z_1 und z_2 in N_1^* Imperative sind und $Iz_1 \rightarrow Iz_2$ in N_1^* beweisbar ist, unter gewissen Einschränkungen $Kz_1 \rightarrow Kz_2$ in N_1^* beweisbar ist. Diese Regel erlaubt, die Beweise für die K-Theoreme weitgehend über die I-Axiome zu führen. A 17 zeigt, daß die normative Logik keine Analogie zur Seinslogik besitzt. Insbesondere unterscheidet N_1^* sich durch dieses Axiom auch von dem erwähnten System Bekkers, in dem $G\ (Gp \rightarrow p)$ (und modallogisch die strikte Implikation $Np < p$) nicht ableitbar ist.
Von einer anderen Seite her hat der Mathematiker Karl Menger (1934) Überlegungen über Normen und das Verhalten gegenüber Normen (zustimmend, ablehnend, indifferent) angestellt. Seine Ansätze haben bisher keine rechte Weiterführung gefunden, jedoch verdienen insbesondere seine Ausführungen über mehrere Normen für ein Verhalten und über Disjunktivnormen Aufmerksamkeit.
Es seien N_1, N_2, ... N_n Normen über ein Verhalten V. Als »Wunsch« eines Menschen M werde die Alternative der von M für die Regelung von V zugelassenen Normen bezeichnet. N_0 bezeichne die Nichtregelung. Dann lassen sich die Menschen hinsichtlich ihrer Wünsche für die Regelung von V bei n echten Normen für V in 2^{n+1}-1 Gruppen einteilen. Als Vereinbarkeitsbasis zwischen zwei oder mehreren dieser Gruppen (oder zwischen zwei Menschen M_1 und M_2) werde die Menge aller von den betreffenden zugelassenen Regelungen von V bezeichnet. Ist diese Vereinbarkeitsbasis leer, heißen die Gruppen (Menschen) unvereinbar, andernfalls vereinbar. Für den Fall $n = 2$ ergeben sich 7 Gruppen: (0), (1), (2), (0, 1), (0, 2), (1, 2), (0, 1, 2), wenn wir sie nach den Indizes der Normen N_0, N_1, N_2 bezeichnen. Aus ihnen lassen sich 21 Paare bilden, von denen 15 vereinbar sind, z.B. (0) und (0, 1), und 6 unvereinbar, z.B. (0) und (1, 2). Die Vereinbarkeitsbeziehung ist nicht transitiv. Dafür, daß ein System von drei oder mehr Gruppen vereinbar ist, ist es notwendig, daß die betreffenden Gruppen paarweise vereinbar sind, wie etwa der Fall (0, 1), (0, 2), (1, 2) zeigt. Sehen wir die Gruppen als Punkte an und

spannen wir als Ausdruck der Vereinbarkeit von zwei Gruppen eine Strecke zwischen diese Punkte, so müssen wir, um die Vereinbarkeitsverhältnisse von je drei Gruppen darzustellen, zwischen diese eine Dreiecksfläche spannen, bei vier Gruppen einen Tetraeder, für je n vereinbare Gruppen zwischen die n Punkte ein $(n-1)$-dimensionales Simplex. Die Summe der so gebildeten Simplexe heiße ein *Komplex*; dessen Dimensionszahl ist gleich der des Simplex mit der höchsten Dimensionszahl, das in ihm enthalten ist. Der Vereinbarkeitskomplex des Beispieles ist die Summe der Tetraeder (drei) mit den Eckpunkten

$$(0), (0, 1), (0, 2), (0, 1, 2)$$
$$(1), (0, 1), (1, 2), (0, 1, 2)$$
$$(2), (0, 2), (1, 2), (0, 1, 2).$$

Als wichtig dürfte sich die Einführung des Begriffes der *Disjunktivnorm* erweisen. Seien $N_1, N_2, \ldots N_n$ Normen für ein Verhalten V, so heißen wir Disjunktionen von zwei oder mehreren Normen N_i $(i = 1, \ldots n)$ Disjunktivnormen. Insgesamt ergeben die (kategorischen) n Normen N_i $2^n - 1$ Disjunktivnormen, wenn man die kategorischen mitzählt. Menger verfolgt die Konsequenzen seines Ansatzes auch hier vor allem für das Verhalten von Menschen solchen Disjunktivnormen gegenüber.

Legt eine Norm das Verhalten mehrerer fest, so müssen die von ihr zugelassenen Handlungen jedes einzelnen miteinander verträglich sein. Grundsätzlich kann eine Norm über einen beliebig weiten Bereich sich erstrecken, wir fordern für sie nur, daß sie das Verhalten eines jeden in dem Bereich Handelnden eindeutig festlege. Es sei die Anzahl der für diesen Bereich möglichen nicht identischen Normen solcher Art n. Eindeutige Festlegung bedeutet, daß den Handelnden keine Wahlmöglichkeit verbleibt, daß ihnen die Entscheidung durch die Norm abgenommen worden ist. Eine Rechtsordnung habe primär die Aufgabe, durch geeignete Normierungen dafür zu sorgen, daß für den Bereich, über dem sie definiert ist, die Handlungen so lange miteinander verträglich sind, als sie gemäß diesen Normierungen verlaufen. Da eine Rechtsordnung beliebig Entscheidungen abnehmen kann, folgt, daß sie als Disjunktivnorm $N_{i_1 \ldots i_j}$ $(1 \leq i_j \leq n)$ darstellbar ist. Die Disjunktivnorm $N_{1 \ldots n}$ würde diejenige Rechtsordnung für den fraglichen Bereich darstellen, die den Handelnden die größtmögliche Freiheit gewährt. Dann aber läßt sich $N_{12 \ldots n}$

ausschließlich durch ein geeignetes (strukturelles) Verträglichkeitspostulat charakterisieren.

Von anderer Art ist der Versuch Richard B. Braithwaites (1955), mit spieltheoretischen Mitteln in gewissen Streitfällen zu so etwas wie einer »gerechten« Lösung zu gelangen. Er legt die Präferenzen der Streitenden zugrunde, das Problem ist dem erwähnten der fairen Methoden bei Gruppenentscheidungen eng verwandt. Die Schwierigkeit liegt bei diesen kooperativen Spielen darin, daß die Entscheidung für eine gewisse Art der Lösung willkürlich ist.

Literatur

Menger, Karl, *Moral, Wille und Weltgestaltung. Grundlegung zur Logik der Sitten,* Wien 1934

Lewin, Kurt, *Principles of Topological Psychology,* New York u. London 1936

– *The Conceptual Representation and Measurement of Psychological Forces,* Durham, N. C. 1938

Menger, Karl, »A Logic of the Doubtful. An optative and imperative Logic«, in: *Rep. Mathemat. Coll.,* Notre Dame, Ind., 2, S. 1 (1938)

Rashevsky, Nicolas, *Mathematical Biophysics,* Chicago (1938) ²1948

Richardson, Lewis F., *Generalized Foreign Politics. A Study in Group Psychology,* Cambridge 1939

Chapple, Eliot D., *Measuring Human Relations: An Introduction to the Study of the Interaction of Individuals,* Provincetown, Mass., 1940

Dodd, Stuart C., *Dimensions of Society,* New York 1942

Rashevsky, Nicolas, *Mathematical Theory of Human Relations,* Bloomington, Ind., 1947

Dodd, Stuart Carter, »A Systematics for Sociometry and for All Science«, in: *Sociometry,* Beacon, N. Y., 11 (1948)

Richardson, Lewis F., »Variations of the Frequency of Fatal Quarrels with Magnitude«, in: *J. of the Am. Stat. Ass.,* Washington, 43 (1948)

– »War Moods«, in: *Psychometrica,* Alcoa, Tenn., 13 (1948)

Stewart, John Q., »Demographic Gravitation: Evidence and Applications«, in: *Sociometry,* Beacon, N. Y., 11 (1948)

Wiener, Norbert, *Cybernetics; or, Control and Communication in the Animal and the Machine,* New York, Paris u. Cambridge, Mass., 1948

Festinger, Leon, »The Analysis of Sociograms Using Matrix Algebra«, in: *Human Relations,* London, 2 (1949)

Shannon, Claude E., *Mathematical Theory of Communication,* Urbana, Ill., 1949

Zipf, George K., *Human Behavior and the Principle of Least Effort,* Cambridge, Mass., 1949

v. Kempski, Jürgen, »Wie ist Theorie der Politik möglich?«, in: *Z. f. d. ges. Staatswiss.,* Tübingen, 106 (1950); in diesem Band S. 441 ff.

Pringle, J. W. S., »On the Parallel between Learning and Evolution«, in: *Behavior,* Leiden, 3 (1950/51); wiederabgedr. in: *General Systems,* Ann Arbor, Mich., 1 (1956)

Stouffer, Samuel Andrew (u. a.), *Studies in Social Psychology in World War II,* IV: Measurement and Prediction, Princeton, N. J., 1950

Arrow, Kenneth Joseph, »Mathematical Models in the Social Sciences«, in: *The Policy Sciences,* hg. von D. Lerner u. H. D. Lasswell, Stanford, Cal., 1951; wiederabgedr. in: *General Systems,* Ann Arbor, Mich., 1 (1956)

– *Social Choice and Individual Values,* New York 1951

Lewin, Kurt, *Field Theory in Social Sciences,* New York 1951

Rashevsky, Nicolas, *Mathematical Biology of Social Behavior,* Chicago 1951

Wisdom, John Oulton, »The Hypothesis of Cybernetics«, in: *British J. for the Philosophy of Sc.,* Edinburgh, 2 (1951); wiederabgedr. in: *General Systems,* Ann Arbor, Mich., 1 (1956)

v. Wright, Georg H., *An Essay in Modal Logic,* Amsterdam 1951

Hempel, Carl Gustav, *Fundamentals of Concept Formation in Empirical Science,* Chicago 1952

Leeman, Cavin P., »Patterns of Sociometric Choice in Small Groups: A Mathematical Model and Related Experimentation«, in: *Sociometry,* Beacon, N. Y., 15 (1952)

Lippitt, Ronald, Polansky, Norman A. u. Rosen, Sidney, »The Dynamics of Power«, in: *Human Relations,* London, 5 (1952)

Rapoport, Anatol u. Rebhun, Lionel I., »On the Mathematical Theory of Rumor Spread«, in: *Bull. of Mathemat. Biophysics,* Alcoa, Tenn., 14 (1952)

Ackoff, Russell Lincoln, *The Design of Social Research,* Chicago 1953

Boulding, Kenneth E., »Toward a General Theory of Growth«, in: *Canadian J. of Ecs. and Pol. Sc.,* Toronto, 19 (1953); wiederabgedr. in: *General Systems,* Ann Arbor, Mich., 1 (1956)

Bross, Irwin D. J., *Design for Decision,* New York 1953

Deutsch, Karl Wolfgang, *Nationalism and Social Communication,* Cambridge, Mass., u. New York 1953

Harary, Frank u. Norman, Robert Z., *Graph Theory as a Mathematical Model in Social Science,* Ann Arbor, Mich., 1953

Kalinowski, J., »Teoria zdań normatywnych« (mit frz. Übers.), in: *Studia logica,* Warschau, 1 (1953)

Katz, Leo, »A New Status Index Derived from Sociometric Analysis«, in: *Psychometrica,* Alcoa, Tenn., 18 (1953)

Landau, Hyman Garshin u. Rapoport, Anatol, »Contributions to the Mathematical Theory of Contagion and Spread of Information«, in: *Bull. of Mathemat. Biophysics,* Alcoa, Tenn., 15 (1953)
Rapoport, Anatol, »Spread of Information through Population with Socio-Structural Bias«, in: *Bull. of Mathemat. Biophysics,* Alcoa, Tenn., 15 (1953)
Ruesch, Jurgen, »Synopsis of the Theory of Human Communication«, in: *Psychiatry,* Washington, 16 (1953)
Blackwell, David Harold u. Girshick, Meyer A., *Theory of Games and Statistical Decisions,* New York 1954
Cannon, Walter Bradford, »The Body Physiologic and the Body Politic«, in: *Scientific Monthly,* Lancaster, Pa., 78 (1954)
Kochen, Manfred, »An Information Theoretic Model of Organizations«, in: *IRE Transactions on Information Theory,* New York, 4 (1954)
Lazarsfeld, Paul F. (Hg.), *Mathematical Thinking in the Social Sciences,* Glencoe, Ill., (1954) ²1955
Rashevsky, Nicolas, »Topology and Life: in Search of General Mathematical Principles in Biology and Sociology«, in: *Bull. of Mathemat. Biophysics,* Alcoa, 16 (1954); wiederabgedr. in: *General Systems,* Ann Arbor, Mich., 1 (1956)
Russell, W. M. S., Mead, A. P., Hayes, J. S., »A Basis for the Quantitative Study of the Structure of Behaviour«, in: *Behaviour,* Leiden, 6 (1954); wiederabgedr. in: *General Systems,* Ann Arbor, Mich., 2 (1957)
Shapley, Lloyd S. u. Shubik, Martin, »A Method for Evaluating the Distribution of Power in a Committee System«, in: *Am. Pol. Sc. R.,* Menasha, Wisc., 48 (1954)
Shubik, Martin (Hg.), *Readings in Game Theory and Political Behavior,* Garden City, N.Y., 1954
Snyder, Richard Carlton, Bruck, H. W. u. Sapin, Burton, *Decision Making as an Approach to the Study of International Politics,* Princeton, N. J., 1954
Thrall, Robert McDowell, Coombs, Clyde Hamilton u. Davis, R. L. (Hg.), *Decision Processes,* New York 1954
Lazarsfeld, Paul F. u. Rosenberg, Morris (Hg.), *The Language of Social Research,* Glencoe, Ill., 1955
March, James Gardner, »An Introduction to the Theory and Measurement of Influence«, in: *Am. Pol. Sc. R.,* Menasha, Wisc., 49 (1955)
McClelland, Charles A., »Applications of General System Theory in International Relations«, in: *Main Currents in Modern Thought,* 12 (1955)
Deutsch, Karl Wolfgang, »Shifts in the Balance of Communication Flows: A Problem of Measurement in International Relations«, in: *Public Opinion Quart,* Princeton, N. J., 20 (1956)
French, John Robert Putman, »A Formal Theory of Social Power«, in:

Psychological R., Lancaster, Pa., u. Washington, 63 (1956); wiederabgedr. in: *General Systems,* Ann Arbor, Mich., 2 (1957)
General Systems. Yearbook of the Society for the Advancement of General Systems Theory, Bd. 1 ff., Ann Arbor, Mich., 1956 ff.
Kochen, Martin u. Levy, Marion Joseph, jr., »The Locigal Nature of an Action Scheme«, in: *Behavioral Sc.,* Ann Arbor, Mich., 1 (1956)
Naroll, Raoul S. u. v. Bertalanffy, Ludwig, »The Principle of Allometry in Biology and the Social Sciences«, in: *General Systems,* Ann Arbor, Mich., 1 (1956)
Rapoport, Anatol, »The Diffusion Problem in Mass Behavior«, in: *General Systems,* Ann Arbor, Mich., 1 (1956)
Foster, C., Rapoport, Anatol u. Trucco, E., »Some Unsolved Problems in the Theory of Non-isolated Systems«, in: *General Systems,* Ann Arbor, Mich., 2 (1957)
Kochen, Manfred, »Organized Systems with Discrete Information Transfer«, in: *General Systems,* Ann Arbor, Mich., 2 (1957)
Neri Castañeda, Hector, »Un sistema general de lógica normativa«, in: *Dianoia,* Mexiko, 3 (1957)
Pike, Kenneth L., »Towards a Theory of the Structure of Human Behavior«, in: *General Systems,* Ann Arbor, Mich., 2 (1957)
Rapoport, Anatol, »Lewis F. Richardson's Mathematical Theory of War«, in: *General Systems,* Ann Arbor, Mich., 2 (1957)
– »The Stochastic and the ›Teleological‹ Rationales of Certain Distributions and the So-Called Principle of Least Effort«, in: *Behavioral Sc.,* Ann Arbor, Mich., 2 (1957)
Simon, Herbert Alexander, *Models of Man, Social and Rational. Mathematical Essays on Rational Human Behavior in a Social Setting,* New York 1957
Vickers, Geoffrey, »Control, Stability and Choice«, in: *General Systems,* Ann Arbor, Mich., 2 (1957)
Ashby, William Ross, »General Systems Theory as a New Discipline«, in: *General Systems,* Ann Arbor, Mich., 3 (1958)
Harary, Frank, Norman, Robert Zane u. Cartwright, Darwin, *Introduction to Digraph Theory for Social Scientists,* Ann Arbor, Mich., 1958
McClelland, Charles A., »Systems and History in International Relations«, in: *General Systems,* Ann Arbor, Mich., 3 (1958)
Weinberger, Ota, »Die Sollsatzproblematik in der modernen Logik«, in: *Rozpravy československé Akademie věd,* Třida 1, Prag, 68 (1958), mit Bibliogr.
Cartwright, Darwin (Hg.), *Studies in Social Power,* Ann Arbor, Mich., 1959

(1960)

Die Forderung nach Realitätsnähe der Annahmen: ein logischer Widerspruch?

R. Kästli[1] hat in seiner Abhandlung über die Forderung nach Realitätsnähe der Annahmen in dieser Zeitschrift zu zeigen versucht, daß diese Forderung zu einem Widerspruch führt oder genauer: zu seinem Widerspruch gegen einen Satz der Aussagenlogik. Unter Realitätsnähe einer Annahme will er offenbar verstanden wissen, daß die in ihr auftretenden Prädikate beobachtbar sind. Ich lasse dahingestellt, was das heißt; so auf der Hand, wie er zu glauben scheint, liegt das nicht. Verwunderlich freilich die Vermutung, eine Forderung in bezug auf den anschaulichen Gehalt von Prädikaten, die in Annahmen auftreten, könne zu Widersprüchen mit der Aussagenlogik, die ja von der inneren Struktur und vom semantischen Charakter der Aussagen absieht, führen. Aber prüfen wir Kästlis Beweisführung. Dabei bleibe alles beiseite, was nicht dem Aufweis des behaupteten Widerspruchs dient, gleichgültig was von der Logik oder der Wissenschaftstheorie dazu anzumerken sein könnte.

Kästli geht davon aus, daß, wenn ein Sachverhalt, den ein Folgesatz aus einer (empirischen) Theorie ausdrückt, beobachtet wird, diese Beobachtung eine Bestätigung der betreffenden Theorie darstellt. Kästli spricht in diesem Fall von »positiver Evidenz«. Sei *A* eine Theorie (oder Annahme), *B* ein Folgesatz aus *A*, so gilt also: aus *A* folgt *B*, oder symbolisch:

(1) $$A \Rightarrow B.$$

In der Regel kann man dann auch übergehen zu: *A* impliziert *B*, oder symbolisch (mit Russells Implikationszeichen):

(2) $$A \supset B.$$

Man muß beachten, daß (2) weniger besagt als (1). Für die Folgebeziehung zwischen *A* und *B* ist erforderlich, daß jede Interpretation, die *A* erfüllt, auch *B* erfüllt. Es wird ein gewisser sachlicher

1 Kästli, R. (1978), »Die Forderung nach Realitätsnähe der Annahmen: ein logischer Widerspruch«, *Zeitschrift für die gesamte Staatswissenschaft*, 134, 126-132.

Zusammenhang zwischen *A* und *B* vorausgesetzt, wie er etwa zwischen den Prämissen und der Conclusio eines Syllogismus besteht. (So können wir in: $MaP, SaM \Rightarrow SaP$ das Tripel (S, M, P) durch (*Raben, Vögel, Wirbeltiere*) interpretieren.)
Anders in (2). Hier kann *B* etwas inhaltlich in keiner Weise mit *A* Zusammenhängendes bedeuten, da es nur auf die sogenannten Wahrheitswerte von *A* und *B* ankommt und $A \supset B$ nur dann nicht zutrifft, wenn *A* wahr und *B* falsch ist.
Nun behauptet Kästli folgendes:
(a) Die Forderung nach Realitätsnähe der Annahmen bedeutet, daß diese (genauer: die in ihnen auftretenden Prädikate) beobachtbar sein müssen.
(b) »Positive Evidenz« (doch wohl: für die Annahmen auf Grund eines gefolgerten Sachverhaltes, der beobachtet worden ist) wird nur akzeptiert, wenn die Annahmen tatsächlich beobachtet werden.
Auf Grund von (a) und (b) soll nun gelten:
(c) Der folgende Satz der Aussagenlogik, nämlich

(3) $$q \supset (p \supset q)$$

wird nicht »akzeptiert«, d. h., sein Negat wird behauptet.

(4) $$\sim(q \supset (p \supset q)).$$

(d) (3) und (4) widersprechen sich.
Von Kästlis Behauptungen (a)-(d) wird man (d) ohne weiteres zustimmen können. Für (a) hatten wir anfangs einen leisen Vorbehalt gemacht, aber er fällt für die Beweisführung nicht ins Gewicht. Hinsichtlich (b) ist eine Bemerkung am Platz. Kästli sagt nämlich ausdrücklich, daß Annahmen Allsätze (universale Sätze) seien. Mögen nun auch die in ihnen auftretenden Prädikate im Sinne Kästlis »beobachtbar« sein, so heißt das noch nicht, daß der in ihnen ausgesprochene Sachverhalt beobachtbar ist. Beobachtet wird ja immer nur ein individuelles Ereignis, eine solche Beobachtung gilt uns dann als eine Bestätigung des betreffenden Allsatzes, aus dem der die Beobachtung ausdrückende Satz gefolgert werden kann. Dabei ist es offenbar gleichgültig, ob ein Folgesatz *B* eine nahe oder entfernte Folgerung aus *A* ist.
Kommen wir zu (c). Es ist mir an diesem Punkte nicht gelungen, Kästlis Schluß nachzuvollziehen. Ein Logiker würde wohl meinen, daß an dieser Stelle eine Formalisierung der Prämissen erforderlich gewesen wäre, um genau sehen zu können, wie der Schluß

läuft. Man kann folgendes überlegen: ein wahres q in (3) kann nicht eine Annahme p bestätigen, da $p \supset q$ auch dann wahr ist, wenn p falsch ist. Also müsse man wohl über die Wahrheit von p anderweitig entscheiden, etwa durch die Beobachtung des in p ausgedrückten Sachverhaltes. Die Forderung nach Realitätsnähe würde ja die Beobachtbarkeit dieses Sachverhaltes so oder so – wir setzen gemachte Vorbehalte einmal beiseite – garantieren.
Nun heißt es in (c), wenn man die Realitätsnähe fordere, würde (3) nicht akzeptiert. Warum eigentlich nicht?
Fragen wir einmal anders herum: Warum wird (3) akzeptiert, wenn man nicht-realitätsnahe Annahmen zuläßt? Weil dann q, das beobachtet ist, auf Grund von (3) als eine Bestätigung von p, das nicht realitätsnah ist, genommen werden dürfte? Aber um etwas für die Frage der Bestätigung herzugeben, sagt (3) auch in diesem Falle viel zu wenig, einfach deshalb, weil nur ein gefolgerter Sachverhalt durch Beobachtung zu einer Bestätigung der Prämissen, aus denen er gezogen wurde, werden kann.
Aber einmal angenommen, Kästlis Beweisführung wäre vielleicht nicht ganz durchsichtig, stelle sich aber als stringent heraus. Wo ständen wir dann?
Wir dürften jedenfalls nicht Realitätsnähe aller Annahmen fordern, weil wir dann mit der Aussagenlogik kollidierten, und wer will sich schon mit Logikern anlegen?
Dann müßte aber auch jener Widerspruch auftreten, wenn wir, ohne durch eine Forderung dazu gehalten zu sein, in einer Theorie nur realitätsnahe Annahmen machen. Denn was in der wissenschaftlichen Praxis auf keinen Widerspruch führt, müßte man doch wohl auch – was immer sonst auch dagegen sprechen mag – fordern dürfen?
Warum aber die Behauptung, die Forderung nach Realitätsnähe aller Annahmen führe auf einen Widerspruch, nicht so verallgemeinern, daß schon die Forderung nach Realitätsnähe wenigstens einer Annahme den Widerspruch heraufbeschwört? Da Kästli zu den Annahmen noch Definitionen und Axiome zuläßt, lassen sich aus dieser einen Annahme jedenfalls Folgesätze ableiten, und Kästlis Beweisführung müßte dann den Widerspruch mit der Aussagenlogik aufdecken.
Folglich? Folglich dürften wir offenbar keinerlei realitätsnahe Annahmen fordern oder machen. Empirische Theorie, auch dann noch? (1980)

Sociologica

Wirtschaftswissenschaft und Soziologie

Es soll über das Verhältnis von Wirtschaftswissenschaft und Soziologie gesprochen werden, und es soll insbesondere näher bezeichnet werden, was Soziologie der Wirtschaftswissenschaft zu bieten habe. In der Regel hat man bei einer solchen Fragestellung folgendes im Auge: Die Wirtschaftswissenschaft bemüht sich um die wissenschaftliche Analyse von gewissen historischen Vorgängen – sagen wir etwa: die deutsche Inflation von Anfang der zwanziger Jahre, die Weltwirtschaftskrise um 1930, um nur einige auffällige Vorgänge zu nennen. Solche historischen Ereignisse haben auch der Soziologie oder der Politik zugewandte Seiten. Diese bilden für die Wirtschaftswissenschaft einen unerleuchteten Datenkranz, und so bittet die Wirtschaftswissenschaft die Nachbarwissenschaften um Illumination.

Von der Soziologie her oder auch von der sog. Politischen Wissenschaft her sieht die Sache etwas anders aus. Diese Disziplinen verstehen sich, wie man heute gern sagt, als »Integrationswissenschaften«. Was das auch immer heißen mag, es steckt darin der Anspruch, den historischen Gegenstand in seiner Komplexheit als Ganzes zu erfassen, – eigentlich auch nach seiner wirtschaftlichen Seite hin, wenigstens in Maßen und mit wenig theoretischem Aufwand; man hat schließlich auch noch für die rechtliche, die psychologische und sonstige Seite zu sorgen. Obwohl sich diese Einstellung von Soziologie und Politischer Wissenschaft aus deren philosophischer Herkunft erklärt, hat es etwas Verblüffendes, bei Soziologen die Meinung zu treffen, auch die Wirtschaftswissenschaft müsse sich schließlich methodisch nach dem Vorbilde der Soziologie richten. Wie dem nun sei – es läßt sich beliebig lange darüber reden, was alles der Wirtschaftswissenschaftler vom Soziologen lernen kann.

In einem freilich scheint die Wirtschaftswissenschaft der Soziologie und Politischen Wissenschaft voraus zu sein: Sie verfügt über eine relativ ausgebaute Theorie und die beiden andern – wenn's hochkommt – über Ansätze. Im allgemeinen wird man sagen dürfen, daß Soziologen wie Politologen dieser Art von Theorie gegenüber die Haltung einnehmen: Das mag für den Bereich der Wirtschaft nützlich sein, taugt aber nicht für die Soziologie und

Politologie. Denn gewiß: Wenn man sich zu solcher Theorie bekennt, erstrebt man keine »Integrationswissenschaft«.
So interessant im konkreten Falle die Frage des Ökonomen an den Soziologen, was er zu diesem oder jenem historischen Vorgang zu sagen habe, sein kann, so trivial wird sie, wenn man sie allgemein stellt: Natürlich kann er etwas sagen, eine ganze Menge sogar, sozusagen Kraut und Rüben hat er zu bieten. Natürlich ließe sich das Kraut sortieren und die Rüben auch – mag er's tun, wenn's Spaß macht.
Ich möchte zunächst das Augenmerk auf einen Punkt lenken, den ich für wichtig halte. Vorweg: In einer empirischen Disziplin, wie es die Soziologie und Politologie ja sein soll, ist grundsätzlich Philosophie *kein* Ersatz für Theorie. Wichtiger ist im Augenblick in der Soziologie und Politologie ein anderer Theorieersatz. Will man die soziale Wirklichkeit erforschen, so muß man an sie Fragen stellen, die von Theorie geleitet sind. Darin gerade erweist sich das Niveau empirischer Forschung. Nun gibt es neben der Theorie noch etwas anderes, das einen methodischen Ansatz für eine empirische Untersuchung erlaubt, nämlich ein praktisches Bedürfnis. Das löbliche Bestreben, sich nützlich zu machen, läßt Sozio- und Politologen nach solchen Bedürfnissen Ausschau halten und dann Erhebungen anstellen, um das zu erfahren, was wissen muß oder wissen sollte, wer etwas Bestimmtes will. Wer sich etwas mit der Verwaltungsgeschichte Preußens beschäftigt hat, weiß, wie gut im 19. Jahrhundert Verwaltungsjuristen, etwa Landräte, »soziologisch« arbeiten konnten. Aber die praktische Frage ist noch keine theoretisch geleitete. Man sollte das nicht verwechseln.
Wenn wir die Frage nach dem Verhältnis von Soziologie und Politologie auf der einen – es wird sogleich klarwerden, weshalb ich immer beide nenne – und der Wirtschaftswissenschaft auf der anderen Seite stellen, dann sollten wir rigoroser fragen: Wie ist das Verhältnis zwischen ökonomischer Theorie und soziologischer oder politologischer Theorie; was hat, was kann die letztere für die Wirtschaftstheorie bedeuten?
Es ist selbstverständlich wenig dankbar, eine Ehe zwischen einer immerhin erwachsenen oder nahezu erwachsenen Person und einem Säugling oder gar Embryo stiften zu wollen; denn das wäre ja wohl die Situation. Aber ich glaube, daß sich einiges sagen läßt unter einer doppelten Voraussetzung: Die Wirtschaftstheorie – so

wie sie nun einmal ist – ist eine Theorie der wirtschaftlichen Handlungen. Soziologie und Politologie sollten sich methodisch die Wirtschaftstheorie zum Vorbild nehmen. Das bedeutet dann: Wir betrachten Soziologie und Politologie als *Handlungs*wissenschaften, wir überlassen den Rest denen, die es angeht. Damit gewinnen wir einen ganz interessanten Ansatzpunkt. Außerdem läßt sich nun auch eine ganze Menge theoretischer Versuche entdecken, weniger bei den Gralshütern dieser Disziplinen als bei Außenseitern wie Rashevsky, Richardson, Simon u. a.

Es ist, wie ich glaube, wichtig, eine Theorie der Handlungen scharf von dem zu scheiden, was in den Bereich der Psychologie fällt und damit unter die Kompetenz des Psychologen. Auch Sozialpsychologie ist Psychologie. So wichtig es für die Beurteilung historischer Phänomene sein kann, über psychische Motivationen der Beteiligten und ihre Gründe Bescheid zu wissen, so spielen diese Motivationen als solche für eine theoretische Handlungswissenschaft keine Rolle: Hier interessieren nur die Maximen der Beteiligten, nach denen diese ihr Handeln ausrichten, mag die Annahme dieser Maximen durch sie nun motiviert sein wie sie will. Natürlich können wir und dürfen wir in den Handlungswissenschaften – in der Wirtschaftstheorie oder in der Theorie der Politik, der Sozialtheorie – bei der Konstruktion von Handlungsmodellen die *Maximen* so wählen, daß sie mit irgendwelchen datenmäßig gegebenen Motivationen gut zusammenpassen – das ist Sache unserer jeweils besonderen Fragestellung und Absicht –, aber wir müssen klar sehen, daß die unter die Kompetenz der Psychologie fallende Motivation und die Maxime im Sinne einer Leitlinie des Handelns zweierlei sind.

Wir kommen damit zu einer höchst wichtigen Unterscheidung. Man sagt gern, daß die Soziologie, von der Wirtschaftswissenschaft her gesehen, und nicht die Soziologie allein, Theorie der Daten ist oder sein solle. Das ist aber bestenfalls die halbe Wahrheit. Der politische Vorgang, die politische Entdeckung etwa, gilt der Wirtschaftswissenschaft als Datum wie so manches andere, etwa gewisse psychologische Prädispositionen. Aber während die letzteren echte »Daten« sind, Gegebenheiten nämlich, die als solche für die methodischen Mittel der Wirtschaftstheorie unangreifbar sind, trifft dies für politische Handlungen nicht zu: Deren methodische theoretische Bewältigung liegt auf derselben Ebene wie die theoretische Bewältigung der wirtschaftlichen Handlungen.

Daraus ergibt sich eine interessante Folgerung. Man kann darangehen und ist auch darangegangen, Handlungswissenschaften vom gleichen Typ wie die Wirtschaftswissenschaften aufzubauen. Ich fasse diese Versuche unter dem Namen mathematische Sozialtheorie zusammen, Theorie der Politik ist darin eingeschlossen. Das Wort »mathematisch« soll in diesem Zusammenhang andeuten, daß wir die Mathematik hier als analytisches Werkzeug einsetzen können, wenn wir wollen und wenn wir den Dreh finden, in dem es zweckmäßig und erfolgreich geschehen kann. Es gibt Bereiche, die etwa entwickelt sind wie die Preistheorie um 1900 – wenn das nicht viel ist, so ist es doch immerhin schon etwas und vom reinen Nichts verschieden; ich nenne etwa Richardsons Theorie des Wettrüstens.
Aber, und das ist nun die angekündigte Folgerung, man erhält nicht nur Theorien von Handlungen, beispielsweise von politischen Handlungen, die als in sich geschlossene Theorien neben die Wirtschaftstheorie treten. Grundsätzlich nämlich steht nichts im Wege, wenn man die Dinge mit hinreichend Fleiß, Können und Intuition vorantreibt, alle diese theoretischen Bemühungen zusammenzusehen und als eine umfassende theoretische Disziplin von den Handlungen – seien diese nun wirtschaftliche oder politische oder sonstige – zusammenzufassen. Es würde sich der Prozeß vollziehen, der ja der Wirtschaftswissenschaft nicht fremd ist, daß zunächst recht isoliert betriebene Disziplinen zu einer Gesamttheorie zusammenwüchsen.
So sehen wir heute die Finanzwissenschaft etwa in die allgemeine Wirtschaftstheorie »integriert«, in einem anderen Sinne freilich, in dem diejenigen Wissenschaften von Integration sprechen, die sich selbst als »Integrationswissenschaften« verstehen, indem sie alles in sich versammeln möchten, was sich mit einem gewissen Gegenstande beschäftigt, beispielsweise mit der Politik oder dem Politischen, woraufhin nun die verschiedenartigsten Disziplinen unter einer Holdinggesellschaft zusammengeführt werden: Neuere Geschichte, öffentliches Recht, Soziologie, Wirtschaftswissenschaft, politische Geographie usw. usw. – so ziemlich alles mit Ausnahme dessen, was ich hier als Theorie der Politik bezeichne. Ich glaube, daß eine Integration von theoretischen Disziplinen nur möglich ist, wenn sie auf derselben theoretischen Ebene oder – wenn Sie so wollen, und um uns nichts ans zweidimensionale Bild zu binden – in derselben Hyperebene liegen.

Ich möchte das Gemeinte wenigstens kurz an einem Beispiel erläutern. Die theoretische Behandlung des Budgets erfolgt in der Finanzwissenschaft unter wirtschaftlichen Gesichtspunkten. Man hat es auch schon in die Theorie der Politik einbezogen unter dem Gesichtspunkt, daß es in seiner Zusammensetzung der Maximierung von Wählerstimmen diene. Es ist dies ein isolierter Versuch. Ich habe vor einiger Zeit einmal eine größere Anzahl von mehr oder weniger umfangreichen Gesamtdarstellungen der Politischen Wissenschaft durchgesehen – dieser Gegenstand spielte erstaunlicherweise keine Rolle, kaum daß hier oder da das Wort auftauchte. Dabei bietet ein Staatshaushaltsplan einen gewissen Querschnitt durch die Situation, wie sie die Regierung sieht, und in seinen Voranschlägen schlagen sich die politischen Absichten der Regierung nieder. In gewisser Weise stellt dann die Aufeinanderfolge der jährlichen Haushaltspläne eines Staates eine Beschreibung von dessen Regierungspolitik dar. Man kann sich überlegen, ob sich nicht bestimmtere modellmäßige Vorstellungen von solchen Vorgängen bilden lassen. Solch ein Budget ist ein geordnetes n-Tupel von Zahlen. Die Absichten der Regierung liefern uns Transformationen zur Abbildung eines solchen Tupels auf das folgende. Es tauchen sofort eine Reihe kniffliger Fragen auf, so etwa, ob nicht die Budgetzahlen durch geeignete gewogene Werte ersetzt werden sollten. Man kann die Zahlentupel modellmäßig verschieden verwenden – diese ganze technische Seite darf hier auf sich beruhen. Wer sich einmal damit beschäftigt, wird sich in einem Dickicht von noch ungelösten Fragen wiederfinden, aber er wird zugeben, daß es sich um ein echtes theoretisches Problemgestrüpp handelt, das doch irgendwie nach einer allgemeinen Theorie ruft, die sich von der théorie générale von Gaston Jéze, der unter diesem Titel eine so gut disponierte, allseitige und scharfsinnige Darstellung des Staathaushaltes gegeben hat, überaus unterscheidet. In einer solchen Theorie treten dann einige Größen auf, über deren Theorie wir doch bereits verfügen, natürlich in dem Sinne von Vorläufigkeit und Stand der Forschung, auf den allein wir uns beziehen können. Über das Steueraufkommen läßt sich theoretisch relativ viel sagen, über die Rüstungsausgaben auf Grund von Richardsons Theorie vielleicht Falsches, doch immerhin etwas. Die ins Auge gefaßte allgemeine Theorie des Budgets wäre in sich sicherlich homogen, wie immer sie sich entwickeln ließe, obwohl sie in einigen Aspekten politisch, in anderen wirtschaftlich wäre. Sie setzte sich in einigen Teilen in andere und speziellere Bezirke der Theorie der Politik fort, in anderen in Bezirke der Wirtschaftstheorie. Eine scharfe Grenze zwischen dem Politischen und dem Wirtschaftlichen gibt es nicht, auch theoretisch nicht. Es handelt sich immer um Transformationen von Situationen ineinander, um Handlungen mit anderen Worten, und ob diese nun politisch oder wirtschaftlich oder beides sind, ist eine ganz sekundäre Frage.

Man könnte sagen, daß es sich um eine Erweiterung der Wirtschaftstheorie auf nicht-wirtschaftliche Bereiche handelt, z. B. auf den Bereich des politischen Handelns. Diese erweiterte Theorie ist dann selbstverständlich nicht mehr nur »Wirtschafts«theorie, sondern etwas Allgemeineres, von der die Wirtschaftstheorie ein Teil ist; auch historisch ist die Mechanik deformierbarer Medien eine Erweiterung der Mechanik starrer Körper – ich bitte, das Verhältnis in diesem Sinne zu verstehen. Ich glaube, daß man sagen darf, daß die Wirtschaftstheorie, überhaupt die Wirtschaftswissenschaft, einen nicht unbeträchtlichen Gewinn hätte, wenn diese Erweiterung systematisch vorangetrieben würde. Ein großer Teil der Fragen, die der Wirtschaftstheoretiker gegenüber den Nachbarwissenschaften auf dem Herzen hat, würde seine Erledigung finden, und ich möchte denken, daß es für eine theoretische Disziplin immer optimal ist, wenn sich zeigt, daß Randbedingungen, unter denen sie ihre Fragen zu stellen gezwungen ist, sich auf der eigenen theoretischen Ebene und schließlich durch eine echte Erweiterung der Theorie selbst als theoretisch behandelbar erweisen.

Und nun möchte ich noch einen Schritt weitergehen. Es gibt in dieser theoretischen Ebene, oder wie ich nun sicherlich sagen sollte: in dieser theoretischen Hyperebene, auch eine »normative« Dimension. Wir machen sogar in wirtschaftstheoretischen Modellen in der Regel eine Voraussetzung, die in einer abstrakten Weise das Privatrecht einführt. Eine Privatrechtsordnung sorgt dafür, daß – wenn sich die einzelnen gemäß dieser Ordnung verhalten – sie in ihren Handlungen nicht kollidieren; denn kommt es zu einer Kollision, soll der Richter auf Grund der Ordnung entscheiden können, wer nun was tun darf; die Lösung der Kollision durch einen Gewaltakt des einzelnen ist ausgeschlossen. Genau diese Verträglichkeit wird von den Modellannahmen in der Regel impliziert. Der Umsatz eines Monopolisten etwa hängt ab vom Preis, den er festsetzt, und von der Nachfragekurve – setzt er den Preis zu hoch an, so wird er im Modell evtl. nichts umsetzen; nicht aber wird ihm ein verärgerter Nachfrager die Pistole auf die Brust setzen und sagen: Setz den Preis herunter oder stirb! Bei Erweiterung auf eine Theorie der Politik kann aber die Verträglichkeit der Maximen der Handelnden als Modellvoraussetzung nicht festgehalten werden. Ich kann hier nicht im einzelnen darauf eingehen und möchte das Problem mehr bildlich andeuten. Wir haben gewissermaßen ein Modell, das uns den Explosionspunkt eines Gases liefert. Die Frage ist, wie sich die Vorgänge steuern lassen, so daß dieser Punkt nie erreicht wird. Das Modell liefert uns auch den Punkt, an dem das Gas seinen Aggregatzustand ändert. Die Frage ist, durch welche Steuerung sich dieser Punkt zuverlässig vermeiden läßt. Vielleicht ist das ein passendes Bild für das Verfassungsproblem einer freiheitlichen Demokratie, die ihren Weg zwischen Revolution und Diktatur suchen muß. Auch hier müßte sich theoretisch etwas sagen lassen; und wenn sich etwas sagen läßt, so sicherlich auf einem Weg, der über eine Theorie der Verträglichkeit von Handlungen führt; und wenn ich Theorie sage, so meine ich stets Strukturtheorie, also eine grundsätzlich mathematische Theorie.

Ich weiß nicht, ob diese Antwort auf ihre Frage die Wirtschaftswissenschaft befriedigen kann; denn verglichen mit dem, was Soziologen und Politologen so mühelos aus ihrem Füllhorn ausschütten, steht die mathematische Sozialtheorie mit ziemlich leeren Händen da – ein paar disiecta membra, kaum mehr. Aber, möchte ich meinen, darüber hinaus verfügt sie noch über etwas anderes: über ein echtes und ganz hartes theoretisches Problem – und ein solches nicht zu haben, nicht zu sehen und wohl auch gar nicht zu entbehren, das eben wäre mein Einwand gegen Soziologie und Politologie.

Sie alle kennen Chestertons Father Brown. Nun, der legte seine Zigarre beiseite und sagte:

Es handelt sich nicht darum, daß sie die Lösung nicht kennen.

Es geht darum, daß sie das Problem nicht zu sehen vermögen.

(1964)

Wissenschaft als freier Beruf

Nur mit einigem Bedenken bin ich der ehrenvollen Aufforderung gefolgt, in dieser Stunde zum Thema der freien Berufe einige Gedanken vorzutragen. Das Thema ist vielschichtig, auch und gerade für den Soziologen. Der freien Berufe gibt es viele, vom Künstler, Schriftsteller und Privatgelehrten über den Anwalt, den Arzt, den Dentisten, den Zivilingenieur und Handelschemiker bis hin zum Makler, zum Wirtschaftsprüfer, Wirtschaftsberater und Feldmesser. Die freien Berufe stellen sich dar als ein Sammelbegriff, als das große Becken der Selbständigen, die auf dem Markt in einem hervorgehobenen Sinne persönliche Leistungen anzubieten haben und sich dadurch vom Gewerbetreibenden, vom Unternehmer unterscheiden. Der freie Beruf ist eine Kategorie des Steuerrechts, ob und wieweit er eine Kategorie der Soziologie ist, wäre zu prüfen.

Man kann innerhalb der freiberuflich Tätigen klassifizieren, gewiß, Gesichtspunkte dazu bieten sich leichthin an. Aber die Klassifikation, die man wählt, muß bestimmt sein durch das Problem, das man behandeln will. Worauf also kommt es uns an? Nun darauf, welche Funktion ein freier Beruf, sagen wir der des freiberuflich tätigen Wissenschaftlers, im sozialen Zusammenhange hat, auf die Frage, in welchen Abhängigkeiten er steht und was wiederum von ihm abhängig sein möchte.

Ich nannte als Beispiel den Wissenschaftler; denn über ihn möchte ich sprechen. Diese Begrenzung liegt nahe, sie erlaubt mir, im Umkreise eigener Erfahrung zu bleiben. Ich hätte auch vom Schriftsteller sprechen können oder – nun schon außerhalb der eigenen Erfahrung – bildenden Künstler, vom Komponisten. Denn all diesen eignet eines: daß sie eine Sache zu vertreten haben, ihr Werk, ihren höchst persönlichen Auftrag, dem die Tendenz auf Erwerb untergeordnet werden muß. Gewiß, man kann auch Schlager komponieren, brave und gängige Schinken malen und Bestseller schreiben. Man kann das Geschäft des Komponierens, Malens und Schreibens wie irgendein anderes Gewerbe betreiben mit dem Ziele, möglichst viel Geld zu machen. Ich bin der letzte, der es irgendwem verwehrt, aus seinen Talenten Münze zu schlagen und darin Ziel und Aufgabe seines Lebens zu sehen. Daß er dies in einer privatwirtschaftlich organisierten Wirtschaft in freier Berufstätigkeit ausübt, bietet kein Problem – in einer planwirtschaftlich organisierten wird er ebenso sein Plansoll erfüllen.

Der freiberuflich Tätige kann sehr wohl das Ziel seiner Tätigkeit darin sehen, irgendwelche Bedürfnisse zu befriedigen und darin seinen Erwerb zu suchen. Der Wirtschaftsberater, der Handelschemiker, der Zivilingenieur, der Feldmesser erfüllt solche Bedürfnisse, und der Künstler, der Schriftsteller kann es ebenfalls tun.

Aber für den Künstler und den Schriftsteller kann das Werk auch vor dem Erwerbe stehen, und sofern das der Fall ist, grenzt dies sie gegen jene ab. Damit fällt ihnen eine öffentliche Aufgabe zu, sie haben eine öffentliche Funktion. Denn der Geist, dem sie dienen, ist öffentlich.

Damit stehen sie einer dritten Gruppe nahe, deren Prototyp der Anwalt und der Arzt sind. Auch diesen fallen öffentliche Aufgaben zu, ja sie stehen unter einem öffentlichen Anspruche, den in dieser Weise der Künstler, der Schriftsteller, der Gelehrte nicht kennt. Der Anwalt soll nicht nur den Interessen seiner Klientel, er soll auch dem Rechte dienen, der Arzt soll helfen, wenn seine Hilfe vonnöten ist. Aber es besteht kein öffentlicher Anspruch, daß der Dichter dichte, der Komponist komponiere, der Gelehrte forsche. Diese sind frei, es zu tun oder nicht zu tun. Nur ihr Werk ist ein öffentliches.

Wenn ich nach diesen vorläufigen Abgrenzungen mich dem Privatgelehrten zuwende, so möchte es scheinen, als ob ich von allen freien Berufen den am wenigsten wichtigen zum Thema mache. Ich weiß nicht, wieviel Privatgelehrte es heute in Deutschland gibt. Ein Blick in Kürschners Gelehrten-Kalender zeigt, daß es wenige sind, ein verschwindender Bruchteil unter den Gelehrten. Aber man braucht nur ein wenig den Begriff zu erweitern, so daß er jeden Gelehrten umfaßt, der seine wissenschaftliche Tätigkeit nicht in einem Angestellten- oder Beamtenverhältnis ausübt. Dann verändert sich das Bild; denn nun fallen alle diejenigen Dozenten hierunter, die an den Hochschulen keine Planstellen, sei es Ordinariate oder Extraordinariate, Diätendozenturen oder Assistentenstellen innehaben. Der Unterschied dieser sehr erheblichen und wichtigen Gruppe zu der der eigentlichen Privatgelehrten besteht nur in der venia legendi, in der Lehrbefugnis an einer bestimmten Hochschule, die zwar das Tor öffnet zum Ordinariat oder Extraordinariat, zur Beamtung, aber doch nur insoweit und insofern, als der Privatdozent vor diesem Tor oder wenn man lieber will: im Vorhofe zu warten hat, bis er hereingerufen wird.

Der Unterschied zwischen dem Privatgelehrten und Privatdozenten scheint so auf die Innehabung einer Lehrbefugnis an einer Hochschule zusammenzuschrumpfen. Der rechtlichen Lage nach hat der Privatdozent keinerlei Anspruch darauf, irgendwann einmal berufen zu werden, und die Fakultäten ihrerseits sind rechtlich – und soweit mir bekannt ist, auch heute noch – in bezug auf Berufungen vollkommen frei, sie können jeden auf ihre Liste setzen, den sie nach gewissenhafter Prüfung für geeignet halten, einen Lehrstuhl zu verwalten.

Aber die rechtliche Lage fällt auch hier nicht mit der Wirklichkeit zusammen. Das traute Bild von der Gelehrtenrepublik, in der jeder das Ansehen genießt, das ihm sein wissenschaftliches Werk verschafft, und im übrigen kollegiale Gleichheit herrscht, stimmt längst nicht mehr. Es mag noch für das 18. Jahrhundert zutreffen. Im 19. Jahrhundert wandeln sich die Dinge bereits beträchtlich, und heute tritt die Wissenschaft mit den Worten des Mathematikers Johann von Neumann aus der Ära der Urkirche heraus in die der Bischöfe. Das liegt zum Teil im Zuge der Entwicklung der Wissenschaft. Zahlreiche Forschungsaufgaben können nur in gut ausgestatteten und dotierten Instituten bewältigt werden. Aber zum Teil ist diese Entwicklung ganz anderer Art und unabhängig von Forschungsbedingungen. Es ist die Tendenz zum closed job, zur Normierung der Laufbahn.

Wo diese Tendenz sich sonst zeigt, pflegt man sie als eine Folge der Bürokratisierung anzusprechen, wieweit mit Recht, wieweit mit Unrecht, bleibe dahingestellt. Aber dieser Prügelknabe ist hier nicht recht brauchbar, dafür ist die Bürokratisierung der Hochschulen nicht weit genug vorgeschritten. Die Träger der Entwicklung sind die Fakultäten, nicht irgendwelche Büros.

Die Fakultät, genauer das Gremium der Ordinarien, die zu ihr gehören, ist eine für den Außenstehenden ungemein geheimnisvolle Instanz, denn sie kennt keinerlei Öffentlichkeit. Daher kann ich mich in diesem Punkte nur mit der gebotenen Zurückhaltung dessen äußern, der von Wirkungen auf Ursachen schließt. Immerhin, die Tendenz, nicht nur die sachlichen, sondern die formalen Anforderungen zu erhöhen, ist unverkennbar. Sie ist auch begreiflich. Die deutsche Hochschule steht in einer Krise. Ihr Verhältnis zur Öffentlichkeit wie zum Staat ist problematisch. Manches in ihrer Organisation, angefangen mit der Fakultätseinteilung, entspricht wenig mehr den sachlichen Erfordernissen der Wissenschaft. Ihre geistige Grundlage hat sich verflüchtigt. Wir haben den Prototyp einer Lage, in der eine souveräne Haltung, die die Formalien als das nimmt, was sie sein sollten, als Gestaltungsmöglichkeiten, nicht mehr erwartet werden darf.

Hinzu kommt, zumal bedingt durch die traditionelle Verbindung von Lehre und Forschung, daß der Hochschullehrer mehr dahin tendiert, nach innen, der Erkenntnis zugewandt, zu leben, als nach außen gestaltend in den Lauf der Dinge einzugreifen, daß er selber die akademische Laufbahn: Student, Assistent, Privatdozent, Extraordinarius, Ordinarius hinter sich gebracht hat, eine Schule, die vieles lehrt, nur nicht gerade eine Lebensschule.

Unter solchen Umständen ist die Tendenz zur Erstarrung fast unvermeidlich, obwohl andererseits die wissenschaftliche Arbeit, der Umstand, gelernt zu haben, dazuzulernen, eine intellektuelle Bewältigung von Situationen erleichtert.

Wie dem nun sei, an der Fürsorge, daß der Nachwuchs an Dozenten hübsch von den Studentenjahren an innerhalb des Gatters verbleibe und keiner sich erdreiste, auszubrechen und später, wenn er sich auf freier Wildbahn getummelt hat, über die Hürde zurückzuspringen, ist schwerlich zu zweifeln. Die Zeiten, in denen es einem nicht habilitierten Philosophen, also einem Privatgelehrten widerfahren konnte, auf ein Werk hin von drei Universitäten einen Ruf zu bekommen, sind vorbei, vorbei ist aber auch die damit nicht unvereinbare patriarchalische Struktur der deutschen Universität des 19. Jahrhunderts, in der der Privatdozent gewissermaßen zum Haushalte seines Ordinarius gehörte. Was sich verstärkt hat und noch weiter zu verstärken scheint, ist eine ständische, ja zunftmäßige Abschließung der Dozentenschaft gegen außen.

Die grundsätzliche Verbindung von Forschung und Lehre hat im vergangenen Jahrhundert dazu geführt, daß der Kreis der ordentlichen Mitglieder unserer Akademien sich fast völlig aus Ordinarien zusammensetzt. Im 18. Jahrhundert war das noch anders. Universitäten und Akademien waren personenmäßig weitgehend getrennt. Die zwangsläufige Folge dieser Entwicklung ist die, daß

die Entscheidung über die Verwendung der der wissenschaftlichen Forschung zur Verfügung stehenden Gelder heute ausschließlich in den Händen einer bestimmten, durch ihre Stellung an den Hochschulen definierten Personengruppe, eben der Ordinarien liegt. Ich stelle dies ohne jedes Werturteil als soziologisches Faktum fest. Es läßt sich im Rahmen meines Themas schlecht übergehen. Denn der Ordinarius ist Beamter, sein Beruf ist kein freier Beruf mehr. Und so bedeutet dieses Faktum eben, daß dem in der Wissenschaft freiberuflich Tätigen, sei er nun Privatdozent – mit oder ohne Professortitel –, sei er Privatgelehrter, keinerlei Einfluß eingeräumt ist auf die Verwendung der der Forschung zugedachten Mittel. Zwar hat der Dozent das Recht, den Vertreter seines Faches in der Forschungsgemeinschaft zu wählen, zwar kann dem Privatgelehrten dieses Recht eingeräumt werden: aber man sagt schwerlich zuviel mit der Feststellung, daß ein ungeschriebenes Gesetz den Kreis der Personen, die das passive Wahlrecht besitzen, sehr viel enger begrenzt, als es nach den Statuten den Anschein haben könnte.
Die Möglichkeiten, freiberuflich als Wissenschaftler, sei es als Privatgelehrter oder als Privatdozent, seinen Unterhalt zu verdienen, sind heute gering. Forschung als solche ist schon ein Wagnis, es läßt sich nicht vorhersehen, ob und was dabei herauskommt, ob der Wurf, zu dem man ansetzt, gelingt. Merkantil verwerten läßt sich die Forschung nur schwer. Aber noch mehr: der Forscher kann es sich nicht leisten, die merkantilen Verwertungsmöglichkeiten seiner Arbeit voll auszunutzen. Nichts untergräbt so den wissenschaftlichen Kredit wie die Abfassung von Popularisierungen, von Büchern, die für ein breites Publikum bestimmt sind, von Artikeln für schöngeistige Zeitschriften. Der Möglichkeiten, sich durch literarischen Nebenerwerb als Wissenschaftler in Mißkredit zu bringen, sind viele. Das Feld, das man als Forscher bestellt, merkantil auszubeuten, gilt als unseriös selbst in Disziplinen, in denen ein Großteil der akademischen Literatur allenfalls als Popularisierung gar nicht vorhandener Theorien angesehen werden kann. Sich literarisch auf anderen Gebieten zu tummeln, hat auch seine Bedenken: selbst das politisch-sozialreformerische Schrifttum eines Mannes wie Bertrand Russell entgeht nicht dem Naserümpfen der philosophischen Kollegen, die vor dem Gedanken einer Lektüre der Principia Mathematica nur ein Gruseln anwandelt. Doch auch das Schreiben will gelernt

sein, es schadet dem Forscher nichts, wenn er auch Schriftsteller von einigen Graden ist, und so freue man sich des wissenschaftlichen Nachwuchses, der seine Feder an allerlei Allotria wetzt und seine Existenzbedingungen aufbessert mit Geldern, die heute bei uns in die Taschen gewerbsmäßiger Popularisatoren, denen jedes Wissen aus zweiter und dritter Hand kommt, fließen.

Denn was bietet die offizielle Wissenschafts- und Forschungsorganisation dem freiberuflichen Forscher und Gelehrten an Verdienstmöglichkeiten? Die Situation ist doch so: die Forschung, die gelehrte Arbeit, die die Wissenschaft fördert, hat praktisch keinen Markt. Was die wissenschaftlichen Zeitschriften, wenn überhaupt, zahlen, trägt kaum die Schreibkosten. Das wissenschaftliche Buch bringt im Regelfalle nur geringfügige Honorare, die der oft notwendige Zuschuß der Forschungsgemeinschaft statutengemäß gänzlich zum Verschwinden bringt. Der Privatdozent und Privatgelehrte ist daher auf Verdienst aus anderen Quellen angewiesen, auf eine Rente aus eigenem Vermögen, auf eine bezahlte Tätigkeit als Assistent oder als sonst irgend etwas. Nun ist es aber in Deutschland schwer, eine halbwegs einträgliche Nebenbeschäftigung zu finden, schwer deshalb, weil sowohl die private Wirtschaft wie auch alle Institutionen dazu neigen, den ganzen Menschen in Beschlag zu nehmen. Halbtagsbeschäftigungen werden nicht gewährt.

Was der Markt nicht leistet, müßte die offizielle Wissenschaftsorganisation ersetzen. Die Konzentration der Finanzkraft beim Staat ist in Deutschland viel zu weit fortgeschritten, als daß der Ersatzmarkt oder besser Marktersatz für die Wissenschaft anderswo als beim Staate und von ihm dotierten Körperschaften gesucht werden könnte. Praktisch heißt das: im Raum der Hochschulen und Akademien. Es ist kein Geheimnis, daß diese nur einen Bruchteil dessen leisten, was sie für den freiberuflichen Wissenschaftler leisten sollten.

Gewiß, die Mittel, die der Staat zur Verfügung stellt, sind beschränkt, sind ungenügend, sind mehr als ungenügend. Die Etatposten, um die es sich in den Länderetats handelt, sind im Rahmen des Gesamtetats verschwindende Größen, und wenn das Notwendige erreicht würde, würden sie immer noch von bescheidener Größenordnung sein. Warum kann jedoch nicht einmal das Notwendige erreicht werden?

Eine heikle Frage. Betrachten wir den Tatbestand mit den Augen des Soziologen. Die Organisation der Hochschule, die Gliederung ihres Lehrkörpers in beamtete Ordinarien einerseits, freiberufliche Privatdozenten andererseits setzt voraus, daß sich die letzteren im Regelfalle aus einer Schicht rekrutieren, der die Rente aus einem kleinen oder größeren Vermögen die Existenz sichert, so daß sie dem Hasard des Berufungsweges, von dem Max Weber sprach, gewachsen ist. Alle Entscheidungsbefugnisse liegen beim beamteten Sektor. Die Laufbahnen verlaufen in der Regel ganz im Rahmen der Hochschulorganisation: vom Studium bis zum Lehrstuhl. Als Wissenschaftler ist er in der Regel ein zur Kontemplation neigender Mensch, das tätige Wirken nach außen liegt ihm fern.

Und nun weiter: die Vertretung des freiberuflichen Sektors gegenüber den staatlichen Instanzen liegt bei eben dieser Gruppe. Der freiberufliche Sektor erscheint – unter dem Aspekt der »Laufbahn« – als »Nachwuchs«, der Privatdozent, je nachdem, als hoffnungsvoller Lehrstuhlaspirant oder verhinderter Professor. Mit anderen Worten: der gesamte freiberufliche Sektor der Hochschulen hat in soziologischer Hinsicht überhaupt kein Gewicht, er stellt eine Gruppe von Anwärtern dar, keine Gruppe, die ihr Gewicht in sich trägt und deshalb auch sich selbst gegenüber dem Staat vertreten könnte.

Ist diese Schilderung zu einseitig? Ich glaube nicht, und ich möchte auch darauf hinweisen, daß der immerhin mögliche Gedanke, dem freiberuflichen Sektor der Hochschulen ein Eigengewicht zu geben – wie es sich bei freiberuflichen Rechtsanwälten und Ärzten von selber versteht, die schließlich niemand als verhinderte Landgerichtsräte und Krankenhausleiter wird ansehen wollen – ich sage, daß dieser Gedanke nicht bedeutet und nicht zu bedeuten braucht, daß Privatdozenten und Ordinarien nun gleichgestellt werden sollten. Man hat solches gefordert, ich nehme dazu nicht Stellung. Wohl aber ist in unserem Zusammenhang interessant, was ein bekannter Staatsrechtslehrer gegen solche Vorschläge vor einiger Zeit eingewandt hat: es hieße, so sagte er, den Teufel mit dem Beelzebub austreiben, wenn die Grenzen zwischen dem wissenschaftlichen Meister, Gesellen und Lehrling dieserhalb – weil auch Lehrstuhlbesetzungen Menschenwerk seien – niedergelegt würden – ein erstaunlicher Satz, der hier unter Soziologen nur als Indiz einer standortgebundenen, standortbestimmten Ideologie gewertet werden mag. Daß ein solcher

Satz immerhin geäußert und gedruckt werden kann, daß er unzweifelhaft eine vorhandene, mehr oder weniger weit verbreitete Einstellung ausdrückt, bekräftigt nur die Schlußfolgerung, die man aus der nüchternen Betrachtung der sozialen Lage des freiberuflichen Sektors der Hochschulen ohnehin ziehen muß: er hat nichts zu erwarten, was von dem berühmten Tropfen auf dem heißen Stein verschieden wäre. Das ist von dem sicherlich guten, ja besten Willen des beamteten Sektors völlig unabhängig. Denn für diesen rückt das Problem von vornherein allzusehr unter den Aspekt der Nachwuchsförderung, während es viel allgemeiner liegt, eben als Problem des Marktersatzes für die Wissenschaft als freien Beruf. Und dieses Problem darf nicht eingeschränkt werden auf den Privatdozenten, es muß auch der Privatgelehrte einbegriffen werden.

Der Privatgelehrte kann im Regelfalle von der Forschung genausowenig leben wie der Privatdozent, er wird also einen Nebenerwerb haben, der oft oder meist der Haupterwerb ist, sei es nun im Zusammenhang mit seiner gelehrten Tätigkeit oder auch unabhängig davon. Der Privatgelehrte, dessen Nebenerwerb unabhängig von seiner gelehrten Tätigkeit ist, wird naturgemäß einen nicht unwesentlichen Teil seiner Zeit dieser Tätigkeit widmen müssen, der so seiner Forschung entzogen wird. Handelt es sich um einen freien Beruf oder um eine gehobene Verwaltungstätigkeit oder dergleichen, so kann dies immerhin den Vorteil haben, daß er gelernt hat, mit beiden Beinen im Leben zu stehen. Wenn er seine wissenschaftliche Tätigkeit durchhält, so bedeutet das in der Regel, daß er ihr Opfer bringt an Zeit und Verdienst. Auf der anderen Seite zeigt die offizielle Wissenschaftsorganisation wenig Interesse an ihm, sie verzichtet vielleicht etwas allzu leichthin auf die Lebenserfahrung und Tatkraft, die ihr aus diesem freien Bereiche zuwachsen könnte. Sie kann ihn erreichen und tut das auch über den Lehrauftrag. An einer Technischen Hochschule, die über 58 Lehrstühle verfügt, stehen 44 Privatdozenten, Dozenten und außerplanmäßige Professoren nicht weniger als 97 Honorarprofessoren und Lehrbeauftragte gegenüber. Hier nun zeigt sich freilich, was sie als Preis für geistige Arbeit bietet. Ich brauche die Sätze, die für Lehraufträge gezahlt werden, nicht erst aufzuführen, sie sind bekannt. Der Gesichtspunkt, auf den es ankommt, ist nun nicht, daß für Lehraufträge nur eine bestimmte Summe zur Verfügung steht, daß das Interesse des akademischen Betriebes soundsoviel Lehraufträge erforderlich macht und daß, wenn man die erste Zahl durch die zweite dividiert, eben herauskommt, was der einzelne Lehrbeauftragte erhält. Der entscheidende Gesichtspunkt liegt nicht in der resignierten Feststellung, daß der Zustand halt furchtbar traurig ist. Er liegt in etwas anderem, nämlich darin, daß die Fakultäten diese Vergütung dem anbieten, den sie auffordern, einen Lehrauftrag zu übernehmen. Der unbezahlte Lehrauftrag ist eine klare Sache; er spiegelt nicht vor, daß hier geistige Arbeit bezahlt wird; der bezahlte Lehrauftrag dokumentiert nur, was die für Forschung und Lehre zuständige Körperschaft immerhin wenn nicht schon für eine angemessene, doch eben noch für eine Bezahlung hält. Hier, beim Lehrauftrag, könnte der freiberufliche Wissenschaftler den Preis für seine Arbeit erhalten, der einigermaßen ihrem Werte entspräche, es ist die einzige Gelegenheit, wo dies möglich wäre. Forschungsstipendien, Assistentengehälter, Diätendozenturen stehen auf einem anderen Blatt. Aber gerade hier geschieht dies am allerwenigsten. Dieser Umstand ist deshalb so wichtig, weil damit die einzige Gelegenheit ausfällt, das soziale Prestige des freiberuflichen Wissenschaftlers zu stärken und zu stützen. Denn während heute das soziale Prestige des ordentlichen Universitätsprofessors allem Anschein nach sehr hoch ist, ist das soziale Prestige des freiberuflichen Gelehrten außerordentlich niedrig.

Das ist für die Wissenschaft eine recht ernste Sache, die, wie mir scheinen will, wenig gesehen und viel zu leicht genommen wird. Vor zehn Jahren feierte ein angesehener Forscher die Einführung einer Diplomprüfungsordnung für sein Fach mit beredten Worten: es hänge mit unserm geschichtlichen Schicksal zuinnerst zusammen, daß in Deutschland Geltung nur erringt und bewahrt, was das amtliche Siegel empfangen hat und führen darf. Gewiß habe es dadurch der Privatgelehrte, der Schriftsteller, der Außenseiter bei uns schwerer als etwa in England und Frankreich, und das diene nicht immer dem Fortschritt der Sache, nämlich der wissenschaftlichen Erkenntnis oder ihrer Anwendungen. Aber es sei nun einmal so, kein Volk könne über den eigenen Schatten seiner Vergangenheit springen, die weitgehend das »Gesetz, nach dem es angetreten«, bedeute. Die namenlose Zerrissenheit Deutschlands seit dem Spätmittelalter sei nur mit der stählernen Klammer eines gefestigten Staatsbeamtentums zu überwinden gewesen. Ohne straffe Staatsautorität seien die Deutschen als Volk verloren. Damit hätten wir uns abzufinden, das hätten wir unumwunden zu bejahen – kurz und gut, erfreulicherweise habe nun der kreißende Berg unseres Volksschicksals jene Diplomprüfungsordnung geboren.

So 1944 – ein Jahr darauf waren die zwölf Jahre straffer Staatsautorität mit dem hinlänglich bekannten Ergebnis um, und rückschauend auf das, was sie im Bezirke der Wissenschaft außer der Einführung jenes Diploms angerichtet haben, wird man nun vielleicht doch sagen dürfen, daß die Freiheit der Wissenschaft in irgendeiner Relation zu der Möglichkeit der Wissenschaft als freier Beruf in und außerhalb der Hochschulen steht. Die Verankerung der Freiheit der Forschung und Lehre in der Verfassung in Ehren: in dem Augenblick, in dem eine totalitäre Bewegung, gleich welcher Färbung, an die Macht kommt, pflegen Verfassungen nicht mehr standzuhalten. Es unterliegt wohl keinem Zweifel, daß 1933 – um an Erfahrungen anzuknüpfen – der beamtete Wissenschaftler in einen Konflikt geriet zwischen der Idee der unabdingbaren Freiheit der Forschung und der von ihm als Beamten dem Staate geschuldeten Loyalität. Diesem Konflikt sah sich der Privatgelehrte nicht ausgeliefert, der bald in den Dozenten verwandelte Privatdozent jedoch insofern, als er sich weniger als freiberuflichen Gelehrten denn als Lehrstuhlanwärter betrachtete. Nun, diese Zeiten sind vorbei. Aber auch im demokratischen Verfassungs- und sozialen Rechtsstaate sitzt unvermindert die Möglichkeit des Konfliktes unter der von Grundrechts wegen garantierten Oberfläche. Ein starker und seiner selbst bewußter freiberuflicher Sektor der wissenschaftlichen Forschung inner- und außerhalb der Hochschulen ist der beste Garant für die Freiheit des beamteten Sektors. Nur ein großes soziales Prestige des freiberuflichen Sektors vermag die unumgängliche Notwendigkeit der Freiheit von Forschung und Lehre im Bewußtsein der Öffentlichkeit zu verankern.

Aber auch die Wissenschaft selber fordert gebieterisch eine Konsolidierung ihres freiberuflichen Bereiches. Vor einem halben Jahrhundert waren Zeitschriften, Broschüren und Bücher voll von Klagen über die immer größer werdende, aber unvermeidliche Spezialisierung. In gewisser Weise sind die Universitäten dem Zuge zur Spezialisierung gefolgt. Die alte, umfassende philosophische Fakultät ist längst zerlegt. Die Wirtschafts- und Sozialwissenschaften sind ausgegliedert. Die Naturwissenschaften und die Mathematik sind ausgegliedert. Verblieben sind in ihr die Philosophen im Verein mit Historikern und Philologen. Für die Philosophie z. B. ist diese Entwicklung ziemlich fatal, ja ruinös. Der philosophische Systematiker, ganz besonders wenn das Schwergewicht seiner Arbeit in der Naturphilosophie, der Logik oder gar der mathematischen Logik liegt, ist im Rahmen seiner Fakultät ein Fremdkörper geworden. Naturphilosophie und Logik sind bei uns auch wenig gefragte Spezialitäten. Mit einer Arbeit über Platon mag man die Aufmerksamkeit des Altphilologen, mit einer Arbeit über Descartes die des Romanisten, über Hume die des Anglisten auf sich ziehen – mit Logik lockt man heute vielleicht einen Hund hinterm Ofen hervor, schwerlich aber eine philosophische Fakultät. Oder nehmen Sie die Rechtsphilosophie: die traditionelle scharfe Grenze zwischen der juristischen und philosophischen Fakultät hat längst dazu geführt, daß die Rechtsphilosophie erklärte Domäne der Juristen geworden ist, als ob es sich nicht um eine philosophische Disziplin handelte, und sogar um eine für die Ethik schlechthin fundamentale Disziplin. Die Beispiele lassen sich häufen. Die Fakultäts- und Fächeraufteilung ist ein Notbehelf, brauchbar für Zwecke der Berufsausbildung, aber dem so komplizierten Gefüge der Wissenschaften wenig angemessen. So nötig Arbeitsteilung der Forschung ist, so verlangen gerade die Bedürfnisse der Forschung, daß sie im Fluß bleibt, nicht erstarrt, sich ändert. Die Bedürfnisse der Lehre für die Masse der Studierenden verlangen aber gerade feste Grenzen, und es ist klar, daß der beamtete Sektor des Lehrkörpers, auf dem das ganze Prüfungswesen ruht, viel stärker als der freiberufliche der Erstarrungstendenz der Arbeitsteilung unterliegt. Aber der Zwang zur Konformität um der Laufbahn willen wirkt sich auch im letzteren aus um so stärker, als eine auf die Dauer unhaltbare wirtschaftliche Situation den möglichst raschen Anschluß an den beamteten Sektor fordert. Daher bedarf es der Stärkung des freiberuflichen Sektors im Interesse der Forschung selbst, um deren Thematik unabhängig zu erhalten von der durch andere Bedürfnisse bedingten Arbeitsteilung.

Es ist immer erörtert worden, wie dem Privatdozenten heute ein wirtschaftlicher Boden unter die Füße geschoben werden könnte, wobei es ja klar ist: wenn man ihn allgemein in den bezahlten Dozenten verwandelt, so ist ein numerus clausus unvermeidlich, und die Freiheit der Forschung gerät in Gefahr. So sinnt man auf ein System der Beihilfen für den Bedürftigen, aber eben damit schiebt man, wie mir scheint, von vornherein die ganze Frage auf ein falsches Gleis, das Gleis einer Nachwuchsförderung, während das Ziel sein müßte, Wissenschaft als freien Beruf zu erhalten, zu stärken und anziehend zu machen.

Das schließt den Privatgelehrten ein, auch und gerade den, der nur nebenberuflich als Privatgelehrter tätig ist. Denn hier liegen für die Forschung Reserven, die es zu aktivieren gilt. Viele, die für die Forschung prädestiniert wären, gehen heute in die Wirtschaft, in die Verwaltung usw. Kompetente Beurteiler neigen für manche Wissenschaftszweige zu der Meinung, es sei die erste Garnitur, die der Wissenschaft verlorengehe. Sie wird vielfach noch eine Zeitlang wissenschaftlich tätig sein, noch einiges publizieren und es dann drangeben. Denn die Rückkehr zur Universität bedeutet für sie Aufgabe des Errungenen und Absprung ins Ungewisse der Habilitation. Und die Hochschule tut nichts, um die Kräfte vorerst etwa in einer lockeren Form an sich zu binden, um ihnen dann gegebenenfalls den vollen Übergang zu ermöglichen. Man wird von dem, der erfolgreich ein, zwei Jahrzehnte extra muros verbracht hat, nicht erwarten dürfen, daß er sich anders als durch die öffentlich vorliegende Leistung zu legitimieren wünscht. Er wird nicht an verschlossene Tore klopfen wollen, mag er auch gern über die Schwelle der einladend geöffneten treten. Wer das Verwalten, Verhandeln, Wirtschaften, Sichbehaupten gewohnt ist, wer auf Leistung und Persönlichkeit zu schauen gelernt hat statt auf das Portefeuille voller Diplome, hat den Sinn für ständisches Zeremoniell einigermaßen eingebüßt.

Und hiermit komme ich nun an den Punkt, auf den meine Betrachtungen über die Wissenschaft als freien Beruf hinsteuerten, von dem dann aber auch, wie mir scheint, auf andere freie Berufe ein Licht fällt. Man rückt die Dinge immer unter Alternativen wie: hie ständische Berufsauffassung – da wirtschaftliche Berufsauffassung, oder hie freie Persönlichkeit – dort Apparat. Nun, Stände gehören in eine irgendwie hierarchisch geordnete, hierarchisch geschichtete Gesellschaft, die noch von gewissen Überzeugungen, sagen wir einmal grob: von dem Glauben an ihre Gottgewolltheit getragen wird. Nach Auflösung dieser Überzeugung bleibt nur die Alternative zwischen dem Rechtsstaate im strengsten Sinne mit den Prinzipien von Freiheit und Gleichheit oder der machtmäßigen Durchsetzung von inhaltlich irgendwie bestimmten Zwecken, wie das für jedes totalitäre Regime so überaus charakteristisch ist. Die Möglichkeit einer auf den Prinzipien von Freiheit und Gleichheit beruhenden Rechtsordnung ist mit der Struktur unseres Handelns gegeben. Es ist nicht so, daß der jedem Soziologen bekannte Prozeß des Institutionenzerfalls das »Recht« als solches fragwürdig mache, sondern gerade er gibt der Möglichkeit des Rechtes erst Raum, einer Möglichkeit, die nun freilich erkannt und ergriffen sein will. Ich kann diese These hier nicht begründen wollen, das gehört in die Rechtsphilosophie. Aber ich muß mich auf sie beziehen: denn sie besagt etwas mehr, als die Soziologie feststellen kann: nämlich daß bei eingetretenem Institutionenverfall eine rechtliche Ordnung der Dinge wenigstens möglich ist, in der es so etwas wie freie Berufe geben kann. Der rote, braune, schwarze oder ultraviolette totale Staat ist kein Schicksal, das wir nur noch hinzunehmen hätten.

Aber man rettet den freien Beruf nicht, indem man ihn als Stand zu konstituieren versucht. Dort zwar, wo er unter einem öffentlichen Anspruche von der Sache her steht, wie vor allem beim Rechtsanwalt und beim Arzt, mag er Organisationsformen entwickeln, die quasi-ständisch sind, und in dieser Form sich gerade in seiner Freiheit gegen Tendenzen der Verbeamtung behaupten. Aber bei Wissenschaft, Kunst, Politik und beim Schriftsteller liegen die Dinge anders: denn der Wissenschaftler, Künstler, Schriftsteller und in gewissem Grade auch der Politiker soll schöpferisch sein, und das Wie und Was seines Schöpfertums läßt sich nicht vorschreiben.

Man kann diese freien Berufe daher nicht ständisch aufzäumen wollen, im Gegenteil: man muß gerade den auf quasi-ständische Organisation hindrängenden Entwicklungen in den verwandten Sparten entgegentreten. Wir haben das am Beispiel der Wissenschaft gesehen. Aber anderswo liegen die Dinge ähnlich. Der Schriftsteller, der Publizist wie der Romancier und Dichter wird hinreichend Gelegenheit haben, im Raume des Journalismus analoge Erfahrungen zu machen. Nicht die Qualität seiner Arbeit, allenfalls sein mehr oder weniger zugkräftiger Name verschafft ihm Zutritt in die Spalten einer westdeutschen Zeitung, wenn er nicht schon zum Stabe, zur Equipe derselben gehört. Wenn man eines der Wochenblätter oder eine der Tageszeitungen der zur Zeit ersten Garnitur ein Vierteljahr gelesen hat, weiß man zuverlässig, wer in den drei weiteren Vierteljahren dort über was

schreiben wird. Man hat für jede Sparte halt seine ständigen Mitarbeiter. Es sind diese Tendenzen zur Erstarrung, zur Abschließung, die dem Schriftsteller das Leben vergällen und unsere Presse so unaufregend machen, wie sie ist. Ich meine nicht, daß der Schriftsteller unbedingt von den Erträgnissen seiner Feder leben können müsse, der Zeilenschinder kann's ziemlich zuverlässig erreichen, für den qualifizierten Schriftsteller ist und bleibt es ein Glücksfall.
Was aber erreicht werden kann und erreicht werden sollte, ist die Verbesserung der Chancen für die schöpferische Persönlichkeit in Wissenschaft, Kunst und Literatur, und das bedeutet im Hinblick auf unsere Sozialstruktur die Offenhaltung des beruflichen Feldes, auch und gerade auf den höheren Ebenen, der Widerstand gegen die Tendenz zum closed job, zur Normierung des Lebenslaufes. Die Konzentrierung der Finanzkraft beim Staate legt diesem die Verpflichtung auf, das Mäzenatentum zu üben, das dem Geiste den Markt ersetzt, den er nicht hat und weithin nicht haben kann. Aber auch dieses darf und kann nur Chance sein – keine Versorgungsberechtigung. Denn sonst wäre der freie Beruf kein freier mehr, und die Unfreiheit der Wissenschaften und Künste ist schon dort eingetreten, wo ihre Freiheit nur noch gewährte Gnade ist. Die frei schaffende Persönlichkeit kann nur den Anspruch erheben und diesen allerdings mit allem Nachdrucke: daß man ihr Chancen gewähre, daß man ihre Chancen nicht unnötig einenge – nicht weniger, aber auch nicht mehr. Denn obwohl oder vielmehr weil der Geist ein öffentlicher ist, so hat zuletzt die schöpferische Persönlichkeit in Kunst und Wissenschaft, Dichtung und Schrifttum doch eben, wie es Rudolf Borchardt einmal vom Dichter sagte, unabdingbar das Recht, verkannt zu bleiben.

(1954)

Gefährdung der Wissenschaft durch politische Macht

Reflexionen zum Schicksal der Wissenschaft im Dritten Reich

Diktatoren stellen den Apparat des Staates und gewisse gesellschaftliche Entwicklungen, die für ihre politischen Absichten relevant erscheinen, zur Disposition des Diktators, zur Disposition einer autoritären Staatsführung, die die Politik monopolisiert. Totalitäre Regime stellen Staat und Gesellschaft zur Disposition einer Partei, die nicht nur Staat und Gesellschaft politisch zu dirigieren, sondern auch mit ihrer spezifischen Ideologie zu durchdringen beansprucht. Man könnte den Unterschied auch so fassen: während die Diktatur Staat und Gesellschaft zu entpolitisieren sucht, strebt das totalitäre Regime dahin, Staat und Gesellschaft mit seiner Parteiideologie durch und durch zu politisieren.

Das ist, zugegeben, ein grobes Raster, eine, wenn man so will, idealtypische Konstruktion, aber sie scheint mir für unser Thema brauchbar. Man wird das deutsche Kaiserreich nicht gerade eine Diktatur nennen wollen, es war ein Verband konstitutioneller Monarchien, aber es entbehrte nicht eines gewissen halbabsolutistischen Zuges, und in dessen Tendenz lag es, »die« Wissenschaft als politisch neutral zu betrachten und zu behandeln. Sie sah sich im großen und ganzen auch selber so, nur Max Webers Forderung der Werturteilsfreiheit – nicht zufällig entstanden in einem Bereich, in dem sozialpolitische Fragen für die Wissenschaft thematisch geworden waren – gab dem den zugespitztesten Ausdruck. Die Peinlichkeit so mancher professoraler Expectorationen, zumal im Ersten Weltkrieg, vermag nur zu unterstreichen, daß es sich um Betrachtungen von im Grunde »Unpolitischem« handelt. Politisch war – alles in allem – »die« Wissenschaft bis dahin nicht genieret worden.

Das Dritte Reich war ein totalitäres Regime: mit der NSDAP als der Partei, für die Staat und Gesellschaft zur Disposition standen, mit der nationalsozialistischen Weltanschauung als der Ideologie, für die die Partei den Anspruch erhob, daß sie alle und alles durchdringe. Es liegt daher nahe, am Beispiel des Dritten Reiches Überlegungen zur Gefährdung der Wissenschaft durch die politische Macht anzustellen, aber es wird sich zeigen, daß die Gefährdung schließlich und endlich sehr singulärer Art gewesen ist: Im Vergleich ließe sich mutatis mutandis die Sowjetunion mit den gleichen Worten charakterisieren, jedoch erscheint die marxistisch-leninistische Ideologie im Unterschied zur nationalsozialistischen Weltanschauung als ein festes und ausgearbeitetes System, während das faschistische Italien eine ausgearbeitete Staatslehre des stato corporativo entwickelte, sich aber im übrigen auf die romanità, gewissermaßen auf den Segen der alten Götter, der Laren und Penaten, verließ, so daß die Wissenschaft hier kaum in die Zange von Macht und Ideologie geriet: Grund genug, die Verhältnisse im Dritten Reich nicht – wie weithin üblich – als faschistisch zu bezeichnen. Sie waren auf ihre eigentümliche Weise »nazistisch«.

Zwischen Kaiserreich und Drittem Reich liegt die Weimarer Republik. Die deutsche Wissenschaftlergeneration, die sich seit 1933 mit dem Nationalsozialismus konfrontiert sah, war durch sie hindurchgegangen oder in ihr aufgewachsen. Die zwanziger Jahre standen in den Wissenschaften weithin im Zeichen von Grundlagenkrisen – nicht Forschungskrisen, die Forschung ging ihre Wege –, und eben diese führten auch auf den Feldern wie Mathematik und Naturwissenschaften zu heftigen Kontroversen. Das war an sich nicht neu, es sei denn auf dem Felde der Physik, und der Ton, in dem die Streitigkeiten ausgetragen wurden, war, im Vergleich zu dem, was sich etwa Altphilologen im voraufgegangenen Jahrhundert geleistet hatten, eher gemäßigt.

Eine Durchleuchtung der Wissenschaftspolitik der Länderministerien wie auch maßgebender Ordinarien könnte zur Kenntnis des Bodens beitragen, auf dem dann von 1933 an die nationalsozialistische Macht begann, die Wissenschaft in ihrem Sinne »gleichzuschalten«. Gewiß, was sich seit dem 30. Januar 1933 vollzog, wird dem, der dem allgemeinen Taumel nicht verfiel, unvergeßlich sein: es war, als ob sich eine Endzeiterwartung erfüllte. Eigentlich nur sehr linke Intellektuelle auf der einen, gestandene Konservative auf der anderen Seite ließen sich nicht ergreifen, der Rest war trunken oder fand es opportun, es zu sein. Und das galt im großen und ganzen auch für die Wissenschaftler.

Wie war deren rechtliche Situation? Art. 142 der Weimarer Verfassung besagte, daß die Kunst, die Wissenschaft und ihre Lehre frei seien. So hatte, die Kunst ausgenommen, es schon in der Paulskirchenverfassung von 1848, in der preußischen Verfassung von 1850 gestanden, und die Formel war, ohne weitere Diskussion, in die Weimarer Verfassung eingeflossen. Man hatte weder Böses noch Gutes dabei gedacht, es war ein altliberaler Gedanke, der nur das entscheidende Problem nicht löste: das Problem des beamteten Professors. Die Professoren, genauer: die Ordinarien unter ihnen, hatten Rechte, insbesondere das Vorschlagsrecht bei der Besetzung von Lehrstühlen, das Habilitations- und das Promotionsrecht sowie das Recht, den Dr. h. c. zu verleihen. Das war so ziemlich alles. Die Universitätsverwaltung war staatlich, beim Staat lag die Ernennung von Professoren. Ein liberaler Geist wie Friedrich Christoph Dahlmann, Führer der »Göttinger Sieben«, begrüßte die Verwandlung von Universitäten in Staatsanstalten und hielt es nicht für einen Rückschritt, »wenn für eine Zeitlang durch alte ungelüftete Räume die scharfe Zugluft der unbedingten Staatsgewalt fährt«. Etwa um 1928 versuchte die Staatsrechtswissenschaft, unter der Führung von Rudolf Smend und Günther Holstein, den Art. 142 im Sinne einer institutionellen Garantie der Autonomie der Universität auszudeuten, der Gedanke war um die Jahrhundertwende virulent geworden, daß solche Verfassungsartikel auch die Lehrfreiheit der beamteten Professoren decken. Dem widersprachen aber die führenden Kommentatoren der Weimarer Verfassung wie Anschütz, Giese und Thoma: es sei eine Lehre, meinte der letztere, die wir wohl alle gern akzeptieren, wenn es nur gelänge, sie für juristisch richtig zu halten. Für Anschütz schützte der entsprechende Artikel 20 der Preußischen Verfassung von 1850 nur den Forscher als Privatgelehrten, den wissenschaftlichen Schriftsteller, überhaupt jeden, der die Wissenschaft nicht kraft Lehramtes pflegt und verbreitet. In bezug auf die Wissenschaftsfreiheit auf die Position gewissermaßen des Privatgelehrten zurückgeworfen zu sein, wie es die positivistische Auslegung des Artikels 142 wollte, war schwerlich ein rechtlicher Halt, und das NS-Regime zog Ende 1934 die Konsequenz, die Habilitation, dieses wirkliche Recht der Fakultäten, aufzuspalten: die Fakultäten verliehen den Dr. habil., die venia legendi bedurfte des Siegels der Partei. Die Uminterpretation des subjektiven Grundrechtes als eine Gewährleistung der Institution einer Universität, die Freiheit der Forschung und Lehre einschließt, erhielt im Sinne der NS-Weltanschauung eine neue Deutung: die Wissenschaft entdeckte man als eine »Schöpfung des germanischen Unabhängigkeitssinnes«, sie sei nicht autonom, wohl aber unabhängig (so Alfred Bäumler).

Es geht hier nicht um das Hin und Her der juristischen Argumentationen um den Artikel 142, sondern darum, daß die (beamteten) Wissenschaftler hinsichtlich der Wissenschaftsfreiheit sich nicht auf einem juristisch eindeutigen Boden wähnen konnten. Die beamteten Wissenschaftler waren, was die Freiheit der Lehre zumindest anlangte, mehr auf Charakter und moralische Widerstandskraft verwiesen denn auf eine Rechtsposition, die sich hätte einklagen lassen. So wäre die Prognose gewesen, daß sich »die« Wissenschaft mit dem neuen Regime arrangieren werde, wie sich das ungleich juristisch gefestigtere, sozusagen »ideologisch abgeschottete« Gebilde der Katholischen Kirche mit dem nationalsozialistischen Regime – und ja nicht nur mit ihm – arrangiert hat. Freilich hinkt der Vergleich, und es ist nicht unwichtig, die Stelle zu bezeichnen, an der sich beide, Wissenschaft und Kirche, im relevanten Punkt nicht deckten: Für die römisch-katholische Kirche ist ein Regime, das sich etabliert hat, eben dadurch legitim, aber um es auf eine sehr verkürzte Formel zu bringen, muß sie ihre moraltheologischen Forderungen an die Gesetzgebung richten, nur kann sie politische Weisungen für ihre Gläubigen, auch unter Sünde, verbindlich machen. Für »die« Wissenschaft gab es allenfalls die Forderungen der »Wertfreiheit« und der »Voraussetzungslosigkeit« – zwei Forderungen, deren Interpretation zwar strittig, die aber nichtsdestoweniger im Bewußtsein der Gelehrtengeneration um 1930 lebendig waren.

Aber wie war das Verhältnis dieser Gelehrten zur Weimarer Republik? Man hat, um sich zu erklären, weshalb die Professorenschaft der deutschen Universitäten sich relativ schnell mit dem nationalsozialistischen Regime arrangierte, immer wieder darauf hingewiesen, daß sie zu ihrem überwiegenden Teil der Weimarer Republik mit großem Vorbehalt, ja mit Abneigung gegenüberstand. Ich bin nicht sicher, ob diese Meinung einer Nachprüfung standhält, mochte sie auch um 1930 in manchen Kreisen communis opinio gewesen sein. Ich erinnere daran, daß damals, wie auch heute noch immer zu hören und zu lesen ist, die höchstrichterliche Strafrechtsprechung in der Weimarer Zeit nicht loyal zur Republik gestanden habe, ja daß die deutsche Justiz, und das

Reichsgericht eingeschlossen, »nicht nur am Scheitern dieser Republik, sondern geradezu an ihrer Überwältigung durch autoritäre und totalitäre Bewegungen« (so K. D. Bracher) mitgewirkt hätte. Eine sorgfältige Nachprüfung aller einschlägigen Reichsgerichtsentscheidungen durch Werner Neusel hat von solchen Vorwürfen, ungeachtet einzelner Instanzurteile, nichts übriggelassen. Die Reichsgerichtsräte haben sich gegen die mannigfachen Anwürfe nicht gewehrt, ihre Urteilsgründe standen in den Entscheidungen und nicht, wie vielfach heute, in Zeitschriftenartikeln für ein breiteres Publikum. Sie haben, und das schon im April 1919, die Normen, die der Rat der Volksbeauftragten geschaffen und verkündet hatte, als gültig und rechtswirksam bezeichnet, was zeigt, wie schnell das Reichsgericht die durch die Revolution geschaffene neue Ordnung, soweit von einer solchen schon gesprochen werden konnte, bereits vier, fünf Monate vor dem Inkrafttreten der neuen Verfassung akzeptiert hat. Die Richter, sicherlich fast alle konservativ gesonnen, waren damals, mit Friedrich Meinecke zu reden, »Herzensmonarchisten«, aber eben der staatlichen Ordnung, selbst einer so unvollkommenen, verpflichtet.
Man darf unterstellen, daß die Professorenschaft im ganzen, insbesondere, wie sich versteht, die Ordinarien, politisch sich der Rechten oder der Mitte zugehörig fühlten, daß sie »Vernunftrepublikaner« waren: aber wie auch immer und welche Distanz zum neuen Staat sie auch empfinden mochten, sie standen doch als Beamte, die sie eben auch waren, loyal zu ihm. Man muß dies vorgeben und sich deutlich machen, daß Loyalität dem eigenen Staate gegenüber jenen, die um 1933 an deutschen Universitäten lehrten, sich von selbst verstand, gleichgültig, was man von seinem gegenwärtigen Zustand halten mochte. Um ein Beispiel zu geben: Ein mir freundschaftlich verbundener jüdischer Privatdozent, den ich 1936 noch einmal vor seiner Emigration traf, sagte mir damals, daß er bei der Volksabstimmung von 1933 über Deutschlands Austritt aus dem Völkerbund mit »ja« gestimmt habe, weil man doch in einer solchen außenpolitischen Frage hinter seiner Regierung stehen müsse.
Es scheint heute für viele aus den jüngeren Generationen schwer nachvollziehbar, was der eigene Staat als solcher, wie verfaßt auch immer, für den einzelnen bedeutete, der sich in einem sehr wörtlichen Sinne als Staatsbürger fühlte. Eben dies schuf eine Distanz nicht zur Weimarer Republik als solcher, wohl aber zu ihrem

Zustand um 1930: sie erschien als gesellschaftlichen Interessengruppen ausgeliefert, die in den Parteien verkörpert waren; eine Auslieferung der Staatsgewalt an die Gesellschaft, als – in diesem Sinne – pluralistischer Staat. Die Forderung nach der scharfen Scheidung zwischen Staat und Gesellschaft wurde, für uns heute mißverständlich, unter dem Schlagwort des »totalen Staates« formuliert, womit jedoch nicht der nachmalige nazistische Weltanschauungsstaat gemeint war und erst recht nicht der Dienstleistungsstaat im Gefolge der Personalunion zwischen Führer und Reichskanzler, wie er seit dem August 1934 sich öffentlich etablierte: Staat als Dienstleistungsbetrieb für die NSDAP.
Fragt man, was die Weimarer Republik der Gesellschaft und ihren mannigfachen und widerstreitenden Interessen auslieferte, so liegt wenigstens ein Grund, und wohl der wesentliche, in der Schwäche ihrer verfassungsmäßigen Konstruktion. Diese Schwäche war – von ihren mehr oder weniger turbulenten Anfängen abgesehen – in der Ende der zwanziger Jahre einsetzenden Krise immer deutlicher geworden, und eine Reichsreform, die daraus die Lehre ziehen sollte, wurde denn auch ins Auge gefaßt. Auch daß die Weimarer Republik daran zugrunde gegangen sei, daß sie eine »Demokratie ohne Demokraten« gewesen, trifft kaum ins Schwarze. Ernsthaft dachte doch niemand daran, die demokratischen Errungenschaften rückgängig zu machen, auch nicht, wer darauf hoffte, dem Staat möge eine monarchische Form zurückgegeben werden, wie etwa selbst Wilhelm Brüning: niemand, die Kommunisten einerseits und die Nationalsozialisten andererseits, wie sich versteht, ausgenommen. Aber: Republik oder Monarchie oder eine wie immer geartete Reichsreform war um 1930 schwerlich mehr eine Frage, die die Hochschullehrerschaft »gespalten« hätte. Politische Meinungsdifferenzen innerhalb derselben betrafen die aktuellen politischen Fragen, deren es genug gab, und in diesen Fragen waren sie recht einflußlos. Es war auch nicht so, daß sie in politischen Fragen auf die studentische Jugend einen irgendwie ins Gewicht fallenden Einfluß ausgeübt hätten – ich habe in meiner Studienzeit – von 1930 an – davon nichts bemerkt. Die extremen Parteien, KPD wie NSDAP, waren für die Professorenschaft äußerst unattraktiv, mochten sich in der letzteren auch Alfred Baeumler und Ernst Krieck ein Feld für ihre Pädagogik gesucht haben.
Ein Wort muß gesagt werden zum Antisemitismus: Er war auch

in Kreisen der Hochschullehrer latent vorhanden. Aber das war er in anderen Staaten wie Frankreich oder England auch. J. M. Keynes betrachtete den französischen Finanzminister Klotz auf der Versailler Konferenz mit Abneigung, aus Sachgründen, aber es war, wie sein letzter Biograph Skidelsky schreibt: »A view not uninfluenced by the anti-semitian inclination which was normal to his class and generation«. Keynes war sicherlich kein »Antisemit«. Es gibt von ihm, in den »Essays in Biography« (*Coll. Writings,* Bd. x, S. 382 ff.) eine Aufzeichnung über Einstein: »A sweet imp, pure and giggling«. Er hatte Einstein im Juni 1926 anläßlich eines Vortrages in Berlin getroffen beim offiziellen Diner: »He was the nicest, and the only talented person I saw in all Berlin, except perhaps old Fürstenberg, the banker…, and Kurt Singer…, the mystical economist from Hamburg. And he was a Jew; and so was Fürstenberg, and so was Singer. And my dear Melchior is a Jew too. Yet if I lived there, I felt I might turn anti-Semite«. Ich übergehe, was Keynes halb ironisch, halb ernst über »the other kind of Jews«, über die Linke und Rechte (impossible in practice to herd with) sagt: »I'm not sure, that I wouldn't even rather be mixed up with Lloyd George, than with the German political Jews«. Dies Zeugnis von Keynes ist kaum mehr als eine flüchtige Impression, als solche freilich damals immerhin möglich, und es deutet an, wie ein damals schon weltberühmter Gelehrter (Einstein) von Leuten, die ihm politisch doch wohl nahestanden, behandelt wurde: »They do not treat him as a star in Berlin. He was one of the few guests to whom I was not personally introduced – I had to seek him out for myself; and he sat at the table at the bottom place but one«.
Welches Gewicht man auch dem Eindruck von Keynes anläßlich eines immerhin kurzen Aufenthaltes in Berlin zumessen mag, er bezeugt jedenfalls einen prima facie ungünstigen Eindruck von gewissen Politikern und der Mißachtung selbst eines bedeutenden Gelehrten durch eben diese. »Die akademische Welt grollte der Republik«, schreibt M. J. Bonn in seinen Erinnerungen. »Sie konnte sich nicht mehr als privilegierten Stand betrachten, wenn ihr oberster Chef, der Unterrichtsminister, nur Elementarschulbildung genossen hatte. … Sie erholten sich auch nicht von diesem Entrüstungsfall, als seine Nachfolger echte ›Akademiker‹ waren«. Was Gelehrten von Ruf und Ansehen wenig oder nichts bedeuten mochte, all die kaiserlichen oder königlichen usw. Titel,

Orden und Ehrenzeichen, konnte, nun weggefallen, diejenigen nicht für einen Staat einnehmen, der solche Ehrungen nicht zu vergeben hatte, während sie diejenigen, die ihr noch teilhaftig geworden waren, mit leiser Trauer nach dem Vergangenen zu erfüllen geeignet war.
Als es darum ging, eine neue Verfassung, diesmal Grundgesetz genannt, für Deutschland zu schaffen, verwandte man viel Mühe darauf, die »Fehler« von Weimar zu vermeiden: es ist nicht so, daß man diese im wesentlichen nicht schon zu Beginn der dreißiger Jahre gesehen hätte. »Die Krise der Demokratie« war damals ein ernsthafter Buchtitel, das Deutsche Reich, die dritte (französische) Republik, Spanien, in ihren Verfassungen durchaus miteinander vergleichbar, befanden sich in einer Krise und nicht nur die Wirtschaft. Für Deutschland hatte man 1918 eine Erfahrung gemacht, was geschieht, wenn ein System in eine politische Krise gerät und eine revolutionäre oder quasirevolutionäre Bewegung die Macht ergreift: es rührt sich niemand, das alte System zu verteidigen. So war es 1918, und so war es 1933. Der Mensch, so sagt M. J. Bonn einmal, ist ein politisches Geschöpf und als solches weder besonders tapfer noch besonders intelligent.
Damit wären wir an dem Punkt angelangt, um den es hier gehen soll: der Einfluß politischer Macht auf die Wissenschaft, erläutert an einigen Zeugen des Schicksals der deutschen Wissenschaft im Dritten Reich. Wissenschaft ist von gewissen Rahmenbedingungen abhängig, die vom Staat und damit von politischer Macht gesetzt werden, die Forscher und ihr Hilfspersonal wollen besoldet werden, sie brauchen Bibliotheken, Institute, Laboratorien usw. Die Bibliotheken haben ihre Öffnungszeiten, die Hausmeister ihre Dienstzeiten, am Samstag und Sonntag herrscht Ruhe, daran kann heute auch Selbstverwaltung nichts mehr ändern. Solcherlei Rahmenbedingungen, die vom Staat gesetzt werden, sind also vorhanden. Aber sie interessieren hier weniger, obwohl es in der Hand des Staates und seiner Bürokratie auch liegt, ob gewisse Forschungen oder Forschungsrichtungen mal mehr, mal weniger gefördert werden. Das war zum Teil auch von den eigenen Leuten oder von wissenschaftlichen Nachbarn abhängig. So war es schon in der Kaiserzeit, so in der Weimarer Zeit und auch heute. Die nationalsozialistische Machtergreifung brachte jedoch zwei oder drei neue Elemente hinzu: den »Ariernachweis« als Voraussetzung, »deutsche« Wissenschaft treiben zu dürfen, die – um es

milde auszudrücken – wenigstens nicht anti-nationalsozialistische Gesinnung zum Ausdruck bringen durfte (gern interpretiert in dem Sinne: Wer nicht für uns ist, ist gegen uns), und die nationalsozialistische Weltanschauung als inhaltliches Kriterium dessen, was als »deutsche« Wissenschaft sollte auftreten dürfen. Auf allen drei Feldern erwiesen sich die Vertreter der Wissenschaft – von Ausnahmen abgesehen – weder als besonders tapfer noch als besonders intelligent, und das galt durchaus auch für diejenigen, die man als Liberale oder Demokraten hätte ansprechen können – nach bisherigem Bekenntnis.

Habilitationen waren bis dahin Sache der Fakultäten gewesen, und für Berufungen auf planmäßige Lehrstühle stand den Fakultäten ein Vorschlagsrecht zu. Als die Nazis darangingen, »nichtarische« und politisch unliebsame Professoren zu entlassen und den nicht-beamteten die venia legendi zu entziehen, griffen sie massiv in das zunächst noch bestehende Selbstverwaltungsrecht der Hochschulen ein. Es fand keine Verteidiger, und Loyalität gegenüber den betroffenen Kollegen wurde nicht bewiesen, öffentlich schon gar nicht und selbst im persönlichen Umgang immer seltener. Daß James Franck, der wohl bedeutendste Experimentalphysiker jener Zeit, aus Protest von seinen Ämtern zurücktrat, obwohl er dies im April 1933 nicht mußte, hatte ebensowenig Signalwirkung wie Wolfgang Koehlers Artikel »Gespräche in Deutschland« in der Deutschen Allgemeinen Zeitung vom 28. April 1933, der sich auf Francks Schritt bezog. Es ist schwer zu sagen, was erreicht worden wäre, wenn Koehlers mutige Haltung nicht nur von ganz wenigen geteilt, sondern praktisch allgemein unter Hochschullehrern gewesen wäre. Ein allgemeiner Widerstand auf den Hochschulen hätte wohl eine Entscheidung Hitlers erforderlich gemacht. Dieser hielt wenig von der Wissenschaft und verachtete die Professoren. Aber wie sollte er auch anders, so wie sie sich nun einmal verhielten.

Man hat dafür, daß die Professorenschaft es hinnahm, daß Kollegen in wachsender Anzahl aus rassischen und politischen Gründen ihrer Ämter enthoben wurden, den Druck verantwortlich gemacht, der vom nationalsozialistischen Studentenbund auf der einen, vom NS-Dozentenbund auf der anderen Seite ausgeübt wurde, ein Druck, der sich aller Mittel bediente und weithin Terror genannt zu werden verdiente. Wichtiger noch scheint mir zu sein, daß einige herausgehobene Ordinarien sogleich auf die

Seite der neuen Machthaber traten, Gelehrte zudem, die nicht alte Parteigenossen waren, sondern die als selbst- und neuernannte Interpreten dessen, was Nationalsozialismus, was NS-Weltanschauung sei, mit Aplomb hervortraten, spontan und ohne Zögern: Martin Heidegger und Carl Schmitt, der eine tiefsinnig, der andere geistreich, jedoch beide ohne den Stallgeruch des »alten Kämpfers«, trotzdem einig als Propheten oder would be-Kirchenväter eines neuen Zeitalters. Daß sich das Regime ihrer bald wieder entledigte, darf nicht darüber hinwegtäuschen, daß gerade sie es hoffähig machten in den Augen der Wissenschaft in dem Augenblick, in dem vielleicht noch ein kollektiver Widerstand möglich gewesen wäre. Der Zeitpunkt ging schnell vorüber, kaum zwei Wochen nach Koehlers Artikel fand das Autodafé der Bücher statt.

Der Verlust der deutschen Universitäten – und Wissenschaft insgesamt – an hochqualifiziertem Personal ist bekannt. Aber es waren nicht diese Verluste allein, die durch Entlassung und mehr oder weniger freiwilligen Weggang eine Lücke rissen: auch mancher, der zum Gelehrten und Forscher berufen war, fand den Weg in die Universität verlegt durch Parteiinstanzen, denen das Recht zur Mitsprache und Mitentscheidung zugefallen war. Und auch hier zögerten im Anfang noch hochangesehene Dekane – wie Ernst Heymann –, anstehende Habilitanden – wie Ludwig Raiser und Georg Maier, Sohn des Philosophen Heinrich Maier – kurz entschlossen durchzuboxen angesichts bevorstehender Regelungen, die die Erteilung der venia unmöglich machen konnten. Die einmal gerissenen Lücken ließen sich qualitativ nicht schließen. Man behalf sich. Aber auf – mit Theodor Mommsens Ausdruck – »Mediokritätskreationen« hatte selbst das Dritte Reich kein Monopol.

In die Personalpolitik an den Universitäten hatten außerwissenschaftliche Gesichtspunkte und Rücksichten schon immer hineingespielt: Im Kaiserrat hatten es Sozialdemokraten schwer, einen Lehrstuhl zu erringen, in Preußen vielfach Katholiken, in Bayern Protestanten, in der Weimarer Zeit war man ziemlich offen, auch Juden gegenüber. Nun aber errichtete man einen Totempfahl, genannt nationalsozialistische Weltanschauung, dem man die Kraft zuschrieb, die »arteigene« deutsche Wissenschaft vom »Artfremden« zu scheiden.

Der Inhalt dieser NS-Weltanschauung war höchst nebelhaft.

Bernd Rüthers faßt ihn so zusammen: »Lediglich die Rassenideologie der arisch-nordischen Vorherrschaft, der hemmungslose Judenhaß, die Verfolgung des biologischen Auslesekampfes mit der Absage an alle humanen Gesichtspunkte und das schrankenlos vertretene Führerprinzip konnten als gesicherte NS-Dogmen gelten«. Und Rüthers fügt hinzu: »Im übrigen hielt Hitler von ideologischer und programmatischer Festlegung nichts«. Wenn diese Charakterisierung der NS-Weltanschauung richtig ist – und sie ist es –, dann wird man freilich skeptisch gegenüber der Autorität von Meinungen sein, die im Bereich der Wissenschaften mit dem Anspruch auftreten, Ausflüsse der NS-Weltanschauung zu sein und somit die wissenschaftliche Arbeit reglementieren zu dürfen.

Inhaltlich waren es vor allem die Rassen-Ideologie und der Antisemitismus, der die Wissenschaft in Deutschland infizierte. Aber wurden rassen-ideologische Anschauungen oder antisemitische Äußerungen den deutschen Wissenschaftlern abverlangt – abverlangt in einem Maße, das auch nur entfernt der marxistischen Durchdringung der Wissenschaft in der Sowjetunion und den Ostblockstaaten entspräche? Gut, es mag hier und dort öfters eine Verbeugung im Vorwort in solcher Richtung nötig gewesen oder für erforderlich gehalten worden sein, um Druckkostenzuschüsse oder dergleichen zu erreichen oder auch um »Konterbande« zu tarnen. »Am Abend«, schreibt der schweizerische Bankier Felix Somary in seinen Erinnerungen – übrigens österreichisch-jüdischer Abstammung –, »tönte« sein Verleger Siebeck, der sehr verstört schien, Fleiner, dem Verwaltungsrechtler, »und mir die Anregung an, in den Einleitungen zu den Neuauflagen unserer Bücher irgendwelche, wenn auch nebensächliche Konzessionen an oder Verbeugungen vor dem Nationalsozialismus zu machen, er könnte sonst unsere Bücher nicht herausgeben. Fleiner und ich antworteten wie aus einem Munde, das sei völlig ausgeschlossen«. Siebeck entschuldigte sich deswegen auf einer Karte, man möge ihm ein gutes Andenken bewahren. »Zwei Tage später endete er durch Selbstmord.«

Lassen wir die »Vorworte« beiseite – man nahm sie nicht ernst, wenn das, was folgte, von politischen Zugeständnissen unberührt blieb. Das Leben in einem totalitären Staat, dessen Ende nicht abzusehen ist – und das war es bis 1938 nicht –, folgt anderen und härteren Gesetzen als das Leben in einem Rechtsstaat, ob nun

Kaiserreich oder Republik. Es war gar nicht so sehr der Staat, der die Wissenschaft im Sinne von Rassenideologie und Antisemitismus zu gängeln versuchte, als die Partei, und in ihr waren es jeweils Wissenschaftler mit guten »Parteinamen«, die ihre höchst persönlichen Ansichten parteioffiziell und damit verbindlich zu machen versuchten. Ihr Führer Adolf Hitler hielt sie zwar allesamt für Kretins oder auf dem Wege dorthin, aber er ließ sie gewähren.

Es gab in Alfred Rosenberg einen Parteiideologen, der im wissenschaftlichen Bereich die weltanschauliche Aufsicht führen sollte. Es gehört zu den Feinheiten des NS-Systems, soweit von einem solchen die Rede sein konnte, daß die von Rosenberg in seinem »Mythos des Zwanzigsten Jahrhunderts« niedergelegte Weltanschauung nicht parteiamtlich war. Und so war es auf allen Feldern der Wissenschaft: was auf ihnen der oder jener Wissenschaftler als nationalsozialistische Anschauung als verbindlich durchzusetzen versuchte, war nicht »parteiamtlich« und vom Führer nicht abgesegnet. Die Weltanschauungssatrapen Rosenberg, Goebbels, Himmler, Frank II, im Anfang auch der schon bald tödlich verunglückte Schemm, hatten jeweils ihre wissenschaftliche Klientel, die bei ihnen für die eigenen Ziele Rückhalt suchte, indem sie ihre je eigenen wissenschaftlichen Positionen meist rassenideologisch aufputzte, während diese Positionen sachlich anders begründet und als solche vielleicht obsolet, aber doch diskutabel waren. Was etwa Bieberbach oder Vahlen als »Deutsche Mathematik« verkauften, war eine Mathematik, die nicht rein formalistisch, sondern sich – wie auch immer – auf Anschauung stützte. Bieberbach versuchte, die Wertung von »deutscher« und »jüdischer« Mathematik über die »Integrationspsychologie« von E. R. Jaensch zu erreichen, andere wieder in Anlehnung an Dinglers Herstellungsstandpunkt, andere wieder, wie Tornier, in der Auffassung zumindest der Wahrscheinlichkeitstheorie als einer gewissermaßen Erfahrungswissenschaft. Solche Ansätze wurden, wie etwa der Dinglersche in der operativen Mathematik Lorenzens, wieder aufgenommen, abgewandelt und ausgebaut, sie hatten ihr wissenschaftliches Interesse, aber sie im Namen der NS-Weltanschauung gegen andere Mathematiker auszuspielen, war übelster Mißbrauch. Man kann so fortfahren. Die »Deutsche Physik« der Lenard und Starck war die Physik von Experimentalphysikern, die hoch mathematisierte theoretische Physik in Teilen für eine Art Spekulation hielten, für eine Erfahrungswissenschaft nicht angängig. Aber daran war nichts besonders »Deutsches«, in dessen Namen man nun andere Physiker hätte vertreiben dürfen. Auf anderen Feldern der Wissenschaft zeigt sich ein ähnliches Bild, in der Psychologie, in der E. R. Jaensch zu wüten versuchte, in der Felix Krueger seine Ganzheitspsychologie seit 1933 als besonders dem deutschen Wesen entsprechend befand, und so weiter und so fort. Aber der Ganzheitsbegriff war in den zwanziger Jahren in der Diskussion, der Gestaltbegriff seit der Jahrhundertwende. Die »gestalthafte Chemie« war eine Außenseiterposition, die sich als besonders »deutsch« empfehlen wollte, aber der Gestaltbegriff hatte als solcher mit NS-Weltanschauung nichts zu tun – man darf vielleicht an Wolfgang Koehlers Untersuchungen über »physikalische Gestalten in Ruhe und in stationärem Zustand« von 1920 erinnern.

Was die Philosophie anlangt, so lassen sich die Matadore einer nationalsozialistischen Philosophie kaum auf einen Nenner bringen, die Baeumler, Krieck, Heyse, H. Schwarz, vom Heidegger des Jahres 1933 abgesehen, alle verschiedener Herkunft und verschiedener Zielsetzung. Ihre Untersuchung, die ja am ehesten auf den »Urgrund« oder Abgrund der NS-Weltanschauung führen müßte, steht noch aus; die Lebensphilosophie Diltheys verantwortlich zu machen, ist jedoch zu billig. Warum nicht Bergson? Eine große Dame verliert ihren Ruf nicht dadurch, daß ihre Schleppe durch den Schmutz schleift, bemerkt einmal Georg Quabbe in seiner Verteidigung des Konservativismus gegen den Unfug der völkischen Idee.

»Die Wissenschaft als solche konnte nur durch die Forscher ruiniert werden«, meinte Jaspers.[1] Und so war es denn wohl.

(1986)

1 »Die Wissenschaft im Hitlerstaat«, in: Karl Jaspers, *Rechenschaft. Ausblick,* München 1951, S. 186 (189).

Nachweise

»Naturrecht und Völkerrecht«, in: *Verhandlungen des 8. deutschen Soziologentages 1946*, Tübingen 1948.*

»Das Problem des Rechts und die Ethik«, in: *Zeitschrift für philosophische Forschung* (1955).*

»Zur Problematik altruistischer Maximen«, in: *Zeitschrift für philosophische Forschung* 30/4 (1976), S. 529-544.

»Gedanken zu einer Strukturtheorie des Rechts«, in: *Archiv für Rechts- und Sozialphilosophie* (1959).*

»Grundlegung zu einer Strukturtheorie des Rechts«, in: *Akademie der Wissenschaften und der Literatur. Abhandlungen der geistes- und sozialwissenschaftlichen Klasse*, Wiesbaden 1961, S. 81-114.

»Zur Rolle von Kennzeichnungen im Zivilrecht«, in: *Archiv für Rechts- und Sozialphilosophie* 62/1 (1976), S. 27-42.

»Sozialphilosophie«, in: *Handwörterbuch der Sozialwissenschaften*, Stuttgart, Tübingen, Göttingen 1955, S. 527-533.

»Bemerkungen zum Begriff der Gerechtigkeit«, in: *Studium Generale* (1959).*

»Von Sinn und Unsinn der Grundrechte«, in: Jürgen von Kempski, *Recht und Politik. Studien zur Einheit der Sozialwissenschaft*, Stuttgart: W. Kohlhammer Verlag, 1965, S. 62-69.

»Technik und menschliches Handeln«, in: Jürgen von Kempski, *Recht und Politik*, a.a.O., S. 70-81.

»Philosophie der Politik«, in: *Die Philosophie im 20. Jahrhundert*, hg. v. Fritz Heinemann, Stuttgart: Ernst Klett Verlag 1959, [2]1962.

»Krieg als Straftat«, in: *Merkur* (1947).*

»Deutschland als Völkerrechtsproblem«, in: *Merkur* (1947).*

»Zwischen debellatio und Treuhand«, in: Jürgen von Kempski, *Recht und Politik*, a.a.O., S. 132-141.

»Geheimnisse des Landesverrates«, in: Jürgen von Kempski, *Recht und Politik*, a.a.O., S. 142-150.

»Grundrechte als Eigenrechte?«, in: *Tagesspiegel*, Berlin, 11. Dezember 1948.

»›Recht‹ und ›Interesse‹«, in: *Tagesspiegel*, Berlin, 7. Juli 1949.

»Paulskirche und deutsche Republik«, in: *Merkur* (1948).*

»Über den Liberalismus«, in: *Merkur* (1953).*

»Betrachtungen zum 20. Juli«, in: *Merkur* (1949).*

»Betrachtungen zur deutschen Verfassungsfrage«, in: *Merkur* (1950).

»Währungsprojekte – und warum«, in: *Merkur* 32/11 (1978), S. 1063-1074.

»Lord Keynes of Tilton«, in: *Sammlung* (1946).*

»Sozialwissenschaft«, in: *Handwörterbuch der Sozialwissenschaften*, Stuttgart, Tübingen, Göttingen 1955, S. 617-626.
»Handlung, Maxime und Situation. Zur logischen Analyse der mathematischen Wirtschaftstheorie«, in: *Studium Generale* 7/1 (1954); auch in: *Theorie und Realität*, hg. v. Hans Albert, Tübingen (Sonderdruck, o. J.).
»Über einige Systeme von Produktionsgleichungen«, in: *Zeitschrift für die gesamte Staatswissenschaft* 118 (1962), S. 412-425.
»Wie ist die Theorie der Politik möglich?«, in: *Zeitschrift für die gesamte Staatswissenschaft* (1950).*
»Über die Einheit der Sozialwissenschaft«, in: *Zeitschrift für die gesamte Staatswissenschaft* (1956).*
»Stein, Schmoller, Weber und die Einheit der Sozialwissenschaft«, in: *Systeme und Methoden in den Wirtschafts- und Sozialwissenschaften. E. v. Beckerath zum 75. Geburtstag*, Tübingen 1964, S. 191 ff.
»Mathematische Sozialtheorie«, in: *Handwörterbuch der Sozialwissenschaft*, Stuttgart, Tübingen, Göttingen 1960, S. 252-263.
»Die Forderung nach Realitätsnähe der Annahmen: ein logischer Widerspruch?«, in: *Zeitschrift für die gesamte Staatswissenschaft* 136/2 (1980), S. 342-344.
»Wirtschaftswissenschaft und Soziologie«, in: *Verhandlungen auf der Arbeitstagung des Vereins für Socialpolitik, Gesellschaft für Wirtschafts- und Sozialwissenschaften, Würzburg 1963*, Berlin 1964 (Schriften für Socialpolitik, Neue Folge, Band 33: *Das Verhältnis der Wirtschaftswissenschaft zur Rechtswissenschaft, Soziologie und Statistik*), S. 237-242.
»Wissenschaft als freier Beruf«, in: *Kölner Zeitschr. f. Soziologie und Sozialpsychologie*, 1954, S. 423-434.
»Gefährdung der Wissenschaft durch politische Macht. Reflexionen zum Schicksal der Wissenschaft im Dritten Reich«, in: *Wissenschaftliche Verantwortung und politische Macht*, hg. von Klaus Jürgen Gantzel, Berlin, Hamburg: Dietrich Reimer Verlag, 1986, S. 427-441.

Die mit einem * bezeichneten Beiträge auch in: Jürgen von Kempski, *Recht und Politik. Studien zur Einheit der Sozialwissenschaft*, Stuttgart: W. Kohlhammer Verlag, 1965.

Namenregister

suhrkamp taschenbücher wissenschaft
Soziologie, Theorie der Gesellschaft

205/1/8.90

205/2/8.90

suhrkamp taschenbücher wissenschaft
Soziologie, Theorie der Gesellschaft

Honneth/Jaeggi (Hg.): Arbeit, Handlung, Normativität. Theorien des Historischen Materialismus 2. stw 321

Honneth/Joas (Hg.): Kommunikatives Handeln. Beiträge zu Jürgen Habermas' »Theorie des kommunikativen Handelns«. stw 625

Joas: Praktische Intersubjektivität. stw 765

Joas (Hg.): Das Problem der Intersubjektivität. stw 573

Joas/Steiner (Hg.): Machtpolitischer Realismus und pazifistische Utopie. stw 792

Joerges (Hg.): Technik im Alltag. stw 755

Jokisch (Hg.): Techniksoziologie. stw 379

Kern/Schumann: Industriearbeit und Arbeiterbewußtsein. stw 549

Kettler/Meja/Stehr:Politisches Wissen. stw 649

Kippenberg/Luchesi (Hg.): Magie. Die sozialwissenschaftliche Kontroverse über das Verstehen fremden Denkens. stw 674

Kocka (Hg.): Interdisziplinarität. stw 671

Lenhardt: Schule und bürokratische Rationalität. stw 466

Lenk: Zur Sozialphilosophie der Technik. stw 414

– Zwischen Sozialpsychologie u. Sozialphilosophie. stw 708

– Zwischen Wissenschaftstheorie und Sozialwissenschaft. stw 637

Lenski: Macht und Privileg. stw 183

Lepenies (Hg.): Geschichte der Soziologie. 4 Bde. stw 367

Lüderssen/Sack (Hg.): Vom Nutzen und Nachteil der Sozialwissenschaften für das Strafrecht. 2 Bde. stw 327

Luhmann: Funktion der Religion. stw 407

– Legitimation durch Verfahren. stw 443

– Soziale Systeme. stw 666

– *siehe auch Haferkamp/Schmid*

– Zweckbegriff und Systemrationalität. stw 12

Luhmann/Fuchs: Reden und Schweigen. stw 848

Luhmann/Pfürtner (Hg.): Theorietechnik und Moral. stw 206

Luhmann/Schorr: Reflexionsprobleme im Erziehungssystem. stw 740

Luhmann/Schorr (Hg.): Zwischen Intransparenz und Verstehen. stw 572

– Zwischen Technologie und Selbstreferenz. stw 391

Luhmann/Spaemann: Paradigm lost: Über die ethische Reflexion der Moral. stw 797

– *siehe auch Goldschmidt/Schöfthaler*

Mannheim: Konservatismus. stw 478

– Strukturen des Denkens. stw 298

McCarthy: Kritik der Verständigungsverhältnisse. stw 782

205/3/8.90

suhrkamp taschenbücher wissenschaft
Soziologie, Theorie der Gesellschaft

205/4/8.90

suhrkamp taschenbücher wissenschaft
Soziologie, Theorie der Gesellschaft

Schütz/Luckmann: Strukturen der Lebenswelt. Bd. 1. stw 284
– Strukturen der Lebenswelt. Bd. 2. stw 428
Schütz/Parsons: Zur Theorie sozialen Handelns. Ein Briefwechsel. stw 202
Seyfahrt/Sprondel (Hg.): Religion und gesellschaftliche Entwicklung. stw 38
Simmel: Aufsätze 1887-1890. Über sociale Differenzierung (1890). Die Probleme der Geschichtsphilosophie (1892). stw 802
– Einleitung in die Moralwissenschaft. stw 803
– Philosophie des Geldes. stw 806
– Das individuelle Gesetz. stw 660
– Schriften zur Soziologie. stw 434
Simmel und die frühen Soziologen. stw 736
Georg Simmel und die Moderne. Hg. von H.-J. Dahme und O. Rammstedt. stw 469
Soeffner: Auslegung des Alltags – Der Alltag der Auslegung. stw 785
Sorel: Über die Gewalt. stw 360
Stolk/Wouters: Frauen im Zwiespalt. stw 685
Stubar (Hg.): Exil, Wissenschaft, Identität. stw 702
Tibi: Der Islam und das Problem der kulturellen Bewältigung sozialen Wandels. stw 531
– Die Krise des modernen Islam. stw 889
Ullrich: Technik und Herrschaft. stw 277
Wahl: Die Modernisierungsfalle. stw 842
Wahl/Honig/Gravenhorst: Wissenschaftlichkeit und Interessen. stw 398
Weingart (Hg.): Technik als sozialer Prozeß. stw 795
Weiß, J. (Hg.): Max Weber heute. stw 711
Welker (Hg.): Theologie und funktionale Systemtheorie. stw 495
Wiggershaus (Hg.): Sprachanalyse und Soziologie. stw 123

205/5/8.90